孙培青
文集

第四卷

隋唐五代
教育制度文献集成

孙培青 编

上海教育出版社
SHANGHAI EDUCATIONAL
PUBLISHING HOUSE

中国的隋唐五代时期，自公元 581 年至 960 年，前后三百八十年，是封建教育制度发展的重要历史阶段。这一时期，教育制度发展的重要特点在于：儒学受到尊崇，在文教上重新确立主导地位；封建教育的官学、私学适应社会需要，有多层次、多类型的发展，形成较完整的教育体系，将学校推广到行政基层的乡里，扩展到新开发地区及少数民族地区，从而使教育事业获得较大发展；学校教育内部的管理制度相比前代进一步完善；学校教育的发展变化与科举考试制度密切相关，且受科举考试制度的制约。本书从广泛的历史文献材料中选取有关史料加以整理编纂，多方面反映这一历史阶段教育制度的发展和变化。以下着重说明几个有关问题：

一、崇儒兴学教育思想的确立

　　隋代是由关陇贵族杨坚建立的，史称隋文帝，他依靠军事力量统一南北，重新建立了一个统一的中央集权国家。他得到谋臣高颎、李德林、苏威等的辅助，为了维护既得利益，巩固等级制统治，在当时儒佛道并存的社会条件下，实际选择儒学作为政治指导思想，制定德治路线。他在开皇三年(583 年)十一月的诏书中公开宣布:"朕君临区宇,深思治术,欲使生人从化,以德代刑。"杨坚是受过儒学教育的人,王道德治是他的政治理想。他认识到武力和刑罚在政治上的作用和局限,在《劝学求言诏》中说:"兵可立威,不可不戢;刑可助化,不可专行。"开皇九年(589年),隋灭陈,实现了全国统一。他认为今后转入和平时期,应该开始实行德治,在《劝学求言诏》中说:"往以吴越之野,群黎涂炭,干戈方用,积习未宁。今率土大同,含生遂性,太平之法,方可流行。"所谓太平之法,是依靠儒学所倡导的礼教以实现长治久安。他在《劝学行礼诏》中说:"建国重道,莫先于学;尊主庇民,莫先于礼。"国家"维持名教,奖饰彝伦",依靠的是儒学,因此要提倡儒学,任用通达儒学的人士管理国家事务。他高度肯定儒学的社会政治作用,在《简励学徒诏》中说:"儒学之道,训教生人,识父子君臣之义,知尊卑长幼之序,升之于朝,任之以职,故能赞理时务,弘益风范。"为保证有足够的儒学人才实施德治路线,需要建立学校机构以培养人才,并为他们开辟进仕之路。他公开声明学校为政治路线服务,就是要培养统治人才,在《简励学徒诏》中说"朕抚临天下,思弘德教,延集学徒,崇建庠序,开仕进之路,伫贤隽之人。"所以,他提倡"隆兹儒训",尊重儒学,开设学校。可见,隋代立国初期,依据政治路线确立文教方针政策,颁布法令。隋文帝的《劝学求言诏》《劝学行礼诏》都是具体表现。于是,自京师以至州郡,开始推广劝学行礼,中原地区的学校教育出现初步繁荣的局面。

隋文帝尊儒兴学的方针政策,在实施过程中虽有起伏,但基本未变,后来由隋炀帝继续推行。隋炀帝在大业元年(605年)的《劝学诏》中宣称:"君民建国,教学为先,移风易俗,必自兹始。……朕纂承洪绪,思弘大训,将欲尊师重道,用阐厥繇,讲信修睦,敦奖名教。"大业年间学校教育的发展规模超过开皇年代。但是，隋炀帝因享乐腐化，政治上存在严重错误，导致亡国，使初兴的官学受到挫折。

继隋而兴起的是唐。唐的创建者唐高祖李渊面临巩固政权和恢复社会秩序的任务。以李渊为首的统治集团，以隋为鉴戒，总结隋兴亡的经验教训，衡量其利弊，在政治上还是选择儒学作为主要的指导思想，走王道德治的路线。唐以儒学为指导思想，将尊儒的旗帜举得比隋还高，明确标示"崇儒兴学"的文教方针。武德二年（619年），李渊在《令国子学立周公孔子庙诏》中特别强调崇儒，声称："盛德必祀，义存方策，达人命世，流庆后昆。建国君临，宏风阐教，崇贤彰善，莫尚于兹。……惟兹二圣，道著生民，宗祀不修，孰明褒尚？朕君临区宇，兴化崇儒，永言先达，情深绍嗣。"武德七年，他在《兴学敕》中又进一步声称："自古为政，莫不以学为先。学则仁、义、礼、智、信五者俱备，故能为利深博。朕今欲敦本息末，崇尚儒宗，开后生之耳目，行先王之典训。"儒学重视德教，以教化为主要的政治手段，需要能推行教化的贤才充任政府官员，为此必然要兴学育才。因此，统治集团一旦选择崇儒，贯彻到教育领域，自然要兴学。武德年间崇儒兴学文教方针的确定，使学校得以恢复，奠定了以后继续发展的基础。

贞观年代，大臣们就治国路线开展了激烈的论争，结果是魏徵说服唐太宗李世民，选择王道路线，强调文治。李世民说："勘乱以武，守成以文，文武之用，各随其时。"他对不同阶段应该实行不同路线、政策有一定认识。对统治集团来说，国家转入和平建设时期，就是巩固政权与稳定社会的"守成"时期，需要改变政治手段，实施文治。李世民切实贯彻崇儒兴学的政策，采取了一系列有力的措施,促使贞观年代学校教育得到大发展。李世民对文治的作用,在《帝范》卷四《崇文篇》中有简明的论述:"夫功成设乐,治定制礼。礼乐之兴,以儒为本。弘风导俗,莫尚于文;敷教训人,莫善于学。因文而隆道,假学以光身。"在政治趋于稳定时期,应制礼作乐。礼乐的兴起,以儒学为根本。弘扬正气,善导习俗,需要依靠文教。普遍推行道德教化于民间,最好的方式是依靠学校。推行文治以贯彻王道路线,借助学校的学习,提高个人道德修养。贞观时期积极实施的文治,促使学校教育发展昌盛,在中国教育史上写下光辉的一页。李世民的继承人李治当政时,辅政的仍是贞观年间的大臣,崇儒兴学的方针得以继续执行。吏部侍郎刘祥道《陈铨选六事疏》言:"儒为教化之本,学者之宗,儒教不兴,风俗将替。今庠序遍于四海,儒生溢于三学,劝诱之方,理实为备……"可见,当时文教方针政策未变,学校教育发展的势头不减,延续于永徽、龙朔年代。

武则天当政时,文教方针发生大转折。她奉行尊佛抑儒的文教方针政策,强调科举选士,忽视学校育才,重用进士,轻视明经。佛教因统治者的支持而昌炽,儒学地位低落。政府所办的学校,纪律全面松懈,处于荒废状态。

唐玄宗李隆基当政的开元年代,否定尊佛抑儒的文教方针,重新奉行崇儒兴学的文教方针,使荒废的学校得到恢复和发展;通过发布新的教育法令,使教育制度进一步完善。

天宝以后的当政者虽也继续奉行崇儒兴学的方针政策,以贞观和开元的文教为榜样,进行过几次整顿,但由于中央集权的力量趋于衰落,难以再创辉煌。至唐末五代,社会再度处于动乱之中,虽也有人标榜要复兴学校,但实际上有心无力。

以上情况说明,统治集团在具体历史条件下的实际利益决定了对政治路线的选择,而政治路线又制约文教方针政策的确定。方针政策是教育制度的核心。方针政策的贯彻执行,也需要有一定的社会政治条件。

二、 教育管理机构的建立

隋代因教育事业发展,需要加强管理,适应这种需要,针对教育事业的管理设置了独立的机构。这与隋文帝对政治管理体制的改革密切相关。

隋文帝即位后,对北周混乱的政府机构进行了较大的改革,建立三省六部二台十一寺作为中央政府的主要机关。新体制的核心是三省六部,尚书省是管理全国政务的中心机构,下属的六部尚书分统全国政务。这种体制自隋定形,为唐所沿袭和进一步完善。

隋的中央官学国子学,照旧例隶属于主管礼乐事务的太常寺。至开皇十三年(593年),国子学才从太常寺分离,成为与太常寺平行的机构,称国子寺,统国子学、太学、四门学、书学、算学。从行政管理的职权归属来说,国子寺的上级机关应是尚书省的礼部。实际上,它在分置后直接对皇帝负责,是中央政府的一个独立的教育管理机构。仁寿年间,国子寺一度受整顿,改称国子学。隋炀帝即位后,于大业三年(607年)改国子学为国子监。国子监既是国家最高学府,又是中央政府的一个独立的教育管理机构。

中央教育机构从附属地位改变为独立设置,在教育发展史上有重要历史意义,标志着国家对培养统治人才的重视,对教育事业的管理进入新的历史阶段,并标志着学校规模扩大,事务复杂,学校管理开始走向专门化。

唐代继承隋代中央集权的行政管理体制,重建三省六部为中央政府的核心机构。尚书省六部是中央行政管理中枢,"凡中外百司之事,由于所属咸质正焉"。九寺五监是中央政府的办事机构,都要直接对皇帝负责。尚书六部的地位高于九寺五监,因六部掌政令,而寺监掌事务,六部是寺监的上级机关,而寺监则是六部的下属办事机构,寺监接受六部的统调指导,也可提出驳议。这种关系表明唐代的行政有较大的改进,权职更为分明,效率也有提高。

六部之中,礼部分工掌管礼仪、祭祀、燕飨、贡举之政令。礼部下属的礼部司掌管礼乐、学校、图书等。可见,礼部是分工管理全国教育事务的部门,礼部司是具体执行督查的。国子监作为下级办事机构,承受政令于礼部。礼部司下达的政令执行完毕,国子监必须"申复所司"。

国子监只管理所属的六学(后增广文馆)。京都其他学校非国子监所属的,由主办机关管理,如天文历法学校由太史局管理,医药学校由太常寺管理,兽医学校由太仆寺管理,等等。

唐代地方教育机构由地方各级行政长官进行领导管理。《唐六典》卷三〇规定刺史的职责是:"掌清肃邦畿,考核官吏,宣布德化,抚和齐人,劝课农桑,教谕五教。"刺史在地方行政上负责全面管理。长史或司马是刺史的副手,其职责是:"掌贰府州之事,以纪纲众务,通判列曹,岁终则更入奏计。"长史或司马是文教事务的实际主管者。《新唐书》卷四四《选举志上》载:"州县学生,州县长官补,长史主焉。"学生的入学、毕业、选拔事务由长史主管。州县又分设列曹管理各方事务,其中有功曹。《唐六典》载:"功曹、司功参军,掌官吏考课、假使、选举、祭祀、祯祥、道佛、学校、表疏、书启、医药、陈设之事。"州行政区内具体管理学校、选举、官吏考课等事务的是司功的司功参军。直接负责州学教学及管理的是州经学博士与助教。

在县行政区一级，县令负责全面领导，县丞是县令的副手。县与州相应，也分曹管理县内事务，其中司功佐掌管与州司功参军相应的事务，直接负责县学的教学与管理的是县博士与助教。

总而言之，教育管理制度是国家行政管理制度的一部分。隋所创设的国家行政管理体制，到了唐才进一步完备。唐以尚书省为全国政务中枢，礼部主管全国教育。在京都设置的学校根据不同的情况，采用不同的方式实施管理。集中专设的学校归国子监进行管理，分散附设的学校以主办部门长官为主进行管理。在地方设置的州县学校机构都责成州县的首长负责。州县首长之下，设有分工的部门管事，其中管学校教育是司功的职权。一州管数县，州的职权更大些。地方教育事业以州的管理为主，全国完全统一的垂直的教育管理系统还没有建立。

三、 封建国家教育体系的形成

隋唐五代封建国家的教育事业，由政府办的官学和民间办的私学两大部分组成。中央政府首先关注的是官学，尤其是中央官学，这是国家官员的培养中心。国家为了官学的建设和发展，往往颁布诏令、任命学官、修建学舍、招收生员、提供经费、定期考察，期待学校培养"德为代范，才任国用"的贤才。官学培养人才的类型也呈现多样化，不再局限于培养经学和文史人才，不仅培养通用型的儒学人才，也培养明法、明书、明算、明医、明天文历法等的专门人才。在学校设置方式上，不仅有独立设置的如国子监等大规模的学校，也有附设于政府事务部门的学校。如太医署，既是中央政府医务管理机构，又负责医疗业务，有医务人才和医疗设备条件，附设了医药学校，成为行政、业务、教学三者合一的机构，教学过程与医务实践统一，更有利于实用人才的培养。

在地方官学的发展方面，隋文帝时已加重视，要求对州县学勤加教训，严加考课。唐代政府对州县学更加强调：武德初，令州、县、乡皆置学，对州县学规定了生员名额；贞观时，扩充了州县学的名额，州设置医学；唐高宗时，令州县官修葺州县学；唐玄宗时，令州县学对百姓开放，"其欲寄州县学授业者，亦听"，并令州县学每年举送学生入四门学。唐代政府在法令上规定了州县学的人员编制和学生数量，并规定州县学举送一定名额学生入四门学，这使中央官学与地方官学有了固定的上下联系和稳定的生员。政府期望地方官学在三方面发挥主要作用：其一，为中央官学输送合格的学生；其二，为科举考试输送考生；其三，为地方上宣布德化起示范作用。据《新唐书》卷三七《地理志一》记载，贞观十四年（640 年），全国有三百六十个州府，一千五百五十七个县。按这样的地方行政区设置州县学，形成一个全国的学校网，这是中国历史上没有过的，也是当时世界上独一无二的教育大布局。

私学与官学相对而存在。由于政府所办的官学在每一州县限于一所，学校数量有限，名额也有限，因此不能满足封建经济繁荣发展时期人们学习文化的要求。调剂教育供应，利用私学的自发补充作用，是满足人们学习需要的较有效的办法。隋唐五代时期，政府提倡私学，让其自由发展，并在法令上保证其合法地位，私学获得发展的好时机。父母教子女的家教、家学，民间合办的村学、乡学,较高层次的经师讲学,专家的学术或技艺传授等教学组织形式,因适应民众学习文化的需要而多层次发展。私学遍布城乡,大量存在的是处于乡间的私塾、村学,其次才是私人的经学传授。书院是由私人读书、藏书场所发展而来的新的私人教学组织形式,出现于唐中期,发展于唐末五代。当社会处在变动不居阶段,官学停滞甚至萎缩,人们转向书院,促使书院逐步发展,在文化传播和人才培养方面发挥着重要的作用。

虽然私学的办学主体不同于官学,组织管理的方式也不同于官学,但在教育目标、教育内容上与官学基本不矛盾。因此,官学与私学并存而不相扰,两者之间存在重要的联系。官学从专经阶段开始,不办识字启蒙的初级教育,此项任务由私学来完成。因此,私学为学生入官学作准备。私学有各种层次,官学的数量不足需要依靠私学来调剂补充。私学有更多灵活选择,有更宽的知识面,成为官学的竞争者。

私学和官学不是互不联通的双轨,不存在不可逾越的鸿沟。已入官学而不满学规的约束、教学内容的贫乏、学风的不良的学生,可要求退出官学,转入私学。私学学生为享受政府优待、追求科举功名,可以参加考试,由州县长官选拔优秀者以补缺额,转为州县学生。因此,官学与私学存在互转互通的可能。

官学和私学在传递文化、培养人才、宣扬道德、移风易俗等方面发挥不同的作用,这些作用因条件不同而有盛衰变化。一般来说,官学的盛衰取决于政治路线、文教政策、管理制度、社会安定等因素,统治者的思想倾向和作为有重要影响。几个因素如不起积极作用而起消极作用,会导致官学发生挫折、转向、停滞乃至倒退。官学的衰落将给私学带来影响。社会的文化需求不能从官学获得相应满足,自然就转向私学寻求。社会需求成为推动私学发展的动力。私学"替补"官学,担负起了传播文化与培养人才的历史使命。因此,在不同历史阶段的不同社会条件下,官学和私学之社会作用的大小是有变化的,所处的主次地位有时是互换的。

官学和私学共同构成隋唐封建国家的教育体系,两者都是不可缺少的一部分。官学由政府办理并与科举选才直接挂钩,成为封建教育的骨干。私学因适应社会需要,获得民众支持,具有多层次、多类型、灵活机动的特点,有较强的生命力,其数量还多于官学,分布也更广泛,不会全部停顿。私学接受国家文教政策调控,不会增加国家的财政负担,成为官学的重要补充。政府不担心私学,鼓励私学发展,原因正在于此。

四、 学校管理制度的完备

隋唐教育制度与前代比较还有一个特点,即学校内部管理制度趋于完备。尤其是唐代中央官学国子监,继承传统,总结实践经验,将一些必要的措施予以制度化,并写入国家法典《唐六典》,成为永久性的学令。以下几项管理制度,显示了学校教育管理制度的新发展。

(一)入学制度:封建等级性在国子监入学制度的规定中有明显的表现。学令规定,文武三品的子孙进国子学为国子生,文武五品以上的子孙进太学为太学生,文武七品之子进四门学为四门生,文武八品以下之子可以进律学、书学、算学为学生。庶民之子俊异者或学有所专者,经州长史考选,可以升四门学或律学、书学、算学。可见,贵族官僚子弟享有受教育特权,可以按品级进入规定的学校,而庶民子弟只有通过考试选拔,部分表现优秀的人才可以进入四门学。这种制度显然不平等,但它毕竟为庶民子弟中的优者开辟了一条接受高等教育之路,为其参与政治准备了条件。

(二)学礼制度:学令对多项在学校中举行的典礼作了规定。初入学择日行束脩礼,仪式庄重,学生送束帛一篚、酒一壶,修一案,其根本意义在于表示尊师重道。天子视学典礼最为隆重,其次是皇太子齿胄,均要朝官观礼,祭酒执经讲义,学生群集观听。春秋释奠礼是学校定期举行的重要典礼,祭酒要集合诸生,执经论议,奏请在京文武七品以上官员到场观礼。这种大规模的典礼一年有两次,表明统治阶级崇儒敬学。参加这些典礼活动,对学生有重要的教育作用。

(三)教学制度:明确教学人员的职责,品级不同,有不同任务。其中,博士分经教授,助教掌助博士分经教授,直讲掌助博士助教以经术教授。进行经学教育与专门教育的各类学校,依据各自的培养目标设置自成体系的课程,但都包含三类课程,即公共必修、专业必修、余暇兼修。各类课程均用国家规定的教材,经学则用孔颖达主持编撰的《五经正义》。学完规定课程,达到培养目标,就可以结业。经学已通两经者可结业,但愿留监继续学者,四门生可升太学生,太学生可升国子生。这些制度使教学做到责任到人,保证教学质量并有序进行。

(四)考核制度:对学生的考试有多种,其中旬试于旬假前一日试所习学业,由博士主持,试读、试讲两种方式兼用,总试三条;岁试于年终举行,考试一年所习学业,问大义十条。各学将每岁完成学业的学生名单上报国子监,合格而登第者的名单先禀明祭酒,然后上报尚书省礼部。对学官也有考核,每岁终考学官训导功业之多少,据此为之殿最。

(五)惩罚制度:对不听从师教、品行不端的学生,上报后令其退学;旬试成绩太差,全不通或仅通一条者,斟量处罚;连续三年考试成绩都在下等,在学累计已九年或为律生已六年而考试未能达毕业标准的,上报后令其退学;演杂戏作乐而违反监中禁令的,休假超过限期而不如期归学的,均予以退学处分。

(六)休假制度:前代的休假制度缺乏文献记载,而唐代的休假制度是由中央政府统一规定的,有明确的记载。法定的假期有三种:每旬十日,最后一日休假,称"旬假";五月是黄河流域麦收季节,放假十五日,让学生回乡省亲,称"田假";九月天气转凉,让学生回家取寒衣,放假十五日,称"授衣假"。若路程超过二百里,则按远近增加路程假。

以上几项管理制度,从学校管理的角度考察是具有理论意义的。其中,前两项是封建时代特征的体现;后四项是各个时代的学校都要考虑的,至今还有现实意义,要根据时代条件作调整。

五、 科举考试制度对学校教育的制约

中国古代选士制度至隋代发生重要变革,废除了魏晋南北朝以来的九品中正制,渐次代之以科举考试制度。隋文帝开皇七年(587年),令州每岁贡士三人,选送的标准是:文章华美、才华尤为突出的人,可应秀才科。开皇十八年,令以志行修谨、清平干济两科举人,显示了以德才为选士的新标准。隋炀帝大业三年(607年),令以十科举人,其中有名的学业优敏科实即明经科,文才秀美科实即进士科。有的学者认为这是科举制度建立的标

志。科举是选士的新制度,特点是:不管门第出身如何,只问个人才学高低,通过公开的考试竞赛,进行人才选拔。其作用是:以平等的机会吸引各阶层人士参加选拔,以参加国家事务管理,从而打破士族世家对政权的长期垄断,巩固封建政权的社会基础。隋代创始的科举制度为唐代所继承。

参加科举考试的举子有两个来源,一是州县馆监生徒,二是乡贡士人,前者出自官学,后者出自私学。不论是官学还是私学,都是人才的来源,人才来源于学校。

通过科举考试选拔人才,其根本乃在于人才的培养,如此方有可能长期进行人才选拔。社会承担人才培养职能的机构是学校,所以统治集团对学校予以一定的重视,把培养人才与选拔人才密切联系起来,作为选拔人才的前提条件,归入选拔人才的范围。正是基于这种认识,学校是人才的基本来源。《新唐书》首创《选举志》,就把当时的学校制度放在其中介绍,并指明学校培养的人才只有参加科举考试,才有正式的政治出路。为使学生参加科举考试,并能在激烈的竞争中名列前茅而登第,学校在课程内容、教学方法方面都要适应科举的需要,为科举考试作好准备。所以,科举考试制度影响了学校的课程内容和教学方法。学校的考试采取科举考试的方式,几乎等于科举考试的预演。

科举考试制度在不同的发展阶段,对学校教育产生了不同的影响。科举考试制度对学校教育产生积极影响是在实行初期。科举考试制度给人们带来一种参与竞争的机会,经过考试,有参与政治、提高社会地位的可能。因此,科举考试制度调动了人们学习文化的积极性,要求入学的人数大为增加,促进了学校教育的发展。当时科举考试还没有成为统治集团选拔的主要途径,其他吸收人才、任用人才的制度还在实行。学校培养的人才可以直接被任用或经推荐而被任用，也可以参加科举，科举还不是唯一的政治出路。所以，学校还有相对的独立自主性，培养人才不只是为了适应科举考试需要。随着社会政治的发展，统治集团发生人事变迁，统治者日渐重视科举，由侧重科举发展到人才选拔完全依靠科举，对学校日益忽视。个别统治者甚至视学校可有可无，任其自生自灭。统治者不重视培养人才，而只顾选拔人才。此时，学校仅作为科举预备场所，完全围绕科举需要提供服务，因而成为科举的附属。可见，科举与学校的关系有一个相互影响的发展过程。当科举处于支配教育的地位时，它也就妨碍了学校的发展。所以，后来为了发展学校，就需要改革科举，不改革科举，学校也就难以正常发展。

以上是完成《隋唐五代教育制度文献集成》后，我感到需要向读者说明的几个问题。

本书所收集的隋唐五代教育制度史料，均来自中文的文献材料，不涉及外文的文献材料。隋唐五代的文献材料浩繁，而有关教育制度的材料则颇为分散，直接属于教育制度史料的较为有限，现略微扩大一点范围，将有间接关系的资料也收入一些。书中可能存在疏漏和史料归类不妥之处，敬请专家学者指正。

协助本书所涉教育制度史料选编工作的，先后有张建仁、黄碧霞、孙璟、黄红漫、张学强、胡国勇等同志，在此衷心感谢诸位所做的一切工作。

孙培青

二〇二〇年三月

第一编　教育政策法令

第二编　教育行政机构

第三编　官　学　制　度

第四编　私　　学

第五编　科举考试制度

第六编　接待多方学生

第一编

教育政策法令

第一章

方针政策

　　自正朔不一，将三百年，师说纷纶，无所取正。高祖膺期纂历，平一寰宇，顿天网以掩之，贲旌帛以礼之，设好爵以縻之，于是四海九州强学待问之士靡不毕集焉。天子乃整万乘，率百僚，遵问道之仪，观释奠之礼。博士罄悬河之辩，侍中竭重席之奥，考正亡逸，研核异同，积滞群疑，涣然冰释。于是超擢奇隽，厚赏诸儒，京邑达乎四方，皆启黉校。齐、鲁、赵、魏，学者尤多，负笈追师，不远千里，讲诵之声，道路不绝。中州儒雅之盛，自汉、魏以来，一时而已。及高祖暮年，精华稍竭，不悦儒术，专尚刑名，执政之徒，咸非笃好。暨仁寿间，遂废天下之学，唯存国子一所，弟子七十二人。炀帝即位，复开庠序，国子郡县之学，盛于开皇之初。征辟儒生，远近毕至，使相与讲论得失于东都之下，纳言定其差次，一以闻奏焉。于时旧儒多已凋亡，二刘拔萃出类，学通南北，博极今古，后生钻仰，莫之能测。所制诸经义疏，搢绅咸师宗之。既而外事四夷，戎马不息，师徒怠散，盗贼群起，礼义不足以防君子，刑罚不足以威小人，空有建学之名，而无弘道之实。其风渐坠，以至灭亡，方领矩步之徒，亦多转死沟壑。凡有经籍，自此皆湮没于煨尘矣。遂使后进之士不复闻《诗》《书》之言，皆怀攘夺之心，相与陷于不义。《传》

曰:"学者将植,不学者将落。"然则盛衰是系,兴亡攸在,有国有家者可不慎欤! 诸儒有身没道存,遗风可想,皆采其余论,缀之于此篇云。

《隋书》卷七五《儒林传》,中华书局一九七三年版

门下:法无内外,万善同归;教有浅深,殊途共致。朕伏膺道化,念存清静,慕释氏不贰之门,贵老生得一之义,总齐区有,思至无为。若能高蹈清虚,勤求出世,咸可奖劝,贻训垂范。山谷闲远,含灵韫异,幽隐所好,仙圣攸居。学道之人,趣向者广,石泉栖息,岩薮去来,形骸所待,有须资给。其五岳之下,宜各置僧寺一所。(开皇元年闰三月)

《全上古三代秦汉三国六朝文·全隋文》卷一《文帝·

五岳各置僧寺诏》,中华书局一九五八年版

高祖受禅,昂疾愈,加上开府,拜潞州刺史。昂见天下无事,可以劝学行礼,因上表曰:

臣闻帝王受命,建学制礼,故能移既往之风,成惟新之俗。自魏道将谢,分割九区,关右、山东,久为战国,各逞权诈,俱殉干戈,赋役繁重,刑政严急。盖救焚拯溺,无暇从容,非朝野之愿,以至于此。晚世因循,遂成希慕,俗化浇敝,流宕忘反。自非天然上哲,挺生于时,则儒雅之道,经礼之制,衣冠民庶,莫肯用心。世事所以未清,轨物由兹而坏。

伏惟陛下禀灵上帝,受命昊天,合三阳之期,膺千祀之运。往者周室颓毁,区宇沸腾,圣策风行,神谋电发,端坐廊庙,荡涤万方,俯顺幽明,君临四海。择万古之典,无善不为,改百王之弊,无

恶不尽。至若因情缘义，为其节文，故以三百三千，事高前代。然下土黎献，尚未尽行。臣谬蒙奖策，从政藩部，人庶轨仪，实见多阙，儒风以坠，礼教犹微，是知百姓之心，未能顿变。仰惟深思远虑，情念下民，渐被以俭，使至于道。臣恐业淹事缓，动延年世。若行礼劝学，道教相催，必当靡然向风，不远而就。家知礼节，人识义方，比屋可封，辄谓非远。

《隋书》卷四七《柳昂传》，中华书局一九七三年版

建国重道，莫先于学，尊主庇民，莫先于礼。自魏氏不竞，周、齐抗衡，分四海之民，斗二邦之力，递为强弱，多历年所。务权诈而薄儒雅，重干戈而轻俎豆，民不见德，唯争是闻。朝野以机巧为师，文吏用深刻为法，风浇俗弊，化之然也。虽复建立庠序，兼启黉塾，业非时贵，道亦不行。其间服膺儒术，盖有之矣，彼众我寡，未能移俗。然其维持名教，奖饰彝伦，微相弘益，赖斯而已。王者承天，休咎随化，有礼则祥瑞必降，无礼则妖孽兴起。人禀五常，性灵不一，有礼则阴阳合德，无礼则禽兽其心。治国立身，非礼不可。

朕受命于天，财成万物，去华夷之乱，求风化之宜。戒奢崇俭，率先百辟，轻徭薄赋，冀以宽弘。而积习生常，未能惩革，闾阎士庶，吉凶之礼，动悉乖方，不依制度。执宪之职，似塞耳而无闻，莅民之官，犹蔽目而不察。宣扬朝化，其若是乎？古人之学，且耕且养。今者民丁非役之日，农亩时候之余，若敦以学业，劝以经礼，自可家慕大道，人希至德。岂止知礼节，识廉耻，父慈子孝，兄恭弟顺者乎？始自京师，爰及州郡，宜祗朕意，劝学行礼。

自是天下州县皆置博士习礼焉。

《隋书》卷四七《柳昂传》，中华书局一九七三年版

朕君临区宇，深思治术，欲使生人从化，以德代刑，求草莱之善，旌闾里之行。民间情伪，咸欲备闻。已诏使人，所在赈恤，扬镳分路，将遍四海，必令为朕耳目。如有文武才用，未为时知，宜以礼发遣，朕将铨擢。其有志节高妙，越等超伦，亦仰使人就加旌异，令一行一善奖劝于人。远近官司，遐迩风俗，巨细必纪，还日奏闻。庶使不出户庭，坐知万里。（开皇三年十一月己酉）

《隋书》卷一《高祖纪上》，中华书局一九七三年版

往以吴、越之野，群黎涂炭，干戈方用，积习未宁。今率土大同，含生遂性，太平之法，方可流行。凡我臣僚，澡身浴德，开通耳目，宜从兹始。丧乱已来，缅将十载，君无君德，君失臣道，父有不慈，子有不孝，兄弟之情或薄，夫妇之义或违，长幼失序，尊卑错乱。朕为帝王，志存爱养，时有臻道，不敢宁息。内外职位，遐迩黎人，家家自修，人人克念，使不轨不法，荡然俱尽。兵可立威，不可不戢，刑可助化，不可专行。禁卫九重之余，镇守四方之外，戎旅军器，皆宜停罢。代路既夷，群方无事，武力之子，俱可学文，人间甲仗，悉皆除毁。有功之臣，降情文艺，家门子侄，各守一经，令海内翕然，高山仰止。京邑庠序，爰及州县，生徒受业，升进于朝，未有灼然明经高第。此则教训不笃，考课未精，明勒所由，隆兹儒训。官府从宦，丘园素士，心迹相表，宽弘为念，勿为蹜促，乖我皇猷。

朕君临区宇，于兹九载，开直言之路，披不讳之心，形于颜色，劳于兴寝。自顷逞艺论功，昌言乃众，推诚切谏，其事甚疏。公卿士庶，非所望也，各启至诚，匡兹不逮。见善必进，有才必举，无或

嗫默,退有后言。颁告天下,咸悉此意。(开皇九年夏四月壬戌)

《隋书》卷二《高祖纪下》,中华书局一九七三年版

〔开皇十六年〕六月甲午,制工商不得进仕。

《隋书》卷二《高祖纪下》,中华书局一九七三年版

〔仁寿元年六月〕乙丑,诏曰:"儒学之道,训教生人,识父子君臣之义,知尊卑长幼之序,升之于朝,任之以职,故能赞理时务,弘益风范。朕抚临天下,思弘德教,延集学徒,崇建庠序,开进仕之路,伫贤隽之人。而国学胄子,垂将千数,州县诸生,咸亦不少。徒有名录,空度岁时,未有德为代范,才任国用。良由设学之理,多而未精。今宜简省,明加奖励。"于是国子学唯留学生七十人,太学、四门及州县学并废。其日,颁舍利于诸州。

《隋书》卷二《高祖纪下》,中华书局一九七三年版

〔仁寿二年闰十月〕己丑,诏曰:"礼之为用,时义大矣。黄琮苍璧,降天地之神,粢盛牲食,展宗庙之敬,正父子君臣之序,明婚姻丧纪之节。故道德仁义,非礼不成,安上治人,莫善于礼。自区宇乱离,绵历年代,王道衰而变风作,微言绝而大义乖,与代推移,其弊日甚。至于四时郊祀之节文,五服麻葛之隆杀,是非异说,踳驳殊途,致使圣教凋讹,轻重无准。朕祗承天命,抚临生人,当洗涤之时,属干戈之代。克定祸乱,先运武功,删正彝典,日不暇给。今四海乂安,五戎勿用,理宜弘风训俗,导德齐礼,缀往圣之旧章,兴先王之茂则。尚书左仆射、越国公杨素,尚书右仆射、邳国公苏威,吏部尚书、奇章公牛弘,内史侍郎薛道衡,秘书丞许善心,内史

舍人虞世基，著作郎王劭，或任居端揆，博达古今，或器推令望，学综经史。委以裁缉，实允佥议。可并修定五礼。"

《隋书》卷二《高祖纪下》，中华书局一九七三年版

〔仁寿三年〕秋七月丁卯，诏曰：

日往月来，唯天所以运序，山镇川流，唯地所以宣气。运序则寒暑无差，宣气则云雨有作，故能成天地之大德，育万物而为功。况一人君于四海，睹物欲运，独见致治，不藉群才，未之有也。是以唐尧钦明，命羲、和以居岳；虞舜叡德，升元、凯而作相。伊尹鼎俎之媵，为殷之阿衡，吕望渔钓之夫，为周之尚父。此则鸣鹤在阴，其子必和，风云之从龙虎，贤哲之应圣明，君德不回，臣道以正，故能通天地之和，顺阴阳之序，岂不由元首而有股肱乎？

自王道衰，人风薄，居上莫能公道以御物，为下必蹑私法以希时。上下相蒙，君臣义失，义失则政乖，政乖则人困。盖同德之风难嗣，离德之轨易追，则任者不休，休者不任，则众口铄金，戮辱之祸不测。是以行歌避代，辞位灌园，卷而可怀，黜而无愠，放逐江湖之上，沉①赴河海之流，所以自洁而不悔者也。至于闾阎秀异之士，乡曲博雅之儒，言足以佐时，行足以励俗，遗弃于草野，埋灭而无闻，岂胜道哉！所以览古而叹息者也。

方今区宇一家，烟火万里，百姓乂安，四夷宾服，岂是人功，实乃天意。朕惟夙夜祗惧，将所以上嗣明灵，是以小心励己，日慎一日。以黎元在念，忧兆庶未康，以庶政为怀，虑一物失所。虽求傅岩，莫见幽人，徒想崆峒，未闻至道。唯恐商歌于长夜，抱关于夷

---

① "沉"，原本作"沈"，此处按现代汉语用法改，下同。

门,远迹犬羊之间,屈身僮仆之伍。其令州县搜扬贤哲,皆取明知今古,通识治乱,究政教之本,达礼乐之源。不限多少,不得不举。限以三旬,咸令进路。征召将送,必须以礼。

《隋书》卷二《高祖纪下》,中华书局一九七三年版

〔大业元年闰七月〕丙子,诏曰:

君民建国,教学为先,移风易俗,必自兹始。而言绝义乖,多历年代,进德修业,其道浸微。汉采坑焚之余,不绝如线,晋承板荡之运,扫地将尽。自时厥后,军国多虞,虽复黉宇时建,示同爱礼,函丈或陈,殆为虚器。遂使纡青拖紫,非以学优,制锦操刀,类多墙面。上陵下替,纲维靡立,雅缺道消,实由于此。

朕纂承洪绪,思弘大训,将欲尊师重道,用阐厥繇,讲信修睦,敦奖名教。方今宇宙平一,文轨攸同,十步之内,必有芳草,四海之中,岂无奇秀!诸在家及见入学者,若有笃志好古,耽悦典坟,学行优敏,堪膺时务,所在采访,具以名闻,即当随其器能,擢以不次。若研精经术,未愿进仕者,可依其艺业深浅,门荫高卑,虽未升朝,并量准给禄。庶夫恂恂善诱,不日成器,济济盈朝,何远之有!其国子等学,亦宜申明旧制,教习生徒,具为课试之法,以尽砥砺之道。

《隋书》卷三《炀帝纪上》,中华书局一九七三年版

〔大业八年九月〕己丑,诏曰:"军国异容,文武殊用,匡危拯难,则霸德攸兴;化人成俗,则王道斯贵。时方拨乱,屠贩可以登朝,世属隆平,经术然后升仕。丰都爱肇,儒服无预于周行,建武之朝,功臣不参于吏职。自三方未一,四海交争,不遑文教,唯尚

武功。设官分职,罕以才授,班朝治人,乃由勋叙,莫非拔足行阵,出自勇夫,教学之道,既所不习,政事之方,故亦无取。是非暗于在己,威福专于下吏,贪冒货贿,不知纪极,蠹政害民,实由于此。自今已后,诸授勋官者,并不得回授文武职事,庶遵彼更张,取类于调瑟,求诸名制,不伤于美锦。若吏部辄拟用者,御史即宜纠弹。"

《隋书》卷四《炀帝纪下》,中华书局一九七三年版

若夫惟道惟德,或仁或义,既渐散于英华,遂崩沦于礼乐。天生大圣,是曰宣尼,虽有制作之才,而无帝王之位。膺斯命世,塞厄补空,述万代之典谟,为百王之师表。始于汉魏,爰逮周齐,历代追封,秉圭不绝。我大隋炎灵启运,翼下降生,继大庭之高踪,绍唐帝之遐统。宪章古昔,礼乐惟新,偃伯修文,尊儒重学,以孔子三十二世孙、前太子舍人、吴郡主簿嗣悊封绍圣侯。皇上万机在虑,兆庶贻忧,妙简才能,委之邑宰。于此周公余化,唯待一变之期;夫子遗风,自为百王之则。礼仪旧俗,余何足云?用能奉天旨,敬先师,劝孔宗,修灵庙,即曲阜陈明府其人也。明府名叔毅,字子严,颍川许昌人。(大业七年辛未岁七月甲申)

《全上古三代秦汉三国六朝文·全隋文》卷二八《仲孝陵·
陈叔毅修孔子庙碑》,中华书局一九五八年版

王伽,河间章武人也。开皇末,为齐州行参军,初无足称。后被州使送流囚李参等七十余人诣京师。时制,流人并枷锁传送。伽行次荥阳,哀其辛苦,悉呼而谓之曰:"卿辈既犯国刑,亏损名教,身婴缧绁,此其职也。今复重劳援卒,岂独不愧于心哉!"参等辞谢。伽曰:"汝等虽犯宪法,枷锁亦大辛苦。吾欲与汝等脱去,

行至京师总集,能不违期不?"皆拜谢曰:"必不敢违。"伽于是悉脱其枷,停援卒,与期曰:"某日当至京师,如致前却,吾当为汝受死。"舍之而去。流人咸悦,依期而至,一无离叛。上闻而惊异之,召见与语,称善久之。于是悉召流人,并令携负妻子俱入,赐宴于殿庭而赦之。乃下诏曰:"凡在有生,含灵禀性,咸知好恶,并识是非。若临以至诚,明加劝导,则俗必从化,人皆迁善。往以海内乱离,德教废绝,官人无慈爱之心,兆庶怀奸诈之意,所以狱讼不息,浇薄难治。朕受命上天,安养万姓,思遵圣法,以德化人,朝夕孜孜,意在于此。而伽深识朕意,诚心宣导。参等感悟,自赴宪司。明是率土之人非为难教,良是官人不加晓示,致令陷罪,无由自新。若使官尽王伽之俦,人皆李参之辈,刑厝不用,其何远哉!"于是擢伽为雍令,政有能名。

《隋书》卷七三《王伽传》,中华书局一九七三年版

唐高祖武德二年,诏曰:"盛德必祀,义存方策,达人命世,流庆后昆。建国君临,宏风阐教,崇贤章善,莫尚于兹。自八卦初陈,九畴攸叙,徽章既革,节文不备。爰始姬旦,主翊周邦,创设礼经,大明典宪。启生人之耳目,穷法度之本原,化起二南,业隆八百,丰功茂德,独冠终古。暨乎王道既衰,颂声不作,诸侯力争,礼乐陵迟。粤若宣尼,天资睿哲,经过齐、鲁之际,揖让洙、泗之间,综理遗文,宏宣旧制。四科之教,历代不刊;三千之徒,风流无歇。惟兹二圣,道著生民,宗祀不修,孰明褒尚?朕君临区宇,兴化崇儒,永言先达,情深绍嗣。宜令有司于国子学立周公、孔子庙各一所,四时致祭。仍博求其后,具以名闻,计考所宜,当加爵土。"

《册府元龟》卷五〇《帝王部》,中华书局一九六〇年版

择善任能，救民之要术；推贤进士，奉上之良规。自古哲王，弘风阐化，设官分职，唯才是与。然而岩穴幽居，草莱僻陋，被褐怀珠，无因自达。实资选众之举，固藉左右之容，义在搜扬，理归精确。是以贡士有道，爰致加锡之隆；无益于时，必贻贬黜之咎。末叶浇伪，名实相乖，举非其人，滥居班秩。流品所以未穆，庶职于是隳废。朕膺图驭宇，宁济兆民，思得贤能，用清治本。招选之道，宜革前弊；惩劝之方，式加恒典。苟有才艺，所贵适时，洁己登朝，无嫌自进。宜令京官五品以上及诸州总管、刺史各举一人。其有志行可录，才用未申，亦听自举。具陈艺能，当加显擢，授以不次。赏罚之科，并依别格。所司颁下，详加援引。务在奖纳，称朕意焉。（武德五年三月）

《唐大诏令集》卷一〇二《京官及总管刺史举人诏》，

商务印书馆一九五九年版

六经茂典，百王仰则。四学崇教，千载垂范。是以西胶东序，春诵夏弦，悦《礼》敦《诗》，本仁祖义，建邦立极，咸必由之。自叔世浇讹，雅道沦缺，绵历岁纪，儒风莫扇。隋季已来，丧乱滋甚，眷言篇籍，皆为煨烬。周孔之教，阙而不修。庠塾之仪，泯焉将堕。非所以阐扬徽烈，敦尚风轨，训民调俗，垂裕后昆。朕受命膺期，握图驭宇，思弘至道，冀宣德化，永言坟索，深存讲习，所以捃摭遗逸，招集散亡，诸生胄子，特加奖励。然而凋弊之余，埋替日多。学徒尚少，经术未隆。《子衿》之叹，无忘寝兴。方今函复既清，干戈渐戢。搢绅之业，此则可兴。宜下四方诸州，有明一经以上，未被升擢者，本属举送，具以名闻。有司议等，加阶叙用。其有吏民子弟，识性开敏，志希学艺，亦具名申送入京。量其差品，并即配学。明设考课，各使厉精。琢玉成器，庶其非远。州县及乡里，并令置学。官僚牧宰，或不存意，普便颁下，早遣修立。若夫安上治民，莫善于礼；出忠入孝，自家刑国；揖让俯仰，登降折旋，皆有节文，咸资端肃。罔习末业，随时废绝。凡厥生民，各宜勉厉。又释菜之礼，鼓箧之义，比多简略，更宜详备。仲春释奠，朕将亲览。所司具为条式，以时宣下。（武德七年二月）

《唐大诏令集》卷一〇五《置学官备释奠礼诏》，

商务印书馆一九五九年版

自古为政，莫不以学为先。学则仁、义、礼、智、信五者俱备，故能为利深博。朕今欲敦本息末，崇尚儒宗，开后生之耳目，行先王之典训。而三教虽异，善归一揆。岂有沙门事佛，灵宇相望；朝贤宗儒，辟雍顿废。公王已下，宁得不惭。朕今亲自观讲，仍征集四方胄子，冀日就月将，并得成业。礼让既行，风教渐改。使期门介士，比屋可封，横经庠序，皆遵雅俗。诸公王子弟，并宜率先，自相劝励。赐学官、胄子及五品已上各有差。（武德七年二月）

《唐大诏令集》卷一〇五《兴学敕》，商务印书馆一九五九年版

贞观元年，宴群臣，始奏《秦王破阵》之曲。太宗谓侍臣曰："朕昔在藩，屡有征讨，世间遂有此乐，岂意今日登于雅乐。然其发扬蹈厉，虽异文容，功业由之，致有今日，所以被于乐章，示不忘于本也。"尚书右仆射封德彝进曰："陛下以圣武戡难，立极安人，功成化定，陈乐象德，实弘济之盛烈，为将来之壮观。文容习仪，岂得为比。"太宗曰："朕虽以武功定天下，终当以文德绥海内。文武之道，各随其时。公谓文容不如蹈厉，斯为过矣。"德彝顿首曰：

"臣不敏,不足以知之。"

《旧唐书》卷二八《音乐志一》,中华书局一九七五年版

〔贞观元年春正月〕丁亥,上宴群臣,奏《秦王破阵乐》。上曰:"朕昔受委专征,民间遂有此曲,虽非文德之雍容,然功业由兹而成,不敢忘本。"封德彝曰:"陛下以神武平海内,岂文德之足此。"上曰:"勘乱以武,守成以文。文武之用,各随其时。卿谓文不及武,斯言过矣!"德彝顿首谢。

《资治通鉴》卷一九二《唐纪八》,中华书局一九五六年版

为君之道,处至极之尊,以亿兆为心,以万邦为意。理人必以文德,防边必以威武。孔子曰:"夫文之所加者深,则武之所服者大;德之所施者博,则威之所制者广。"不可以威武安民,不可以文德备塞。

《全唐文》卷一〇《太宗·金镜》,中华书局一九八三年版

贞观二年,太宗谓侍臣曰:"古人云:'君犹器也,人犹水也,方圆在于器,不在于水。'故尧、舜率天下以仁,而人从之;桀、纣率天下以暴,而人从之。下之所行,皆从上之所好。至如梁武帝父子,志尚浮华,惟好释氏、老氏之教,武帝末年,频幸同泰寺,亲讲佛经,百寮皆大冠高履,乘车扈从,终日谈论苦空,未尝以军国典章为意。及侯景率兵向阙,尚书郎已下,多不解乘马,狼狈步走,死者相继于道路。武帝及简文卒被侯景幽逼而死。孝元帝在于江陵,为万纽于谨所围,帝犹讲《老子》不缀,百寮皆戎服以听,俄而城陷,君臣俱被囚絷。庾信亦叹其如此,及作《哀江南赋》,乃云:

'宰衡以干戈为儿戏，缙绅以清谈为庙略。'此事亦足为鉴戒。朕今所好者，惟在尧、舜之道，周、孔之教，以为如鸟有翼，如鱼依水，失之必死，不可暂无耳。"

《贞观政要》卷六《慎所好第二十一》，

上海古籍出版社一九七八年版

唐房玄龄，太宗时为左仆射。贞观二年十二月，与国子博士朱子奢建议云："武德中，诏释奠于太学，以周公为先圣，孔子配享。臣以周公、尼父俱称圣人。庠序置奠，本缘夫子。故晋、宋、梁、陈及隋大业故事，皆以孔丘为先圣，颜回为先师。历代所行，古今通允。伏请停祭周公，升夫子为先圣，以颜回配享。"诏从之。

《册府元龟》卷六〇四《学校部》，中华书局一九六〇年版

太宗论自古政化得失，因曰："当今大乱之后，造次不可致化。"公对曰："不然。凡人居安乐则骄逸，骄逸则思乱，思乱则难化。在危困则忧死亡，忧死亡则思化，思化则易教。然则乱后易教，犹饥人易食也。"太宗曰："善人为邦百年，然后胜残去杀。大乱之后，将求致化，宁可造次而望乎？"公对曰："此指常人，不在圣哲。若圣哲施化，上下同心，人应如响，不疾而速，期月而可，信不为过，三年成功，犹谓其晚。"太宗深纳其言。右仆射封德彝等，咸共非之，曰："三代已后，人渐浇讹。故秦任法律，汉杂霸道，皆欲化而不能，岂能化而不欲。魏徵书生，不识时务。若信其虚论，必败乱国家。"公曰："五帝三王不易人而化，行帝道则帝，行王道则王，在于当时所化之而已。考之载籍，可得而知。昔黄帝与蚩尤七十余战，其乱甚矣！既胜之后，复致太平。九黎乱德，颛顼征

之，既克之后，不失其化。桀为乱虐，而汤放之，在汤之日，则得太平。纣为无道，武王伐之，成王之日，亦致太平。若言人渐浇讹，不返纯朴，至今应悉为鬼魅，宁可复得而教化耶？"德彝等无以难之，然咸以为不可。太宗力行不倦，三数年间，契丹、靺鞨内附，突厥破灭，部落列为编户。太宗每谓侍臣曰："贞观之初，人皆异论，云当今必不可行帝王道，唯魏徵劝我而已。我从其言，不过数载，遂得华夏安宁，远夷宾服。突厥，万代以来，常为勍敌，今头首并带刀宿卫，部落皆袭衣冠，使我不动干戈。数年之间，遂至于此，皆魏徵之力也。"又复谓公曰："玉虽有美质，在石间不值良工琢磨，与瓦砾不别，若遇良工，即为万代之宝。朕虽无美质，为公所切磋，约我以仁义，弘我以道德，使朕功业至此，公亦足为良匠，唯惜不得使封德彝见之。"公再拜，谢曰："匈奴破灭，海内康宁，自是陛下威德所致，实非群下之力，但喜逢明圣，不敢贪天之功。"太宗曰："朕能任公，公称所委，其功独在朕乎？何敢饰让也。"

《魏郑公谏录》卷三《对大乱之后大可致化》，

商务印书馆《丛书集成初编》本

　　朕以寡薄，嗣守鸿基。实资多士，共康庶政。虚己侧席，为日已久。投竿舍筑，罕值其人。自亲巡东夏，观省方俗，兴言至治，夕惕兢怀。然则齐、赵、魏、鲁，礼义自出；江、淮、吴、会，英髦斯在。山川所感，古今宁殊？载仁风猷，实劳梦想。宜令河北、淮南诸州长官，于所部之内，精加采访。其有孝悌淳笃，兼闲时务，儒术该通，可为师范，文词秀美，才堪著述，明识治体，可委字民，并志行修立、为乡闾所推者，举送洛阳宫。□给传乘，优礼发遣。当随其器能，擢以不次。若有老病不堪入朝者，具以名闻。庶岩穴

靡遗,俊乂可致。务尽搜扬之道,称朕意焉。(贞观十一年四月)

《唐大诏令集》卷一〇二《采访孝悌儒术等诏》,

商务印书馆一九五九年版

朕遐观前载,历选列辟,莫不贵此得人,崇兹多士。犹股肱之佐元首,譬舟楫之济巨川。若夫构大厦者,采众材于山岳;善为国者,求异人于管库。是以陶唐、有虞,揖让之圣帝也,非元、凯不能成茂功;商汤、姬发,革命之明王也,非伊、吕无以定祸乱。况乎齐桓中人之才,器非浚哲;汉武嗣业之主,志在骄奢。犹赖管仲、隰朋之用,平津、博陆之辅,既为五霸之长,亦称万代之宗。是知得士则昌,失人则乱。朕冕旒夙夜,虚心政道。虽天地效祉,宗社降灵,区宇晏如,俊乂咸事。尚恐山林薮泽,藏荆、隋之宝;卜筑屠钓,韫萧、张之奇。是以躬抚黎庶,亲观风俗,临河渭而伫英杰,眺箕颍而怀隐沦。亟移日月,空劳梦寐,而骊熊莫兆,商歌寂寥。岂混迹驽骀,未逢良、乐之顾;将毓德岩穴,方追禽、向之游? 望云路想,增其叹息。可令天下诸州,搜扬所部士庶之内,或识达公方,学综今古,廉洁正直,可以经国佐时;或孝悌淳笃,节义昭显,始终不移,可以敦风励俗;或儒术通明,学堪师范;或文章秀异,才足著述:并宜荐举,具以名闻。限来年二月总集泰山。庶独往之夫,不遗于板筑;藏器之士,方升于廊庙。务得奇伟,称朕意焉。(贞观十五年六月)

《唐大诏令集》卷一〇二《求访贤良来年二月

集泰山诏》,商务印书馆一九五九年版

高明之天,资星辰以丽象;博厚之地,藉川岳而成形。况帝王体元立极，临驭万物，字养生灵者乎？所以致理之君，远谗佞，近忠良，屈己以申人，故能成其化；为乱之主，亲不肖，疏贤臣，虐下以恣情，用能成其乱。明君遵彼而兴国，暗主行此以亡身。是以驭朽临冰，铭心自戒。宵兴旰食，侧席思贤。庶欲博访丘园①，采搜英俊，弼我王道，臻于大化焉。可令天下诸州，明扬侧陋。所部之内，不限吏人，其有服道栖仁，澄心砺操，出片言而标物范，备百行以综人师，质高视于琳琅，人不间于曾、闵，洁志丘园，扬名里闬。或甄明政术，晓达公方，禀木铎于孔门，受金科于郑相，奇谋间发，明略可以佐时，识鉴清通，伟才堪于干国。或含章杰出，命世挺生，丽藻遒文，驰楚泽而方驾，钩深睹奥，振梁苑以先鸣，业擅专门，词抽载笔。或辩雕春囿，谈莹秋天，发研几于一言，起飞电于三寸，蓄斯奔箭，未遂扬庭。并宜推择，咸同举荐，以礼将送，具状表闻。限以今冬，并与考使同赴。庶拟焚林之举，咸矫翼于岩廊；尺木之阶，方振鳞于游雾。翘心俊乂，称朕意焉。（贞观二十一年六月）

《唐大诏令集》卷一〇二《搜访才能诏》，

商务印书馆一九五九年版

夫功成设乐，治定制礼。礼乐之兴，以儒为本。弘风导俗，莫尚于文；敷教训人，莫善于学。因文而隆道，假学以光身。不临深溪，不知地之厚；不游文翰，不识智之源。然则质蕴吴竿，非括羽不美；性怀辨慧，非积学不成。是以建明堂，立辟雍，博览百家，精研六艺。端拱而知天下，无为而鉴古今，飞英声，腾茂实，光于天下不朽者，其唯为学乎！此崇文之术也。

---

① "丘"，他本或作"邱"。"邱园"同"丘园"，全书统一使用"丘园"。

斯二者递为国用。至若长气亘地,成败定乎锋端;巨浪滔天,兴亡决乎一阵。当此之时,则贵干戈而贱庠序。及乎海岳既宴,波尘已清,偃七德之余威,敷九功之大化。当乎此际,则轻甲胄而重诗书。是知文武二途,舍一不可;与时优劣,各有其宜。武士儒人,焉可废也。

《帝范》卷四《崇文篇》,商务印书馆《丛书集成初编》本

殷宗迈德,化致升平;周王显仁,政称刑措。太宗文皇帝神明配德,灵武兼资,扫欃枪而王区夏,混阴阳而作天地。以此大业,留属微躬。虽复琯变星霜,而心婴茶毒。州郡之长,能修厥职,礼义兴行,奸回自屏,刑宪不苛,孤茕是赖。有司询访,宜以名闻。有一于此,当超不次。其有经明行修,谈讲精熟,具此严才,堪膺教胄者;志节高妙,识用清通,博闻强正,终堪卿辅者;游情文藻,下笔成章,援心处事,端平可纪者;疾恶扬善,依忠履义,执持典宪,终然不移者:京司长官、上都督府及上州各举二人,中下州刺史各举一人。前代忠鲠,身死王门,子孙才堪任官而留滞停移者,既想遗风,尤宜旌举。(贞观二十三年九月)

《全唐文》卷一一《高宗·令京司长官上都督府诸州举人诏》,中华书局一九八三年版

朕受命上玄,嗣膺下武,每肃恭旒冕,延想英奇。俯振鹭而企贞臣,仰飞鸿而慕良辅。云台仄席,玉管屡移;宣室整衣,金壶亟改。寂寥靡观,鉴寐兴怀。比虽年常进举,遂无英俊。犹恐栖岩穴以韬奇,乐丘园而晦影。宜令河南、河北、江淮已南州县,或纬俗之英,声驰管乐;或济时之器,价逸萧、张,学宰帝师,材堪栋

辅者,必当位之不次。可明加采访,务尽才杰,州县以礼发遣。(显庆元年十月)

《唐大诏令集》卷一〇二《河南河北江淮采访才杰诏》,

商务印书馆一九五九年版

　　按新礼,孔子为先圣,颜回为先师。又准贞观二十一年诏,亦以孔子为先圣,更以左丘明①等二十二人,与颜回俱配尼父于太学,并为先师。今据永徽令文,改用周公为先圣,遂黜孔子为先师,颜回、丘明并为从祀。谨按《礼记》云:"凡学,春官释奠于其先师。"郑玄注云:"官谓诗书礼乐之官也。先师者,若汉《礼》有高堂生,《乐》有制氏,《诗》有毛公,《书》有伏生,可以为师者。"又《礼记》云:"始立学,释奠于先圣。"郑玄注云:"若周公、孔子也。"据礼为定,昭然自别,圣则因天合德,师则偏善一经。汉魏已来,取舍各异。颜回、夫子,互作先师;宣父、周公,迭为先圣。求其节文,递有得失。所以贞观之末,亲降纶言,依《礼记》之明文,酌康成之奥说,正夫子为先圣,加众儒为先师,永垂制于后昆,革往代之纰谬。而今新令不详制旨,辄事刊改,遂违明诏。……仲尼生衰周之末,拯文丧之弊,祖述尧、舜,宪章文、武,宏圣教于六经,阐儒风于千代。故孟轲称生灵已来,一人而已。自汉已来,奕叶封侯,崇奉其圣,迄于今日,胡可降兹上哲,俯入先师?又且丘明之徒,见行其学,贬为从祀,亦无故事。今请改令从诏,于义为允,其周公仍依别礼,配享武王。谨议。

《全唐文》卷一三六《长孙无忌·先代帝王及先圣先师议》,

中华书局一九八三年版

---

　　① "左丘明",原本作"左邱明"。全书统一使用"左丘明"。

高宗显庆二年七月，礼部尚书许敬宗等议："依令，周公为先圣，孔子为先师。又《礼记》云：'始立学，释奠于先圣。'郑玄注云：'若周公、孔子也。'且周公践极，功比帝王，请配武王。以孔子为先圣。"

《旧唐书》卷二四《礼仪志四》，中华书局一九七五年版

礼乐之用，其来尚矣。朕诞膺明命，克光丕历，思隆颂声，以康至道。而曲台阐训，犹乖揖让之容；太乐登歌，徒纪铿锵之韵。良以教亏绵蕝，学阙瞽宗，兴言盛业，寤叹盈怀。然则幽诚所著，纵九皋而必闻；忠信具存，在十室而无弃。但虑习俎之彦，隐迹于间阎；辨铎之英，韬声于林薮。夫良玉无胫，求之斯来；真龙难睹，好之而至。其四方士庶及丘园栖隐，有能明习《礼经》，详究音律，于行无违，在艺可录者，并宜州县搜扬博访，具以名闻。（咸亨二年十月）

《唐大诏令集》卷八一《访习礼乐诏》，商务印书馆一九五九年版

令雟州，明扬仄陋。或孝悌[①]纯至，感于神明；或文武兼资，才堪将相；或学艺该博，业标儒首；或藻思宏赡，思擅文宗；或洞晓音律，识均牙旷；或深明历数，妙同京管者：咸令荐举。

《全唐文》卷一三《高宗·令雟州举人诏》，中华书局一九八三年版

鸾台：朕闻璧月珠星，实为丽天之像；苍波翠岳，爰标纪地之形。是知正位辨方，体元建极。不凭群彦，孰赞皇猷！事总万机，心罩亿兆。恒靡遑于寝食，诚罔惮于忧勤。仁贤良，则终宵失寐；询政道，则竟日停餐。岂止未明求衣，昃暑忘食而已。比者屡垂

---

① "悌"，原本作"弟"，此处按现代汉语用法改，下同。

旌帛，频访丘园。虽志切于旁求，然未逢于俊乂。待舟航而涉水，思羽翼而凌虚。今者更启搜扬，庶得不遗草泽。其有文可以经邦国，武可以定边疆，蕴梁栋之宏才，堪将相之重任。无隔士庶，具以名闻！若举得其人，必当擢以不次。如妄相推荐，亦置科绳。所冀多士袭于隆周，得人逾于盛汉。布告遐迩，知朕意焉。

《武则天集》，山西人民出版社一九八七年版

　　鸾台：朕闻文武之道，凭经纬而开国；春秋之功，藉生杀而成岁。虽复车书混一，中黄之雄气谅存；温煦方滋，太白之高星必应。事既不昧，理乃固然。朕自临御天下，忧劳兆庶。宵衣仔旦，望调东户之风；旰食忘眠，希缉南薰之化。故得中外禔福，遐迩乂安。控蟠桃于滋穴之墟，通细柳于炎洲之域。楚锋越刃，俱铄大农之冶；侠客雄儿，皆服鸿都之肆。今若循其至理，任彼无为，则取史之道有余，止戈之义不足。况金方起暴，玉河未靖。偷安榆鬼之乡，窃险麻奴之地。然而北幽向化，已事和亲之礼；而西璟负恩，不习用师之备。随时之义，宁可自然。当土宇旷修，人物繁富。三门九地之秘，岂谢前规；白猿苍兕之奇，何惭曩烈！或英谋冠代，雄略过人，总韬白以先驱，掩孙吴而得隽；或力能拔距，勇绝蒙轮，冒白刃其如归，抢苍璧而不顾；或迹隐廛肆，身托村间，行虽犯于流俗，器乃堪于拯难，或捷如迅电，走若追风，弯弧则七札洞开，奔陈则重围自溃。并有思于制命，俱未遇于时须。可令文武内外官五品及七品已上、清官及外官刺史都督等，于当管部内，即令具举。且十室之邑，忠信尚存；三人同行，我师犹在。会须搜访，不得称无。荐若不虚，自从褒异之典；举非其土，岂漏贬责之科。所司明为条例，布告远近，知朕意焉！

《武则天集》，山西人民出版社一九八七年版

鸾台：上之临下，道莫贵于求贤；臣之事君，功岂逾于进善！所以允凝庶绩，式静群方。成大厦之凌云，济巨川之沃日。故周称多士，著美风谣；汉号得人，垂芳竹素。历观前代，罔不由兹。朕虽宵分辍寝，日旰忘食，勉思政术，不惮劬劳。而九域之至广，岂一人之独化！必仁材能，共成羽翼。虽复群龙在位，振鹭充庭；仍恐屠钓或违，遄轴尚隐，未殚岩穴之美，或委丘园之秀。所以屡回旌帛，频遣搜扬。推荐之道相寻，而虚仁之怀未惬。永言于此，寤寐以之。宜令文武官五品已上，各举所知。其有抱梁栋之才，可以丹青神化；蕴韬钤之略，可以振耀天威；资道德之方，可以奖训风俗；践孝友之行，可以劝率生灵；抱儒素之业，可以师范国胄；蓄文藻之思，可以方驾词人；守贞亮之节，可以直言无隐；履清白之操，可以守职不渝。凡此八科，实该三道。取人以器，求才务适。所司仍具为限程，副朕意焉！主者施行。

《武则天集》，山西人民出版社一九八七年版

光宅二年，梓州陈子昂上疏曰："臣窃独有私恨者，陛下方欲兴崇大化，而不知国家太学之废，积以岁月久矣。学堂芜秽，略无人踪，《诗》《书》《礼》《乐》，罕闻习者。陛下明诏，尚未及之。愚臣所以私恨也。臣闻天子立太学，所以聚天下贤英，为政之首。故君臣上下之礼，于是兴焉；揖让樽俎之节，于此生焉。是以天子得贤臣，由此也。今则荒废，委而不论，而欲睦人伦，兴礼让，失之于本，而求之于末，岂可得哉？君子三年不为礼，礼必壤；三年不为乐，乐必崩。奈何天子之政，而轻礼乐哉！陛下何不诏天下胄子，使归太学，而习业乎？斯亦国家之大务也。"

《唐会要》卷三五《学校》，中华书局一九五五年版

臣闻古先哲王立学官，掌教国子以六德、六行、六艺，三教备而人道毕矣。《礼记》曰："化人成俗，必由学乎。"学之于人，其用盖博。故立太学以教于国，设庠序以化于邑，王之诸子、卿大夫士之子及国之俊选皆造焉。八岁入小学，十五入太学，春秋教以《礼》《乐》，冬夏教以《诗》《书》。是以教洽而化流，行成而不悖。自天子以至于庶人，未有不须学而成者也。

国家自永淳已来，二十余载，国学废散，胄子衰缺，时轻儒学之官，莫存章句之选。贵门后进，竞以侥幸升班；寒族常流，复因凌替弛业。考试之际，秀茂罕登，驱之临人，何以从政？又垂拱之后，文明在辰，盛典鸿休，日书月至，因藉际会，入仕尤多。加以谗邪凶党来俊臣之属，妄执威权，恣行枉陷，正直之伍，死亡为忧，道路以目，人无固志，罕有执不挠之怀，殉至公之节，偷安苟免，聊以卒岁。遂使纲领不振，请托公行，选举之曹，弥长渝滥。随班少经术之士，摄职多庸琐之才，徒以猛暴相夸，罕能清惠自勖。使海内黔首，骚然不安，州县官僚，贪鄙未息，而望事必循理，欲致康宁，不可得也。

陛下诚能下明制，发德音，广开庠序，大敦学校，三馆生徒，即令追集。王公已下子弟，不容别求仕进，皆入国学，服膺训典。崇饰馆庙，尊尚儒师，盛陈奠菜之仪，宏敷讲说之会，使士庶观听，有所发扬，弘奖道德，于是乎在。则四海之内，靡然向风，延颈举足，咸知所向。然后审持衡镜，妙择良能，以之临人，寄之调俗。则官无侵暴之政，人有安乐之心，居人则相与乐业，百姓则皆恋桑梓，岂复忧其逃散而贫窭哉！今天下户口，亡逃过半，租调既减，国用不足。理人之急，尤切于兹。故知务学之源，岂唯润身进德而已，将以诲人利国，可不务之哉！（长安初）

《旧唐书》卷八八《韦嗣立传》，中华书局一九七五年版门下：朕克缵丕业，诞膺景命，宪章昔典，钦若前王，克己励精，缅思至道。宵衣旰食，勤修庶政，夙夜寅畏，匪遑底宁，若涉泉水，罔知攸济。顷属殷忧启运，多难兴邦，礼章载复，品物咸茂。思欲致万姓于仁寿，归六合于升平，永言政途，庶几沿革。犹恐学校多阙，贤俊罕登。牧宰不存政理，农桑未加劝导，樽俎之仪不习，冠婚之礼莫修。朕所以当宁兴嗟，载怀兢惕者矣。庠序者，风化之本，人伦之先，仰州县劝导，令知礼节。每年贡明经、进士，不须限数，贵在得人。先圣庙及州县学，即令修理，春秋释菜，使敦讲诵之风。天下有奇才异行，沉伏不能自达，及官人百姓，有能谏言时政得失者，并令本州，责状封进。乡饮礼废，为日已久，尊德尚齿，宏益极深。宜令诸州，每年遵行乡饮之礼，令有劝慕，王公卿士，务存训奖。子弟成立，则有冠婚。婚礼糟粕或存，冠礼久为废阙。自今以后，并行冠义，责以成人之道，使知负荷之难。食为人天，农为邦本，绥抚萌庶，劝课农桑，牧宰之政，莫过乎此。刺史县令，有课最尤异，委廉察使名闻，当别加甄擢。县令字人之本，明经为政之先，不稍优异，无以劝奖。县令考满，考词使状有清字，无负犯。明经及第，每至选时，量加优赏；若属停选，并听赴集。真如设教，理归清净，黄老垂范，道在希微。僧尼道士女冠之流，并令修习真寂，严持诚行，不得假托功德，扰乱闾阎，令州县严加检察。私度之色，即宜禁断，诸州县官，有不因选序，别犯赃贿，非时除授官等，皆依倚形势，恣行侵剥。如有此色，仰州长官录事参军，速勘责奏闻讫。宜停务待进止，仍委吏部、兵部速勘责处分。诸州百姓，多有逃亡，良由州县长官，抚字失所。或住居侧近，虚作逃在他州，横征邻保，逃人田宅，因被贼卖，宜令州县，招携复业。其逃人田宅，不得辄容卖买，其地任依乡原例租，纳州县仓,不得令租地人代出租课。寺观广占田地,及水碾硙侵损百姓,宜令本州长官检括,依令式以外,及官人百姓,将庄田宅舍布施者,在京并令司农即收,外州给贫下课户。凡此数事,或宜区分,系乎风俗,义存奖劝。刺史县令等,各申明旧章,勉思抚辑,罢雕弊之务,归淳厚之源,训导黎蒸,宣我朝化。《书》不云乎:"德惟善政,政在养民。"布告天下,咸知朕意。(景云元年七月)

《全唐文》卷一九《睿宗·申劝礼俗敕》,中华书局一九八三年版

门下:朕闻古之教者,家有塾,党有庠,术有序,国有学,盖立训之基也。故上务之则敦本,下由之则成俗,岂可使颓门殆绝,或乖其义,入室将废,莫知其道乎?朕承百王之末,接千岁之统,虚心问政,早朝晏罢,励精求古,忘寝与食。思所以奉前圣之典谟,矫兹深弊;致后生于轨物,遵我大猷。去岁京畿不稔,仓廪未实,爰命乐群,暂停课艺。遂令子音罔嗣,吾道空归。居无济济之业,行有憧憧之叹。虽日月以冀,而岁时迭往。今者甫迫尝麦,且周于黎献。永言释菜,宁缺于生徒。每用惕然,良非所谓。其国子监学生等,麦熟后,并宜追集,务尽师资。诸州牧宰,亦倍加导诱,先勤学教,必使俊造无滥,名实有归。庶博士弟子,京邑由斯日就;鸿生巨儒,海内为之风化。有司可即详下,称朕意焉。主者施行。(景龙四年四月二十八日)

《唐大诏令集》卷一〇五《集学生制》,商务印书馆一九五九年版

朕闻以道得人者谓之儒,切问近思者谓之学。故以阳礼教让,则下不争;以阴礼教亲,则远无怨。岂无习不利,教所由生者乎?朕所以厚儒林,辟书殿,讨论《易》象,研核道源,冀淳风大

行。华胥非远，而承平日久，趋竞岁积。谓儒官为冗列，视之若遗；谓吏职为要津，求如不及。顷亦开献书之路，观扬己之人。阙下之奏徒盈，席上之珍盖寡。岂弘奖之义，或有未孚；将敦本之人，隐而未见？天下官人百姓，有精于经史，道德可尊，工于著述，文质兼美者，宜令本司、本州长官指陈艺业，录状送闻。其吏部选人，亦令所由铨择，各以名荐。朕当明试，用观其能。若行业可甄，待以不次。如妄相褒进，必加明罚。（开元十四年六月）

《唐大诏令集》卷一〇五《求儒学诏》，商务印书馆一九五九年版

三者，礼乐化道也。州牧县宰，所守者宣扬礼乐，典书经籍；所教者返古还朴，上奉君亲，下安乡族。若皆气和浃洽，自然化理清平，由此言之，不在刑法。圣朝制礼作乐，虽行之自久，而外州远郡，俗习未知，徒闻礼乐之名，不知礼乐之实。窃见乡饮酒礼颁于天下，比来惟有贡举之日，略用其仪，闾里之间，未通其事。臣在州日，率当州所管县贰与百姓劝导行礼，奏乐歌至《白华》《华黍》《由庚》等章，言孝子养亲及群物遂性之义，或有泣者，则知人心有感，不可尽诬。但臣州久绝雅声，不识古乐。伏计太常具有乐器，大乐久备和声，伏望令天下三五十大州，简有性识，于太常调习雅声。仍请笙竽琴瑟之类，各三两事，令比州转次造习，每年各备礼仪，准令式行礼，稍加劝奖，以示风俗。又以州县之学，本以劝人，禄在其中，闻于学也。今计天下州县所置学生，不减五六万人，及诸色并国子每年荐举擢第，过百人已上。虽有司明试，务在择才，而学校衰微，居然可验。州县补学生之日，皆不愿为远郡，送乡贡之时，多有不愿来集。恐成颓弊，不可因循。伏望详择

其宜，微加劝革。

《全唐文》卷二九七《裴耀卿·请行礼乐化导三事表》，

中华书局一九八三年版

　　杨场为国子祭酒。开元十七年三月，上言曰："太学者，教人务礼乐，敦《诗》《书》也。古制：卿大夫子弟及诸侯，岁贡小学之异者，咸造焉。故曰：十五入大学，学先圣礼乐，而知朝廷君臣之礼。班以品类，分以师长，三德以训之，四教以睦之。人既知劝且务通经，学成业著，然后爵命加焉。以之效职，则知礼节；以之莅人，使识廉让，则棫朴之咏兴也。伏闻承前之例，监司每年应举者尝有千数。简试取其尤精上者，不过二三百人。省司重试，但经明行修即与擢第，不限其数。自数年以来，省司定限。天下明经、进士及第，每年不过百人，两监惟得一二十人。若尝以此数而取，臣恐三千学徒虚废官廪，两监博士滥縻天禄。臣窃见流外入仕诸色出身，每岁尚二千余人，方于明经、进士多十余倍。自然服劝道业之士，不及胥吏浮虚之徒，以其效官，岂识于先王之礼义？国家大启庠序，广置教道，厚之以政始，训之以士先，岂徒然哉！将有以也。陛下设学校，务以劝进之。有司为限约，务以黜退之。臣之微诚，实所未晓。臣伏见承前以来，制举遁迹丘园，孝悌力田者，或试时务策一道，或通一经，粗明文义，即放出身，亦有与官者。此国家恐其遗才。至于明经、进士，服道日久，请益无倦，经策既广，文辞极难，监司课试，十已退其八九；考功及第，十又不收其一二。若长以为限，恐儒风渐坠，小道将兴。或以出身人多，应须诸色都减，岂在独抑明经、进士也？"玄宗甚然之。

《册府元龟》卷六〇四《学校部》，中华书局一九六〇年版

古者乡有序，党有塾，将以弘长儒教，诱进学徒，化人成俗，率由于是。斯道久废，朕用悯焉。宜令天下州县，每一乡之内，别各置学，仍择师资，令其教授。其诸州乡贡进士，每年引见讫，并令就国子监谒见师。所司设食，学官等为之开讲，质问疑义。且公侯之胤，皆禀义方，学礼闻诗，不应失坠。容其徼幸，是长慢游。如闻近来弘文馆学士，缘是贵胄子孙，多有不专经业，便与及第，深谓不然。自今以后，宜一依式令考试。朕之爵位，唯待贤能。虽选士命官，则有常条，而安卑遁迹，尚虑遗才。其内外八品已上官，及草泽间有学业精博，蔚为儒首，文词雅丽，通于政术，为众所推者，各委本州、本司长官，精加搜择，具以闻奏。（开元二十六年正月）

《唐大诏令集》卷七三《亲祀东郊德音》，商务印书馆一九五九年版

〔开元〕二十七年八月，又下制曰：

弘我王化，在乎儒术。孰能发挥此道，启迪含灵，则生人已来，未有如夫子者也。所谓自天攸纵，将圣多能，德配乾坤，身揭日月。故能立天下之大本，成天下之大经，美政教，移风俗，君君臣臣，父父子子，人到于今受其赐。不其猗欤！於戏！楚王莫封，鲁公不用，俾夫大圣，才列陪臣，栖迟旅人，固可知矣。年祀浸远，光灵益彰，虽代有褒称，而未为崇峻，不副于实，人其谓何？

朕以薄德，祗膺宝命，思阐文明，广被华夏。时则异于今古，情每重于师资。既行其教，合旌厥德。爰申盛礼，载表徽猷。夫子既称先圣，可追谥为文宣王。宜令三公持节册命，应缘册及祭，所司速择日，并撰仪注进。其文宣陵并旧宅立庙，量加人洒扫，用展诚敬。其后嗣可封文宣公。至如辨方正位，著自礼经，苟非得所，何以示则？昔缘周公南面，夫子西坐，今位既有殊，坐岂如旧，

宜补其坠典，永作成式。自今已后，两京国子监，夫子皆南面而坐，十哲等东西列侍。天下诸州亦准此。

且门人三千，见称十哲，包夫众美，实越等夷。畅玄圣之风规，发人伦之耳目，并宜褒赠，以宠贤明。颜子渊既云亚圣，须优其秩，可赠兖公。闵子骞可赠费侯，冉伯牛可赠郓侯，冉仲弓可赠薛侯，冉子有可赠徐侯，仲子路可赠卫侯，宰子我可赠齐侯，端木子贡可赠黎侯，言子游可赠吴侯，卜子夏可赠魏侯。又夫子格言，参也称鲁，虽居七十之数，不载四科之目。颛虽异于十哲，终或殊于等伦，允稽先旨，俾循旧位。庶乎礼得其序，人焉式瞻，宗洙泗之丕烈，重胶庠之雅范。

又赠曾参、颛孙师等六十七人皆为伯。于是正宣父坐于南面，内出王者衮冕之服以衣之。遣尚书左丞相裴耀卿就国子庙册赠文宣王。册毕，所司奠祭，亦如释奠之仪，公卿已下预观礼。又遣太子少保崔琳就东都庙以行册礼，自是始用宫悬之乐。春秋二仲上丁，令三公摄行事。

《旧唐书》卷二四《礼仪志四》，中华书局一九七五年版

敕：知人则哲，尧舜犹难。类能而举，古今常式。自顷中原多故，迄未小康。州县屡空，守宰多阙。摄官承乏者，颇无举职之能。怀才抱器者，或有后时之叹。朕所以宵衣不寐，侧席未遑，思弘致理之规，冀及大中之道。而庶尹卿士，备列朝廷，岂无协赞之心，以助旁求之义。其内外文武官，如有堪任刺史、县令，及出身前资人中堪任判司丞尉者，宜令京常参官各慎择所知，具状奏闻。及诸州刺史、县令，既藉寮属，宜亦准此。古者得人受赏，曾不逾时。增秩赐金，有国通典。其或任非称职，举不当事，顾多附下之

心，岂无不适之罚？其所举人受官后，如政能尤异，清白著闻，三两考后，仰本道观察使闻奏，其举主及所举人并量加进改。如懦弱不举，及暴政处置乖宜，并冒犯赃私等罪，论刑当亦连坐。宣示中外，知朕意焉。（宝应元年九月）

《唐大诏令集》卷一〇三《令常参官举人诏》，

商务印书馆一九五九年版

古者立大学，教胄子，所以延俊造，扬王庭。虽年谷不登，兵甲或动，而俎豆之事未尝废焉。顷年以来，戎车屡驾，天下转输，公私匮竭。带甲之士，所务赢粮；鼓箧之徒，未能仰给。由是诸生辍讲，弦诵蔑闻。宣父有言：“是吾忧也。”投戈息马，论道尊儒。用弘庠序之风，俾有箪瓢之乐。宜令所司，量追集贤学生，精加选择，使在馆习业，仍委度支准给厨米。敦兹儒术，庶有大成。甲科高悬，好学者中。敷求茂异，称朕意焉。（广德二年七月）

《唐大诏令集》卷一〇五《选集贤学士敕》，

商务印书馆一九五九年版

自至德后，兵革未息，国学生不能廪食，生徒尽散，堂墉颓坏，常借兵健居止。至永泰二年正月，国子祭酒萧昕上言：“崇儒尚学，以正风教，乃王化之本也。”其月二十九日，敕曰：

理道同归，师氏为上，化人成俗，必务于学。俊造之士，皆从此途；国之贵游，罔不受业。修文行忠信之教，崇祗庸孝友之德，尽其师道，乃谓成人。兼复扬于王廷，考以政事，征之以礼，任之以官。置于周行，莫匪邦彦，乐得贤也，其在兹乎？

朕志求理体，尤重儒术，先王大教，敢不底行。顷以戎狄多难,急于经略,太学空设,诸生盖寡。弦诵之地,寂寥无声;函丈之间,殆将不扫。上庠及此,甚用悯焉。今宇县攸宁,文武兼备,方投戈而讲艺,俾释菜而行礼。四科咸进,六艺复兴,神人以和,风化浸美。日用此道,将无间然。

其诸道节度、观察、都防御使等,朕之腹心,久镇方面。眷其子弟,各奉义方,修德立身,事资括羽。恐干戈之后,学校尚微,僻居远方,无所谘禀。山东寡学,质疑必就于马融;关西盛名,尊儒乃称于杨震。负经来学,当集京师。并宰相、朝官及神策六军军将子弟欲习业者,自今已后,并令补国子生。欲其业重籯金,器成琢玉,日新厥德,代不乏贤。其中身虽有官,欲附学读书者,亦听。其学官,委中书、门下即简择行业堪为师范者充。学生员数多少,所习经业,考试等第,并所供粮料,及学馆破坏,要量事修理,各委本司作条件闻奏。务须详悉,称朕意焉。

《旧唐书》卷二四《礼仪志四》,中华书局一九七五年版

草莽贱臣观再拜上言:臣伏思太学之为道也,厥惟大哉!实所以德宇于国家,教源于万方,辨齐于人伦,亲亲而尊尊。诚宜岁敕崇严,日致肃祇。工度木不俟乎榱桷崩,朝命官取称乎师氏当,然后乃可以陈四代之礼,兴无穷之风,开素王之堂,削《青衿》之篇。人懋廉隅,俗捐争端,天下之仁人相则焉。是以德由此泽,教由此流,若水之润下,泽满植物,利不浩哉!今尝睹斯坏,甚不然。呜呼!在昔学有六馆,居类其业;生有三千,盛倅于古。中年祸难,浸用耗息。洎陛下君临,宿弊尚在。执事之臣,顾不为急。升学之徒,罔敢上达,积微成慝,超岁历纪。贱臣极言,求合要道,具六馆之目,其曰国子、太学、四门、书、律、算等,今存者三,亡者三。

亡者职由厥司,存者恐不逮修。舆人有弃本之议,群生有将压之虞。至于博士助教,锄犁其中,播五稼于三时,视辟雍如农郊。堂宇颓废,磊砢属联,终朝之雨,流潦下淳。既夕之天,列宿上罗,群生寂寥,攸处贸迁。而陛下不以问,学官不以闻,执政之臣不以思。所谓德宇将摧,教源将乾,先圣之道将不堪。犹火之炎上,焰焰至焚。其为不利也,岂不畏哉!日者圣朝以武夷时屯,有风牧建帝庸。今者圣朝以文象天经,有皋衡宣王猷。实四三六五之君子,间无足以间之。然事不为加理,人不为加安,岁贡之夫,不能应请问;晏罢之勤,无以申元机。天下有倒悬之悲,诸侯有安忍之怀。执事之臣,深惟无从,但劳心于无益,全身于因循。是了不知长国之术在乎养士,养士之方在乎隆学。夫学废则士亡,士亡则国虚,国虚则上下危,上下危则礼义销,礼义销则狂可奸圣,贼可凌德,圣德威迤,不知其终。今观执事臣之心,必以修学为害时,而他害者千之;养士为费财,而他费者万之。殊不知此费无费,而他费为费也;此害无害,而他害为害也。谚所谓"溜之细穿石,绠之细断干",斯言损益有渐,非聪哲靡察。今乃不明征于儒书,钦若于权舆,继统于易俗,恢业于纯风,而望海内隽杰靡然踵武于云龙之庭,不知其可也。《礼》称虞、夏、殷、周,天下之盛王也。盖以其庇民之德,祚国之仁,可仰而巍巍。且太学之兴,本于有虞,达于三王,逾至于汉魏以降,特盛于我太宗文皇帝,重圣遵之,无以增荐。兴于先皇,而及于圣朝,此乃古帝王愍醇醨乱萌,故用教于人,百代奉之以宏长国家,广之以存济元元。陛下不宜忽之而已。今四君德以相高,八圣幽而不照,风声随而凋落焉。夫四君之民,古犹易制;陛下之民,猾且难矣。易制之民,古犹或遗之;难制之民,得不重慎乎!昔《春秋》书太室屋坏,《传》曰:"书不恭也。"臣今惧圣朝之史书太学废,使万代之嗣无法矣。今圣朝聚国中之兵,守塞下之垒,空织妇之机,悉农夫之储,岂其恶民而贱物,诚为社稷之谋也？设一旦农夫死,织妇病,兵垒在边,粟帛不输,陛下此时,其暇劝学乎？则礼义之心不素蓄于人,亦难以致天下之和矣。且四方之学,太学之枝叶也；天子之教,诸侯之本也。未有本之颠也,而枝叶之存；天子之废,而诸侯之兴。夫为国者,亦犹理一人之身,京师,人之心；四方,心之体；诸侯,体之四支。心平则体之患易除,体平则四支之患不除而愈。今不啬神于心体,而竭资于四支,时变于外,气殚于中,则为不起之忧矣。伏惟陛下察弛张之会,观损益之图,减无用之府,崇有裕之源,废阙修而百度明,庠序昌而教化行,经邦于长久,熙载于登闳。顾夫周营灵台,鲁修泮宫,于陛下万分之一焉。伏惟速令职司,无至于不可持。天下幸甚！臣观再拜。

《李元宾文集》卷五,商务印书馆《丛书集成初编》本

自三代哲王已降,奄有天下者,未尝不崇建太学,尊重名儒,习干戚羽籥之容,盛樽俎揖让之礼,以兴教化,以致太平。天子视学,皇太子行齿胄之礼,斯所以化成天下也。故《记》曰:"如欲化民成俗,必由学乎！"当征讨之急,则先武士；丁治平之运,则尚文德。二柄相须,百王不易。故汉光武于兵革之中,投戈讲艺；魏太祖于扰攘之际,崇立学校。历代之于儒道,如此急也。后汉儒学之盛,太学至有三万人,讽先圣之言,酌当代之务,鸿名硕德,匡国济时,未有不游于太学,以跻于显位者也。国家自高祖初立,关中便修太学,并为功臣宗室子弟别立小学,建黉舍,大加儒训,增置生徒,各立博赡。鸿儒硕学,盛于朝列,质疑应问,酌古辨今,咸征

经据,并传师法。故朝廷无不根之论,蕃夷有慕义之名,风教大成,礼乐咸备,贞观之理,谓之太平。至于开元中,亦弘国学之制,复睹儒道之盛。故太学兴废,从古及今,皆兴于理化之时,废于衰乱之代。所以俾风俗趋末而背本,好虚而忘实,盖由国学废讲论之礼,儒者靡师资之训。自是以降,不本经义,不识君臣父子之道,不知礼乐制度之方,和气不流,悖乱遂作。其师氏之废,如是之害也。今天下遭逢圣明,荡除瑕秽,前代所不能举,百王所不能行,而陛下行之,万方倾耳,兆人企踵,思望圣化,希承德风。而德盛道光,阙弦歌之雅咏;政流化洽,鲜儒学之高风。顷自羯胡乱华,乘舆避狄,中夏凋耗,生人流离,儒硕解散,国学毁废,生徒无鼓箧之志,博士有倚席之讥,马厩园疏,殆恐及此。伏惟陛下挺超代之姿,发振俗之令,复崇太学,重延硕儒,精选生徒,奖宠博士,备征天下名德专门之士,增饰学中屋室厨馔之制,殿最讲习之优劣,彰明义训之得失,明立科品,使有惩劝。拔萃出群者,縻之以禄;废业怠教者,实之以刑。自然儒雅日兴,典坟日重,先王之道日盛,太学之训日崇。陛下垂拱明庭,受厘清禁,使师氏教德不独美于周时。桥门观礼,岂复谢于汉日?伏希天造,特鉴愚言,起兹废坠,弘于教化,冀裨圣教,以助皇风。

《全唐文》卷六四五《李绛·请崇国学疏》,中华书局一九八三年版

先王建太学法,以教国胄子,欲驱人归义府也。故设官区掌,严大其事,明公侯卿大夫必由是而出。

元舆既求售艺于阙下,谓今之太学,犹古之太学,将欲观焉。以自为下士小儒,未尝睹天子庠序,欲往时,先三日斋沐而后行。行及门下,脱盖下车,循墙而趋,请于谒者曰:"吾欲观礼于太学,

将每事问之于子,可乎?"谒者许诺,遂前导之。

初过于朱门,门阖沉沉。问,曰:"此鲁圣人之宫也。"遂拜之。次至于西,有高门,门中有厦屋。问之,曰:"此论堂也。"予愧非鸿学、方论,不敢入。导者曰:"此无人,乃虚堂尔。"予惑之,遂入。见庭广数亩,尽垦为圃矣,心益惑。复问导者曰:"此老圃所宅,子安得欺我耶?"导者曰:"此积年无儒论,故庭化为废地。久为官于此者圃之,非圃所宅也。"循廊开堂,堂中无机榻,有苔草没地。予立其上,凄惨满眼,大不称向之意。复为导者引,又至一门。问之,曰:"此国子馆也。"入其门,其庭其堂,如入论堂。俄又历至三馆门。问之,曰:"广文也,大学也,四门也。"入其门,其庭其堂如国子,其生徒去圣人之奥,如堂馆之芜。

嗟呼!《诗》《书》《礼》《乐》,国之洪源也。浚其源,天下可以光润;窒其源,天下为之憔悴。故唐尧知其如此,亦先命廷臣典三礼,教胄子,诞敷文德于天下,天下之屋皆可封。及夏殷时,其孟也,则必能浚之;其季也,则皆自窒之。自窒之时,则天下之屋皆可诛。至周室,有文、武、周公,勃焉而作,复唐虞之道,行五六百年而付仲尼。仲尼承之,孜孜日夜,席不暇暖,祖述之,宪章之,发挥于邹鲁,恢张于洙泗。上磨蹍三光,下垂之无穷。其徒有入室者,升堂者,及门者,散满天下。虽丁周季,而天下奸臣贼子犹解曰:"周孔之教,不敢妄动。"以此则文之教,岂可须臾弛耶!至嬴政犯之,窒其源,源未绝而已自绝于天下矣。汉初,才息干戈,复浚其源,而伏生、公孙宏、倪宽、卜式之徒,并出维持战争之。汉二百年间,无所失坠,皆周公、仲尼之力也。国家用干戈取天下,其道正于汉氏。及辟儒宫,立素王祠,设学官,命生徒,崇盛馆宇,固亦不下汉氏。然自寇生幽陵,军旅之事,始胜俎豆。故太学之道,不得不衰凉。

今皇帝传大宝七祀，生献吴濞蜀禅于邸庙，枭夏逆首，殛潞奸帅，拔魏世家，比用两阶之舞，可谓至矣。今滇瀣无扬波，兵器可以蒙之虎皮矣，乃大修周公、仲尼之道之时也。而太学且犹衰凉之若此，岂非有司之不供职耶！群公卿士之不留意耶！不然，何使巍巍国庠，寂寞不闻回也赐也说绎道义之声？虽馆宇云合，鞠为荒圃，可谓大国设虚以自欺也。愚甚不取。且惧周公、仲尼之道，没坠于泉。遂记其所荒之大略，以谕有司。

《全唐文》卷七二七《舒元舆·问国学记》，中华书局一九八三年版

〔文宗大和〕七年八月，制曰："汉代用人，皆繇儒术，故能风俗深厚，教化兴行。近日苟尚浮华，莫修经术，乡举里选，不可复行。然务实抑华，必有良术，既当甚弊，思其改张。今寰宇乂宁，干戈已戢，皇太子方从师傅受六经，一二年之后，当令齿胄国庠，以兴坠典。宜令国子监于诸道搜访名儒，置五经博士各一人。"

《册府元龟》卷五〇《帝王部》，中华书局一九六〇年版

〔长兴元年〕夏四月甲午朔，国子司业张溥奏，请复八馆，以广生徒。

《旧五代史》卷四一《唐书·明宗纪第七》，中华书局一九七六年版

吕或休为左补阙。天成四年五月，上书请敕诸道兴崇学校。

《册府元龟》卷六〇四《学校部》，中华书局一九六〇年版

第二章

法令措施

开皇元年，高祖普诏天下，任听出家，仍令计口出钱，营造经像。而京师及并州、相州、洛州等诸大都邑之处，并官写一切经，置于寺内；而又别写，藏于秘阁。天下之人，从风而靡，竞相景慕。民间佛经，多于六经数十百倍。大业时，又令沙门智果，于东都内道场，撰诸经目，分别条贯，以佛所说经为三部：一曰大乘，二曰小乘，三曰杂经。其余似后人假托为之者，别为一部，谓之疑经。又有菩萨及诸深解奥义、赞明佛理者，名之为论，及戒律并有大、小及中三部之别。又所学者，录其当时行事，名之为记。凡十一种。

《隋书》卷三五《经籍志四》，中华书局一九七三年版

〔开皇九年〕十二月甲子，诏曰："朕祗承天命，清荡万方。百王衰敝之后，兆庶浇浮之日，圣人遗训，扫地俱尽，制礼作乐，今也其时。朕情存古乐，深思雅道。郑、卫淫声，鱼龙杂戏，乐府之内，尽以除之。今欲更调律吕，改张琴瑟。且妙术精微，非因教习，工人代掌，止传糟粕，不足达神明之德，论天地之和。区域之间，奇才异艺，天知神授，何代无哉！盖晦迹于非时，俟昌言于所好，宜

可搜访，速以奏闻，庶睹一艺之能，共就九成之业。"

《隋书》卷二《高祖纪下》，中华书局一九七三年版

　　皇帝敬问光宅寺智颉禅师：朕于佛教，敬信情重。往者周武之时，毁坏佛法，发心立愿，必许护持。及受命于天，仍即兴复。仰凭神力，法轮重转，十方众生，俱获利益。比以有陈虐乱，残暴东南，百姓劳役，不胜其苦。故命将出师，为民除害，吴越之地，今得廓清，道俗乂安，深得朕意。朕尊崇正法，救济苍生，欲令福田永存，津梁无极。师既已离世网，修己化人，必希奖进僧伍，固守禁戒，使见者钦服，闻即生善，方副大道之心，是为出家之业。若身从道服，心染俗尘，非直含生之类，无所依归，抑恐妙法之门，更来谤讟。宜相劝励，以同朕心。春日渐暄，道体如宜也。（开皇十年）

《全上古三代秦汉三国六朝文·全隋文》卷三
《文帝·敕释智颉》，中华书局一九五八年版

　　敬问相州大慈寺灵裕法师：朕遵崇三宝，归向情深，恒愿阐扬大乘，护持正法。法师梵行精淳，理义渊远，弘通圣教，开导聋瞽，道俗钦仰，思作福田。京师天下具瞻，四方辐凑，故远召法师，共营功业。宜知朕意，早入京也。（开皇十一年）

《续高僧传》卷九《义解篇五》，中华书局二〇一四年版

　〔开皇十三年二月〕丁酉，制私家不得隐藏纬候图谶。

⋯⋯⋯⋯⋯⋯

　五月癸亥，诏人间有撰集国史、臧否人物者，皆令禁绝。

《隋书》卷二《高祖纪下》，中华书局一九七三年版

〔开皇〕十四年夏四月乙丑,诏曰:"在昔圣人,作乐崇德,移风易俗,于斯为大。自晋氏播迁,兵戈不息,雅乐流散,年代已多,四方未一,无由辨正。赖上天鉴临,明神降福,拯兹涂炭,安息苍生,天下大同,归于治理,遗文旧物,皆为国有。比命所司,总令研究,正乐雅声,详考已讫,宜即施用,见行者停。人间音乐,流僻日久,弃其旧体,竞造繁声,浮宕不归,遂以成俗。宜加禁约,务存其本。"

《隋书》卷二《高祖纪下》,中华书局一九七三年版

〔开皇二十二年十二月〕辛巳,诏曰:"佛法深妙,道教虚融,咸降大慈,济度群品,凡在含识,皆蒙覆护。所以雕铸灵相,图写真形,率土瞻仰,用申诚敬。其五岳四镇,节宣云雨,江、河、淮、海,浸润区域,并生养万物,利益兆人,故建庙立祀,以时恭敬。敢有毁坏偷盗佛及天尊像、岳镇海渎神形者,以不道论。沙门坏佛像,道士坏天尊者,以恶逆论。"

《隋书》卷二《高祖纪下》,中华书局一九七三年版

〔仁寿二年闰十月〕己丑,诏曰:"礼之为用,时义大矣。黄琮苍璧,降天地之神,粢盛牲食,展宗庙之敬,正父子君臣之序,明婚姻丧纪之节。故道德仁义,非礼不成;安上治人,莫善于礼。自区宇乱离,绵历年代,王道衰而变风作,微言绝而大义乖,与代推移,其弊日甚。至于四时郊祀之节文,五服麻葛之隆杀,是非异说,蹄驳殊途,致使圣教凋讹,轻重无准。朕祗承天命,抚临生人,当洗涤之时,属干戈之代。克定祸乱,先运武功,删正彝典,日不暇给。今四海乂安,五戎勿用,理宜弘风训俗,导德齐礼,缀往圣之旧章,

兴先王之茂则。尚书左仆射、越国公杨素,尚书右仆射、邳国公苏威,吏部尚书、奇章公牛弘,内史侍郎薛道衡,秘书丞许善心,内史舍人虞世基,著作郎王劭,或任居端揆,博达古今;或器推令望,学综经史。委以裁辑,实允佥议。可并修定五礼。"

《隋书》卷二《高祖纪下》,中华书局一九七三年版

〔大业元年春正月〕戊申,发八使巡省风俗。下诏曰:

昔者哲王之治天下也,其在爱民乎?既富而教,家给人足,故能风淳俗厚,远至迩安。治定功成,率由斯道。朕嗣膺宝历,抚育黎献,夙夜战兢,若临川谷。虽则聿遵先绪,弗敢失坠,永言政术,多有缺然。况以四海之远,兆民之众,未获亲临,问其疾苦。每虑幽仄莫举,冤屈不申,一物失所,乃伤和气,万方有罪,责在朕躬,所以寤寐增叹,而夕惕载怀者也。

今既布政惟始,宜存宽大。可分遣使人,巡省方俗,宣扬风化,荐拔淹滞,申达幽枉。孝悌力田,给以优复。鳏寡孤独不能自存者,量加振济。义夫节妇,旌表门闾。高年之老,加其版授,并依别条,赐以粟帛。笃疾之徒,给侍丁者,虽有侍养之名,曾无赒赡之实,明加检校,使得存养。若有名行显著,操履修洁,及学业才能,一艺可取,咸宜访采,将身入朝。所在州县,以礼发遣。其有蠹政害人,不便于时者,使还之日,具录奏闻。

《隋书》卷三《炀帝纪上》,中华书局一九七三年版

〔大业四年〕冬十月丙午,诏曰:"先师尼父,圣德在躬,诞发天纵之姿,宪章文、武之道。命世膺期,蕴兹素王,而颓山之叹,忽逾于千祀,盛德之美,不存于百代。永惟懿范,宜有优崇。可立孔子

后为绍圣侯。有司求其苗裔，录以申上。"

《隋书》卷三《炀帝纪上》，中华书局一九七三年版

开皇十三年十二月八日，隋皇帝佛弟子姓名敬白：十方尽虚空遍法界一切诸佛，一切诸法，一切诸大贤圣僧，仰惟如来慈悲，弘道垂教，救拔尘境，济度含生，断邪恶之源，开仁善之路，自朝及野，咸所依凭。属周代乱常，侮慢圣迹，塔寺毁废，经像沦亡，无隔华夷，扫地悉尽，致使愚者无以导昏迷，智者无以寻灵圣。弟子往藉三宝因缘，今膺千年昌运，作民父母，思拯黎元，重显尊容，再崇神化。颓基毁迹，更事庄严，废像遗经，悉令雕撰。虽尘心恳到，犹恐未周，故重勤求，令得显出。而沉顿积年，污毁非处，如此之事，事由弟子。今于三宝前，志心发露忏悔。周室除灭之时，自上及下，或因公禁，或起私情，毁像残经，慢僧破寺，如此之人，罪实深重。今于三宝前，悉为发露忏悔。敬施一切毁废经像绢十二万匹，皇后又敬施绢二十万匹。王公以下，爰及黔黎，又人敬施钱一文。愿一切诸佛，一切诸法，一切诸大贤圣僧，为作证明，受弟子忏悔。

《全上古三代秦汉三国六朝文·全隋文》卷三
《文帝·忏悔文》，中华书局一九五八年版

牛弘字里仁，安定鹑觚人也，本姓寮氏。……

开皇初，迁授散骑常侍、秘书监。弘以典籍遗逸，上表请开献书之路，曰：

经籍所兴，由来尚矣。爻画肇于庖羲，文字生于苍颉，圣人所以弘宣教导，博通古今，扬于王庭，肆于时夏。故尧称至圣，犹考

古道而言；舜其大智，尚观古人之象。《周官》，外史掌三皇五帝之书，及四方之志。武王问黄帝、颛顼之道，太公曰："在《丹书》。"是知握符御历，有国有家者，曷尝不以《诗》《书》而为教，因礼乐而成功也？

　　昔周德既衰，旧经紊弃。孔子以大圣之才，开素王之业，宪章祖述，制《礼》刊《诗》，正五始而修《春秋》，阐《十翼》而弘《易》道。治国立身，作范垂法。及秦皇驭宇，吞灭诸侯，任用威力，事不师古，始下焚书之令，行偶语之刑。先王坟籍，扫地皆尽。本既先亡，从而颠覆。臣以图谶言之，经典盛衰，信有征数。此则书之一厄也。汉兴，改秦之弊，敦尚儒术，建藏书之策，置校书之官，屋壁山岩，往往间出。外有太常、太史之藏，内有延阁、秘书之府。至孝成之世，亡逸尚多，遣谒者陈农求遗书于天下，诏刘向父子雠校篇籍。汉之典文，于斯为盛。及王莽之末，长安兵起，宫室图书，并从焚烬。此则书之二厄也。光武嗣兴，尤重经诰，未及下车，先求文雅。于是鸿生巨儒，继踵而集，怀经负帙，不远斯至。肃宗亲临讲肆，和帝数幸书林，其兰台、石室、鸿都、东观，秘牒填委，更倍于前。及孝献移都，吏民扰乱，图书缣帛，皆取为帷囊。所收而西，裁七十余乘，属西京大乱，一时燔荡。此则书之三厄也。魏文代汉，更集经典，皆藏在秘书、内外三阁，遣秘书郎郑默删定旧文。时之论者，美其朱紫有别。晋氏承之，文籍尤广。晋秘书监荀勖定魏《内经》，更著《新簿》。虽古文旧简，犹云有缺，新章后录，鸠集已多，足得恢弘正道，训范当世。属刘、石凭陵，京华覆灭，朝章国典，从而失坠。此则书之四厄也。永嘉之后，寇窃竞兴，因河据洛，跨秦带赵。论其建国立家，虽传名号，宪章礼乐，寂灭无闻。刘裕平姚，收其图籍，五经子史，才四千卷，皆赤轴青纸，文字古拙。僭伪之盛，莫过二秦，以此而论，足可明矣。故知衣冠轨物，图画记注，播迁之余，皆归江左。晋、宋之际，学艺为多。齐、梁之间，经史弥盛。宋秘书丞王俭，依刘氏《七略》，撰为《七志》。梁人阮孝绪，亦为《七录》。总其书数，三万余卷。及侯景渡江，破灭梁室，秘省经籍，虽从兵火，其文德殿内书史，宛然犹存。萧绎据有江陵，遣将破平侯景，收文德之书，及公私典籍，重本七万余卷，悉送荆州。故江表图书，因斯尽萃于绎矣。及周师入郢，绎悉焚之于外城，所收十才一二。此则书之五厄也。后魏爰自幽方，迁宅伊、洛，日不暇给，经籍阙如。周氏创基关右，戎车未息。保定之始，书止八千，后加收集，方盈万卷。高氏据有山东，初亦采访，验其本目，残缺犹多。及东夏初平，获其经史，四部重杂，三万余卷。所益旧书，五千而已。

今御书单本，合一万五千余卷，部帙之间，仍有残缺。比梁之旧目，止有其半。至于阴阳河洛之篇，医方图谱之说，弥复为少。臣以经书，自仲尼已后，迄于当今，年逾千载，数遭五厄，兴集之期，属膺圣世。伏惟陛下受天明命，君临区宇，功无与二，德冠往初。自华夏分离，彝伦攸斁，其间虽霸王递起，而世难未夷，欲崇儒业，时或未可。今土宇迈于三王，民黎盛于两汉，有人有时，正在今日。方当大弘文教，纳俗升平，而天下图书尚有遗逸，非所以仰协圣情，流训无穷者也。臣史籍是司，寝兴怀惧。昔陆贾奏汉祖云'天下不可马上治之'，故知经邦立政，在于典谟矣。为国之本，莫此攸先。今秘藏见书，亦足披览，但一时载籍，须令大备。不可王府所无，私家乃有。然士民殷杂，求访难知，纵有知者，多怀吝惜，必须勒之以天威，引之以微利。若猥发明诏，兼开购赏，则异典必臻，观阁斯积，重道之风，超于前世，不亦善乎！伏愿天监,少垂照察。

上纳之,于是下诏,献书一卷,赍缣一匹。一二年间,篇籍稍备。进爵奇章郡公,邑千五百户。

《隋书》卷四九《牛弘传》,中华书局一九七三年版

谔又以属文之家,体尚轻薄,递相师效,流宕忘反,于是上书曰:

臣闻古先哲王之化民也,必变其视听,防其嗜欲,塞其邪放之心,示以淳和之路。五教六行为训民之本,《诗》《书》《礼》《易》为道义之门。故能家复孝慈,人知礼让,正俗调风,莫大于此。其有上书献赋,制诔镌铭,皆以褒德序贤,明勋证理。苟非惩劝,义不徒然。降及后代,风教渐落。魏之三祖,更尚文词,忽君人之大道,好雕虫之小艺。下之从上,有同影响,竞聘文华,遂成风俗。江左齐、梁,其弊弥甚,贵贱贤愚,唯务吟咏。遂复遗理存异,寻虚逐微,竞一韵之奇,争一字之巧。连篇累牍,不出月露之形;积案盈箱,唯是风云之状。世俗以此相高,朝廷据兹擢士。禄利之路既开,爱尚之情愈笃。于是闾里童昏,贵游总丱,未窥六甲,先制五言。至如羲皇、舜、禹之典,伊、傅、周、孔之说,不复关心,何尝入耳。以傲诞为清虚,以缘情为勋绩,指儒素为古拙,用词赋为君子。故文笔日繁,其政日乱,良由弃大圣之轨模,构无用以为用也。损本逐末,流遍华壤,递相师祖,久而愈扇。

及大隋受命,圣道聿兴,屏黜轻浮,遏止华伪。自非怀经抱质,志道依仁,不得引预搢绅,参厕缨冕。开皇四年,普诏天下,公私文翰,并宜实录。其年九月,泗州刺史司马幼之文表华艳,付所司治罪。自是公卿大臣咸知正路,莫不钻仰坟集,弃绝华绮,择先

王之令典，行大道于兹世。如闻外州远县，仍踵敝风，选吏举人，未遵典则。至有宗党称孝，乡曲归仁，学必典谟，交不苟合，则摈落私门，不加收齿；其学不稽古，逐俗随时，作轻薄之篇章，结朋党而求誉，则选充吏职，举送天朝。盖由县令、刺史未行风教，犹挟私情，不存公道。臣既忝宪司，职当纠察。若闻风即劾，恐挂网者多，请勒诸司，普加搜访，有如此者，具状送台。

谔又以当官者好自矜伐，复上奏曰：

臣闻舜戒禹云："汝惟不矜，天下莫与汝争能；汝惟不伐，天下莫与汝争功。"言偃又云："事君数，斯辱矣；朋友数，斯疏矣。"此皆先哲之格言，后王之轨辙。然则人臣之道，陈力济时，虽勤比大禹，功如师望，亦不得厚自矜伐，上要君父。况复功无足纪，勤不补过，而敢自陈勋绩，轻干听览！

世之丧道，极于周代，下无廉耻，上使之然。用人唯信其口，取士不观其行，矜夸自大，便以干济蒙擢，谦恭静退，多以恬默见遗。是以通表陈诚，先论己之功状，承颜敷奏，亦道臣最用心。自衔自媒，都无惭耻之色，强干横请，唯以乾没为能。自隋受命，此风顿改，耕夫贩妇，无不革心，况乃大臣，仍遵敝俗！如闻刺史入京朝觐，乃有自陈勾检之功，喧诉阶墀之侧，言辞不逊，高自称誉，上黩冕旒，特为难恕。凡如此辈，具状送台，明加罪黜，以惩风轨。

上以谔前后所奏颁示天下，四海靡然向风，深革其弊。

《隋书》卷六六《李谔传》，中华书局一九七三年版

及高祖建义太原，初定京邑，虽得之马上，而颇好儒臣。以义宁三年五月，初令国子学置生七十二员，取三品已上子孙；太学置生一百四十员，取五品已上子孙；四门学生一百三十员，取七品已

上子孙。上郡学置生六十员，中郡五十员，下郡四十员。上县学并四十员，中县三十员，下县二十员。武德元年，诏皇族子孙及功臣子弟，于秘书外省别立小学。

二年，诏曰：

盛德必祀，义存方策，达人命世，流庆后昆。建国君人，弘风阐教，崇贤彰善，莫尚于兹。自八卦初陈，九畴攸叙，徽章互垂，节文不备。爰始姬旦，匡翊周邦，创设礼经，尤明典宪。启生人之耳目，穷法度之本源，化起《二南》，业隆八百，丰功茂德，冠于终古。暨乎王道既衰，颂声不作，诸侯力争，礼乐陵迟。粤若宣父，天资睿哲，经纶齐、鲁之内，揖让洙、泗之间，综理遗文，弘宣旧制。四科之教，历代不刊；三千之文，风流无歇。惟兹二圣，道著群生，守祀不修，明褒尚阙。朕君临区宇，兴化崇儒，永言先达，情深绍嗣。宜令有司于国子学立周公、孔子庙各一所，四时致祭。仍博求其后，具以名闻，详考所宜，当加爵土。是以学者慕向，儒教聿兴。

至三年，太宗讨平东夏，海内无事，乃锐意经籍，于秦府开文学馆，广引文学之士，下诏以府属杜如晦等十八人为学士，给五品珍膳，分为三番，更直宿于阁下。及即位，又于正殿之左，置弘文学馆，精选天下文儒之士虞世南、褚亮、姚思廉等，各以本官兼署学士，令更日宿直。听朝之暇，引入内殿，讲论经义，商略政事，或至夜分乃罢。又召勋贤三品已上子孙，为弘文馆学生。贞观二年，停以周公为先圣，始立孔子庙堂于国学，以宣父为先圣，颜子为先师。大征天下儒士，以为学官。数幸国学，令祭酒、博士讲论，毕，赐以束帛。学生能通一大经已上，咸得署吏。又于国学增筑学舍一千二百间，太学、四门博士亦增置生员，其书、算各置博士、学生，以备艺文，凡三千二百六十员。其玄武门屯营飞骑，亦给博士，授以经业，有能通经者，听之贡举。是时四方儒士，多抱负典籍，云会京师。俄而高丽及百济、新罗、高昌、吐蕃等诸国酋长，亦遣子弟请入于国学之内。鼓箧而升讲筵者，八千余人，济济洋洋焉，儒学之盛，古昔未之有也。

太宗又以经籍去圣久远，文字多讹谬，诏前中书侍郎颜师古考定五经，颁于天下，命学者习焉。又以儒学多门，章句繁杂，诏国子祭酒孔颖达与诸儒撰定五经义疏，凡一百七十卷，名曰《五经正义》，令天下传习。十四年，诏曰："梁皇侃、褚仲都，周熊安生、沈重，陈沈文阿、周弘正、张讥，隋何妥、刘炫等，并前代名儒，经术可纪。加以所在学徒，多行其疏，宜加优异，以劝后生。可访其子孙见在者，录名奏闻，当加引擢。"二十一年，又诏曰："左丘明、卜子夏、公羊高、穀梁赤、伏胜、高堂生、戴圣、毛苌、孔安国、刘向、郑众、杜子春、马融、卢植、郑玄、服虔、何休、王肃、王弼、杜元凯、范宁等二十一人，并用其书，垂于国胄。既行其道，理合褒崇。自今有事太学，可与颜子俱配享孔子庙堂。"其尊重儒道如此。

高宗嗣位，政教渐衰，薄于儒术，尤重文史。于是醇酿日去，华竞日彰，犹火销膏而莫之觉也。及则天称制，以权道临下，不吝官爵，取悦当时。其国子祭酒，多授诸王及附马都尉。准贞观旧事，祭酒孔颖达等赴上日，皆讲五经题。至是，诸王与附马赴上，唯判祥瑞按三道而已。至于博士、助教，唯有学官之名，多非儒雅之实。是时复将亲祠明堂及南郊，又拜洛，封嵩岳，将取弘文国子生充斋郎行事，皆令出身放选，前后不可胜数。因是生徒不复以经学为意，唯苟希侥幸。二十年间，学校顿时隳废矣。

玄宗在东宫,亲幸太学,大开讲论,学官生徒,各赐束帛。及即位,数诏州县及百官荐举经通之士。又置集贤院,招集学者校选,募儒士及博涉著实之流。

《旧唐书》卷一八九上《儒学传上》,中华书局一九七五年版

高祖武德二年,国子立周公、孔子庙。

《旧唐书》卷二四《礼仪志四》,中华书局一九七五年版

六经茂典,百王仰则。四学崇教,千载垂范。是以西胶东序,春诵夏弦,悦《礼》敦《诗》,本仁祖义,建邦立极,咸必繇之。自叔世浇讹,雅道沦缺,绵历岁纪,儒风莫扇。隋季已来,丧乱滋甚,眷言篇籍,皆为煨烬。周孔之教,阙而不修。庠塾之仪,泯焉将坠。非所以阐扬徽烈,敦尚风轨,训民调俗,垂裕后昆。朕受命膺期,握图驭宇,思弘至道,翼宣德化,永言坟索,深存讲习,所以捃摭遗逸,招集散亡,诸生胄子,特加奖劝。然而凋弊之余,堙替日久。学徒尚少,经术未隆。《子衿》之叹,无忘兴寝。方今函夏既清,干戈渐戢。搢绅之业,此则可兴。宜下四方诸州,有明一经已上,未被升擢者,本属举送,具以名闻。有司试等,加阶叙用。其有吏民子弟,识性开敏,志希学艺,亦具名申送入京。量其差品,并即配学。明设考课,各使厉精。琢玉成器,庶其非远。州县及乡里,并令置学。官僚牧宰,或不存意,普便颁下,早遣修立。若夫安上治民,莫善于礼;出忠入孝,自家刑国;揖让俯仰,登降折旋,皆有节文,咸资端肃。罔习末业,随时将废。凡厥生民,各宜勉厉。又释菜之礼,鼓箧之义,比多简略,更宜详备。仲春释奠,朕将亲览。

所司具为条式，以时宣下。（武德七年二月）

《唐大诏令集》卷一〇五《置学官备释奠礼诏》，

商务印书馆一九五九年版

自古为政，莫不以学为先。学则仁、义、礼、智、信五者俱备，故能为利深博。朕今欲敦本息末，崇尚儒宗，开后生之耳目，行先王之典训。而三教虽异，善归一揆，岂有沙门事佛，灵宇相望；朝贤宗儒，辟雍顿废。公王已下，宁得不惭。朕今亲自观讲，仍征集四方胄子，冀日就月将，并得成业。礼让既行，风教渐改，使期门介士，比屋可封，横经庠序，皆遵雅俗。诸公王子弟，并宜率先，自相劝励。赐学官、胄子及五品以上各有差。（武德七年二月）

《唐大诏令集》卷一〇五《兴学敕》，商务印书馆一九五九年版

〔武德七年〕丁酉，幸国子学，亲临释奠。引道士、沙门有学业者，与博士杂相驳难，久之乃罢。

《旧唐书》卷二四《礼仪志四》，中华书局一九七五年版

自隋以来，离乱永久，雅道沦缺，儒风莫扇。朕膺期御宇，静难齐民，钦若典谟，以资政术，思弘德教，光振遐轨。是以广设庠序，益召学徒，旁求俊异，务从奖擢。宁州罗川县前兵曹史孝谦，守约丘园，伏膺道素。爰有二子，年并幼童，讲习《孝经》，咸畅厥旨。义方之训，实堪励俗，故从优秩，赏以不次。宜普颁示，咸使知闻。如此之徒，并即申上，朕加亲览，特将褒异。

《全唐文》卷三《高祖·擢史孝谦诏》，中华书局一九八三年版

太宗贞观十年，封孔子裔孙德伦为褒圣侯。

《册府元龟》卷五〇《帝王部》，中华书局一九六〇年版

宣尼以大圣之德，天纵多能，王道藉以裁成，人伦资其教义，故孟轲称"生人以来，一人而已"。自汉氏驭历，魏室分区，爰及晋朝，暨于隋代，咸相崇尚，用存禋祀。朕钦若前王，宪章故实，亲师宗圣，是所庶几。存亡继绝，抑惟通典。可立孔子后为褒圣侯，以隋故绍圣侯孔嗣悊嫡子德纶为嗣。主者施行。

《全唐文》卷四《太宗皇帝·封孔德纶为褒圣侯诏》，

中华书局一九八三年版

昔者明王之御天下也，内列公卿，允厘庶绩；外建侯伯，司牧黎元。唯惧淳化未敷，名教或替，故有巡狩之典，黜陟幽明，存省方俗。遐迩遂性，情伪无遗，时雍之宜，率由兹道。朕祗膺宝命，临御帝图，禀过庭之义方，荷上玄之嘉祉，四荒八表，无思不服。而夙兴夕惕，勤躬约己，日慎一日，虽休勿休，欲万国欢心，兆民有赖。推诚待物，近取诸身，实谓群官受拜，咸能自励。乃闻连帅刺举，或乖共治之寄；县司主吏，尚多黩货之罪。有一于此，责在朕躬。是用中夜忄元然，昃景辍食。宜遣大使，分行四方，申谕朕心，延问疾苦，观风俗之得失，察政刑之苛弊。耆年旧齿，孝悌力田，义夫节妇之家，疾废茕嫠之室，须有旌赏赈赡，听以仓库物赐之。若有鸿材异等，留滞末班，哲人奇士，隐沦屠钓，宜精加搜访，进以殊礼。务尽使乎之旨，俾若朕亲觌焉。（贞观八年正月）

《唐大诏令集》卷一〇三《遣使巡行天下诏》，

商务印书馆一九五九年版

贞观十四年三月丁丑，太宗幸国子学，亲观释奠。祭酒孔颖达讲《孝经》，太宗问颖达曰："夫子门人，曾、闵俱称大孝，而今独为曾说，不为闵说，何耶？"对曰："曾孝而全，独为曾能达也。"制旨驳之曰："朕闻《家语》云：'曾晳使曾参锄瓜，而误断其本，晳怒，援大杖以击其背，手仆地，绝而复苏。孔子闻之，告门人曰："参来勿内。"既而曾子请焉。孔子曰："舜之事父母也，使之，常在侧；欲杀之，乃不得。小箠则受，大杖则走。今参于父，委身以待暴怒，陷父于不义，不孝莫大焉。"'由斯而言，孰愈于闵子骞也？"颖达不能对。太宗又谓侍臣："诸儒各生异意，皆非圣人论孝之本旨也。孝者，善事父母，自家刑国，忠于其君，战陈勇，朋友信，扬名显亲，此之谓孝。具在经典，而论者多离其文，迥出事外，以此为教，劳而非法，何谓孝之道耶！"

《旧唐书》卷二四《礼仪志四》，中华书局一九七五年版

朕遐想千载，旁览九流，详求布政之方，莫若荐贤之典。是以元、凯就列，仄微可以立帝功；管、隰为臣，中人可以成霸业。朕缅怀曩烈，虚己英奇。断断之士，必升于廊庙；九九之术，不弃于闾阎。犹恐在阴弗和，独善难夺，永言髦杰，无忘鉴寐。是以去夏之中，爰动翰墨，披露丹腑，畴咨海内。尺木既树，思睹游雾之群；云罗宏举，伫降翔庭之翼。而诸州所举，十有一人，朕载怀仄席，引入内殿，藉以温颜，密访政道，莫能对扬，相顾结舌。朕仍以其未睹阙庭，能无战悚，令于内省，更以墨对。虽构思弥日，终不达问旨，理既乖违，词亦庸陋，岂可饰丹漆于朽质，假风云于决起者哉？宜并放还，各从本色。其举主以举非其人，罪论仍加一等。然则今之天下，犹古之天下也。宁容仲舒、伯起之流，偏钟美于往代；

彦和、广基之侣，独绝音于今辰。故其见知也，则平津与乐安并进；其不用也，则敬通与亭伯同悲。淮阴所以兴言，子长所以贻叹？因斯论之，良由俊造难进，或固栖迟之节。牧宰循常，未尽搜扬之道。抚事长息，弥增怃然。令州县依前荐举，皆集今冬，奇伟必收，浮华勿采。无使巴人之调，滥吹于箫韶；魏邦之珍，沉光于汉水。务尽报国之义，以副钦贤之怀。（贞观十八年二月）

《唐大诏令集》卷一〇二《荐举贤能诏》，商务印书馆一九五九年版

昔勋、华肇政，仁义居先；殷、周创基，教学成本。朕嗣立鸿基，裁成丕绪，如临于海，罔知攸济，思得学徒，用康庶绩。而顷岁所敦，先绪圣教，青襟方领，未达至怀。惟欲思辕固以加班，想高堂以授秩。斯文寥落，去之弥远，深加发虑，称朕意焉。儒官员阙，即宜补授。其馆博士、助教，节级赐物。三馆学士，有业科高第景行淳良者，所司简试，俱以名闻。（永徽元年六月）

《全唐文》卷一一《高宗皇帝·补授儒官诏》，
中华书局一九八三年版

济时兴国，实伫九工；御敌威边，亦资七德。朕端拱宣室，思弘景化。将欲分忧俊乂，共逸岩廊。而比贡英奇，举非勇杰，岂称居安虑危之志，虔存思乱之心？如不旌贲远近，则爪牙何寄？宜令京官五品已上及诸州牧守，各举所知。或勇冠三军，翘关拔山之力；智兼百胜，纬地经天之才。蕴奇策于良平，驰功绩于卫霍。踪二起于吴白，轨双李于牧广。赏纤善而万众悦，罚片恶而一军惧。如有此色，可精加采访，各以奏闻。（显庆二年六月）

《唐大诏令集》卷一〇二《采访武勇诏》，商务印书馆一九五九年版

乾封元年正月，高宗东封还，次邹县顿，祭宣父，赠太师。

《旧唐书》卷二四《礼仪志四》，中华书局一九七五年版

乾封元年正月，帝东封，次曲阜县，追赠孔子为太师，其庙宇制度卑陋，宜加修造，仍以少牢致祭。

《册府元龟》卷五〇《帝王部》，中华书局一九六〇年版

总章元年三月诏曰："皇太子弘，近因释菜，齿胄上庠，祗事先师，驰心近侍。仰崇山而景行，眷曩哲以勤怀，显颜、曾之特高，扬仁义之双美，请申褒赠，载甄芳烈。朕加其进德，冀以思齐，训诱之方，莫斯为尚。颜回可赠太子少保。"

《册府元龟》卷五〇《帝王部》，中华书局一九六〇年版

修撰国史，义在典实，自非操履贞白，业量该通，谠正有闻，方堪此任。所以承前纵，居史官，必就中简择。灼然为众所推者，方令著述。如闻近日以来，但居此职，即知修撰。非唯编缉疏舛，亦恐漏泄史事。自今以后，宜遣史司于史官内，简择堪任修史人，录名进内。自余虽居史职，不得辄令闻见所修史籍及未行用国史等事。（总章三年十月）

《唐大诏令集》卷八一《简择史官诏》，商务印书馆一九五九年版

宣尼有纵自天，体膺上哲，合两仪之简易，为亿载之师表。顾唯寝庙，义在钦崇。如闻诸州县孔子庙堂及学馆，有破坏并向来未造，生徒无肆业之所，先师阙奠祭之仪，久致飘零，深非敬本。宜令诸州县官司，速加营葺。（咸亨元年五月丙戌）

《文苑英华》卷八四五《王勃·益州夫子庙碑》，中华书局一九六六年版

学者立身之本，文者经国之资，岂可假以虚名，必须征其实效。如闻明经射策，不读正经，抄撮义条，才有数卷。进士不寻史传，唯读旧策，共相模拟，本无实才。所司考试之日，曾不拣练，因循旧例，以分数为限。至于不辨章句，未涉文词者，以人数未充，皆听及第。其中亦有明经学业该深者，唯许通六经；进士文理华赡者，竟无甲科。铨综艺能，遂无优劣。试官又加颜面，或容假手，更相属请，莫惮纠绳。由是侥幸路开，文儒渐废，兴廉举孝，因此失人；简贤任能，无方可致。自今已后，考功试人，明经每经帖试，录十帖得六已上者；进士试杂文两首，识文律者，然后并令试策，日仍严加捉搦。必材艺灼然，合升高第者，并即依令。其明法并书、算贡举人，亦量准此例，即为恒式。（永隆二年八月）

《唐大诏令集》卷一〇六《条流明经进士诏》，

商务印书馆一九五九年版

济时之道，求贤是务。其官人及百姓等，或器标瑚琏，材堪栋干，或在职清慎，或抱德幽栖，或武艺驰声，或文藻流誉。宜令京官九品已上、诸州长官，各举一人，咸以名荐。务取得贤之实，无贻滥吹之讥。

《武则天集》，山西人民出版社一九八七年版

自卦演龙图，文开鸟迹，万人以察，百工以乂。所以宏敷政道，宣明礼乐，指事会意，改易异涂；转注象形，屈伸殊制。周宣博雅，史籀兴古篆之文：尼父温良，丘明述《春秋》之传。自诸侯力争，姬室浸微，离为二周，分成七国，律法异令，田畴异亩，言语异声，衣冠异制。秦兼天下，划灭古文。隶卒屡兴，兵车岁动。

官狱繁弩,爰创隶书。自著秦文,肇兴八体,刻符兼于大篆,摹印逮于叏书。两汉因之,九千余字。张敞、杜邺,讲学于前;扬雄、甄丰,校理于后。魏晋以降,代乏名儒。穷凿多门,形声转缪。结造新字,附会其情。古今讹舛,稍益繁布。画规无端平之体,鱼鸟增奔放之容。转相仿效,日滋日甚。遂使后生学徒,罔知所据。先王载籍,从此湮沉。言念浇漓,情深悯悼。思返上皇之化,伫移季叶之风。但习俗多时,良难顿改。特创制一十二字,率先百辟。上有依于古体,下有改于新文。庶保可久之基,方表还淳之意。

《武则天集》,山西人民出版社一九八七年版

朕先蒙金口之记,又承宝偈之文。历教表于当今,本愿标于曩劫。大云阐奥,明王国之祯符;方等发扬,显自在之丕业。驭一境而敦化,宏五戒以训人。爰开革命之阶,方启惟新之运。宜叶随时之义,以申自我之规。虽实际如如,理忘于先后;翘心恳恳,畏展于勤诚。自今已后,释教宜在道法之上,缁服应处黄冠之前。庶得道有识以皈依,极群生于回向。布告遐迩,知朕意焉!(天授二年三月)

《武则天集》,山西人民出版社一九八七年版

则天天授三年,追封周公为褒德王,孔子为隆道公。

《旧唐书》卷二四《礼仪志四》,中华书局一九七五年版

王元感质性温敏,博闻强记。手不释卷,老而弥笃。掎前达之失,究先圣之旨。是谓儒宗,不可多得。可授太子司议郎兼崇

贤馆学士。（长安三年三月）

《武则天集》，山西人民出版社一九八七年版

丧葬礼仪，盖惟恒式。如致乖越，深蠹公私。乃有富族豪家，竞相逾滥，穷奢极侈，不遵典法。至于送终之具，著在条令。明器之徒，皆有色数。遂敢妄施队伍，假设幡旆。兼复创造园宅，雕镌花树，或桐闟木马，功用尤多；或吉举凶阙，彩饰殊贵。诸如此类，不可胜言。贵贱既无等差，资产为其损耗。既失刍灵之义，殊乖朴素之仪。此之愆违，先已禁断。州牧县宰不能存心。御史金吾，曾无纠察。积习成俗，颇紊彝章。即宜各令所司，重更申明处分。自今已后，勿使更然！

《武则天集》，山西人民出版社一九八七年版

老君化胡，典诰攸著，岂容僧辈妄请削除。故知偏辞，难以凭据。当依对定，佥议惟允。傥若史籍无据，俗官何忍虚承？明知化胡是真，作佛非谬，道能方便设教，佛本因道而生，老释既自元同，道佛亦合齐重。自今后，僧入观不礼拜天尊，道士入寺不瞻仰佛像，（则）各勒还俗，仍科违敕之罪。

《武则天集》，山西人民出版社一九八七年版

品藻人物，铨综士流，委之选曹，责成斯在。且人无求备，用非一途，理宜才地并升，轮辕兼采。或收其履历，或取其学行。糊名考判，合格注官，既乖委任之方，颇异铨衡之术。朕励精思化，仄席求贤，必使草泽无遗，方圆曲尽。改弦易调，革故鼎新。载想缉熙之崇，式伫清通之效。其常选人，自今已后，宜委所司依常例

铨注。其糊名入试及令学士考判，宜停。

《武则天集》，山西人民出版社一九八七年版

宗室三等以下、五等以上未出身，愿宿卫及任国子生，听之。其家居业成而堪贡者，宗正寺试，送监举如常法。三卫蕃下日，愿入学者，听附国子学、太学及律馆习业。蕃王及可汗子孙愿入学者，附国子学读书。（神龙元年九月）

《新唐书》卷四四《选举志上》，中华书局一九七五年版

门下：朕闻古之教者，家有塾，党有庠，术有序，国有学，盖立训之基也。故上务之则敦本，下由之则成俗，岂可使颓门殆绝，或乖其义，入室将废，莫知其道乎？朕承百王之末，接千岁之统，虚心问政，早朝晏罢，励精求古，忘寝与食。思所以奉前圣之典谟，矫兹深弊；致后生于轨物，遵我大猷。去岁京畿不稔，仓廪未实，爰命乐群，暂停课艺。遂令子音罔嗣，吾道空归。居无济济之业，行有憧憧之叹。虽日月以冀，而岁时迭往。今者甫迫尝麦，且周于黎献。永言释菜，宁缺于生徒。每用惕然，良非所谓。其国子监学生等，麦熟后，并宜追集，务尽师资。诸州牧宰，亦倍加导诱，先勤学教，必使俊造无滥，名实有归。庶博士弟子，京邑由斯日就；鸿生巨儒，海内为之风化。有司可即详下，称朕意焉。主者施行。（景龙四年四月二十八日）

《唐大诏令集》卷一〇五《集学生制》，商务印书馆一九五九年版

才生于代，必以经邦；官得其人，故能理物。朕恭膺大宝，慎择庶寮，延伫时英，无忘终食。思欲萧艾咸采，蓂菲不遗，而商山

幽僻，渭滨寂寞。夫以贵耳贱目，殊通方之论；舍近谋远，非应务之术。今四方选集，群才幅凑，操斧伐柯，求之不远。其有能明三经通大义者；能综一史知本末者；通三教宗旨究精微者；善六书文字辩声象者；博度雅曲，和六律五音者；韬略孙吴，识天时人事者；畅于词气，聪于受领，善敷奏吐纳者：咸令所司，博采明试，朕亲择焉。（景云元年十二月）

《唐大诏令集》卷一〇二《博采通经史书学兵法诏》，

商务印书馆一九五九年版

太极元年正月，诏："孔宣父祠庙，令本州修饰，取侧近三十户以供洒扫。"

《旧唐书》卷二四《礼仪志四》，中华书局一九七五年版

臣某等启：臣闻安国家，定社稷者，武功也；经天地，纬礼俗者，文教也。社稷定矣，固宁辑于人和；礼俗兴焉，在刊正于儒范。顺考古道，率由旧章。故周文王之为太子也，崇礼不倦；魏文帝之在青宫也，好古无怠。博览史籍，激扬令闻，取高前代，垂名不朽。伏惟皇太子殿下，英睿天纵，圣敬日跻，神算密发，雄威立断，廓清氛祲，用宁家国。兆人由是归德，六合所以推功。主鬯青宫，固本也；分务紫极，观政也。副群生之望，作累圣之储，殿下之于天下，可谓不轻矣；监国理人，可谓至重矣。莫不拭目而视，清耳而听，冀闻异政，以神圣道。臣愚，伏愿崇太学，简明师，重道尊儒，以养天下之士。今《礼经》残缺，学校陵迟，历代经史，率多纰缪，实殿下阐扬之日，刊定之秋。伏愿博采文士，精求硕学，表正九经，刊考三史，则圣贤遗范，粲然可观。况殿下至性神聪，留情国体，幸

以问安之暇,应务之余,引进文儒,详观文典,商略前载,讨论得失。降温颜,开说议,则政途理体,日以增益,继业承祧,永垂德美。臣等行业素轻,艺能寡薄,顾惭端士,叨侍宫闱。日夜祗惧,无以匡辅,区区微诚,愿效尘露。轻进刍鄙,庶垂采择。临启如失,伏用兢惶。谨启。

《张燕公集》卷一三,商务印书馆《丛书集成初编》本

致化之道,必于求贤;得人之要,在于征实。顷虽屡存贲帛,无辍翘车,而骏骨空珍,真龙罕观。岂才之难遇,将举或未精。且人匪易知,取不求备。瑰琦失于俗誉,韬晦嗟于时宜。其博询州里,明扬幽仄,使管库无遗,蔼轴咸举。其诸州有抱器怀才,不求闻达者,命所在长官访名奏闻。武勇者具言谋略,文学者指陈艺业。务求实用,以副予怀。(先天二年六月)

《唐大诏令集》卷一〇二《诸州举实才诏》,

商务印书馆一九五九年版

敕:先王务本,君子知教,化人成俗,理国齐家,必由于学矣!朕往在储副,旁求儒雅。则张说、褚无量等为朕侍读。《诗》不云乎:"如切如磋,如琢如磨。"斯之谓也。咸能发挥启迪,执经尊道,以微言匡菲德者,朕甚休之。自虔奉圣训,祗膺大宝。冀天下学士,靡然向风,实获我心。登于近侍,复欲勉听虚伫,论思献纳。孔子曰:"德之不修学,学之不讲,是吾忧也。"岂食而不知其旨,耕而不知其耨,将何以因于义,求于善,补朕之阙,诲人罔倦哉?宜令银青光禄大夫守中书令上柱国燕国公张说、银青光禄大夫右常侍崇文馆学士兼国子祭酒上柱国舒国公褚无量等,公务之暇,于

中书与两省侍臣讲读。其有昌言至诚，可体要经远者，仍令银青光禄大夫行黄门侍郎昭文馆学士上柱国中山郡开国公李乂、银青光禄大夫行中书侍郎兼知制诰上柱国成安县开国男苏颋与左、右起居，随事编录，三两月进，朕将亲览。庶施乎海内，始自京师，凤沼擅鸿都之游，中书有稷下之事。应须纸笔铺设等，令中书检校供拟。（先天二年十一月八日）

《唐大诏令集》卷一〇五《命张说等两省侍臣讲读敕》，

商务印书馆一九五九年版

古之学者，始入小学见小节，大学见大节，知父子长幼之序，君臣上下之位，然后师逸功倍，化人成俗，莫不由之。子不云乎："远而有光者，饰也；近而愈明者，学也。"故道行于上，禄在其中，所期有成，不唯于迟达。自顷州里所荐，公卿之绪，门人众矣。孰嗣子音，国胄颓然，未臻吾道，至使钻仰之地，寂寥厥化。贵于责实，务于求仕。将去圣滋远，尚沿浇薄，为敦儒未弘，不行劝沮。朕承百王之末，居四海之尊，惟怀永图，思革前弊。何以发后生之智虑，垂先王之法则？朕甚惧之，敢忘于是。天下有业擅专门，学优重席，□堪师授者，所在具以名闻。自今以后，贡举人等宜加勖勉，须获实才。如有义疏未详，习读未遍，辄充举选，以希侥幸，所由官亦置彝宪。有司申明条例，称朕意焉。（开元二年五月）

《唐大诏令集》卷一〇六《令贡举人勉学诏》，

商务印书馆一九五九年版

敕：夫国学者，立教之本。故观文字可以知道，可以成化。庠序爰作，皆粉泽于神灵；车书是同，乃范围于天下。自戎夷纳款，日夕归朝,慕我华风,敦先儒礼。由是执于干羽,常不讨而来宾;事于俎豆,庶既知而往学。彼蓬麻之自直,在桑椹之怀音,则仁岂远哉,习相近也。自今已后,蕃客入朝,并引向国子监,令观礼教。(开元二年十二月二十二日)

《唐大诏令集》卷一二八《令蕃客国子监观礼教敕》,

商务印书馆一九五九年版

古有宾献之礼,登于天府,扬于王庭。重学尊儒,兴贤造士,能美风俗,成教化,先王之所繇焉。朕以寡德,钦若前政,思与大夫士复臻于理。每日访道,有时忘食;乙夜观书,分宵不寐。悟专经之义笃,知学史之文繁。永怀覃思,有足尚者,不有褒崇,孰云奖劝? 其诸州乡贡明经、进士,见讫,宜令引就国子监谒先师,学官为之开讲,质问其义。仍令所司优厚设食。两馆及监内得举人,亦准此。其清资官五品已上及朝集使,并往观礼,即为常式。《易》曰:“学以聚之,问以辩之。”《诗》云:“如切如磋,如琢如磨。”此朕所望于贤才矣。(开元五年)

《唐大诏令集》卷一〇五《令明经进士就国子监

谒先师敕》,商务印书馆一九五九年版

李元瓘为国子司业。开元八年三月,上言:“三礼、三传及《毛诗》《尚书》《周易》等,并圣贤微旨,生人教业,必事资经远,则斯道不坠。今明经所习,务在出身,咸以《礼记》文少,人皆谙读。《周礼》经邦之轨,则《仪礼》庄敬之楷模,《公羊》《穀梁》历代宗习。今两监及州县,以独学无友,四经殆绝。既事资训诱,不可因循,其学生望请各量配作业。并贡人预试之日,习《周礼》《仪礼》《公羊》

《穀梁》，并请帖十通五，许其入策。以此开劝，即望四海均习，九经该备。"从之。

又奏："先圣孔宣父庙，先师颜子配座。今其像立侍。准礼，授坐不立，授立不跪。况颜子道亚生知，才先入室。既当配享，其仪见立。请据礼文，合从侍坐。又，四科弟子闵子骞等，并服膺儒术，亲承圣教，复列像庙堂，不参享祀。谨简祠令，何休、范宁等二十二贤，犹沾从祀。岂有升堂入室之子，犹不沾配享之余？望请春秋释奠，列享在二十二贤之上。七十子文翁之壁尚不缺如，岂有国庠，遂无图绘？请命有司图形于壁，兼为立赞，庶敦劝儒风，光崇圣列。曾参孝道可崇，犹受经于夫子，望准二十二贤预享。"从之。

《册府元龟》卷六〇四《学校部》，中华书局一九六〇年版

敕：神农尝草，以疗人疾；岐伯品药，以辅人命。朕铨览古方，永念黎庶。或荣卫内拥，或寒暑外攻，因而不救，良可叹息。自今远路僻州，医术全少，下人疾苦，将何恃赖？宜令天下诸州，各置职事医学博士一员，阶品同于录事。每州写《本草》及《百一集验方》，与经史同贮。其诸州于录事各省一员，中下州先有一员者省讫，仰州补勋散官充。（开元十一年七月丁亥）

《唐大诏令集》卷一一四《诸州置医学博士敕》，
商务印书馆一九五九年版

朕闻以道得人者谓之儒，切问近思者谓之学。故以阳礼教让，则下不争；以阴礼教亲，则远无怨。岂无习不利，教所由生者乎？朕所以厚儒林，辟书殿，讨论《易》象，研核道源，冀淳风大行。

华胥非远，而承平日久，趋竞岁积。谓儒官为冗列，视之若遗；谓吏职为要津，求如不及。顷亦开献书之路，观扬己之人。阙下之奏徒盈，席上之珍盖寡。岂弘奖之义，或有未孚；将敦本之人，隐而未见？天下官人百姓，有精于经史，道德可尊，工于著述，文质兼美者，宜令本司、本州长官指陈艺业，录状送闻。其吏部选人，亦令所由铨择，各以名荐。朕当明试，用观其能。若行业可甄，待以不次。如妄相褒进，必将明罚。（开元十四年六月）

《唐大诏令集》卷一〇五《求儒学诏》，商务印书馆一九五九年版

右臣伏以皇太子是天下之本，为国之贰。今则睿质渐长，犹在深宫，所与近习者，未必皆正人端士，安于逸乐，久则性成。是以古者明王，恐其若此，虽在赤子，先之以教，必使耆儒硕德，为之师保。故《大戴礼》云：周成王在襁褓之中，太公为之太师，教之顺也；周公为之太傅，傅其德义；召公为之太保，保其身体。是故成王能圣，周道用康。秦始皇使赵高傅其太子胡亥，因教之以狱，所习者非斩劓人，则夷人之三族也。胡亥即位，秦氏以亡。则明人之性情，莫不由习。若近正人，闻正事，虽欲为恶，固已不忍；若亲近细人，不闻教谕，纵欲行善，犹未知所适，此必然也。胡越之少，生则声同，长则语异。盖声者天然，语者所习，习于胡则胡，习于越则越。故知成于所习，不可不慎。臣伏愿详择典故，征用名贤，执经劝学，朝夕从事，俾皇太子得于所习，天下幸甚！谨奉状以闻。谨状。

《张九龄集校注》卷一三，中华书局二〇〇八年版

敕：天地以大德生群有，圣人以大宝守万物。古者受命之君，

谓之承天之序,明有所代,夫岂徒然。若道无钦崇,命不永保。帝实临汝,人曷戴君?朕所以每期庶乎合于人道之意也。夫宓牺、神农、黄帝、尧、舜,或诛而不怒,或教而不诛,彼亦何为,独臻于此?朕自有天下,二纪及兹,虽未能画衣以禁,亦未尝刑人于市,而政犹踦驳,俗尚浇漓,当是为理之心,未返于本耳。凡人岂不仁于父母兄弟,不欲于饮食衣服乎?而卒被无孝友之名,温饱之实,其故何哉?盖未闻义方,不识善道。或任小智而为诈,或见小利而苟得,致远则穷,继之以暴,已而身受戮辱,家不相保。愚妄之徒,类多自陷,狱讼之弊,恒由此作。吁可悲乎!亦在教之不明也。盖刑罚者不得已而用之,天下黔黎,皆朕赤子,以诚告示,或知归向,何必用威,然后致理,先务仁恕,宁不怀之。且五常循行,岂须深识?六亲和睦,何待丁宁?自宜勉之,以副所望。刑措不用,道在于兹。今献岁之吉,迎气伊始,敬顺天常,无违月令。所由长吏,可举旧章。诸有妪伏孕育之物,蠢动生灵之类,慎无杀伐,致令夭伤。九土异宜,三农在候,聚众兴役,妨时害功,特宜禁止,以助春事。至若家从征镇,人或孤茕,物向阳和,此独忧悴,良可悯也!亦宜所由随事优恤,盖不体仁无以为长人,不知道无以用其心。故道者,众妙之门;而心者,万事之统。得其要会,远可以兼济于人;识其指归,近亦能自全于己。故我玄元皇帝,著《道德经》五千文,明乎真宗,致于妙用。而有位者未之讲习,不务清静,欲令所为之政,何从而至于太和者耶?百辟卿士,各须详读,勉存进道之诚,更图前席之议。至如计校小利,综缉烦文,邀名失行,去道弥远,违天和气,生人庆心,朕甚厌之,所不取也。各励精一,共兴玄化,俾苍生登于仁寿,天下还于淳朴,岂远乎哉?行之可至,其《老子》乎?宜令士庶家藏一本,仍劝习读,使知指要。每年贡举人，量减《尚书》《论语》一两道策，准数加《老子》策，俾敦崇道本，附益化源。朕推诚与人，有此教诫，必验行事，岂垂空言？今之此敕，亦宜家置一本，每须三省，以识朕怀。（开元二十一年正月一日）

《唐大诏令集》卷八六《岁初处分德音》，

商务印书馆一九五九年版

诸州县学生，年二十五以下，八品、九品子弟，若庶人生，年二十一已下，通一经已上，及未通经，精神通悟，有文词史学者，每年铨量举送，所司简试，听入四门学，充俊士。即诸州人省试不第，情愿入学者，听。国子监所管学生，尚书省补；州县学生，长官补。诸州县学生，专习本业之外，仍令兼习吉凶礼。公私礼有事处，令示仪式，余皆不得辄使。许百姓任立私学，欲其寄州县学授业者，亦听。（开元二十一年五月）

《唐会要》卷三五《学校》，中华书局一九五六年版

风化之本，其在庠序。去秋不熟，生徒暂令就舍。讲习之地，安可久闲？其两监生在外者，即宜赴学。（开元二十二年四月）

《册府元龟》卷五〇《帝王部》，中华书局一九六〇年版

三皇之时，兆庶淳朴，盖由其上，以道化人。自兹厥后，为政各异。我烈祖玄元皇帝，禀大圣之德，蕴至道之精，著五千文，用矫时弊，可以理国家，超夫象系之表，出彼明言之外。朕有处分，令家习此书，庶乎人用向方，政成不宰。虑兹下士，未进微言，是以重有发明，俾之开悟。期弱丧而知复，宏善贷于无穷。

两京及诸州各置玄元皇帝庙一所，每年依道法斋醮。兼置崇玄学，生徒于当州县学生数内均融量置，令习《道德经》及《庄子》《文子》《列子》，待习业成，每年准明经举送至省。置助教一人，委所由州长官，于诸色人内精加访择补授，仍稍加优奖。（开元二十九年正月丁酉）

《全唐文》卷三一《玄宗·命两京诸路各置

玄元皇帝庙诏》，中华书局一九八三年版

自古圣人，皆以孝理，五帝之本，百行莫先。移于国而为忠，长于长而为顺，永言要道，实在人弘。自今已后，令天下家藏《孝经》一本，精勤诵习。乡学之中，倍增教授，郡县官吏，明申劝课。百姓间有孝行过人，乡闾钦伏者，所由长官，具以名荐。其有父母见在，别籍异居，亏败名教，莫斯为甚，特宜禁绝，勿使更然。并亲殁之后，亦不得令有分析。郡县切须勒令，在籍推行。自今已后，如有不友不恭，伤财破产者，宜配碛西，用清风教。朕惟熙庶绩，博访逸人。岂惟振拔滞淹，以期于大用？亦欲褒崇高上，将敦于薄俗。虚伫之怀，兼在于此。其有高蹈不仕，遁迹丘园，远近知闻，未经荐举者，委所在长官，以礼勘送。（天宝三载十二月）

《唐大诏令集》卷七四《亲祭九宫坛大赦天下敕》，

商务印书馆一九五九年版

朕顷者所撰《广济方》，救人疾患，颁行已久，传习亦多。犹虑单贫之家，未能缮写；间阎之内，或有不知。傥医疗失时，因至夭横，性命之际，宁忘恻隐。宜命郡县长官，就《广济方》中逐要者，于大板上件录，当村坊要路榜示，仍委采访使勾当，无令脱

错。（天宝五年八月）

《唐大诏令集》卷一一四《榜示广济方敕》，

商务印书馆一九五九年版

古者乡有塾，党有庠，所以明尊卑之仪，正长幼之序，风化之道，义在于兹。先置乡学，务令敦劝。如闻郡县之间不时训诱，闾巷之内多亏礼节，致使言词鄙亵，少长相凌，有玷清猷，何成雅俗？自今已后，宜令郡县长官申明条式，切加训导。如有礼仪兴行及纲纪不立者，委采访使明为褒贬，具状闻奏。道教之设，风俗之源，必在弘阐，以敦风俗，须列四经之科，冠九流之首。虽及门求进，颇有其人，而睹奥穷微，罕闻达者。岂专精难就，为劝奖未弘？天下诸色人中，有通明《道德经》及《南华》等四经，任于所在自举，各委长官考试申送。其崇玄生出身，自今已后，每至选宜减于常例一选，以为留放。（天宝七载五月）

《唐大诏令集》卷九《天宝七载册尊号敕》，

商务印书馆一九五九年版

〔天宝〕十四载四月，敕："国子监诸生等，既非举时，又属暑月，在于馆学，恐渐炎蒸。其有欲归私第及还乡贯习读者，并听。仍委本司长官，具名申牒所繇，任至举时赴监。东京监亦准此。"

《册府元龟》卷五〇《帝王部》，中华书局一九六〇年版

至和育物，大孝安亲。古之哲王，必由斯道。朕往在春宫，尝事先后，问安靡阙，侍膳无违。及同气天伦，联华棣萼，居常共被，食必分甘。今皇帝奉而行之，未尝失坠。每有衔命而来，戒途将

发,必肃恭拜跪,涕泗交涟。左右侍臣,罔不感动。间者旭日抱
戴,赤乌白狼之瑞,接武荐臻,此皆皇帝圣敬之符、孝友之感也。
故能诞敷德教,横乎四海。信可以光宅寰宇,永绥黎元者矣。其
天下有至孝友悌、行著乡闾、堪旌表者,命县长官采听闻奏。孝子
顺孙,乐于玄化也。(至德二载正月)

《唐大诏令集》卷一〇三《访至孝友悌诰》,

商务印书馆一九五九年版

朕闻惟理乱在庶官,是以先王旁求俊彦,思皇多士,以倡九牧,
阜成兆人。顷者奸臣执权,专利冒宠,惟正直是丑,惟邪佞是比。壅
窒贤路,罔蔽天聪,使忠臣不得进其谋,才士不得展其用。废三载之
黜陟,寝九德之推择,多有老于郎署,滞于丘园,吏称无人,才不给
位。朕以薄质,嗣守大宝,寇戎未殄,王业惟艰,兢兢乾乾,日慎一
日。缅惟尧舜求贤之意,周公吐握之义,思欲广进髦义,辅宁邦家,
实赖公卿大夫,弘我视听。《易》曰:"方以类聚。"《语》曰:"举尔所
知。"凡宰相王臣,宜加搜择。其常参官及郡县长吏、上佐等,皆从历
试,而践通荣,如各知其密行异能,博学深识,才堪济代,术可利人,
名不彰闻,位不充量,湮沦屠钓,流落风波者,一善可录,便宜公举。
远则封表附驿,近则进状奏闻,勿避亲雠,无限侪伍。其有独负奇才,
未逢知己,即仰投匦,并所在陈状自论,长官登时与奏。夫兹荐士,非
止一举,永为恒典,有即登闻。昔荀桓子克翟有功,士伯受瓜衍之邑,
柳下惠贤而不举,臧文仲被窃位之名。《春秋》书之,千载不朽。凡百
在位,可不勉欤? 宜宣示中外,令知朕意。(至德二载四月八日)

《唐大诏令集》卷一〇三《搜访天下贤俊制》,

商务印书馆一九五九年版

推荐之道，必务于至公；赏罚之间，亦资于不滥。其诸色举人等，须有处分。令荐所知，实伫才能。用施政理，自宜慎择，以副虚怀。古者效官，三岁考绩，善恶既著，褒贬斯存。举之得人，必受旌能之赏；举之失选，亦加惩过之罚。赏罚之典，其于勉行。凡百具寮，宜知朕意。（宝应元年七月）

《唐大诏令集》卷一〇三《处分举荐人诏》，

商务印书馆一九五九年版

济国安民，必先得士。怀才抱器，所切逢时。苟获贤能，何吝任使？自从近岁，颇乏丰年，百姓凋残，四方空竭。邕交防戍，邛蜀征行。租赋罄于东南，衣粮耗于西北。欲全国力，须整边防。所恨利于国者，或迷之而未行；害于人者，或遗之而未去。天下有洞谙边事，深会军谋，或决胜于干戈，或运筹于帷幄。及有苦心吏术，深达政经，曾观已试之能，可致必成之理，各仰自见。所在长吏，先共讨论。有可取者，发遣赴京，量事资送。或安贞守道，隐遁山林；或勤学知书，博通今古，并仰所在长吏，搜访闻奏。冀有才者得伸，有能者得用。凡思报国，无若荐贤，如得非常之材，必加不次之赏。布告天下，知朕意焉。

《唐大诏令集》卷一〇三《搜访天下贤能敕》，

商务印书馆一九五九年版

理道同归，师氏为上，化人成俗，必务于学。俊造之士，皆从此途；国之贵游，罔不受业。修文行忠信之教，崇祗庸孝友之德，尽其师道，乃谓成人。然后扬于王庭，考以政事，征之以理，仕之以官。置于周行，莫匪邦彦，乐得贤也，其在兹乎？朕志于求理，尤重儒衍，先王设教，敢不底行。顷以戎狄多虞，急于经略，太学空设，诸生盖寡。弦诵之地，寂寥无声；函丈之间，殆将不扫。上庠及此，甚用悯焉。今宇县乂宁，文武兼备，方投戈而讲艺，俾释菜以行礼。四科咸进，六艺复兴，神人以和，化风浸美。日用此道，将无间然。其诸道节度、观察、都防御使等，朕之腹心，久镇方面。眷其弟子，为奉义方，修德立身，是资艺业。又恐干戈之后，学校尚微，僻居远方，无所谘禀。山东寡闻，质疑必就于马融；关西盛名，尊儒乃称于杨震。负经来学，当集京师。并宰相、朝官及神策六将军子弟欲得习学者，自今已后，并令补国子学生。欲其业重纂金，器成琢玉，日新厥德，代不乏贤。其中身虽有官，欲附学读书者，亦听。其学官，委中书、门下即简择行业堪为师范者充。学生员数多少，所习经业考试等，并所供粮料，及缘学馆破坏，要量事修理，各委本司作条件闻奏。务须详悉，称朕意焉。（永泰二年正月二十九日）

《唐大诏令集》卷一〇五《崇太学诏》，商务印书馆一九五九年版

南正北正，司天地之职；羲氏和氏，统日月之官。盖所以幽赞神明，发挥历象，经百王而不易，涉千古而无替。慎灶叠迹于前，甘石比踪于后。莫不仰稽次舍，俯察祆祥，克穷盈缩之端，备极阴阳之际。朕临御区宇，多历岁年，眷彼清台，罕闻其妙。岂人不逮昔，将求之未尽。虽天道难知，固以不言示教，而时君取戒，宁可遐弃厥司。宜令诸州及诸司访解占天文及历算等人，务取有景行审密者，并以礼发遣，速送所司，勿容隐漏。（贞元三年二月）

《唐大诏令集》卷一〇二《访习天文历算诏》，

本置两馆学士,皆选勋贤胄子。盖欲令其讲艺,绍习家风,固非开此幸门,隳紊典教。且令式之内,具有条章,考试之时,理须精核。比闻此色,幸冒颇深,或假市门资,或变易昭穆,殊亏教化之本,但长浇漓之风。未补者,务取阙员;已补者,自然登第。用荫既已乖实,试艺又皆假人,诱进之方,岂当如此!自今已后,所司宜据式文考试,定其升黜。如有假代,并准法处分。(贞元六年九月)

《册府元龟》卷六四〇《贡举部》,中华书局一九六〇年版

敕:立国之道,莫重于爱民;育物之心,期臻于寿域。故安其性命,顺其节宣,使六气不差,百疾不作,斯亦救人之要也。朕以听政之暇,思及黎元,每虑温湿不时,壅郁为厉。或僻远之俗,难备于医方;或贫匮之家,有亏于药石:失于救疗,遂至伤生。言念于兹,载深忧轸。属春阳在候,寒暑方交,闾里之间,颇闻疾患,每因服饵,尤感予衷。遂阅方书,求其简要,并以曾经试用,累验其功。及取单方,务于速效,当使疾无不差,药必易求,不假远召医工,可以立救人命。因加纂集,以便讨寻,类例相从,勒成五卷,名曰《贞元集要广利方》。宜付所司,即颁下州府,闾阎之内,咸使闻知。

《唐大诏令集》卷一一四《颁广利方敕》,

商务印书馆一九五九年版

武少仪为国子司业。贞元十七年五月,讹言云:"外人妄谈禁中事,神威军令将吏分捕入军中鞫问。"时国子监学生何竦、曹寿被收。少仪上疏言:太学生何竦曹寿等,今月十四日,有两人称是

神威军官健，本军奏进，止令追其人，亦不言姓名。缘神威是禁军，称奉进止，所由不敢随去，臣亦不敢牒问。经今二日，更不见回。臣伏以何竦、曹寿等学生之中素无异迹，皆勤艺业。臣职在监临，颇所谙委，察访游处，不涉非违。今忽被军中密收，恐横被诖误。太学生胄多来自远方，自见追此二人，不知其故，咸闻惊惧，莫敢保安。何竦等傥情理难容，伏乞明示罪状，加以刑法；如或枉遭诬执，伏计必尽其辞。冀无滥罚，人知惩警。臣谬当承乏，职令生徒，令其干犯国章，敢逃罪责。由是何竦、曹寿得释。

《册府元龟》卷六〇四《学校部》，中华书局一九六〇年版

严奉宗庙，时享月祭，帝王展孝之重典也。故致斋清宫，设斋郎执事，使夫习肄虔恪，肃恭神人，内尽其敬也。太学置生徒，服勤儒业，宏阐教化，发明德义。用严师以训之，悬美禄以待之。限其课第，考其否臧，外奖其学也。夫如是，斋郎官员，焉可废也？太学生徒，焉可乱也？若虑不素洁，则无以观其敬矣。志不宿著，则无以成其业矣。故提其名而目之，表其从事也；绩其勤而禄之，使其服志也。罢斋郎则失重祭之义，用学生则挠敬业之道，将何以见促数之节，肃敬之容，强立之成，待问之奥？知必不能至矣。况国家有典，崇儒有制，岂以斋郎渎易是病，而思去之？学生冗惰无取，而思役之？诚宜名分有殊，课第自别，使俎豆有楚，弓冶知训。供职有赏勤之利，敩学得乐群之至。礼举旧典，人知向方，庶乎简牍无罢代之烦，监寺绝往来之弊矣。将敦要本，在别司存，俾不相参，庶合事体。

《全唐文》附《唐文拾遗》卷二四《裴堪·请勿以太学生代斋郎奏》，中华书局一九八三年版

国子监应今新注学官等牒：准今年赦文，委国子祭酒选择有经艺堪训导生徒者，以充学官。近年吏部所注，多循资叙，不考艺能，至今生徒不自劝励。伏请非专通经传，博涉坟史，及进士五经诸色登科人，不以比拟。其新授官上日，必加研试，然后放上，以副圣朝崇儒尚学之意。具状牒上吏部，仍牒监者。谨牒。

《韩昌黎集》卷四〇《国子监论新注学官牒》，

商务印书馆一九三三年版

敬宗宝历元年，制曰："天下诸色人等，能精通一经，堪为师法者，委国子祭酒访择，具名闻。天下州县各委刺史、县令招延儒学，明加训诲。"

《册府元龟》卷五〇《帝王部》，中华书局一九六〇年版

朕每念艰难之本，思拯救之图。治少乱多，古犹今也。盖搜扬之未至，非爵赏之不行。况自乡里沽名，物情贾怨，朝市有争先之党，山林多独往之人，彼岂自穷，驱而莫返。其有文包经纬，道贯儒玄；贞遁自肥，浮名不染。岂无加等之爵，以待非常之流？今委使臣，远近征访，必行备礼，以耸群方。且机贵研深，用惟体要。运当无事，固垂拱而可恃；时属多虞，非拔奇而不振。或有材优将略，业洞兵钤，辨胜负于风云，计短长于主客。妙得神传之诀，耻成儿戏之名。不俟临机，方期制变。或销声于屠钓，或屈志于风尘，勿愧自媒，当期致用。至乃旁窥国病，动适时宜，深探货殖之源，备得富强之术。排于浮议，郁彼良图。又有志擅纵横，久潜缊褐，材推超异，见辱侪流。苟全一艺之工，不必万夫之敌。亦有推研历象，校步星辰，言必效于机先，术岂疑于亿中？是资奇器，孰

曰异端？亦在勤求，仁加殊赏。噫！功名可慕，少壮几何？在君亲则忠孝相资，念国家则安危同切。勿甘流落，犹徇宴安。并委使臣榜示访求，长吏津置发遣。同心体国，无使淹延。悬赏俟能，必期升擢。朕虽钟艰否，亦谓忧勤。高祖、太宗之在天，固当垂祐；社稷生灵之有主，夫岂乏贤？达我敷求，咨尔将命，勿孤翘瞩，苟自因循。其间儒学优游，军谟弘远，密陈时务，愿就制科者，已后别敕处分。跅弛遗才，沉沦末位，不碍文武，并须升闻。布告天下，咸使知悉。（光启五年五月）

《唐大诏令集》卷一〇三《搜访兵术贤才诏》，

商务印书馆一九五九年版

〔后唐天成〕四年十二月，国子监奏："伏以国家开设庠序，比要教授生徒，所以日就月将，知讨论之不废卜禘，视学明考较之有程。先生既以亲临，学士岂宜他适？盖以顷者监名虽补，各以私便无尝，且居冈离群，则学能敬业，终成孤陋，谁为琢磨？但希托迹为梯媒，只以多年为次第，冈思蚁术，惟俟莺迁，忍淹违养之时，徒积观光之岁。今国家化被流沙，渐海政敷，有截无疆，大扇素风，恢张至道。是以重兴数仞，分设诸官，教且有常，业成无忒，而况时物甚贱，馆舍尤多，谅无悬磬之虞，足得撞钟之问。但自学徒所好，可以教亦随机。既欲成名，必须精业。如有好《春秋》者，教之以属辞比事，三体五情，尊王室而讨不庭，昭沮劝而起新旧。其所异同者，则引之以二传也。如有好《礼》者，则教之以恭俭庄敬，长幼尊卑，言揖让而知献酬，明冠昏而重丧祭。其所讼革者，则证之以二礼也。如有好《诗》者，则教之以温柔敦厚，辨之以草木虫鱼，美盛德而刺淫昏，歌风雅而察正变。如有好《书》者，则教之以疏通知远，释之以训诰典谟，思帝德而敬王言，稽古道而统皇极。如有好《易》者，则教之以洁净精微，戒之以躁动竞进，体十翼而分交义，应吉凶而先据议也。至于历代子史，备述变通，既属异端，诚非教本。但以适当凝冻，将近试期，欲讲小经，以消短景。今已请尚书博士田敏讲勘《论语》《孝经》，行莫大于事亲，道莫逾于务本。如有京中诸官子弟及外道举人，况四门博士赵著见讲《春秋》，若有听人，从其所欲。颛俟放榜，别启诸经。既温故而知新，惜寸阴而轻尺璧。颛经者若能口诵，硕学者又得指归，自然縻好爵以当仁，策科名而得俊。幸不孤于选士，冀有益于化风。"从之。

《册府元龟》卷六〇四《学校部》，中华书局一九六〇年版

钱镠字具美，杭州临安人。……梁太祖即位，封镠吴越王兼淮南节度使。……长兴三年，镠卒，年八十一，谥曰武肃。子元瓘立。……袭封吴越国王，玉册、金印，皆如镠故事。

《新五代史》卷六七《吴越世家·钱镠》，中华书局一九七四年版

〔钱〕元瓘亦善抚将士，好儒学，善为诗，使其国相沈崧置择能院，选吴中文士录用之。

《新五代史》卷六七《吴越世家·钱元瓘》，
中华书局一九七四年版

臣闻周家创业七百年，汉氏延洪四百载，非惟天命，抑亦人谋。臣虽至愚，粗闻其要，叨居谏列，备敢奏陈。古者人君即位之后，立嫡以为储闱，列土而封子弟。既尊之以名品，复教之以训词。则骄奢淫逸不萌于心，仁知贤明以习其性，良傅择正人以为

师傅，闻善事益其聪明。假使中材，亦成良器。凡人善恶之性，多因染习而成，将创无穷，所宜重甚。窃以元良宗子，邦国本根，或陛下未欲封崇，先宜教导。所贵识古今之成败，知稼穑之艰难，使骄纵不期于心，正道尝闻于耳。辄条刍管，仰渎冕旒，事具于后。

一、帝王之子，生长深宫，爱自幼冲，便居逸乐，目厌雕华之玩，耳烦丝竹之音，所谓不与骄期，而骄自至。倘非天生聪惠，神授贤明，持此骄盈，焉能无惑？苟不预为教导，何以致之盘维？臣窃见先帝时，皇弟皇子，尽喜俳优，闻无稽玩物之言，则娱心悦耳；告致理经邦之说，则俯目嚬眉。入则务饰姬姜，出则思参仆马。亲宾满座，无非优笑之徒；食客盈门，罕有贤能之士。以此知识，以此宗师，必若托以维城，付之主鬯，无难亡之国，无不破之家。其则非遥，可谓殷鉴。臣请诸皇子各遵古议，置师傅之官。如陛下厚之以渥恩，课之以训导，令皇子屈身师事，每日讲说善道，一日之中，但记一事，一岁之内，所记渐多。每至月终，令师傅具录闻奏。或皇子上谒之时，陛下更令侍臣面问，十中得五，为益良多，何必读书？自然博识，既达安危之理，兼知成败之繇。主鬯维城，何往不可？臣虽识短，事系远图。伏乞陛下询于公卿，以为可否。

一、臣闻古之人君即位，而册太子，封拜诸王。究其所繇，盖有深旨。一则欲尊储闱而作磐石，系我宗枝；一则欲分嫡庶而辨亲疏，各归名分，使庶不乱嫡，疏不间亲，礼秩有常，邪慝不作。臣窃见近代圣后贤君，或有失于此道，以此邦家构患，衅隙萌生。昔隋祖聪明，炀帝亦倾于杨勇。太宗睿圣，魏王终覆于承乾。臣每读古书，深悲其事，愿于圣代，无此厉阶，其于卜贰封崇，在臣不敢轻议。臣请诸皇子于恩泽赐与之间，婚姻省侍之际，依嫡庶而为礼秩，据亲疏而定节文，示以等威，绝其侥幸。保宗之道，莫大于斯。

一、臣闻上圣之才，不修崇而合道；中人之性，随染习而无常。是故告以话言，束之名教，犹蹈覆车之辙。不师铭座之言，而况左右全阙正人，染习不闻善事，欲求贤行，其可得乎？伏见近代师傅之官，所设备员而已，未闻调护太子，训导诸王，坐食俸钱，诚为尸禄。臣请皇子中当为储位者，虽未封拜，先要切磋。应在朝官寮、师傅之官，请每日谒见皇子，或讲论时政，或习熟礼容。日增月修，有益无损。在臣愚识，以此为忧，伏乞陛下付公卿详议，以为可否。

伏惟皇帝陛下仁深拜善，道在励精，行慈俭而爱生灵，正赏罚而激贞滥。内外皆无阙政，左右尽是贤臣，谏者无以措词，多士惟期自励。臣岂合遽陈狂瞽，辄犯宸严，但以恩未报于君亲，事实关于国本，庶裨万一，聊罄再三。

《全唐文》卷八六四《张昭·请妙选东宫师傅疏》，

中华书局一九八三年版

臣闻江海不让于细流，所以成其大；山岳不让其撮土，所以成其高；王者不倦昌言，所以成其圣。臣历观前代，乃至近朝，遍阅圣君，无不好学。故楚灵王军中决胜，不忘倚相之书；汉高帝马上争衡，犹听陆生之说。遂得宸谋益治，宗社延长。伏惟皇帝陛下缵禹丕图，受尧成法。春秋鼎盛，四聪不惑于咨询；廊庙谋深，六艺何妨于讲习。古者或立儒宫，或开文馆，旁求岩穴之士，延纳草泽之才。虽有前规，伏恐未暇。况国家设官分职，选贤任能，有辅弼讲其国经，有师傅启其言路。可以谈天人之际，可以陈理乱之繇。但能属耳于典谟，何必服膺于卷轴？伏望陛下听政之余，数召近臣,讨论经义。所冀熟三纲五常之要,穷九畴八政之源。纵无取于儒冠,犹冀贤于博奕。

《全唐文》卷八六四《张昭·请尊师傅讲论经义疏》,

中华书局一九八三年版

〔后晋天福五年六月〕癸亥,道士崇真大师张荐明赐号通玄先生。是时帝好《道德经》,尝召荐明讲说其义,帝悦,故有是命。寻令荐明以《道》《德》二经雕上印板,命学士和凝别撰新序,冠于卷首,俾颁行天下。

《旧五代史》卷七九《晋书·高祖纪第五》,

中华书局一九七六年版

汉司徒诩为礼部侍郎。乾祐三年上言:"臣闻致理之方,咸资稽古。多闻之道,讵舍群书。历代已来,斯文不坠。石渠蓬阁,今则阙于芸编;百氏九流,在广颁于搜访。唐朝并开三馆,皆贮百家。开元之朝,群书大备。离乱之后,散失颇多。臣请国家开献书之路。凡天下文儒、衣冠旧族,有收得三馆亡书,许投馆进纳。据卷帙多少,少则酬之以缗帛,多则酬之以官资。自然五六年间,庶几粗备。"从之。

《册府元龟》卷六〇四《学校部》,中华书局一九六〇年版

周太祖广顺二年五月,亲往兖州。辛未,遣端明殿学士颜衎,往曲阜祀文宣王庙。

六月己酉,幸曲阜谒孔子祠。既毕,将致敬,左右曰:"仲尼,人臣也,无致敬之文。"太祖曰:"文宣,百代帝王师也,得无敬乎?"

即释奠于祠前。其所奠金器、银炉十数事，留于祠所，以备享献。遂幸孔林，拜孔子墓。坟侧有石坛，是唐朝封禅回谒孔子之坛。二百余年间，绝东封之礼，洙泗之上，无复銮和之音。帝以武功之余，枉车致敬，尊师重道，不亦优乎！

《册府元龟》卷五〇《学校部》，中华书局一九六〇年版

周广顺二年六月，以文宣王四十三代孙前曲阜县令孔仁玉复为曲阜县令，仍赐绯鱼袋；以亚圣颜渊裔孙颜涉为曲阜县主簿。仍敕兖州修葺祠宇，墓侧禁樵采。时车驾亲征，兖州初平，遂幸曲阜谒孔子祠。既奠，将致敬，左右曰："仲尼，人臣也，无致敬之礼。"上曰："文宣，百代帝王师，得无拜之？"即拜奠祠前。

《五代会要》卷八《褒崇先圣》，上海古籍出版社一九七八年版

第二编

教育行政机构

第一章

隋代教育行政机构

尚书省，事无不总。置令、左右仆射各一人，总吏部、礼部、兵部、都官、度支、工部等六曹事，是为八座。属官左、右丞各一人，都事八人，分司管辖。吏部尚书统吏部侍郎二人，主爵侍郎一人，司勋侍郎二人，考功侍郎一人。礼部尚书统礼部、祠部侍郎各一人，主客、膳部侍郎各二人。兵部尚书统兵部、职方侍郎各二人，驾部、库部侍郎各一人。都官尚书统都官侍郎二人，刑部、比部侍郎各一人，司门侍郎二人。度支尚书统度支、户部侍郎各二人，金部、仓部侍郎各一人。工部尚书统工部、屯田侍郎各二人，虞部、水部侍郎各一人。凡三十六侍郎，分司曹务，直宿禁省，如汉之制。

《隋书》卷二八《百官志下》，中华书局一九七三年版

隋初，国子学祭酒隶太常，从三品。开皇十三年，复置国子寺。仁寿元年，罢国子，唯置太学。大业三年，改为国子监，依旧置祭酒一人。皇朝因之。龙朔二年，改为大司成，咸亨中复旧。光宅元年，改为成均监祭酒，神龙元年复旧。

《唐六典》卷二一《国子监》，商务印书馆《钦定四库全书》本

炀帝即位，多所改革。三年定令，品自第一至于第九，唯置正从，而除上下阶。罢诸总管，废三师、特进官。分门下、太仆二司，取殿内监名，以为殿内省，并尚书、门下、内史、秘书，以为五省。增置谒者、司隶二台，并御史为三台。分太府寺为少府监。改内侍省为长秋监，国子学为国子监，将作寺为将作监，并都水监，总为五监。

《隋书》卷二八《百官志下》，中华书局一九七三年版

隋开皇十三年，国子寺罢隶太常，凡国学诸官，自汉以下，并属太常，至隋始革之。又改寺为学。仁寿元年，罢国子学，唯立太学一所，省国子祭酒、博士，置太学博士，总知学事。炀帝即位，改国子学为国子监，依旧置祭酒。大唐因之。龙朔元年，东都亦置。龙朔二年，改为司成馆，又改祭酒为大司成，咸亨初复旧。光宅元年，改国子监为成均监，神龙元年复旧。领国子学，学生三百人。太学，学生五百人。四门，学生五百人，俊士八百人。律学，学生五十人。书学，学生三十人。算学，学生三十人。凡六学生徒二千二百一十人。每学各置博士，以总学事，及有助教等员。天宝九载，又于国子监置广文馆，领学生为进士业者。置博士、助教各一人，品秩与太学同。置祭酒一人，掌监学之政。皇太子受业，则执经讲说，皆以儒学优重者为之。天宝九载，置广文馆学生进士。

国子司业：炀帝大业三年，于国子监初置司业一人。《礼》曰："乐正司业，父师司成。"因以为名。大唐置二人，副贰祭酒，通判监事。龙朔二年，改为少司成，咸亨初复旧。凡祭酒、司业，皆儒重之官，非其人不居。

丞：隋置三人，大唐一人。

主簿：北齐置。隋一人，大唐因之。

《通典》卷二七《职官九》，中华书局一九八八年版

第二章

唐代教育行政机构

尚书令一人，正二品。

尚书令掌总领百官，仪刑端揆。其属有六尚书，法周之六卿：一曰吏部，二曰户部，三曰礼部，四曰兵部，五曰刑部，六曰工部。凡庶务，皆会而决之。……皇朝武德中，太宗初为秦王，尝亲其职，自是阙不复置，其国政枢密，皆委中书，八座之官但受其成事而已。

尚书左丞相一人，右丞相一人，并从二品。

左右丞相掌总领六官，纪纲百揆，以贰令之职，令则专统焉。

左丞一人，正四品上；右丞一人，正四品下。

左右丞掌管辖省事，纠举宪章，以辨六官之仪制，而正百僚之文法，分而视焉。

左司郎中一人，右司郎中一人，并从五品上。

左司员外郎一人，右司员外郎一人，并从六品上。

都事六人，从七品上。

左右司郎中、员外郎，各掌付十有二司之事，以举正稽违，省署符目，都事监而受焉。凡都省，掌举诸司之纲纪与其百僚之程式，以正邦理，以宣邦教。

《唐六典》卷一《尚书都省》，商务印书馆《钦定四库全书》本礼部尚书一人，正三品。

侍郎一人，正四品下。

礼部尚书、侍郎之职，掌天下礼仪、祠祭、燕飨、贡举之政令。其属有四：一曰礼部，二曰祠部，三曰膳部，四曰主客。尚书、侍郎总其职务而奉其制命。凡中外百司之事，由于所属，皆质正焉。……

礼部郎中、员外郎，掌贰尚书、侍郎，举其仪制而辨其名数。

《唐六典》卷四《尚书礼部》，商务印书馆《钦定四库全书》本

至隋，置礼部尚书，统礼部、祠部、主客、膳部四曹，盖因后周礼部之名，兼前代祠部、仪曹之职。大唐龙朔二年，改礼部尚书为司礼太常伯，咸亨元年复旧。光宅元年，改礼部为春官，神龙元年复旧。总判祠部、礼部、膳部、主客事。

侍郎一人。……今侍郎则隋炀帝置。大唐因之。龙朔二年改为司礼少常伯，咸亨元年复旧。他时曹名或改，而官号不易。掌策试、贡举及斋郎、弘、崇、国子生等事。……

郎中一人。……隋初为礼部侍郎，炀帝除"侍"字，又改为仪曹郎。武德初，改为礼部郎中。龙朔二年，改为司礼大夫，咸亨初复旧。其后曹改而官不易。掌礼乐、学校、仪式、制度、衣冠、符印、表疏、册命、祥瑞、铺设、丧葬、赠赗及宫人等。员外郎一人。……至隋文帝，置礼部员外郎，炀帝改为仪曹承务郎。武德三年复旧。其后曹改而官不易。

《通典》卷二三《职官五》，中华书局一九八八年版

尚书一人，正三品；侍郎一人，正四品下。掌礼仪、祭享、贡举之政。其属有四：一曰礼部，二曰祠部，三曰膳部，四曰主客。

礼部郎中、员外郎,掌礼乐、学校、衣冠、符印、表疏、图书、册命、祥瑞、铺设,及百官、宫人丧葬赠赙之数,为尚书、侍郎之贰。

《新唐书》卷四六《百官志一·尚书省·礼部》,中华书局一九七五年版

武德初,为国子学,隶太常寺。贞观元年五月,改为监。龙朔二年,改为司成馆。咸亨元年,复为国子监。光宅元年,改为成均监。神龙元年,复为国子监。

《唐会要》卷六六《国子监》,中华书局一九五五年版

自武德初,以国子学隶太常寺,又省国子司业。及至贞观初,改国子寺为监;六年,复置国子司业一人。龙朔二月,改国子监为司成馆,祭酒为大司成,司业为少司成,博士为司成宣业。又于东都置国子监,其学生于两京教授。咸亨初年,改司成馆复为国子监,大司成复为祭酒,少司成复为司业。本一员,至太极初年加一员。光宅初,改国子监为成均监,祭酒为成均祭酒。长安四年,国子监始置直讲焉。神龙初,改成均监,复为国子监,成均复为祭酒。

《册府元龟》卷五九七《学校部》,中华书局一九六〇年版

祭酒一人,从三品;司业二人,从四品下。掌儒学训导之政,总国子、太学、广文、四门、律、书、算,凡七学。天子视学,皇太子齿胄,则讲义。释奠,执经论义,奏京文武七品以上观礼。凡授经,以《周易》《尚书》《周礼》《仪礼》《礼记》《毛诗》《春秋左氏传》

《公羊传》《穀梁传》各为一经，兼习《孝经》《论语》《老子》，岁终，考学官训导多少为殿最。

丞一人，从六品下，掌判监事。每岁，七学生业成，与司业、祭酒莅试，登第者上于礼部。

主簿一人，从七品下。掌印，句督监事。七学生不率教者，举而免之。录事一人，从九品下。

武德初，以国子监曰国子学，隶太常寺，贞观二年复曰监。龙朔二年，改国子监曰司成馆，祭酒曰大司成，司业曰少司成，咸亨元年复曰监。垂拱元年，改国子监曰成均监。有府七人，史十三人，亭长六人，掌固八人。

《新唐书》卷四八《百官志三·国子监》，中华书局一九七五年版

龙朔二年正月十八日置，学官学生，分于两教授。

《唐会要》卷六六《东都国子监》，中华书局一九五五年版

国子监生，尚书省补，祭酒统焉。州县学生，州县长官补，长史主焉。

《新唐书》卷四四《选举志上》，中华书局一九七五年版

京兆、河南、太原牧及都督、刺史，掌清肃邦畿，考核官吏，宣布德化，抚和齐人，劝课农桑，教谕五教。每岁一巡属县，观风俗，问百姓，录囚徒，恤鳏寡，阅丁口，务知百姓之疾苦。内有笃学异能闻于乡闾者，举而进之；有不孝悌，悖礼乱常，不率法令者，纠而绳之。其吏在官公廉正己，清直守节者，必察之；其贪秽谄谀，求名徇私者，亦谨而察之：皆附于考课，以为褒贬。……其所部有须改更，得以便宜从事。……

尹、少尹、别驾、长史、司马,掌贰府州之事,以纪纲众务,通判列曹,岁终则更入奏计。

《唐六典》卷三〇《三府督护州县官吏》,

商务印书馆《钦定四库全书》本

功曹、司功参军,掌官吏考课、假使、选举、祭祀、祯祥、道佛、学校、表疏、书启、医药、陈设之事。凡差使,先差州官;不充,取县官,率一半已上;不充,取前资官。其上佐、录事参军、县令不得充使出境。凡州县及镇仓督,县博士、助教,中、下州市令及县市令,岳、渎祝史,并州选,各四周而代。

凡贡举人,有博识高才,强学待问,无失俊选者,为秀才。通二经已上者,为明经。明闲时务,精熟一经者,为进士。通达律令者,为明法。其人正直清修,名行孝义,旌表门闾,堪理时务,亦随宾贡,为孝悌力田。

凡贡人,上州岁贡三人,中州二人,下州一人。若有茂才异等,亦不抑以常数。凡贡人,行乡饮酒之礼,牲用少牢。若州县春、秋二社及释奠之礼,亦皆以少牢。凡诸州每年任土所出药物可用者,随时收采,以给人之疾患。

…………

兵曹、司兵参军,掌武官选举、兵甲器杖、门户管钥、烽候传驿之事。每岁贡武举人,有智勇谋略,强力悍材者,举而送之。试长垛、马枪、翘关、擎重,以为等第之上下,为之升黜,从文举行乡饮酒之礼,然后申送。

…………

经学博士,以五经教授诸生。

医学博士,以百药救疗平人有疾者。

商务印书馆《钦定四库全书》本

　　隋初以州为郡,无复军府,则州府之职,参为郡官。故有长史,司马,录事参军,功、户、兵、法等七曹,稍与今制同。开皇三年,诏佐官以曹为名者,并改为司。十二年,诸州司从事为名者,并改为参军。又制,刺史二佐每岁暮更入朝上考课。炀帝置通守,赞治,东西曹掾,主簿,司功、仓、户、兵、法、士等书佐,各因郡之大小而为增减。改行参军为行书佐。大唐州府佐吏与隋制同,有别驾、长史、司马一人,录事参军,司功、司仓、司户、司兵、司法、司士等六参军。在府为曹,在州为司。大与上府置二员,州置一员,参军事各有差,博士一员,医博士一员,大凡以州府大小而为增减。

《通典》卷三三《职官十五》,中华书局一九八八年版

　　长史:……至隋,为郡官。大唐初无。永徽二年,改别驾为之。其后二职并置,府州各一人。王府长史理府事,余府通判而已。

　　司马:……至隋,废州府之任,无复司马,而有治中焉。治中,旧州职也,州废,遂为郡官。开皇三年,改治中为司马。炀帝又改司马及长史,并置赞治一人,寻又改赞治为郡丞。大唐武德初,复为治中。贞观二十三年,高宗即位,遂改诸州治中并为司马。所职与长史同。

司功参军：……北齐诸州有功曹参军。隋亦然，及罢郡置州，以曹为名者改曰司。炀帝罢州置郡，改曰司功书佐。大唐改曰司功参军。开元初，京尹属官及诸都督府并曰功曹参军，而列郡则曰司功参军。令掌官员、祭祀、礼乐、学校、选举、表疏、医筮、考课、丧葬之事。

············

经学博士：汉郡国皆有文学掾。历代多阙。大唐府郡置经学博士各一人，掌以五经教授学生，多寒门鄙儒为之。

医博士：一人，大唐开元十一年七月制置，阶品同录事。每州写《本草》《百一集验方》，与经史同贮。其年九月，御撰《广济方》五卷，颁天下。贞元十二年二月，御撰《广利方》五卷，颁天下。"自今以后，诸州府应阙医博士，宜令长史各自访求选试，取人艺业优长堪效用者，具以名闻。已出身人及前资官便与正授，其未出身且令权知。四考后，州司奏与正授。余准恒式，吏部更不须选集。"

《通典》卷三三《职官十五》，中华书局一九八八年版

京畿及天下诸县令之职，皆掌导扬风化，抚字黎氓，敦四人之业，崇五土之祠，养鳏寡，恤孤穷，审察冤屈，躬亲狱讼，务知百姓之疾苦。……县丞为之贰。主簿掌付事句稽省署抄目、纠正非违、监印、给纸笔杂用之事。

············

博士专以经术教授诸生。二分之月，释奠于先圣、先师。

《唐六典》卷三〇《三府督护州县官吏》，
商务印书馆《钦定四库全书》本

汉县有丞、尉及诸曹掾。……隋炀帝改县尉为县正,寻改正为户曹、法曹,分司以承郡之六司。其京四县,则加置功曹为三司,司各二人。大唐县有令,而置七司,一如郡制。丞为副贰,主簿上辖,尉分理诸曹,录事省受符历,佐史行其簿书。

丞:……隋及大唐县丞各一人,通判县事。

《通典》卷三三《职官十五》,中华书局一九八八年版

第三编

官学制度

第一章

官学联成系统

一、 中央官学

（一）专设官学

1. 隋国子寺（监）

　　国子寺元隶太常。祭酒，一人。属官有主簿、录事。各一人。统国子、太学、四门、书算学，各置博士、国子、太学、四门各五人，书、算各二人。助教、国子、太学、四门各五人，书、算各二人。学生国子一百四十人，太学、四门各三百六十人，书四十人，算八十人。等员。

《隋书》卷二八《百官志下》，中华书局一九七三年版

　　〔开皇〕十三年，复置都水台。国子寺罢隶太常，又改寺为学。

《隋书》卷二八《百官志下》，中华书局一九七三年版

　　开皇二十年，废国子、四门及州县学，唯置太学博士二人，学

生七十二人。炫上表言学校不宜废,情理甚切,高祖不纳。

《隋书》卷七五《刘炫传》,中华书局一九七三年版

〔仁寿元年〕秋七月戊戌,改国子为太学。

《隋书》卷二《高祖纪下》,中华书局一九七三年版

仁寿元年,改都水台为监,更名使者为监。罢国子学,唯立太学一所,置博士五人,从五品,学生七十二人。

《隋书》卷二八《百官志下》,中华书局一九七三年版

炀帝即位,多所改革。三年定令,品自第一至于第九,唯置正从,而除上下阶。……分太府寺为少府监。改内侍省为长秋监,国子学为国子监,将作寺为将作监,并都水监,总为五监。

《隋书》卷二八《百官志下》,中华书局一九七三年版

国子监依旧置祭酒,加置司业一人,从四品,丞三人,加为从六品。并置主簿、录事各一人。国子学置博士,正五品,助教,从七品,员各一人。学生无常员。太学博士、助教各二人,学生五百人。先是仁寿元年,省国子祭酒、博士,置太学博士员五人,为从五品,总知学事。至是太学博士降为从六品。

《隋书》卷二八《百官志下》,中华书局一九七三年版

〔开皇〕三年,因览刑部奏,断狱数犹至万条。以为律尚严密,故人多陷罪。又敕苏威、牛弘等,更定新律。除死罪八十一条,流罪一百五十四条,徒杖等千余条,定留唯五百条。凡十二卷:一曰

名例，二曰卫禁，三曰职制，四曰户婚，五曰厩库，六曰擅兴，七曰盗贼，八曰斗讼，九曰诈伪，十曰杂律，十一曰捕亡，十二曰断狱。自是刑网简要，疏而不失。于是置律博士弟子员。断决大狱，皆先牒明法，定其罪名，然后依断。

《隋书》卷二五《刑法志》，中华书局一九七三年版

〔开皇〕五年，侍官慕容天远，纠都督田元，冒请义仓，事实而始平县律生辅恩，舞文陷天远，遂更反坐。帝闻之，乃下诏曰："人命之重，悬在律文，刊定科条，俾令易晓。分官命职，恒选循吏，小大之狱，理无疑舛。而因袭往代，别置律官，报判之人，推其为首。杀生之柄，常委小人，刑罚所以未清，威福所以妄作。为政之失，莫大于斯。其大理律博士、尚书刑部曹明法、州县律生，并可停废。"自是诸曹决事，皆令具写律文断之。六年，敕诸州长史已下，行参军已上，并令习律，集京之日，试其通不。

《隋书》卷二五《刑法志》，中华书局一九七三年版

大理寺，不统署。又有正、监、评、各一人。司直、十人。律博士、八人。明法、二十人。狱掾。八人。

《隋书》卷二八《百官志下》，中华书局一九七三年版

2. 唐国子监

高祖始受命，锄颣夷荒，天下略定，即诏有司立周公、孔子庙于国学，四时祠。求其后，议加爵土。国学始置生七十二员，取三品以上子、弟若孙为之；太学百四十员，取五品以上；四门学百三

十员,取七品以上。郡县三等,上郡学置生六十员,中、下以十为差;上县学置生四十员,中、下亦以十为差。

《新唐书》卷一九八《儒学传上》,中华书局一九七五年版

学旧六馆,有国子馆、太学馆、四门馆、书馆、律馆、算馆,国子监都领之。每馆各有博士、助教,谓之学官。国子监有祭酒、司业、丞簿,谓之监官。六学诸生三千员,新罗、日本诸国,皆遣子入朝受业。天宝中,国学增置广文馆,在国学西北隅,与安上门相对。廊宇粗建,会十三年,秋霖一百余日,多有倒塌。主司稍稍毁撤,将充他用,而广文寄在国子馆中。寻属边戈内扰,馆宇至今不立。

《唐语林》卷五《补遗》,古典文学出版社一九五七年版

朱雀街东第二街,北当皇城南面之安上门。街东从北,第一务本坊。

半以西,国子监,领国子、太学、四门、律、书、算六学。

《长安志》卷七《唐京城一》,三秦出版社二〇一三年版

国子监:①

祭酒一人。

司业二人。

丞一人。

主簿一人。

---

① 以下相关内容根据《唐六典》卷二一《国子监》整理形成。

录事一人。

府七人。

史十三人。

亭长六人。

掌固八人。

国子博士二人。

助教二人。

学生三百人。

典学四人。

庙干二人。

掌固四人。

太学博士三人。

助教三人。

学生五百人。

典学四人。

掌固六人。

四门博士三人。

助教三人。

学生五百人。

俊士八百人。

典学四人。

掌固六人。

国子直讲四人。

大成十人。

律学博士一人。

助教一人。

学生五十人。

典学二人。

书学博士二人。

学生三十人。

典学二人。

算学博士二人。

学生三十人。

典学二人。

《唐六典》卷二一《国子监》，商务印书馆《钦定四库全书》本

国子监：祭酒一人，从三品。

司业二人，从四品下。

国子祭酒、司业之职，掌邦国儒学训导之政令，有六学焉：一曰国子，二曰太学，三曰四门，四曰律学，五曰书学，六曰算学。凡春、秋二分之月，上丁释奠于先圣孔宣父，以先师颜回配，七十二弟子及先儒二十二贤从祀焉。旧令唯祀十哲及二十二贤。开元八年，敕立曾参于十哲之次，并七十二子并许从祀。其名历已具于祠部。祭以太牢，乐用登歌、轩县、六佾之舞。若与大祭祀相遇，则改用中丁。祭酒为初献，司业为亚献，博士为终献。若皇太子释奠，则赞相礼仪，祭酒为之亚献。皇帝视学，皇太子齿胄，则执经讲义焉。凡释奠之日，则集诸生，执经论议，奏请京文武七品以上清官并与观焉。凡教授之经，以《周易》《尚书》《周礼》《仪礼》《礼记》《毛诗》《春秋左氏传》《公羊传》《穀梁传》各为一经；《孝经》《论语》《老子》，学者兼习之。诸教授正业，《周易》，郑玄、王弼注；《尚书》，孔安国、郑玄注；三礼、《毛

诗》，郑玄注；《左传》，服虔、杜预注；《公羊》，何休注；《榖梁》，范宁注；《论语》，郑玄、何晏注；《孝经》《老子》，并开元御注。旧令，《孝经》，孔安国、郑玄注；《老子》，河上公注。其《礼记》《左传》为大经，《毛诗》《周礼》《仪礼》为中经，《周易》《尚书》《公羊》《榖梁》为小经。每岁终，考其学官训导功业之多少，而为之殿最。

丞一人，从六品下。隋大业三年，置国子丞三人，从六品。皇朝省置一人。

主簿一人，从七品下。北齐国子寺置主簿员，隋置一人，皇朝因之。

录事一人，从九品下。北齐国子寺有录事一员，隋置一人，皇朝因之。

丞掌判监事，凡六学生每岁有业成上于监者，以其业与司业、祭酒试之：明经，帖经、口试、策经义；进士，帖一中经，试杂文，策时务，征故事；其明法、明书、算，亦各试所习业。登第者，白祭酒，上于尚书礼部。其试法皆依考功，又加以口试。明经帖限通八已上，明法、明书皆通九已上。

主簿掌印，勾检监事。凡六学生有不率师教者，则举而免之。其频三年下第，九年在学，及律生六年无成者，亦如之。假违程限及作乐杂戏亦同，唯弹琴、习射不禁。

录事掌受事发辰。

《唐六典》卷二一《国子监》，商务印书馆《钦定四库全书》本

龙朔二年正月，东都置国子监丞、主簿、录事各一员，四门助教博士、四门生三百员，四门俊士二百员。

《旧唐书》卷二四《礼仪志四》，中华书局一九七五年版

宪宗元和元年正月丁卯诏："……东都国子监诸馆共置学生百员。"

二年十二月丁巳，东都国子监增置学生一百人。

《册府元龟》卷五〇《帝王部》，中华书局一九六〇年版

国子学

以义宁三年五月，初令国子学置生七十二员，取三品已上子孙；太学置生一百四十员，取五品已上子孙；四门学生一百三十员，取七品已上子孙。

《旧唐书》卷一八九上《儒学传上》，中华书局一九七五年版

国子博士二人，正五品上。……隋初，国子隶太常，置博士五人；大业三年，置国子监博士一人，正五品。皇朝增置二人。助教二人，从六品上。

国子博士，掌教文武官三品已上及国公子孙、从二品已上曾孙之为生者，五分其经以为之业，习《周礼》《仪礼》《礼记》《毛诗》《春秋左传》，每经各六十人，余经亦兼习之。习《孝经》《论语》，限一年业成；《尚书》《春秋公羊》《穀梁》，各一年半；《周易》《毛诗》《周礼》《仪礼》，各二年；《礼记》《左氏春秋》，各三年。其生初入，置束帛一篚，酒一壶，脩一案，号为束脩之礼。其习经有暇者，命习隶书并《国语》《说文》《字林》《三苍》《尔雅》。每旬前一日，则试其所习业。试读者，每千言内试一帖；试讲者，每二千言内问义一条，总试三条，通一及全不通，斟量决罚。每岁，其生有能通两经已上求出仕者，则上于监；堪秀才、进士者，亦如之。

助教掌佐博士，分经以教授焉。

典学掌抄录课业。

庙干掌洒扫学庙。

《唐六典》卷二一《国子监》，商务印书馆《钦定四库全书》本

国子博士：班固云，按六国时，往往有博士，掌通古今。又曰：博士，秦官，汉因之。汉博士多至数十人，冠两梁。文帝时，博士朝服玄端，章甫冠。武帝建元五年，初置五经博士。宣帝、成帝之代，五经家法稍增，置博士一人。博士选有三科，高第为尚书，次为刺史，其不通政事，以久次补诸侯太傅。于时孔光为博士，数使录冤狱，行风俗，以高第为尚书。叔孙通为博士，初制汉礼。又贾谊年二十余，文帝召为博士，年最少。每有诏议下，诸老生未能言，谊尽为对之，人人各如其意。又元鼎中，徐偃为博士，使行风俗。偃矫制，使胶东、鲁国鼓铸监铁。还奏事，张汤劾偃以矫制，法至死。偃以《春秋》之义："大夫出疆，有可以安社稷、利万人，专之可也。"汤不能诎。又公孙弘、董仲舒、朱云、匡衡、疏广、韦贤、张禹并为博士。后汉博士凡十四人，《易》：施、孟、梁丘、京氏；《尚书》：欧阳、大小夏侯；《诗》：齐、鲁、韩氏；《礼》：大小戴；《春秋》：严、颜，各一博士。华峤《汉书》曰："初，欲立《左氏传》博士，范升以为《左氏》浅末，不宜立。陈元闻之，乃诣阙上疏争之，更相辩对，凡十余上，帝卒立左氏学。"掌以五经教子弟，国有疑事，掌承问对。旧时从议郎为博士，其通叡异艺，入平尚书，出部刺史、诸侯守相，久次转谏议大夫。中兴高第为侍中，小郡若都尉。博士限年五十。其《督邮板状》曰："生事爱敬，丧没如礼。理《易》《尚书》《孝经》《论语》，兼崇载籍，穷微阐奥，师事某官，经明受谢。见授门徒尚五十人以上，正席谢生，三郡三人，隐居乐道，不求闻达。身无金痍痼疾，三十六属，不与妖恶交通。王侯赏赐，行应四科，经任博士。"下言某官某甲保举。顺帝讳保，故称守。安帝以博士多非其人，诏命三公、将军、中二千石举博士各一人，务得经明行高，卓尔茂异。是时群僚承风，凡所旌贡，绰有余裕。后旋复故，遂用陵迟。初，平帝元始四年，改博士为博士师，后汉兼而存之，并择儒者。桓荣、鲁恭、戴凭等并为博士。魏及西晋朝博士置十九人。魏乐详字文载，拜博士。于时太学初立，有博士十余人，其学多偏，不敢亲教，备员而已，唯详五业并授。武帝咸宁四年，初立国子学，置国子博士一人，皆取履行清淳，通明典义,若散骑常侍、中书侍郎、太子中庶子以上,乃得召试。元帝时,荀崧上疏曰:"昔咸宁、太康、永嘉之中,侍中、常侍、黄门通洽古今,行为世表者,领国子博士。"宋、齐诸博士皆皂朝服,进贤两梁冠,佩水苍玉。梁国学有博士二人,天监四年,置五经博士各一人。魏、晋、宋、齐并不置五经博士,至此始置焉。旧国子学生限以贵贱,武帝欲招来后进,五馆生皆引寒门隽才,不限人数。陈因之。后魏、北齐并有之。后魏崔逸为国子博士,每有公事,逸常被诏独进,博士特命,自逸始也。隋仁寿元年,省国子博士;大业三年,复置一人。大唐增置二人。龙朔二年,改为司成宣业,咸亨初复旧。诸州府亦有经学博士二人。助教:晋咸宁四年,初立国子学,置助教十五人,以教生徒。江左及宋并十人。宋制,《易》《尚书》《毛诗》《礼记》《周礼》《仪礼》《左传》《公羊》《穀梁》,各为一经;《论语》《孝经》为一经,合十经,助教分掌。宋、齐并同。梁国子助教旧视南台御史,品服与博士同,陈因之。后魏亦有。北齐置十人。隋置四人。大唐国子学助教三人,诸府、州、县各有助教员。府、州二人,县一人,学生各有差。

《通典》卷二七《职官九》,中华书局一九八八年版

国子学　博士五人,正五品上。掌教三品以上及国公子孙、从二品以上曾孙为生者。五分其经以为业:《周礼》《仪礼》《礼记》《毛诗》《春秋左氏传》各六十人,暇则习隶书、《国语》《说文》《字林》《三苍》《尔雅》。每岁通两经。求仕者,上于监,秀才、进士亦如之。学生以长幼为序,习正业之外,教吉、凶二礼,公私有事则相仪。

龙朔二年,改博士曰宣业。有大成十人,学生八十人,典学四人,庙干二人,掌固四人,东都学生十五人。

助教五人，从六品上。掌佐博士分经教授。

直讲四人，掌佐博士、助教以经术讲授。

五经博士各二人，正五品上。掌以其经之学教国子。《周易》《尚书》《毛诗》《左氏春秋》《礼记》为五经，《论语》《孝经》《尔雅》不立学官，附中经而已。

《新唐书》卷四八《百官志三》，中华书局一九七五年版

太学

太学博士：晋江左增置国子博士十六人，谓之太学博士，品服同国子博士。梁置太学博士八人，陈因之。后魏亦然。北齐国子寺有太学博士十人。后周置太学博士下大夫六人。隋初置太学博士五人，仁寿元年，罢国子，唯立太学，置博士五人；大业三年，减置二人。大唐因之。助教：后魏置。北齐亦有之，置二十人。后周曰太学助教上士。隋又曰太学助教，五人；大业三年，减三人。大唐因之。

《通典》卷二七《职官九》，中华书局一九八八年版

太学博士三人，正六品上。

助教三人，从七品上。

太学博士，掌教文武官五品已上及郡县公子孙、从三品曾孙之为生者。五分其经以为之业，每经各百人。其束脩之礼、督课、试举，如国子博士之法。

助教已下并掌同国子。

《唐六典》卷二一《国子监》，商务印书馆《钦定四库全书》本

太学博士三人，正六品上。助教三人，从七品上。学生五百人。太学博士掌教文武五品已上及郡县公子孙，从三品曾孙之为生者。教法并如国子。

《旧唐书》卷四四《职官志三》，中华书局一九七五年版

太学　博士六人，正六品上；助教六人，从七品上。掌教五品以上及郡县公子孙、从三品曾孙为生者，五分其经以为业，每经百人。

有学生七十人，典学四人，掌固六人，东都学生十五人。

《新唐书》卷四八《百官志三》，中华书局一九七五年版

四门学

四门博士：《后魏书》刘芳表："去太和①二十年，立四门博士，于四门置学。按《礼记》曰'天子设四学'，郑玄注：'同四郊之虞庠也。'今以其辽远，故置于四门，请移与太学同处。"从之。北齐二十人，隋五人，大唐三人。助教：北齐国子寺有二十人，隋初则五人，大唐因之。直讲四人，大唐初置，无员数，长安四年，始定为四员。大成二十人，大唐置，取贡举及第人，简聪明者，试书日诵得一千言，并日试策所习业等十条通七，然后补充，仍散官，禄俸赐会同直官例给。武太后长安中，省，而置直讲，定为四员。

《通典》卷二七《职官九》，中华书局一九八八年版

四门博士三人，正七品上；助教三人，从八品上。

① "太和"，即"大和"，唐文宗年号（827—835）。以下根据所引文献的具体版本，遵照原本使用"太和"或"大和"。

四门博士，掌教文武官七品已上及侯、伯、子、男子之为生者，若庶人子为俊士者。《礼记·王制》曰："命乡论秀士，升之司徒，曰选士。司徒论选士之秀者，升之学，曰俊士。"《隋书·志》曰："旧国子学处士以贵贱。梁武帝欲招来后进，五馆生皆取寒门俊才，不拘员数。"即今之俊士也。分经同太学，其束脩之礼，督课、试举，同国子博士之法。助教已下，掌同国子。

直讲四人。皇朝初置，无员数，长安四年始定为四员。俸禄、赐会同直官例。直讲掌佐博士、助教之职，专以经术讲授而已。

大成十人。皇朝置，取贡举及第人，考功简聪明者，试书日诵得一千言，并口试、策试所习业等十条通七，然后补充，仍授散官。俸禄、赐会同直官例给。初置二十人，开元二十年减十人。大成通四经业成，上于尚书吏部，试登第者，加一阶放选，其不第则习业如初。每三年一试，若九年无成，则免大成，从常调。

《唐六典》卷二一《国子监》，商务印书馆《钦定四库全书》本

四门博士三人，正七品上。助教三人。从八品上。四门博士掌教文武七品已上及侯、伯、子、男子之为生者，若庶人子为俊士生者，教法如太学。学生五百人。直讲四人，掌佐博士、助教之职。大成二十人。通四经业成，上于尚书吏部，试登第者，加阶放选也。

《旧唐书》卷四四《职官志三》，中华书局一九七五年版

四门馆　博士六人，正七品上；助教六人，从八品上；直讲四人。掌教七品以上，侯、伯、子、男子为生及庶人子为俊士生者。

有学生三百人，典学四人，掌固六人，东都学生五十人。

《新唐书》卷四八《百官志三》，中华书局一九七五年版

周人置虞庠于四郊，以养国老，教胄子。《祭统》曰："天子设四学"，盖其制也。《易传·太初篇》曰："天子旦入东学，昼入南学，夕入西学，暮入北学。"蔡邕引之，以定明堂之位焉。《大戴礼·保传篇》曰："帝入东学以贵仁，入南学以贵信，入西学以贵德，入北学以贵爵。"贾生述之，以明太子之教焉。故曰：为大教之官，而四学具焉。参明堂之政，原大教之极，其建置之道弘也。

后魏太和中，立学于四门，置助教二十人。隋氏始隶于国子，而降置五人。皇朝始合于太学，又省至三人。员位弥简，其官尤难，非儒之通者不列也。四门学之制，掌国之上士、中士、下士凡三等，侯、伯、子、男凡四等。其子孙之为胄子者，及庶士、庶人之子为俊士者，使执其业而居其次，就师儒之官而考正焉。助教之职，佐博士以掌鼓箧榎楚之政令，今分其人而教育之，其有通经力学者，必于岁之杪，升于礼部，听简试焉。课生徒之进退，必酌于中道，非博雅庄敬之流，固不得临是，故有去而升于朝者。贺秘书由是为博士，归散骑由是为左拾遗。旧制以拾遗为八品清官，故必以名实者居于其位。

贞元中，王化既成，经籍少间，有司命太学之官，颇以为易。专名誉、好文章者，咸耻为学官。至是，河东柳立始以前进士求署兹职，天水武儒衡、闽中欧阳詹又继之。是岁，为四门助教凡三人，皆文士，京师以为异。余与立同祖于方舆公，与武公同升于礼部，与欧阳生同志于文。四门助教署未尝纪前人名氏，余故为之记，而由夫三子者始。

《柳宗元集》卷二六《四门助教厅壁记》，中华书局一九七九年版

广文馆

广文馆：博士一人，助教一人，并以文士为之，大唐天宝九

载置。

《通典》卷二七《职官九》，中华书局一九八八年版

天宝九载，又于国子监置广文馆，领学生为进士业者。置博士、助教各一人，品秩与太学同。

《通典》卷二七《职官九》，中华书局一九八八年版

广文馆　天宝九载七月十三日置，领国子监进士业者。博士、助教各一人，品秩同太学。以郑虔为博士，至今呼郑虔为郑广文。

《唐会要》卷六六《广文馆》，中华书局一九五五年版

〔天宝〕九载七月，国子监置广文馆，知进士业，博士、助教各一人，秩同太学博士。

《旧唐书》卷二四《礼仪志四》，中华书局一九七五年版

自天宝五年（载）置广文馆，至今堂宇未起，材木堆积，主者或盗用之。

《唐国史补》卷中，上海古籍出版社一九七九年版

广文馆　博士四人，助教二人。掌领国子学生业进士者。

有学生六十人，东都十人。天宝九载，置广文馆，有知进士助教，后罢知进士之名。

《新唐书》卷四八《百官志三》，中华书局一九七五年版

第一章　官学联成系统

天宝中，国学增置广文馆，以领词藻之士。荥阳郑虔，久被贬谪，是岁始还京师，参选除广文馆博士。虔茫然曰："不知广文曹司何在？"执政谓曰："广文馆新置，总领文词，故以公名贤处之。且令后代称广文博士自郑虔始，不亦美乎？"遂拜职。虔天宝初采集异闻，著书八十余卷。人有窃窥其稿草，上书告虔私修国史。虔遽焚之，由是贬谪十余年，方从调选，授广文馆博士。虔所焚稿，既无别本，后更纂录，率多遗忘，犹成四十余卷，书未有名。及为广文馆博士，询于国子司业苏源明，源明请名为《会粹》，取《尔雅·序》》"会粹旧说"也。西河太守卢象赠虔诗云："书名《会粹》才偏逸，酒号屠苏味更醇。"即此也。

《唐语林》卷二《文学》，古典文学出版社一九五七年版

天宝九年①七月，诏于国子监别置广文馆，以举常修进士业者，斯亦救生徒之离散也。始，其春官氏擢广文生者，名第无高下。贞元八年，欧阳詹第三人，李观第五人。迩来此类不乏。暨大中之末，咸通、乾符以来，率以为末第。或曰：乡贡，宾也；学生，主也。主宜下于宾，故列于后也。大顺二年，孔鲁公在相位，思矫其弊，故特置吴仁壁于蒋肱之上。明年，公得罪去职，及第者复循常而已。悲夫！

《唐摭言》卷一《广文》，古典文学出版社一九五七年版

陈彦博与谢楚，同为太学广文馆生，相与齐名。……彦博以元和五年崔枢下及第，上二人李顾行、李仍叔。谢楚明年于尹躬

① "年"，应作"载"。

下擢第。

《唐人说荟·前定录》，上海扫叶山房一九二二年石印本

律学

律学博士：晋置，属廷尉，卫觊奏请置律学博士，转相教授，东晋以下因之。梁曰胄子律博士，属廷尉。陈亦有律博士。后魏、北齐并有之。隋大理寺官属有律博士八人。大唐因之，而置一人移属国学。助教一人，从九品上。

《通典》卷二七《职官九》，中华书局一九八八年版

〔贞观六年春二月〕戊子，初置律学。

《旧唐书》卷三《太宗本纪下》，中华书局一九七五年版

〔显庆三年〕九月，废书、算、律学。

《旧唐书》卷四《高宗本纪上》，中华书局一九七五年版

〔龙朔二年五月〕乙巳，复置律、书、算三学。
⋯⋯⋯⋯⋯⋯
〔龙朔三年二月庚戌〕诏以书学隶兰台，算学隶秘阁，律学隶详刑寺。

《旧唐书》卷四《高宗本纪上》，中华书局一九七五年版

律学博士一人，从八品下；助教一人，从九品上。
律学博士掌教文武官八品已下及庶人子之为生者，以律、令为专业，格、式、法例亦兼习之。其束脩之礼，督课、试举，如三馆

博士之法。助教掌佐博士之职，如三馆助教之法。

《唐六典》卷二一《国子监》，商务印书馆《钦定四库全书》本

律学博士一人，从八品下。太宗置。助教一人，从九品上。学生五十人。博士掌教文武官八品已下及庶人子为生者。以律令为专业，格式法例亦兼习之。

《旧唐书》卷四四《职官志三》，中华书局一九七五年版

律学　博士三人，从八品下；助教一人，从九品下。掌教八品以下及庶人子为生者。律令为颛业，兼习格式法例。

隋，律学隶大理寺，博士八人。武德初，隶国子监，寻废；贞观六年复置，显庆三年又废，以博士以下隶大理寺；龙朔二年复置。有学生二十人，典学二人。元和初，东都置学生五人。

《新唐书》卷四八《百官志三》，中华书局一九七五年版

书学

书算学：贞观二年十二月二十一日置，隶国子学。

《唐会要》卷六六《国子监》，中华书局一九五五年版

大唐置书学博士三人，又置典学二人。贞观六年正月，命整治御府古今工书钟、王等真迹，得千五百一十卷。太宗尝谓侍中魏徵曰："虞世南死后，无人可与论书。"徵曰："褚遂良下笔遒劲，甚得王逸少体。"太宗即日召命侍读。尝以金帛购求王羲之书迹，天下争赍古书，诣阙以献，当时莫能辩其真伪，遂良备论所出，一无舛误。武太后神功元年，谓凤阁侍郎王方庆曰："卿家多书，合有右军遗迹。"对曰："臣十代再从伯祖羲之书，先有四十余纸，往贞观十二年，太宗购求，先并以进讫。臣十一代祖导、十代祖洽、九代祖珣、八代祖昙首、七代祖僧绰、六代祖

仲宝、五代祖骞、高祖规、曾祖褒,并九代三从伯祖晋中书令献之以下二十八人书,共十卷,今进上。"太后御武成殿示群臣,仍令中书舍人崔融为《宝章集》以叙其事,复赐方庆,当时以为荣。

《通典》卷二七《职官九》,中华书局一九八八年版

书学博士二人,从九品下。

书学博士掌教文武官八品已下及庶人子之为生者,以《石经》《说文》《字林》为专业,余字书亦兼习之。《石经》三体书,限三年业成;《说文》,二年;《字林》,一年。其束脩之礼,督课、试举,如三馆博士之法。

《唐六典》卷二一《国子监》,商务印书馆《钦定四库全书》本

书学　博士二人,从九品下;助教一人。掌教八品以下及庶人子为生者。《石经》《说文》《学林》为颛业,兼习余书。

武德初,废书学,贞观二年复置,显庆三年又废,以博士以下隶秘书省,龙朔二年复。有学生十人,典学二人,东都学生三人。

《新唐书》卷四八《百官志三》,中华书局一九七五年版

算学

书算学　贞观二年十二月二十一日置,隶国子学。

《唐会要》卷六六《国子监》,中华书局一九五五年版

〔显庆元年〕十二月乙酉,置算学。

《旧唐书》卷四《高宗本纪上》,中华书局一九七五年版

算学①　显庆元年十二月十九日,尚书左仆射于志宁奏置,令

---

① 原文误为"律学",此处据《旧唐书》卷四《高宗本纪上》的相关记载改正。

习李淳风等注释《五曹》《孙子》等十部算经,为分二十卷行用。

显庆三年九月四日,诏以书算学业明经,事唯小道,各擅专门,有乖故实,并令省废。至龙朔二年五月十七日,复置律学书算学官一员。三年二月十日,书学隶兰台,算学隶秘书局,律学隶详刑寺。

《唐会要》卷六六《国子监》,中华书局一九五五年版

〔显庆〕二年,废书、算、律学。

〔龙朔二年〕二月,……复置律及书、算学。

〔龙朔〕三年,以书隶兰台,算隶秘阁局,律隶详刑寺。

《旧唐书》卷二四《礼仪志四》,中华书局一九七五年版

算学博士二人,从九品下。

算学博士掌教文武官八品已下及庶人子之为生者。二分其经以为之业,习《九章》《海岛》《孙子》《五曹》《张丘建》《夏侯阳》《周髀》十有五人,习《缀术》《缉古》十有五人,其《记遗》《三等数》亦兼习之。《孙子》《五曹》共限一年业成,《九章》《海岛》共三年,《张丘建》《夏侯阳》各一年,《周髀》《五经算》共一年,《缀术》四年,《缉古》三年。其束脩之礼,督课、试举,如三馆博士之法。

《唐六典》卷二一《国子监》,商务印书馆《钦定四库全书》本

算学博士二人,典学二人。

《通典》卷二七《职官九》,中华书局一九八八年版

算学　博士二人,从九品下;助教一人。掌教八品以下及庶人子为生者。二分其经以为业,《九章》《海岛》《孙子》《五曹》《张丘建》《夏侯阳》《周髀》《五经算》《缀术》《缉古》为颛业,兼习《记遗》《三等数》。

凡六学束脩之礼,督课、试举,皆如国子学。助教以下所掌亦如之。

唐废算学,显庆元年复置,三年又废,以博士以下隶太史局。龙朔二年复。有学生十人,典学二人,东都学生二人。

《新唐书》卷四八《百官志三》,中华书局一九七五年版

弘(宏)文馆

武德四年正月,于门下省置修文馆。至九年三月,改为宏文馆。至其年九月,太宗初即位,大阐文教,于宏文殿聚四部群书二十余万卷,于殿侧置宏文馆,精选天下贤良文学之士虞世南、褚亮、姚思廉、欧阳询、蔡允恭、萧德言等,以本官兼学士,令更宿直。听朝之隙,引入内殿,讲论文义,商量政事,或至夜分方罢。令褚遂良检校馆务,号为馆主,因为故事。其后得刘祎之、范履冰,并特敕相次为馆主。贞观三年,移于纳义门西。九年,又移于门下省南。其后移仗大明宫,其馆亦在门下省南。仪凤中,以馆中多图籍,置详正学士校理之。神龙元年十月十九日,改为昭文馆,避孝敬讳故也。二年,又改为修文馆。至景龙二年四月二十二日,修文馆增置大学士四员,学士八员,直学士十二员,征攻文之士以充之。二十三日,敕中书令李峤、兵部尚书宗楚客,并为大学士。二十五日,敕秘书监刘宪,中书侍郎崔湜,吏部侍郎岑羲,太常卿郑愔,给事中李适,中书舍人卢藏用、李乂,太子中舍刘子元,并为学士。五月五日,敕吏部侍郎薛稷、考功员外郎马怀素、户部员外郎

宋之问、起居舍人武平一、国子主簿杜审言,并为直学士。十月四日,兵部侍郎赵彦昭、给事中苏颋、起居郎沈佺期,并为学士。景云元年,馆中学士,多以罪被贬黜。宰臣遂令给事中一人权知馆事。二年三月八日,复改为昭文馆。至开元七年九月四日,依旧改为宏文馆。学生三十八人,补宏文馆崇文学生例:皇缌麻已上亲、皇太后大功已上亲、散官一品、中书门下三品、同中书门下平章事、六尚书、功臣身食实封者、京官职事正品、供奉官三品子孙、京官职事从三品、中书黄门侍郎子,并听预简选,性识聪敏者充。

《唐会要》卷六四《史馆下·宏文馆》,中华书局一九五五年版

贞观元年敕:见在京官文武职事五品已上子,有性爱学书及有书性者,听于馆内学书,其书法内出。其年有二十四人入馆。敕虞世南、欧阳询教示楷法。黄门侍郎王珪奏:学生学书之暇,请置博士,兼肄业焉。敕太学助教侯孝遵授其经典,著作郎许敬宗授以史汉。二年,王珪又奏:请为学生置讲经博士,考试经业,准式贡举,兼学书法。

《唐会要》卷六四《史馆下·宏文馆》,中华书局一九五五年版

弘文馆学士无员数。……武德初置修文馆,武德末改为弘文馆。神龙元年避孝敬皇帝讳,改为昭文。神龙二年又改为修文。景云二年改为昭文。开元七年又改为弘文,隶门下省。自武德、贞观以来,皆妙简贤良为学士。故事,五品已上,称为学士;六品已下,为直学士。又有文学直馆,并所置学士,并无员数,皆以他官兼之。仪凤中,以馆中多图籍,置详正学士校理。自垂拱已来,多大臣兼领。馆中有四部书。贞观初,褚无量①检校馆务,学士号为馆主,因为故事。其后

---

① 据《通典》《旧唐书》的相关记载,此处疑为"褚亮"。

有张太素、刘祎之、范履冰,并特敕相次为馆主焉。常令给事中一人判馆事。

学生三十人。补弘文、崇文学生例:皇宗缌麻已上亲,皇太后、皇后大功已上亲,散官一品,中书门下三品,同中书门下平章事,六尚书,功臣身食实封者,京官职事正三品,供奉官正三品子孙,京官职事从三品、中书黄门侍郎子,并听预简选,性识聪敏者充。贞观元年,敕见任京官文武职事五品已上子,有性爱学书及有书性者,听于馆内学书,其法书内出。其年有二十四人入馆,敕虞世南、欧阳询教示楷法。黄门侍郎王珪奏:"学生学书之暇,请置博士,兼授业焉。"敕太学助教侯孝遵授其经典,著作郎许敬宗授以史。后二年,珪又奏,请为学生置讲经博士,考试经业,准试贡举,兼学法书。

校书郎二人,从九品上。本置名雠校,掌校典籍。开元七年,罢雠校,置校书四人。二十三年,减二人。

典书二人。馆中有经、史、子、集四部之书,使典之也。其职同流外入考入流。

拓书手三人。贞观二十三年置。龙朔三年,馆内法书九百四十九卷,并装进,其拓书停。神龙元年又置。

笔匠三人。贞观二十三年置。

熟纸装潢匠九人。贞观二十三年置。

弘文馆学士掌详正图籍,教授生徒。凡朝廷有制度沿革、礼仪轻重,得参议焉。

校书郎掌校理典籍,刊正错谬。

其学生教授、考试如国子之制。礼部试崇文、弘文生举,例习经一大经、一小经,史习《史记》《汉书》《后汉书》《三国志》,各自为业,及试时务策五条。经、史皆读文精熟,言音典正。策试十道,取粗解注义,经通六,史通三。其时务策,须文体不失问目意,试五得三。皆兼帖《孝经》《论语》共十条者,为第。[①]

《唐六典》卷八《门下省》,商务印书馆《钦定四库全书》本

---

① 据《新唐书》的相关记载,此句中"共十条者"疑为"共十条,通六者"。

弘文馆。大唐武德初，置修文馆，后改名弘文馆。神龙初改为昭文，二年又却为修文，寻又为昭文。开元七年，又诏弘文焉。仪凤中，以馆中多图籍，未详正，委学士校理。自垂拱以来，多大臣兼领。馆中有四部书。自贞观初，褚亮检校馆务，学士号为馆主，因为故事。每令给事中一人判馆事，校书二人，学生三十人。

《通典》卷二一《职官三》，中华书局一九八八年版

弘文馆：……武德初置修文馆，后改为弘文馆。后避太子讳，改曰昭文馆。开元七年，复为弘文馆，隶门下省。学士。学士无员数，自武德已来，皆妙简贤良为学士。故事，五品已上称学士，六品已下为直学士，又有文学直馆学士，不定员数。馆中有四部书及图籍，自垂拱已后，皆宰相兼领，号为馆主，常令给事中一人判馆事。学生三十人。校书郎二人，从九品上。令史二人，楷书手三十人，典书二人，拓书手三人，笔匠三人，熟纸装潢匠九人，亭长二人，掌故四人。

弘文馆学士掌详正图籍，教授生徒。凡朝廷有制度沿革，礼仪轻重，得参议焉。

校书郎掌校理典籍，刊正错谬。

其学生教授、考试，如国子学之制焉。

《旧唐书》卷四三《门下省》，中华书局一九七五年版

弘文馆　学士，掌详正图籍，教授生徒；朝廷制度沿革，礼仪轻重，皆参议焉。

武德四年，置修文馆于门下省；九年，改曰弘文馆。贞观元年，诏京官职事五品已上子嗜书者二十四人，隶馆习书，出禁中书法以授之。其后又置讲经博士。

仪凤中,置详正学士,校理图籍。武德后,五品已上曰学士,六品已下曰直学士,又有文学直馆,皆他官领之。武后垂拱后,以宰相兼领馆务,号馆主;给事中一人判馆事。神龙元年,改弘文馆曰昭文馆,以避孝敬皇帝之名;二年曰修文馆。景龙二年,置大学士四人,以象四时;学士八人,以象八节;直学士十二人,以象十二时。景云中,减其员数,复为昭文馆。开元七年曰弘文馆,置校书郎,又有校理、雠校错误等官。长庆三年,与详正学士、讲经博士皆罢,颛以五品已上曰学士,六品已下曰直学士,未登朝为直馆。

校书郎二人,从九品上,掌校理典籍,刊正错谬。凡学生教授、考试,如国子之制。

有学生三十八人,令史二人,楷书十二人,供进笔二人,典书二人,拓书手二人,笔匠三人,熟纸装潢匠八人,亭长二人,掌固四人。

《新唐书》卷四七《百官志二》,中华书局一九七五年版

圣人南面以理天下,在崇起教化,缉熙于光明。太宗文皇帝敷文德,建皇极,始于宏文殿侧创宏文馆,藏书以实之,思与大雅闳达之伦,切劘理道,金玉王度。盛选重名虞世南、褚亮而下,为之学士,更直密侍于其中。其论思应对,或至夜艾,诞章远猷,讲议启迪。武德、贞观之泽,洽于元元,厥有助焉。其后徙于门下省。

景龙初,始置大学士,名命益重,多以宰司处之。所以登闳古先,腴润大政。则汉廷之金马、石渠、兰台、延阁,方斯陋矣。

按《六典》,常令给事中一人判馆事,每二府爰立,则统于黄枢,而或署或否,不为恒制。孝文后元二十年间,斯职阙焉。

前年秋八月,今河中司空公居之。今年夏五月,相国萧公居之。公粹清庄重,山立泉塞,苞孔门之四教,蕴《洪范》之三德,静若彝器,扣如黄钟,由小司徒升左辅,乃莅斯职。于是戒官师,稽

宪令。贵游青襟，辨志乐群，皆修其方而逊其业，且以左户之羡财，百方附益而修饰之。公署书府，静深华敞，清禁之内，辅臣攸居，宜乎舒六艺而调四气于此室也。初，公之王父考功府君，在中宗朝为直学士，懿文含章，休有厥声。至公，则聿修之宏大，贻厥之昌阜，尽在是矣。至若命馆之再为修文，中为昭文，改复岁月，传诸故志；前贤名氏，宜列屋壁。

公以德舆交代于中台之任，踊跃于大冶之中，惠然受简，使得论次。自景龙二年，李赵公峤始受命为大学士，至公凡若干人，揭而书之，所以备文馆之故实，广台臣之年表。抑公之命也，不敢辞焉。

元和二年秋九月记。

《权载之文集》卷三一《宏文馆大学士壁记》，

商务印书馆《四部丛刊初编》本

当承天门内，北曰太极门，其内正殿曰太极殿。朔望视朝，则登此殿。东廊有左延明门，西廊有右延明门。……门下省，左延明门东南；中书省，左延明门西南。舍人院在中书省东，宏文馆在门下省东，武德四年置，聚天下书籍。贞观六年，选朝官有才学者以充学士。九年，改为昭文馆。玄宗开元七年复旧。

《长安志》卷六《宫室四》，三秦出版社二〇一三年版

东内大明宫，在禁苑之东南，南接京城之北面，西接宫城之东北隅。……南面五门，正南曰丹凤门。……丹凤门内当中正殿曰含元殿，……殿后有宣政门。……宣政门内有宣政殿。……殿前东廊曰日华门，东有门下省，省东宏文馆，次东史馆，馆东南北街

南出含耀门。

《长安志》卷六《宫室四》，三秦出版社二〇一三年版

开元二年正月，宏文馆学士、直学士、学生，情愿夜读书。及写供奉书人、拓书人，愿在内宿者，亦听之。又宏文馆令学士一人专判馆事，并差给事中一人，差知勾当，明为簿历。其学生既在馆宿，博士及直馆，每夜各一人递直。

《唐会要》卷六四《史馆下·宏文馆》，中华书局一九五五年版

〔开元〕七年十二月三日，省宏文、崇文两馆雠校。置宏文馆校书四员，崇文馆检书两员。

《唐会要》卷六四《史馆下·宏文馆》，中华书局一九五五年版

〔开元〕二十二年二月二十五日，省宏文馆校书两员。

《唐会要》卷六四《史馆下·宏文馆》，中华书局一九五五年版

长庆二年闰十月，宏文馆奏：楷书、拓书、典书，元额三十五员，七员先停减。今请于先减数内，量补五员，并见在员数。并勒长写书，及功课年劳官资，请依史官例处分。敕旨：宜依。

《唐会要》卷六四《史馆下·宏文馆》，中华书局一九五五年版

〔长庆〕三年二月，宏文馆奏：请添修屋宇及造书楼。伏以儒学之科，政化根本，苟或隳废，则人何观？伏望赐敕所司，遽急补修，庶使已成之业免坠，宏阐之义再扬。敕旨：依奏。

《唐会要》卷六四《史馆下·宏文馆》，中华书局一九五五年版

第一章 官学联成系统

〔长庆三年〕其年七月，宏文馆奏：按《六典》，当馆先有学士、直学士、详正学士、校理、直馆、雠校错误、讲经博士等，虽职事则同，名目稍异，须有定制，使可遵行。今请准集贤、史馆两司元和中停减杂名目例，其登朝五品已上，充学士；六品已下，充直学士。未登朝官，一切充直宏文馆。其余并请停减。冀得典故不烦，职业咸在。敕旨：依奏。

《唐会要》卷六四《史馆下·宏文馆》，中华书局一九五五年版

大中四年七月，宏文馆奏：当馆楷书、典书等，与集贤、史馆楷书等，承流前例，并勒校成五考赴选。自大和八年以后，被吏部条流，更加授散三年。今集贤、史馆奏：劳役年深，补召不得，已蒙敕下，免三年授散讫。今当馆请准例处分。敕旨：依奏。

《唐会要》卷六四《史馆下·宏文馆》，中华书局一九五五年版

〔大中〕六年六月，宏文馆奏：伏以三馆制置既同，事例宜等。比来无事，未敢申论。今缘准敕修续会要以来，官僚入日稍频，因缘费用，其数至多。纸笔杂物等，不敢别有申请。其厨料从前欠少，伏请准两馆流例增添。给用之闲，庶得济辨。敕旨：依，事毕日停。

《唐会要》卷六四《史馆下·宏文馆》，中华书局一九五五年版

文学馆

武德四年十月，秦王既平天下，乃锐意经籍，于宫城之西，开文学馆，以待四方之士。于是以僚属大行台司勋郎中杜如晦，记室考功郎中房玄龄及于志宁，军谘祭酒苏世长，安策府记室薛收，文学褚亮、姚思廉，太学博士陆德明、孔颖达，主簿李元道，天策仓

曹李守素,记室参军虞世南,参军事蔡允恭、颜相时,著作佐郎摄天策记室许敬宗、薛元敬,太学助教盖文达,军谘典签苏勖等,并以本官兼文学馆学士。及薛收卒,征东虞州录事参军刘孝孙入馆。令库直阎立本图其状,具题其爵里。命褚亮为文赞。号曰十八学士。写真图藏之书府,用彰礼贤之重也。诸学士食五品珍膳,分为三番,更直宿阁下,每日引见,讨论文典。得入馆者,时人谓之登瀛洲。

《唐会要》卷六四《史馆下·文学馆》,中华书局一九五五年版

崇文馆

崇文馆学士:魏文帝始置崇文观,以王肃为祭酒。其后无闻。贞观中,置崇贤馆,有学士、直学士员,掌经籍图书,教授诸生,属左春坊。龙朔二年,改司经局为桂坊,管崇贤馆,而罢隶左春坊,兼置文学四员、司直二员。司直正七品上,职为东宫之宪司。府门北向,以象御史台也。其后省桂坊。而崇贤又属左春坊。后沛王贤为皇太子,避其名,改为崇文馆,其学士例与弘文馆同。

《通典》卷三〇《职官十二》,中华书局一九八八年版

崇文馆:学士;贞观中,崇文馆有学士、直学士员,不常置,掌教授学生等业。校书二人,从九品下。

崇文馆学士掌刊正经籍图书,以教授诸生,其课试、举送如弘文馆。

《唐六典》卷二六《太子左春坊》,商务印书馆
《钦定四库全书》本　123

崇文馆　学士二人,掌经籍图书,教授诸生,课试举送如弘文馆。校书郎二人,从九品下。掌校理书籍。

贞观十三年,置崇贤馆。显庆元年,置学生二十人。上元二年,避太子名,改曰崇文馆。有学士、直学士及雠校,皆无常员,无其人则庶子领馆事。开元七年,改雠校曰校书郎。乾元初,以宰相为学士,总馆事。贞元八年,隶左春坊。有馆生十五人,直书一人,令史二人,书令史二人,典书二人,拓书手二人,楷书手十人,熟纸匠一人,装潢匠二人,笔匠一人。

《新唐书》卷四九上《百官志四》,中华书局一九七五年版

崇文馆:贞观中置,太子学馆也。学士,直学士,员数不定。学生二十人,校书二人,从九品下。令史二人,典书二人,拓书手二人,书手十人,熟纸匠三人,装潢匠五人,笔匠三人。

学士掌东宫经籍图书,以教授诸生。凡课试、举送,如弘文馆。校书掌校理四库书籍。

《旧唐书》卷四四《职官志三》,中华书局一九七五年版

东宫正殿曰明德殿,本名嘉德殿。……南有嘉德门。……嘉德东有奉化门,北有宜春宫。门外道东有典膳厨,道西有命妇院、宜春北院。宫门外有左春坊,坊南有崇文馆。嘉德西有西奉化门,北有宜秋宫。门外有右春坊,坊内崇教殿、丽正殿。开元改为集仙殿,十三年又改为集贤殿。

《长安志》卷六《宫室四》,三秦出版社二〇一三年版

崇玄馆

宗正寺:卿一人,从三品。少卿二人,从四品上。……宗正卿

之职,掌皇九族六亲之属籍,以别昭穆之序,纪亲疏之列,并领崇玄署,少卿为之贰。……

…………

崇玄署:令一人,正八品下。丞一人,正九品下。崇玄令掌京、都诸观之名数、道士之帐籍与其斋醮之事,丞为之贰。

《唐六典》卷一六《宗正寺》,商务印书馆《钦定四库全书》本

崇玄署:令一人。……隋初,置崇玄署令、丞。至炀帝,改郡县佛寺为道场,置道场监一人;改观为玄坛,监一人。大唐复置崇玄署,初又每寺观各置监一人,属鸿胪,贞观中省。开元中,以崇玄署隶宗正寺,掌观及道士、女冠簿籍斋醮之事。

《通典》卷二五《职官七》,中华书局一九八八年版

玄宗方弘道化,至二十九年,始于京师置崇玄馆,诸州置道学,生徒有差,京、都各百人,诸州无常员。习《老》《庄》《文》《列》,谓之四子。荫第与国子监同。谓之道举。举送、课试与明经同。

《通典》卷一五《选举三》,中华书局一九八八年版

开元二十九年正月己丑,诏两京及诸州各置玄元皇帝庙一所,并置崇玄学。其生徒令习《道德经》及《庄子》《列子》《文子》等,每年准明经例举送。

《旧唐书》卷二四《礼仪志四》,中华书局一九七五年版

开元二十九年正月三日,于玄元皇帝庙置崇元博士一员,令学生习《道德经》《庄子》《文子》《列子》,待习业成后,每年随贡举

人例送到省,准明经例考试。

《唐会要》卷六四《史馆下·崇元馆》,中华书局一九五五年版

开元二十九年正月十五日,于玄元皇帝庙置崇元学,令习《道德经》《庄子》《文子》《列子》,待习成后,每年随举人例送名至省,准明经考试,通者准及第人处分。其博士置一员。

《唐会要》卷七七《贡举下·崇元生》,中华书局一九五五年版

〔天宝元年二月丙申,〕崇玄学置博士、助教各一员,学生一百人。

《旧唐书》卷九《玄宗本纪下》,中华书局一九七五年版

〔天宝〕二年正月十五日,改崇元学为崇元馆,博士为学士,助教为直学士,置大学士二员。天下诸郡崇元学,改为通道学,博士为学士。二月四日,以门下侍郎陈希烈兼崇元馆学士。

《唐会要》卷六四《史馆下·崇元馆》,中华书局一九五五年版

开元二十五年①,置崇玄学于玄元皇帝庙。天宝元年,两京置博士、助教各一员,学生百人。每祠享,以学生代斋郎。二载,改崇玄学曰崇玄馆,博士曰学士,助教曰直学士,置大学士一人,以宰相为之,领两京玄元宫及道院。改天下崇玄学为通道学,博士曰道德博士,未几而罢。宝应、永泰间,学生存者亡几。大历三年,复增至百人。……贞元四年,崇玄馆罢大学士,……会昌二

① 据《通典》卷一五《选举三》、《唐会要》卷六四《史馆下·崇元馆》、《旧唐书》卷二四《礼仪志四》所载,崇玄学于开元二十九年设置。《新唐书》卷四八《百官志三》误记为开元二十五年。

年，……太清宫置玄元馆，亦有学士，至六年废。

《新唐书》卷四八《百官志三》，中华书局一九七五年版

陈少游，幼聪辩，初习《庄》《列》等道经，崇玄馆学生众推引讲经。时同列有私习经义者，期升坐，日相问答。及公会，少游摄齐登堂，音韵清辨，观者属目。所引文句，悉问他义，诸生不能对，甚为大学士陈希烈所叹赏。

《册府元龟》卷六〇一《学校部》，中华书局一九六〇年版

大历三年七月，增置崇元生员满一百。

《唐会要》卷七七《贡举下·崇元生》，中华书局一九五五年版

宝历二年十一月甲子朔，以太清宫道士赵归真充两街道门都教授博士。

《旧唐书》卷一七上《敬宗本纪上》，中华书局一九七五年版

文思殿，崇玄馆，天宝中明皇命周尹愔为崇玄馆学士，值禄山兵乱，馆宇浸废。至武宗，特诏营创，置吏铸印，以刘玄静为崇玄馆学士，号广成先生，入居灵符殿望仙台。武宗时，命神策军士修望仙楼及廊舍五百余间。大中八年，复命葺之，补阙陈嘏上疏谏而止，改为文思院。

《长安志》卷六《宫室四》，三秦出版社二〇一三年版

小学

武德元年，诏皇族子孙及功臣子弟，于秘书外省别立小学。

《旧唐书》卷一八九上《儒学传上》，中华书局一九七五年版

武德元年十一月四日，诏皇族子孙，及功臣子弟，于秘书外省，别立小学。

《唐会要》卷三五《学校》，中华书局一九五五年版

高祖始受命，锄颣夷荒，天下略定，即诏有司立周公、孔子庙于国学，四时祠。……又诏宗室、功臣子孙就秘书外省，别为小学。

《新唐书》卷一九八《儒学传上》，中华书局一九七五年版

3. 五代国子监

梁开平三年十二月，国子监奏："修建文宣王庙……"

后唐天成三年正月，中书门下奏："伏以祭酒之资，历朝所贵，爰从近代，不重此官。况属圣朝，方勤庶政，须宏雅道，以振时风。望令宰臣一员兼判国子祭酒。"敕："宜令宰臣崔协兼判。"其年八月十一日，宰臣兼判国子祭酒崔协奏："请国子监每年只置监生二百员，候解送至十月三十日满数为定。又请颁下诸道州府，各置官学，如有乡党备诸文行可举者，录其事实申监司，方与解送。但一身就业，不得影庇门户，兼太学书生，亦依此例，不得因此便取公牒，辄免本户差役。又每年于二百人数内，不系时节，有投名者，先令学官考试，校其学业深浅，方议收补姓名。"敕："宜依。"

五年正月五日，……奉敕："宜准往例，自今后凡补监生，须令情愿于监中修学，则得给牒收补，仍据所业次第，逐季考试申奏。如收补年深，未闻艺业，虚沾补牒，不赴试期，亦委监司具姓名申奏。"

周显德元年十一月敕："国子监所解送广顺三年已前监生人数,宜令礼部贡院收纳文解。其今年内新收补监生,并仰落下。今后须是监中受业,方得准令式收补解送。"

《五代会要》卷一六《国子监》,上海古籍出版社一九七八年版

（二）附设官学

1. 秘书省

秘书省,监、丞各一人,郎四人,校书郎十二人,正字四人,录事二人。领著作、太史二曹。著作曹,置郎二人,佐郎八人,校书郎、正字各二人。太史曹,置令、丞各二人,司历二人,监候四人。其历、天文、漏刻、视祲,各有博士及生员。

《隋书》卷二八《百官志下》,中华书局一九七三年版

左右武候,掌车驾出,先驱后殿,昼夜巡察,执捕奸非,烽候道路,水草所置。巡狩师田,则掌其营禁。右加置司辰师、四人。漏刻生。一百一十人。

《隋书》卷二八《百官志下》,中华书局一九七三年版

太史令掌观察天文,稽定历数。凡日月星辰之变,风云气色之异,率其属而占候焉。其属有司历、灵台郎、挈壶正。凡玄象器物,天文图书,苟非其任,不得与焉。观生不得读占书。所见征祥灾异,密封闻奏,漏泄有刑。每季录所见灾祥,送门下、中书省,入起居注。

岁终总录,封送史馆。每年预造来岁历,颁于天下。

司历二人,从九品上。

保章正一人,从八品上。《周礼·春官》,太史属有保章氏,"掌天星,以志星辰日月之变动,辨其吉凶"。自秦、汉以来,无其职。至后周,春官府置太史,其属有保章上士、中士之职,即其任也。至隋,置历博士一人,正九品上。皇朝因之,长安四年省历博士,置保章正以当之,掌教历生。

历生三十六人。隋氏置,掌习历。皇朝因之,同流外,八考入流。

装书历生五人。皇朝置,同历生。

司历掌国之历法,造历以颁于四方。有《戊寅历》《麟德历》《神龙历》《大衍历》。凡天下测影之处,分至表准,其详可载,故参考星度,稽验晷影,各有典常。

监候五人,从九品下。

天文观生九十人。隋氏置,掌昼夜在灵台伺候天文气色。皇朝所置,从天文生转补,八考入流也。

灵台郎二人,正八品下。掌习知天文。周文王受命而作邑于丰,立灵台,所以观祲象,察气之妖祥也。《诗》云:"经始灵台。"郑玄曰:"观台而曰灵者,言文王化行似神之精明,故以名也。"《春秋传》曰:"公既视朔,遂登灵台以望,而书云物。"亦其制也。其在《周官》,则冯相氏登高台以掌其事。汉则杂候上林清台。后汉又作灵台,掌候日月星气,而属太史。太史有二丞,其一在灵台。《汉官》云:"灵台员使十三人,灵台待诏四十二人。"魏太史有灵台令、丞,主候望、颁历。晋、宋、齐、梁、陈太史皆有灵台丞。隋太史置天文博士,掌教习天文气色。皇朝因隋,置天文博士二人,正八品下。长安四年省天文博士之职,置灵台郎以当之。

天文生六十人。隋氏置,皇朝因之。年深者,转补天文观生。

灵台郎掌观天文之变而占候之。凡二十八宿,分为十二次:寅为析木,燕之分;卯为大火,宋之分;辰为寿星,郑之分;巳为鹑尾,楚之分;午为鹑火,周之分;未为鹑首,秦之分;申为实沈,魏之分；酉为大梁，晋之分；戌为降娄，鲁之分；亥为娵訾，卫之分；子为玄枵，齐之分；丑为星纪，吴、越之分。所以辩日月之缠次，正星辰之分野。凡占天文变异，日月薄蚀，五星陵犯，有石氏、甘氏、巫咸三家中外官占。凡瑞星、祅星、瑞气、祅气，有诸家杂占。凡测候晷度，则以游仪为其准。

挈壶正二人，从八品下。

司辰十九人，正九品下。

漏刻典事十六人。

漏刻博士九人。隋置，有品秩，掌教漏刻生。皇朝降为流外也。

漏刻生三百六十人。隋置，掌习漏刻之节，以时唱漏。皇朝因之，皆中、小男为之，转补为典钟、典鼓。

典钟二百八十人。

典鼓一百六十人。

挈壶正、司辰掌知漏刻。孔壶为漏，浮箭为刻，以考中星昏明之候焉。箭有四十八，昼夜共百刻。冬夏之间，有长短。冬至，日南为发，去极一百一十五度，昼漏四十刻，夜漏六十刻。夏至，日北为敛，去极六十七度，昼漏六十刻，夜漏四十刻。春、秋二分，发敛中，去极九十一度，昼、夜各五十刻。秋分已后，减昼益夜，九日加一刻。春分已后，减夜益昼，九日减一刻。二至前后，则加减迟，用日多；二分之间，则加减速，用日少。凡候夜漏以为更点之节，每夜分为五更，每更分为五点，更以击鼓为节，点以击钟为节。

《唐六典》卷一〇《秘书省》，商务印书馆《钦定四库全书》本

秘书监一员，从三品。……隋复为秘书监，从第三品。炀帝改为秘书令，武德复为监。龙朔改为兰台太史，天授改为麟台监，神龙复为秘书监也。少监二员，从四品上。少监，隋炀帝置，龙朔改为兰台侍郎，天授为麟台少监，神龙复

为秘书少监。比置一员，太极初增置一员也。丞一员。从五品上。……隋置一人，正第五品也。秘书监之职，掌邦国经籍图书之事。有二局：一曰著作，二曰太史，皆率其属而修其职。少监为之贰，丞掌判省事。

············

司天台：旧太史局，隶秘书监。龙朔二年改为秘阁局，久视元年改为浑仪监。景云元年改为太史监，复为太史局，隶秘书。乾元元年三月十九日敕，改太史监为司天台，改置官属。旧置于子城内秘书省西，今在永宁坊东南角也。监一人，从三品。本太史局令，从五品下。乾元元年改为监，升从三品，一如殿中秘书品秩也。少监二人。本曰太史丞，从七品下。乾元升为少监，与诸司少监卿同品也。太史令掌观察天文，稽定历数。凡日月星辰之变，风云气色之异，率其属而占候之。其属有司历二人，掌造历。保章正一人，掌教。历生四十一人。监候五人，掌候天文。观生九十人，掌昼夜司候天文气色。灵台郎二人，掌教习天文气色。天文生六十人。挈壶正二人。掌知漏刻。司辰七十人，漏刻典事二十二人，漏刻博士九人，漏刻生三百六十人，典钟一百一十二人，典鼓十八人，楷书手二人，亭长、掌固各四人。自乾元元年别置司天台，改置官吏，不同太史局旧数，今据司天职掌书之也。凡玄象器物、天文图书，苟非其任，不得预焉。每季录所见灾祥，送门下中书省，入起居注。岁终总录，封送史馆。每年预造来年历，颁于天下。五官正五员，正五品。乾元元年置五官，有春、夏、秋、冬、中五官之名。丞二员，正七品。主簿二员，正七品。定额直五人，五官灵台郎五员，正七品。旧灵台郎，正八品下，掌观天文之变而占候之。……五官保章正五品，正七品。五官司历五员，正八品。旧司历二人，从九品上，掌国之历法，造历以颁四方。其历有《戊寅历》《麟德历》《神龙历》《大衍历》。天下之测量之处，分至表准，其详可载，故参考星度，稽验晷影，各有典章。五官监候五员，正八品。五官挈壶正五员，正九品。五官司辰十五员。正九品。旧挈壶正二员，从八品下。司辰十七人,正九品下。皆掌知漏刻。孔壶为漏,浮箭为刻,以告中星昏明之候也。五官礼生十五人,五官楷书手五人,令史五人,**漏刻博士二十人**,漏刻之法,孔壶为漏,浮箭为刻。其箭四十有八,昼夜共百刻。冬夏之间,有长短。冬至之日,昼漏四十刻,夜漏六十刻。夏至,昼漏六十刻,夜漏四十刻。春分、秋分之时,昼、夜各五十刻。秋分之后,减昼益夜,凡九日加一刻。春分已后,减夜益昼,九日减一刻。二至前后,加减迟,用日多;二分之间,加减速,用日少。候夜以为更点之节。每夜分为五更,每更分为五点。更以击鼓为节,点以击钟为节也。**典钟、典鼓三百五十人,天文观生九十人,天文生五十人,历生五十五人,漏生四十人,视品十人。**已上官吏,皆乾元元年随监司新置也。

《旧唐书》卷四三《职官志二》,中华书局一九七五年版

司天台 监一人,正三品;少监二人,正四品上;丞一人,正六品上;主簿二人,正七品上;主事一人,正八品下。监掌察天文,稽历数。凡日月星辰、风云气色之异,率其属而占。有通玄院,以艺学召至京师者居之。凡天文图书、器物,非其任不得与焉。每季录祥眚送门下、中书省,纪于起居注,岁终上送史馆。岁颁历于天下。

武德四年,改太史监曰太史局,隶秘书省;七年,废监候。龙朔二年,改太史局曰秘阁局,令曰秘阁郎中。武后光宅元年,改太史局曰浑天监,不隶麟台;俄改曰浑仪监,置副监及丞、主簿,改司辰师曰司辰。长安二年,浑仪监复曰太史局,废副监及丞,隶麟台如故,改天文博士曰灵台郎,历博士曰保章正。景龙二年,改太史局曰太史监,不隶秘书省,复置丞。景云元年,又为局,隶秘书省,逾月为监,岁中复为局;二年,改曰浑仪监。开元二年,复曰太史监,改令为监,置少监。十四年,太史监复为局,以监为令,而废少监。天宝元年,太史局复为监,自是不隶秘书省。乾元元年,曰司天台。艺术人韩颖、刘烜建议改令为监,置通玄院及主簿,置

五官监候及五官礼生十五人，掌布诸坛神位，五官楷书手五人，掌写御书。有令史五人，天文观生九十人，天文生五十人，历生五十五人。初，有天文博士二人，正八品下；历博士一人，从八品上；司辰师五人，正九品下；装书历生。掌候天文，掌教习天文气色，掌写御历，后皆省。

春官、夏官、秋官、冬官、中官正，各一人，正五品上；副正各一人，正六品上。掌司四时，各司其方之变异。冠加一星珠，以应五纬；衣从其方色。元日、冬至、朔望朝会及大礼，各奏方事，而服以朝见。乾元三年，置五官正及副正。

五官保章正二人，从七品上；五官监候三人，正八品下；五官司历二人，从八品上。掌历法及测景分至表准。

五官灵台郎各一人，正七品下。掌候天文之变。五官挈壶正二人，正八品上；五官司辰八人，正九品上；漏刻博士六人，从九品下。掌知漏刻。凡孔壶为漏，浮箭为刻，以考中星昏明，更以击鼓为节，点以击钟为节。

武后长安二年，置挈壶正。乾元元年，与灵台郎、保章正、司历、司辰，皆加五官之名。有漏刻生四十人，典钟、典鼓三百五十人。初，有刻漏视品、刻漏典事，掌知刻漏、检校刻漏，后皆省。

《新唐书》卷四七《百官志二》，中华书局一九七五年版

2. 太常寺

太常、光禄、卫尉、宗正、太仆、大理、鸿胪、司农、太府等九寺，并置卿、少卿各一人。太仆寻加少卿一人。各置丞，太常、卫尉、宗正、大理、鸿胪、将作二人，光禄、太仆各三人，司农五人，太府六人。主簿，太府四人。余寺各二人。录事各二人。光禄则加至三人，司农、太府则各四人。等员。

太常寺又有博士四人，协律郎二人，奉礼郎十六人。统郊社、太庙、诸陵、太祝、衣冠、太乐、清商、鼓吹、太医、太卜、廪牺等署。各置令、并一人。太乐、太医则各加至二人。丞。各一人。郊社、太乐、鼓吹则各至二人。郊社署又有典瑞。四人。太祝署有太祝。二人。太乐署、清商署，各有乐师员。太乐八人，清商二人。鼓吹署有哄师。二人。太医署有主药、二人。医师、二百人。药园师、二人。医博士、二人。助教、二人。按摩博士、二人。祝禁博士二人。等员。太卜署有卜师、二十人。相师、十人。男觋、十六人。女巫、八人。太卜博士、助教、各二人。相博士、助教各一人。等员。

《隋书》卷二八《百官志下》，中华书局一九七三年版

裴蕴，河东闻喜人也。……蕴性明辩，有吏干。……历洋、直、棣三州刺史，俱有能名。

大业初，考绩连最。炀帝闻其善政，征为太常少卿。初，高祖不好声技，遣牛弘定乐，非正声清商及九部四舞之色，皆罢遣从民。至是，蕴揣知帝意，奏括天下周、齐、梁、陈乐家子弟，皆为乐户。其六品已下，至于民庶，有善音乐及倡优百戏者，皆直太常。是后异技淫声咸萃乐府，皆置博士弟子，递相教传，增益乐人至三万余。帝大悦，迁民部侍郎。

《隋书》卷六七《裴蕴传》，中华书局一九七三年版

卿一人，正三品；少卿二人，正四品上。掌礼乐、郊庙、社稷之事，总郊社、太乐、鼓吹、太医、太卜、廪牺、诸祠庙等署，少卿为之贰。……

丞二人，从五品下。掌判寺事。……主簿二人，从七品上。

博士四人，从七品上。……

太祝六人，正九品上。……

奉礼郎二人，从九品上。……

协律郎二人，正八品上。掌和律吕。录事二人，从九品上。……

《新唐书》卷四八《太常寺》，中华书局一九七五年版

太乐署

太常寺：……协律郎二人，正八品。

协律郎掌和六律、六吕，以辨四时之气，八风五音之节。……凡太乐、鼓吹教乐则监试，为之课限。太乐署教乐：雅乐，大曲三十日成，小曲二十日；清乐，大曲六十日，文曲三十日，小曲十日；燕乐，西凉、龟兹、疏勒、安国、天竺、高昌大曲各三十日，次曲各二十日，小曲各十日；高丽、康国一曲。鼓吹署：㭎鼓一曲十二日、三十日；大鼓一曲十日；长鸣三声十日；铙鼓一曲五十日，歌、箫、笳一曲各三十日；大横吹一曲六十日，节鼓一曲二十日，笛、箫、觱篥、笳、桃皮觱篥一曲各二十日；小鼓一曲十日；中鸣三声十日；羽葆鼓一曲三十日，錞于一曲五日、歌、箫、笳一曲各三十日；小横吹一曲六十日，箫、笛、觱篥、笳、桃皮觱篥一曲各三十日成。

凡教乐，淫声、过声、凶声、慢声皆禁之。淫声，若郑、卫者。过声，失哀乐之节〔者〕。凶声，亡国之声音，若桑间濮上者。慢声，不恭者也。

使阳而不敢散，阴而不敢集，刚气不怒，柔气不慑，畅于中，发于外，以应天地之和。若大祭祀、飨燕，奏乐于庭，则升堂执麾，以为之节制。举麾，鼓祝，而后乐作；偃麾，戛敔，而后止。

太乐署：令一人，从七品下。丞一人，从八品下。乐正八人，从九品下。典事八人。文、武二舞郎一百四十人。太乐令掌教乐人调合钟律，以供邦国之祭祀、飨燕，丞为之贰。

············

凡习乐，立师以教，每岁考其师之课业，为上、中、下三等，申礼部。十年大校之，若未成，则又五年而校之，量其优劣而黜陟焉。

诸无品博士，随番少者为中第；经十五年，有五上考者，授散官，直本司。若职事之为师者，则进退其考。习业者亦为之限，既成，得进为师。凡乐人及音声人，应教习，皆著簿籍，核其名数而分番上下。短番散乐一千人，诸州有定额。长上散乐一百人，太常自访召。关外诸州者，分为六番，关内五番，京兆府四番，并一月上；一千五百里外，两番并上。六番者，上日教至申时；四番者，上日教至午时。皆教习检察，以供其事。若有故及不任供奉，则输资钱以充伎衣、乐器之用。

《唐六典》卷一四《太常寺》，商务印书馆《钦定四库全书》本

协律郎：……北齐及隋协律郎皆二人。大唐因之。掌举麾节乐，调和律吕，监试乐人典课。

············

太乐署：……隋有太乐令、丞各一人。大唐因之。掌习音乐、乐人簿籍。

《通典》卷二五《职官七》，中华书局一九八八年版

太乐署：令一人，从七品下。丞一人，从八品下。府三人，史六人。乐正八人，从九品下。典事八人，掌固八人，文、武二舞郎一百四十人。太乐令调合钟律，以供邦国之祭祀享宴。丞为之贰。凡

天子宫悬钟磬，凡三十六簴。镈钟十二，编钟十二，编磬十二，共为三十六架。……凡大宴会，则设十部伎。凡大祭祀、朝会用乐，辨其曲度章服，而分始终之次。有事于太庙，每室酌献各用舞。事具《音乐志》。凡祀昊天上帝及五方《大明》《夜明》之乐，皆六成；祭皇地祇神州社稷之乐，皆八成；享宗庙之乐，皆九成。其余祭祀，三成而已。五音有成数，观其数而用之也。凡习乐，立师以教。每岁考其师之课业，为上、中、下三等，申礼部。十年大校之，量优劣而黜陟焉。凡乐人及音声人应教习，皆著簿籍，核其名数，分番上下。

《旧唐书》卷四四《职官志三》，中华书局一九七五年版

太乐署　令二人，从七品下；丞一人，从八品下；乐正八人，从九品下。令掌调钟律，以供祭飨。

凡习乐，立师以教，而岁考其师之课业为三等，以上礼部。十年大校，未成，则五年而校，以番上下。有故及不任供奉，则输资钱，以充伎衣乐器之用。散乐，闰月人出资钱百六十，长上者复徭役，音声人纳资者岁钱二千。博士教之，功多者为上第，功少者为中第，不勤者为下第，礼部覆之。十五年有五上考、七中考者，授散官，直本司，年满考少者，不叙。教长上弟子四考，难色二人、次难色二人业成者，进考，得难曲五十以上任供奉者，为业成。习难色大部伎三年而成，次部二年而成，易色小部伎一年而成，皆入等第三，为业成。业成，行修谨者，为助教；博士缺，以次补之。长上及别教未得十曲，给资三之一；不成者，隶鼓吹署。习大小横吹，难色四番而成，易色三番而成；不成者，博士有谪。内教博士及弟子长教者，给资钱而留之。

武德后，置内教坊于禁中。武后如意元年，改曰云韶府，以中

官为使。开元二年,又置内教坊于蓬莱宫侧,有音声博士、第一曹博士、第二曹博士。京都置左右教坊,掌俳优杂技。自是不隶太常,以中官为教坊使。

唐改太乐为乐正,有府三人,史六人,典事八人,掌固六人,文、武二舞郎一百四十人,散乐三百八十二人,仗内散乐一千人,音声人一万二十七人。有别教院。开成三年,改法曲所处院曰仙韶院。

《新唐书》卷四八《百官志三》,中华书局一九七五年版

玄宗在位多年,善音乐,若宴设酺会,即御勤政楼。先一日,金吾引驾仗北衙四军甲士,未明陈仗,卫尉张设,光禄造食。候明,百僚朝,侍中进中严外办,中官素扇,天子开帘受朝,礼毕,又素扇垂帘,百僚常参供奉官、贵戚、二王后、诸蕃酋长,谢食就坐。太常大鼓,藻绘如锦,乐工齐击,声震城阙。太常卿引雅乐,每色数十人,自南鱼贯而进,列于楼下。鼓笛鸡娄,充庭考击。太常乐立部伎、坐部伎依点鼓舞,间以胡夷之伎。日旰,即内闲厩引蹀马三十匹,为《倾杯乐曲》,奋首鼓尾,纵横应节。又施三层板床,乘马而上,抃转如飞。又令宫女数百人自帷出击雷鼓,为《破阵乐》《太平乐》《上元乐》,虽太常积习,皆不如其妙也。若《圣寿乐》,则回身换衣,作字如画。又五坊使引大象入场,或拜或舞,动容鼓振,中于音律,竟日而退。玄宗又于听政之暇,教太常乐工子弟三百人为丝竹之戏,音响齐发,有一声误,玄宗必觉而正之,号为皇帝弟子,又云梨园弟子,以置院近于禁苑之梨园。太常又有别教院,教供奉新曲。太常每凌晨,鼓笛乱发于太乐署。别教院廪食常千人,宫中居宜春院。玄宗又制新曲四十余,又新制乐谱。每初年望夜,又御勤政楼,观灯作乐,贵臣戚里,借看楼观望。夜阑,

第一章 官学联成系统

太常乐府悬散乐毕，即遣宫女于楼前缚架出眺歌舞以娱之。若绳戏竿木，诡异巧妙，固无其比。

《旧唐书》卷二八《音乐志一》，中华书局一九七五年版

后唐长兴三年九月，宴于长春殿，教坊进新曲，赐名《长兴乐》。

晋开运二年八月，中书舍人陶谷奏："臣前任太常少卿，伏见本寺见管教坊二舞，本户州县居民，若不尽免差徭，无缘投名鼓舞。况正殿会朝已久停废，其见管人数等每有沦亡，皆拟填补，既不曾教习，但虚免差徭，伏乞且议停废。"敕："乐工宜令教习，舞郎权且停废。"其年十一月，太常丞刘涣奏："当寺全少乐工，或正、冬朝会，郊庙行礼，旋差京府衙门首乐官权充，虽曾教习，未免生疏，兼又各业胡部音声，不闲太常歌曲。伏乞宣下所司，量支请给，据见阙乐师添召，令在寺习学。"敕："太常寺见管两京雅乐节级乐工共四十人外，更添六十人。内三十八人，宜抽教坊贴部乐官兼充；余二十二人，宜令本寺招召充填。仍令三司定支春冬衣粮，月报闻奏。其旧管四十人，亦量添请。"

《五代会要》卷七《杂录》，上海古籍出版社一九七八年版

太医署

太医署：令二人，从七品下。

丞二人，从八品下。

医监四人，从八品下。医正八人，从九品下。

医师二十人，医工一百人。

医生四十人，典学二人。

太医令掌诸医疗之法，丞为之贰。其属有四，曰医师、针师、按摩师、咒禁师，皆有博士以教之。其考试、登用，如国子监法。诸医、针生，读《本草》者，即令识药形而知药性；读《明堂》者，即令验图，识其孔穴；读《脉诀》者，即令递相诊候，使知四时浮、沉、涩、滑之状；读《素问》《黄帝》《针经》《甲乙》《脉经》，皆使精熟。博士月一试，太医令、丞季一试，太常丞年终总试。若业术过于见任官者，即听补替。其在学九年无成者，退从本色。

凡医师、医正、医工疗人疾病，以其痊多少而书之，以为考课。每岁常合伤寒、时气、疟痢、伤中、金疮之药，以备人之疾病者。

药园师以时种莳收采诸药。京师置药园一所，择良田三顷，取庶人十六已上二十已下充药园生，业成，补药师。凡药有阴阳配合、子母兄弟、根叶花实、草石骨肉之异，及有毒无毒、阴干曝干、采造时月，皆分别焉。皆辨其所出州土，每岁贮纳，择良者而进也。

医博士一人，正八品上；助教一人，从九品上。晋代以上手医子弟代习者，令助教部教之。宋元嘉二十年，太医令秦承祖奏置医学，以广教授，至三十年省。后魏有太医博士、助教。隋太医有博士二人，掌医。皇朝武德中，博士一人，助教二人。贞观中，减置一人，又置医师、医工佐之，掌教医生。

医博士掌以医术教授诸生，习《本草》《甲乙》《脉经》，分而为业：一曰体疗，二曰疮肿，三曰少小，四曰耳目口齿，五曰角法。诸医生既读诸经，乃分业教习，率二十人，以十一人学体疗，三人学疮肿，三人学少小，二人学耳目口齿，一人学角法。体疗者，七年成；少小及疮肿，五年；耳目口齿之疾并角法，二年成。

针博士一人，从八品上。针助教一人，九品下。皇朝置，又置针师、针工佐之，以教针生也。

针博士掌教针生以经脉、孔穴，使识浮、沉、涩、滑之候，又以九针为补泻之法。凡针疾先察五脏有余不足而补泻之。凡针生习业者，教之如医生之法。针生习《素问》《黄帝针经》《明堂》《脉诀》，兼习

《流注》《偃侧》等图,《赤乌神针》等经。业成者,试《素问》四条,《黄帝》《针经》《明堂》《脉诀》各二条。

按摩博士一人,从九品下。崔寔《政论》云:"熊经、鸟伸,延年之术。"故华陀有五禽之戏,魏文有五槌之锻。《仙经》云:"户枢不朽,流水不腐。"谓欲使骨节调利,血脉宣通,即其事也。隋太医有按摩博士二十人。皇朝因之。贞观中,减置一人,又置按摩师、按摩工佐之,教按摩生也。

按摩师四人,按摩工十六人。隋太医有按摩师一百二十人,无按摩工,皇朝置之。

按摩生十五人。隋太医有按摩生一百人。皇朝武德中置三十人,贞观中减置十五人也。

按摩博士掌教按摩生以消息导引之法,以除人八疾:一曰风,二曰寒,三曰暑,四曰湿,五曰饥,六曰饱,七曰劳,八曰逸。凡人支、节、府、藏积而疾生,导而宣之,使内疾不留,外邪不入。若损伤折跌者,以法正之。

咒禁博士一人,从九品下。隋太医有咒禁博士一人。皇朝因之,又置咒禁师、咒禁工以佐之,教咒禁生也。

咒禁博士掌教咒禁生,以咒禁拔除邪魅之为励者。有道禁出于山居方术之士,有禁咒出于释氏,以五法神之:一曰存思,二曰禹步,三曰营目,四曰掌决,五曰手印。皆先禁食荤血,斋戒于坛场以受焉。

《唐六典》卷一四《太常寺》,商务印书馆《钦定四库全书》本

太医署:令二人,从七品下。丞二人,从八品下。府二人,史四人,主药八人,药童二十四人。医监四人,从八品下。医正八人,从九品下。药园师二人,药园生八人,掌固四人。

太医令掌医疗之法,丞为之贰,其属有四,曰医师、针师、按摩师、禁咒师,皆有博士以教之。其考试、登用,如国子之法。凡医

师、医工、医正疗人疾病，以其全多少而书之以为考课。药园师以时种莳收采诸药。

医博士一人，正八品上。助教一人，从九品下。医师二十人，医工一百人，医生四十人，典药二人。博士掌以医术教授诸生。医术，谓习《本草》《甲乙》《脉经》，分而为业：一曰体疗，二曰疮肿，三曰少小，四曰耳目口齿，五曰角法也。

针博士一人，从八品下。针助教一人，从九品下。针师十人，针工二十人，针生二十人。针博士掌教针生以经脉孔穴，使识浮、沉、涩、滑之候，又以九针为补泻之法。其针名有九，应病用之也。

按摩博士一人，从九品下。按摩师四人，按摩工十六人，按摩生十五人。按摩博士掌教按摩生消息导引之法。

咒禁博士一人，从九品下。咒禁师二人，咒禁工八人，咒禁生十人。咒禁博士掌教咒禁生以咒禁，除邪魅之为厉者。

《旧唐书》卷四四《职官志三》，中华书局一九七五年版

太卜署

太卜署：令一人，从八品下。……隋太常寺有太卜令、丞，皇朝因之。

丞二人，正九品下。隋有一人，皇朝加置一人。

卜正二人，从九品下。隋炀帝省太卜博士，置太卜十人，卜正二十人。皇朝减置二人。

卜师二十人。隋置，皇朝因之。

巫师十五人。……隋太卜署有男巫十六人，女巫八人。

卜博士二人，从九品下；助教二人。隋有太卜博士、助教，皇朝因之。

卜筮生四十五人。隋有卜生四十人，筮生三十人。

《唐六典》卷一四《太常寺》，商务印书馆《钦定四库全书》本

太卜署 令一人，从七品下；丞二人，从八品下；卜正、博士各二人，从九品下。掌卜筮之法：一曰龟，二曰五兆，三曰易，四曰式。祭祀、大事，率卜正卜日，示高于卿，退而命龟，既灼而占，先上旬，次中旬，次下旬。小祀、小事者，则卜正示高、命龟、作，而太卜令佐莅之。季冬，帅侲子堂赠大傩，天子六队，太子二队，方相氏右执戈、左执楯而导之，唱十二神名，以逐恶鬼，傩者出，磔雄鸡于宫门、城门。

有卜助教二人，卜师二十人，巫师十五人，卜筮生四十五人，府一人，史二人，掌固二人。

《新唐书》卷四八《百官志三》，中华书局一九七五年版

3. 太仆寺

太仆寺又有兽医博士员，一百二十人。统骅骝、乘黄、龙厩、车府、典牧、牛羊等署。各置令、二人。乘黄、车府则各减一人。丞二人。乘黄则一人，典牧、牛羊则各三人。等员。

《隋书》卷二八《百官志下》，中华书局一九七三年版

丞四人，从六品上。领兽医博士、学生等。……

丞掌判寺事，凡补兽医生，皆以庶人之子，考试其业，成者补为兽医，业优长者，进为博士。

《唐六典》卷一七《太仆寺》，商务印书馆《钦定四库全书》本

太仆寺：……龙朔改为司驭寺，光宅为司仆寺，神龙复也。卿一员。从三品。……隋品第三。龙朔为司驭正卿，光宅曰司仆卿，神龙复也。少卿二人。从四品上。

卿之职,掌邦国厩牧、车舆之政令,总乘黄、典厩、典牧、车府四署及诸监牧之官属。少卿为之贰。凡国有大礼及大驾行幸,则供其五辂属车之属。凡监牧羊马所通籍帐,每岁则受而会之,以上尚书驾部,以议其官吏考课。凡四仲之月,祭马祖、马步、先牧、马社。

丞四人,从六品上。主簿二人,从七品上。录事二人,从九品上。府十七人,史三十四人,兽医六百人,兽医博士四人,学生一百人,亭长四人,掌固六人。丞掌判寺事。主簿掌印,勾检稽失,省署抄目。录事掌受事发辰。

《旧唐书》卷四四《职官志三》,中华书局一九七五年版

卿一人,从三品;少卿二人,从四品上;丞四人,从六品上;主簿二人,从七品上;录事二人。卿掌厩牧、辇舆之政,总乘黄、典厩、典牧、车府四署及诸监牧。行幸,供五路属车。凡监牧籍帐,岁受而会之,上驾部以议考课。

永徽中,太仆寺曰司驭寺,武后光宅元年改曰司仆寺。有府十七人,史三十四人,兽医六百人,兽医博士四人,学生百人,亭长四人,掌固六人。

《新唐书》卷四八《百官志三》,中华书局一九七五年版

4. 内侍省

掖庭局

掖廷局:令二人,从七品下。丞三人,从八品下。宫教博士二人,从九品下。监作四人,从九品下。令史四人,计史二人,书令史八人。掖廷令掌宫禁女工之事。凡宫人名籍,司其除附,公桑养蚕,会其课业。丞掌判局事。博士掌教习宫人书算众艺。监作掌监当

杂作。

《旧唐书》卷四四《职官志三》，中华书局一九七五年版

掖庭局　令二人，从七品下；丞三人，从八品下。掌宫人簿帐、女工。凡宫人名籍，司其除附；公桑养蚕，会其课业；供奉物皆取焉。妇人以罪配没，工缝巧者隶之，无技能者隶司农。诸司营作须女功者，取于户婢。

宫教博士二人，从九品下，掌教习宫人书算众艺。

初，内文学馆隶中书省，以儒学者一人为学士，掌教宫人。武后如意元年，改曰习艺馆，又改曰万林内教坊，寻复旧。有内教博士十八人，经学五人，史、子、集缀文三人，楷书二人，庄老、太一、篆书、律令、吟咏、飞白书、算、棋各一人。开元末，馆废，以内教博士以下隶内侍省中，中官为之。

《新唐书》卷四七《百官志二》，中华书局一九七五年版

掖庭局：令二人，从七品下。《诗》之巷伯也，至秦为永巷，汉武帝更名掖庭，有令、丞。后汉掖庭令一人，六百石，左右丞、从丞各一人，掌后宫贵人众采女事。魏、晋并有掖庭令、黄门令，而非宦者。后魏有掖庭监。北齐长秋寺统掖庭署令、丞。隋内侍省统掖庭令、丞各二人。皇朝因之。

丞三人，从八品下。汉掖庭有左右丞，北齐有掖庭丞，隋掖庭丞三人，皇朝因之。

计史二人。

宫教博士二人，从九品下。北齐掖庭、中山、晋阳署各有宫教博士二人，隋掖庭有宫教博士十三人，皇朝置二人。

监作四人，从九品下。

典事十人。

掖庭局令掌宫禁女工之事。凡宫人名籍，司其除附；功桑养

蚕,会其课业。

丞掌判局事。

计史掌料功程。

博士掌教习宫人书算众艺。

监作掌监当杂作。典事典诸工役。

《唐六典》卷一二《内官宫官内侍省》,

商务印书馆《钦定四库全书》本

宋之问字延清,一名少连,汾州人。父令文,高宗时为东台详正学士。之问伟仪貌,雄于辩。甫冠,武后召与杨炯分直习艺馆。累转尚方监丞、左奉宸内供奉。

《新唐书》卷二〇二《宋之问传》,中华书局一九七五年版

宫闱局

令二人,从七品下。

丞二人,从八品下。

内阍人二十人。

内掌扇十六人。

内给使无常员。

宫闱令掌侍奉宫闱,出入管籥。凡大享太庙,帅其属诣于室,出皇后神主,置于舆而登座焉。既事,纳之。凡宦人无官品者,称内给使。若有官及经解免应叙选者,得令长上,其小给使学生五十人,其博士取八品已上散官有艺业者充。皆总其名籍,以给其粮廪。

丞掌判局事。

内阁人掌承传诸门管籥。

内掌扇掌中宫伞扇。

内给使掌诸门进物出物之历。

《唐六典》卷一二《内官宫官内侍省》，

商务印书馆《钦定四库全书》本

宫闱局：令二人，从七品下。丞二人，从八品下。令史三人，书吏六人，内阁二十人，内掌扇十六人，内给使无常员。

宫闱局令掌侍奉宫闱，出入管钥。凡大享太庙，帅其属诣于室，出皇后神主，置于舆而登座焉。既事，纳之。凡宫人无官品者，称内给使。若有官及经解免应叙选者，得令长上，其小给使学生五十人，皆总其名籍，以给其粮廪。丞掌判局事。内给使掌诸门进物出纳之历。

《旧唐书》卷四四《职官志三》，中华书局一九七五年版

宫闱局　令二人，从七品下；丞二人，从八品下。掌侍宫闱，出入管籥。凡享太庙，皇后神主出入，则帅其属舆之。总小给使学生之籍，给以粮禀。

有书令史三人，书吏六人，内阁史二十人，内掌扇十六人，内给使无常员，小给使学生五十人，掌固四人。凡无官品者，号曰内给使，掌诸门进物之历；内阁史，掌承传诸门，出纳管钥；内掌扇，掌中宫伞扇。

《新唐书》卷四七《百官志三》，中华书局一九七五年版

内教坊

内教坊。武德已来，置于禁中，以按习雅乐，以中官人充使。则天改为云

韶府，神龙复为教坊。

《旧唐书》卷四三《职官志二》，中华书局一九七五年版

武德后，置内教坊于禁中。武后如意元年，改曰云韶府，以中官为使。开元二年，又置内教坊于蓬莱宫侧，有音声博士、第一曹博士、第二曹博士。京都置左右教坊，掌俳优杂技。自是不隶太常，以中官为教坊使。

《新唐书》卷四八《百官志三》，中华书局一九七五年版

旧制，雅俗之乐，皆隶太常。上精晓音律，以太常礼乐之司，不应典倡优杂伎；乃更置左右教坊以教俗乐，命右骁卫将军范及为之使。又选乐工数百人，自教法曲于梨园，谓之皇帝梨园弟子。又教宫中使习之。又选伎女，置宜春院，给赐其家，礼部侍郎张廷珪、酸枣尉袁楚客皆上疏，以为"上春秋鼎盛，宜崇经术，迩端士，尚朴素；深以悦郑声、好游猎为戒"。上虽不能用，咸[1]嘉赏之。

《资治通鉴》卷二一一《唐纪二十七》，中华书局一九五六年版

习艺馆。本名内文学馆，选宫人有儒学者一人为学士，教习宫人。则天改为习艺馆，又改为翰林内教坊，以事在禁中故也。

《旧唐书》卷四三《职官志二》，中华书局一九七五年版

昔阴康氏之王也，元气肇分，灾沴未弭，水有襄陵之变，人多肿腿之疾。思所以通利关节，于是制舞。舜作歌以平八风，非愉心也。春秋之时，齐遗鲁以女乐。晋梗阳之大宗亦以上献子，始

---

[1] 他本"咸"前有"欲开言路"四字。

淫声色矣！施及汉室，有若卫子夫以歌进，赵飞燕以舞宠。自兹厥后，风流弥盛。晋氏兆乱，涂歌是作，终被诸管弦，载在乐府。吕光之破龟兹，得其乐名称多，亦佛曲百余成。我国家玄元之允，未闻颂德。高宗乃命乐工白明达造道曲道调。玄宗之在蕃邸，有散乐一部，戡定妖氛，颇籍其力。及膺大位，且羁縻之。常于九曲阅太常乐。卿姜晦，嬖人楚公皎之弟也，押乐以进。凡戏辄分两朋，以判优劣，则人心竞勇，谓之热戏。于是诏宁王主蕃邸之乐以敌之，一伎戴百尺幢，鼓舞而进。太常所戴即百余尺，比彼一出，则往复矣；长欲半之，疾仍兼倍。太常群乐鼓噪，自负其胜。上不悦，命内养五六十人，各执一物，皆铁马鞭、骨柮之属也，潜匿袤中，杂于声儿后立；复候鼓噪，当乱捶之。皎、晦及左右初怪内养麏至，窃见袤中有物，于是夺气褫魄。而戴幢者方振摇其幢，南北不已。上顾谓内人者曰："其竿即自当折。"斯须中断，上抚掌大笑，内伎咸称庆，于是罢遣。翌日，诏曰："太常礼司，不宜典俳优杂伎。"乃置教坊，分为左右而隶焉。左骁卫将军范安及为之使。开元中，余为左金吾仓曹，武官十二三是坊中人，每请禄俸，每加访问，尽为予说之。今中原有事，漂寓江表，追思旧游，不可复得，粗有所识，即复疏之，作《教坊记》。

　　《全唐文》卷三九六《崔令钦·教坊记序》，中华书局一九八三年版

　　记曰：夫以廉洁之美，而道之者寡；骄淫之丑，而陷之者众。何哉？志意劣而嗜欲强也。借如涉畏途不必皆死，而人知惧；溺声色则必伤夭，而莫之思，不其惑欤！且人之生，身所禀五常耳。至有悦其妻而图其夫，前古多矣，是违仁也；纳异宠而薄糟糠，凡今众矣，是忘义也；重祍席之娱，轻宗祀之敬，是废礼也；贪耳目之

玩，忽祸败之端，是无智也；心有所爱，则觎冒苟得，不顾宿诺，是弃信也。敦谕履仁蹈义，修礼任智，而信以成之。呜呼！国君保之，则比德尧、舜；士庶由之，则齐名周、孔矣。当为永代表式，宁止一时称誉。傥谓修小善而无益，犯小恶而无伤，殉嗜欲近情，忘性命大节，施之于国，则国风败；行之于家，则家法坏。坏与败，不其痛哉！是以楚庄悔惧，斥遣夏氏，宋武纳谏，遽绝慕容，终成霸业，号为良主。岂比高纬以冯小怜灭身，叔宝以张贵妃亡国，汉成以昭仪绝冢嗣，燕熙以符氏覆邦家乎！非无元龟，自有人鉴。遂形简牍，敢告后贤。

《全唐文》卷三九六《崔令钦·教坊记后序》，

中华书局一九八三年版

许云封，乐工之笛者。……某才始十年，身便孤立，因乘义马，西入长安。外祖悯以远来，令齿诸舅学业。谓某性知音律，教以横笛。每一曲成，必抚背赏叹。值梨园法部置小部音声，凡三十余人，皆十五以下。

《太平广记》卷二〇四《乐二·笛·许云封》

西京右教坊在光宅坊，左教坊在延政坊。右多善歌，左多工舞，盖相因也。东京两教坊俱在明义坊，而右在南，左在北也。坊南西门外，即苑之东也，其间有顷余水泊，俗谓之月陂，形似偃月，故以名之。

《教坊记》，中华书局二〇一二年版

5. 少府监

少府监之职，掌百工伎巧之政令，总中尚、左尚、右尚、织染、掌冶五署之官属，庀其工徒，谨其缮作。少监为之贰。凡天子之服御，百官之仪制，展采备物，率其属以供焉。……

丞掌判监事，凡五署所修之物，须金石、齿革、羽毛、竹木而成者，则上尚书省，尚书省下所由司以供给焉。凡五署之所入于库物，各以名数，并其州土所生以籍之。季终则上于所由，其副留于监；有出给者，则随注所供而印署之。凡教诸杂作，计其功之众寡与其难易而均平之。功多而难者，限四年、三年成，其次二年，最少四十日，作为等差，而均其劳逸焉。

凡教诸杂作工，业金、银、铜、铁铸、钙、凿、镂、错、镟所谓工夫者，限四年成；以外限三年成；平慢者限二年成。诸杂作有一年半者，有一年者，有九月者，有三月者，有五十日者，有四十日者。

主簿掌勾检稽失。凡财物之出纳、工人之缮造，簿帐之除附，各有程限；不如期者，举而按之。

录事掌受事发辰。

《唐六典》卷二二《少府军器监》，商务印书馆

《钦定四库全书》本

少府：监一人，从三品；少监二人，从四品下。掌百工技巧之政，总中尚、左尚、右尚、织染、掌冶五署及诸冶、铸钱、互市等监，供天子器御、后妃服饰及郊庙圭玉、百官仪物。凡武库袍襦，皆识其轻重，乃藏之，冬至、元日以给卫士。诸州市牛皮角以供用，牧畜角筋脑革悉输焉。细镂之工，教以四年；车路乐器之工，三年；平漫刀稍之工，二年，矢镞竹漆屈柳之工半焉；冠冕弁帻之工，九月。教作者传家技，四季以令丞试之，岁终以监试之，皆物勒工名。

丞六人，从六品下，掌判监事。给五署所须金石，齿革、羽毛、竹木，所入之物，各以名数州土为籍。工役众寡、难易有等差，而均其劳逸。

主簿二人，从七品下；录事二人，从九品下。

武德初，废监，以诸署隶太府寺。贞观元年复置。龙朔二年改曰内府监，武后垂拱元年曰尚方监。有府二十七人，史十七人，计史三人，亭长八人，掌固六人，短蕃匠五千二十九人，绫锦坊巧儿六十五人，内作使绫匠八十三人，掖庭绫匠百五十人，内作巧儿四十二人，配京都诸司诸使杂匠百二十五人。

《新唐书》卷四八《百官志三》，中华书局一九七五年版

二、 地方官学

（一） 隋代地方官学

梁彦光字修芝，安定乌氏人也。……

及高祖受禅，以为岐州刺史，兼领岐州宫监，……

后数岁，转相州刺史。彦光前在岐州，其俗颇质，以静镇之，合境大化，奏课连最，为天下第一。及居相部，如岐州法。邺都杂俗，人多变诈，为之作歌，称其不能理化。上闻而谴之，竟坐免。岁余，拜赵州刺史，彦光言于上曰："臣前待罪相州，百姓呼为戴帽饧。臣自分废黜，无复衣冠之望，不谓天恩复垂收采。请复为相州，改弦易调，庶有以变其风俗，上答隆恩。"上从之，复为相州刺史。豪猾者闻彦光自请而来，莫不嗤笑。彦光下车，发摘奸隐，有若神明，于是狡猾之徒莫不潜窜，合境大骇。初，齐亡后，衣冠士人多迁关内，唯技巧、商贩及乐户之家移实州郭。由是人情险诐，

妄起风谣,诉讼官人,万端千变。彦光欲革其弊,乃用秩俸之物,招致山东大儒,每乡立学,非圣哲之书不得教授。常以季月召集之,亲临策试。有勤学异等,聪令有闻者,升堂设馔,其余并坐廊下。有好诤讼,惰业无成者,坐之庭中,设以草具。及大成,当举行宾贡之礼,又于郊外祖道,并以财物资之。于是人皆克励,风俗大改。有滏阳人焦通,性酗酒,事亲礼阙,为从弟所讼。彦光弗之罪,将至州学,令观于孔子庙。于时庙中有韩伯瑜母杖不痛,哀母力弱,对母悲泣之像。通遂感悟,既悲且愧,若无自容。彦光训谕而遣之。后改过励行,卒为善士。以德化人,皆此类也。吏人感悦,略无诤讼。后数岁,卒官,时年六十。赠冀、定、青、瀛四州刺史,谥曰襄。子文谦嗣。

《隋书》卷七三《梁彦光传》,中华书局一九七三年版

杨汪字元度,本弘农华阴人也,曾祖顺,徙居河东。……

高祖受禅,赐爵平乡县伯,邑二百户。历尚书司勋兵部二曹侍郎、秦州总管长史,名为明干。迁尚书左丞,坐事免。后历荆、洛二州长史,每听政之暇,必延生徒讲授,时人称之。

《隋书》卷五六《杨汪传》,中华书局一九七三年版

何妥字栖凤,西城人也。……〔开皇〕六年,出为龙州刺史。时有负笈游学者,妥皆为讲说教授之。为《刺史箴》,勒于州门外。在职三年,以疾请还,诏许之。复知学事。

《隋书》卷七五《何妥传》,中华书局一九七三年版

刘焯字士元,信都昌亭人也。父洽,郡功曹。焯犀额龟背,望

孙培青文集　第四卷　隋唐五代教育制度文献集成

高视远，聪敏沉深，弱不好弄。少与河间刘炫结盟为友，同受《诗》于同郡刘轨思，受《左传》于广平郭懋当，问《礼》于阜城熊安生，皆不卒业而去。武强交津桥刘智海家素多坟籍，焯与炫就之读书，向经十载，虽衣食不继，晏如也。遂以儒学知名，为州博士。

《隋书》卷七五《刘焯传》，中华书局一九七三年版

炀帝即位，牛弘引〔刘〕炫修律令。……诸郡置学官，及流外给廪，皆发自于炫。

《隋书》卷七五《刘炫传》，中华书局一九七三年版

〔柳〕旦字匡德，工骑射，颇涉书籍。起家周左侍上士，累迁兵部下大夫。……开皇元年，加授开府，封新城县男，迁授掌设骠骑。历罗、浙、鲁三州刺史，并有能名。大业初，拜龙川太守。民居山洞，好相攻击，旦为开设学校，大变其风。帝闻而善之，下诏褒美。四年，征为太常少卿，摄判黄门侍郎事。卒官，年六十一。

《隋书》卷四七《柳旦传》，中华书局一九七三年版

令狐熙字长熙，敦煌人也，代为西州豪右。……上以岭南夷、越数为反乱，征拜桂州总管十七州诸军事，许以便宜从事，刺史以下官得承制补授。给帐内五百人，赐帛五百匹，发传送其家累，改封武康郡公。熙至部，大弘恩信，其溪洞渠帅更相谓曰："前时总管皆以兵威相胁，今者乃以手教相谕，我辈其可违乎？"于是相率归附。先是，州县生梗，长吏多不得之官，寄政于总管府。熙悉遣之，为建城邑，开设学校，华夷感敬，称为大化。

《隋书》卷五六《令狐熙传》，中华书局一九七三年版

孔颖达字冲远，冀州衡水人也。祖硕，后魏南台丞。父安，齐青州法曹参军。颖达八岁就学，日诵千余言。及长，尤明《左氏传》《郑氏尚书》《王氏易》《毛诗》《礼记》，兼善算历，解属文。同郡刘焯名重海内，颖达造其门。焯初不之礼。颖达请质疑滞，多出其意表，焯改容敬之。颖达固辞归，焯固留，不可，还家，以教授为务。隋大业初，举明经高第，授河内郡博士。时炀帝征诸郡儒官集于东都，令国子秘书学士与之论难，颖达为最。时颖达少年，而先辈宿儒耻为之屈，潜遣刺客图之，礼部尚书杨玄感舍之于家，由是获免。

《旧唐书》卷七三《孔颖达传》，中华书局一九七五年版

司马才章者，魏州贵乡人也。父烜，博涉五经，善纬候。才章少传其业。隋末为郡博士。贞观六年，左仆射房玄龄荐之，屡蒙召问，擢授国子助教，论议该洽，学者称之。

《旧唐书》卷七三《司马才章传》，中华书局一九七五年版

（二）唐代地方官学

及高祖建义太原，初定京邑，虽得之马上，而颇好儒臣。以义宁三年五月，初令……上郡学置生六十员，中郡五十员，下郡四十员。上县学并四十员，中县三十员，下县二十员。

《旧唐书》卷一八九上《儒学传上》，中华书局一九七五年版

〔高祖武德〕七年二月己酉，诏："诸州有明一经已上未被升擢者，本属举送，具以名闻，有司试策，皆加叙用。其吏民子弟，有识

性明敏，志希学艺，亦具名申送，量其差品，并即配学。州县及乡，并令置学。"

《旧唐书》卷二四《礼仪志四》，中华书局一九七五年版

四万户已上为上州，三万户已上为中州，不满为下州。凡三都之县，在城内曰京县，在城外曰畿县。又望县有八十五焉。其余则六千户已上为上县，二千户已上为中县，一千户已上为中下县，不满一千户皆为下县。

凡天下之户八百一万八千七百一十，口四千六百二十八万五千一百六十一。开元二十二年数。百户为里，五里为乡。两京及州县之廓内分为坊，郊外为村。里及村、坊，皆有正，以司督察。四家为邻，五邻为保。保有长，以相禁约。

《唐六典》卷三《尚书户部》，商务印书馆《钦定四库全书》本

京兆、河南、太原府：……经学博士一人，从八品上。助教二人。学生八十人。

医学博士一人。助教一人。医学生二十人。

大都督府：……经学博士一人，从八品上。助教二人。学生六十人。

医学博士一人，从八品下。助教一人。学生十五人。

中都督府：……经学博士一人，从八品下。助教二人。学生六十人。

医学博士一人，正九品下。学生十五人。

下都督府：……经学博士一人，从八品下。助教一人。学生五十人。

医学博士一人。助教一人。学生十二人。

《唐六典》卷三〇《三府督护州县官吏》，

商务印书馆《钦定四库全书》本

上州：……经学博士一人，从八品下。助教二人。学生六十人。

医学博士一人，正九品下。助教一人。学生十五人。

中州：……经学博士一人，正九品上。助教一人。学生五十人。

医学博士一人，从九品下。助教一人。学生十二人。

下州：……经学博士一人，正九品下。助教一人。学生四十人。

医学博士一人，从九品下。学生一十人。

《唐六典》卷三〇《三府督护州县官吏》，

商务印书馆《钦定四库全书》本

万年、长安、河南、洛阳、奉先、太原、晋阳：……博士一人。助教一人。学生五十人。

京兆、河南、太原诸县：……经学博士一人。助教一人。学生四十人。

诸州上县：……博士一人。助教一人。学生四十人。

诸州中县：……博士一人。助教一人。学生二十五人。

诸州中下县：……博士一人。助教一人。学生二十五人。

诸州下县：……博士一人。助教一人。学生二十人。

……………

博士掌以经术教授诸生。二分之月,释奠于先圣先师。

《唐六典》卷三〇《三府督护州县官吏》,

商务印书馆《钦定四库全书》本

文学一人,从八品上,掌以五经授诸生。县则州补,州则授于吏部。然无职事,衣冠耻之。

武德初,置经学博士、助教、学生。德宗即位,改博士曰文学。元和六年,废中州、下州文学。京兆等三府,助教二人,学生八十人。大都督府、上州,各助教一人;中都督府,学生五十人;下府、下州,各四十人。

医学博士一人,从九品上,掌疗民疾。

贞观三年,置医学,有医药博士及学生。开元元年,改医药博士为医学博士,诸州置助教,写《本草》《百一集验方》藏之。未几,医学博士、学生皆省,僻州少医药者如故。二十七年,复置医学生,掌州境巡疗。永泰元年,复置医学博士。三都、都督府、上州、中州各有助教一人。三都学生二十人,都督府、上州二十人,中州、下州十人。

《新唐书》卷四九下《百官志四下》,中华书局一九七五年版

马周字宾王,清河茌平人也。少孤贫好学,尤精《诗》《传》,落拓不为州里所敬。武德中,补博州助教,日饮醇酎,不以讲授为事。刺史达奚恕屡加咎责,周乃拂衣游于曹、汴,又为浚仪令崔贤首所辱,遂感激西游长安。

《旧唐书》卷七四《马周传》,中华书局一九七五年版

凡州县皆置孔宣父庙,以颜回配焉。仲春上丁,州县官行释奠之礼。仲秋上丁亦如之。

《唐六典》卷四《尚书礼部》,商务印书馆《钦定四库全书》本

贞观三年九月十六日，设诸州治医学。至开元十一年七月五日，诏曰：远路僻州，医术全无。下人疾苦，将何恃赖？宜令天下诸州，各置职事医学博士一员，阶品同于录事。每州《本草》及《百一集验方》，与经史同贮。至二十七年二月七日敕：十万户已上州，置医生二十人；十万户以下，置十二人。各于当界巡疗。

《唐会要》卷八二《医术》，中华书局一九七五年版

　　高俭字士廉，渤海蓨人。……

　　…………

　　贞观元年，擢拜侍中，……时黄门侍郎王珪有密表附士廉以闻，士廉寝而不言，坐是出为安州都督，转益州大都督府长史。蜀土俗薄，畏鬼而恶疾，父母病有危殆者，多不亲扶持，杖头挂食，遥以哺之。士廉随方训诱，风俗顿改。秦时李冰守蜀，导引汶江，创浸灌之利，至今地居水侧者，顷值千金，富强之家，多相侵夺。士廉乃于故渠外别更疏决，蜀中大获其利。又因暇日汲引辞人，以为文会，兼命儒生讲论经史，勉励后进，蜀中学校粲然复兴。

《旧唐书》卷六五《高士廉传》，中华书局一九七五年版

　　王义方，泗州涟水人也。少孤贫，事母甚谨，博通五经，而謇傲独行。初举明经，因诣京师。……俄授晋王府参军，直弘文馆。……转太子校书。

　　无何，坐与刑部尚书张亮交通，贬为儋州吉安丞。……蛮俗荒梗，义方召诸首领，集生从，亲为讲经，行释奠之礼，清歌吹籥，登降有序，蛮酋大喜。

《旧唐书》卷一八七上《王义方传》，中华书局一九七五年版

唐国子监助教张简，河南缑氏人也。曾为乡学讲《文选》。

《太平广记》卷四四七《狐一·张简》，中华书局一九六一年版

田仁会，雍州长安人。……

永徽二年，授平州刺史，劝学务农，称为善政。

《旧唐书》卷一八五上《田仁会传》，中华书局一九七五年版

韦机，雍州万年人。……

显庆中为檀州刺史。边州素无学校，机敦劝生徒，创立孔子庙，图七十二子及自古贤达，皆为之赞述。

《旧唐书》卷一八五上《韦机传》，中华书局一九七五年版

高智周，常州晋陵人。少好学，举进士。……

俄起授寿州刺史，政存宽惠，百姓安之。每行部，必先召学官，见诸生，试其讲诵，访以经义及时政得失，然后问及垦田狱讼之事。咸亨二年，召拜正谏大夫，兼检校礼部侍郎。

《旧唐书》卷一八五上《高智周传》，中华书局一九七五年版

述夫帝车南指，遁七曜于中阶；华盖西临，藏五云于太甲。虽复星辰荡越，三元之轨躅可寻；雷雨沸腾，六气之经纶有序。然则抚铜浑而观变化，则万象之动不足多也；握瑶镜而临事业，则万机之凑不足大也。故知功有所服，龟龙不能谢鳞介之尊；器有所归，江汉不能窃朝宗之柄。是以朱阳登而九有照，紫泉清而万物睹。粤若皇灵草昧，风驱受河洛之图；帝象权舆，云凤锡乾坤之瑞。高辛尧舜氏没，大夏殷周氏作。达其变，遂成天下之文；极其数，遂

定天下之象。衣冠度律，随鼎器而重光；玉帛讴歌，反宗禋而大备。洎乎三川失御，九服蒙尘，俎豆丧而王泽竭，钟鼓衰而颂声寝。邵陵高会，诸侯轻汉水之威；践土同盟，天子窘河阳之召。三徽制度，乘战道而横流；千载英华，与王风而扫地。大业不可以终丧，彝伦不可以遂绝。繇是山河朕兆，素王开受命之符；天地氤氲，玄圣举乘时之策。兴九围之废典，振六合之颓纲，有道存焉，斯文备矣。夫子姓孔氏，讳丘，字仲尼，鲁国邹人也。帝天乙之灵苗，宋微子之洪绪。自玄禽翦夏，浮宝玉于南巢；白马朝周，载旌旗于北面。五迁神器，琮璜高列帝之荣；三命雄图，钟鼎冠承家之礼。商丘诞睿，下属于防山；泗水载灵，遥驰于汶上。礼乐繇其委输，人仪所以来苏。排祸乱而构乾元，扫荒屯而树真宰，圣人之大业也。若乃承百王之丕运，总千圣之殊姿，人灵昭有作之期，狱渎降非常之表。珠衡玉斗，征象纬于天经；赞据龙蹲，集风云于地纪。亦犹三阶瞰月，恒星知太紫之宫；八柱衡霄，群岭辨中黄之宅。圣人之至象也。若乃顺时而动，用晦而明，纡圣哲于常师，混波流于下问。太阳亭午，妆爝火于丹衡；沧浪浮天，控涓涔于翠渚。西周捧袂，仙公留紫气之书；东海抠衣，郯子叙青云之袂。接舆非圣，询去就于狂歌；童子何知，屈炎凉于诡问。圣人之降迹也。若乃参神揆训，录道和倪，辱太白于中都，绊乘黄于下邑。湛无为之迹，而众务同并；驰不言之化，而群方取则。虽复霓旌羽旆，齐人张夹谷之威；八佾三雍，桓氏逼公宫之制。洎乎历阶而进，宣武备而斩俳优；推义而行，肃刑书而诛正卯。用能使四方知罪，争归旧好之田；三家变色，愿执陪臣之礼。圣人之成务也。若乃乘机动用，历聘栖遑；神经幽显，志大宇宙。东西南北，推心于暴乱之朝；恭俭温良，授手于危亡之国。道之将行也，命；道之将废也，命。归齐去鲁，发浩叹于衰周；厄宋围陈，奏悲歌于下蔡。圣人之救时也。若乃筐篚六艺，笙簧五典，折旋洙泗之间，探赜唐虞之际。三千弟子，攀睿化而升堂；七十门人，奉洪规而入室。从周定礼，宪章知损益之源；反鲁裁诗，雅颂得弦歌之首。备物而存道，下学而上达。援神叙教，降赤制于南宫；运斗陈经，动玄符于北洛。圣人之立教也。若乃观象设教，法三百八十四爻四十有九；穷神知化，应万一千五百五十有五。成变化而行鬼神，观阴阳而倚天地，以鼓天下之动，以定天下之疑。索众妙于重玄，纂群微于太素。圣人之赞《易》也。若乃灵襟不测，睿视无涯，石砮昭集隼之庭，土缶验羵羊之井。稽山南望，识皓骨于封禺；蠡泽东浮，考丹萍于梦渚。麟图鉴远，金编题佐汉之符；凤德钩深，玉策筮亡秦之兆。圣人之观化也。时义远矣，能事毕矣。然后拂衣方外，脱屣人间，奠楹兴夕梦之灾，负杖起晨歌之迹。挠虹梁于大厦，物莫能宗；摧日观于鲁丘，吾将安仰？明均两曜，不能迁代谢之期；序合四时，不能革盈虚之数。适来，夫子时也；适去，夫子顺也。为而不有，用九五而长驱；成而勿居，抚云霓而高视。圣人之应化也。自四教远而微言绝，十哲丧而大义乖，九师争大易之门，五传列春秋之辐。六体分于楚晋，四始派于齐韩。淹中之妙键不追，稷下之高风代起。百家腾跃，攀户牖而同归；万匹驱驰，仰陶钧而共贯。犹使丝簧金石，长悬阙里之堂；荆棘蓬蒿，不入昌平之墓。圣人之遗风也。遵扬十圣，光被六虚，乘素履而保安贞，垂黄裳而获元吉。故能贵而无位，履端于太极之初；高而无名，布政于皇王之首。千秋所不能易，百代所不能移，万乘资以兴衰，四海繄其轻重。虽复质文交映，瞻禴祀而长存；金火递迁，奉琴书而罔绝。盖《易》曰："观乎人文，以化成天下。"又云："圣人以神道设教，而万物服焉。"岂古之聪明睿智，神武而不杀者夫？国家袭宇宙之淳精，据明灵之宝位。高祖武皇帝以黄旗问罪，杖金策以劳华夷；太宗文皇帝以朱翟承天，穆玉衡而正区宇。皇上宣祖宗之累洽，奉文武之重光，稽历数而坐明堂，陈礼容而谒太庙。八神斋飨，伫旐太史之宫；六辨同和，驻跸华胥之野。文物隐地，声名动天，乐繁九俗，礼盛三古。冠带混并之所，书轨八纮；闾阎兼匦之乡，烟火四极。竭河追日，夸父力尽于榅间；越海陵山，竖亥涂穷于庑下。薰腴广被，景睨潜周，乾象著而常文清，坤灵滋而众宝用。溢金膏于紫洞，雨露均华；栖玉烛于玄都，风雷顺轨。丹蔂翠茵，藻绘轩庭；凤彩龙姿，激扬池御。殊征肸蛮，不召而自至；茂祉昭彰，无幽而不洽。虽复帝臣南面，降衢室而无为；岱畎东临，陟名山而有事。灵命不可以辞也，大典不可以推也。繇是六戎宵警，横紫殿而扰金；五校晨驱，蹴玄云而喷玉。星罗海运，岳镇川渟，登碧埤而会神祇，御玄坛而礼天地。金箱玉册，益睿算于无疆；玟捡银绳，署灵机于不竭。功既成矣，道既贞矣，历先王之旧国，怀列圣之遗尘。翔赤骥而下云亭，吟翠虬而望邹鲁。泗滨休驾，杳疑汾水之阳；厄岫凝銮，暂似峒山之典。乃下诏曰："可追赠太师。托盐梅于异代，鼎路生光；寄舟楫于同时，泉涂改照。"咸亨元年，又下诏曰："宣尼有纵自天，体膺上哲。合两仪之简易，为亿载之师表。顾唯寝庙，义在钦崇。如闻诸州县孔子庙堂及学馆有破坏，并向来未造，生徒无肄业之所，先师阙奠祭之仪，久致飘零，深非敬本。宜令诸州县官司，速加营葺。"九陇县学庙堂者，大唐龙朔三年乡人之所建也。尔其州分化鸟，境狗樽鸥，萦锦室于中区，托铜梁于古地。玉轮斜界，神龙蟠沮泽之云；石镜遥临，宝牒秘禹山之影。天帝会昌之国，上照乾维；英灵秀出之乡，傍清地络。庠序綦其纠合，缨弁所以会同；文翁之景化不渝，智士之风猷自远。于是双川旧老，攀帝奖而翘心；三蜀名儒，想成均而变色。探周规于旧宅，询汉制于成都；开基于四会之廛，授矩于三农之隙。土阶无级，就击壤于新欢；茅茨不剪，易层巢于故事。庄坛文杏，即架橡栾；夹谷幽兰，爰疏户牖。仪形莞尔，似闻沂水之歌；列侍閒如，若奉农山之对。缁帷晓辟，横纽带于西河；绛帐宵悬，聚青衿于北海。虽秋礼冬诗之化，以洽于齐人；而宣风观俗之规，实归于上宰。银青光禄大夫谯国公，讳崇义，大武皇帝之支孙，河间大王之长子。高秋九月，振玉赟于唐丘；宝算千龄，跃璇虬于大渚。我国家灵命，东朝抗裘冕之尊；宗子维城，南面袭轩裳之重。折玄元之胤绪，拥朱虚之禄位。拜玉节于秦京，辉金璋于蜀郡。玄机应物，潜销水怪之灾；丹笔申冤，俯绝山精之讼。魏文侯之拥篲，道在而兼尊；董相国之垂帷，风行而俗易。司马宇文公，讳纯，河南洛阳人也。皇根帝绪，列五鼎于三朝；青锁丹梯，跨千寻于十纪。仲举澄清之辔，未极夷涂；士元卿相之材，先登上佐。冰壶精鉴，遥清玉垒之郊；霜镜悬明，下映金城之域。县令柳公，讳明，字太易，河东人也。梁岳之英，长河之灵，沐云汉之精粹，荷天衢之元亨。旌旗赫奕于中古，珪组陆离于下叶。凤岩抽律，擢层秀于龙门；骊穴腾姿，吐荣光于贝阙。自朱丝就列，光膺令宰之荣；墨绶驰芬，高践郎官之右。仙凫旦举，影入铜章；乳翟朝飞，声含玉轸。临邛客位，自高文雅之庭；彭泽宾门，犹主壶觞之境。旷怀足以御物，长策足以服人。重泉之惠训大行，单父之讴谣遂远。犹为夏弦春诵，俗化之枢机；西序东胶，政刑之根本。上祗朝宪，下奉藩维，爰搜复庙之仪，载阐重栏之制。三门四表，焕矣惟新，上哲宗师，肃焉如在。将使圆冠方领，再行邹鲁之风；锐气英声，一变寅渝之俗。于是侍郎幽思，摛凤藻于瑰林；丞相高材，排龙姿于璧沼。遗荣处士，开帘诠孝悌之机；颂德贤臣，持节听中和之乐。其为政也，可久；其为志也，可大。方当变化台极，仪刑万宇，岂从偃仰听事，风教一同而已哉！勃幼乏逸才，少有奇志。虚舟独泛，乘学海之波澜，直謇高讴，践词场之阃阈。观质文之否泰众矣，考圣贤之去就多矣，自生人以来，未有如夫子者也。嗟乎！今古代绝，江湖路远，恨不得亲承妙旨，摄齐于游夏之间；躬奉德音，攘袂于天人之际。抚身名而永悼，瞻栋宇而长怀。呜呼哀哉！敢为铭曰：

五帝既没，三王不归。天地震动，阴阳乱飞。山崩海竭，月缺星围。礼乐无主，宗祀遂微。其一。

大哉神圣，与时回薄。应运而生，继天而作。龙跃浩荡，鹏飞寥廓。奄有人宗，遂荒天爵。其二。

尼山降彩，泗滨腾气。志匡六合，神经万类。夹谷登庸，中都历试。睿情贯一，玄猷绝四。其三。

栖遑教迹，寂寞河图。违齐出宋，历楚辞吴。风衰俗毁，礼去朝无。麟书已卷，凤德终孤。其四。

杳杳灵命，茫茫天秩。吾道难行，斯文易失。式宣六艺，裁成四术。虚往实归，外堂内室。其五。

邈矣能仁，悠哉化主。力制群辟，权倾终古。陆离彩灿，蝉联茅土。涉海轻河，登山小鲁。其六。

皇家载造，神风四极。捡玉题祥，绳金署德。聿怀圣迹，同亨天则。乃眷台庭，爰升衮职。其七。

玉津同派，金堤茂版。智士高风，文翁泽远。旽淳壤沃，声和俗愿。载启仁祠，遂光儒苑。其八。

沉沉壶奥，肃肃扃除。灵仪若在，列配如初。槐新市密，杏古坛疏。楹疑置奠,壁似藏书。其九。

泛泛寰中,悠悠天下。狥名则众,知音盖寡。碔石参琼,迷风乱雅。仲尼既没,夫何为者?其十。

《王子安集》卷一三《益州夫子庙碑》,

商务印书馆《四部丛刊初编》本

叙曰:银衡用九,天门压西北之荒;铜盖虚三,地户拆东南之野。迥七星于上列,太清不能潜混茫之机;环四海于中州,巨块不能秘生成之业。圣人有以见天下之赜,拟诸形容;圣人有以见天下之动,行其曲礼。灵图广运,百姓日用而不知;神理潜行,万方乐推而不厌。古者熊山南眺,金崇横上帝之居;凤穴西临,玉室考爰皇之宅。五龙乘正,按天谶以希微;六羽提衡,验星谣而汗漫。洎乎尊卢、赫胥之代,骊连、栗陆之君。皇图始于中叶,莫不凭三灵之宝位,鼓舞阴阳;籍六合之尊名,财成宇宙。未有贵而无位,博而无名,大礼由其再造,大乐出其一变。荡荡乎人无得而称焉,巍巍乎其有成功者也。若夫司徒立勋于天地,还承帝营之家;微子开国于商周,仍纂成汤之业。虽玄禽历数,推移于景亳之都,而白马旗裳,赫奕于风丘之国。由是千年有属,万物知归,乾坤合而至德生,日月会而明灵降。奎娄胃昴,风驱白虎之精;角亢房心,云郁青龙之祉。君王异表,仪石纽而法丹陵;辅相宏资,状皋陶而图子产。岂止鉴执玄象,擒光芒于北斗之宫;括成地形,腾瑞气于东山之曲。非天下之至精,其孰能与于此?神冥造化,德合陶钧,获冲用于生知,运幽机于性道,穷庶事之终始,协庶品之自然。睹者不识其灵,仰者不知其德。步三光于太极,照曜三门;含万象于中区,声明万国。惟深也能通天下之志,惟几也能成天下之务,非天下之至神，其孰能与于此？道尊德贵，挫锐同尘，始于中都宰，终于大司寇，能使长幼异节，男女别途，路无遗亡，器不雕伪。奸雄独立，初明两观之诛；正教未行，仍赦同狴之罪。盟齐侯而归四邑，夷不乱华；黜季氏而覆三都，家无藏甲。非天下之至刚，其孰能与于此？青光歇灭，赤篆衰微，一注为海岱之尊，一战有河防之霸。故得三王不相袭，礼亡于寇戎；五帝不相沿，乐入于河海。是以哀生灵之版荡，痛宇县之分崩，历聘诸侯，栖遑异国。其为大也，法象莫之能容；其为高也，黎元莫之能睹。时非我与，遂厄宋而围陈；道不吾行，终乐天而知命。非天下之至柔，其孰能与于此？太山不辞土壤，故能成其高；沧海不让细流，故能成其大。自季孙之赐我也，交益亲矣；自敬叔之乘我也，道弥尊矣。于是历郊社之所，考明堂之则，金人右对，仍观太祖之阶；斧扆前临，还访周公之位。然后删《诗》《书》而续《易》象，动天地而感鬼神；运百代之舟车，开千龄之户牖。是故雷精日角，闻道德而抠衣；月颊山庭，奉琴书而撰杖。非天下之至文，其孰能与于此？智以藏往，有感而必通；神以知来，无微而不照。论五行于帝辅，潜观大皞之先，揆七庙于天灾，预察厘王之过。星流十月，征历象于衰周；日汛三江，采讴谣于霸楚。神无方而《易》无体，圣人通变化之津；河出图而洛出书，圣人悟兴亡之兆。非天下之至明，其孰能与于此？极天蟠地之礼，周旋揖让之规，百神于是会昌，二仪以之同节，非礼无以别父子兄弟亲疏之序，非礼无以辨君臣上下长幼之位。本之于元气，征之于太古，定足以法于九围，道足以周于八极。服先王之制度，黜红紫而无施；敛上帝之明威，感风雷而有变。非天下之至恭，其孰能与于此？五行四气十二月，还相为本；五声六律十二管，还相为宫。至音将简易同和，广乐与神明合契。盛于中国，还陈武像之容；奄有四方，自得文王之操。南风奏雅，知大舜之温；北里宣淫，体殷辛之暴。非天下之至和，其孰能与于此？

悲夫！日中则昃，动静之常也；月满则亏，虚盈之数也。自太平王佐，委龙翰于芳年；礼义霸臣，摧兽文于华月。则知天之将丧也，则知道之将废也。虽颓山坏木，兆悲歌于两楹；夏栋周墙，陈盛则于用礼。犹使文明焅烂，百王知察变之机；钟石铿锵，万代挹希声之乐。信可谓备物致用，立成器以为天下利者，莫大于圣人也。既而三河失统，九州之宝币不归；四塞提衡，万里之长城继作。星祅日祲，乾象暗而恒文乖；礼坏乐崩，彝伦斁而旧章缺。洎夫砀山休气，潜膺赤帝之图；沛国真人，密召黄星之录。尊褒成之厚级，殷崇圣之荣班，学校于是大兴，文武由其不坠。年当晋、宋，运柜周、隋，太山覆而昆仑倒，天柱倾而地维绝。三重赤晕，还开争战之端；千里黄埃，荐有干戈之务。乱罹瘝矣，黔首何依？王室蠢然，苍生无主。间阎匝地，今来为讲武之场；荆棘参天，昔日作谈经之市。

皇家拨乱返正，应天顺人，鼓之以雷霆，润之以风雨。驰搀枪而扫秒，上廓鹏云；决河海以澄奸，下清鳌极。今天子握大象，运洪炉，星重辉，海重润。乾回北列，垂衣裳于太紫之垣；日出东方，备法驾于中黄之道。混沌之无天无地，尽入提封；伯阳之有物有象，咸乘礼节。太阶三袭，明瑞气于朱符；中极四游，法祥光于玉烛。东胶西序，云阁蓬丘，国号陶唐，家成邹鲁。遂使西山童子，陈歌谣于璧水之前；南国老人，受几杖于环林之下。乾坤之大德行矣，皇王之盛节明矣。江苏鄙黍，晨昏荐帝之祥，凤穴麟洲，晷刻因天之瑞。乘舆乃选吉日，协灵辰，诏风伯以行观，促雷师而出豫。房为天驷，仍施列缺之鞭；斗为帝车，即动招摇之柄。奠玉帛，奏金丝，登介丘，下梁甫。拥神休而尊明号，莫之与京；按玉册而考银绳，于斯为盛。于是回舆转旆，临曲阜之郊畿；驻跸停銮，访云坛之轨迹。若使九原可作，大君得廊庙之才，千载有知，夫子记风云之会。即以乾封元年，追赠太师，礼也。

咸亨元年，又诏："宣尼有纵自天，体膺上哲，合两义[①]之简易，为亿载之师表。顾惟寝庙，义在钦崇，诸州县庙堂及学馆有破坏并先来未造者，遂使生徒无肄业之所，先师阙尊祭之仪，久致飘露，深非敬本，宜令州县，速加营葺。"新都学庙堂者，奉诏之所立也。因三农之暇，陈复道之规，考帏帐于西京，访埃尘于东鲁。梅梁桂柱，深沉风雨之津；镂槛文轩，旷望江山之表。纳流云于上栋，白日非遥；披浊雾于中阶，青天在瞩。雕镌晔哗，穷妙饰于重栏；山海高深，尽灵姿于反宇。门生侃侃，如培文杏之坛；胄子锵锵，若预崇兰之室。每至南方二月，草树华滋，北陆三秋，风烟摇落，莫不列蘋蘩于上席，行礼敬于质明，奠椒桂于中樽，敬神明于如在。尔其邑居重复，原野平芜，出江干之万里，入参星之七度。龟城蔼蔼，焕繁霞于百尺之楼；蛟浦澄澄，洗明月于千秋之水。文翁旧学，日往年归；刘禅平堂，烟荒雾惨。武侯龙伏，犹观八阵之图；壮士蛇崩，仍辨五丁之石。左巴右獠之胜域，陆海三江之奥壤。

大都督周王，天皇第八子也，玄元继天而作，降仙才于玉斗之庭；武昭应运而生，开霸业于金城之域。五潢高映，流滋液于咸池；十日旁罗，散光华于若木。星悬帝子，遥澄井络之郊；岳列天

---

① "义"，他本或作"仪"。

孙，远控彭门之野。姬公以明德之重，行宝化于周南；曹植以懿亲
之贤，发金声于鲁北。通议大夫行长史南阳来恒，隋十二卫大将
军荣国公之元子，申侯太岳，镇其灵襟；传说长河，昭其神彩。庞
士元蓄西申之逸羽，始践题舆；管公明绊东道之雄姿，初临别乘。
朝议大夫守司马宇文纪，左卫将军灵州都督之次子，台门鼎族，传
呼棨戟之荣；玉质金相，海若河宗之宝。庾冰清识，得严令而非
常；桓温贵游，无君公而不乐。县令郑玄嘉，荥阳人也。东周玉
裔，北海金宗，列矛戟之森森，吐风流而蒨蒨。尺兵不用，瑕丘有
上德之君；枹鼓希闻，洛阳有神明之宰。丞京兆韦德工、主簿扶风
马仁砺、尉清河张嗣明、北地傅怀爱等，荆蓝灼烁，邓杞扶疏，许玄
度入风月之清关，郭林宗获神仙之妙境。南昌晦迹，共梅福而齐
衡；左部韬真，与乔玄而等列。博士张玄鉴、助教费仁敬等，碧鸡
雄辩，则沧海沸腾；白凤宏辞，则烟霞喷薄。一州闻道，亲居典学
之官；四子乘风，来听中和之曲。圆冠列侍，执巾舄于西阶；大带
诸生，受《诗》《书》于北面。泮宫之上，更闻通德之门；小学之前，
复见华阴之市。乡望等鱼文骥子，震耀于平原；汉女巴姬，骈罗于
甲第。杜陵亭长，终成辅相之才；桐乡啬夫，且著廉平之号。莫不
公私务隟，即听弦歌，阴雨时闲，仍观俎豆。逍遥城郭，拜夫子之
灵祠；仿佛风尘，见夫子之遗像。机衡莫测，下问书生，远近未知，
来求小子。当仁不让，思齐于上古之名；游圣难言，有愧于中郎之
石。其铭曰：

太虚寥廓，洪炉喷薄。上缀三宫，旁清八络。玄津独化，圣人
攸作。鳌柱为居，龙门是托。爰清爰净，惟寂惟寞。其一。

龟谶韬名，鱼图表灵。火纪云纪，天正地正。君臣礼制，宇宙
辉明。文武既没，成康遂行。群飞海水，若羽天星。其二。

王筐曾裔，金符远系。钟石虽迁，山河不替。乾坤降德，阴阳合契。虎啸风清，龙腾云逝。三元载仵，万方攸济。其三。

鲁道既昏，绵绵若存。禄移公室，政在私门。学而方仕，谦而弥尊。听之也厉，即之也温。义责齐国，刑征季孙。其四。

多能惟圣，道废惟命。天下莫容，诸侯走聘。至于是国，必闻其政。仁义立身，温恭成性。不徒为乐，终悲击磬。其五。

九野八方，栖栖遑遑。从周返鲁，考夏观商。先王道术，夫子文章。可久可大，为龙为光。星衡入室，月准升堂。其六。

智周通塞，神兼语默。几然而长，黯然而息。汉承周运，胡亡秦国。察往知来，研精茂德。无必无我，自南自北。其七。

万象皆尊，千灵共同。惟变所适，居常待终。乐天知命，匪我求蒙。北辰之北，东海之东。百王遗训，万世余风。其八。

时亡玉斗，运钟阳九。周井龙沉，秦原鹿走。生人卷舌，道路钳口。礼乐崩颓，曲章残朽。万邦请命，三灵授手。其九。

日角升图，星精应符。载扬风教，重阐规模。数迁三国，年当五胡。星芒夜指，日晕朝枯。环林摧折，璧沼荒芜。其十。

赫矣高祖，越若稽古。丕哉文皇，照临下土。地维旁缀，乾纮上补。鲲化三千，龙飞九五。爰有列圣，重规袭矩。其十一。

我君文思，念兹在兹。金镜八海，珠囊四时。三雍九室，秋礼冬诗。绛帐语道，青衿质疑。载垂仙涣，广创灵祠。其十二。

丕图按籍，远求陈迹。玉槛烟开，金窗雨辟。晬仪侃侃，云居寂寂。弟子抠衣，门人避席。阶列蓍葿，庭罗丝石。其十三。

地接临卭，山横剑峰。滇池跃马，沮泽蟠龙。中望击节，高门扣钟。阴灵胮肭，文雅雍容。书池必变，坐席常重。其十四。

今还古往，寂寥无尚。太山既颓，吾将安仰？梁木斯坏，吾将安仿？异代风行，殊涂影响。敢立言而征圣，冀得意而忘象。其十五。

《杨炯集》卷四《大唐益州大都督府新都县学先圣庙堂碑文并序》，中华书局一九八〇年版

法象莫大乎天地，变通莫大乎四时。悬象著明，莫大乎日月；备物致用，莫大乎圣人。夫子讳丘，字仲尼，鲁国邹人也。龟龙负谶，帝鸿驱八翼之轩；鲁鸟呈文，天乙降三分之璧。五十二战，权舆骤帝之基；二十七征，草昧驰王之业。平域中之祸乱，扫天下之虔刘，以盛德大业之尊，当开阶立隧之重。及其山崩海竭，日薄星回，历数不还，讴谣遂远。元子宾周而建国，二王之车服可寻；上卿翼宋而承家，三命之衣冠再袭。是故阴阳混合，泄符瑞于平乡；宇宙氤氲，洒休征于阙里。龙峻而龟背，月角而雷声，有轩帝之殊姿，有殷王之异表。山开遁甲，尼丘落于紫垣；星掌巫咸，钩钤坠于苍陆。净光童子，来游姬旦之郊；乾象明灵，下俯庖牺之国。十五而志学，三十而有成，申下问于伯阳，屈帝师于郯子。天为木铎，九州知发号之期；吾岂匏瓜，一国有来苏之望。尝登委吏，稍践中都，天下可临，诸侯取则。以之礼而国定，司空之官以成礼；以之义而国平，司寇之官以成义。掌山林于夏典，物得其生；听狱讼于秋官，人忘其死。大夫乱法，仍行两观之诛；陪臣执权，即问三雍之罪。强公室，弱私家，叙君臣，明长幼。用能使牺牲柜匽，不登阛阓之庭；羽戟旌旄，不列坛场之位。

当是时也，三光薄蚀，九土分崩，夷狄有君，中华无礼。周京赫赫，成康之至教蔑闻；鲁国岩岩，贤圣之余风可坠。河图未出，吾道不行，周流八方，经营四海。治乱运也，穷通命也，荷天下之

至圣，仍逢盗跖之军；伏天下之至和，犹有匡人之逼。德生于我，乐天命而何忧；文不在兹，临大难而无惧。使仁者必信，安有伯夷？使智者必行，安有王子？岂三千击水，牛蹄不能鼓横海之鳞；九万抟风，鸡羽不能扇垂天之翼。然后上不臣天子，下不事诸侯。乘殷之辂，服周之冕，或屈伸于季孟之间，或动静于鱼龙之际。下学而上达，将圣而多能。博而无名，信而好古。察殷周之礼乐，损益可知；观杞宋之文章，贤才不足。数年学《易》，伏羲龙马之图；三月闻《韶》，妫帝凤凰之典。信存乎德，术数贯于神明；意见乎时，制作侔于造化。己所不欲，则一言可以终身；人之莫违，则一言可以亡国。恶郑卫之乱雅乐，恶利口之覆邦家。荣辱定于枢机，褒贬存乎简牍。精诚密召，北门开紫掖之星；福应全来，中极敷玄云之气。乃若知幽明之故，见天地之心，有感而遂通，不行而克至。年当甲子，潜知启汉之萌；音协宫商，预察亡秦之兆。星移大火，追责天司；月入纯阳，无劳两备。季桓子犨羊之井，推木石之祯祥；陈惠公集隼之庭，验变夷之贡赋。然后历三辰而玉步，照四极而金声，坐于缁帷之林，浮于亶州之海。门生七十，仰天路以无阶；弟子三千，望宫墙而不入。哲人之能事毕矣，先王之至德行矣！配乎二象，不能迁必至之期；参乎两曜，不能稽有常之动。南游楚国，遂闻衰凤之歌；西狩鲁郊，独有伤麟之泣。夫子周灵王二十一年冬十月庚子生，至鲁哀公十有六年夏四月己丑卒，凡享年七十二，于今一千余岁。泰山颓而梁木坏，微言绝而大义乖，传飨祀于百家，奉琴书于十代。秦始皇见登床之识，始乱衣裳；鲁恭王看坏壁之书，犹闻丝竹。汉图起于六千日，赐金之礼载优；魏德行于五十年，刻石之风未泯。述文武者，皆宪章于圣人；修学校者，金折中于夫子。自革辔玉历，巉幕瑶图，皇天无皂白之征，戎狄起豺狼之衅。摧六律,绝笙竽,塞师旷之耳,天下之人废其听矣;散五彩,灭文章,胶离朱之目,天下之人黜其明矣。

我高祖神尧皇帝因三灵之宝历,藉万国之欢心,风起北方,月行中道。削平宇宙,戢干戈于羊马之年;弹压华夷,照文物于龙蛇之代。太宗文武圣皇帝升瑶坛于曲洛,受玉版于平河,经天纬地,荡海夷岳。坐玄宫而密转,紫微光帝宅之尊;戴黄屋以深居,赤县列神州之贵。今上天无私覆,道不虚行,驭六气而平太阶,乘八风而制群动。星连月合,层台有观羽之劳;海晏河移,直笔有书祥之倦。封太山而禅梁甫,千载同归;敞衢室而筑明堂,百灵咸秩。云行雨施,品物流行,天尊地卑,乾坤定矣。若乃虞夏商周之礼,考正朔而三迁;东南西北之人,混风声而一变。环林拂日,映高柳而对扶桑;圆海澄天,走鲲池而涵象浦。粤以乾封元年,有诏追赠夫子为太师。咸亨元年,又诏州县官司营葺学庙。凭风云于异代,照日月于殊涂,死者有知,殁而无朽。如纶如绛,大君于号令之严;匪朴匪雕,上宰极司存之敬。

长江令杨公,弘农华阴人也,即华山公之孙,大将军之子。朱宫带地,明河一苇之西;黄阙中天,神狱千花之北。山川壮丽于区宇,人物繁多于海内。齐九龙而阔步,一门钟豹变之荣;袭五公而长驱,四代赫蝉联之祉。出忠入孝,诞秀兴贤,冠盖城邑,池台钟鼓。英灵辐辏,锵锵万玉之门;嘉瑞骈罗,济济千金之子。是故北方多士,太一壮其魁梧;南国仙人,中书伟其端雅。椅桐可仰,丹漆兼施,照明月于胸怀,吐清风于襟袖,臧武仲之智,卞庄子之勇,可以为大臣矣。韩尚书之临八座,发迹下邳;卓太尉之践三阶,来从密县。自操刀入仕,闻鲁邑之弦声;解剑分司,察丰城之宝气。汝阴徐令,人号无双;河内王君,时称未有。飞雪千里,不能改松柏之心；名都十城，不能动夷齐之行。先是殊方暴客，常严巨野之兵；绝磴奸豪，每纵潢池之觌。数州常以为弊，历政所不能移，行人为之聚众，耕父由其释耒。公英谋独断，锐气无前，奋一剑以戮元凶，驰单车而蹑遗噍，道旁牛马，并属罗衡，县内神明，皆称傅琰。若乃山林猛兽，动星象而垂文；江汉貙虺，鼓风飙而作气。城门六闭，未防虞吏之灾；都市三言，终有三君之暴。公雄心烈眦，壮发冲冠，按东海之金刀，飞北斗之石箭。冈峦不扰，有符刘孟之城；坑阱无虞，更似童君之邑。自非爱人犹子，视物如伤，岂能躬斩凶渠，亲除灾害，与夫青绳不用，道被于瑕丘，桴鼓希闻，化移于京洛，可同年语哉？然后示之以礼仪，陈之以庠序。凭三时之闲暇，兴役鸠工；视四野之川原，依城负郭。青泥险蹬，斜连白马之关；赤岸长波，远注黄牛之峡。悬四刀而开益部，照参伐于天光，赋上错而辟梁州，绝岷嶓于地德。背山临水，掩全蜀之膏腴；望日占星，采公宫之法度。丹墙数仞，吐纳云霞，椽柱三间，蔽亏风雨。琉璃晓辟，东宫雀目之窗；玳瑁朝悬，西汉蛇鳞之桷。图光芒于北斗，圣质犹生；赫符彩于连珠，宏姿可想。至于月衡月准，山额山庭，侃侃星文，堂堂日角，莫不向之如在，疑游北上之山，望之俨然，似瞩东流之水。

博士、助教某等，西州闻望，南国英灵，骇飞兔于文场，跃雕龙于笔海。扬雄博识，神游象系之端；李郃幽通，思入玑衡之表。每至韶光令月，朱鸟乘春，爽气高天，玄龟送历。琼笾玉豆，中堂奉先圣之仪；石磬金钟，南面习诸侯之礼。华阳曾子，鼓箧来游，蜀国颜生，抠衣请学。弦歌在侧，还升武骑之台；礼乐居前，重睹文翁之室。祁祁茂德，济济时英，圣人千载之风，儒者一都之会。丞主簿尉某等，青田戒露，望华盖而长鸣；绿地生风，下仙阁而直蹙。

大夫贞节,还居内史之丞;文学明经,犹历南昌之尉。乡望姓名等,王孙猎骑,骋原隰之盘游;公子文锋,叙江山之体势。符伟明以都官谢职,逢有道而相推;赵元淑以郡吏从班,见司徒而不拜。佥以乡间少事,风月多怀,命童子于云台,就门人于相圃。冬礼春诗之化,再造双川;淹中稷下之风,一匡三蜀。若夫平南壮烈,沉流水于裁碑;逐北勋庸,登燕山而刻颂。庾太尉新亭之墓,尚有黄金;郑康成通德之门,犹存白瓦。况乎功苞大象,绩被苍生,岂使铭典阙如,音尘不嗣?是用雕墙峻宇,列冠盖于宜城;塞陌填街,考《春秋》于太学。小人狂简,不知所以裁之;夫子文章,今可得而言也。词曰:

西昆玉阙,南海金堂。惟惚惟恍,一阴一阳。三辰赫赫,九土茫茫。太极天帝,神州地皇。骊连上古,混沌中央。降及轩顼,终于夏商。四时玉斗,五纬珠囊。圣德千载,淳风八荒。天开赤篆,日照青光。识协金匮,兵符玉潢。化隆文武,泽盛成康。天子穆穆,诸侯皇皇。春秋代谢,宗社危亡。帝典垂象,人伦不纲。山河命德,天地兴祥。礼乐三变,文明一匡。原承少典,祚启成汤。吹律丹凤,钩符白狼。三仁去国,再命循墙。不有积善,其何以昌?降灵邹邑,诞哲平乡。月角摘彩,星钤吐芒。文行忠信,恭俭温良。或默或语,能柔能刚。学而不厌,师亦何常。通礼明德,尊贤毁方。古之君子,昔者明王。道协公旦,神交帝唐。摄官从事,冕服端章。示之以德,临之以庄。泽如春雨,威若秋霜。男女斯别,尊卑克彰。时逢版荡,运属凄遑。入齐损味,居陈绝粮。登山极目,临水倘佯。无道斯隐,舍之则藏。季孙大赏,叔敬揄扬。问官郯子,受乐师襄。神明协赞,雅颂铿锵。紫麟遥集,丹乌远翔。生灵水火,家国舟航。功符日用,德协天长。倏嗟崩岳,奄叹摧梁。

昧昧神道，悠悠彼苍。书开怀宅，谶识登床。与代轻重，因时弛张。毡裘黼黻，沙漠坛场。玑衡惨惨，载籍膏肓。汾河水白，晋野星黄。轩电临斗，殷雷入房。九围臣妾，八极城隍。东序西序，上庠下庠。粤惟铜墨，实号金箱，灵山地辅，德水天潢。芝兰秀出，羔雁成行。玉匣孤剑，瑶台骢骦。惩奸摇右，济猛移蝗。风传积石，道被沧浪。丝言涣汗，经茸相望。夏井莲植，秋窗桂芳。绣楣文琰，绮缀明珰。四注飞阁，三休步廊。礼行释菜，敬尽明芳。图非有若，地异空桑。伏羲书契，女娲笙簧。匏土金石，珪琮璧璋。高门程郑，硕学王杨。威仪秩秩，宫征玱玱。山栖乌鸟，水宿鸳鸯。蜀门荷戟，江津滥觞。落星高堰，明月回塘。丹碑不朽，清庙无疆。

《杨炯集》卷四《遂州长江县先圣孔子庙堂碑》，

中华书局一九八〇年版

陈子昂字伯玉，梓州射洪人。……

子昂十八未知书，以富家子，尚气决，弋博自如。他日入乡校，感悔，即痛修饬。文明初，举进士。……

…………

大历中，东川节度使李叔明为立旌德碑于梓州，而学堂至今犹存。

《新唐书》卷一〇七《陈子昂传》，中华书局一九七五年版

则天长安三年，令天下诸州宜教人武艺，每年准明经进士例申奏。……天宝六载，诏诸州武举人上省，先谒太公庙，拜将帅亦告太公庙。

《旧唐书》卷二四《礼仪志四》，中华书局一九七五年版

〔韦〕景骏明经举。神龙中，累转肥乡令。……及去任，人吏立碑颂德。

开元中，为贵乡令。……

累转赵州长史，路由肥乡，人吏惊喜，竞来犒饩，留连经日。有童稚数人，年甫十余岁，亦在其中，景骏谓曰："计吾为此令时，汝辈未生，既无旧恩，何殷勤之甚也？"咸对曰："此间长宿传说，县中廨宇、学堂、馆舍、堤桥，并是明公遗迹。将谓古人，不意亲得瞻睹，不觉欣恋倍于常也。"其为人所思如此。

十七年，迁房州刺史。州带山谷，俗参蛮夷，好淫祀而不修学校。景骏始开贡举，悉除淫祀。又通狭路，并造传馆，行旅甚以为便。二十年，转奉先令，未行而卒。

《旧唐书》卷一八五上《韦景骏传》，中华书局一九七五年版

倪若水，恒州藁城人也。开元初，历迁中书舍人、尚书右丞，出为汴州刺史，政尚清静，人吏安之。又增修孔子庙堂及州县学舍，劝励生徒，儒教甚盛，河、汴间称咏不已。

《旧唐书》卷一八五下《倪若水传》，中华书局一九七五年版

〔开元十一年〕九月己巳，颁上撰《广济方》于天下，仍令诸州各置医博士一人。

《旧唐书》卷八《玄宗本纪上》，中华书局一九七五年版

苗晋卿，上党壶关人。世以儒素称。……

晋卿幼好学，善属文，进士擢第。……

天宝三载闰二月，转魏郡太守，充河北采访处置使，居职三年，政化洽闻。会入计，因上表请归乡里。……大会乡党，欢饮累日而去。又出俸钱三万为乡学本，以教授子弟。

《旧唐书》卷一一三《苗晋卿传》，中华书局一九七五年版

古者乡有塾，党有庠，所以明尊卑之仪，正长幼之序，风化之道，义在于兹。先置乡学，务令敦劝。如闻郡县之间不时训诱，闾巷之内多亏礼节，致使言词鄙亵，少长相凌，有玷清猷，何成雅俗？自今已后，宜令郡县长官申明条式，切加训导。如有礼仪兴行及纲纪不立者，委采访使明为褒贬，具状奏闻。

《唐大诏令集》卷九《天宝七载册尊号赦》，
商务印书馆一九五九年版

王栖曜，濮州濮阳人也。初游乡学。天宝末，安禄山叛，尚衡起兵讨之，以栖曜为牙将。

《旧唐书》卷一五二《王栖曜传》，中华书局一九七五年版

张镒，苏州人。……

大历五年，除濠州刺史，为政清净，州事大理。乃招经术之士，讲训生徒，比去郡，升明经者四十余人。撰《三礼图》九卷、《五经微旨》十四卷、《孟子音义》三卷。

《旧唐书》卷一二五《张镒传》，中华书局一九七五年版

常衮，京兆人，天宝末，及进士第。……

建中初，杨炎辅政，起为福建观察使。始，闽人未知学。衮
至，为设乡校，使作为文章，亲加讲导，与为客主钧礼，观游燕飨与
焉，由是俗一变，岁贡士与内州等。卒于官，年五十五，赠尚书左
仆射。其后闽人春秋配享衮于学宫云。

《新唐书》卷一五〇《常衮传》，中华书局一九七五年版

李栖筠字贞一，世为赵人。……进工部侍郎。……元载忌
之，出为常州刺史。岁仍旱，编人死徙踵路，栖筠为浚渠，厮江流
灌田，遂大稔。宿贼张度保阳羡西山，累年吏讨不克，至是发卒捕
斩，支党皆尽，里无吠狗。乃大起学校，堂上图《孝友传》示诸生，
为乡饮酒礼，登歌降饮，人人知劝。以治行进银青光禄大夫，封赞
皇县子，赐一子官。人为刻石颂德。

……会平卢行司马许杲恃功，擅留上元，有窥江、吴意。朝廷
以创残重起兵，即拜栖筠浙西都团练观察使图之。栖筠至，张设
武备，遣辩士厚赍金币抵杲军赏劳，使士歆爱，夺其谋。杲惧，悉
众度江，掠楚、泗而溃。以功进兼御史大夫。则又增学庐，表宿儒
河南褚冲、吴何员等，超拜学官为之师，身执经问义，远迩趋慕，至
徒数百人。

《新唐书》卷一四六《李栖筠传》，中华书局一九七五年版

臣某言：去贞元五年于延英殿赐面辞之日，亲奉进止，令臣一
考即来者。臣谬承圣奖，猥守方隅，自到黔中，首末三年，更入新
正，即及四载。……臣于抚驭之间，酌其中道，示以威惠，谕以宪
章，以清静临人，以不扰为政。开设学校，令知君臣父子之道，劝
勉稼穑，令知生成衣食之原。减其征徭，蠲其力役。今国恩远及，

夷落大安,万里勤王,一方无事。

中华书局一九八三年版

韦丹字文明,京兆万年人。……

丹早孤,从外祖颜真卿学,擢明经。……还为容州刺史,教民耕织,止惰游,兴学校,民贫自鬻者,赎归之,禁吏不得掠为隶。始城州,周三十里,屯田二十四所,教种茶、麦,仁化大行。

《新唐书》卷一九七《韦丹传》,中华书局一九七五年版

罗公牧庐江七年,政洽化淳,……庐江之俗,不好学而酷淫祀,……公则禁其听神,颁以良药,为求十全之术以救活之,令春无疟寒,夏无宵首之疾。又命乡塾党庠,缉其墙室,乡先生总童冠子弟,以淹中之《礼》、田何之《易》、上代帝王遗书与鲁《春秋》及百王之言以教之,圆冠方屦者不补吏,不及数岁,俊造之秀升于宗伯者,仅四十人。

《全唐文》卷四七八《杨凭·唐庐州刺史本州团练

使罗珦德政碑》,中华书局一九八三年版

〔贞元〕十二年二月十三日,上亲制《贞元广利方》五卷,颁于州府。至三月十五日,敕:贞观初,诸州各置医博士。开元中,兼置助教,简试医术之士,申明巡疗之法。比来有司补拟,虽存职员,艺非专精,少堪施用。缅思牧守,实为分忧,委之采择,当悉朕意。自今已后,诸州应阙医博士,宜令长史各自访求选试,取艺业优长,堪效用者,具以名闻。已出身入式,吏部更不须选集。

《唐会要》卷八二《医术》,中华书局一九五五年版

国朝以来,州县皆有博士,县则州补,州则吏曹授焉。然博士无吏职,惟主教授,多以醇儒处之。衣冠俊乂,耻居此任。

玄宗时,两京国学有明经、进士,州县之学,绝无举人,于是敕停乡贡,一切令补学生然后得举。无何,中原有事,乃复为乡贡,州县博士、学生,惟二仲释奠行礼而已。

今上登极,思弘教本,吏部尚书颜真卿奏请改诸州博士为文学,品秩在参军之上,其中下州学一事已上,并同上州,每令与司功参军同试贡举,并四季同巡县,点检学生,课其事业。博士之为文学,自此始也。

《封氏闻见记校注》卷一《儒教》,中华书局一九五八年版

有唐贞元已前,两监之外,亦颇重郡府学生,然其时亦由乡里所升,直补监生而已。尔后膏粱之族,率以学校为鄙事。

《唐摭言》卷一《乡贡》,古典文学出版社一九五七年版

晋陵守河南独孤公,以德行文学为政一年,儒术大行,与洙泗同风。公以为使民悦以从教,莫先乎讲习;括五经英华,使夫子微言不绝,莫备乎《论语》。于是俾儒者陈生,以《鲁论》二十篇,于郡学之中率先讲授。乃季冬月朔,公既视政,与二三宾客躬往观焉。已而,公遂言曰:"昔文公用儒变蜀,蜀至于鲁。当大历初元,新被兵馑之苦,今御史大夫赞皇李公为是邦,愍学道圮阙,开此庠序。自后俊秀并兴,与计偕者,岁数十人。《子衿》之诗,起而复废,乡饮酒之礼,废而复兴,至于今风俗遂敦美矣哉!仁人之化也。抠衣之徒,承其波流,得不勉欤?"既诲而厉之,又悦以动之,朱输迟迟,逮暮而归。士有获在左右,睹公之施教,退谓人曰:"夫四时继

气而成物，仁贤施功而成化。是学校也，非赞皇不启，非我公不大。鼓之以经书，润之以仁义，君子得之以修词立诚，小人仰之以迁善远罪。泱泱乎不知所以然，以至夫政和而人泰。"旧史记前召后杜，而南阳移风，民到于今称之。矧赞皇植学之本，与我公道之以德，德则有成，而未播于叙述，后人谓之何哉？鄙不佞，谨纪公之雅训，或传诸好事者云尔。

《文苑英华》卷七三七《梁肃·陪独孤常州
观讲论语序》，中华书局一九六六年版

学之制，与政损益。政举则道举，道污则政污。昆山，吴东鄙之县，先是县有文宣王庙，庙堂之后有学室。中年兵馑荐臻，堂宇大坏，方郡县多故，未遑缮完。其后长民者或因而葺之，以民尚未泰，故讲习之事，设而不备。大历九年，太原王纲以大理司直兼县令，既而释奠于庙，退而叹曰："夫化民成俗，以学为本。是而不崇，何政之为？"乃谕三老主吏，整序民，饰班事，大启宇于庙垣之右，聚五经于其间。以邑人沈嗣宗躬履经学，俾为博士。于是遐迩学徒，或童或冠，不召而至，如归市焉。公听治之暇，则往敷大猷以耸之，博考明德以翼之。优而柔之，使自求之；揭而厉之，使自趋之。故民见德而兴行，行于乡党，洽于四境。父笃其子，兄勉其弟，其不被儒服而行，莫不耻焉。金曰："公之设教，矫其末不堕其本，易其俗不失其宜也。"《传》曰："本立而道生。"昔崔瑗有《南阳文学志》，王粲有《荆州文学志》，皆表儒训，以著不朽，遂继其流为《县学记》。俾来者知我邑经艺文教之所以兴。是岁龙集乙卯，公为县之明年也。

《全唐文》卷五一九《梁肃·昆山县学记》，中华书局一九八三年版世与道，交相兴丧，宏之者在人。非庚桑楚，不能使畏垒大壤向化。微文翁，蜀学不崇。闽中无儒家流，成公至而俗易，民赖德施，古今一也。初，成公之始至也，未及下车，礼先圣先师。退而叹堂室湫狭，教学荒坠，惧鼓箧之道寝，《子衿》之诗作。我是以易其地，大其制，新其栋宇，盛其俎豆。俎豆既修，乃以五经训民，考教必精，弦诵必时。于是一年人知敬学，二年学者功倍，三年而生徒祁祁，贤不肖竞劝。家有洙泗，户有邹鲁，儒风济济，被于庶政。大历十年，岁在甲寅秋九月，公薨于位。于是群吏庶民，耆儒诸生，雨泣庙门之外，若有望而不至。号曰："岂天不欲斯文之渐渍于东瓯之人欤？不然，何锡厥教化而不遐公之年也？吾党瞠然，呜呼曷归？"判官膳部员外郎兼侍御史安定皇甫政、殿中侍御史颍川韩贽、监察御史河南长孙绘，率门人、部从事、州佐、县尹相与议，以公之功绩，明示后世。谓及尝同司谏之列，宜备知盛德善政，见托论撰，以实录刻石。曰：公讳椅，字某，皇帝之诸父，宗室之才子。宽裕恺悌，孝慈忠敬，庄而成式，文而强力。治《王氏易》《左氏春秋》，酌其精义，以辅儒行。故居处执事，著书属词，非周、孔轨躅不践也。天宝三载，应选部辩论，为安阳尉。中兴之后，历御史、尚书郎、谏议大夫、给事中。十余年间，周历三台。言中彝伦，动中大本，上交不谄，下交不渎。家贫，不乐清近，求为京兆少尹。无何，出守宏农。宏农人和。移典华阴，兼御史中丞。华阴之近者安，远者来。天子以为才，任四岳十二牧之职。大历七年冬十有一月，加御史大夫，持节都督福建泉漳汀五州军事领观察置都团练等使。八年夏四月，龙旗六辔，至自京师。闽越旧风，机巧剽轻，资货产利，与巴蜀埒富，犹有无诸余善之遗俗，号为难治。公将治之也，考礼正刑，节用爱人，颁赋遣役，必齐其劳逸，视年丰耗，量入以制用，削去事之烦苛，法之掊克者。使吏不奉职，民不帅教，则惩以薄刑，俾浸迁善，由是人知方矣。公将安之也，初哥舒晃反书至，公履及于门，遽命上将帅戈船下濑之师，西与钟陵军会，先拔循、潮二州，以援番禺。推诚誓众，士皆奋勇。既而大憝就戮，五岭底定，民是以康，系我师是赖，人无奸宄寇贼之虞矣。公将教之也，考泮宫之制，作为此学而寓政焉。躬率群吏之稍食与赎刑之余羡，以备经营之费，而不漏于民也。先师寝庙七十子之像在东序，讲堂书室函丈之席在西序。齿胄之位，列于廊庑之左右。每岁二月上丁，习舞释菜。先三日，公斋戒肄礼，命博士率胄子，修祝嘏，陈祭典。释菜之日，罍器用币，笾豆在堂，樽罍在阼，公元端赤舄，正词陈信。是日，举士之版，视其艺之上下，审问慎思，使知不足，教之导之，讲论以勖之。八月上丁，如初礼。岁终，博士以逊业之勤惰，覃思之精粗，告于公。敛其才者，进其等而贡之于宗伯。将进，必以乡饮酒礼礼之。宾主三揖，受爵于两壶之间。堂下乐作，歌以发德，《鹿鸣》《南陔》《由庚》《嘉鱼》《南山有台》，以将其厚意。由是海滨荣之，人以不学为耻。州县之教，达于乡党；乡党之教，达于众庶矣。公薨之明年，太常议，按公叔发修卫国之班制以交四邻，故易其名曰文。孔文叔其勤于公家，夙夜不懈，卫人铭其彝鼎。以公尊教而劝学，德洽荒服，乃奏谥曰成，诏赠礼部尚书。而刻金石之礼，则阙而未备。今也敢播德馨，贻之无穷。其铭曰：

公之文，肃恭且仁，宣力事君，润饰经术，底绥斯民。公之武，鳏寡不侮，刚亦不吐，率师勤王，戡厥丑虏。公之移风，经始泮宫。百堵皆兴，孔堂崇崇。四科以班，乃侯乃公。秩秩祀典，锵锵礼容。大昕鼓征，学士萃止。褒衣方屦，登降以齿。从公于迈，乐我泮水。我廛我里，讲诵资始。比屋为儒，俊选如林。缦胡之缨，化为青衿。公宜难老，为学者司南。板日告凶，实天匪忱。翙翙和鸾兮，不闻遗音。愿言思公兮，如玉如金。镂余烈于此石，以塞罢市者之心。

《毗陵集》卷九《福州都督府新学碑铭》，

商务印书馆《四部丛刊初编》本

谨案某年月日，儒师河东薛公伯高，由尚书刑部郎中为道州。明年二月丁亥，公用牲币祭于先圣文宣王之庙。夜漏未尽三刻，公玄冕以入，就位于庭，惕焉深惟。夫子之祀，爰自京师太学，遍于州邑，遐阔僻陋，咸用斯时致奠展诚。宿燎设悬，罇俎旌章，粢穆布列，周天之下。呜呼！夫子之道阒肆尊显，二帝三王其无以侔大也。然其堂庭庳陋，榱栋毁坠，曾不及浮图外说，克壮厥居。水潦仍至，岁加荡沃。公蹙然不宁，若罔获承。

既祭而出，登墉以望，爰得美地，丰衍端夷。水环以流，有泮宫之制。是日树表列位，由礼考宜，然后节用以制货财，乘时以傆功役，逾年而克有成。庙舍峻整，阶序廓大。讲肆之位，师儒之室。立廪以周食，圃畦以毓蔬。权其子母，赢且不竭。由是邑里之秀民，感道怀和，更来门下，咸愿服儒衣冠，由公训程，公摄衣登席，亲释经旨，丕谕本统。父庆其子，长励其幼，化用兴行，人无诤讼。

公又曰：夫子称门弟子颜回为庶几，其后从于陈、蔡，亦各有号。言出一时，非尽其徒。于后失厥所谓，妄昇科第，坐祀十人以为哲，岂夫子志哉？余案《月令》则曰：释奠于先圣先师，国之故也。乃立夫子像，配以颜氏。笾豆既嘉，笙镛既成，九年八月丁未，公祭于新庙。退考疑义，合以燕飨，万民翼翼，观礼识古。

于是《春秋》师晋陵蒋坚、《易》师沙门凝誩、助教某、学生某等来告，愿刻金石，明夫子之道及公之勤。惟夫子极于化初，冥于道先，群儒咸称，六籍具存。苟赞其道，若誉天地之大，褒日月之明，非愚则惑，不可犯也。惟公探夫子之志，考有国之制，光施彝典，革正道本，俾是荒服，移为阙里。在周则鲁侯申能修泮宫，《诗》有其歌；在汉蜀守文翁能首儒学，史有其赞。今公法古之大，同于鲁；化人之难，侔于蜀。盖铭兹德，以告于史氏而刊之兹碑。铭曰：

荆楚之阳，厥服惟荒。民鲜由仁，帝降其良。振振薛公，惟德之造。赤旃金节，来莅于道。师儒咸会，嘉有攸告。吉日丁亥，献于泮宫。庭燎伊煌，有焕其容。公升于位，心莫不恭。爰念圣祀，遍于海邦。服冕陈器，州邑攸同。咸忻以歆，思报圣功。卜迁于嘉，惟吉之逢。畇畇其原，既夷且大；涣涣其流，实环于外。作庙有严，昭祀显配。洁兹器用，观礼斯会。布筵伊位，作廪伊秩。以丰其仪，以壮其室。新宫既成，崇报孔明。千古有经，公粹厥诚。邦民之良，弁服是缨。公躬讲论，虔默以听。公降酬酢，进退齐平。柔肌洽体，莫不充盈。归欢于心，父子弟兄。钦惟圣王，厥道无涯。世有颂辞，益痰其多。公斯考礼，民感休嘉。从于鲁风，祇以咏歌。公锡于天，眉寿来加。公赉于王，休命是荷。师于辟雍，大邦以和。侑酳申申，王道式讹。诸儒作诗，思继泮水。丕扬厥声，以告太史。

《柳宗元集》卷五《道州文宣王庙碑》，中华书局一九七九年版

仲尼之道，与王化远迩。惟柳州古为南夷，椎髻卉裳，攻劫斗

暴，虽唐虞之仁不能柔，秦汉之勇不能威。至于有国，始循法度，置吏奉贡，咸若采卫，冠带宪令，进用文事。学者道尧、舜、孔子，如取诸左右，执经书，引仁义，旋辟唯诺。中州之士，时或病焉。然后知唐之德大以遐，孔氏之道尊而明。

元和十年八月，州之庙屋坏，几毁神位。刺史柳宗元始至，大惧不任，以坠教基。丁未奠荐法齐时事，礼不克施。乃合初、亚、终献三官衣布，洎于赢财，取土木金石，征工僦功，完旧益新。十月乙丑，王宫正室成。乃安神栖，乃正法庭，祗会群吏。卜日之吉，虔告于王灵曰：昔者夫子尝欲居九夷，其时门人犹有惑圣言，今夫子去代千有余载，其教始行，至于是邦。人去其陋，而本于儒。孝父忠君，言及礼义。又况巍然炳然，临而炙之乎！

惟夫子以神道设教，我今罔敢知。钦若兹教，以宁其神。追思告诲，如在于前。苟神之在，曷敢不虔？居而无陋，罔贰昔言。申陈严祀，永永是尊。丽牲有碑，刻在庙门。

《柳宗元集》卷五《柳州文宣王新修庙碑》，

中华书局一九七九年版

自少耽学，颇工为文，既穷日力，又继以夜。乡里推择，敦迫上道，乃与计偕，来游京师。观艺灵台，贡文有司，射策合程，遂冠首科。休有令问，群士羡慕。居数年，授河南府文学。教励生徒，撰择贡士，儒党相贺，庶人观礼。

《柳宗元集》卷一二《故殿中侍御史柳公墓表》，

中华书局一九七九年版

少府监胡公者，讳珦，字润博。……贞元十一年，吏部大选，以公考选人艺学，以劳迁奉先令，以治办迁尚书膳部郎中，改坊州刺史。州经乱，无孔子庙，公至，则命筑宫，造祭器，率博士生讲读以时，如法以祠，人吏聚观叹息。

《韩昌黎集》卷三〇《唐故少府监胡公墓神道碑》，

商务印书馆一九三三年版

孔子曰："道之以政，齐之以刑，则民免而无耻。"不如以德礼为先，而辅以政刑也。夫欲用德礼，未有不由学校师弟子者。

此州学废日久，进士、明经，百十年间，不闻有业成贡于王庭，试于有司者。人吏目不识乡饮酒之礼，或未尝闻《鹿鸣》之歌，忠孝之行不劝，亦县之耻也。夫十室之邑，必有忠信，今此州户万有余，岂无庶几者邪？刺史县令不躬为之师，里闾后生无所从学尔。

赵德秀才，沈雅专静，颇通经，有文章，能知先王之道，论说且排异端，而宗孔氏，可以为师矣。请摄海阳县尉，为衙推官，专勾当州学，以督生徒，兴恺悌之风。

刺史出己俸百千以为举本，收其赢余，以给学生厨馔。

《韩昌黎集·外集》卷五《潮州请置乡校牒》，

商务印书馆一九三三年版

自天子至郡邑守长，通得祀而遍天下者，唯社稷与孔子为然。而社祭土，稷祭谷，句龙与弃，乃其佐享，非其事主。又其位所，不屋而坛，岂如孔子用王者事，巍然当座，以门人为配，自天子而下，北面跪祭，进退诚敬，礼如亲弟子者。句龙、弃以功，孔子以德，固自有次第哉！自古多有以功德得其位者不得常祀，句龙、弃、孔子皆不得位而得常祀，然其祀事皆不如孔子之盛。所谓"生人以来，未有如孔子者,其贤过于尧舜远者",此其效欤!

郡邑皆有孔子庙,或不能修事,虽设博士弟子,或役于有司,名存实亡,失其所业。独处州刺史邺侯李繁至官,能以为先。既新作孔子庙,又令工改为颜子至子夏十人像,其余六十①子,及后大儒公羊高、左丘明、孟轲、荀况、伏生、毛公、韩生、董生、高堂生、扬雄、郑玄等数十人,皆图之壁。选博士弟子,必皆其人。又为置讲堂,教之行礼,肄习其中。置本钱廪米,令可继处以守。庙成,躬率吏及博士弟子,入学行释菜礼。耆老叹嗟,其子弟皆兴于学。邺侯尚文,其于古记无不贯达,故其为政,知所先后,可歌也已!乃作诗曰:

惟此庙学,邺侯所作。厥初庳下,神不以宇。生师所处,亦窘寒暑。乃新斯宫,神降其献。讲读有常,不诫用劝。揭揭元哲,有师之尊。群圣严严,大法以存。像图孔肖,咸在斯堂。以瞻以仪,俾不惑忘。后之君子,无废成美。琢词碑石,以赞攸始。

《韩昌黎集》卷三一《处州孔子庙碑》,

商务印书馆一九三三年版

〔柳浑〕字惟深,……江南西道连帅闻其名,辟至公府,以信州都邑,人罹凶害,靡弊残耗,假守永丰令。公于是用重典以威奸暴,溥大和以惠鳏嫠,殷除物害,消去人隐,吏无招权干没之患,政无犯令庬茸之蠹,宰制听断,渐于讼息。耕夫复于封疆,商旅交于关市,既庶且富,廉耻兴焉;既富而教,庠塾列焉。里闬大变,克有能称,遂表为洪州丰城令。到职,如永丰之政,而仁厚加焉。授衢

---

① "六十",或为"六十二"。

州司马。

《全唐文》卷五九一《柳宗元·银青光禄大夫右散骑常侍轻车都尉宜城县开国伯柳公行状》,中华书局一九八三年版

郑余庆字居业,荥阳人。……余庆砥名砺行,不失儒者之道,清俭率素,终始不渝。……专欲振起儒教,后生谒见者率以经学讽之,而周其所急,理家理身,极其俭薄。及修官政,则喜开广。〔元和九年〕镇岐下一岁,戎事可观。又创立儒宫,以来学者。……

余庆子浣。……〔大和时〕出为山南西道节度观察使,检校户部尚书、兴元尹兼御史大夫。余庆之镇兴元,创立儒宫,开设学馆,至浣之来,复继前美。

《旧唐书》卷一五八《郑余庆传》《郑浣传》,中华书局一九七五年版

弘正珍重执事之心,积二十余年,竟不获自道于执事者,徒恳恳终日,常恐空老而无所师,诚固内自不安矣。自前年朝谒,得展拜执事于道路之间,时苦牵事,复略不得伸前时所畜之意,弥有不足于心矣。执事以古今仁义,发为惩恶劝善之心,岂惟当世士君子所赖,抑亦姬公、孔子之心,待执事而明白之矣。每览前后史策,纪其所为,古之贤者,有出无愧矣。

弘正近奉制书,去魏就镇,自念宠荣已极,能无忧惕之甚哉!且自二寇乱常已来,六十余载矣。河北之地,教化之所不行,冀、赵、魏、常山,又河北之尤者,日月积习,遂为匪人,诚可悲矣。寝食常念之,以为负经济不羁之才者。执事可以将朝廷之化,移犷

俗之心矣。弘正庸虚，辄不自意，思君子降重，为邑人启茅塞之心，仰执事坐师氏之筵，使鄙夫修拥篲之礼，则向之羞，姑可掩矣。不审执事，当俯而就之乎？复耻而不就乎？今辄虚上倅之位，俟君子光临。古人有功成不居，退得所诣者，鄙人咏之久矣。傥终不拒至诚之情，幸甚。

《唐文粹》卷八六《田弘正·与李勃书》，

商务印书馆《四部丛刊初编》本

初，韦皋在西川，开青溪道以通群蛮，使由蜀入贡。又选群蛮子弟聚之成都，教以书数，欲以慰悦羁縻之，业成则去，复以他子弟继之。如是五十年，群蛮子弟学于成都者殆以千数，军府颇厌于禀给。

《资治通鉴》卷二四九《唐纪六十五》，中华书局一九五六年版

日者闻亲友间说，礼、吏部举选人，多以仆私试赋判为准的。其余诗句，亦往往在人口中。……自长安抵江西三四千里，凡乡校、佛寺、逆旅、行舟之中，往往有题仆诗者；士庶、僧徒、孀妇、处女之口，每有咏仆诗者。此诚雕篆之戏，不足为多。然今时俗所重，正在此耳。

《旧唐书》卷一六六《白居易传》，中华书局一九七五年版

曹华，宋州楚丘人，……〔元和十四年七月，〕朝廷遂授华左散骑常侍，沂州刺史，沂、海、兖观察使。……华恶沂之地褊，请移理于兖，许之。初，李正己盗有青、郓十二州，传袭四世，垂五十年，人俗顽骜，不知礼教。华令将吏曰："邹、鲁儒者之乡，不宜忘于礼

义。"乃躬礼儒士，习俎豆之容，春秋释奠于孔子庙，立学讲经，儒冠四集。出家财赡给，俾成名入仕，其往者如归。

《旧唐书》卷一六二《曹华传》，中华书局一九七五年版

岁在丙辰，元曰开成，许州牧、尚书杜公，作文宣王庙暨学舍于兑隅，革故而鼎新也。前年，公受社与钺，且董淮阳、汝南之师。八月上丁，释菜于宣父之室。陋宇荒阶，不足回旋，已事而叹，乃询黄发。有乡先生前致辞曰："自盗起幽陵，许为兵冲，连战交捽，卒无宁岁。耳悦钲鼓，不闻弦歌，目不知书，不害为智。尔来生聚教养，起居祖习，壹出于军容。今幸天子怜许民，为择贤侯，此人人思治之时也。"公曰："诺，吾当先后之。"于是，元年修戎律以通众志，次年成郡政以蠲民瘼，季年崇教本以厚民风。

我言既从，乃卜新宫。灈水之濒，城池在东。登登其杵，坎坎其斧。绳之墨之，凿枘枝梧。载墍载涂，默焉陵虚。寝庙弘敞，斋宫严闷。轩墀厢庑，俨雅清洁。门庭墙仞，望之生敬。外饰觚棱，中设黼帟。向明当宁，用王礼也。尧头禹身，华冠象佩之容，取之自邹、鲁；及门都奥，偶形画像之仪，取之自太学。尊彝笾豆青黄规矩之器，秉周礼也；牺牲制币荐献升降之节，遵国章也。藏经于重檐，敛器于庋桋。讲筵有位，鼓箧有室。授经有博士，督课有助教，指踪有役夫，洒扫有庙干。公又割隙地为广圃，莳其柔蔬而常菹旨蓄之御备；舍己俸为子钱，榷其孳赢而盐酪钉膏之用给。济济莘莘，化行风驱。家慕恭俭，户知敬让。父诲其子，兄规其弟。不游学堂，与挞市同。繇是縻勇爵戴鹖冠者，往往弭雄姿而观习礼。矜甲胄者知根于忠信，服缦胡者不敢侮逄掖。教化之移人也如置邮焉。

冬十一月，许人以新儒宫成来告，且乞词，欲行乎远也。公名惊，字永裕，故丞相岐国公之孙。岐公弼谐三帝，硕学冠天下，尝著书二百余篇，言礼乐刑政，古今损益，统名曰《通典》，藏在石室，副行人间。今孝孙聿修之，刑乎事业，播于声诗，懿哉能世其家也！禹锡昔年忝岐公门下生，四参公府。近年牧汝州，道许昌，躬阅其政，故不得让，遂铭于丽牲之碑。铭曰：

许分韩、魏，四征之地。兵兴已还，其斗嚚嚚。亦有儒宫，轧于兵间。贤侯庋止，思乐泮水。俾人向学，王化之始。便地爰相，新规郁起。庙貌斯严，堂皇有炜。秩秩礼物，祁祁胄子。入于门墙，如造阙里。春诵夏弦，载飏淑声。风于闾阎，浃于郊坰。途让斑白，家尊父兄。与化而迁，其犹性成。昔之委巷，相诟交侮。今逢亲戚，不道媒语。昔之连营，夸力使酒。今遇宾客，敛容拱手。鲁有泮林，鸟革其音。许崇学敩，民说其教。镌于圭石，以志新庙。

《刘禹锡集》卷三《许州文宣王新庙碑》，

中华书局一九九〇年版

吴人茹子颜，以明经为双流尉，颇有才识，善医方，由是朝贤多识之。子颜好京兆府博士，及选，请为之。既拜，常在朝贵家。及归学，车马不绝。

《太平广记》卷三三二《鬼十七·茹子颜》，

中华书局一九六一年版

敕：敦煌管内释门都监察僧正兼州学博士僧慧菀。敦煌大藩，久陷戎垒，气俗自异，果产名僧。彼上人者，生于西土，利根事物,余力通儒。悟执迷尘俗之身,譬喻火宅;举君臣父子之议,教尔青襟。开张法门,显白三道,遂使悍戾者好空恶杀,义勇者徇国忘家,裨助至多,品地宜峻。领生徒坐于学校,贵服色举以临坛,若非出群之材,岂获兼荣之授,勉弘两教,用化新邦。可充京城临坛大德,余如故。

《樊川文集》卷二〇《敦煌郡僧正慧菀除临坛大德制》,

上海古籍出版社一九七八年版

〔大中六年〕五月,敕:"天下军府有兵马处,宜选会兵法能弓马等人充教练使,每年合教习时,常令教习。仍于其时申兵部。"

《旧唐书》卷一八下《宣宗本纪下》,中华书局一九七五年版

（三）五代地方官学

王潮字信臣,光州固始人。……

…………

昭宗假潮福、建等州团练使,俄迁观察使。乃作四门义学,还流亡,定赋敛,遣吏劝农,人皆安之。

《新唐书》卷一九〇《王潮传》,中华书局一九七五年版

唐以福州为威武军,拜〔王〕审知节度使,累迁同中书门下平章事,封琅琊王。唐亡,梁太祖加拜审知中书令,封闽王,升福州为大都督府。……

审知虽起盗贼,而为人俭约,好礼下士。……又建学四门,以

教闽士之秀者。

《新五代史》卷六八《闽世家·王审知》，
中华书局一九七四年版

罗绍威，魏州贵乡人。父弘信，……

…………

绍威袭父位为留后，朝廷因而命之，寻正授旄钺，累加检校太尉兼侍中，封长沙郡王。……

…………

……开平中，加守太师兼中书令，邑万户。

…………

绍威形貌魁伟，有英杰气，攻笔札，晓音律。性复精悍明敏，服膺儒术，明达吏理。好招延文士，聚书万卷，开学馆，置书楼，每歌酒宴会，与宾佐赋诗，颇有情致。

《旧五代史》卷一四《梁书·罗绍威传》，
中华书局一九七六年版

罗绍威字端己，其先长沙人。祖让，北迁为魏州贵乡人。
父弘信，为牧监卒。……唐昭宗即位，拜弘信节度使。
……弘信死，绍威立。
绍威好学工书，颇知属文，聚书数万卷，开馆以延四方之士。

《新五代史》卷三九《罗绍威传》，中华书局一九七四年版

李承约字德俭，蓟州人也。……天成中，……明宗赏其能，加检校太保，拜黔南节度使。数年之间，巴、邛蛮蜓不敢犯境，外劝

农桑，内兴学校，凶邪尽去，民皆感之，故父老数辈重跰诣阙，言其政化。又听留周岁，征为左卫上将军。

《旧五代史》卷九〇《晋书·李承约传》，
中华书局一九七六年版

〔后唐清泰二年六月〕辛巳，诏诸州府署医博士。

《旧五代史》卷四七《唐书·末帝纪中》，
中华书局一九七六年版

当贞观之朝，则广开医学。及开元之代，则亲制方书。爰在明朝，宜遵故事。方今暄燠在近，疫疠是虞，言念军民，宜加轸闵。其边远戍卒及贫下农人，既难息于苦辛，宜偶萦于疾患。地僻既无药物，家贫难召医师，遂致疾深，多罹物故。荷戈执耒，皆展力于当年；问疾赐医，宜覃恩于此日。其诸处屯戍兵士，令太医署修合伤寒、时气、疟痢等药，量事给付大军主掌，以给有病士卒之家。百姓亦准医疾令，合和药物，救其贫户。兼请依本朝州置医博士令，考寻医方，合和药物，以济部人。其御制《广济》《广利》等方书，亦请翰林医官重校定，颁行天下。

《全唐文》卷八五九《和凝·请置医学奏》，
中华书局一九八三年版

后唐清泰三年三月，翰林学士和凝奏："天下诸屯驻兵士，望令太医署合伤寒、时气、疟痢等药，量事给付本军主掌，以给患病士卒之家。百姓亦准医疾令，和合药物，拯救贫民。兼请依本朝故事，诸道署置药博士，令考寻医方，和合药物，以济部人。其御

制《广济》《广利》等方书,亦请翰林医官重校,颁行天下。"敕:
"所奏医博士,诸道合有军医,许及诸道补署,不在奏闻,余依
所奏。"

　　　　　《五代会要》卷一二《医术》,上海古籍出版社一九七八年版

第一章　官学联成系统

第二章

官学学规

一、 入学制度

　　及高祖建义太原,初定京邑,虽得之马上,而颇好儒臣。以义宁三年五月,初令国子学置生七十二员,取三品已上子孙;太学置生一百四十员,取五品已上子孙;四门学生一百三十员,取七品已上子孙。上郡学置生六十员,中郡五十员,下郡四十员。上县学并四十员,中县三十员,下县二十员。武德元年,诏皇族子孙及功臣子弟,于秘书外省别立小学。

《旧唐书》卷一八九上《儒学传上》,中华书局一九七五年版

　　武德元年十一月四日,诏皇族子孙及功臣子弟,于秘书外省别立小学。贞观五年以后,太宗数幸国学太学,遂增筑学舍一千二百间。国学、太学、四门亦增生员,其书、算等各置博士,凡三千二百六十员。其屯营飞骑,亦给博士,授以经业。已而高丽、百济、新罗、高昌、吐蕃诸国酋长,亦遣子弟请入国学。于是国学之内,八千余人。国学之盛,近古未有。

《唐会要》卷三五《学校》,中华书局一九五五年版

国子博士二人，助教二人，学生三百人，……博士掌教文武官三品已上、国公子孙，二品已上曾孙为生者。……

太学博士三人，助教三人，学生五百人。太学博士掌教文武五品已上及郡县公子孙，从三品曾孙之为生者。……

四门博士三人，助教三人。四门博士掌教文武七品已上及侯、伯、子、男子之为生者，若庶人子为俊士生者，教法如太学。学生五百人。……

律学博士一人，助教一人，学生五十人。博士掌教文武官八品已下及庶人子为生者。……

书学博士二人，学生三十人。博士掌教文武官八品已下及庶人之子为生者。……

算学博士二人，学生三十人。博士掌教文武八品已下及庶人子为生者。

《旧唐书》卷四四《职官志三》，中华书局一九七五年版

凡学六，皆隶国子监：国子学，生三百人，以文武三品以上子孙若从二品以上曾孙及勋官二品、县公、京官四品带三品勋封之子为之；太学，生五百人，以五品以上子孙、职事官五品期亲若三品曾孙及勋官三品以上有封之子为之；四门学，生千三百人，其五百人以勋官三品以上无封、四品有封及文武七品以上子为之，八百人以庶人之俊异者为之；律学，生五十人，书学，生三十人，算学，生三十人，以八品以下子及庶人之通其学者为之。京都学生八十人，大都督、中都督府、上州各六十人，下都督府、中州各五十人，下州四十人，京县五十人，上县四十人，中县、中下县各三十五人，下县二十人。国子监生，尚书省补，祭酒统焉。州县学生，州

县长官补，长史主焉。

凡馆二：门下省有弘文馆，生三十人；东宫有崇文馆，生二十人。以皇缌麻以上亲，皇太后、皇后大功以上亲，宰相及散官一品、功臣身食实封者、京官职事从三品、中书黄门侍郎之子为之。

……凡生，限年十四以上，十九以下；律学十八以上，二十五以下。

《新唐书》卷四四《选举志上》，中华书局一九七五年版

显庆元年三月十六日，皇太子宏请于崇贤馆置学士，并置生徒。诏许之。始置二十员，其东宫三师三少、宾客詹事、左右庶子、左右卫率及崇贤馆三品学士子孙亦宜通取。至上元二年八月二十七日，改崇贤馆为崇文馆。避章怀太子讳也。

《唐会要》卷六四《史馆下·崇文馆》，中华书局一九五五年版

公讳光庭，字连城，河东闻喜人也。……父行俭，礼部尚书，兼定襄道行军大总管、闻喜县公、赠太尉。时或有奸王命矣，禁暴安人，不谓重乎？谥之曰"献"，尊名之典也。公即献公之第七子。降神元和，含光不曜，越在初岁，已有老成，虽远大是图，而近识莫悟。学探帝载，何事小名？业综人伦，岂矜一善？弱岁居太尉献公表，幼以孝闻，寻补弘文馆学生。神龙初，明经擢第，授家令寺丞，转太常丞，加朝散大夫。

《张九龄集校注》卷一九《大唐金紫光禄大夫行侍中兼
吏部尚书弘文馆学士赠太师正平忠宪公裴公碑铭》，
中华书局二〇〇八年版

公字幼深，其先颍川人。……八代祖播徒居颍川，遂为颍川人。继有勋力，代名忠孝，以至文忠公，用醇仁清德，左右玄宗，致中和以为国经，躬恺悌以为家法。

公纂承茂绪，幼有令闻，直方简重，博厚宏大，该涉群书，尤治《春秋》《诗》《礼》之学，必睹其奥而践乎中。未弱冠，以门荫补宏文生。满岁参调，侍郎达奚珣矫枉过正，以地望降资，署章怀太子陵令，且将察其词气以为铨藻。公恬然受署，初无愠容，当时识者，知其致远。

《权载之文集》卷二〇《唐故大中大夫守国子祭酒颍川县开国男赐紫金鱼袋赠户部尚书韩公行状》，

商务印书馆《四部丛刊初编》本

神龙元年九月二十一日，敕吐蕃王及可汗子孙，欲习学经业，宜附国子学读书。

《唐会要》卷三六《附学读书》，中华书局一九五五年版

父〔尹〕思贞，字季弱，秦州天水人。明《春秋》，擢高第。尝受学于国子博士王道珪，称之曰："吾门人多矣，尹子叵测也。"以亲丧哀毁。除丧，不仕。左右史张说、尹元凯荐为国子大成，每释奠，讲辨三教，听者皆得所未闻。迁四门助教。

《新唐书》卷二〇〇《尹愔传》，中华书局一九七五年版

开元二十一年五月，敕：诸州县学生，年二十五已下，八品、九品子，若庶人生年二十一已下，通一经已上，及未通经，精神通悟，有文词史者，每年铨量举选，所司简试，听入四门学，充俊士。

即诸州人省试不第,情愿入学者,听。国子监所管学生,尚书省补;州县学生,长官补。诸州县学生,专习正业之外,仍令兼习吉凶礼。公私礼有事处,令示仪式,余皆不得辄使。许百姓任立私学,欲其寄州县受业者,亦听。

《唐会要》卷三五《学校》,中华书局一九五五年版

吴郡陆颙,家于长城之东,其世以明经仕。颙自幼嗜面,为食愈多而质愈瘦。及长,从本郡贡于礼部。既下第,遂为生太学中。

《宣室志》卷一,上海进步书局印行

公讳直,字正仲。梁长沙王懿七代孙,有唐御史中丞临汝郡守谅之孟子。聪秀英达,忠敏孝敬,志强体和,才方而圆。果于从政,当断不惑,有妙用明识,足以济众利物。与朋友然诺,见于一贵一贱之际。十岁能属文工书,十三游上庠,十七举明经上第,名冠太学。二十余以书记参朔方军事。

《毗陵集》卷一一《唐故给事中赠吏部侍郎萧公墓志铭并序》,
商务印书馆《四部丛刊初编》本

〔天宝〕十二载七月,诏天下举人不得充乡贡,皆补学生。四门俊士停。

《旧唐书》卷二四《礼仪志四》,中华书局一九七五年版

按实录:西监,隋制;东监,龙朔元年所置。开元已前,进士不由两监者,深以为耻。李华员外寄赵七侍御诗,略曰:"昔日萧邵友,四人才成童。"华与赵七侍御骅、萧十功曹颖士、故邵十六司仓袗,未冠游

太学,皆苦贫共敝。五人登科,相次典校。邵后二年擢第,以冤横贬,卒南中。又郭代公、崔湜、范履冰辈,皆由太学登第。李肇舍人撰《国史补》亦云:"天宝中,袁咸用、刘长卿分为朋头,是时尚重两监。尔后物态浇漓,稔于世禄,以京兆为荣美,同华为利市,莫不去实务华,弃本逐末。故天宝十二载敕:天下举人不得言乡贡,皆须补国子及郡学生。广德二年制:京兆府进士,并令补国子生。斯乃救压覆者耳。奈何人心既去,虽拘之以法,犹不能胜。矧或执政者不常其人,所立既非自我,则所守亦不坚矣。由是贞元十年已来,殆绝于两监矣。"

《唐摭言》卷一《两监》,古典文学出版社一九五七年版

永徽之后,以文儒亨达,不由两监者稀矣。于时场籍,先两监而后乡贡,盖以朋友之臧否,文艺之优劣,切磋琢磨,匪朝伊夕,抑扬去就,与众共之。有如赵、邵、萧、李,赵骅、邵轸、萧颖士、李华。娄、郭、苑、陈,娄师德、郭元振、苑咸、陈子昂。靡不名遂功成,交全分契。洎乎近代,厥道浸微;玉石不分,薰莸错杂。长我之望殊缺,远方之来亦乖。止谓群居,固非瓦合。

《唐摭言》卷一《进士归礼部》,古典文学出版社一九五七年版

永泰二年正月十四日,国子祭酒萧昕上言,请崇儒学,以正风教。其月二十九日,敕曰:"顷以戎狄方虞,急于经略。太学空设,诸生益寡。弦诵之地,寂寥无声。函丈之间,殆将不埽。念每及此,甚用悯焉。其诸道节度、观察、都团防御使等,朕之腹心,各镇方面。诚兹子弟,各奉义方,并宰相朝官,及神策六军子弟,欲习业者,自今已后,并令补国学生。欲其业重籯金,器成琢玉,日新

厥德,世不乏贤。其中身虽有官,欲附学读书者,听。其学官,委中书门下拣择尤精,堪为师范者充。充学生员数多少,所习经业,考试第等,并所供粮料及缘修理,各委本司,作条件闻奏。"

《唐会要》卷三六《附学读书》,中华书局一九五五年版

大历三年七月,增置崇元生员满一百。

《唐会要》卷七七《贡举下·崇元生》,中华书局一九五五年版

贞元三年正月,右补阙宇文炫上言,请京畿诸县乡村废寺,并为乡学,并上制置事二十余件。疏奏,不报。

大和七年八月敕节文,应公卿士族子弟,取来年正月以后,不先入国学习业者,不在应明经进士之限。

会昌五年正月制:公卿百官子弟及京畿内士人寄客,修明经、进士业者,并宜隶于太学。外州县寄学及士人,并宜隶各所在官学。

《唐会要》卷三五《学校》,中华书局一九五五年版

贞元四年正月,敕:"应补宏文、崇文学生,员阙至少,请补者多,就中商量,须有先后。伏请准建中三年十一月敕,先补皇缌麻已上亲。及次宰辅子孙。仍于同类之内,所用荫,先尽门地清华,履历要近者。其余据官荫高下,类例处分。"

《唐会要》卷七七《贡举下·宏文崇文生举》,中华书局一九五五年版

房琯,河南人,天后朝正议大夫、平章事融之子也。琯少好学,风仪沉整,以门荫补弘文生。

《旧唐书》卷一一一《房琯传》,中华书局一九七五年版

贞元十二年二月，授许孟容礼部员外郎。有公主之子，请补两馆生，孟容举令式不许。主诉于上，命中使问状。孟容执奏，竟不可夺。迁本曹郎中。

《唐会要》卷五九《尚书省诸司下·礼部员外郎》，中华书局一九五五年版

许孟容字公范，京兆长安人。擢进士异等，又第明经，调校书郎。……

德宗知其能，召拜礼部员外郎。公主子求补崇文生者，孟容固谓不可，主诉之帝，问状，以著令对。帝嘉其守，擢郎中。

《新唐书》卷一六二《许孟容传》，中华书局一九七五年版

公始以通经入崇文馆，登有司第，选同州参军，入佐金吾卫，进太仆主簿，参引大驾。府移为左右神策行营兵马节度，以为推官。拜监察御史，赐绯鱼袋。

《柳宗元集》卷一〇《唐故邕管经略招讨等使朝散大夫持节都督邕州诸军事守邕州刺史兼御史中丞赐紫金鱼袋李公墓志铭》，中华书局一九七九年版

公讳謇，字某。曾祖宝胤，以名家子，且有学行，历尚书郎、雍州司马、邠州刺史。王父绘，有俊材，刺三郡金、密、绵，皆以治闻，累绩至银青光禄大夫，封龙门侯。烈考承矩，以文亡害，仕至大理丞。公幼承前人之覆露，补崇文生，岁满得调，主簿书于亳之谯、苦二邑，又尉于东畿之河清。

《刘禹锡集》卷三《唐故福建等州都团练观察处置使福州刺史兼御史中丞赠左散骑常侍薛公神道碑》，中华书局一九九〇年版

其年十二月，国子监奏：两京诸馆学生，总六百五十员。请每馆定额如后：两监学生，总五百五十员。国子馆八十员，太学馆七十员，四门馆三百员，广文馆六十员，律馆二十员，书馆十员，算馆十员。又奏：伏见天宝以前，各馆学生，其数至多，并有员额。至永泰后，西监置五百五十员，东监近置一百员，未定每馆员额。今谨具定额如后。伏请下礼部，准额补置。敕旨：依奏。

《唐会要》卷六六《东都国子监》，中华书局一九五五年版

其年十二月，敕：东都国子监，量置学生一百员。国子馆十五员，太学馆十五员，四门馆五十员，广文馆十员，律馆十员，书馆三员，算馆二员。

《唐会要》卷六六《东都国子监》，中华书局一九五五年版

元和二年，少府监金忠义以机巧进，请荫其子为两馆生，礼部员外郎韦贯之上疏论奏曰："工商之子，不当仕。忠义以艺通权幸，不宜污辱朝廷。"竟罢去之。

《唐会要》卷五九《尚书省诸司下·礼部员外郎》，

中华书局一九五五年版

国子监应三馆学生等。

准《六典》：国子馆学生三百人，皆取文武三品已上及国公子孙从三品已上曾孙补充。太学馆学生五百人，皆取五品已上及郡县公子孙从三品已上曾孙补充。四门馆学生五百人，皆取七品已上及侯、伯、子、男子补充。

右国家典章，崇重庠序。近日趋竞，未复本源。至使公卿子孙

耻游太学，工商凡冗或处上庠。今圣道大明，儒风复振，恐须革正，以赞鸿猷。今请国子馆并依《六典》，其太学馆，量许取常参官八品已上子弟充；其四门馆，亦量许取无资荫有才业人充。如有资荫，不补学生应举者，请礼部不在收试限。其新补人有冒荫者，请牒送法司科罪。

缘今年举期已近，伏请去上都五百里内，特许非时收补；其五百里外，且任乡贡，至来年春，一时收补。其厨粮度支先给二百七十四人，今请准请补人数，量加支给。谨具如前，伏听处分。

《韩昌黎集》卷三七《请复国子监生徒状》，

商务印书馆一九三三年版

公讳某，字某，实惟文皇帝之玄孙。别子承乾，为皇太子，以藩爱逼夺，危栗致祸，后封恒山，为愍王，赠荆州大都督。继别曰象，蕲春郡太守，赠越州大都督事，封郇国公。大宗曰玼，太子詹事，赠秘书监，生㵎，尚书左丞。凡四代有土田，居贵仕。公丕承之，以率南服，克荷天休，继有功德。公始以通经入崇文馆，登有司第，选同州参军，入佐金吾卫，进太仆主簿。

《柳宗元集》卷一〇《唐故邕管经略招讨等使朝散大夫持节都督

邕州诸军事守邕州刺史兼御史中丞赐紫金鱼袋李公墓铭》，

中华书局一九七九年版

柳晟者，肃宗皇后之甥。母和政公主，父潭，官至太仆卿、驸马都尉。晟少无检操，代宗于诸甥之中，特加抚鞠，俾与太子、诸王同学，授《诗》《书》，恩宠罕比。累试太常卿。德宗即位，以与晟幼同砚席，尤亲之。

《旧唐书》卷一八三《柳晟传》，中华书局一九七五年版长庆二年闰十月，祭酒韦乾度奏："当监四馆学生，每年有及第阙员。其四方有请补学生人，并不曾先于监司陈状，便自投名礼部，计会补署。监司因循日久，官吏都不检举。但准礼部关牒收管，有乖大学引进之路。臣忝守官，请起今已后，应四馆有阙，其每年请补学生者，须先经监司陈状，请替某人阙。监司则先考试通毕，然后具姓名申礼部，仍称堪充学生。如无监司解申，请不在收管之限。旧例，每给付厨房，动多喧竞。请起今已后，当监进士、明经等，待补署毕，关牒到监司，则重考试。其进士等若重试及格，当日便给厨房。其明经等考试及格后，待经监司牒送，则给厨房，庶息喧争。当监四馆学生，有及第出监者，便将本任房转与亲故。其合得房学生，则无房可给。请起今已后，学生有及第出监者，仰馆子先通收纳房。待有新补学生公试毕后，便给令居住。当监承前并无专知馆博士，请起今已后，每馆众定一人知馆事。如生徒无故喧竞者，仰馆子与业长，通状领过。知馆博士则准监司条流处分。其中事有过误，众可容恕，监司自议科决。自有悖慢师长，强暴斗打，请牒府县锢身，递送乡贯。"敕旨：宜依。

《唐会要》卷六六《国子监》，中华书局一九五五年版

当监四馆学生，每年有及第阙员，其四方有请补学生人，并不曾先于监司陈状，便自投名礼部，计会补署。监司因循日久，官吏都简举，但准礼部开牒收管，有乖太学引进之路。臣既忝守官，请起今已后，应四馆有阙，其每年请补学生者，须先经监司陈状，称请替某人阙。监司则先考试通毕，然后具姓名申礼部，仍称堪充学生。如无监司解申，请不在收管之限。旧例，每给付厨房，动多喧竞。请起今以后，当监进士、明经等，待补署毕，关牒到监司，则

重考试。其进士等，若重试及格，当日便给厨房。其明经等，考试
及格后，待经监司解送，则给厨房。庶息喧争。当监四馆，学生有
及第出监者，便将本住房转与亲故，其合得房学生，则无房可给。
请起今以后，学生有及第出监者，仰馆子先通状纳房。待有新补
学生公试毕后，便给令居住。当监承前并无专知馆博士，请起今
以后，每馆众定一人知馆事。如生徒无故喧竞者，仰馆子与业长，
通状领过。知博士则准监司条流处分。其中事有过误，众可容
恕，监司自议科决。如有悖慢师长，强暴斗打，请牒府县锢身，递
送乡贯。

《册府元龟》卷六〇四《学校部》，中华书局一九六〇年版

开成三年二月，两军使状称：请准大和元年五月十七日以前
敕文，官阶至品，便许用荫，与子孙补两馆生出身。敕旨：神策大
将军用荫补两馆生，宜准左右金吾大将军例处分。

《唐会要》卷七七《贡举下·宏文崇文生举》，

中华书局一九五五年版

会昌五年正月，敕："公卿百寮子弟及京畿内士人寄修明经、
进士业者，并宜隶名太学；外州寄学及士人并宜隶名所在官学；仍
永为常制。"

《唐摭言》卷一《两监》，古典文学出版社一九五七年版

枢密院刺问："寿州都院官卫匡适男乞入国子监修习，奉御
批，如此之人得否？"下礼院检上。按《乐经》，国学以教世子及王
子公卿大夫元士之子，谓之国学。俾有道德者而教焉。道德者，

今之国子博士,掌教文武官三品已上及国公子孙从三品已上曾孙为国子监生者;太学博士,教文武五品已上及郡县公子孙从三品曾孙为太学生者;四门博士,教文武七品已上及侯、伯、子、男子为四门学生及庶人子升俊士为之也。国子监,太学也;四门,小学也。今太学、四门学、算学,皆国子监领焉。四门俊士,《礼记·王制》论秀士升之司徒曰选士,司徒论选士之秀者而升之于学曰俊士。及按《周礼》,司徒地官卿也,其属有乡大夫。知乡人之贤能德行道艺以宾敬之。三年大比考,与之行乡饮酒礼,升诸司徒。司徒以贤能之书贡于王,即今随贡吏上于尚书,擢于礼部,乃可入官也。其有未登者,入四门为俊士也。司徒地官卿,今户部尚书也。准长寿年敕,诸府贡举人皆户部引进。其卫匡适男既无品荫,即合应乡举拔其秀异。或未登礼部试,即入四门学。准皇唐令,皆尚书省补,别载学令条例。

《全唐文》卷八七三《陈致雍·卫匡适男入学议》,

中华书局一九八三年版

后唐天成三年……八月十一日,宰臣兼判国子祭酒崔协奏:"请国子监每年只置监生二百员,候解送至十月三十日满数为定。又请颁下诸道州府,各置官学,如有乡党备诸文行可举者,录其事实申监司,方与解送。但一身就业,不得影庇门户,兼太学书生,亦依此例,不得因此便取公牒,辄免本户差役。又每年于二百人数内,不系时节,有投名者,先令学官考试,校其学业深浅,方议收补姓名。"敕:"宜依。"

《五代会要》卷一六《国子监》,上海古籍出版社一九七八年版清泰三年五月，敕："国子监每岁举人，皆自远方来集，不询解送，何辨是非。其附监举人，并准去年八月一日敕，须取本处文解。如不及第者，次年便许监司解送。若初投名，未曾本处取解者，初举落第后，监司勿便收补。其淮南、江南、黔、蜀远人，不拘此例。"

《五代会要》卷一六《国子监》，上海古籍出版社一九七八年版

周显德元年十一月，敕："国子监所解送广顺三年已前监生人数，宜令礼部贡院收纳文解。其今年内新收补监生，并仰落下。今后须是监中受业，方得准令式收补解送。"近年有诸州府不解举人，即投监请补。

《五代会要》卷一六《国子监》，上海古籍出版社一九七八年版

二、 学礼制度

（一）束脩之礼

委貌冠，未冠则双童髻，空顶黑介帻，皆深衣，青领，乌皮履。国子、太学、四门生服之。

《隋书》卷一二《礼仪志七》，中华书局一九七三年版

龙朔二年九月，敕学生在学，各以长幼为序。初入学皆行束脩之礼，各绢三匹；四门学生，各绢二匹；隽士及律、书、算学、州县学，各绢一匹。皆有酒脯。其分束脩，三分入博士，二分助教。

《唐摭言》卷一《两监》，上海古籍出版社一九七八年版

神龙二年九月，敕学生在学，各以长幼为序。初入学，皆行束脩之礼，礼于师。国子、太学，各绢三匹；四门学，绢二匹；俊士及律、书、算学，州县各绢一匹。皆有酒醴。其束脩三分入博士，二分助教。

《唐会要》卷三五《学校》，中华书局一九五五年版

学生在学，各以长幼为序。初入学，皆行束脩之礼，礼于师。国子、太学，各绢三匹；四门学，绢二匹；俊士及律、书、算学，州县各绢一匹。皆有酒脯。其束脩三分入博士，二分助教。又每年国子监所管学生，国子监试州县学生，当州县并选艺业优长者为试官监试。

《全唐文》卷一七《中宗·令入学行束脩礼敕》，

中华书局一九八三年版

其生初入，置束帛一篚，酒一壶，脩一案，号为束脩之礼。

《唐六典》卷二一《国子监》，商务印书馆《钦定四库全书》本

束帛一篚，五匹。酒一壶，五斗。脩一案。五脡。

其日平明，皇太子服学生之服，其服青衿。至学门外。博士公服，执事者引立于学堂东阶下，西面。相者引皇太子立于门外东，西向，不自同于宾客。陈束帛篚、壶酒、脯案于皇太子南，当门北向，重行西上。将命者出，立门西，东面，曰："敢请事？"皇子少进曰："某方受业于先生，敢请见。"将命者入告。博士曰："某也不德，请皇子无辱。"若已封王，则云"请王无辱"。将命出告。皇子曰："某不敢为仪，敢固请。"将命者入告。博士曰："请皇子就位，某敢见。"将

命者出告。皇子曰："某不敢以视宾客，请终赐见。"将命者入告。

博士曰："某辞不得命，敢不从？"将命者出告。执筐者以筐东面授

皇子，皇子执筐。博士降俟于东阶下，西面。相者引皇子，执事者

奉壶酒、脯脩案以从。皇子入门而左，诣西阶之南，东面。奉酒脯

者立于皇子西南，东面北上。皇子跪奠筐，再拜。博士答拜。皇

子还避，遂进，跪取筐。相者引皇子进博士前，东面授币。奉壶

酒、脩案者从奠博士前。博士受币，执事者取酒脩币以东。相者

引皇子立于阶间，近南，北面。奉酒脩者出。皇子拜讫，相者引皇

子出。

《大唐开元礼》卷五四《皇子束脩》，

上海古籍出版社《钦定四库全书》本

束帛一筐，准令。酒一壶，二斗。修一案。五脡。

其日平明，学生青衿服，至学门。博士公服，立于学堂东阶

上，西面。赞者引学生立于门东，西面。不自同于宾客。陈束帛筐、

壶、脯案于学生西南，当门北向，重行西上。将命者出，立于门西，

东面，曰："敢请事？"学生少进曰："某方受业于先生，敢请见。"将

命者入告。博士曰："某也不德，请子无辱。"将命者出告。学生

曰："某不敢为仪，敢固请。"将命者入告。博士曰："请子就位，某

敢见。"将命者出。学生曰："某不敢以视宾客，请终赐见。"将命者

入告。博士曰："某辞不得命，敢不从？"将命者出告。执筐者以筐

东面授学生。博士降俟于东阶下，西面。赞礼者引学生，执酒脯

者从之。学生入门而左，立于西阶之南，东面。执酒脯者立于学

生之南，东面北上。学生跪奠筐，再拜。博士答拜。学生还避，遂

进，跪取筐。赞礼者引学生进博士前，东面授币。执酒脯者从奠

博士前。博士受币，赞者取酒脯币以东。执酒脯者出。赞礼者引学生立当阶间，近南，北面，再拜。赞礼者引出。

上海古籍出版社《钦定四库全书》本

　　束帛一篚，三匹。酒一壶，五斗。脯一案。十五脡。

　　其日平明，各生青衿服，至学门。博士公服，若儒服，立于学堂东阶上，西面。赞礼者引学生立于门东，西面。不自同于宾客。陈束帛篚、酒壶、脯案于学生西南，当门北向，重行西上。将命者出，立于门西，东面，曰："敢请事？"学生少进曰："某方受业于先生，敢请见。"将命者入告。博士曰："某也不德，请子无辱。"将命者出告。学生曰："某不敢为仪，敢固以请。"将命者入告。博士曰："子就位，某敢见。"将命者出告。学生曰："某不敢以视宾客，请终赐见。"将命者入告。博士曰："某辞不得，敢不从命？"将命者出告。执篚者以篚东面授学生。博士降俟于东阶下，西面。赞礼者引学生，执酒脯者从。学生入门而左，立于西阶之南，东面。执酒脯者立于学生西南，东面北上。学生跪奠篚，再拜。博士答拜。学生还避，遂进，跪取篚。赞礼者引学生进博士前，东面授。执酒脯者从奠于博士前。博士受币，赞礼者取酒脯币以东。执酒脯者出。赞礼者引学生立于阶间，近南，北面，再拜。讫，引出。

《大唐开元礼》卷六九《州学生束脩礼》，

上海古籍出版社《钦定四库全书》本

　　束帛一篚，一匹。酒一壶，二斗。脯一案。五脡。

　　其日平明，学生青衿服，至学门。博士公服，若儒服，立于学堂东阶上，西面。赞礼者引学生立于门东，西面。不自同于宾客。陈束帛筐、酒壶、脯案于学生西南，当门北向，重行西上。将命者出，立于门西，东面，曰："敢请事？"学生少进曰："某方受业于先生，敢请见。"将命者入告。博士曰："某也不德，请子无辱。"将命者出告。学生曰："某不敢为仪。敢固以请。"将命者入告。博士曰："请子就位，某敢见。"将命者出告。学生曰："某不敢以视宾客，请终赐见。"将命者入告。博士曰："某辞不得命，敢不从？"将命者出告。执筐者以筐东面授学生。博士降俟于东阶下，西面。赞礼者引学生，执酒脯者从之。学生入门而左，立于西阶之南，东面。执脯者立于学生西南，东面北上。学生跪奠筐，再拜。博士答拜。学生还避，遂跪取筐。赞礼者引学生进博士前，东面授币。赞礼者取酒脯币以东。执酒脯者出。赞礼者引学生立于阶间，近南，北面，再拜。讫，引出。

《大唐开元礼》卷七二《县学生行束脩礼》，

上海古籍出版社《钦定四库全书》本

（二）皇帝释奠

〔开皇二年十二月〕丙戌，赐国子生经明者束帛。

《隋书》卷一《高祖纪上》，中华书局一九七三年版

元善，河南洛阳人也。……善少随父至江南，性好学，遂通涉五经，尤明《左氏传》。及侯景之乱，善归于周。武帝甚礼之，以为太子宫尹，赐爵江阳县公。每执经以授太子。开皇初，拜内史侍郎，上每望之曰："人伦仪表也。"凡有敷奏，词气抑扬，观者属

目。……后迁国子祭酒。上尝亲临释奠,命善讲《孝经》。于是敷陈义理,兼之以讽谏。上大悦曰:"闻江阳之说,更起朕心。"赉绢百匹,衣一袭。

《隋书》卷七五《元善传》,中华书局一九七三年版

　　王颎字景文,齐州刺史颁之弟也。年数岁,值江陵陷,随诸兄入关。少好游侠,年二十,尚不知书。为其兄颙所责怒,于是感激,始读《孝经》《论语》,昼夜不倦。遂读《左传》《礼》《易》《诗》《书》,乃叹曰:"书无不可读者!"勤学累载,遂遍通五经,究其旨趣,大为儒者所称。解缀文,善谈论。……

　　开皇五年,授著作佐郎。寻令于国子讲授。会高祖亲临释奠,国子祭酒元善讲《孝经》,颎与相论难,词义锋起,善往往见屈。高祖大奇之,超授国子博士。后坐事解职,配防岭南。

《隋书》卷七六《王颎传》,中华书局一九七三年版

　　〔开皇十年冬〕十一月辛卯,幸国学,颁赐各有差。

《隋书》卷二《高祖纪下》,中华书局一九七三年版

　　武德七年二月十七日,幸国子学,亲临释奠。引道士、沙门与博士杂相驳难久之。

《唐会要》卷三五《释奠》,中华书局一九五五年版

　　贞观十四年二月十日,幸国子监,亲临释奠。

《唐会要》卷三五《释奠》,中华书局一九五五年版

〔贞观十四年〕二月丁丑，幸国子学，亲释奠，赦大理、万年系囚，国子祭酒以下及学生高第精勤者加一级，赐帛有差。

《旧唐书》卷三《太宗本纪下》，中华书局一九七五年版

〔贞观〕十四年三月丁丑，帝幸国子学，亲观释奠。祭酒孔颖达讲《孝经》，帝问颖达曰："夫子门人曾、闵，俱称大孝，而今独为曾说，不为闵说，何耶？"答曰："曾孝能全，独为曾能达也。"制旨驳之曰："朕闻《家语》云：'曾晳使曾参锄瓜，而误断其本，晳怒，援大杖以击其背，应手仆地，绝而复苏。孔子闻之，告门人曰："参来勿内。"既而曾子请焉。孔子曰："舜之事父母也，使之，常在侧，欲杀之，乃不得，小箠则受，大杖则走。今参于父，委身以待暴怒，陷父于不义，不孝莫大焉。"'由斯而言，孰愈于闵子骞也？"颖达不能对。帝又谓侍臣曰："诸儒各生异意，皆非圣人论孝之本旨也。孝者，善事父母，自家刑国，忠于其君，战阵勇，朋友信，扬名显亲，此之谓孝。其在经典，而论者多离其文，迥出事外，以此为教，劳而非法，何谓孝之道邪！"

《册府元龟》卷四○《帝王部》，中华书局一九六○年版

皇帝视学

视学前一日，所司洒扫学堂之内外。尚舍设大次于学堂之后，守宫设皇太子次于大次之东，皆随地之宜，并如常仪。尚舍设御座学堂上北壁下，当中南向。监司设讲榻于御座之西，南向。设执读座于前楹间，当讲榻北向。尚舍又设皇太子座于御坐东南，西向。设文官三品以上座于皇太子之南，少退，重行，西面北

上；设武官三品以上座于讲榻西南，当文官，重行，东面北上。设侍讲座于执读西北，武官之前，东面北上。其执如意者一人立于侍讲之南，东面。设论议座于讲榻之前，北面。三馆学官座于武官之后。设脱履席于西阶下。典仪设版位：皇太子于东阶东南，西面；执经于西阶西南，东面；文官三品以上于皇太子东南，重行，西面北上；武官三品以上于执经西南；侍讲、执读、执如意等于执经之后，重行，东面北上。学生分位于文武官之后，皆重行，北上。设典仪位于东阶之西，赞者二人在南，差退，俱西向。

出宫

前出宫三日，本司宣摄内外，各供其职。其日，应从驾文武官依时刻俱集朝堂，诸卫陈设仗卫。侍中版奏："外办。"皇帝乘马，文武侍从，并如常行幸之仪。驾将至，祭酒帅监官、学官、学生等奉迎于路左。学生青衿服。驾至大次门外，降入如常。

视学

皇帝既入大次，执经、侍讲、执读、执如意等及学官各服公服，典仪帅赞者先入就位。谒者、赞引引文武三品以上及执经以下学官等入就堂下位。皇太子立于学堂门外之东，西向，侍卫如常。

侍中版奏："外办。"皇帝出大次，升自北阶，即御座南向坐。侍臣及近侍量人从升。典仪一人升就东阶上，西面立。舍人引皇太子就位立。诸卫率庶子等量人从入，立于皇太子东南，西向北上。奉礼曰："再拜。"赞者承传，皇太子以下在位者皆再拜。

侍中跪奏称："请敕皇太子及王公等升坐。"又侍中称："制曰可。"侍中诣东阶上，西面称："敕皇太子及公王等升。"殿上典仪承传，阶下赞者又承传，皇太子以下应坐者皆再拜。讫，通事舍人引皇太子及群官坐者各升座。讫，其公服者，脱履于阶下及降纳皆如常。执读读所讲经，执经释义。讫，遂行如意。侍讲者执如意就论议座，以次论难。

侍中跪奏："礼毕。"群官皆起，通事舍人各降堂下位。若有敕赐会，则侍中前承制，降诣堂下宣敕及太官下食案等，并如常仪。皇帝降座，还大次，侍卫如常仪。群官以下会讫皆出。执经以下改服常服。学生仍青衿服。

车驾还宫

皇帝既还大次，侍中量时刻版奏："外办。"皇帝出次，文武官陪从还宫如来仪。初，驾出，国子祭酒帅监官、学官、学生等奉辞于路左如常式。

《大唐开元礼》卷五二《吉礼》，

上海古籍出版社《钦定四库全书》本

刘子振，蒲人也，颇富学业，而不知大体；尤好陵轹同道，诋讦公卿。不耻干索州县，稍不如意，立致寒暑；以至就试明庭，稠人广众，罕有与之谈者。居守刘公主文岁，患举子纳卷繁多，榜云纳卷不得过三轴。子振纳四十轴，因之大掇凶誉。子振非不自知，盖不能抑压耳。乾符中，官为博士，三年释奠礼毕，令学官讲书，宰臣已下，皆与听焉。时子振讲《礼记》《陆鸾》《周易》。

《唐摭言》卷九《四凶》，古典文学出版社一九五七年版

第二章　官学学规

（三）太子释奠

〔贞观〕二十年二月，诏皇太子于国学释奠于先圣先师。皇太子为初献，国子祭酒张复裔为亚献，光州刺史摄司业赵宏智为终献。既而就讲，宏智演《孝经》忠臣孝子之义，右庶子许敬宗上四言诗，以美其事。

《唐会要》卷三五《释奠》，中华书局一九五五年版

〔贞观二十一年二月〕丁丑，皇太子于国学释菜。

《旧唐书》卷三《太宗本纪下》，中华书局一九七五年版

总章元年二月二十九日，皇太子宏释奠于国学。

《唐会要》卷三五《释奠》，中华书局一九五五年版

总章元年二月，皇太子弘幸国学，释奠，赠颜回太子少师，曾参太子少保。

《旧唐书》卷二四《礼仪志四》，中华书局一九七五年版

永隆二年二月，皇太子亲行释奠之礼。

《唐会要》卷三五《释奠》，中华书局一九五五年版

永隆二年二月六日，皇太子亲行释奠之礼。

《唐会要》卷六四《史馆下·崇文馆》，中华书局一九五五年版

开耀元年二月十九日，皇太子释奠国学。

《唐会要》卷三五《释奠》，中华书局一九五五年版

景云二年七月，皇太子亲释奠于国学。有司草仪注，令从臣皆乘马，著衣冠。太子左庶子刘子元进议曰："古者自大夫已上，皆乘车马，而以马为骖服。魏晋已降，迄于隋世，朝士又驾牛车，至如李广北征，解鞍憩息；马援南伐，据鞍盼顾。则鞍马之设，行于军旅；戎服所乘，贵于便习者也。按江左官至尚书郎，而辄轻乘马，则为御史所弹。又颜延年罢官后，好骑马出入闾里，当世称其放诞。此则专车凭轼，可擐朝衣；单马御鞍，宜从亵服。求之近古，灼然之明验也。褒衣博带，方履高冠，本非马上所施，自是车中之服。且长裾广袖，襜如翼如；鸣佩纡组，锵锵奕奕；驰骤于风尘之内，出入于旌棨之间。倘马有惊逸，人从颠坠，遂使属车之右，遗履不收；清道之傍，纟亥纟参相续。固以受嗤行路，有损威仪。其乘马衣冠，窃谓宜从废改。"皇太子令付外宣行，仍编入令，以为常式。

《唐会要》卷三五《释奠》，中华书局一九五五年版

睿宗景云二年八月丁巳，皇太子释奠于太学。

《旧唐书》卷二四《礼仪志四》，中华书局一九七五年版

庠序之兴，教自元子。礼经之最，奠始先师。中古迄今，斯道无替。皇太子隆基天资圣敬，日就文明，弦诵之业已高，元良之德斯茂。自升储博望，主器承华，执经之问虽勤，用币之仪未展。今仲丁献吉，有事两塾，备礼三尊。宜遵旧章，俾缉徽典。（景云二

年八月）

《唐大诏令集》卷二九《皇太子国子监释奠诏》，

商务印书馆一九五九年版

太极元年二月二十八日，皇太子亲释奠，开讲筵，国子司业褚无量执经。

《唐会要》卷三五《释奠》，中华书局一九五五年版

夫谈讲之务，贵于名理，所以解疑辩惑，凿瞽开聋，使听者闻所未闻，视者见所未见。爰自近代，此道渐微。问《礼》言《诗》，惟以篇章为主；浮词广说，多以嘲谑为能。遂使讲座作俳优之场，学堂成调弄之室。啬夫利口，可以骧首先鸣；太元俊才，自当俯首垂翅。舍兹确实，竞彼浮华，取悦无知，见嗤有识。假令曹、张重出，马、郑再生，终亦藏锋匿锐，闭关却扫者矣。寡人今既亲行齿胄，躬诣讲筵，思闻启沃之谈，庶叶温文之德。其侍讲等，有问难释疑，不得别构虚言，用相凌忽。如有违者，所司量事纠弹。（太极元年二月）

《全唐文》卷二〇《玄宗皇帝·将行释奠礼令》，

中华书局一九八三年版

开元七年十月戊寅，皇太子诣国学，行齿胄之礼。

《旧唐书》卷二四《礼仪志四》，中华书局一九七五年版

开元七年十一月十一日，以贡举人将谒先师，质问疑义。敕皇太子及诸子，宜行齿胄礼。二十一日，皇太子谒先圣。皇太子

初献,亚献、终献并以胄子充。右散骑常侍褚无量讲《孝经》,并《礼记·文王世子》篇。初,诏侍中宋璟为亚献,中书侍郎苏颋为终献。及临享,上思齿胄之义,乃改焉。

《唐会要》卷三五《释奠》,中华书局一九五五年版

儒道为百王之政,元良乃万国之贞。属大学举贤,宾庭贡士,当其谒讲,故行齿奠。所以弘风阐教,尚德尊师,宜有颁锡,以成光宠。陪位官,一品宜赐五十匹,二品、三品四十匹,四品、五品三十匹,六品、七品二十匹,八品、九品十五匹。缘行礼及别职掌者,各递加一等。六品已下,五匹为等;五品已上,十匹为等。座主加二等。学生赐物三匹。得举者及诸方贡人,各赐五匹。(开元七年十二月)

《唐大诏令集》卷二九《皇太子诣太学诏》,

商务印书馆一九五九年版

皇太子释奠于孔宣父

皇太子散斋三日,于别殿致斋二日,于正殿前致斋一日。典设郎设皇太子幄,坐于正殿东序及室内,俱西向,又张帷于前楹下。殿若无室,张帷为之。致斋之日质明,诸卫率各勒所部屯门列仗如常。昼漏上水一刻,左庶子版奏:"请中严。"近仗就陈于阁外。通事舍人引宫臣文武七品以上袴褶陪位如式。诸侍卫之官各服其器服,诸侍臣并结佩,俱诣阁奉迎。左庶子版奏:"外办。"上水三刻,皇太子服通天冠,绛纱袍,结佩以出,侍卫如常。皇太子即位,西向坐,侍臣夹侍如常。一顷刻,左庶子前跪奏称:"左庶子臣

某言，请降就斋室。"俯伏，兴，还侍位。皇太子降坐入室，文武侍臣各还本司，直卫者如常。典谒引陪位以次出。凡预享之官，散斋三日，致斋二日。散斋皆于正寝。致斋一日于本司，一日于享所。其无本司者，皆于享所。近侍之官应从升者及从享群官、监官、学生等，各于本司及学官俱清斋一宿。散斋理事如旧，惟不吊丧问疾，不作乐，不判署刑杀文书，不行刑罚，不预秽恶。致斋唯享事得行，其余悉断。其享官已斋而阙者，通摄行事。诸享官致斋之日，给酒食及明衣，各习礼于斋所。太官令取明水火。取水于阴鉴，取火于阳燧。火以供爨，水以实尊。前享一日，诸卫令其属未后一刻各以其方器服。守卫庙门及太乐工人，俱清斋一宿。

陈设

前享三日，典设郎设皇太子便次于庙，东西向。又设便次于学堂之后，随地之宜。守宫设文武侍臣次各于便次之后，文左武右；设诸享官次于斋坊之内，从享之官于庙东门之外，随地之宜。前享二日，太乐令设轩悬之乐于庙庭：东方西方，磬簴起北，钟簴次之；南方北方，磬簴起西，钟簴次之。设三镈钟于编悬之间，各依辰位。树路鼓于北悬之间，道之左右，植建鼓于三隅。置柷敔于悬内，柷在左，敔在右。设歌钟歌磬于庙堂之上前楹间，北向，磬簴在西，钟簴在东。其匏竹者，立于堂下阶间，重行北向，相对为首。凡悬皆展而编之。诸工人各位于悬后。右校扫除内外，为瘗埳于院内堂之壬地，方深取足容物，南出陛。前享一日，奉礼设皇太子位于东陛东南，西向。又设望瘗位于庙堂东北，当埋埳，西向。设亚献、终献位于皇太子东南，执事者于其后，俱重行西向，北上。设御史位于庙堂之下西南,东向,令史陪其后。设奉礼位于乐悬东北。赞者二人在南,差退,俱西面。又设奉礼赞者位于埋垱东北,南面,东上。设协律郎位于庙楹近西之间,东向。设太乐令位于北悬之间,北向。从享群官七品以上位于乐悬之东,当执事,西向。监官、学官位于乐悬之西,当宫官,东向。设学生位于宫官、监官、学官之后,俱重行北上。设门外位,亚献、终献位于东门之外道南,执事位于其后,每等异位,俱北向西上。监官、学官位于献官东南。从享宫官位于学官之东,俱重行北面,以西为上。设酒樽位于庙堂之上,先圣牺樽二,象樽二,山罍二,在前楹间,北向。先师牺樽二,象樽二,山罍二,在先圣酒樽之东,俱西向。尊皆加勺幂,有坫以置爵,其先师之爵同置于一坫。设洗于东阶东南,亚献之洗又于东南,俱北向。罍水在洗东,篚在洗西南,肆执樽罍篚幂者,各于樽罍篚幂之后。设币篚二,各于樽坫之所。典设郎设皇太子坐于学堂之上东壁下,西向。监司设讲榻于北壁下,南向。又设执读者坐于前楹间,当讲榻北向。守宫设太傅、少傅坐于皇太子西北面,皆东上。若有令詹事以下坐,则设座于皇太子西南,北向东上。侍讲者坐于执读西北。执如意者,一人立于侍讲之西。三馆学官非侍讲者,坐于侍讲之西,北面东上。若有上台三品以上观讲者,设座于侍讲之北,南面东上。设论议座于讲榻之前,近南北面。设脱履席于西阶之南,东向。掌仪设版位:宫官七品以上于东阶东南,西向北上。执经侍讲等于西阶西南,监官及学官非侍讲者于侍讲之后。若有上台三品以上观讲者,位于执经之北,少退重行,皆东面北上。学生分位于宫官、学官之后,皆重行北上。设掌仪位于宫官西北,赞者二人在南,皆西向。晡后,郊社令帅斋郎,以樽坫罍洗篚幂入设于位。升堂者自东阶。谒者引司业诣厨视濯

溉。凡导引者,曲一逡巡。赞引引御史诣厨省馔具。司业以下每事讫,各
还斋所。享日,未明十五刻,太官令帅宰人以鸾刀割牲,祝史以豆二
取毛血,置于馔所,遂烹牲。其牲用太牢,二正座及先师首座,俎皆升右胖
十一体。左丘明以下,折分余体升之。未明五刻,郊社令帅其属及庙司
各服其服升,设先圣神座于堂上西楹间,东向。设先师神座于先
圣神座东北,南向西上。若前堂不容,则又于室外之东屋陈而北,东向南上。
席皆以莞,设神座各于座首。

出官

前出官二日,本司宣摄内外,各供其职。守官设从享官次
于东官朝堂如常。其日未明,所司依卤簿陈设于重明门外,奉礼
设从享官位于东官庙堂如常,文武官臣七品以上,依时刻俱集
于次,各服公服。诸卫率各勒所部,陈设如式。左庶子版奏:"请
中严。"典谒引官官各就位,诸侍卫之官各服其器服。左庶子负玺如
式。俱诣阁奉迎,仆进辂车于西阁外,南向。若须乘辇,则听临时进止。
内率一人,执刀立于车前,北向。中允一人,在侍臣之前。赞者二
人,在中允前。左庶子版奏:"外办。"仆奋衣而升,正立执辔。皇
太子着具服,远游冠,乘舆以出,左右侍卫如常仪。内率执辔,皇
太子升车,仆立授绥,左庶子以下夹侍如常仪。中允进当车前奏
称:"请发引。"俯伏,兴,退复位。凡中允奏请,皆当车前跪奏称"具官某
言"。讫,俯伏,兴。车动,中允与赞者夹引以出,内率夹车而趋。出
重明门,至侍臣上马所。中允奏称:"请车权停,令侍臣上马。"左
庶子前承令,退称:"令曰诺。"中允退称:"侍臣上马。"赞者承传,
文武侍臣皆上马。庶子以下夹侍于车前,赞者在供奉官人内。侍

臣上马毕,中允奏称:"请令车右升。"左庶子前承令,退称:"令曰诺。"中允退复位。内率升讫,中允奏:"请发引。"退复位。皇太子车动,太傅乘车训导,少傅乘车训从,出延喜门,不鸣鼓吹。从享宫臣乘马陪从,如常仪。

馈享

享日,未明三刻,诸享官各服祭服,诸陪祭之官皆公服,学生青衿服。郊社令、良酝令各帅其属入实樽罍及币。牺樽实以醴斋,象樽实以盎斋,山罍实以清酒,斋皆加明水,酒加玄酒,各实于上樽。其币以白,各长一丈八尺。太官令帅其属实诸笾、豆、簠、簋、俎等。未明二刻,奉礼帅赞者先入就位,赞引引御史、太祝及令史、祝史与执樽罍篚幂者入自东门,当阶间重行,北面西上,立定。奉礼曰:"再拜。"赞者承传。凡赞礼有词,赞者皆承传。御史以下皆再拜,讫,执樽罍篚幂者各就位。赞引引御史、太祝诣东阶,升堂,行扫除于上,令史、祝史行扫除于下,讫,降还斋所。奉礼以下次还斋所。皇太子将至,谒者、赞引各引享官及从享学官俱就门外位,学生皆就门内位。皇太子至孔子庙门外,回车南向,内内率降立于车右。左庶子进,当车前跪奏称:"左庶子臣某言,请降车。"还侍位。皇太子降车,乘舆之便次,侍卫如常仪。郊社令以祝版进,皇太子署讫,近臣奉出,郊社令受,各奠于坫。未明一刻,谒者、赞引引从享宫官就门外位。奉礼帅赞者先入就位,赞引引御史以下入就位。太乐令帅工人、二舞次入就位,文舞入陈于悬内,武舞立于悬南道西。其升堂者皆脱履于下,降纳如常。谒者引祭酒入就位,立定。奉礼曰:"再拜。"祭酒再拜,讫,谒者引祭酒诣东阶,升堂,行扫除于上,降,行乐悬于下，讫，引还本位。初祭酒行乐悬，谒者、赞引各引祭官及陪祭之官次入就位。皇太子停便次，半刻顷，率更令立于便次门外，当门东向，左庶子版奏："外办。"皇太子出便次，侍卫如常仪。率更令引皇太子至庙东门，中允进笏，皇太子执笏，近侍者从入如常仪。皇太子至版位，西向立。每立定，率更令退立于左。率更令前启再拜，退复位。皇太子再拜。奉礼曰："众官再拜。"众官在位者皆再拜。其先拜者不拜。率更令前启："有司谨具，请行事。"退复位。协律郎跪，俯伏，举麾鼓柷，奏《永和之乐》，以姑洗之均。自后堂下接神之乐，皆奏姑洗。文舞之舞，乐舞三成，偃麾戛敔，乐止。凡乐皆协律郎举麾工鼓柷而后作，偃麾戛敔而止。率更令前启再拜，退复位。皇太子再拜。奉礼曰："众官再拜。"众官在位者及学生皆再拜。太祝各跪取币于篚，立于樽所，率更令引皇太子，《永和之乐》作。皇太子每行，作《永和之乐》。皇太子自东阶升，左庶子以下及左右侍卫量人从升。以下皆如之。皇太子升堂，进先圣神座前，西向立，乐止。太祝以币授左庶子，左庶子奉币，北向进，皇太子搢笏受币。每受物，搢笏，奠讫，执笏，俯伏，兴。登歌，作《肃和之乐》，以南吕之均。率更令引皇太子少退，西向再拜。讫，率更令引皇太子进先师首座前，北向立。又太祝以币授左庶子，左庶子奉币西向进，皇太子受币。率更令引皇太子进，北向，跪奠于先师坐首，俯伏，兴。率更令引皇太子少退，北向再拜。登歌止。率更令引皇太子，乐作，皇太子降自东阶，还版位，西向立，乐止。初群官拜讫，祝史各奉毛血之豆，立东门外。于登歌止，祝史奉毛血升自东阶，太祝迎取于阶上，进奠于先圣及先师首座前。太祝与祝史退立于樽所。初皇太子既升，奠币，太官令出，帅进馔者奉馔陈于东门之外。初皇太子既至位，乐止，太官令引馔入。俎初入门，奏《雍和之乐》，自后酌献皆奏《雍和》。馔至阶，乐止。祝史各进，跪彻毛血之豆，降自东阶，以出。馔升，太祝迎引于阶上，各设于神座前。<small>笾豆盖幂先彻乃升，簠簋既奠，却其盖于下。</small>设讫，太官令以下降复位，太祝还樽所。率更令引皇太子诣罍洗，乐作。皇太子至罍洗，乐止。左庶子跪取匜，兴，沃水。又左庶子跪取盘，承水。皇太子盥手。中允跪取巾于篚，兴，进，皇太子盥手讫。中允受巾，跪奠于篚，遂取爵于篚，兴，进，皇太子受爵，左庶子酌罍水。又左庶子奉盘，皇太子洗爵。中允又授巾，如初。皇太子拭爵讫，左庶子奠盘匜，中允受巾，奠于篚，皆如常。率更令引太子，乐作，至先圣酒樽所，执樽者举幂，左庶子赞酌酒斋讫。乐作，率更令引皇太子进先圣神座前，西向，跪奠爵，俯伏，兴。率更令引皇太子少退，西向立，乐止。太祝持版，进于神座之右，北面跪，读祝文曰："维某年岁次月朔日，子皇太子某，敢昭告于先圣孔宣父：惟夫子固天攸纵，诞降生知，经纬礼乐，阐扬文教。余烈遗风，千载是仰，俾兹末学，依仁游艺。谨以制币牺斋，粢盛庶品，祗奉旧章，式陈明荐，以先师颜子等配。尚飨。"讫，兴。皇太子再拜。初，读祝文讫，乐作，太祝进，跪奠版于神座，兴，还樽所。皇太子拜讫，乐止。率更令引至先师酒樽所，执樽者举幂，左庶子取爵于坫，进，皇太子受爵。左庶子赞酌醴斋，乐作，率更令引进先师首座前，北向，跪奠爵，俯伏，兴。皇太子少退，北向立，乐止。<small>皇太子既奠首座爵，余座皆斋郎助奠，相次而毕。其亚献、终献，斋郎助奠亦如之。</small>太祝持版进于先师神座之左，西面跪读祝文曰："维某年岁次月朔日，子皇太子某敢昭告于先师颜子等七十二贤：爰以仲春，<small>仲秋。</small>率遵故典，敬修释奠于先圣孔宣父。惟子等或服膺圣教，德冠四科；或先阐儒风，贻范千载。谨以制币牺斋，粢盛庶品，式陈明献，从祀配神。尚飨"。讫，兴。皇太子再拜。

初，读祝文讫，乐作，太祝进，跪奠版于神座，兴，还樽所。皇太子拜讫，乐止。率更令引皇太子诣东序，西向立，乐作，太祝各以爵酌上樽福酒，合置一爵。一太祝持爵，授左庶子，奉爵北向进，皇太子再拜受爵，跪祭酒啐酒奠爵，兴。太祝各帅斋郎进俎，太祝跪减先圣及先师首座前三牲胙肉，皆取前脚第二骨。加于俎。又以笾取稷黍饭，兴。以胙肉各共置一俎上，又以饭共置一笾。太祝授左庶子，左庶子奉饭北向进，皇太子受以授左右。太祝以俎授左庶子，左庶子以次奉进，皇太子每受以授左右。讫，皇太子跪取爵，遂饮卒爵。左庶子进受爵，以授太祝，复于坫。皇太子俯伏，兴，再拜，乐止。率更令引皇太子，乐作，皇太子降自东阶，还版位，西向立，乐止。文舞出，鼓柷，作《舒和之乐》，出讫，戛敔，乐止。武舞入，鼓柷作《舒和之乐》，立定，戛敔，乐止。初，皇太子将复位，谒者引国子祭酒诣罍洗，盥手洗爵讫，谒者引祭酒升自东阶，诣先圣酒樽所，执樽者举幂，祭酒酌盎斋讫。武舞作，谒者引祭酒进先圣神座前，西向，跪奠爵，兴。谒者引祭酒少退，西向，再拜。谒者引祭酒诣先师酒樽所，取爵于坫，执樽者举幂，祭酒酌盎斋，谒者引祭酒进先师首座前，北向，跪奠爵，兴。谒者引祭酒少退，北向，再拜讫。谒者引祭酒诣东序，西向立。太祝各以爵酌罍福酒，合置一爵，一太祝持爵进祭酒之左，北向立。祭酒再拜，受爵，跪祭酒，遂饮卒爵。太祝进受爵，复于坫。祭酒兴，再拜。谒者引祭酒降，复位。初，祭酒献将毕，谒者引司业诣罍洗，盥洗讫，升酌盎斋，终献如亚献之仪。讫，谒者引司业降，复位，武舞止。太祝等各进，跪彻豆，兴，还樽所。彻者，笾豆各一少移于故处。奉礼曰："赐胙。"赞者唱："众官再拜。"众官在位者及学生皆再拜。已饮福者不拜。《永和之乐》作，率更令前启再拜，退复位。皇太子再拜。

奉礼曰："众官再拜。"众官在位者及学生皆再拜,乐一成止。率更令前启："请就望瘗位。"率更令引皇太子就瘗位,西向立。奉礼率赞者转就瘗埳东北位。初,在位者将拜,太祝各执篚进神座前,跪以篚取币,降自西阶,诣瘗埳,以币置于埳,讫,奉礼曰："可瘗埳。"东西厢各四人,置土半埳。率更令前启："礼毕。"率更令引皇太子还便次,乐作,皇太子出门,乐止。中允进受笏,侍卫如常仪。谒者、赞引各引亚献以下以次出。初,白"礼毕",奉礼帅赞者还本位。赞引引御史以下俱复执事位,立定,奉礼曰："再拜。"御史以下皆再拜讫,赞引引出。学生以次出,其祝版燔于斋坊。

讲学

皇太子既入便次,改服常服。执经、侍讲、持续、执如意及三馆学官并公服,学生青衿服,余皆常服。掌仪帅赞者先入就位,谒者各引群官及学生等次入就位。左庶子版奏："外办。"皇太子乘舆出便次,若须乘马,临时听进止。侍卫如常仪。至学堂后,降舆,升自北阶,即座坐。左右侍卫量人从升,太傅、少傅亦就座坐。掌仪曰："再拜。"赞者承传,群官及学生等在位者皆再拜。执经不拜。左庶子跪奏："请令执经等升。"俯伏,兴。又左庶子称："令曰诺。"左庶子退,降诣西阶下,立于执经等之前,北面宣令曰："执经以下并升坐。"应坐者并再拜。执经不拜。通事舍人引执经以下升,各就座坐。其升坐者,脱履如式。讫,执读读所讲经,执经释义。讫,执如意者以如意授侍讲,侍讲兴受,进诣论议坐,北面问所疑,执经者为通之。讫,兴退,以如意授执者,退还本座。执如意者以如意次授诸侍讲者,皆如上仪。总讫,左庶子跪奏："礼毕。"群官皆起,通事舍人各引就堂下位。皇太子降坐，降自北阶，入学堂后便次。群官以次出，执经以下改服常服。学生仍青衿服。

还宫

皇太子既入便次，左庶子版奏："请解严。"将士不得辄离本位。皇太子改服公服，停次一刻顷，捶一鼓为一严。有司转仗卫于还涂，如来仪。二刻顷，又捶二鼓为再严。左庶子版奏："请中严。"国子祭酒以下学生以上并出，就学外道左，奉辞。三刻顷，又捶三鼓为三严。仆进辂车于学门外，如常。左庶子版奏："外办。"皇太子乘舆出便次，至学门外，降舆乘车，侍卫如常。左庶子奏请及车右升降、侍臣上马、文武陪从皆如来仪。车动，鼓吹振作如式。至国子祭酒以下奉辞处，车权停，国子祭酒以下皆再拜。通事舍人承令宣劳及拜皆如常。车至城隅，鼓吹止。过庙，鼓吹作。至延喜门，鼓吹止。入延喜门，鼓吹作。至重明门，宫官文武俱下马，皇太子乘车入，太傅、少傅还。皇太子至殿前，回车南向。左庶子跪奏："请降车。"乘舆入，侍臣从。至阁，左庶子版奏："请解严。"将士还本所。

《大唐开元礼》卷五三《吉礼》，

上海古籍出版社《钦定四库全书》本

（四）国学释奠

隋制，国子寺，每岁以四仲月上丁，释奠于先圣先师。年别一行乡饮酒礼。州郡学则以春秋仲月释奠。州郡县亦每年于学一行乡饮酒礼。学生皆乙日试书,丙日给假焉。

武德二年六月一日,诏曰:"盛德必祀,义在方册。达人命世,流庆后昆。爰始姬旦,主翊周邦。创设《礼经》,大明典宪。启生民之耳目,穷法度之本源。粤若宣尼,天资浚哲。四科之教,历代不刊;三千之徒,风流无歇。惟兹二圣,道著生民。宗祀不修,孰明襃尚? 宜令有司于国子监立周公、孔子庙各一所,四时致祭。仍博求其后,具以名闻,详考所宜,当加爵土。"

《唐会要》卷三五《襃崇先圣》,中华书局一九五五年版

贞观二年十二月,尚书左仆射房玄龄、国子博士朱子奢建议云:"武德中,诏释奠于太学,以周公为先圣,孔子配享。臣以周公、尼父,俱称圣人。庠序置奠,本缘夫子。故晋、宋、梁、陈及隋大业故事,皆以孔子为先圣,颜回为先师。历代所行,古人通允。伏请停祭周公,升夫子为先圣,以颜回配享。诏从之。"

《唐会要》卷三五《襃崇先圣》,中华书局一九五五年版

贞观二年,左仆射房玄龄、博士朱子奢建言:"周公、尼父俱圣人,然释奠于学,以夫子也。大业以前,皆孔丘为先圣,颜回为先师。"乃罢周公,升孔子为先圣,以颜回配。四年,诏州、县学皆作孔子庙。

《新唐书》卷一五《礼乐志五》,中华书局一九七五年版

贞观六年,诏罢周公祠,更以孔子为先圣,颜氏为先师,尽召

天下惇师老德以为学官。数临幸观释菜,令祭酒博士讲论经义,赐以束帛。生能通一经者,得署吏。广学舍千二百区,三学益生员,并置书、算二学,皆有博士。大抵诸生员至三千二百。自玄武屯营飞骑,皆给博士受经,能通一经者,听入贡限。四方秀艾,挟策负素,坌集京师,文治焕然勃兴。于是新罗、高昌、百济、吐蕃、高丽等群酋长并遣子弟入学,鼓筐踵堂者,凡八千余人。

《新唐书》卷一九八《儒学传上》,中华书局一九七五年版

〔贞观〕十一年七月二十四日,修宣尼庙于兖州,给户二十,充享祀焉。

《唐会要》卷三五《褒崇先圣》,中华书局一九五五年版

〔贞观〕二十一年①二月十五日,诏以左丘明、卜子夏、公羊高、穀梁赤、伏胜、高堂生、戴圣、毛苌、孔安国、刘向、郑众、杜子春、马融、卢植、郑康成、服子慎、何休、王肃、王辅嗣、杜元凯、范宁、贾逵等二十二人,代用其书,垂于国胄。自今有事于太学,并令配享尼父庙堂。

《唐会要》卷三五《褒崇先圣》,中华书局一九五五年版

〔贞观〕二十一年,中书侍郎许敬宗等奏:“按《礼记·文王世子》:‘凡学,官春②释奠于先师。’郑玄注曰:‘官谓诗书礼乐之官也。’彼谓四时之学,将习其道。故儒官释奠,各于其师。既非国学行礼,所以不及先圣。至于春、秋二时合乐之日,则天子视学,

---

① “二十一年”,原本误作“三十一年”。
② “官春”,据《礼记·文王世子》原文,应作“春官”。

命有司典秩节,总祭先圣先师焉。秦、汉释奠,无文可检。至于魏武,则使太常行事。自晋、宋已降,时有亲行,而学官主祭,全无典实。且名称国学,乐用轩悬,樽俎威仪,并皆官备,在于臣下,理不合专。况凡在小神,犹皆遣使行礼,释奠既准中祀,据理必须禀命。今后国学释奠,令国子祭酒为初献,祝词称'皇帝谨遣',仍令司业为亚献,国子博士为终献。其诸州,刺史为初献,上佐为亚献,博士为终献。县学,令为初献,丞为亚献,博士既无品秩,请主簿通为终献。若缺,并以次差摄。州县释奠,既请遣刺史县令,亲为献主。望准祭社,给明衣。修附礼令,为永式。"学令祭以太牢,乐用轩悬,六佾之舞,并登歌一节。与大祭祀相遇,改用中丁。州县常用上丁。无学,祭用少牢。

《唐会要》卷三五《释奠》,中华书局一九五五年版

〔贞观〕二十一年,诏曰:"左丘明、卜子夏、公羊高、穀梁赤、伏胜、高堂生、戴圣、毛苌、孔安国、刘向、郑众、杜子春、马融、卢植、郑玄、服虔、何休、王肃、王弼、杜预、范宁、贾逵总二十二座,春秋二仲,行释奠之礼。"初,以儒官自为祭主,直云博士姓名,昭告于先圣。又州县释奠,亦以博士为主。敬宗等又奏曰:

按《礼记·文王世子》:"凡学,春官释奠于其先师。"郑注云:"官,谓诗书礼乐之官也。"彼谓四时之学,将习其道。故儒官释奠,各于其师。既非国学行礼,所以不及先圣。至于春、秋二时合乐之日,则天子视学,命有司典秩,即总祭先圣先师焉。秦、汉释奠,无文可检。至于魏武,则使太常行事。自晋、宋已降,时有亲行,而学官主祭,全无典实。且名称国学,乐用轩悬,樽俎威仪,盖皆官备,在于臣下,理不合专。况凡在小神,犹皆遣使行礼,释奠

既准中祀，据理必须禀命。今请国学释奠，令国子祭酒为初献，祝辞称"皇帝谨遣"，仍令司业为亚献，国子博士为终献。其州学，刺史为初献，上佐为亚献，博士为终献。县学，令为初献，丞为亚献，博士既无品秩，请主簿及尉通为终献。若有阙，并以次差摄。州县释奠，既请各刺史、县令亲献主祭，望准祭社，同给明衣。修附礼令，以为永则。

《旧唐书》卷二四《礼仪志四》，中华书局一九七五年版

显庆二年七月十一日，太尉长孙无忌等议曰："按新礼，孔子为先圣，颜回为先师。又准贞观二十一年，以孔子为先圣，更以左丘明等二十二人，与颜回俱配尼父于太学，并为先师。今据永徽令文，改用周公为先圣，遂黜孔子为先师，颜回、左丘明并为从祀。谨按《礼记》云：'凡学，春官释奠于其先师。'郑玄注曰：'官谓诗书礼乐之官也。先师者，若《礼》有高堂生，《乐》有制氏，《诗》有毛公，《书》有伏生，可以为师者。'又《礼记》曰：'始立学，释奠于先圣。'郑玄注曰：'若周公、孔子也，据《礼》为定，昭然自别，圣则非周即孔，师则偏善一经。'汉、魏以来，取舍各异，颜回、孔子互作先师，宣父、周公迭为先圣。求其节文，递有得失。所以贞观之末，亲降纶言，依《礼记》之明文，酌康成之奥说，正孔子为先圣，加众儒为先师，永垂制于后昆，革往代之纰缪。而今新令，不详制旨，辄事刊改，遂违明诏。但成王幼年，周公践极，制礼作乐，功比帝王。所以禹、汤、文、武、成王、周公为六君子。又说明王孝道，乃述周公严配，此即姬旦鸿业，合同王者祀之。儒官就享，实贬其功。仲尼生衰周之末，拯文丧之弊，祖述尧、舜，宪章文、武；宏圣教于六经，阐儒风于千世。故孟轲称生民以来，一人而已。自汉

已降，奕叶封侯，崇奉其圣，迄于今日，胡可降兹上哲，俯入先师？且左丘明之徒，见行其学，贬为从祀，亦无故事。今请改令从诏，于义为允，其周公仍依别礼配享武王。"从之。

《唐会要》卷三五《褒崇先圣》，中华书局一九五五年版

〔显庆〕三年，文宣王庙乐，诏用《宣和之舞》。国子博士范頵撰乐章。

《唐会要》卷三五《褒崇先圣》，中华书局一九五五年版

乾封元年正月三十日，追赠孔子为太师。至天授元年，封孔子为隆道公。总章元年二月一日，颜回赠太子少师，曾参赠太子少保。至太极元年二月十六日，追赠颜回为太子太师，曾参为太子太保，并配享孔子庙。至开元二十七年八月二十四日，诏曰："宏我王化，在乎师儒。能发明此道，启迪含灵，则生民以来，未有如夫子者也。所谓自天攸纵，将圣多能，德配乾坤，身揭日月，故能立天下之大本，成天下之大经。美政教，移风俗。君君臣臣，父父子子，民到于今受其赐，不其猗欤？呜呼！楚王莫封，鲁公不用，俾夫大圣，才列陪臣，栖遑旅舍，固可叹矣。年祀浸远，光灵益彰。虽代有褒称，而未为崇峻，不副于实。人其谓何？夫子既称先圣，可追谥为文宣王。令三公持节册命，其后嗣褒圣侯，改封嗣文宣王。昔周公南面，夫子西坐，今位既有殊，岂宜仍旧？宜补其坠典，永作成式。其两京国子监及天下诸州，夫子南面坐，十哲等东西行列侍。且门人三千，见称十哲，包夫众美，实越等夷。畅元圣之风规，发人伦之耳目，并宜褒赠，以宠贤明。其颜子既云亚圣，须优其秩。颜子赠兖国公。闵子骞赠费侯。冉伯牛赠郓侯。仲弓赠薛侯。

冉有赠徐侯。子路赠卫侯。宰我赠齐侯。端木子贡赠黎侯。子游赠吴侯。卜子夏赠魏侯。又夫子格言，参也称鲁，虽居七十之数，不载四科之目。顷虽参于十哲，终未殊于等伦。允稽先旨，俾循旧位，庶乎礼得其序，人焉式瞻。"二十七日，命尚书右丞相裴耀卿，摄太尉持节，就国子庙册命毕。所司奠祭，亦如释奠之礼。又遣太子少保崔琳，往东都就庙行册礼。二十一日，敕两京及兖州旧宅庙像，宜改服冕衮。其诸州及县，庙宇既小，但移南面，不须改其衣服。两京乐用宫悬，春季二仲上丁，令三公摄行事。七十子并宜追赠。曾参赠郕伯。颛孙师陈伯。淡台灭明江伯。宓子贱单伯。原宪原伯。公冶长莒伯。南宫适郯伯。公皙哀儿伯。曾点宿伯。颜路杞伯。商瞿蒙伯。高柴共伯。漆雕开滕伯。公伯寮任伯。司马牛向伯。樊迟樊伯。有若卞伯。公西华郜伯。巫马期鄫伯。梁鳣梁伯。颜柳萧伯。冉儒纪伯。曹恤曹伯。伯虔邹伯。公孙龙黄伯。冉季东平伯。秦子南少梁伯。漆雕子敛武城伯。颜子骄琅琊伯。漆雕徒父须句伯。壤驷赤北征伯。商泽睢阳伯。石作蜀石邑伯。任不齐任城伯。公夏首元父伯。公良孺东牟伯。后处营邱伯。秦子开彭衙伯。奚容箴下邳伯。公肩定新田伯。颜相临沂伯。鄡单铜鞮伯。句井疆淇阳伯。罕父黑乘邱伯。秦商上洛伯。申党召陵伯。公祖子之期思伯。荣子期雩娄伯。县成巨野伯。左人郢临淄伯。燕伋渔阳伯。郑子徒荥阳伯。秦非汧阳伯。施之常乘氏伯。颜哙朱虚伯。步叔乘淳于伯。颜之仆东武伯。原亢莱芜伯。乐亥昌平伯。廉洁莒父伯。颜何开阳伯。叔仲会瑕邱伯。狄黑临济伯。邦巽平陆伯。孔忠汶阳伯。公西与如重邱伯。公西箴祝阿伯。

《唐会要》卷三五《褒崇先圣》，中华书局一九五五年版

制曰："道可褒崇，岂限今古。追赠之典，旌德存焉。夫子十哲之外，曾参六十七人，同升孔门，传习经术。子之四教，尔实行之，亲授微言，式扬大义，是称达者，不其盛欤？钦若古风，戴崇元

圣。至于十哲，皆被宠章。而曾子之伦，未有称谓。宜亚四科之士，以疏五等之封，俾与先师，咸膺盛礼。"

《唐会要》卷三五《褒崇先圣》，中华书局一九五五年版

神龙元年正月一日敕文："诸州孔子庙堂，有不向南者，改向正南。"

《唐会要》卷三五《褒崇先圣》，中华书局一九五五年版

开元八年三月十八日，国子司业李元瓘奏言："京国子监庙堂，先圣孔宣父，配坐先师颜子。今其像见在立侍，准礼授坐不立，授立不跪。况颜子道亚生知，才充入室，既当配享，其像见立，请据礼文，合从坐侍。又四科弟子闵子骞等，并伏膺儒术，亲承圣教，虽复列像庙堂，不参享祀。谨按祠令，何休等二十二贤，犹沾从祀，岂有升堂入室之子，独不沾配享之余？望请春秋释奠，列享在二十二贤之上。七十子者，则文翁之壁，尚不阙如。岂有国庠，遂无图绘。请令有司，图形于壁。兼为立赞，庶敦劝儒风，光崇圣烈。曾参孝道可崇，独受经于夫子，望准二十二贤从享。"诏曰："颜回等十哲，宜为坐像，悉令从祀。"曾参大孝，德冠同列，特为塑像，坐于十哲之次。因图画七十弟子及二十二贤于庙壁上。以颜子亚圣，亲为制赞，书于石，仍令当朝文士，分为之赞题其壁焉。

苏氏议曰："检贞观显庆年敕，并称二十二贤。又检太极、开元年敕，即称二十二贤。将前敕及学令比类，于服虔之下，有杜、范、贾，未知何年月附入。"

《唐会要》卷三五《褒崇先圣》，中华书局一九五五年版

初，开元八年，国子司业李元瓘奏称："先圣孔宣父庙，先师颜子配座，今其像立侍，配享合坐。十哲弟子，虽复列像庙堂，不预享祀。谨检祠令：何休、范宁等二十二贤，犹沾从祀，望请春秋释奠，列享在二十二贤之上。七十子，请准旧都监堂图形于壁，兼为立赞，庶敦劝儒风，光崇圣烈。曾参等道业可崇，独受经于夫子，望准二十二贤预绘。"敕改颜生等十哲为坐像，悉预从祀。曾参大孝，德冠同列，特为塑像，坐于十哲之次。图画七十子及二十二贤于庙壁上。以颜子亚圣，上亲为之赞，以书于石。闵损已下，令当朝文士分为之赞。

《旧唐书》卷二四《礼仪志四》，中华书局一九七五年版

国子释奠于孔宣父

将享，司馆预申。享日本司请下其礼，所司随职供办。凡预享之官，散斋三日，致斋二日。散斋皆于正寝，致斋二日于本司，一日于享所。其无本司者，皆于享所。散斋理事如旧，惟不吊丧问疾，不作乐，不判署刑杀文书，不行刑罚，不预秽恶。致斋惟享事得行，其余悉断。其享官已斋而阙者，通摄行事。馆官及诸学生皆清斋于学馆一宿。诸享官致斋之日，给酒食及明衣，各习礼于斋所。太官令取明水火。取水于阴鉴，取火于阳燧。火以供爨，水以实尊。前享一日，诸卫令其属未后一刻，各以其方器服。守卫庙门及太乐工人，俱清斋一宿。

陈设

前享三日，守卫设献官以下次于斋坊。

前享二日,太乐令设轩悬之乐于庙庭。东方西方,磬簨起北,钟簨次之;南方北方,磬簨起西,钟簨次之。设三镈钟于编悬之间,各依辰位。树路鼓于北悬之间,道之左右。植建鼓于三隅,置枑敔于悬内。枑在左,敔在右。设歌钟歌磬于庙堂之上前楹间,北向,磬簨在西,钟簨在东。其匏竹者,立于堂下阶间,重行北向,相对为首。凡悬皆展而编之。诸工人各位于悬后。右校扫除内外,又为瘗埳于院内堂之壬地,方深取足容物,南出陛。

前享一日,奉礼设三献位于东门之内道北,执事位于道南,每等异位,俱西向北上。设望瘗位于堂之东北,当瘗埳之东,西向。设御史位于庙堂之下西南,东向,令陪其后。设奉礼位于乐悬东北。赞者二人在南,差退,俱西面。又设奉礼赞者位于瘗埳东北,南面,东上。设协律郎位于庙堂上前楹之间,近西东向。设太乐令位于北悬之间,北向。设馆官位于悬东,当执事,西向。设学官位于悬西,当馆官,东向。设学生位于学官、馆官之后,俱重行北上。若有观者,设位于南门之内道左右,重行北面,相对为首。金吾监检,不得喧哗杂乱。设三献门外位于东门之外道南,执事位于其后,每等异位,俱北向西上。馆官、学官位于三献东南,俱重行北向,以西为上。设酒樽之位于堂,先圣牺樽二,象樽二,山罍二,在前楹间,北面。先师牺樽二,象樽二,山罍二,在先圣酒樽之东,俱西向。樽皆加勺幂,有坫以置爵,其先师之爵同置于一坫。设洗于东阶东南,北向。罍水在洗东,篚在洗西南,篚实以巾爵。肆执樽罍篚幂者,各位于樽罍篚幂之后。设币篚二,于樽坫之所。晡后二刻,郊社令帅斋郎,以樽坫罍洗篚幂入设于位。升堂者自东阶。谒者引祭酒、司业诣厨视濯溉。凡导引者,每曲一逡巡。赞引引御史诣厨省馔具。祭酒、司业以下每事讫,各还斋所。

享日，未明十五刻，太官令帅宰人以鸾刀割牲，祝史以豆二取毛血，置于馔所，遂烹牲。其牲用太牢，二正座及先师首座，俎皆升右胖十一体。左丘明以下，折分余体升之。未明五刻，郊社令帅其属及庙司各服其服升，设先圣神座于庙室内西楹间，东向。设先师神座于先圣东北，南向。其余弟子冉伯牛、仲弓、宰我、子贡、冉有、子路、子游、子夏、闵子骞、曾参、高柴、宓子贱、公西赤、林放、樊须、有若、孔忠、琴牢、梁鳣、叔仲会、冉孺、曾点、陈亢、漆雕开、商瞿、司马耕、子张、巫马施、秦非、商泽、郑国、公冶长、澹台灭明、原宪、蘧伯玉、公伯寮、燕伋、秦祖、冉季、左人郢、公孙龙、任不齐、南宫绦、秦商、廉梁、步叔乘、施常、颜之仆、狄黑、漆雕哆、县成、颜路、颜哙、公祖句兹、伯虔、荣旂、颜高、秦冉申枨、颜辛、申党、公皙哀、后处、曹恤、奚容蒧、石作蜀、壤驷赤、漆雕徒父、乐欬等坐，及二十一贤左丘明、公羊高、穀梁赤、伏胜、高堂生、戴圣、毛苌、孔安国、刘向、郑众、杜子春、马融、卢植、郑玄、服虔、贾逵、何休、王肃、王弼、杜预、范宁等坐，以次东陈，皆南向西上。若东陈不容，则又于东壁屈陈而南西向。席皆以莞，设神位各于坐首。

馈享

享日，未明三刻，诸享官服其祭服，诸陪祭之官皆公服，学生青衿服。郊社令、良酝令各帅其属入实樽罍及币。牲樽实以醴斋，象樽实以盎斋，山罍实以清酒，斋加明水，酒加玄酒，各实于上樽。其币以白，长一丈八尺。太官令帅其属实诸笾、豆、簋、簠等。未明二刻，奉礼帅赞者先入就位，赞引引御史、太祝及令史、祝史与执樽罍篚幂者入自东门，当阶间重行，北面西上，立定。奉礼曰："再拜。"赞者承传。凡奉礼有辞,赞者皆承传。御史以下皆再拜,讫,执樽罍筐幂者各就位。赞引引御史、太祝诣东阶,升堂,行扫除于上,令史、祝史行扫除于下,讫,引就位。谒者引享官以下俱就门外位,其学生并入就门内位。未明一刻,太乐令帅工人、二舞次入就位,文舞入陈于悬内,武舞立于悬南道西。其升堂者皆脱履于下,降纳如常。谒者引司业入就位,立定。奉礼曰:"再拜。"司业再拜。谒者引司业诣东阶,升堂,行扫除于上,降,行乐悬于下,讫,引还本位。初司业行扫除讫,谒者、赞引各引享官以下学官以上次入就位,立定,奉礼曰:"众官再拜。"众官及学生皆再拜。其先拜者不拜。谒者进祭酒之左,白:"有司谨具,请行事。退复位。"协律郎跪,俯伏,举麾。凡取物者,皆跪,俯伏,而取以兴;奠物,则莫讫,俯伏,而后兴。鼓柷,奏《永和之乐》,以姑洗之均。自后堂下之乐,皆奏姑洗。作文舞之舞,乐舞三成,偃麾戛敔,乐止。凡乐皆协律郎举麾工鼓柷而后作,偃麾戛敔而后止。奉礼曰:"众官再拜。"众官在位者皆再拜。太祝俱跪取币于筐,兴,各立于樽所。谒者引祭酒升自东阶,进先圣神座前,西向立。太祝以币授祭酒,受币登歌,作《肃和之乐》,以南吕之均。谒者引祭酒进,西向,跪奠于先圣神座,兴,少退,西向再拜。谒者引祭酒当先师首座前,北向立。又太祝以币西向授祭酒,谒者引祭酒进,北向,跪奠于先师首座前,少退,北向再拜。登歌止。谒者引祭酒降,复位。初群官拜讫,祝史各奉毛血之豆,立东门外。登歌止。祝史奉毛血升自东阶,太祝迎取于阶上,进奠于先圣及先师首座前。太祝与祝史退立于樽所。初祭酒既升,奠币,太官令出,帅进馔者奉馔陈于东门之外。祭酒降复位。太官令引馔入俎。初入门,《雍和之乐》作,自后酌献皆作《雍和》。馔至阶,乐止。祝史各进,跪彻毛血之豆,降自东阶,以出。馔升,太祝迎引于阶上,各设于神座前。笾豆盖幂先彻，乃升簋簠，既奠，却其盖于下。设讫，太官令以下降复位，太祝还樽所。谒者引祭酒诣罍洗，盥手洗爵讫，引升诣先圣酒樽所，执樽者举幂。乐作，引祭酒诣先圣神座前，跪奠爵，俯伏，兴；少退，西向立，乐止。太祝持进于神座之右，北面跪，读祝文曰："维某年岁次月朔日，皇帝谨遣祭酒某封姓名，敢昭告于先圣孔宣父：惟夫子固天攸纵，诞降生知，经纬礼乐，阐扬文教。余烈遗风，千载是仰，俾兹末学，依仁游艺。谨以制币牺斋，粢盛庶品，祗奉旧章，式陈明荐，以先师颜子等配。尚飨。"太祝兴，祭酒再拜。初，读祝文讫，乐作，又太祝进，跪奠版于神座，还樽所。祭酒拜讫，乐止。谒者引祭酒诣先师酒樽所，取爵于坫。执樽者举幂，祭酒酌醴斋，乐作，谒者引祭酒进先师首座前，北向，跪，奠爵，兴；少退，北面立，乐止。祭酒既奠首座爵，余座皆斋郎助奠，相次而下。其亚献、终献，斋郎助奠亦如之。太祝持版进于先师神座之左，西向，跪读祝文曰："维某年岁次月朔日，子嗣开元神武皇帝谨遣祭官某姓名，敢昭告于先师颜子等七十二贤：爰以仲春，仲秋。率遵故实，敬修释奠于先圣孔宣父。惟子等或服膺圣教，德冠四科；或光阐儒风，贻范千载。谨以制币牺斋，粢盛庶品，式陈明荐，从祀配神。尚飨。"太祝兴，祭酒再拜。初，读祝文讫，乐作，太祝进，奠版于神座，还樽所。祭酒拜讫，乐止。谒者引祭酒诣东序，西向立，太祝各以爵酌罍福酒，合置一爵。一太祝持爵，进祭酒之左，北向立，祭酒再拜受爵，啐酒奠爵，俯伏，兴。太祝帅斋郎进俎，跪减先圣及先师首座前三牲胙肉，皆取前脚第二节。加于俎。又以笾取稷黍饭，兴。以胙肉各共置一俎，又以饭共置一笾。太祝先以饭笾授祭酒，祭酒受以授斋郎，又以俎授祭酒，祭酒每受以授斋郎。祭酒跪取爵，遂饮卒爵。太祝受爵，复于坫。祭酒俯伏，兴，再拜。谒者引祭酒降，复位。文舞出,鼓柷作《舒和之乐》,出讫,戛敔乐止。武舞入,鼓柷,作《舒和之乐》,立定,戛敔,乐止。初,祭酒献将毕,谒者引司业诣罍洗,盥手洗爵讫,谒者引升自东阶,诣先师酒樽所,执樽者举幂,司业酌盎斋讫。武舞作,谒者引司业进先圣神座前,西向,跪奠爵,兴。谒者引少退,西向,再拜讫。谒者引司业诣先师酒樽所,取爵于坫,执樽者举幂,司业酌盎斋,谒者引司业进先师首座前,北向,跪奠爵,兴。少退,司业再拜。谒者引司业诣东序,西向立。太祝各以爵酌罍福酒。合置一爵,一太祝持爵进司业之左。司业再拜,受爵,跪祭酒,遂饮卒爵。太祝进受爵,复于坫。司业兴,再拜。谒者引降,复位。初,司业献将毕,谒者引博士诣罍洗,盥手洗爵讫,升酌盎斋,终献如亚献之仪。讫,引降复位,武舞止。太祝等各进,跪彻豆,兴,还樽所。奉礼曰:“赐胙。”赞者唱:“众官再拜。”众官在位者及学生皆再拜,已饮福受胙者不拜。奏《永和之乐》。奉礼曰:“众官再拜。”众官在位者及学生皆再拜,乐一成止。谒者进祭酒之左,白请就望瘗位。谒者引祭酒就望瘗位,西向立。奉礼赞者就瘗埳东北位。初,在位者将拜,诸太祝各执篚进神座前,跪取币,兴,降自西阶,诣瘗埳,以币置于埳,讫,奉礼曰:“可瘗埳。”东西厢各四人,置土半埳。谒者进祭酒之左白:“礼毕。”遂引祭酒出。谒者、赞引各引享官以下以次出。初,白“礼毕”,奉礼帅赞者还本位。赞引引御史、太祝以下俱复执事位,立定,奉礼曰:“再拜。”御史、太祝以下皆再拜,赞引引出。诸学生以次出,其祝版燔于斋所。

《大唐开元礼》卷五四《吉礼》,

上海古籍出版社《钦定四库全书》本

凡春秋二分之月，上丁释奠于先圣孔宣父，以先师颜回配，七十二弟子及先儒二十二贤从祀焉。旧令唯祀十哲及二十二贤。开元八年，敕列曾参于十哲之次，并七十二子并许从祀。其名历已具于祠部。祭以太牢，乐用登歌、轩县、六佾之舞。若与大祭祀相遇，则改用中丁。祭酒为初献，司业为亚献，博士为终献。若皇太子释奠，则赞相礼仪，祭酒为之亚献。皇帝视学，皇太子齿胄，则执经讲义焉。凡释奠之日，则集诸生执经论议，奏请京文武七品以上清官并与观焉。

《唐六典》卷二一《国子监》，商务印书馆《钦定四库全书》本

〔开元〕二十八年二月五日，敕："文宣王庙，春秋释奠，宜令三公行礼，著之常式。"二十日，国子祭酒刘瑗奏："准故事，释奠之日，群官道俗，皆合赴监观礼，依故事著之常式。"制可。

《唐会要》卷三五《释奠》，中华书局一九五五年版

天宝元年七月，诏曰："古之教人，盖有彝训，必在劝学，使知其方。故每月释菜之时，常开讲座，用以发明圣旨，启迪生徒。待问者应而不穷，怀疑者质而无惑，弘益之致，不其然欤？或有凡流，矜于小辩，初虽论难，终杂诙谐，出言不经，积习成弊。自今以后，除问难经典之外，不得辄请。宜令本司长官严加禁止，仍委御史纠察。"

《册府元龟》卷五〇《帝王部》，中华书局一九六〇年版

及〔永泰二年〕二月朔上丁释奠，萧昕又奏：诸宰相元载、杜鸿渐、李抱玉及常参官、六军军将就国子学听讲论，赐钱五百贯。令京兆尹黎干造食。集诸儒、道、僧，质问竟日。此礼久废，一朝能

举。八月，国子学成祠堂、论堂、六馆院及官吏所居厅宇，用钱四万贯，拆曲江亭子瓦木助之。四日，释奠，宰相、常参官、军将尽会于讲堂，京兆府置食，讲论。军容使鱼朝恩说《易》，又于论堂画《周易》镜图。自至德二载收两京，唯元正含元殿受朝贺，设宫悬之乐，虽郊庙大祭，只有登歌乐，亦无文、武二舞。其时军容使鱼朝恩知监事，庙庭乃具宫悬之乐于讲堂前，又有教坊乐府杂伎，竟日而罢。

《旧唐书》卷二四《礼仪志四》，中华书局一九七五年版

大历二年二月丁亥，仗下后，宰臣及常参官等诣国子监，观释奠讲论。内侍鱼朝恩参其会焉。

八月丁亥，有司释奠于国学，宰臣及百官并内侍鱼朝恩，同会于国子监，观讲论。

三年八月丁未，释奠于文宣王庙。礼毕，内侍鱼朝恩及宰臣文武百官咸诣国子监，观讲论。有司陈馔，诏遣中使赐酒及三劝奖。

四月丁未，释奠于文宣王，许百寮诣国学，观讲论。

《册府元龟》卷五〇《帝王部》，中华书局一九六〇年版

建中三年二月，国子司业归崇敬奏：上丁释奠，其日准旧例，合集朝官讲论五经文义。自大历五年以前，常行不绝。其年八月以后，权停讲论。今既日逼，恐须复依旧奏。

《唐会要》卷三五《释奠》，中华书局一九五五年版

贞元二年二月，释奠。自宰臣已下，毕集于国学。学官升讲

座,陈五经大义及先圣之道。

《唐会要》卷三五《释奠》,中华书局一九五五年版

〔贞元〕十五年四月,归崇敬为膳部郎中,奏议每年春秋二时释奠,祝版御署讫,北面而揖。臣以为其礼太重。按《大戴礼》,师尚父授周武王丹书,武王东面受之。请参酌轻重,庶得其宜。

《唐会要》卷三五《释奠》,中华书局一九五五年版

大中三年十一月,国子祭酒冯审奏:"文宣王庙,始太宗立之,睿宗书额。武后初政之日,改篆题'大周'二字。请削去。"从之。

《唐会要》卷三五《褒崇先圣》,中华书局一九五五年版

后唐长兴三年五月七日,国子博士蔡同文奏:"伏见每年春秋二仲月上丁,释奠于文宣王,以兖国公颜子配坐,以闵子骞等为十哲排祭奠。其有七十二贤图形于四壁,面前皆无酒脯。自今后,乞准本朝旧规,文宣王四壁诸英贤画像面前,请各设一豆一爵祠飨。"中书帖太常礼院,检讨礼例分析申者。今礼院检《郊祀禄》,释奠文宣王并中祀例,祭以少牢,其配座十哲,见今行释奠之礼。伏自丧乱以来,废祭四壁英贤。今准帖,为国子博士蔡同文所奏,文宣王四壁诸英贤,各设一豆一爵祠享。当司详《郊祀录》,文宣王从祀诸座,各笾二,实以栗、黄牛脯;豆二,实以葵菹、鹿醢;簠、簋各一,实以黍、稷饭;酒爵一。礼文所设,祭器无一豆一爵之仪者。奉敕:"其文宣王四壁英贤,自此每释奠,宜准《郊祀录》,各陈脯、醢等诸物以祭。"

《五代会要》卷八《释奠》,上海古籍出版社一九七八年版

（五）州县释奠

前享三日，刺史散斋于别寝二日，致斋于厅事一日；亚献以下与享之官散斋二日各于正寝，致斋一日于享所。上佐为亚献，博士为终献。刺史上佐有故，并以次差摄。博士有故，次取参军事以上摄。散斋理事如旧，唯不吊丧问疾，不作乐，不判署刑杀文书，不行刑罚，不预秽恶。致斋惟享事得行，其余悉断。其享官已斋而阙者，通摄行事。助教及诸学生皆清斋于学馆一宿。

前享二日，本司埽除内外，又为瘗埳于院内堂之壬地，方深取足容物，南出陛。本司设刺史以下次于门外，随地之宜。

前享一日，晡后，本司帅其属守门。本司设三献位于东阶东南，每等异位，俱西向；设掌事位于三献东南，西向北上；设望瘗位于堂之东北，当瘗埳西向；设助教位于西阶西，当掌事位，学生位于助教之后，俱东面北上；设赞唱者位于瘗埳东北，南向东上；设三献门外位于道东，每等异位，西向，掌事位于终献之后，北上。祭器之数，每坐樽二，笾、豆各八，簠二，簋二，俎三。羊豕及腊各一俎。掌事者以樽、坫升设于堂上前楹间，北向。先圣之樽在西，先师之樽在东，俱西上，皆加勺、幂。先圣爵一，配坐爵四，各置于坫。设币篚于樽所，设洗罍东荣，南北以堂深。罍水在洗东，加勺、幂；篚在洗西，南肆，实爵三、巾二于篚，加幂。执樽、罍、洗、篚者，各就位于樽、罍、洗、篚之后。

享日未明，烹牲于厨。祝以豆二取毛血。夙兴，掌馔者实祭器。本司率①掌事者，设先圣神席于堂上西楹间，东向；设先师神席于

---

① "率"，此处依原本，同"帅"。

先圣神席东北,南向:席皆以莞。质明,诸享官各服祭服,助教儒服,学生青衿服。本司帅掌事者实樽、罍及币。各座樽二,一实玄酒为上,一实醴斋次之。礼神之币用白,各长一丈八尺。祝版各置于坫,赞唱者先入就位。祝二人与执樽、罍、篚者入,立于庭,重行,北面西上,立定。赞唱曰:"再拜。"祝以下皆再拜。执樽、罍、篚者各就位。祝升自东阶,行埽除讫,降自东阶,各就位。刺史将至,赞礼者引享官以下俱就门外位,助教、学生并入就门内位。刺史至,参军引之次,赞唱者先入就位。祝升自东阶,各立于樽后。刺史停于次,少顷,服祭服出次,参军事引刺史入就位,西向立,参军事退立于左,赞礼者引享官以下次入就位。凡导引者,每曲一逡巡。立定,赞唱者曰:"再拜。"刺史以下皆再拜。参军事少退刺史之左,北面,白:"请行事。"退复位。祝俱跪取币于篚,兴,各立于樽所。凡取物者,皆跪俯伏而取以兴,奠物则奠讫,俯伏而后兴。本司帅执馔者,奉馔陈于门外。参军事引刺史升自东阶,进先圣神座前,西向立。祝以币北面授刺史,参军事引刺史进,西向,跪奠于先圣神座,兴,少退,西向,再拜讫。参军事引刺史当先圣神座前,北面立。又祝以币西向授刺史,参军事引刺史进,北向跪奠于先师神座,兴,少退,北向再拜。参军事引刺史降,复位。本司引馔入,升自东阶,祝迎引于阶上,各设于神座前。笾豆,盖幂先彻乃升;簠簋既奠,却其盖于下。笾居左,豆居右,簠簋居其间。羊、豕二俎横而重于右,腊特于左。

　　设讫,本司引执馔者降出,祝还樽所。参军事引刺史诣罍洗,执罍者酌水,执洗者跪取盘,兴,承水。刺史盥手,执篚者跪取巾于篚,兴,进,刺史帨手讫。执篚者受巾,跪奠于篚,遂取爵,兴,以进。刺史受爵,执罍者酌水。刺史洗爵,执篚者又跪取巾于篚,兴,进。刺史拭爵讫,执篚者受巾,跪奠于篚。奉盘者跪奠盘,兴。

参军事引刺史升自东阶,诣先圣酒樽所,执樽者举幂,刺史酌醴齐。参军事引刺史诣先圣神座前,西向,跪奠爵,兴,少退,西向立。祝持版进于神座之右,北向,跪读祝文曰:"维某年岁次月朔日,子具位姓名,敢昭告于先圣孔宣父:惟夫子固天攸纵,诞降生知,经纬礼乐,阐扬文教。余烈遗风,千载是仰,俾兹末学,依仁游艺。谨以制币牺斋,粢盛庶品,祗奉旧章,式陈明荐,以先师颜子配神,尚飨。"祝兴,刺史再拜。祝进,跪奠版于神座,兴,还樽所。刺史拜讫,参军事引刺史诣先师酒樽所,取爵于坫。执樽者举幂,刺史酌醴斋,参军事引刺史诣先师神座前,北向跪,奠爵,兴,少退,北向立。祝持版进于神座之左,西向,跪读祝文曰:"维某年岁次月朔日,子刺史具官姓名,敢昭告于先师颜子:爰以仲春,仲秋。率遵故实,敬修释奠于先圣孔宣父。惟子庶几具体,德冠四科,服道圣门,实臻阃奥。谨以制币牺斋,粢盛庶品,式陈明献,从祀配神。尚飨。"祝兴,刺史再拜。祝进,跪奠版于神座,兴,还樽所。刺史拜讫,参军事引刺史诣东序,西向立,祝各以爵酌罍福酒,合置一爵。一祝持爵进刺史之左,北向立,刺史再拜,受爵,跪祭酒,啐酒奠爵,俯伏,兴。祝各帅进馔者进俎,跪减先圣神前胙肉,各取前脚第二骨。共置一俎上。又以箆取黍稷饭共置一箆,兴。祝先以饭进,刺史受以授执馔者,又以俎进,刺史受以授执馔者。刺史跪取爵,遂饮卒爵。祝进受爵,复于坫。刺史兴,再拜。参军事引刺史降,复位。初,刺史献将毕,赞礼者引亚献诣罍洗,盥手洗爵,升献饮福,皆如刺史之仪。唯不读祝,不受胙。讫,降复位。亚献将毕,赞礼者引终献诣罍洗盥洗,升献如亚献之仪。讫,降复位。祝各进神座前,跪彻豆,兴,还樽所。彻者箆、豆各一,少移于故处。赞唱者曰:"赐胙再拜。"非饮福受胙者皆再拜。赞唱者又曰:"再拜。"刺史以下皆再拜。参军事少进,北面白:"请就望瘗位。"参军事引刺史就望瘗位,西向立。赞唱者转就瘗堆,东北位。初。在位者将拜,祝各以篚进神座前,跪取币,降自西阶,诣埋堆,以币置于堆,讫,赞唱者曰:"可瘗堆。"东西厢各二人,置土半堆。埋讫,置土者以篚出。参军事少进刺史之左,北面,白:"礼毕。"遂引刺史出。赞礼者各引享官以下以次出。初,礼毕,赞唱者还本位。祝与执樽罍篚者俱复掌事位,立定。赞唱者曰:"再拜。"祝以下俱再拜,以次出,其祝版燔于斋所。

《大唐开元礼》卷六九《诸州释奠于孔宣父》,

上海古籍出版社《钦定四库全书》本

　　前享三日,县令散斋于别寝二日,致斋于厅事一日;亚献以下与祭之官散斋二日各于正寝,致斋一日于享所。丞为亚献,主簿及尉通为终献。若县令以下有故,并以次差摄。县官不足,以州官判佐以下及比县官充。散斋理事如旧,惟不吊丧问疾,不作乐,不判署刑杀文书,不行刑罚,不预秽恶。致斋惟享事得行,其余悉断。其享官已斋而阙者,通摄行事。学官及诸学生皆清斋于学馆一宿。

　　前享二日,本司埽除内外,又为瘗堆于院内堂之壬地,方深取足容物,南出陛。本司设县令以下次于门外,随地之宜。

　　前享一日,晡后,本司帅其属守门。本司设三献位于东阶东南,每等异位,俱西向。设掌事者位于三献东南,西向北上;设望瘗位于堂之东北,当瘗堆西南;设学官位于西阶西南,当掌事位,学生位于学官之后,俱东向北上;设赞礼者位于三献西南,西向北上;又设赞唱者位于瘗堆东北,南向东上;设三献门外位于道东,每等异位,俱西向,掌事位于终献之后,北上。祭器之数,每坐樽二,笾八,豆八,簠二,簋二,俎三。羊豕及腊各一俎。掌事者以樽、坫升设于堂上前楹间,北向。先圣之樽在西,先师之樽在东,俱西上,皆加勺幂。先圣爵一,配侍爵四,各置于坫。设币篚于樽所,设洗置东荣,南北以堂深。罍水在洗东,加勺幂;篚在洗西,南肆,实爵三巾,二于篚,加罍。执樽、幂、洗、篚者,各于樽、罍、洗、篚之后。

享日未明,烹牲于厨。祝以豆二取毛血。夙兴掌馔者实祭器。本司帅掌事者,设先圣神席于西楹间,东向;设先师神席于先圣神座东北,南向:席皆以莞。质明,诸享官各服祭服,学官儒服,学生青衿服。本司帅掌事者入,实樽、罍及币。每座樽二,一实玄酒为上,一实醴斋次之。礼神之币用白,各长一丈八尺。祝版各置于坫,赞唱者先入就位。祝二人与执樽、罍、篚者入,立于庭,以西为上,立定。赞唱者赞:"再拜。"祝以下皆再拜。执樽、罍、篚者各就位。祝升自东阶,行埽除讫,降自东陛以出,还斋所。县令将至,赞礼者引享官以下俱就门外位。学官、学生并入就门内位。县令至,赞礼者引之次,赞唱者先入就位。祝升自东阶,各立于樽后。县令停于次,少顷,服祭服出次,赞礼者引县令入就位,西向立,赞礼退立于左,赞唱者引享官以下次入就位。凡引导者,每曲一逡巡。立定,赞唱者曰:"再拜。"县令以下皆再拜。赞礼者少进县令之左,白:"请行事。"退复位。祝俱跪取币于篚,兴,各立于樽所。凡取物者,皆跪俯伏而取,以兴,奠物则奠讫,俯伏而后兴。

本司帅执馔者,奉馔陈于门外。赞礼者引县令升自东阶,进先圣神座前,西向立。祝以币北向授,县令受币,赞礼者引县令西向,跪奠于先圣神坐,兴,少退,西向,再拜讫。赞礼者引县令当先师神座前,北向立。祝又以币西向授,县令受币,赞礼者引县令北向,跪奠于先师神座,兴,少退,北向再拜。赞礼者引县令降,复位。本司引馔入,升自东阶,祝迎引子阶上,各设于神座前。笾豆,盖幂先彻乃升;簠簋既奠,却其盖于下。笾右豆左,簠簋居其间。羊、豕二俎横而重于右,腊特于左。设讫,本司与执馔者降出,祝还樽所。赞礼者引县令诣罍洗,执罍者酌水,执洗者跪取盘,兴,承水。县令盥手,执篚者跪取巾于篚,兴,进,县令帨手讫。执篚者受巾,跪奠于篚,遂取爵,兴,以进。县令受爵,执罍者酌水。县令洗爵,执篚者跪取巾于篚,兴,进。县令拭爵讫,受巾,跪奠于篚。奉盘者跪奠盘,兴。赞礼者引县令升自东阶,诣先圣酒樽所,执樽者举幂,县令酌礼斋。赞礼者引县令诣先圣神座前,西向,跪奠爵,兴,少退,西向立。祝持版进于神座之右,北面,跪读祝文曰:"维某年岁次月朔日,子县令具官姓名,敢昭告于先圣孔宣父:惟夫子固天攸纵,诞降生知,经纬礼乐,阐扬文教。余烈遗风,千载是仰,俾兹末学,依仁游艺。谨以制币牺斋,粢盛庶品,祇奉旧章,式陈明荐,以先师颜子配。尚飨。"祝兴,县令再拜。祝进,跪奠版于神座,还樽所。县令拜讫,赞礼者引县令诣先师酒樽所,取爵于坫。执樽者举幂,县令酌醴斋,赞礼者引县令诣先师神座前,北面,跪奠爵,兴,少退,北向立。祝持版进于神座之右,西向,跪读祝文曰:"维某年岁次月朔日,子县令具官姓名,敢昭告于先师颜子:爰以仲春,仲秋。率遵故实,敬修释典于先圣孔宣父。惟夫子庶几具体,德冠四科,服道圣门,实臻壶奥。谨以制币牺斋,粢盛庶品,式陈明献,从祀配神。尚飨。"祝兴,县令再拜。祝进,跪奠版于神座,兴,还樽所。县令拜讫,赞礼者引县令诣东序,西向立,祝各以爵酌福酒,合置一爵。一祝持爵进县令之左,北向立,县令再拜,受爵,跪奠酒,啐酒奠爵,俯伏,兴。祝各帅执馔者进俎,跪减先圣神前胙肉。各取前脚第二骨。共置一俎上。又以笾取稷黍饭,共置一笾。祝先以饭进,县令受以授执馈者。又以俎进,县令受以授执馈者。县令跪取爵,遂饮卒爵。祝进受爵,复于坫。县令兴,再拜。赞礼者引县令降,复位。初,县令献将毕,赞礼者引亚献诣罍洗,盥手洗爵,升献饮福,如县令之仪。惟不读祝,版不受胙。讫,降复位。初,亚献将毕,赞礼者引终献诣罍洗,盥手洗爵,升献饮福,如亚献之仪。讫,降复位。祝各进神座前,跪彻豆还尊所。彻者笾、豆各一,少移于故处。赞唱者曰:"赐胙再拜。"非饮福受胙者皆再拜。赞唱者又曰:"再拜。"县令以下皆再拜。赞礼者少进,白:"请就望瘗位。"赞礼者引县令就望瘗位,西向立。赞唱者转就瘗埳,东北位。初,在位者将拜,祝各以筐进神座前,跪取币,降自西阶,诣瘗埳,以币置于埳,讫,赞唱者曰:"可瘗埳。"东西厢各二人,置土半埳。瘗讫,置土者以筐出。赞礼者进县令之左,北面,白:"礼毕。"遂引县令出。赞礼者各引享官以次出,初白:"礼毕。"赞唱者还本位。祝与执樽罍洗筐者俱复掌事位立定。赞唱者曰:"再拜。"祝以下俱再拜,以出,其祝版燔于斋所。

《大唐开元礼》卷七二《吉礼·诸县释奠于孔宣父》,

上海古籍出版社《钦定四库全书》本

开元十一年,春秋二时释奠,诸州宜依旧用牲牢,其属县用酒脯而已。

《旧唐书》卷二四《礼仪志四》,中华书局一九七五年版

〔开元〕十一年九月七日,敕:春秋二时释奠,诸州府并停牲牢,惟用酒脯。自今已后,永为常式。

《唐会要》卷三五《释奠》,中华书局一九五五年版

〔开元〕十九年正月,春秋二时社及释奠,天下州县等停牲牢,唯用酒脯,永为常式。

《旧唐书》卷二四《礼仪志四》,中华书局一九七五年版

(六) 贡士谒见及使者观礼

开元五年九月诏:诸州乡贡明经、进士见讫,宜令引就国子监,谒先师。学官为之开讲,质问疑义,仍令所司优厚设食。两馆及监内得解举人,亦准此。其日,清官五品已上,及朝集使,并往观礼,即为常式。谒先师,自此始也。

《唐会要》卷七六《贡举中·缘举杂录》,中华书局一九五五年版

古有宾献之礼,登于天府,扬于王庭。重学尊儒,兴贤造士,能美风俗,成教化,先王之所以繇焉。朕以寡德,钦若前政,思与大夫士复臻于理。每日访道,有时忘食;乙夜观书,分宵不寐。悟专经之义笃,知学史之文繁。永怀覃思,有足尚者,不有褒崇,孰云奖劝? 其诸州乡贡明经、进士,见讫,宜令引就国子监谒先师,学官为之开讲,质问其义。仍令所司优厚设食。两馆及监内得举人,亦准此。其清资官五品已上及朝集使,并往观礼,即为常式。《易》曰:"学以聚之,问以辩之。"《诗》云:"如切如磋,如琢如磨。"此朕所望于贤才矣。(开元五年)

《唐大诏令集》卷一○五《令明经进士就国子监谒先师敕》,

商务印书馆一九五九年版

〔开元八年〕十一月,诏贡举人谒先师开讲,仍令朝集使及京

官观礼。

《册府元龟》卷五○《帝王部》，中华书局一九六○年版

〔开元〕二十六年正月，敕："诸州乡贡见讫，令引就国子监谒先师，学官为之开讲，质问疑义，有司设食。弘文、崇文两馆学生及监内得举人，亦听预焉。"其日，祀先圣已下，如释奠之礼。青官五品已下及朝集使，就监观礼。遂为常式，每年行之至今。

《旧唐书》卷二四《礼仪志四》，中华书局一九七五年版

〔开元〕二十六年正月，敕："诸州乡贡见讫，令引就国子监谒先师，学官为之开讲，质问疑义，有司设食。宏文、崇文两馆学生及监内举人，亦听参焉。"遂为常式，每年行之。

《唐会要》卷三五《释奠》，中华书局一九五五年版

〔贞元〕九年九月，太常奏以十一月贡举人谒先师。今与亲享太庙日同。准《六典》，上丁释奠，若与大祀同日，即用中丁。谒先师请别择日。从之。

《唐会要》卷三五《释奠》，中华书局一九五五年版

〔元和〕二年八月，国子监奏："准敕，今月二十四日，诸州府乡贡明经、进士见讫，宜令就国子学官讲论，质定疑义。仍令百寮观礼者。伏恐学官职位稍卑，未足饰扬盛事。伏请选择常参官有儒学者三两人，与学官同为讲说，庶得圣朝大典，辉映古今。"于是命兵部郎中蒋武、考功员外郎刘伯刍、著作郎李蕃、太常博士朱颖、

郯王府谘议章廷珪同赴国子监论讲。

《唐会要》卷六六《东都国子监》,中华书局一九五五年版

元和九年十一月,礼部贡院奏:"贡举人见讫,谒先师,准格,学官为开讲,质定疑义。常参及致仕官观礼。旧例,至时举奏。"诏:"宜谒先师,余著停。"后虽每年举奏,并不复行。

《唐会要》卷三五《释奠》,中华书局一九五五年版

敕:夫国学者,立教之本。故观文字可以知道,可以成化。庠序爰作,皆粉泽于神灵;车书是同,乃范围于天下。自戎夷纳款,日夕归朝,慕我华风,敦先儒礼。由是执于干羽,常不讨而来宾;事于俎豆,庶既知而往学。彼蓬麻之自直,在桑椹之怀音,则仁岂远哉,习相近也。自今已后,蕃客入朝,并引向国子监,令观礼教。(开元二年十二月二十二日)

《唐大诏令集》卷一二八《令蕃客国子监观礼教敕》,

商务印书馆一九五九年版

三、 教学制度

〔元〕善之通博,在何妥之下,然以风流酝藉,俯仰可观,音韵清朗,听者忘倦,由是为后进所归。妥每怀不平,心欲屈善。因善讲《春秋》,初发题,诸儒毕集。善私谓妥曰:"名望已定,幸无相苦。"妥然之。及就讲肆,妥遂引古今滞义以难,善多不能对。善深衔之,二人由是有隙。

《隋书》卷七五《元善传》,中华书局一九七三年版

刘焯字士元，信都昌亭人也。……与著作郎王劭同修国史，兼参议律历，仍直门下省，以待顾问。俄除员外将军。后与诸儒于秘书省考定群言，因假还乡里，县令韦之业引为功曹。寻复入京，与左仆射杨素、吏部尚书牛弘、国子祭酒苏威、国子祭酒元善、博士萧该、何妥、太学博士房晖远、崔崇德、晋王文学崔赜等，于国子共论古今滞义，前贤所不通者。每升座，论难锋起，皆不能屈，杨素等莫不服其精博。六年，运洛阳《石经》至京师，文字磨灭，莫能知者，奉敕与刘炫等考定。

《隋书》卷七五《刘焯传》，中华书局一九七三年版

凡教授之经，以《周易》《尚书》《周礼》《仪礼》《礼记》《毛诗》《春秋左氏传》《公羊传》《穀梁传》各为一经；《孝经》《论语》《老子》，学者兼习之。诸教授正业，《周易》，郑玄、王弼注；《尚书》，孔安国、郑玄注；三礼、《毛诗》，郑玄注；《左传》，服虔、杜预注；《公羊》，何休注；《穀梁》，范宁注；《论语》，郑玄注；《老子》，河上公注。其《礼记》《左传》为大经，《毛诗》《周礼》《仪礼》为中经，《周易》《尚书》《公羊》《穀梁》为小经。每岁终，考其学官训导功业之多少，而为之殿最。

《唐六典》卷二一《国子监》，商务印书馆《钦定四库全书》本

国子博士掌教……，五分其经以为之业，习《周礼》《仪礼》《礼记》《毛诗》《春秋左氏传》，每经各六十人，余经亦兼习之。习《孝经》《论语》，限一年业成；《尚书》《春秋公羊》《穀梁》，各一年半；《周易》《毛诗》《周礼》《仪礼》，各二年；《礼记》《左氏春秋》，各三年。……其习经有暇者，命习隶书并《国语》《说文》《字林》《三苍》《尔雅》。每旬前一日，则试所习业。每岁，其生有能通两经已上

求出仕者,则上于监;堪秀才进士者,亦如之。

助教掌佐博士分经以教授焉。……

太学博士掌教……,五分其经以为之业,每经各百人,其束脩之礼,督课、试举,如国子博士之法。……

四门博士掌教……,分经同太学,其束脩之礼,督课、试举,同国子博士之法。……

律学博士掌教……,以律、令为专业,格、式、法例亦兼习之,其束脩之礼,督课、试举,如三馆博士之法。……

书学博士掌教……,以《石经》《说文》《字林》为专业,余字书亦兼习之。《石经》三体书限三年业成,《说文》二年,《字林》一年。其束脩之礼,督课、试举,如三馆博士之法。……

算学博士掌教……,二分其经以为之业:习《九章》《海岛》《孙子》《五曹》《张丘建》《夏侯阳》《周髀》十有五人,习《缀术》《缉古》十有五人,其《记遗》《三等数》亦兼习之。《孙子》《五曹》共限一年业成,《九章》《海岛》共三年,《张丘建》《夏侯阳》各一年,《周髀》《五经算》共一年,《缀术》四年,《缉古》三年。其束脩之礼,督课、试举,如三馆博士之法。

《唐六典》卷二一《国子监》,商务印书馆《钦定四库全书》本

凡博士、助教,分经授诸生,未终经者无易业。……

凡《礼记》《春秋左氏传》为大经,《诗》《周礼》《仪礼》为中经,《易》《尚书》《春秋公羊传》《穀梁传》为小经。通二经者,大经、小经各一,若中经二。通三经者,大经、中经、小经各一。通五经者,大经皆通,余经各一,《孝经》《论语》皆兼通之。凡治《孝经》《论语》共限一岁,《尚书》《公羊传》《穀梁传》各一岁半,《易》《诗》《周

礼《仪礼》各二岁,《礼记》《左氏传》各三岁。学书,日纸一幅,间习时务策,读《国语》《说文》《字林》《三苍》《尔雅》。凡书学,石经三体限三岁,《说文》二岁,《字林》一岁。凡算学,《孙子》《五曹》共限一岁,《九章》《海岛》共三岁,《张丘建》《夏侯阳》各一岁,《周髀》《五经算》共一岁,《缀术》四岁,《缉古》三岁,《记遗》《三等数》皆兼习之。

《新唐书》卷四四《选举志上》,中华书局一九七五年版

仪凤三年五月,诏:"自今已后,《道德经》并为上经,贡举人皆须兼通。其余经及《论语》,任依常式。"

《旧唐书》卷二四《礼仪志四》,中华书局一九七五年版

则天长寿二年,自制《臣轨》两卷,令贡举人为业,停《老子》。神龙元年,停《臣轨》,复习《老子》。

《旧唐书》卷二四《礼仪志四》,中华书局一九七五年版

〔开元〕二十二年四月,诏曰:"风化之本,其在庠序。去秋不熟,生徒暂令就舍。讲习之地,安可久闲?其两监生在外者,即宜赴学。"

《册府元龟》卷五〇《帝王部》,中华书局一九六〇年版

天宝元年五月,中书门下奏:两京及诸郡崇元馆学生等,准开元二十九年正月十五日制,前件举人,合习《道德》《南华》《通元》《冲虚》等四经。又准天宝元年二月十日制,改《庚桑子》为《洞灵真经》,准条补。崇元学生亦合集读。伏准旧制,合通五经,其《洞

灵真经》，人间少本。近令诸观寻访，道士等全无习者。本既未广，业实难成。并《通元》《冲虚》二经，亦恐文字不定。元教方阐，学者宜精，其《洞灵真经》等三经，望付所司，各写十本。校定讫，付诸道采访使颁行。其贡举司及两京崇元学，亦望各付一本。今冬，崇元学举人，望准开元二十九年敕条考试，其《洞灵真经》，请待业成，然后准式。从之。

《唐会要》卷六四《史馆下·崇元馆》，中华书局一九五五年版

　　《礼记·王制》曰，天子学曰辟雍。又《五经通义》云，辟雍，养老教学之所也。以形制言之，雍，壅也；辟，璧也。壅水环之，圆如璧形。以义理言之，辟，明也；雍，和也。言以礼乐明和天下。《礼记》亦谓之泽宫。《射义》云，天子将祭，必先习射于泽宫。故前代文士，亦呼云璧池，亦曰璧沼，亦谓之学省。后汉光武立明堂、辟雍、灵台，谓之三雍宫。至明帝躬行养老于其中。晋武帝亦作明堂、辟雍、灵台，亲临辟雍，行乡饮酒之礼。又别立国子学，以殊士庶。永嘉南迁，唯有国子学，不立辟雍。北齐立国子寺，隋初亦然。至炀帝大业十三年，改为国子监。今国家富有四海，声明文物之盛，唯辟雍独阙，伏请改国子监为辟雍省。

　　又以：

　　祭酒之名，非学官所宜。按《周礼》："师氏掌以美诏王，教国子。"请改祭酒为太师氏，位正三品。又司业者，义在《礼记》，云"乐正司业"。正，长也，言乐官之长，司主此业。《尔雅》云："大板谓之业。"按《诗·周颂》："设业设簴，崇牙树羽。"则业是悬钟磬之枸簴也。今太学既不教乐，于义则无所取，请改司业一为左师，一为右师，位正四品上。

又以：

五经六籍，古先哲王致理之式也。国家创业，制取贤之法，立明经，发微言于众学，释回增美，选贤与能。自艰难已来，取人颇易，考试不求其文义，及第先取于帖经，遂使专门业废，请益无从，师资礼亏，传受义绝。今请以《礼记》《左传》为大经，《周礼》《仪礼》《毛诗》为中经，《尚书》《周易》为小经，各置博士一员。其《公羊》《穀梁》文疏少，请共准一中经，通置博士一员。所择博士，兼通《孝经》《论语》，依凭章疏，讲解分明，注引旁通，问十得九，兼德行纯洁，文词雅正，仪形规范，可为师表者，令四品以上各举所知。在外者给驿，年七十已上者蒲轮。其国子、太学、四门、三馆，各立五经博士，品秩上下，生徒之数，各有差。其旧博士、助教、直讲、经直及律馆、算馆助教，请皆罢省。

其教授之法，学生至监，谒同业师。其所执贽，脯脩一束，清酒一壶，衫布一段，其色随师所服。师出中门，延入与坐，割脩斟酒，三爵而止。乃发箧出经，抠衣前请。师为依经辨理，略举一隅，然后就室。每朝、晡二时请益，师亦二时居讲堂，说释道义，发明大体，兼教以文行忠信之道，示以教悌睦友之义。旬省月试，时考岁贡。以生徒及第多少，为博士考课上下。其有不率教者，则榎楚扑之。国子不率教者，则申礼部，移为太学。太学之不变者，移之四门。四门之不变者，归本州之学。州学之不变者，复本役，终身不齿。虽率教九年而学不成者，亦归之州学。

其礼部考试之法，请无帖经，但于所习经中问大义二十，得十八为通，兼《论语》《孝经》各问十得八，兼读所问文注义疏，必令通熟者为一通。又于本经问时务策三道，通二为及第。其中有孝行闻于乡闾者，举解具言于习业之下。省试之日，观其所实，义少两道,亦请兼收。其天下乡贡,亦如之。习业考试,并以明经为名。得第者,授官之资与进士同。若此,则教义日深,而礼让兴;礼让兴,则强不犯弱,众不暴寡。此由太学而来者也。

《旧唐书》卷一四九《归崇敬传》,中华书局一九七五年版

裴肃,贞元中为国子司业,奏:"《尔雅》为六经文字之楷,《老子》是圣人玄微之旨。请勒天下明经、进士、五经及明一经进士、五经及诸科举人,依前习《道德经》者,宜准天宝元年敕处分。应合习《尔雅》者,并准旧式。"初,天宝元年,尊崇道教,以《老子》乃玄元皇帝微言奥旨,不可列为小经,令有司以《尔雅》代《老子》。至贞元五年四月,宰臣又议,云所习《尔雅》多是草木鸟兽之名,无益理道。又令举人停《尔雅》,改习《道德经》。至是,又改焉。

《册府元龟》卷六○四《学校部》,中华书局一九六○年版

说释典籍谓之讲,讲之为言,沟也,如农之耕田畴焉。田畴将植而求实,虽耕矣,必沟分其畦垄,嘉谷由是乎生。典籍将肆以求明,虽习矣,必讲穷其旨趣,儒术由是乎成。我国庠春享先师,后更月命太学博士清河张公讲《礼记》,成儒术也。圣祖三刊经九,公通其六,精于五,而《礼记》在乎其中。礼也者,御人之大,故首于群籍而讲之。束脩既行,筵肆乃设,公就几北坐南面,直讲抗牍南坐北面,大司成端委居于东,小司成率属列于西。国子师长序公侯子孙自其馆,太学师长序乡大夫子孙自其馆,四门师长序八方俊造自其馆,广文师长序天下秀彦自其馆。其余法家、墨家、算家,辍业以从,亦自其馆。没阶云来,即集鳞居,攒弁如星,连襟成帷。公先申有礼之本,次陈用礼之要,正三代损益得失,定百家疏

义长短；镕乎作者之意，注乎学者之耳。河倾于悬，风落于天，清泠洒荡，幽远无泥。所昧镜彻于灵台，所疑冰释于心泉。后一日，闻于朝，百司达官造者半。后一日，闻于都，九域知名造者半，皆寻声得器，虚来实归。予职在下庠，亦掌有教，道不足训，领徒从公。惟始泊终，睹公之美，敬书盛事，记诸屋壁，拜列当时执简抠衣者于左偏。贞元十四年五月二十七日记。

《欧阳行周文集》卷五《太学张博士讲礼记记》，

商务印书馆《四部丛刊初编》本

问：学者，教之根，理之本。国家设庠序以崇儒术，张礼乐而厚国风，师资肃以尊严，文物焕其明备。何则学《诗》《书》者，拘于文而不通其旨？习《礼》《乐》者，滞于数而不达其情？故安上之礼未行，化人之学将落。今欲使工祝知先王之道，生徒究圣人之心，《诗》《书》不失于愚诬，《礼》《乐》无闻于盈减，积之为言行，播之为风化。何为何作，得至于斯？

臣闻：化人动众，学为先焉；安上尊君，礼为本焉。故古之王者，未有不先于学，本于礼，而能建国君人，经天纬地者也。国家删定六经之义，裁成五礼之文，是为学者之先知，生人之大惠也。故命太常以典礼乐，立太学以教《诗》《书》，将使乎四术并举而行，万人相从而化。然臣观太学生徒，诵《诗》《书》之文，而不知《诗》《书》之旨；太常工祝，执《礼》《乐》之器，而不识《礼》《乐》之情。遗其旨，则作忠兴孝之义不彰；失其情，则合敬同爱之诚不著。所谓去本而从末，弃精而得粗。至使陛下语学有将落之忧，顾礼有未行之叹者，此由官失其业，师非其人，故但有修习之名，而无训导之实也。伏望审官师之能否，辨教学之是非，俾讲《诗》者，以六义风赋为宗，不专于鸟兽草木之名也；读《书》者，以五代典谟为旨，不专于章句诂训之文也；习《礼》者，以上下长幼为节，不专于俎豆之数、裼袭之容也；学《乐》者，以中和友孝为德，不专于节奏之变、缀兆之度也。夫然，则《诗》《书》无愚诬之失，《礼》《乐》无盈减之差，积而行立者，乃升之于朝廷；习而事成者，乃用之于宗庙。是故温柔敦厚之教，疏通知远之训，畅于中而发于外矣。庄敬威严之貌，易直子谅之心，行于上而流于下矣。则睹之者，莫不承顺；闻之者，莫不率从。管乎人情，出乎理道，欲人不化，上不安，其可得乎？

《白居易集》卷六五《策林四·救学者之失》，

中华书局一九七九年版

夫居位而愧道者，上则荒其业，下则偷其言。业而可荒，文弊也；言而可偷，训薄也。故圣人惧是浸移其化，上自天子，下至子男，必立庠以化之，设序以教之。犹歉然不足，士有业高训深，必诎礼以延之，越爵以贵之，俾庠声序音，玲珑于珩珮，锵訇于金石，此圣人之至治也。今国家立成均之业，其礼盛于周，其品广于汉，其诎礼越爵，又甚于前世，而未免乎愧道者，何哉？夫圣人之为文也，为经约乎史，赞《易》近乎象，《诗》《书》止乎删，《礼》《乐》止乎定，《春秋》止乎修。然六籍仪形乎千万世，百王更命迭号，莫不由是大也。其幽幽于鬼神，其妙妙于玄造，后之人苟不能行。决句释者，犹万物但被玄造之化者耶。故万物但化而已，不知玄造之源也。夫六艺之于人，又何异于是？故《诗》得毛公，《书》得伏生，《易》得杨、何，《礼》得二戴，《周官》得郑康成，撷其微言，铽其大义，幽者明于日月，奥者廓于天地。然则今之讲习之功与决释之功，不啻半矣。其文得不弊乎？其训得不薄乎？呜呼！西域氏之教其徒,日以讲习决释其法为事。视吾之太学,又足为西域氏之羞矣。足下出文阃,生学世,业精前古,言高当今。洸洸乎,洋洋乎,为诸生之蓍龟,作后来之绵蕝。得不思居其位者不愧其道,处于职者不堕其业乎? 否则,市《大易》负乘之讥,招诗人《伐檀》之刺矣。奚不日诫其属,月励其徒,年持六籍,日决百氏,俾诸生于圣典也,洞知大晓。犹驾车者必知康庄,操舟者必知河海。既若是矣,执其业者,精者进而堕者退,公者得而私者失。非惟大发于儒风,抑亦不苟于禄位。足下之道,被于太学也,其利可知矣。果行是说,则太华之石,峨峨于成均之门者,吾不颂于他人矣。足下听之无忽。日休再拜。

《皮子文薮》卷九《移成均博士书》,

上海古籍出版社一九八一年版

后唐段颙为太常丞。明宗天成二年三月,奏请国学五经博士各讲本经,以申横经齿胄之义。

《册府元龟》卷六〇四《学校部》,中华书局一九六〇年版

伏以国家开设庠序,比要教授生徒,所以日就月将,知讨论之不废卜祶,视学明考较之有程。先生既以亲临,学士岂宜他适?盖以顷者监名虽补,各以私便无常,且居冈离群,则学能敬业,终成孤陋,谁为琢磨?但希托迹为梯媒,只以多年为次第,罔思蚁术,惟俟莺迁,忍淹违养之时,徒积观光之岁。今国家化被流沙,渐海政敷,有截无疆,大扇素风,恢张至道。是以重兴数仞,分设诸官,教且有常,业成无忒,而况时物甚贱,馆舍尤多,谅无悬磬之虞,足得撞钟之问。但自学徒所好,可以教亦随机。既欲成名,必

须精业。如有好《春秋》者，教之以属辞比事，三体五情，尊王室而讨不庭，昭沮劝而起新旧。其所异同者，则引之以二传也。如有好《礼》者，则教之以恭俭庄敬，长幼尊卑，言揖让而知献酬，明冠昏而重丧祭。其所讼革者，则证之以二礼也。如有好《诗》者，则教之以温柔敦厚，辨之以草木虫鱼，美盛德而刺淫昏，歌风雅而察正变。如有好《书》者，则教之以疏通知远，释之以训诰典谟，思帝德而敬王言，稽古道而建皇极。如有好《易》者，则教之以洁静精微，戒之以躁动竞进，体十翼而分交爻，应吉凶而先据议也。至于历代子史，备述变通，既属异端，诚非教本。但以适当凝冻，将近试期，欲讲小经，以消短景。今已请尚书博士田敏讲勘《论语》《孝经》，行莫大于事亲，道莫逾于务本。如有京中诸官子弟及外道举人，况四门博士赵著见讲《春秋》，若有听人，从其所欲。颛俟放榜，别启诸经。既温故而知新，惜寸阴而轻尺璧，颛经者若能口诵，硕学者又得指归，自然縻好爵以当仁，策科名而得俊。幸不孤于选士，冀有益于化风。

《册府元龟》卷六〇四《学校部》，中华书局一九六〇年版

四、 考核制度

以每年国子监所管学生，国子监试；州县学生，当州试。并选艺业优长者为试官，仍长官监试。其试者，通计一年所受之业，口问大义十条，得八已上为上，得六已上为中，得五已上为下。及其学九年，律生则六年。不贡举者，并解追。其从县向州者，年数下第，并须通计。服阕重仕者，不在计限，不得改业。

《唐会要》卷三五《学校》，中华书局一九五五年版

国子祭酒、司业之职，掌邦国儒学训导之政令，……每岁终，考其学官训导功业之多少，而为之殿最。

丞掌判监事，凡六学生每岁有业成上于监者，以其业与司业、祭酒试之：明经，帖经，口试，策经义；进士，帖一中经，试杂文，策时务，征故事；其明法、明书、算，亦各试所习业。登第者，白祭酒，上于尚书礼部。其试法皆依考功，又加以口试，明经帖限通八已上，明法、明书皆通九已上。

．．．．．．．．．．．

国子博士掌教……每旬前一日，则试其所习业。试读者，每千言内试一帖；试讲者，每二千言内问大义一条，总试三条，通一及全不通，斟量决罚。每岁，其生有能通两经已上求出仕者，则上于监；堪秀才、进士者，亦如之。太学博士掌教……五分其经以为之业，每经各百人。其束脩之礼，督课、试举，如国子博士之法。……

四门博士掌教……督课、试举，同国子博士之法。……

律学博士掌教……督课、试举，如三馆博士之法。……

书学博士掌教……督课、试举，如三馆博士之法。……

算学博士掌教……督课、试举，如三馆博士之法。……

　　　　《唐六典》卷二一《国子监》，商务印书馆《钦定四库全书》本

旬给假一日。前假，博士考试，读者千言试一帖，帖三言，讲者二千言问大义一条，总三条，通二为第，不及者有罚。岁终，通一年之业，口问大义十条，通八为上，六为中，五为下。并三下与在学九岁、律生六岁不堪贡者罢归。诸学生通二经、俊士通三经已及第而愿留者，四门学生补太学，太学生补国子学。

　　　　《新唐书》卷四四《选举志上》，中华书局一九七五年版

〔开元〕十六年十二月，国子祭酒杨玚奏："今之举明经者，主司不详其述作之意，每至帖试，必取年头月尾，孤经绝句。自今已后，考试者尽帖平文，以存大典。"

《唐会要》卷七五《贡举上·帖经条例》，中华书局一九五五年版

开元二十六年正月八日敕文："宏文、崇文生，缘是贵胄子孙，多有不专经业，便与及第，深谓不然。自今已后，一依令式考试。"至天宝十四载二月十日，宏文馆学生自今已后，宜依国子监学生例帖试。明经、进士帖经并减半，杂文及策皆须粗通。仍永为恒式。

《唐会要》卷七七《贡举下·宏文崇文生举》，

中华书局一九五五年版

〔天宝〕二年三月十六日制：崇元生试及帖策各减一条。三年业成，始依常式。

《唐会要》卷七七《贡举下·崇元生》，中华书局一九五五年版

建中二年二月，中书门下奏："准制，崇元馆学生试日，减策一道者。其崇元馆附学官见任者，既同行事，理合沾恩，惟策一道不可，更减大义两条。"从之。

《唐会要》卷七七《贡举下·崇元生》，中华书局一九五五年版

〔贞元〕六年九月，敕："本置两馆学生，皆选勋贤胄子。盖欲令其讲艺，绍袭家风。固非开此幸门，黩紊典教。且令式之内，具有条章。考试之时，理须精核。比闻此色，幸冒颇深。或假市门

资,或变易昭穆,殊愧教化之本,但长侥竞之风。未补者务取阙员,已补者自然登第。用荫既已乖实,试艺又皆假人。诱进之方,岂当如此?自今已后,所司宜据式文考试,定其升黜。如有假贷,并准法处分。"

《唐会要》卷七七《贡举下·宏文崇文生举》,

中华书局一九五五年版

〔元和元年〕四月,国子祭酒冯伉奏:"应解学生等。国家崇儒,本于勤学。既居庠序,宜在交修。其有艺业不勤,游处非类;樗蒲六博,酗酒喧争;凌慢有司,不修法度。有一于此,并请解退。又有文章帖义,不及格限,频经五年,不堪申送者,亦请解退。其礼部所补生,到日,亦请准格帖试,然后给厨役。每月一度,试经一年,等第不进者,停厨。庶以上功,示其激劝。又准格,九年不及第者,即出监。闻比来多改名却入。起今以后,如有此类,请退送法司,准式科处。"敕旨:"依奏。"

《唐会要》卷六六《东都国子监》,中华书局一九五五年版

大和五年十二月,国子祭酒裴通奏:"当司所授丞、簿,及诸馆博士、助教、直讲等,谨按《六典》云:'丞掌判监事。凡六学生每岁月业成,上于监者,以其业与司业、祭酒试之。明经帖经,口试策经义。进士帖一中经,试杂文,策时务,征故事。'注云:'其试法,皆依考功口试。明经帖限通八以上,明法等皆通九以上。''主簿掌印勾检。凡学生有不率师教者,则举而免之。其频三年下第,九年在学无成者,亦如之。'注云:'假如违程限,及作乐杂戏者,亦同。唯弹琴、习射不禁。'诸博士、助教,皆分经教授学者,每授一

经,必令终讲。所讲未终,不得改业。诸博士、助教,皆计当年讲授多少,以为考课等级。应补当司诸学生等。按学令云:诸生先读经文通熟,然后授文讲义。每旬放一日休假。前一日,博士考试,其试读每千言内试一帖,帖三言。讲义者,每二千言内问大义一条。总试三条,通二为及第;通一及不全通者,酌量决罚。谨具当司官吏及学生令典,条件如前。伏望敕下有司,允臣所奏。"敕旨:"宜依。"

《唐会要》卷六六《东都国子监》,中华书局一九五五年版

大和七年八月,敕:每年试帖经官,以国子监学官充,礼部不得别更奏请。其宏文、崇文两馆生斋郎,并依令试经毕,仍差都省郎官两人覆试。

《唐会要》卷五九《尚书省诸司下·礼部尚书》,
中华书局一九五五年版

大和七年八月九日,敕:宏文、崇文两馆生,今后并依式,试经毕日,仍差都省郎官两人覆试。须责保任,不得辄许替代。

《唐会要》卷七七《贡举下·宏文崇文生举》,中华书局一九五五年版

五、 惩罚制度

主簿掌印,勾检监事。凡六学生有不率师教者,则举而免之。其频三年下第,九年在学及律生六年无成者,亦如之。假违程限及作乐、杂戏亦同。唯弹琴、习射不禁。

《唐六典》卷二一《国子监》,商务印书馆《钦定四库全书》本

主簿一人，从七品下。掌印，句督监事。七学生不率教者，举而免之。

《新唐书》卷四八《百官志三·国子监》，中华书局一九七五年版

句给假一日。前假，博士考试，读者千言试一帖，帖三言；讲者二千言问大义一条，总三条，通二为第，不及者有罚。岁终，通一年之业，口问大义十条，通八为上，六为中，五为下。并三下与在学九岁、律生六岁不堪贡者罢归。……其不帅教及岁中违程满三十日，事故百日，缘亲病二百日，皆罢归。既罢，条其状下之属所，五品以上子孙送兵部，准荫配色。

《新唐书》卷四四《选举志上》，中华书局一九七五年版

其有不率教者，则榎楚扑之。国子不率教者，则申礼部，移为太学。太学之不变者，移之四门。四门之不变者，归本州之学。州学之不变者，复本役，终身不齿。虽率教九年而学不成者，亦归之州学。

《旧唐书》卷一四九《归崇敬传》，中华书局一九七五年版

六、 休假制度

内外官吏则有假宁之节。谓元正、冬至，各给假七日。寒食通清明，四日。八月十五日、夏至及腊，各三日。正月七日、十五日、晦日、春秋二社、二月八日、三月三日、四月八日、五月五日、三伏日、七月七日、十五日、九月九日、十月一日、立春、春分、立秋、秋分、立夏、立冬，每旬给休假一日。五月给田假，九月给授衣假，为两番，各十五日。私家裓庙，各给假五日，四时祭，各四日。父母在三千里

外，三年一给定省假三十五日。五百里，五年一给拜扫假十五日，并除程。五品以上并奏闻。冠，给三日。五服内亲冠，给假一日，不给程。婚嫁，九日，除程。周亲婚嫁，五日。大功，三日；小功，一日，不给程。齐衰周，给假三十日。葬，三日；除服，二日。小功五月，给假十五日；葬，二日；除服，一日。缌麻三月，给假七日，葬及除服皆一日。周已上亲皆给程。若闻丧举哀并，并三分减一。私忌给假一日，忌之前夕听还。五品已上请假出境，皆吏部奏闻。

《唐六典》卷二《尚书吏部》，商务印书馆《钦定四库全书》本

旬给假一日。……每岁五月有田假，九月有授衣假，二百里外给程。

《新唐书》卷四四《选举志上》，中华书局一九七五年版

内外官五月给田假，九月给授衣假，分为两番，各十五日。其田假若风土异宜，种收不等，通随便给之。

《唐会要》卷八二《休假》，中华书局一九五五年版

国子监诸生等，既非举时，又属暑月，在于馆学，恐渐炎蒸。其有欲归私第及还乡贯习读者，并听。仍委本司长官，具名申牒所隶，任至举时赴监。东京监亦准此。（天宝十四载四月）

《册府元龟》卷五〇《帝王部》，中华书局一九六〇年版

古者立大学，教胄子，所以延俊造，扬王庭。虽年谷不登，兵甲或动，而俎豆之事未尝废焉。顷年以来，戎车屡驾，天下转输，公私匮竭。带甲之士，所务赢粮；鼓箧之徒，未能仰给。由是诸生辍讲，弦诵蔑闻。宣父有言："是吾忧也。"投戈息马，论道尊儒。

用弘庠序之风,俾有箪瓢之乐。宜令所司,量追集贤学生,精加选择,使在馆习业,仍委度支准给厨米。敦兹儒术,庶有大成。甲科高悬,好学者中,敷求茂异,称朕意焉。(广德二年七月)

《唐大诏令集》卷一〇五《选集贤学生敕》,

商务印书馆一九五九年版

第三章

官学教材

一、 经学教材

贞观四年,太宗以经籍去圣久远,文字讹谬,诏前中书侍郎颜师古于秘书省考定五经。及功毕,复诏尚书左仆射房玄龄集诸儒重加详议。时诸儒传习师说,舛谬已久,皆共非之,异端蜂起。而师古辄引晋、宋已来古本,随方晓答,援据详明,皆出其意表,诸儒莫不叹服。太宗称善久之,赐帛五百匹,加授通直散骑常侍,颁其所定书于天下,令学者习焉。

太宗又以文学多门,章句繁杂,诏师古与国子祭酒孔颖达等诸儒,撰定五经疏义,凡一百八十卷,名曰《五经正义》,付国学施行。

《贞观政要》卷七《崇儒学第二十七》,

上海古籍出版社一九七八年版

颜籀字师古,雍州万年人,齐黄门侍郎之推孙也。……
…………

太宗以经籍去圣久远,文字讹谬,命师古于秘书省考定五经,师古多所厘正，既成，奏之。太宗复遣诸儒重加详议，于时诸儒传习已久，皆共非之。师古辄引晋、宋已来古今本，随言晓答，援据详明，皆出其意表，诸儒莫不叹服。于是兼通直郎、散骑常侍，颁其所定之书于天下，令学者习焉。

贞观七年，拜秘书少监，专典刊正，所有奇书难字，众所共惑者，随疑剖析，曲尽其源。

《旧唐书》卷七三《颜师古传》，中华书局一九七五年版

贞观七年，十一月丁丑，颁新定五经。

《旧唐书》卷三《太宗本纪下》，中华书局一九七五年版

故祭酒上护军曲阜县开国子孔颖达，宏才硕学，名振当时。贞观年中，奉敕修撰，虽加讨核，尚有未周。爰降丝纶，更令刊定，敕太尉扬州都督监修国史上柱国赵国公臣无忌、司空上柱国英国公臣勣、尚书左仆射兼太子少师监修国史上柱国燕国公臣志宁、尚书右仆射兼太子少傅监修国史上护军曲阜县开国公臣行成、光禄大夫侍中兼太子少保监修国史上护军蓚县开国公臣季辅、光禄大夫吏部尚书监修国史上柱国河南郡开国公臣褚遂良、银青光禄大夫守中书令监修国史上骑都尉臣柳奭、前谏议大夫宏文馆学士臣谷那律、国子博士宏文馆学士臣刘伯庄、朝议大夫国子博士臣王德韶、朝散大夫行太学博士臣贾公彦、朝散大夫行太学博士宏文馆直学士臣范义頵、朝散大夫行太常博士臣柳宣、通直郎太学博士臣齐威、宣德郎守国子助教臣史士宏、宣德郎守太学博士臣孔志约、右内率府长史宏文馆直学士臣薛伯珍、太学助教臣郑祖元、征事郎守太学助教臣随德素、征事郎守四门博士臣赵君赞、承

务郎守太学助教臣周玄达、承务郎守四门助教臣李玄植、儒林郎守四门助教臣王真儒等，上禀宸旨，傍摭群书，释左氏之膏肓，蠲古文之烦乱，探曲台之奥趣，索连山之玄言，囊括百家，森罗万有。比之天象，与七政而长悬；方之地轴，将五岳而永久。笔削已了，缮写如前。臣等学谢伏恭，业惭张禹，虽馨庸浅，惧乖典正。谨以上闻，伏增战越，谨言。

永徽四年二月二十四日，太尉扬州都督上柱国公臣无忌等上。

《全唐文》卷一三六《长孙无忌·进五经正义表》，

中华书局一九八三年版

〔永徽四年〕三月壬子朔，颁孔颖达《五经正义》于天下，每年明经令依此考试。

《旧唐书》卷四《高宗本纪上》，中华书局一九七五年版

仪凤三年三月，敕："自今已后，《道德经》《孝经》并为上经。贡举皆须兼通，其余经及《论语》，任依恒式。"长寿二年三月，则天自制《臣范》两卷，令贡举人习业，停《老子》。

《唐会要》卷七五《贡举上·明经》，中华书局一九五五年版

神龙元年二月二日赦文："天下贡举人，停习《臣范》，依前习《老子》。"

《唐会要》卷七五《贡举上·明经》，中华书局一九五五年版

臣闻《孝经》者，天经地义之极，至德要道之源，在六籍之上，

为百行之本。自文宣既没，后贤所注，难事有发挥，而理甚乖舛。伏惟开元天宝圣文神武皇帝陛下敦睦孝理，躬亲笔削。以无方之圣，讨正旧经；以不测之神，改作新注。朗然如日月之照，邈矣合天地之德。使家藏其本，人习斯文，普天之下，罔不欣戴。仍以太学王化所先，《孝经》圣理之本，分命璧沼，特建石台，义展睿词，书题御翰，以垂百代之则，故得万国之欢。今刊勒既终，功绩斯著。天文炳焕，开七曜之光晖；圣札飞腾，夺五云之气色。烟花相照，龙凤沓起，实可配南山之寿，增北极之尊。百寮是瞻，四方取则，岂比《周官》之礼，空悬象魏；孔子之书，但藏屋壁。臣之何幸，躬睹盛事，遇陛下兴其五孝，忝守国庠；率胄子歌其五德，敢扬文教，不胜忭跃之至。谨打《石台经本》分为上下两卷，谨于光顺门奉献两本以闻。

《全唐文》卷三七七《李齐古·进御注孝经表》，

中华书局一九八三年版

朕闻上古，其风朴略，虽因心之孝已萌，而资敬之礼犹简。及乎仁义既有，亲誉益著，圣人知孝之可以教人也，故因严以教敬，因亲以教爱。于是以顺移忠之道昭矣，立身扬名之义彰矣。子曰："吾志在《春秋》，行在《孝经》。"是知孝者，德之本欤！《经》曰："昔者明王以孝理天下也，不敢遗小国之臣，而况于公、侯、伯、子、男乎！"朕尝三复斯言，景行先哲，虽无德教加于百姓，庶几广爱形于四海。嗟乎！夫子没而微言绝，异端起而大义乖。况泯绝于秦，得之者皆煨烬之末。滥觞于汉，传之者皆糟粕之余。故鲁史《春秋》，学开五传；《国风》《雅》《颂》，分为四诗。去圣逾远，源流益别。近观《孝经》旧注，踳驳尤甚。至于迹相祖述，殆且百家；业擅专门，犹将十室。希升堂者，必自开户牖；攀逸驾者，必骋殊轨辙。是以道隐小成，言隐浮伪。且传以通经为义，义以必当为主，至当归一，精义无二，安得不翦其繁芜而撮其枢要也？韦昭、王肃，先儒之领袖；虞翻、刘邵，抑又次焉。刘炫明安国之本，陆澄讥康成之注。在理或当，何必求人？今故特兴六家之异同，会五经之旨趣。约文敷畅，义则昭然；分注错经，理亦条贯。写之琬琰，庶有补于将来。且夫子谈经，志取垂训。虽五孝之用则别，而百行之源不殊。是以一章之中，凡有数句；一句之内，意有兼明。具载则文繁，略之又义阙，今存于疏，用广发挥。

《十三经注疏》之《孝经注疏·孝经注序》，

中华书局一九八〇年版

化人成俗，率繇于德本；移忠教敬，实在于《孝经》。朕思畅微言，以理天下，先为注释，寻亦颁行。犹恐至赜难明，群疑未尽。近更探讨，因而笔削，兼为叙述，以究源流，将发明于大顺，庶开悟于来学。宜付所司，颁示中外。（天宝二年五月）

《全唐文》卷三二《玄宗·颁重注孝经诏》，

中华书局一九八三年版

化之原者曰道，道之用者为德，其义至大，非圣人孰能章之？昔有周季年，代与道丧。我列祖玄元皇帝乃发明妙本，汲引生灵，遂著《玄经》五千言，用救时弊。义高象系，理贯希夷，非万代之能传，岂六经之所拟。承习前业人等，以其卷数非多，列在小经之目，微言奥旨，称谓殊乖。自今已后，天下应举，除崇玄学生外，其余所试《道德经》宜并停，仍令所司，更详择一小经代之。其《道

经》为上经，《德经》为下经，庶乎道尊德贵，是崇是奉。凡在遐迩，知朕意焉。（天宝元年四月）

《全唐文》卷三一《玄宗·分道德为上下经诏》，

中华书局一九八三年版

天宝元年，明经、进士习《尔雅》。

《旧唐书》卷二四《礼仪志四》，中华书局一九七五年版

天宝元年五月，中书门下奏："两京及诸郡崇元学生等，伏准开元二十九年正月制，前件人合习《道德》《南华》《通元》《冲虚》等四经。又准天宝元年二月制，改《庚桑子》为《洞灵真经》，准请条补，崇元学亦合习读。伏准后制，合通五经。其《洞灵真经》，人间少本，臣近令诸观寻访，道士全无习者。本既未广，业实难成。并《冲虚》《通元》二经，亦恐文字不定。元教方阐，学者宜精。其《洞灵》等三经，望付所司，各写十本，校定讫，付诸道采访使颁行。其贡举司及两京崇元学生，亦望各付一本。今冬崇元学人，望且准开元二十九年正月制考试。其《洞灵真经》，请待业成后准式。"从之。

《唐会要》卷七七《贡举下·崇元生》，

中华书局一九五五年版

天宝中，天下屡言圣祖见，因以四子列学官。故有伪为《庚桑子》者，其辞鄙俚，非圣贤书。

《唐国史补》卷上，上海古籍出版社一九七九年版

初，大历中，名儒张参为国子司业，始定五经，书于论堂东西厢之壁。辩齐、鲁之音，取其宜；考古今之文，取其正。繇是诸生之师心曲学、偏听臆说，咸束之而归于大同。揭揭高悬，积六十岁。崩剥污蔑，澉然不鲜。今天子尚文章，尊典籍。于苑囿不加尺椽，而成均以治。国学上言，遽赐千万。时祭酒皞实尸之，博士公肃实佐之。国庠重严，过者必式。遂以羡赢，再新壁书。惩前土涂不克以寿，乃析坚木负墉而比之。其制如版牍而高广，其平如粉泽而洁滑。背施阴关，使众如一。附离之际，无迹而寻。堂皇靓深，两庑相照。申命国子能通法书者，分章揆日，逊其业而缮写焉。笔削既成，雠校既精。白黑彬斑，了然飞动。以蒙来求，焕若星辰；以敬来趋，肃如神明；以疑来质，决若蓍蔡。由京师而风天下，罩及九译，咸知宗师，非止服逢掖者钻仰而已。于是学官某等暨生徒凡四百二十有八人请金石刻，且歌之曰：

我有学宇，既倾而成之。我有壁经，既昧而明之。孰规摹之，孰发挥之？祭酒维齐，博士维韦。俾我学徒，弦歌以时。切切祁祁，不敖不嬉。庶乎遒人，来采我诗。

时余为礼部郎，凡瞽宗之事得以关决，故书之以移史官，宜附于艺文云。

《刘禹锡集》卷八《国学新修五经壁记》，中华书局一九九〇年版

裴肃，贞元中为国子司业，奏：《尔雅》为六经文字之楷，《老子》是圣人玄微之旨。请勒天下明经、进士、五经及明一经进士、五经及诸科举人，依前习《道德经》者，宜准天宝元年敕处分，应合习《尔雅》者，并准旧式。初，天宝元年，尊崇道教，以《老子》乃玄元皇帝微言奥旨，不可列为小经，令有司以《尔雅》代《老子》。至

贞元五年四月，宰臣又议，云所习《尔雅》多是草木鸟兽之名，无益理道。又令举人停《尔雅》，改习《道德经》。至是，又改焉。

《册府元龟》卷六〇四《学校部》，中华书局一九六〇年版

穆宗常谓侍臣曰："朕欲习学经史，何先？"〔薛〕放对曰："经者，先圣之至言，仲尼之所发明，皆天人之极致，诚万代不刊之典也。史记前代成败得失之迹，亦足鉴其兴亡，然得失相参，是非无准的，固不可为经典比也。"帝曰："六经所尚不一，志学之士，白首不能尽通，如何得其要？"对曰："《论语》者，六经之菁华；《孝经》者，人伦之本：穷理执要，真可谓圣人至言。是以汉朝《论语》首列学官，光武令虎贲之士皆习《孝经》，玄宗亲为《孝经》注解，皆使当时大理，四海乂宁。盖人知孝慈，气感和乐之所致也。"上曰："圣人以孝为至德要道，其信然乎！"

《旧唐书》卷一五五《薛放传》，中华书局一九七五年版

郑覃为门下侍郎平章事兼国子祭酒。初，文宗诏：国子监九经石本，所司较勘尚有舛误，传于永久，必在精详。宜令率更令韩泉充详定石经官，就集贤审较勘，仍旋送国子监上石。开成二年十月，覃进石壁九经一百六十卷。

《册府元龟》卷六〇八《学校部》，中华书局一九六〇年版

贞元六年十二月，给事中卢微奏："太清宫崇元馆，元置楷书二十人写《道经》，已足，请不更补置。"敕旨："依奏。"

《唐会要》卷六四《史馆下·崇元馆》，中华书局一九五五年版

三礼、三传及《毛诗》《尚书》《周易》等，并圣贤微旨，生人教业，必事资经远，则斯道不坠。今明经所习，务在出身，咸以《礼记》文少，人皆谙读。《周礼》经邦之轨则，《仪礼》庄敬之楷模，《公羊》《穀梁》历代宗习。今两监及州县，以独学无友，四经殆绝。既事资训诱，不可因循。其学生望请各量配作业。并贡人预试之日，习《周礼》《仪礼》《公羊》《穀梁》，并请帖十通五，许其入策。以此开劝，即望四海均习，九经该备。

《全唐文》卷三〇四《李元瓘·请令贡举人习周礼等经疏》，

中华书局一九八三年版

〔开元〕二年八月，国子监奏："得覆定石经字体官翰林待诏唐元度状，伏准大和七年二月五日敕，覆九经字体者。今所详覆，多依司业张参《五经字》为准。其旧字样，岁月将久，画点参差，传写相承，渐致乖误。今并依字书与较勘，同商较是非，取其适中，纂录为新加九经字样一卷。请附于五经样之末，用证缪误。"敕旨："依奏。"

《唐会要》卷六六《东都国子监》，中华书局一九五五年版

其年①十二月，敕于国子监讲论堂两廊，创立石壁九经并《孝经》《论语》《尔雅》，共一百五十九卷，字样四十卷。

《唐会要》卷六六《东都国子监》，中华书局一九五五年版

〔后唐明宗长兴〕三年二月，中书奏："请依石经文字刻九经印板。"敕旨："教导之本，经籍为宗。兵革已来，庠序多废，纵能传授，罕克精研。缧是亥豕有差，鲁鱼为弊，苟一言致误，则大义全

① 大和七年。

乖，傥不讨详，渐当纰缪。宜令国学集博士儒徒，将西京石经本，各以所业本经，句度抄写注出，子细勘读，然后召雇能雕字匠人，各随部帙刻印板，广颁天下。如诸色人要写经书，并须依所印敕本，不得更使杂本交错。所贵经书广布，儒教大行。"

《册府元龟》卷五〇《帝王部》，中华书局一九六〇年版

后唐长兴三年二月，中书门下奏："请依石经文字刻九经印板。"敕："令国子监集博士儒徒，将西京石经本，各以所业本经句度抄写注出，子细看读，然后顾召能雕字匠人，各部随帙刻印板，广颁天下。如诸色人要写经书，并须依所印敕本，不得更使杂本交错。"其年四月，敕："差太子宾客马缟，太常丞陈观，太常博士段颙、路航，尚书屯田员外郎田敏，充详勘官，兼委国子监于诸色选人中，召能书人端楷写出，旋付匠人雕刻，每日五纸，与减一选。如无选可减，等第据与改转官资。"

《五代会要》卷八《经籍》，上海古籍出版社一九七八年版

马缟为太子宾客。长兴三年四月，敕："近以遍注石经，雕刻印板，委国学每经差专知业博士儒徒五六人，勘读并注。今更于朝官内别差五人充详勘官，太子宾客马缟、太尝丞陈观、祠部员外郎兼太尝博士段颙、太常博士路航、屯田员外郎田敏等。朕以正经事大，不同诸书，虽以委国学差官勘注，盖缘文字极多，尚恐偶有差误。马缟已下，皆是硕儒，各专经业，更令详勘，贵必精研。兼宜委国子监于诸色选人中召能书人，谨楷写出族，付匠人雕刻。每五百纸与减一选，所减等第，优与选转官资。"时宰相冯道以诸经舛谬，与同列李愚委学官等，取西京郑覃所刊石经，雕为印板，

流布天下，后进赖之。

《册府元龟》卷六〇八《学校部》，中华书局一九六〇年版

〔乾祐元年〕五月己酉朔，国子监奏：《周礼》《仪礼》《公羊》《榖梁》四经未有印板，欲集学官考校雕造。从之。

《旧五代史》卷一〇一《汉书·隐帝纪上》，

中华书局一九七六年版

汉隐帝乾祐元年四月，国子监上言：在监雕印板九经内，只《周礼》《仪礼》《公羊》《榖梁》四经未有印板，今欲集学官较勘四经文字，雕造印板。从之。

《册府元龟》卷六〇八《学校部》，中华书局一九六〇年版

汉乾祐元年闰五月，国子监奏："见在雕印板九经，内有《周礼》《仪礼》《公羊》《榖梁》四经未有印本，今欲集学官校勘四经文字镂板。"从之。

《五代会要》卷八《经籍》，上海古籍出版社一九七八年版

周广顺三年六月，尚书左丞兼判国子监事田敏进印板九经书：《五经文字》《九经字样》各二部，共一百三十册。

《五代会要》卷八《经籍》，上海古籍出版社一九七八年版

周田敏为尚书左丞兼判国子监事。广顺三年六月，敏献印板书《五经文字》《九经字样》各二部，一百三十策，奏曰："臣等自长兴三年较勘雕印九经书籍，经注繁多，年代殊貌，传写纰缪，渐失

根源。臣守官胶庠,职司较定,旁求援据,上备雕镌。幸遇圣朝,克终盛事。播文德于有截,传世教以无穷。谨具陈进。"

《册府元龟》卷六〇八《学校部》,中华书局一九六〇年版

显德二年二月,中书门下奏:"国子监祭酒尹拙状称:准敕校勘《经典释文》三十卷,雕造印板,欲请兵部尚书张昭、太常卿田敏同校勘。"敕:"其《经典释文》已经本监官员校勘外,宜差张昭、田敏详校。"

《五代会要》卷八《经籍》,上海古籍出版社一九七八年版

孙逢吉,成都人。广政时,累官国子《毛诗》博士。校定石经,分刻蜀中,逢吉与句中正之功为多。

《十国春秋》卷五六《后蜀·孙逢吉传》,中华书局一九八三年版

二、其他教材

夫三才肇位,万象斯分,禀气含灵,人为称首,莫不凭黎元而树司宰,因政教而施刑法。其有情恣庸愚,识沉愆戾,大则乱其区宇,小则睽其品式。不立制度,则未之前闻。故曰:以刑止刑,以杀止杀。刑罚不可弛于国,答筮不得废于家。时遇浇淳,用有众寡。于是结绳启路,盈坎疏源,轻刑明威,大礼崇敬。《易》曰:"天垂象,圣人则之。"观雷电而制威刑,睹秋霜而有肃杀。惩其已犯而防其未然,平其徽缠而存乎博爱,盖圣王不获已而用之。古者大刑用甲兵,其次用斧钺;中刑用刀锯,其次用钻笮;薄刑用鞭扑。其所由来,亦已尚矣。昔白龙白云,则伏羲、轩辕之代;西火西水,则炎帝、共工之年。鹈鸠筮宾于少皡,金正策名于颛顼。咸有天

第三章　官学教材

289

秩，典司刑宪。大道之化，击壤无违。迨乎唐虞，化行事简，议刑以定其罪，画象以愧其心。所有条贯，良多简略，年代浸远，不可得而详焉。尧舜时理官则谓之为士，而皋陶为之。其法略存，而往往概见，则《风俗通》所云皋陶谟虞造律是也。律者，训铨训法也。《易》曰："理财正辞，禁人为非曰义。"故铨量轻重，依义制律。《尚书大传》曰："丕天之大律。"注云："奉天之大法。"法亦律也，故谓之为律。昔者圣人制作，谓之为经；传师所说，则谓之为传。此则丘明、子夏于《春秋》《礼经》作传是也。近代已来，兼经注而明之，则谓之为义疏。疏之为字，本以疏阔、疏远立名。又《广雅》云："疏者，识也。"案疏训识，则书疏记识之道存焉。《史记》云："后主所是疏为令，前主所是著为律。"《汉书》云："削牍为疏。"故云疏也。昔者三王始用肉刑，赭衣难嗣，皇风更远，朴散淳离，伤肌犯骨。《尚书大传》曰："夏刑三千条，《周礼》司刑掌五刑，其属二千五百。"穆王度时制法，五刑之属三千。周衰刑重，战国异制。魏文侯师于李悝，集诸国刑典，造《法经》六篇：一盗法，二贼法，三囚法，四捕法，五杂法，六具法。商鞅传授，改法为律。汉相萧何，更加悝所造《户》《兴》《厩》三篇，谓九章之律。魏因汉律，为一十八篇，改汉具律为刑名第一。晋命贾充等增损汉魏律为二十篇，于魏刑名律中分为法例律。宋、齐、梁及后魏，因而不改。爰至北齐，并刑名法例为名例。后周复为刑名。隋因北齐，更为名例。唐由于隋，相承不改。名者，五刑之罪名；例者，五刑之体例。名训为命，例训为比。命诸篇之刑名，比诸篇之法例。但名因罪立，事由犯生，命名即刑应，比例即事表。故以名例为首篇。第者训居训次，则次第之义，可得言矣。一者太极之气，函三为一，黄钟之一，数所生焉。名例冠十二篇之首，故云名例第一。大唐皇帝以上圣凝图，英声嗣武，润春云于品物，缓秋官于黎庶。今之宪典，前圣规模，章程靡失，鸿纤备举。而刑宪之司，报行殊异。大理当其死坐，刑部处以流刑，一州断以徒年，一县将为杖罚，不有解释，触涂睽误。皇帝彝宪在怀，纳隍兴轸。德礼为政教之本，刑罚为政教之用，犹昏晓阳秋，相须而成者也。是以降纶言于台铉，挥折简于髦彦，爰造律疏，大明典式。远则皇王妙旨，近则萧、贾遗文，沿波讨源，自枝穷叶，甄表宽大，裁成简久。譬权衡之知轻重，若规矩之得方圆，迈彼三章，同符画一者矣。

《全唐文》卷一三六《长孙无忌·律疏议序》，

中华书局一九八三年版

李淳风注《周髀算经》二卷

又注《九章算术》九卷

　注《九章算经要略》一卷

　注《五经算术》二卷

　注《张丘建算经》三卷

　注《海岛算经》一卷

　注《五曹》《孙子》等算经二十卷

　注甄鸾《孙子算经》三卷

释祖冲之《缀术》五卷

············

王孝通缉《古算术》四卷 太史丞李淳风注

············

《数术记遗》一卷 甄鸾注

············

董泉《三等数》一卷甄鸾注

《新唐书》卷五九《艺文志三》，中华书局一九七五年版

臣延祚言：臣受之于师曰：同文底绩，是将大理。刊书启裔，有用广化。实昭圣代，辄极鄙怀。臣延祚诚惶诚恐，顿首顿首！臣尝览古集，至梁昭明太子所撰《文选》三十卷，阅玩未已，吟读无致。风雅其来，不之能尚。则有遗词激切，揆度其事，宅心隐微，晦灭其兆，饰物反讽，假时维情。非夫幽识，莫能洞究。往有李善，时谓宿儒，推而传之，成六十卷。忽发章句，是征载籍，述作之由，何尝措翰？使复精核注引，则陷于末学；质访指趣，则岿然旧文。只谓搅心，胡为析理？臣惩其若是，志为训释。乃求得衢州常山县尉臣吕延济、都水使者刘承祖男臣良、处士臣张铣、臣吕向、臣李同翰等，或艺术精远，尘游不杂；或词论颖曜，严居自修。相与三复乃词，周知秘旨，一贯于理，杳测澄怀，目无全文，心无留义。作者为志，森乎可观，记其所善，名曰《集注》。并具字音，复三十卷。其言约，共利博，后事元龟，为学之师，豁若撤蒙，烂然见景，载谓激俗，诚惟便人。伏惟陛下浚德乃文，嘉言必史，特发英藻，允光洪猷。有彰天心，是效臣节，敢有所隐，斯与同进。谨于朝堂拜表以闻。轻渎冕旒，精爽震越。臣诚惶诚恐，顿首死罪！谨言。

《全唐文》卷三〇〇《吕延祚·进集注文选表》，
中华书局一九八三年版

盖闻文字聿兴，音韵乃作。《苍颉》《尔雅》为首，《诗·颂》次之，则有《字统》《字林》《韵集》《韵略》，述作颇众，得失互分。惟陆生《切韵》，盛行于世。然隋珠尚颣，虹玉仍瑕，注有差错，文复漏

误,若无刊正,何以讨论?我国家偃武修文,大崇儒术,置集贤之院,召才学之流,自开辟以来,未有如今日之盛。上行下效,比屋可封。辄罄谀闻,敢补遗阙。兼习诸书,具为训解。州县名号,亦据今时。字体从木从才,著彳著亻,施攴施支,安尔安禾,并悉具言,庶无纰缪。其有异闻,奇怪传说,姓氏原由,土地物产,山河草木,鸟兽虫鱼,备载其间,皆引冯据。随韵编纪,添彼数家,勒成一书,名曰《唐韵》,盖取《周易》《周礼》之义也。及案《三苍》、《尔雅》、《字统》、《字林》、《说文》、《玉篇》、《石经》、《声韵》、《声谱》、《九经》、《诸子》、《史》、《汉》、《三国志》、《晋》、《宋》、《后魏》、《周》、《隋》、《陈》、《宋》、《两齐书》、《本草》、《姓苑》、《风俗通》、《古今注》、贾执《姓氏英贤传》、王僧孺《百家谱》、周何洁《集文选》、诸集《孝子传》、《舆地志》,及武德已来创置迄开元三十年,并列注中。等夫舆诵,流汗交集,愧以上陈天心。又有元青子、吉成子者,则汝阳侯荣之曾孙,卓尔好古,博通内外,遁禄岩岭,吐纳自然。抗志钤键,栖神梵宇,淡泊无事,希夷绝尘。倏忽风云,灵焰怡怿。考穷史籍,广览群书,欲令清浊昭然。学之上,有终日而忘食,有连霄而不寐。案《搜神记》《精怪图》《山海经》《博物志》《四夷传》《大荒经》《南越志》《西域记》《西壂传》《汉纂》《药论》《证俗》《方言》《御览》《字府》,及九经、三史诸子中遗漏要字,训义解释,多有不载,必具言之。子细研穷,究其巢穴,澄凝微思,郑重详思,轻重斯分,不令恩糅,缄之金箧,珍之宝之而已哉!宁辞阻险,敢不躬谈?一诉愚心,克谐雅况。依次编记,而不别番。其一字数训,则执优而尸之,劣而副之。其有或假不失元本,以四声寻绎,冀览者去疑,宿滞者豁如也。又纽其唇齿喉舌牙部件而次之,有可纽不可行之,及古体有依约之,并采以为证,庶无壅而昭其冯。起终五年,精成一部,前后总加四万二千三百八十三言,仍篆隶石经,勒存正体,幸不讥繁。于时岁次辛卯天宝十载也。

《全唐文》卷三六五《孙愐·唐韵序》,中华书局一九八三年版

　　显庆二年,右监门府长史苏敬上言:"陶宏景所撰《本草》,事多舛谬,请加删补。"诏令检校中书令许敬宗、太常寺丞吕才、太史令李淳风、礼部郎中孔志约、尚药奉御许孝崇并诸名医等二十人,增损旧本。征天下郡县所出药物,并书图之。仍令司空李勣总监定之,并图合成五十五卷。至四年正月十七日撰成。及奏,上问曰:"《本草》行来自久,今之改修,何所异也?"于志宁对曰:"旧《本草》是陶宏景合《神农本经》及《名医别录》而注解之。宏景僻在江南,不能遍识药物,多有纰谬。其所误及别录不书,四百有余种。今皆考而正之。《本草》之外,新药行用有效者,复百余种,今附载之。此所以为胜也。"上称善,诏藏于秘府。

《唐会要》卷八二《医术》,中华书局一九五五年版

　　盖闻天地之大德曰生,运阴阳以播物;含灵之所保曰命,资亭育以尽年。蛰穴栖巢,感物之情盖寡;范金揉木,逐欲之道方滋。而五味或爽,时昧甘辛之节;六气斯沴,易愆寒燠之宜。中外交侵,形神分战。饮食伺衅,成肠胃之眚;风湿候隙,遘手足之灾。几缠肤腠,莫知救止,渐固膏肓,期于夭折。暨炎晖纪物,识药石之功;云瑞名官,穷诊候之术。草木咸得其性,鬼神无所遁情,刳麝剚犀,驱泄邪恶。飞丹链石,引纳清和,大庇苍生,普济黔首。功侔造化,恩迈财成。日用不知,于今是赖。岐、和、彭、缓,腾绝轨于前;李、华、张、吴,振英声于后。昔秦政燔燔,兹经不预;永嘉

丧乱，斯道尚存。梁陶宏景雅好摄生，研精药术，以为《本草经》者，神农之所作，不刊之书也。惜其年代浸远，简编残蠹，与桐、雷众记，颇或踳驳。兴言撰缉，勒成一家。亦以雕琢经方，润色医业。然而时钟鼎峙，闻见阙于殊方；事非金议，诠释拘于独学。至如重建平之防已，弃槐里之半夏，秋采榆人，冬收云实。谬粱米之黄白，混荆子之牡蔓，异蘩萎于鸡肠，合由跋于鸢尾。防葵狼毒，妄曰同根；钩吻黄精，引为连类。讼锡莫辨，橙柚不分。凡此比例，盖亦多矣。自时厥后，以迄于今，虽方技分镳，名医继轨，更相祖述，罕能厘正。乃复采杜蘅于及己，求忍冬于络石，舍陟厘而取葫藤，退飞廉而用马蓟。承疑行妄，曾无有觉，疾疗多殆，良深慨叹。既而朝议郎行右监门府长史骑都尉臣苏恭，撼陶氏之乖违，辨俗用之纰紊，遂表请修定，深副圣怀。乃诏太尉扬州都督监修国史上柱国赵国公臣无忌、大中大夫行尚药奉御臣许孝崇等二十二人与苏恭详撰。窃以动植形生，因方舛性，春秋节变，感气殊功。离其本土，则质同而效异；乖于采摘，乃物是而时非。名实既爽，寒温多谬，用之凡庶，其欺已甚；施之君父，逆莫大焉。于是上禀神规，下询众议，普颁天下，营求药物。羽毛鳞介，无远不臻；根茎花实，有名咸萃。遂乃详探秘要，博综方术，《本经》虽阙，有验必书；《别录》虽存，无稽必正。考其同异，择其去取。铅翰昭章，定群言之得失；丹青绮焕，备庶物之形容。撰《本草》并《图经》《目录》等，凡成五十四卷。庶以纲罗今古，开涤耳目。尽医方之妙极，拯生灵之性命。传万祀而无昧，悬百王而不朽。

《全唐文》卷一八六《孔志约·本草序》，中华书局一九八三年版

《图经》七卷显庆四年，英国公李勣，太尉长孙无忌，兼侍中辛茂将，太子

宾客弘文馆学士许敬宗，礼部郎中兼太子洗马弘文馆大学士孔志约，尚药奉御许孝崇、胡子彖、蒋季璋，尚药局直长蔺复珪、许弘直，侍御医巢孝俭，太子药藏监蒋季瑜、吴嗣宗，丞蒋义方，太医令蒋季琬、许弘，丞蒋茂昌，太常丞吕才、贾文通，太史令李淳风，潞王府参军吴师哲，礼部主事颜仁楚，右监门府长史苏敬等撰。

孔志约《本草音义》二十卷

苏敬《新修本草》二十一卷

又《新修本草图》二十六卷

《新唐书》卷五九《艺文志三》，中华书局一九七五年版

高祖登极之后，享宴因隋旧制，用九部之乐，其后分为立坐二部。今立部伎有《安乐》《太平乐》《破阵乐》《庆善乐》《大定乐》《上元乐》《圣寿乐》《光圣乐》，凡八部。

《安乐》者，后周武帝平齐所作也。行列方正，象城郭，周世谓之城舞。舞者八十人，刻木为面，狗喙兽耳，以金饰之，垂线为发，画猕皮帽，舞蹈姿制，犹作羌胡状。

《太平乐》，亦谓之五方师子舞。师子鸷兽，出于西南夷天竺、师子等国。缀毛为之，人居其中，像其俯仰驯狎之容。二人持绳秉拂，为习弄之状。五师子各立其方色，百四十人歌《太平乐》，舞以足，持绳者服饰作昆仑象。

《破阵乐》，太宗所造也。太宗为秦王之时，征伐四方，人间歌谣《秦王破阵乐》之曲。及即位，使吕才协音律，李百乐、虞世南、褚亮、魏徵等制歌辞。百二十人披甲持戟，甲以银饰之。发扬蹈厉，声韵慷慨，享宴奏之，天子避位，坐宴者皆兴。

《庆善乐》，太宗所造也。太宗生于武功之庆善宫，既贵，宴宫中，赋诗，被以管弦。舞者六十四人，衣紫大袖裙襦，漆髻皮履。

舞蹈安徐,以象文德洽而天下安乐也。

《大定乐》,出自《破阵乐》。舞者百四十人,被五彩文甲,持槊。歌和云,"八纮同轨乐",以象平辽东而边隅大定也。

《上元乐》,高宗所造。舞者百八十人,画云衣,备五色,以象元气,故曰"上元"。

《圣寿乐》,高宗、武后所作也。舞者百四十人,金铜冠,五色画衣。舞之行列必成字,十六变而毕。有"圣超千古,道泰百王,皇帝万年,宝祚弥昌"字。

《光圣乐》,玄宗所造也。舞者八十人,鸟冠,五采画衣,兼以《上元》《圣寿》之容,以歌王迹所兴。

自《破阵舞》以下,皆雷大鼓,杂以龟兹之乐,声振百里,动荡山谷。《大定乐》加金钲,惟《庆善舞》独用西凉乐,最为闲雅。《破阵》《上元》《庆善》三舞,皆易其衣冠,合之钟磬,以享郊庙。以《破阵》为武舞,谓之《七德》;《庆善》为文舞,谓之《九功》。自武后称制,毁唐太庙,此礼遂有名而亡实。

《安乐》等八舞,声乐皆立奏之,乐府谓之立部伎,其余总谓之坐部伎。则天、中宗之代,大增造坐立诸舞,寻以废寝。

坐部伎有《宴乐》《长寿乐》《天授乐》《鸟歌万寿乐》《龙池乐》《破阵乐》,凡六部。

《宴乐》,张文收所造也。工人绯绫袍,丝布裤。舞二十人,分为四部:《景云乐》,舞八人,花锦袍,五色绫裤,云冠,乌皮靴;《庆善乐》,舞四人,紫绫袍,大袖,丝布裤,假髻;《破阵乐》,舞四人,绯绫袍,锦衿褾,绯绫裤;《承天乐》,舞四人,紫袍,进德冠,并铜带。乐用玉磬一架,大方响一架,搊筝一,卧箜篌一,小箜篌一,大琵琶一,大五弦琵琶一,小五弦琵琶一,大笙一,小笙一,大筚篥一,小筚篥一,大箫一，小箫一，正铜拔一，和铜拔一，长笛一，短笛一，楷鼓一，连鼓一，鞉鼓一，桴鼓一，工歌二。此乐惟《景云舞》仅存，余并亡。

《长寿乐》，武太后长寿年所造也。舞十有二人，画衣冠。

《天授乐》，武太后天授年所造也。舞四人，画衣五采，凤冠。

《鸟歌万岁乐》，武太后所造也。武太后时，宫中养鸟能人言，又常称万岁，为乐以象之。舞三人，绯大袖，并画鸜鹆，冠作鸟像。今案岭南有鸟，似鸜鹆而稍大，乍视之，不相分辨，笼养久，则能言，无不通，南人谓之吉了，亦云料。开元初，广州献之，言音雄重如丈夫，委曲识人情，慧于鹦鹉远矣，疑即此鸟也。《汉书·武帝本纪》书南越献驯象、能言鸟。注《汉书》者，皆谓鸟为鹦鹉。若是鹦鹉，不得不举其名，而谓之能言鸟。鹦鹉秦、陇尤多，亦不足重。所谓能言鸟，即吉了也。北方常言鸜鹆逾岭乃能言，传者误矣。岭南甚多鸜鹆，能言者非鸜鹆也。

《龙池乐》，玄宗所作也。玄宗龙潜之时，宅在隆庆坊，宅南坊人所居，变为池，望气者亦异焉。故中宗季年，泛舟池中。玄宗正位，以坊为宫，池水逾大，弥漫数里，为此乐以歌其祥也。舞十有二人，人冠饰以芙蓉。

《破阵乐》，玄宗所造也。生于立部伎《破阵乐》。舞四人，金甲胄。

自《长寿乐》已下皆用龟兹乐，舞人皆着靴，惟《龙池》备用雅乐，而无钟磬，舞人蹑履。

《清乐》者，南朝旧乐也。永嘉之乱，五都沦覆，遗声旧制，散落江左。宋、梁之间，南朝文物，号为最盛；人谣国俗，亦世有新声。后魏孝文、宣武，用师淮、汉，收其所获南音，谓之《清商乐》。隋平陈，因置清商署，总谓之《清乐》，遭梁、陈亡乱，所存盖鲜。隋室已来，日益沦缺。武太后之时,犹有六十三曲,今其辞存者,惟有《白雪》《公莫舞》《巴渝》《明君》《凤将雏》《明之君》《铎舞》《白鸠》《白纻》《子夜》《吴声四时歌》《前溪》《阿子》,及《欢闻》《团扇》《懊侬》《长史》《督护》《读曲》《乌夜啼》《石城》《莫愁》《襄阳》《栖乌夜飞》《估客》《杨伴》《雅歌》《骁壶》《常林欢》《三洲》《采桑》《春江花月夜》《玉树后庭花》《堂堂》《泛龙舟》等三十二曲。《明之君》《雅歌》各二首,《四时歌》四首,合三十七首。又七曲有声无辞,《上林》《凤雏》《平调》《清调》《瑟调》《平折》《命啸》,通前为四十四曲存焉。

∙∙∙∙∙∙∙∙∙∙∙∙

《散乐》者,历代有之,非部伍之声,俳优歌舞杂奏。汉天子临轩设乐,舍利兽从西方来,戏于殿前,激水成比目鱼,跳跃嗽水,作雾翳日,化成黄龙,修八丈,出水游戏,辉耀日光。绳系两柱,相去数丈,二倡女对舞绳上,切肩而不倾。如是杂变,总名百戏。⋯⋯大业二年,突厥单于来朝洛阳宫,炀帝为之大合乐,尽通汉、晋、周、齐之术,胡人大骇。帝命乐署肄习,常以岁首纵观端门内。

大抵《散乐》杂戏多幻术,幻术皆出西域,天竺尤甚。汉武帝通西域,始以善幻人至中国。安帝时,天竺献伎,能自断手足,刳剔肠胃,自是历代有之。我高宗恶其惊俗,敕西域关令不令入中国。苻坚尝得西域倒舞伎。睿宗时,婆罗门献乐,舞人倒行,而以足舞于极铦刀锋,倒植于地,低目就刃,以历脸中,又植于背下,吹篳篥者立其腹上,终曲而亦无伤。又伏伸其手,两人蹈之,旋身绕手,百转无已。汉世有《橦木伎》,又有《盘舞》。晋世加之以杯,谓之《杯盘舞》。乐府诗云,"妍袖陵七盘",言舞用盘七枚也。梁谓之《舞盘伎》。梁有《长蹻伎》《掷倒伎》《跳剑伎》《吞剑伎》,今并存。又有《舞轮伎》,盖今戏车轮者。《透三峡伎》,盖今《透飞梯》

之类也。《高缒伎》，盖今之戏绳者是也。梁有《猕猴幢伎》，今有《缘竿》，又有《猕猴缘竿》，未审何者为是。又有《弄碗珠伎》《丹珠伎》。

歌舞戏，有《大面》《拨头》《踏摇娘》《窟磊子》等戏。玄宗以其非正声，置教坊于禁中以处之。

《婆罗门乐》，与四夷同列。《婆罗门乐》用漆筚篥二，齐鼓一。

《散乐》，用横笛一，拍板一，腰鼓三。其余杂戏，变态多端，皆不足称。

《大面》出于北齐。北齐兰陵王长恭，才武而面美，常著假面以对敌。尝击周师金墉城下，勇冠三军，齐人壮之，为此舞以效其指麾击刺之容，谓之《兰陵王入阵曲》。

《拨头》出西域。胡人为猛兽所噬，其子求兽杀之，为此舞以像之也。

《踏摇娘》，生于隋末。隋末河内有人貌恶而嗜酒，常自号郎中，醉归必殴其妻。其妻美色善歌，为怨苦之辞。河朔演其曲而被之弦管，因写其妻之容。妻悲诉，每摇顿其身，故号《踏摇娘》。近代优人颇改其制度，非旧旨也。

《窟磊子》，亦云《魁磊子》，作偶人以戏。善歌舞，本丧家乐也。汉末始用之于嘉会。齐后主高纬尤所好。高丽国亦有之。

《旧唐书》卷二九《音乐志二》，中华书局一九七五年版

第四章

官学学官

一、 国子祭酒

辛彦之,陇西狄道人也。……

高祖受禅,除太常少卿,改封任城郡公,进位上开府。寻转国子祭酒。岁余,拜礼部尚书,与秘书监牛弘撰《新礼》。吴兴沈重名为硕学,高祖尝令彦之与重论议。重不能抗,于是避席而谢曰:"辛君所谓金城汤池,无可攻之势。"高祖大悦。后拜随州刺史。于时州牧多贡珍玩,唯彦之所贡,并供祭之物。高祖善之,顾谓朝臣曰:"人安得无学! 彦之所贡,稽古之力也。"迁潞州刺史,前后俱有惠政。

《隋书》卷七五《辛彦之传》,中华书局一九七三年版

何妥字栖凤,西域人也。……

高祖受禅,除国子博士,加通直散骑常侍,进爵为公。妥性劲急,有口才,好是非人物。时纳言苏威尝言于上曰:"臣先人每诫臣云,唯读《孝经》一卷,足可立身治国,何用多为!"上亦然之。妥进曰:"苏威所学,非止《孝经》。厥父若信有此言,威不从训,是其

不孝。若无此言，面欺陛下，是其不诚。不诚不孝，何以事君！且夫子有云：'不读《诗》无以言，不读《礼》无以立。'岂容苏绰教子独反圣人之训乎？"威时兼领五职，上甚亲重之，妥因奏威不可信任。又以掌天文律度，皆不称职，妥又上八事以谏：

…………

……六年，出为龙州刺史。时有负笈游学者，妥皆为讲说教授之。为《刺史箴》，勒于州门外。在职三年，以疾请还，诏许之。复知学事。时上方使苏夔在太常，参议钟律。夔有所建议，朝士多从之，妥独不同，每言夔之短。高祖下其议，朝臣多排妥。妥复上封事，指陈得失，大抵论时政损益，并指斥当世朋党。于是苏威及吏部尚书卢恺、侍郎薛道衡等皆坐得罪。除伊州刺史，不行，寻为国子祭酒。卒官。谥曰肃。撰《周易讲疏》十三卷、《孝经义疏》三卷、《庄子义疏》四卷，及与沈重等撰《三十六科鬼神感应等大义》九卷、《封禅书》一卷、《乐要》一卷、文集十卷，并行于世。

《隋书》卷七五《何妥传》，中华书局一九七三年版

杨汪字元度，本弘农华阴人也，曾祖顺，徙居河东。……汪少凶疏，好与人群斗，拳所殴击，无不颠踣。长更折节勤学，专精《左氏传》，通三礼。……其后问《礼》于沈重，受《汉书》于刘臻，二人推许之曰："吾弗如也。"由是知名，……

炀帝即位，守大理卿。……岁余，拜国子祭酒。帝令百僚就学，与汪讲论，天下通儒硕学多萃焉，论难锋起，皆不能屈。帝令御史书其问答奏之，省而大悦，赐良马一匹。大业中，为银青光禄大夫。

《隋书》卷五六《杨汪传》，中华书局一九七三年版

孔颖达字冲远，冀州衡水人也。祖硕，后魏南台丞。父安，齐青州法曹参军。颖达八岁就学，日诵千余言。及长，尤明《左氏传》《郑氏尚书》《王氏易》《毛诗》《礼记》，兼善算历，解属文。同郡刘焯名重海内，颖达造其门。焯初不之礼，颖达请质疑滞，多出其意表。焯改容敬之。颖达固辞归，焯固留，不可。还家，以教授为务。隋大业初，举明经高第，授河内郡博士。时炀帝征诸郡儒官集于东都，令国子秘书学士与之论难，颖达为最。时颖达少年，而先辈宿儒耻为之屈，潜遣刺客图之，礼部尚书杨玄感舍之于家，由是获免。补太学助教。属隋乱，避地于武牢。太宗平王世充，引为秦府文学馆学士。武德九年，擢授国子博士。贞观初，封曲阜县男，转给事中。

时太宗初即位，留心庶政，颖达数进忠言，益见亲待。太宗尝问曰："《论语》云：'以能问于不能，以多问于寡，有若无，实若虚。'何谓也？"颖达对曰："圣人设教，欲人谦光。己虽有能，不自矜大，仍就不能之人求访能事。己之才艺虽多，犹以为少，仍就寡少之人更求所益。己之虽有，其状若无。己之虽实，其容若虚。非唯匹庶，帝王之德，亦当如此。夫帝王内蕴神明，外须玄默，使深不可测，度不可知。《易》称'以蒙养正，以明夷莅众'，若其位居尊极，炫耀聪明，以才凌人，饰非拒谏，则上下情隔，君臣道乖，自古灭亡，莫不由此也。"太宗深善其对。

六年，累除国子司业。岁余，迁太子右庶子，仍兼国子司业。与诸儒议历及明堂，皆从颖达之说。又与魏徵撰成《隋史》，加位散骑常侍。十一年，又与朝贤修定五礼，所有疑滞，咸谘决之。书成，进爵为子，赐物三百段。庶人承乾令撰《孝经义疏》，颖达因文见意，更广规讽之道，学者称之。太宗以颖达在东宫数有匡谏，与左庶子于志宁各赐黄金一斤、绢百匹。十二年，拜国子祭酒，仍侍讲东宫。十四年，太宗幸国学观释奠，命颖达讲《孝经》。既毕，颖达上《释奠颂》，手诏褒美。后承乾不循法度，颖达每犯颜进谏。承乾乳母遂安夫人谓曰："太子成长，何宜屡致面折？"颖达对曰："蒙国厚恩，死无所恨。"谏诤逾切，承乾不能纳。

先是，与颜师古、司马才章、王恭、王琰等诸儒受诏撰定五经义训，凡一百八十卷，名曰《五经正义》。太宗下诏曰："卿等博综古今，义理该洽，考前儒之异说，符圣人之幽旨，实为不朽。"付国子监施行，赐颖达物三百段。时又有太学博士马嘉运驳颖达所撰《正义》，诏更令详定，功竟未就。十七年，以年老致仕。十八年，图形于凌烟阁，赞曰："道光列第，风传阙里。精义霞开，谈辞飙起。"二十二年卒，陪葬昭陵，赠太常卿，谥曰宪。

《旧唐书》卷七三《孔颖达传》，中华书局一九七五年版

令狐德棻，宜州华原人，隋鸿胪少卿熙之子也。先居敦煌，代为河西右族。德棻博涉文史，早知名。大业末为药城长，以世乱不就职。及义旗建，淮安王神通据太平宫，自称总管，以德棻为记室参军。高祖入关，引直大丞相府记室。武德元年，转起居舍人，甚见亲待。五年，迁秘书丞，与侍中陈叔达等受诏撰《艺文类聚》。……

时承丧乱之余，经籍亡逸，德棻奏请购募遗书，重加钱帛，增置楷书，令缮写。数年间，群书略备。德棻尝从容言于高祖曰："窃见近代已来，多无正史，梁、陈及齐，犹有文籍。至周、隋遭大业离乱，多有遗阙。当今耳目犹接，尚有可凭，如更十数年后，恐事迹湮没。陛下既受禅于隋，复承周氏历数，国家二祖功业，并在

周时。如文史不存，何以贻鉴今古？如臣愚见，并请修之。"高祖然其奏，下诏曰：

············

贞观三年，太宗复敕修撰，乃令德棻与秘书郎岑文本修周史，中书舍人李百药修齐史，著作郎姚思廉修梁、陈史，秘书监魏徵修隋史，与尚书左仆射房玄龄总监诸代史。众议以魏史既有魏收、魏澹二家，已为详备，遂不复修。德棻又奏引殿中侍御史崔仁师佐修周史，德棻仍总知类会梁、陈、齐、隋诸史。武德已来创修撰之源，自德棻始也。六年，累迁礼部侍郎，兼修国史，赐爵彭阳男。十年，以修周史赐绢四百匹。十一年，修《新礼》成，进爵为子。又以撰《氏族志》成，赐帛二百匹。十五年，转太子右庶子，承乾败，随例除名。十八年，起为雅州刺史，以公事免。寻有诏改撰《晋书》，房玄龄奏德棻令预修撰，当时同修一十八人，并推德棻为首，其体制多取决焉。书成，除秘书少监。

永徽元年，又受诏撰定律令，复为礼部侍郎，兼弘文馆学士，监修国史及《五代史志》。寻迁太常卿，兼弘文馆学士。

时高宗初嗣位，留心政道，尝召宰臣及弘文馆学士于中华殿而问曰："何者为王道、霸道？又孰为先后？"德棻对曰："王道任德，霸道任刑。自三王已上，皆行王道；唯秦任霸术，汉则杂而行之；魏、晋已下，王、霸俱失。如欲用之，王道为最，而行之为难。"高宗曰："今之所行，何政为要？"德棻对曰："古者为政，清其心，简其事，以此为本。当今天下无虞，年谷丰稔，薄赋敛，少征役，此乃合于古道。为政之要道，莫过于此。"高宗曰："政道莫尚于无为也。"又问曰："禹、汤何以兴？桀、纣何以亡？"德棻对曰："《传》称：'禹、汤罪己，其兴也勃焉；桀、纣罪人，其亡也忽焉。'二主惑于妹喜、妲己，诛戮谏者，造炮烙之刑，是其所以亡也。"高宗甚悦，既罢，各赐以缯彩。

四年，迁国子祭酒，以修贞观十三年以后实录功，赐物四百段，兼授崇贤馆学士。寻又撰《高宗实录》三十卷，进爵为公。龙朔二年，表请致仕，许之，仍加金紫光禄大夫。乾封元年，卒于家，年八十四，谥曰宪。德棻暮年尤勤于著述，国家凡有修撰，无不参预。

《旧唐书》卷七三《令狐德棻传》，中华书局一九七五年版

张后胤，苏州昆山人也。父中，有儒学，隋汉王谅出牧并州，引为博士。后胤从父在并州，以学行见称。时高祖镇太原，引居宾馆。太宗就受《春秋左氏传》。武德中，累除燕王谘议参军。贞观中，后胤上言："陛下昔在太原，问臣：'隋氏运终，何族当得天下？'臣奉对：'李姓必得。公家德业，天下系心，若于此首谋，长驱关右，以图帝业，孰不幸赖！'此实微臣早识天命。"太宗曰："此事并记之耳。"因诏入赐宴，言及平昔，从容谓曰："今弟子何如？"后胤对曰："昔孔子领徒三千，达者无子男之位。臣翼赞一人，为万乘主，计臣功逾于先圣。"太宗甚悦，赐良马五匹，拜燕王府司马，迁国子祭酒，转散骑常侍。永徽初，请致仕，加金紫光禄大夫，给赐并同职事。卒赠礼部侍郎，陪葬昭陵。

《旧唐书》卷一八九上《张后胤传》，中华书局一九七五年版

祭酒。龙朔二年，改为大司成。咸亨元年，复为祭酒。光宅元年，改为成均祭酒。神龙元年，复为祭酒。贞观中，孔颖达为祭酒。准故事，上日，开讲五经题。至天后朝，诸武驸马为祭酒，乃

判祥瑞案三道，非旧典也。

《唐会要》卷六六《东都国子监》，中华书局一九五五年版

　　韦叔夏，尚书左仆射安石兄也。少而精通三礼，其叔父太子詹事琨尝谓曰："汝能如是，可以继丞相业矣。"举明经。调露年，累除太常博士。后属高宗崩，山陵旧仪多废缺，叔夏与中书舍人贾太隐、太常博士裴守贞等，草创撰定，由是授春官员外郎。则天将拜洛及享明堂，皆别受制，共当时大儒祝钦明、郭山恽撰定仪注。凡所立议，众咸推服之。累迁成均司业。久视元年，特下制曰："吉凶礼仪，国家所重，司礼博士，未甚详明。成均司业韦叔夏、太子率更令祝钦明等，博涉礼经，多所该练，委以参掌，冀弘典式。自今司礼所修仪注，并委叔夏等刊定讫，然后进奏。"长安四年，擢春官侍郎。神龙初，转太常少卿，充建立庙社使。以功进银青光禄大夫。三年，拜国子祭酒。累封沛国郡公。卒时年七十余。撰《五礼要记》三十卷，行于代。赠兖州都督、修文馆学士，谥曰文。子绍，太常卿。

《旧唐书》卷一八九下《韦叔夏传》，中华书局一九七五年版

　　祝钦明，雍州始平人也。少通五经，兼涉众史百家之说。举明经。长安元年，累迁太子率更令，兼崇文馆学士。中宗在春宫，钦明兼充侍读。二年，迁太子少保。中宗即位，以侍读之故，擢拜国子祭酒、同中书门下三品，加位银青光禄大夫，历刑部、礼部二尚书，兼修国史，仍旧知政事，累封鲁国公，食实封三百户。寻以匿忌日，为御史中丞萧至忠所劾，贬授申州刺史。久之，入为国子祭酒。

景龙三年,中宗将亲祀南郊,钦明与国子司业郭山恽二人奏言皇后亦合助祭,遂建议曰:

……………

时尚书左仆射韦巨源又希旨,协同钦明之议。上纳其言,竟以后为亚献,仍补大臣李峤等女为斋娘,以执笾豆。及礼毕,特诏斋娘有夫婿者,咸为改官。

景云初,侍御史倪若水劾奏钦明及郭山恽曰:"钦明等本自腐儒,素无操行,崇班列爵,实为叨忝,而涓尘莫效,诐佞为能。遂使曲台之礼,圜丘之制,百王故事,一朝坠失。所谓乱常改作,希旨病君,人之不才,遂至于此。今圣明驭历,贤良入用,惟兹小人,犹在朝列。臣请并从黜放,以肃周行。"于是左授钦明饶州刺史。后入为崇文馆学士。寻卒。

《旧唐书》卷一八九下《祝钦明传》,中华书局一九七五年版

阳峤,河南洛阳人,……仪凤中,应八科举,授将陵尉,累迁詹事司直。……景龙末,累转国子司业。峤恭谨好学,有儒者之风。又勤于政理,循循善诱。及在学司,时人以为称职。奏修先圣庙及讲堂,因建碑前庭,以纪崇儒之事。

睿宗即位,拜尚书右丞。……又历魏州刺史,充兖州都督、荆州长史,为本道按察使,所在以清白闻。魏州人诣阙割耳,请峤重临其郡,又除魏州刺史。入为国子祭酒,累封北平伯,荐尹知章、范行恭、赵玄默等为学官,皆称名儒。时学徒渐弛,峤课率经业,稍行鞭箠,学生怨之,颇有喧谤,乃相率乘夜于街中殴之。上闻而令所由杖杀无理者,由是始息。

峤素友悌,抚孤侄如己子。常谓人曰:"吾虽位登方伯,而心

不异于曩时一尉耳。"识者甚称叹之。寻以年老致仕,卒于家,谥曰敬。

《旧唐书》卷一八五下《阳峤传》,中华书局一九七五年版

黄门:师氏之职,训于胄子;儒林之选,必俟贤人。魏州刺史上柱国北平县开国子杨峤,直清庄敬,浩素纯密,服膺勤业,道在其中。因心执礼,行成于内,树风有循良之课,试剧闻精练之能。往在东都,摄于西序,巾卷资其导诱,纪纲正其颓弊。惟教之立,厥声孔臧,俾崇于释菜,逾劝于攻木。可国子祭酒,勋封如故。主者施行。

《全唐文》卷二五一《苏颋·授杨峤国子祭酒制》,
中华书局一九八三年版

门下:名器所归,必征于才实;进用之序,亦凭于岁年。邠王傅上柱国丰县开国男刘瑗等,备闻素行,累践清资,佩服文儒,周旋礼让,效官惟谨,考绩皆深。以类而迁,既有均于平施;至公斯在,亦何患于后时? 宜悉虚怀,各从分职。可依前件。

《全唐文》卷三〇九《祖逖·授刘瑗等国子祭酒制》,
中华书局一九八三年版

李揆字端卿,陇西成纪人,而家于郑州,代为冠族。……

乾元初,兼礼部侍郎。揆尝以主司取士,多不考实,徒峻其堤防,索其书策,殊未知艺不至者,文史之囿亦不能摛词,深昧求贤之意也。其试进士文章,请于庭中设五经、诸史及《切韵》本于床,而引贡士谓之曰:"大国选士,但务得才,经籍在此,请恣寻检。"由

是数月之间，美声上闻，未及毕事，迁中书侍郎、平章事、集贤殿崇文馆大学士、修国史。

············

揆在相位，决事献替，虽甚博辨，性锐于名利，深为物议所非。……乃贬揆莱州长史同正员，……

……萍寄诸州，凡十五六年，其牧守稍薄，则又移居，故其迁徙者，盖十余州焉。元载以罪诛，除揆睦州刺史，入拜国子祭酒、礼部尚书，……

《旧唐书》卷一二六《李揆传》，中华书局一九七五年版

〔永泰二年八月〕二十五日，诏曰："古者设官分土，所以崇德报功。总内署之纲，事密于清禁；弘上庠之教，德润于鸿业。赋开千乘，礼序九宾。必资兼济之能，用协至公之选。开府仪同三司、兼右监门卫大将军、仍知观军容宣慰处置使、知内侍省事、内飞龙闲厩使、内弓箭库使、知神策军兵马使、上柱国、冯翊郡开国公鱼朝恩，温良恭俭，宽柔简廉，长才博达，敏识高妙。学究儒玄之秘，谋穷遁甲之精。百行资身，一心奉上。自王室多故，云雷经始，五原之北，以先启行；三河之表，爰整其旅。成师必胜，每合于韬钤；料敌无遗，可征于菁蔡。关洛既定，幽燕复开，海外有截，厥功惟茂。历事三圣，始终竭力。顷东都扈跸，释位勤王，时当缀旒，节见披棘，下江助我，甲令先书，社稷之卫，邦家是赖。及边陲罢警，戎务解严，方奖励于《易》象。才兼文武，所谓勋贤，亦既任能，斯焉命赏，宜膺朝典，式副公议。可行内侍监，判国子监事，充鸿胪礼宾等使，封郑国公，食邑三千户。"

《旧唐书》卷二四《礼仪志》，中华书局一九七五年版

〔韩洄〕迁秘书监，乃奏置五经正本，补群书之缺。蓬阁之中，粲然如初。复除兵部侍郎，累岁改国子祭酒。自兵兴以来，多趋末流而弃夷道，故学者不振，而《子矜》之诗作焉。公曰："崇化厉贤，本于六籍，不学将落，吾其忧乎！"乃表名儒袁颐、韦渠牟，列于学宫，讲《左氏春秋》《小戴礼》。抠衣鼓箧之徒，溢乎国庠，讲诵之声，如在洙泗。公所至必化，其用无方。方将荷介祉以锡难老，亮天工以缵旧服，人望未塞，以贞元十年二月九日寝疾，终于昌化里之私第。皇情轸悼，追赠户部尚书。哀荣之礼，于公备矣。

《权载之文集》卷二〇《韩公行状》，

商务印书馆《四部丛刊初编》本

冯伉，本魏州元城人。父玠，后家于京兆。少有经学。大历初，登五经秀才科，授秘书郎。建中四年，又登博学三史科。三迁尚书膳部员外郎，充睦王已下侍读。泽潞节度使李抱真卒，为吊赠使，抱真男遗伉帛数百匹，不纳。又专送至京，伉因表奏，固请不受。属醴泉缺县令，宰臣进人名，帝意不可，谓宰臣曰："前使泽潞不受财帛者，此人必有清政，可以授之。"遂改醴泉令。县中百姓多猾，为著《谕蒙》十四篇，大略指明忠孝仁义，劝学务农，每乡给一卷，俾其传习。在县七年，韦渠牟荐为给事中，充皇太子及诸王侍读。召见于别殿，赐金紫。著《三传异同》三卷。顺宗即位，拜尚书兵部侍郎。改国子祭酒，为同州刺史。入拜左散骑常侍，复领太学。元和四年卒，年六十六，赠礼部尚书。子药，进士擢第，又登制科，仕至尚书郎。

《旧唐书》卷一八九下《冯伉传》，中华书局一九七五年版宪宗元和元年正月丁卯,诏:国子监祭酒、司业及学官,并先取朝廷有德望学识者充。

　　　　　　　　　《册府元龟》卷五〇《帝王部》,中华书局一九六〇年版

　　国子监应今新注学官等牒:准今年敕文,委国子祭酒选择有经艺堪训生徒者,以充学官。近年吏部所注,多循资叙,不考艺能,至今生徒不自劝励。伏请非专通经传,博涉坟史,及进士五经诸色登科人,不以比拟,其新授官上日,必加研试,然后放上,以副圣朝崇儒尚学之意。具状牒上吏部,仍牒监者。谨牒。

　　　　　　　　　《韩昌黎集》卷四〇《国子监论新注学官牒》,

　　　　　　　　　　　　　　　　商务印书馆一九三三年版

　　〔柳〕公权字诚悬。幼嗜学,十二能为辞赋。元和初,进士擢第,释褐秘书省校书郎。李听镇夏州,辟为掌书记。穆宗即位,入奏事,帝召见,谓公权曰:"我于佛寺见卿笔迹,思之久矣。"即日拜右拾遗,充翰林侍书学士,迁右补阙、司封员外郎。穆宗政僻,尝问公权笔何尽善,对曰:"用笔在心,心正则笔正。"上改容,知其笔谏也。历穆、敬、文三朝,侍书中禁。公绰在太原,致书于宰相李宗闵云:"家弟苦心辞艺,先朝以侍书见用,颇偕工祝,心实耻之,乞换一散秩。"乃迁右司郎中,累换司封、兵部二郎中、弘文馆学士。

　　文宗思之,复召侍书,迁谏议大夫。俄改中书舍人,充翰林书诏学士。每浴堂召对,继烛见跋,语犹未尽,不欲取烛,宫人以蜡泪揉纸继之。从幸未央宫苑中,驻辇谓公权曰:"我有一喜事,边上衣赐,久不及时,今年二月给春衣讫。"公权前奉贺,上曰:"单贺未了,卿可贺我以诗。"宫人迫其口进,公权应声曰:"去岁虽无战,

今年未得归。皇恩何以报，春日得春衣。"上悦，激赏久之。

便殿对六学士，上语及汉文恭俭，帝举袂曰："此澣濯者三矣。"学士皆赞咏帝之俭德，唯公权无言，帝留而问之，对曰："人主当进贤良，退不肖，纳谏诤，明赏罚。服澣濯之衣，乃小节耳。"时周墀同对，为之股慄，公权辞气不可夺。帝谓之曰："极知舍人不合作谏议，以卿言事有诤臣风彩，却授卿谏议大夫。"翌日降制，以谏议知制诰，学士如故。

开成三年，转工部侍郎，充职。尝入对，上谓曰："近日外议如何？"公权对曰："自郭旼除授邠宁，物议颇有臧否。"帝曰："旼是尚父之从子，太皇太后之季父，在官无过。自金吾大将授邠宁小镇，何事议论耶？"公权曰："以旼勋德，除镇攸宜。人情论议者，言旼进二女入宫，致此除拜，此信乎？"帝曰："二女入宫参太后，非献也。"公权曰："瓜李之嫌，何以户晓？"因引王珪谏太宗出庐江王妃故事，帝即令南内使张日华送二女还旼。公权忠言匡益，皆此类也。

累迁学士承旨。武宗即位，罢内职，授右散骑常侍。宰相崔珙用为集贤学士、判院事。李德裕素待公权厚，及为珙奏荐，颇不悦，左授太子詹事，改宾客。累迁金紫光禄大夫、上柱国、河东郡开国公、食邑二千户。复为左常侍、国子祭酒。历工部尚书。咸通初，改太子少傅，改少师，居三品、二品班三十年。六年卒，赠太子太师，时年八十八。

《旧唐书》卷一六五《柳公权传》，中华书局一九七五年版

后唐天成三年正月，中书门下奏："伏以祭酒之资，历朝所贵，爰从近代，不重此官。况属圣朝，方勤庶政，须宏雅道，以振时风。

望令宰臣一员兼判国子祭酒。"敕:"宜令宰臣崔协兼判。"

《五代会要》卷一六《国子监》,上海古籍出版社一九七八年版

崔协,字思化。……

……天成初,迁礼部尚书、太常卿,因枢密使孔循保荐,拜平章事。

……朝廷以国庠事重,命协兼判祭酒事,协上奏每岁补监生二百为定,物议非之。

《旧五代史》卷五八《唐书·崔协传》,中华书局一九七六年版

马缟,少嗜学儒,以明经及第,登拔萃之科。仕梁为太常修撰,累历尚书郎,参知礼院事,迁太常少卿。梁代诸王纳嫔,公主下嫁,皆于宫殿门庭行揖让之礼,缟以为非礼,上疏止之,物议以为然。长兴四年,为户部侍郎,缟时年已八十。及为国子祭酒,八十余矣,形气不衰,于事多遗忘,言元積不应进士,以父元鲁山名进故也,多如此类。

《旧五代史》卷七一《唐书·马缟传》,中华书局一九七六年版

二、 国子司业

司业。武德初省。贞观六年二月二日,置一员。龙朔二年,改为少司成。咸亨元年,复为司业,本一员。太极元年二月十八日,加一员,以萧宪为之。

《唐会要》卷六六《东都国子监》,中华书局一九五五年版

朱子奢，苏州吴人也。少从乡人顾彪习《春秋左氏传》，后博观子史，善属文。隋大业中，直秘书学士。及天下大乱，辞职归乡里，寻附于杜伏威。武德四年，随伏威入朝，授国子助教。贞观初，高丽、百济同伐新罗，连兵数年不解，新罗遣使告急。乃假子奢员外散骑侍郎充使，喻可以释三国之憾，雅有仪观，东夷大钦敬之，三国王皆上表谢罪，赐遣甚厚。初，子奢之出使也，太宗谓曰："海夷颇重学问，卿为大国使，必勿藉其束修，为之讲说。使还称旨，当以中书舍人待卿。"子奢至其国，欲悦夷虏之情，遂为发《春秋左传》题，又纳其美女之赠。使还，太宗责其违旨，犹惜其才，不至深遣，令散官直国子学。转谏议大夫、弘文馆学士，迁国子司业，仍为学士。子奢风流蕴藉，颇滑稽，又辅之以文义，由是数蒙宴遇，或使论难于前。十五年卒。

《旧唐书》卷一八九上《朱子奢传》，中华书局一九七五年版

盖文达，冀州信都人也。博涉经史，尤明三传。性方雅，美须貌，有士君子之风。刺史窦抗尝广集儒生，令相问难，其大儒刘焯、刘轨思、孔颖达咸在坐，文达亦参焉。既论难，皆出诸儒意表，抗大奇之，问曰："盖生就谁受学？"刘焯对曰："此生歧嶷，出自天然。以多问寡，焯为师首。"抗曰："可谓冰生于水而寒于水也。"武德中，累授国子助教。太宗在藩，召为文学馆直学士。贞观十年，迁谏议大夫，兼弘文馆学士。十三年，除国子司业。俄拜蜀王师，以王有罪，坐免。十八年，授崇贤馆学士。寻卒。其宗人文懿，亦以儒业知名，当时称为"二盖"焉。

《旧唐书》卷一八九上《盖文达传》，中华书局一九七五年版

鸾台：大中大夫、使持节博州诸军事，守博州刺史崔挹，怀才抱器，悦《礼》敦《诗》，博究毁陵，深穷坏壁，秦章汉绶，虽践吏途；鲁衣宋冠，无辍儒行。虎门齿胄，蚁术横经，重道尊师，于是乎在。宜罢外台之任，俾升上庠之秩。可行成均司业，散官如故。主者施行。

《全唐文》卷二四二《李峤·授崔挹成均司业制》，

中华书局一九八三年版

郭山恽，蒲州河东人。少通三礼。景龙中，累迁国子司业。时中宗数引近臣及修文学士，与之宴集，尝令各效伎艺，以为笑乐。工部尚书张锡为《谈容娘舞》，将作大匠宗晋卿舞《浑脱》，左卫将军张洽舞《黄麞》，左金吾卫将军杜元琰诵《婆罗门咒》，给事中李行言唱《驾车西河》，中书舍人卢藏用效道士上章。山恽独奏曰："臣无所解，请诵古诗两篇。"帝从之，于是诵《鹿鸣》《蟋蟀》之诗。奏未毕，中书令李峤以其词有"好乐无荒"之语，颇涉规讽，怒为忤旨，遽止之。翌日，帝嘉山恽之意，诏曰："郭山恽业优经史，识贮古今，八索九丘，由来遍览；前言往行，实所该详。昨者因其豫游，式宴朝彦，既乘欢洽，咸使咏歌。遂能志在匡时，潜申规讽，謇謇之诚弥切，谔谔之操逾明。宜示褒扬，美兹鲠直。"赐时服一副。寻与祝钦明同献皇后助祭郊祀之议。景云中，左授括州长史。开元初，复入为国子司业。卒于官。

《旧唐书》卷一八九下《郭山恽传》，中华书局一九七五年版

黄门：银青光禄大夫宋王府长史上柱国襄城县开国伯郑谞，纯固仁厚，温恭雅实，尝览坟籍，克修言行。玳筵承宠，已参佐于

王门;琼林讲艺,用周旋于师氏。可行国子司业,散官勋封如故。主者施行。

《全唐文》卷二五一《苏颋·授郑谔国子司业制》,
中华书局一九八三年版

归崇敬字正礼,苏州吴郡人也。……崇敬少勤学,以经业擢第。遭丧哀毁,以孝闻,调授四门助教。天宝末,对策高第,授左拾遗,改秘书郎。……

…………

大历初,以新罗王卒,授崇敬仓部郎中兼御史中丞,赐紫金鱼袋,充吊祭、册立新罗使。……使还,授国子司业,兼集贤学士。与诸儒官同修《通志》,崇敬知《礼仪志》,众称允当。

时皇太子欲以仲秋之月,于国学行齿胄之礼。崇敬以国学及官名不称,请改国学之制,兼更其名,………

…………

……诏下尚书集百僚定议以闻。……其事不行。

会国学胥吏以餐钱差舛,御史台按问,坐贬饶州司马。建中初,又拜国子司业。寻选为翰林学士,迁左散骑常侍,加银青光禄大夫,寻兼普王元帅参谋,累加光禄大夫。

《旧唐书》卷一四九《归崇敬传》,中华书局一九七五年版

张参为国子司业,年老,常手写九经,以谓读书不如写书。

《唐国史补》卷下,上海古籍出版社一九七九年版

国子监诸馆生,泮杂无良。阳城为司业,以道德训喻,有遗亲

三年者勉之归觐，由是生徒稍变。

《唐国史补》卷中，上海古籍出版社一九七九年版

二十六日，集贤殿正字柳宗元敬致尺牍，太学诸生足下：始朝廷用谏议大夫阳公为司业，诸生陶煦醇懿，熙然大洽，于兹四祀而已，诏书出为道州。仆时通籍光范门，就职书府，闻之悒然不喜。非特为诸生戚戚也，乃仆亦失其师表，而莫有所矜式焉。而署吏有传致诏草者，仆得观之。盖主上知阳公甚熟，嘉美显宠，勤至备厚，乃知欲烦阳公宣风裔土，覃布美化于黎献也。遂宽然少喜，如犹慰荐于天子休命。然而退自感悼，幸生明圣不讳之代，不能布露所蓄，论列大体，闻于下执事，冀少见采取，而还阳公之南也。翌日，退自书府，就车于司马门外，闻之于抱关掌管者，道诸生爱慕阳公之德教，不忍其去，顿首西阙下，恳悃至愿乞留如故者百数十人。辄用抚手喜甚，震抃不宁，不意古道复形于今。仆尝读李元礼、嵇叔夜传，观其言太学生徒仰阙赴诉者，仆谓讫千百年不可睹闻，乃今日闻而睹之，诚诸生见赐甚盛。

於戏！始仆少时，尝有意游太学，受师说，以植志持身焉。当时说者咸曰："太学生聚为朋曹，侮老慢贤，有堕窳败业而利口食者，有崇饰恶言而肆斗讼者，有凌傲长上而诟骂有司者，其退然自克，特殊于众人者无几耳。"仆闻之，惘骇怛悸，良痛其游圣人之门，而众为是嗒嗒也。遂退托乡闾家塾，考厉志业，过太学之门而不敢蹢顾，尚何能仰视其学徒者哉！今乃奋志厉义，出乎千百年之表，何闻见之乖刺欤？岂说者过也，将亦时异人异，无向时之桀害者耶？其无乃阳公之渐渍导训，明效所致乎？夫如是，服圣人遗教，居天子太学，可无愧矣。

於戏！阳公有博厚恢弘之德，能并容善伪，来者不拒。曩闻有狂惑小生，依托门下，或乃飞文陈愚，丑行无赖，而论者以为言，谓阳公过于纳污，无人师之道。是大不然。仲尼吾党狂狷，南郭献讥；曾参徒七十二人，致祸负刍；孟轲馆齐，从者窃履。彼一圣两贤人，继为大儒，然犹不免，如之何其拒人也？俞、扁之门，不拒病夫；绳墨之侧，不拒枉材；师儒之席，不拒曲士：理固然也。且阳公之在于朝，四方闻风，仰而尊之，贪冒苟进邪薄之夫，庶得少沮其志，不遂其恶，虽微师尹之位，而人实具瞻焉。与其宣风一方，覃化一州，其功之远近，又可量哉！诸生之言非独为己也，于国体实甚宜，愿诸生勿得私之。想复再上，故少佐笔端耳。勖此良志，俾为史者有以纪述也。努力多贺。柳宗元白。

《柳宗元集》卷三四《与太学诸生喜诣阙留阳城司业书》，

中华书局一九七九年版

四年五月，皇帝以银印赤绂，即隐所起阳公为谏议大夫。后七年，廷诤恳至，累日不解，帝尤嘉异，迁为国子司业。旌直优贤，道光师儒。又四年，九月己巳，出拜道州刺史。太学生鲁郡季偿、卢江何蕃等百六十人，投业奔走，稽首阙下，叫阍吁天，愿乞复旧。朝廷重更其事，如己巳诏。翌日，会徒北向如初。行至延喜门，公使追夺其章，遮道愿罢，遂不果献。生徒嗷嗷，相眄徘徊。昔公之来，仁风扇扬。暴憸革面，柔软有立。听闻嘉言，乐甚钟鼓。瞻仰德宇，高逾嵩岱。及公当职施政，示人准程。良士勇善，伪夫去饰。堕者益勤，诞者益恭。沉酗腼酒，斥逐郊遂。违亲三岁，罢退乡党。令未及下，乞归就养者二十余人。礼顺克彰，孝悌以兴。则又讲贯经籍，俾达奥义。简习孝秀，俾极儒业。冠屡裳衣，由公而严。进退揖让，由公而仪。公征甚遄，吾党谁师？遂相与咨度署吏，布告诸儒。愿立贞珉，俾高状明。乃访于学古之士，纪公名字，垂宪于后。

公名城，字亢宗，家于北平，隐于条山。惟公端粹冲和，高嶷懿醇，道德仁明，孝爱友悌，薰袭里闬，布闻天下。守节贞固，患难不能迁其心；怡性坦厚，荣位不足动其神。为司谏，义震于周行；为司业，爱加于生徒。宜乎立石，俾后是宪。其辞曰：

惟兹阳公，履道葆醇。爰初隐声，覆荑基仁。德充而形，乃作谏臣。抗志励义，直道是陈。帝求师儒，贰我成均。开朗蒙滞，宣明德教。大和潜布，玄机密照。群生闻礼，后学知孝。进退作则，动言是效。匪公之轨，人用奚蹈？粗厉贪凌，待公顺之。欺伪谲诈，待公信之。少年申申，咸适其宜。榎楚废弛，尊严而威。公褒其食，俾升于堂。癯者既肥，荣如衮衣。公弃不用，惩咎内讼。既讼于内，犹公之诲。匪仁孰亲？匪德孰尊？今公于征，孰表儒门？生徒上言，稽首帝闻。谓天盖高，曾莫我闻。青衿涕濡，填街盈衢。远送于南，望慕踟蹰。立石书德，用扬懿则。呜呼斯文，遗爱罔极。

《柳宗元集》卷九《国子司业阳城遗爱碣》，

中华书局一九七九年版

邓世隆者，相州人也。大业末，王世充兄子太守河阳，引世隆为宾客，大见亲遇。及太宗攻洛阳，遗书谕太，世隆为复书，言辞不逊。洛阳平后，世隆惧罪，变姓名，自号隐玄先生，窜于白鹿山。贞观初，征授国子主簿，与崔仁师、慕容善行、刘颟、庾安礼、敬播等俱为修史学士。

《旧唐书》卷七三《邓世隆传》，中华书局一九七五年版

三、 国子博士

　　房晖远字崇儒,恒山真定人也。世传儒学。晖远幼有志行,治三礼、春秋三传、《诗》《书》《周易》,兼善图纬,恒以教授为务。远方负笈而从者,动以千计。齐南阳王绰为定州刺史,闻其名,召为博士。周武帝平齐,搜访儒俊,晖远首应辟命,授小学下士。

　　及高祖受禅,迁太常博士。太常卿牛弘每称为五经库。吏部尚书韦世康荐之,为太学博士。寻与沛公郑译修正乐章。丁母忧解任。后数岁,授珍寇将军,复为太常博士。未几,擢为国子博士。会上令国子生通一经者,并悉荐举,将擢用之。既策问讫,博士不能时定臧否。祭酒元善怪问之,晖远曰:“江南、河北,义例不同,博士不能遍涉。学生皆持其所短,称己所长,博士各各自疑,所以久而不决也。”祭酒因令晖远考定之,晖远览笔便下,初无疑滞。或有不服者,晖远问其所传义疏,辄为始末诵之,然后出其所短,自是无敢饰非者。所试四五百人,数日便决,诸儒莫不推其通博,皆自以为不能测也。寻奉诏预修令式。高祖尝谓群臣曰:“自古天子有女乐乎?”杨素以下莫知所出,遂言无女乐。晖远进曰:“臣闻‘窈窕淑女,钟鼓乐之’,此即王者房中之乐,著于《雅》《颂》,不得言无。”高祖大悦。仁寿中卒官,时年七十二,朝廷嗟惜焉,赠赙甚厚,赠员外散骑常侍。

《隋书》卷七五《房晖远传》,中华书局一九七三年版

　　兰陵萧该者,梁鄱阳王恢之孙也。少封攸侯。梁荆州陷,与何妥同至长安。性笃学,《诗》《书》《春秋》《礼记》并通大义,尤精

《汉书》，甚为贵游所礼。开皇初，赐爵山阴县公，拜国子博士。奉诏书与妥正定经史，然各执所见，递相是非，久而不能就，上谴而罢之。该后撰《汉书》及《文选音义》，咸为当时所贵。

《隋书》卷七五《萧该传》，中华书局一九七三年版

许善心字务本，高阳北新城人也。……

…………

大业元年，转礼部侍郎，奏荐儒者徐文远为国子博士，包恺、陆德明、褚徽、鲁世达之辈并加品秩，授为学官。

《隋书》卷五八《许善心传》，中华书局一九七三年版

徐文远，洛州偃师人。……

……开皇中，累迁太学博士。诏令往并州，为汉王谅讲《孝经》《礼记》。及谅反，除名。大业初，礼部侍郎许善心举文远与包恺、褚徽、陆德明、鲁达为学官，遂擢授文远国子博士，恺等并为太学博士。时人称文远之《左氏》、褚徽之《礼》、鲁达之《诗》、陆德明之《易》，皆为一时之最。文远所讲释，多立新义，先儒异论，皆定其是非，然后诘驳诸家，又出己意，博而且辨，听者忘倦。

后越王侗署为国子祭酒。时洛阳饥馑，文远出城樵采，为李密军所执。密令文远南面坐，备弟子礼北面拜之。文远曰："老夫畴昔之日，幸以先王之道，仰授将军。时经兴替，倏焉已久。今将军属风云之际，为义众所归，权镇万物，威加四海，犹能屈体弘尊师之义，此将军之德也，老夫之幸也。既荷兹厚礼，安不尽言乎，但未审将军意耳！欲为伊、霍继绝扶倾，虽迟暮，犹愿尽力；若为莽、卓乘危迫险，则老夫耄矣，无能为也。"密顿首曰："昨奉朝命，

垂拜上公,冀竭庸虚,匡奉国难。所以未朝见者,不测城内人情。且欲先征化及,报复冤耻,立功赎罪,然后凯旋,入拜天阙。此密之本意,惟先生教之。"文远曰:"将军名臣之子,累显忠节,前受误于玄感,遂乃暂坠家声。行迷未远,而回车复路,终于忠孝,用康家国,天下之人,是所望于将军也。"密又顿首曰:"苟闻命矣,请奉以周旋。"及征化及还,而王世充已杀元文都等,权兵专制。密又问计于文远,答曰:"王世充亦门人也,颇得识之。是人残忍,意又褊促,既乘此势,必有异图。将军前计为不谐矣,非破王世充,不可朝觐。"密曰:"尝谓先生儒者,不学军旅之事,今筹大计,殊有明略。"

《旧唐书》卷一八九上《徐文远传》,中华书局一九七五年版

陆德明,苏州吴人也。……

王世充平,太宗征为秦府文学馆学士,命中山王承乾从其受业。寻补太学博士。后高祖亲临释奠,时徐文远讲《孝经》,沙门惠乘讲《波若经》,道士刘进喜讲《老子》,德明难此三人,各因宗指,随端立义,众皆为之屈。高祖善之,赐帛五十匹。贞观初,拜国子博士,封吴县男。寻卒。撰《经典释文》三十卷、《老子疏》十五卷、《易疏》二十卷,并行于世。太宗后尝阅德明《经典释文》,甚嘉之,赐其家束帛二百段。

《旧唐书》卷一八九上《陆德明传》,中华书局一九七五年版

徐文远,洛州偃师人。……

…………

及密败,复入东都,王世充给其廪食,而文远尽敬,见之先拜。

或问曰："闻君踞见李密,而敬王公,何也?"答曰:"李密,君子也,能受郦生之揖;王公,小人也,有杀故人之义。相时而动,岂不然欤!"后王世充僭号,复以为国子博士。因出樵采,为罗士信获之,送于京师,复授国子博士。武德六年,高祖幸国学,观释奠,遣文远发《春秋》题,诸儒设难蜂起,随方占对,皆莫能屈。封东莞县男。年七十四,卒官,撰《左传音》三卷、《义疏》六十卷。

《旧唐书》卷一八九上《徐文远传》,中华书局一九七五年版

〔盖〕文懿者,贝州宗城人也。武德初,历国子助教。时高祖别于秘书省置学,教授王公之子,时以文懿为博士。文懿尝开讲《毛诗》,发题,公卿咸萃,更相问难,文懿发扬风雅,甚得诗人之致。贞观中,卒于国子博士。

《旧唐书》卷一八九上《盖文懿传》,中华书局一九七五年版

谷那律,魏州昌乐人也。贞观中,累补国子博士。黄门侍郎褚遂良称为"九经库"。寻迁谏议大夫,兼弘文馆学士。尝从太宗出猎,在途遇雨,因问:"油衣若为得不漏?"那律曰:"能以瓦为之,必不漏矣。"意欲太宗不为畋猎。太宗悦,赐帛二百段。永徽初卒官。

《旧唐书》卷一八九上《谷那律传》,中华书局一九七五年版

马嘉运者,魏州繁水人也。少出家为沙门,明于三论。后更还俗,专精儒业,尤善论难。贞观初,累除越王东阁祭酒;顷之,罢归,隐居白鹿山。十一年,召拜太学博士,兼弘文馆学士,预修《文思博要》。嘉运以颖达所撰《正义》颇多繁杂,每掎摭之,诸儒亦称

为允当。高宗居春宫,引为崇贤馆学士,数与洗马秦昉侍讲殿中,甚蒙礼异。十九年,迁国子博士卒。

《旧唐书》卷七三《马嘉运传》,中华书局一九七五年版

国子博士。龙朔二年,改为司成宣业。咸亨元年,复旧。

《唐会要》卷六六《东都国子监》,中华书局一九五五年版

尹知章,绛州翼城人。少勤学,尝梦神人以大凿开其心,以药内之,自是日益开朗,尽通诸经精义,未几而诸师友北面受业焉。长安中,驸马都尉武攸暨重其经学,奏授其府定王文学。神龙初,转太常博士。中宗初即位,建立宗庙,议者欲以凉武昭王为始祖,以备七代之数。知章以为武昭远世,非王业所因,特奏议以为不可。当时竟从知章之议。俄拜陆浑令,以公玷弃官。时散骑常侍解琬亦罢职归田园,与知章共居汝、洛间,以修学为事。

睿宗初即位,中书令张说荐知章有古人之风,足以坐镇雅俗,拜礼部员外郎。俄转国子博士。后秘书监马怀素奏引知章就秘书省与学者刊定经史。知章虽居吏职,归家则讲授不辍,尤明《易》及《庄》《老》玄言之学,远近咸来受业。其有贫匮者,知章尽其家财以衣食之。性和厚,喜愠不形于色,未尝言及家人产业。其子尝请并市樵米,以备岁时之费,知章曰:"如汝所言,则下人何以取资? 吾幸食禄,不宜夺其利也。"竟不从。开元六年卒,时年五十有余。所注《孝经》《老子》《庄子》《韩子》《管子》《鬼谷子》,颇行于时。门人孙季良等立碑于东都国子监之门外,以颂其德。

《旧唐书》卷一八九下《尹知章传》,中华书局一九七五年版

第四章　官学学官

陆质，吴郡人，本名淳，避宪宗名改之。质有经学，尤深于《春秋》，少师事赵匡，匡师啖助，助、匡皆为异儒，颇传其学，由是知名。陈少游镇扬州，爱其才，辟为从事。后荐于朝，拜左拾遗。转太常博士，累迁左司郎中，坐细故，改国子博士，历信、台二州刺史。顺宗即位，质素与韦执谊善，由是征为给事中、皇太子侍读，仍改赐名质。时执谊得幸，顺帝寝疾，与王叔文等窃弄权柄。上在春宫，执谊惧，质已用事，故令质入侍，而潜伺上意，因用解。及质发言，上果怒曰："陛下令先生与寡人讲议，何得言他？"质惶惧而出。未几病卒。质著《集注春秋》二十卷、《类礼》二十卷、《君臣图翼》二十五卷，并行于代。贞元二十一年卒。

《旧唐书》卷一八九下《陆质传》，中华书局一九七五年版

元和三年六月一日，乡贡进士臣李行修谨昧死惶恐再拜，献书阙下：臣覆视汉初经籍，起口传壁匿，焕然明备，其所由者，修废官，立太学，朝夕讲贯，以究圣意，岁时程课，以严师道，使之然也。迨乎桓灵之世，遂使扶持元极，匡饬颓俗，专委裘以终大运，其儒术已试之明效欤。近学无专门，经无师授，以音定字，以疏释经，是能使生徒由之中才，不能使天下由之致理明矣。大率五经皆然，臣独以《诗》学上闻，趋所急也。伏惟陛下赦其愚瞽，垂恩听察。

夫《诗》者，发人之蕴，故谓之风。手舞足蹈之音作，用之光祖宗，垂风声；劳歌怨诽之音作，用之察吏理，审教化。是以四海虽大，群生虽广，犹民人之和气，息乎踵，达乎颠，流乎足；犹草木之丰泽，渐乎根，穷乎杪，被乎枝叶，上下无滞气，内外无遁情。如此则《诗》得其任，风得其性也。昔殷周相承，俱有圣治，道洽于下，

下无快心。王化盛，告成功于神明；德泽衰，反变化于礼素。其辞主文谲谏而不讦，其教温柔敦厚而不愚。仲尼接于其时，谓王者宜以陶冶风俗，臣下宜以洗濯疑谬，道济于下，吾若之何？乃采其《诗》，合三百五篇，善者全而用，不善者全而去，非如《春秋》诸经，或革或因，相错而成也。其若礼乐征伐，天地阴阳有度，假于辞可见；喜怒哀乐，讥刺讽谕无方，非其志莫传。志士躬当治乱之时，气有惨舒之变，臻于极而后动，积于中而后形。故言之成文，歌之成声，有一不至，则非全矣。是以圣人以全动物，物莫能固；未施敬于人而人敬，未施哀于人而人哀。顽者以之开明，躁者以之舒静。道源于是，绝而莫嗣。独有楚屈原，颇得诗人之风，介于子兰、靳尚之间，终以放死，故其道不竟。洎秦姗笑三代，燔烧经籍，世儒坑死，于是后学轧于相语，暗呃相授，以及汉兴，杂全经者七十年，师口说者四三辈。汉武笃好经术，立于学官，虽章句大修，而比兴未喻。时扬雄、司马相如，由是选耎观望，将迎忌讳，劝百讽一，推波助澜，文虽有余，不足称也。然以本学浸盛，时因灾异，屡启直声，初或不究，终得其助。故自殷已降，有天下者莫长焉。厥后君臣道薄，《诗》道陵夷，蕴义感概之士，至曰吾何从乎？上之追屈原，不足以全性命；之下迹相如，不足以匡过失。故居常则郁怏其胸襟，嚄唶其齿牙，代莫通其源。

臣伏思之，以为《诗》教未隆于时，《风》《雅》未洽于下，教未隆则士不劝，风未洽则言多缺。故闻者卒愕，而愠者多暗投而却也。自十圣绍业，盈二百载，经术益试，周旋百度，吏事反为缘饰，霸道无所舛驳。及陛下又登礼岩穴，发扬侧伏，宸心谠议，犹天地相宜，儒风昌言，与日月横鹜，以词让次征伐而不暴，以诚明推教化而不浮。如此，则《诗》学何为郁然积于空虚不用之地乎？《书》残于古今，《论》失于齐鲁，汉有毛苌、郑康成，师道可观，逮圣朝刘迅者，说《诗》三千言，近代言《诗》者尚之。

伏惟陛下诏公卿诸儒，讲其异同，综其指要，列四始之元本，穷六艺之粹精，不使讲以多物而无哗，蔽之一言而得，其言极者为师法，传经而行，其毛、郑不安者亦随而刊正。选立博士弟子员，如汉朝故事。然后命瞽史纳于聪明，命司成教之世子，是谓端本；由朝廷被于民里，由京师施之远方，是谓垂化；复采诗之官，以察风俗，是谓兼听；优登才之选，以励生徒，是谓兴古。四者既备，大化自流，则动天地，感鬼神，德豚鱼，甘堇荼，来异俗，怀鬼方，皆在一致，推而广之，神而化之不难矣。微臣不知时变，溺于师言，谨诣光顺门昧死以闻，伏待刑辟。

《全唐文》卷六九五《李行修·请置诗学博士书》，

中华书局一九八三年版

登仕郎守秘书省校书郎张籍。

右件官，学有师法，文多古风；沉默静退，界然自守；声华行实，光映儒林。臣当司见阙国子监博士一员，生徒藉其训导。伏乞天恩，特授此官，以彰圣朝崇儒尚德之道。谨录奏闻，伏听敕旨。

《韩昌黎集》卷三九《举荐张籍状》，商务印书馆一九三三年版

太原王坤，大中四年春为国子博士。……坤素与太学博士石贯善，又同里居。……时有国子监小吏，亦同里，每出、常经其门，吏与主月俸及条报除授，坤甚委信之。……

《太平广记》卷三五一《鬼三十六·王坤》，中华书局一九六一年版

张策,字少逸,燉煌人。……策少聪警好学,尤乐章句。……然而妙通因果,酷奉空教,未弱冠,落发为僧,居雍之慈恩精庐,颇有高致。唐广明末,大盗犯阙,策遂返初服,奉父母逃难,君子多之。及丁家艰,以孝闻。服满,自屏郊薮,一无干进意,若是者十余载,方出为广文博士,改秘书郎。

　　……太祖闻而嘉之,奏为郑滑支使,寻以内忧去职。制阕,除国子博士,迁膳部员外郎。不一岁,华师韩建辟为制官,及建领许州,又为掌书记。

《旧五代史》卷一八《梁书·张策传》,中华书局一九七六年版

四、 太学博士

　　马光字荣伯,武安人也。少好学,从师数十年,昼夜不息,图书谶纬,莫不毕览,尤明三礼,为儒者所宗。开皇初,高祖征山东义学之士,光与张仲让、孔笼、窦士荣、张黑奴、刘祖仁等俱至,并授太学博士,时人号为六儒。然皆鄙野,无仪范,朝廷不之贵也。士荣寻病死。仲让未几告归乡里,著书十卷,自云此书若奏,我必为宰相。又数言玄象事。州县列上其状,竟坐诛。孔笼、张黑奴、刘祖仁未几亦被遣去。唯光独存。尝因释奠,高祖亲幸国子学,王公以下毕集。光升座讲礼,启发章门。已而诸儒生以次论难者十余人,皆当时硕学,光剖析疑滞,虽辞非俊辨,而理义弘赡,论者莫测其浅深,咸共推服,上嘉而劳焉。山东三礼学者,自熊安生后,唯宗光一人。初,教授瀛、博间,门徒千数,至是多负笈从入长安。后数年,丁母忧归乡里,遂有终焉之志。以疾卒于家,时年七十三。

《隋书》卷七五《马光传》,中华书局一九七三年版

刘焯字士元，信都昌亭人也。……

…………

炀帝即位，迁太学博士，俄以疾去职。数年，复被征以待顾问，因上所著《历书》，与太史令张胄玄多不同，被驳不用。大业六年卒，时年六十七。刘炫为之请谥，朝廷不许。

《隋书》卷七五《刘焯传》，中华书局一九七三年版

刘炫字光伯，河间景城人也。……

…………

……纳言杨达举炫博学有文章，射策高第，除太学博士。岁余，以品卑去任，还至长平，奉敕追诣行在所。或言其无行，帝遂罢之，归于河间。

于时群盗蜂起，谷食踊贵，经籍道息，教授不行。

《隋书》卷七五《刘炫传》，中华书局一九七三年版

吴郡褚辉字高明，以三礼学称于江南。炀帝时，征天下儒术之士，悉集内史省，相次讲论。辉博辩，无能屈者，由是擢为太学博士。撰《礼疏》一百卷。

《隋书》卷七五《褚辉传》，中华书局一九七三年版

张文诩，河东人也。父琚，开皇中为洹水令，以清正闻。有书数千卷，教训子侄，皆以明经自达。文诩博览文籍，特精三礼，其《周易》《诗》《书》及春秋三传，并皆通习。每好郑玄注解，以为通博，其诸儒异说，亦皆详究焉。高祖引致天下名儒硕学之士，其房晖远、张仲让、孔笼之徒，并延之于博士之位。文诩时游太学，晖

远等莫不推伏之，学内翕然，咸共宗仰。其门生多诣文诩，请质凝滞，文诩辄博引证据，辨说无穷，唯其所择。治书侍御史皇甫诞一时朝彦，恒执弟子之礼。适至南台，遽饰所乘马，就学邀屈。文诩每牵马步进，意在不因人以自致也。右仆射苏威闻其名而召之，与语，大悦，劝令从官。文诩意不在仕，固辞焉。

《隋书》卷七七《张文诩传》，中华书局一九七三年版

王恭者，滑州白马人也。少笃学，博涉六经。每于乡间教授，弟子自远方至数百人。贞观初，征拜太学博士，其所讲三礼，皆别立义证，甚为精博。盖文懿、文达等皆当时大儒，罕所推借，每讲三礼，皆遍举先达义，而亦畅恭所说。

《旧唐书》卷七三《王恭传》，中华书局一九七五年版

罗道琮，蒲州虞乡人也。祖顺，武德初为兴州刺史。勤于学业，而慷慨有节义。贞观末，上书忤旨，配流岭表。时有同被流者，至荆、襄间病死，临终，泣谓道琮曰："人生有死，所恨委骨异壤。"道琮曰："我若生还，终不独归弃卿于此。"瘗之路左而去。岁余，遇赦得还，至殡所，属霖潦弥漫，尸柩不复可得。道琮设祭恸哭，告以欲与俱归之意，若有灵者，幸相警示。言旋，路侧水中，忽然涌沸。道琮又咒云："若所沸处是，愿更令一沸。"咒讫，又沸。道琮便取得其尸，铭志可验，遂负之还乡。当时识者称道琮诚感所致。道琮寻以明经登第。高宗末，官至太学博士。每与太学助教康国安、道士李荣等讲论，为时所称。寻卒。

《旧唐书》卷一八九上《罗道琮传》，中华书局一九七五年版

五、 助教

东海包恺,字和乐。其兄愉,明五经,恺悉传其业。又从王仲通受《史记》《汉书》,尤称精究。大业中,为国子助教。于时《汉书》学者,以萧、包二人为宗匠。聚徒教授,著录者数千人。卒,门人为起坟立碣焉。

《隋书》卷七五《包恺传》,中华书局一九七三年版

余杭鲁世达,炀帝时为国子助教,撰《毛诗章句义疏》四十二卷,行于世。

《隋书》卷七五《鲁世达传》,中华书局一九七三年版

陆德明,苏州吴人也。初受学于周弘正,善言玄理。陈太建中,太子征四方名儒,讲于承光殿,德明年始弱冠,往参焉。国子祭酒徐克开讲,恃贵纵辨,众莫敢当,德明独与抗对,合朝赏叹。解褐始兴王国左当侍,迁国子助教。陈亡,归乡里。隋炀帝嗣位,以为秘书学士。大业中,广召经明之士,四方至者甚众。遣德明与鲁达、孔褒俱会门下省,共相交难,无出其右者。授国子助教。王世充僭号,封其子为汉王,署德明为师,就其家,将行束脩之礼。德明耻之,因服巴豆散,卧东壁下。王世充子入,跪床前,对之遗痢,竟不与语。遂移病于成皋,杜绝人事。

《旧唐书》卷一八九上《陆德明传》,中华书局一九七五年版

司马才章者,魏州贵乡人也。父烜,博涉五经,善纬候。才章

少传其业。隋末为郡博士。贞观六年，左仆射房玄龄荐之，屡蒙召问，擢授国子助教，论议该洽，学者称之。

《旧唐书》卷七三《司马才章传》，中华书局一九七五年版

长安四年四月四日，敕：国子监宜置直讲四人，四考听选。

《唐会要》卷六六《东都国子监》，中华书局一九五五年版

先生讳守贞，天水冀人，盖好学博古者也。……先生积德余庆，天锡纯嘏，愿而克恭，情与礼合。七岁诵《尔雅》，能通书契训诂之义，识草木鸟兽之名。十五诵三礼，能明君臣父子之道，定郊庙吉凶之制。二十诵《春秋》《尚书》，能精五行、九畴之数，断褒贬会盟之节。二十五诵《诗》及《易》，能辨政雅颂之始，极变化生生之至。又能诵古史百家之书，善文章草隶之则。耻夫流俗，背实响声，饰华塞末。故每外和内厉，元元本本，学者如斯，不舍昼夜。垂拱四年，以明经高第，遂授大成。自延载之后，条限实荐。长安之初，大开贡举。考功是岁千五百余人，召先生课核淑慝，时称无滞学矣。天子闻其进通经术，乃下制曰："成均大成尹守贞，业降时习，功宣日就，既有励于分阴，俾参荣于杖席，可四门助教。"诜诜青襟，有所仰矣。长安二年六月十日昼寝，忽梦麟台两局，争召修文，觉而叹曰：十二日稷，吾当往矣。因命亲族序诀，至日，安枕俟期，俄然而卒，春秋四十，可谓古之达化知命者也。

《张说集校注》卷二二《四门助教尹先生墓志铭并序》，

中华书局二〇一三年版

周人置虞庠于四郊，以养国老，教胄子。《祭统》曰："天子设

四学"，盖其制也。《易传·太初篇》曰："天子旦入东学，昼入南学，夕入西学，暮入北学。"蔡邕引之，以定明堂之位焉。《大戴礼·保傅篇》曰："帝入东学以贵仁，入南学以贵信，入西学以贵德，入北学以贵爵。"贾生述之，以明太子之教焉。故曰：为大教之宫，而四学具焉。参明堂之政，原大教之极，其建置之道弘也。

后魏太和中，立学于四门，置助教二十人。隋氏始隶于国子，而降置五人。皇朝始合于太学，又省至三人。员位弥简，其官尤难，非儒之通者不列也。四门学之制，掌国之上士、中士、下士凡三等，侯、伯、子、男凡四等。其子孙之为胄子者，及庶士、庶人之子为俊士者，使执其业而居其次，就师儒之官而考正焉。助教之职，佐博士以掌鼓箧榎楚之政令，今分其人而教育之，其有通经力学者，必于岁之杪，升于礼部，听简试焉。课生徒之进退，必酌于中道，非博雅庄敬之流，固不得临是，故有去而升于朝者。贺秘书由是为博士，归散骑由是为左拾遗。旧制以拾遗为八品清官，故必以名实者居于其位。

贞元中，王化既成，经籍少间，有司命太学之官，颇以为易。专名誉、好文章者，咸耻为学官。至是，河东柳立始以前进士求署兹职，天水武儒衡、闽中欧阳詹又继之。是岁，为四门助教凡三人，皆文士，京师以为异。余与立同祖于方舆公，与武公同升于礼部，与欧阳生同志于文。四门助教署未尝纪前人名氏，余故为之记，而由夫三子者始。

《柳宗元集》卷二六《四门助教厅壁记》，中华书局一九七九年版

国学官郭彪之，太原人。幼即攻儒家书，后得大通周公、孔子

旨奥，又能明百家流落之言，乐苦躬自养，不爱苟受禄。宰相闻，以东国学风醨久，学者不得官，其中皆以豪人，使授业者迷经，颛业者堕心。元和七年，诏彪之为国学助教。彪之承诏而来，拜祭酒司业已，即诣学，乃家于学焉。役马一匹，左右劳一二人，大笈一，给用生具，以实其间。彪之身修而貌古，性不合俗尚，首冠兽皮，服用麻衣，裒制襕袖，阔带高鞹，履大屦。至如礼公卿大夫亦是。好饮流水，茹野蔬与松柏之英，不苟味膳。又乐饮酒，人有见者，必置酒于前，始饮，即周告四座曰："酒以和神熙性，节之则经，纵之则挠，固不可为俗主酌挹授之礼。"命饮者自餍欲，彪之盈饮三爵而罢。每凌爽诣论堂，坐高床，召七学诸生，居不施广裀长席，俾邻臂而坐。澄震声音，分析典训。至于一词间，咸以俗理相谕，了入于诸生心胸中，使蒙者纵历千万日亦不失其来。由是得诸生，每岁累及荐擢于有司。彪之禄给矜孤，余即谋买居于山泉间，蔽掩其光明。嗟乎！时畏夺禄分邻者众矣，不然，何不闻斯人于天子左右？必翼飏君德，仿治古道，使今之时奋为虞、夏、殷、周之风。贤者昌，不肖者藏，公侯康而百姓康。噫！公侯卿大夫默于明者，又无由得通九重，闻彻天子聪明，彪之内乐遗闻于上，以得安性。墀元和十年，德彪之道于国学，仰其风，嘉国学得其官，又愤遗斯人于尽谏位。因书其事，作国学官书。

《全唐文》卷七三九《周墀·国学官事书》，
中华书局一九八三年版

苏禹圭字玄锡，其先出于武功，近世家高密，今为郡人也。父仲容，以儒学称于乡里，唐末举九经，补广文助教，迁辅唐令，累赠太师。禹圭性谦和，虚襟接物，克构父业，以五经中第，辟辽州倅职,历青、郓从事,转潞、并管记,累检校官至户部郎中。

《旧五代史》卷一二七《周书·苏禹圭传》,

中华书局一九七六年版

六、 弘文馆学士

姚思廉字简之,雍州万年人。父察,陈史部尚书,入隋历太子内舍人、秘书丞、北绛公,学兼儒史,见重于二代。陈亡,察自吴兴始迁关中。思廉少受汉史于其父,能尽传家业,勤学寡欲,未尝言及家人产业。在陈为扬州主簿,入隋为汉王府参军,丁父忧解职。初,察在陈尝修梁、陈二史,未就,临终令思廉续成其志。丁继母忧,庐于墓侧,毁瘠加人。服阕,补河间郡司法书佐。思廉上表陈父遗言,有诏许其续成《梁》《陈史》。炀帝又令与起居舍人崔祖濬修《区宇图志》。

后为代王侑侍读,会义师克京城,侑府僚奔骇,唯思廉侍王,不离其侧。兵将升殿,思廉厉声谓曰:"唐公举义,本匡王室,卿等不宜无礼于王。"众服其言,于是布列阶下。高祖闻而义之,许其扶侑至顺阳阁下,泣拜而去。观者咸叹曰:"忠烈之士也。仁者有勇,此之谓乎!"

高祖受禅,授秦王文学。后太宗征徐圆朗,思廉时在洛阳,太宗尝从容言及隋亡之事,慨然叹曰:"姚思廉不惧兵刃,以明大节,求诸古人,亦何以加也!"因寄物三百段以遗之,书曰:"想节义之风,故有斯赠。"寻引为文学馆学士。太宗入春宫,迁太子洗马。

贞观初,迁著作郎、弘文馆学士。写其形像列于《十八学士图》,令文学褚亮为之赞,曰:"志苦精勤,纪言实录。临危殉义,余风励俗。"三年，又受诏与秘书监魏徵同撰梁、陈二史，思廉又采谢炅等诸家梁史续成父书，并推究陈事，删益傅缂、顾野王所修旧史，撰成《梁书》五十卷、《陈书》三十卷。魏徵虽裁其总论，其编次笔削，皆思廉之功也，赐彩绢五百段，加通直散骑常侍。

思廉以藩邸之旧，深被礼遇，政有得失，常遣密奏之，思廉亦直言无隐。太宗将幸九成宫，思廉谏曰："离宫游幸，秦皇、汉武之事，固非尧、舜、禹、汤之所为也。"言甚切至。太宗谕曰："朕有气疾，热便顿剧，固非情好游赏也。"因赐帛五十匹。九年，拜散骑常侍，赐爵丰城县男。十一年卒，太宗深悼惜之，废朝一日，赠太常卿，谥曰康，赐葬地于昭陵。

《旧唐书》卷七三《姚思廉传》，中华书局一九七五年版

颜籀字师古，雍州万年人。……父思鲁，以学艺称，武德初为秦王府记室参军。师古少传家业，博览群书，尤精诂训，善属文。……

及起义，师古至长春宫谒见，授朝散大夫。从平京城，拜燉煌公府文学，转起居舍人，再迁中书舍人，专掌机密。于时军国多务，凡有制诰，皆成其手。师古达于政理，册奏之工，时无及者。太宗践祚，擢拜中书侍郎，封琅邪县男。以母忧去职。服阕，复为中书侍郎。岁余，坐事免。

太宗以经籍去圣久远，文字讹谬，令师古于秘书省考定五经，师古多所厘正，既成，奏之。太宗复遣诸儒重加详议，于时诸儒传习已久，皆共非之。师古辄引晋、宋已来古今本，随言晓答，援据详明，皆出其意表，诸儒莫不叹服。于是兼通直郎、散骑常侍，颁其所定之书于天下，令学者习焉。

贞观七年，拜秘书少监，专典刊正，所有奇书难字，众所共惑者，随疑剖析，典尽其源。是时多引后进之士为雠校，师古抑素流，先贵势，虽富商大贾亦引进之，物论称其纳贿，由是出为郴州刺史。未行，太宗惜其才，谓之曰："卿之学识，良有可称，但事亲居官，未为清论所许。今之此授，卿自取之。朕以卿曩日任使，不忍遐弃，宜深自诫励也。"于是复以为秘书少监。师古既负其才，又早见驱策，累被任用，及频有罪谴，意甚丧沮。自是阖门守静，杜绝宾客，放志园亭，葛巾野服，然搜求古迹及古器，耽好不已。俄又奉诏与博士等撰定五礼，十一年，礼成，进爵为子。时承乾在东宫，命师古注班固《汉书》，解释详明，深为学者所重。承乾表上之，太宗令编之秘阁，赐师古物二百段、良马一匹。

十五年，太宗下诏，将有事于泰山，所司与公卿并诸儒博士详定仪注。太常卿韦挺、礼部侍郎令狐德棻为封禅使，参考其仪，时论者竞起异端。师古奏曰："臣撰定《封禅仪注书》在十一年春，于时诸儒参详，以为适中。"于是诏公卿定其可否，多从师古之说，然而事竟不行。师古俄迁秘书监、弘文馆学士。十九年，从驾东巡，道病卒，年六十五，谥曰戴。有集六十卷。其所注《汉书》及《急就章》，大行于世。永徽三年，师古子扬庭为符玺郎，又表上师古所撰《匡谬正俗》八卷。高宗下诏付秘书阁，仍赐扬庭帛五十匹。

《旧唐书》卷七三《颜师古传》，中华书局一九七五年版

萧德言，雍州长安人，齐尚书左仆射思话玄孙也。本兰陵人，陈亡，徙关中。祖介，梁侍中、都官尚书；父引，陈吏部侍郎，并有名于时。德言博涉经史，尤精《春秋左氏传》，好属文。贞观中，除著作郎，兼弘文馆学士。德言晚年尤笃志于学，自昼达夜，略无休

倦。每欲开五经，必束带盥濯，危坐对之。妻子候间请曰："终日如是，无乃劳乎？"德言曰："敬先圣之言，岂惮如此？"时高宗为晋王，诏德言授经讲业。及升春宫，仍兼侍读。寻以年老，请致仕，太宗不许，又遗之书曰："朕历观前代，详览儒林，至于颜、闵之才，不终其寿；游、夏之德，不逮其学。惟卿幼挺珪璋，早标美誉。下帷闭户，包括六经；映雪聚萤，牢笼百氏。自隋季版荡，庠序无闻，儒道坠泥涂，《诗》《书》填坑阱。眷言坟典，每用伤怀。顷年已来，天下无事，方欲建礼作乐，偃武修文。卿年齿已衰，教将何恃！所冀才德犹茂，卧振高风，使济南伏生，重在于兹日；关西孔子，故显于当今。令问令望，何其美也！念卿疲朽，何以可言。"寻赐爵封阳县侯。十七年，拜秘书少监。两宫礼赐甚厚。二十三年，累表请致仕，许之。高宗嗣位，以师傅恩，加银青光禄大夫。永徽五年，卒于家，年九十七，高宗为之辍朝，赠太常卿。文集三十卷。

《旧唐书》卷一八九上《萧德言传》，中华书局一九七五年版

顾胤者，苏州吴人也。祖越，陈给事黄门侍郎。父览，隋秘书学士。胤，永徽中历迁起居郎，兼修国史。撰《太宗实录》二十卷成，以功加朝散大夫，授弘文馆学士。以撰武德、贞观两朝国史八十卷成，加朝请大夫，封余杭县男，赐帛五百段。龙朔三年，迁司文郎中。寻卒。胤又撰《汉书古今集》二十卷，行于代。

《旧唐书》卷七三《顾胤传》，中华书局一九七五年版

欧阳询，潭州临湘人，陈大司空颛之孙也。父纥，陈广州刺史，以谋反诛。询当从坐，仅而获免。陈尚书令江总与纥有旧，收养之，教以书计。虽貌甚寝陋，而聪悟绝伦，读书即数行俱下，博

览经史，尤精三史。仕隋为太常博士。高祖微时，引为宾客。及即位，累迁给事中。询初学王羲之书，后更渐变其体，笔力险劲，为一时之绝，人得其尺牍文字，咸以为楷范焉。高丽甚重其书，尝遣使求之。高祖叹曰："不意询之书名，远播夷狄，彼观其迹，固谓其形魁梧耶！"武德七年，诏与裴矩、陈叔达撰《艺文类聚》一百卷，奏之，赐帛二百段。贞观初，官至太子率更令、弘文馆学士，封渤海县男。年八十余卒。

《旧唐书》卷一八九上《欧阳询传》，中华书局一九七五年版

邢文伟，滁州全椒人也。少与和州高子贡、寿州裴怀贵俱以博学知名于江、淮间。咸亨中，累迁太子典膳丞。时孝敬在东宫，罕与宫臣接见，文伟辄减膳，上书曰："臣窃见《礼戴记》曰：'太子既冠成人，免于保傅之严，则有司过之史，彻膳之宰。史之义，不得不司过；宰之义，不得不彻膳，不彻膳则死。'今皇帝式稽前典，妙简英俊，自庶子已下，至司议、舍人及学士、侍读等，使翼佐殿下，以成圣德。近日已来，未甚延纳，谈议不狎，谒见尚稀，三朝之后，但与内人独居，何由发挥圣智，使睿哲文明者乎？今史虽阙官，宰当奉职，忝备所司，未敢逃死，谨守礼经，辄申减膳。"太子答书曰："顾以庸虚，早尚坟典，每欲研精政术，极意书林。但往在幼年，未闲将卫，竭诚耽诵，因即损心。比日以来，风虚更积，中奉恩旨，不许重劳。加以趋侍含元，温清朝夕，承亲以无专之道，遵礼以色养为先。所以屡阙坐朝，时乖学绪。公潜申勖戒，聿荐忠规，敬寻来请，良符宿志。自非情思审谕，养均弼谐，岂能进此药言，形于简墨！抚躬三省，感愧兼深。"文伟自是益知名。

其后右史缺官,高宗谓侍臣曰:"邢文伟事我儿,能减膳切谏,此正直人也。"遂擢拜右史。则天临朝,累迁凤阁侍郎,兼弘文馆学士。载初元年,迁内史。

《旧唐书》卷一八九下《邢文伟传》,中华书局一九七五年版

高子贡者,和州历阳人也。弱冠游太学,偏涉六经,尤精《史记》。与文伟及亳州朱敬则为莫逆之交。明经举,历秘书正字、弘文馆直学士。郁郁不得志,弃官而归。属徐敬业作乱于扬州,遣弟敬猷统兵五千人,缘江西上,将逼和州。子贡率乡曲数百人拒之,自是贼不敢犯。以功擢授朝散大夫,拜成均助教。虢王凤之子东莞公融,曾为和州刺史,从子贡受业,情义特深。及融为申州,阴怀异志,令黄公譔结交于子贡,推为谋主,潜谋密议,书信往复,诸王内外相应,皆出自其策。寻而事发,被诛。

《旧唐书》卷一八九下《高子贡传》,中华书局一九七五年版

柳冲,蒲州虞乡人也,……

冲博学,尤明世族,名亚路敬淳。天授初,为司府主簿,受诏往淮南安抚。使还,赐爵河东县男。景龙中,累迁为左散骑常侍,修国史。初,贞观中,太宗命学者撰《氏族志》百卷,以甄别士庶;至是问百年,而诸姓至有兴替,冲乃上表请改修氏族。中宗命冲与左仆射魏元忠及史官张锡、徐坚、刘宪等八人,依据《氏族志》,重加修撰。元忠等施功未半,相继而卒,乃迁为外职。至先天初,冲始与侍中魏知古、中书侍郎陆象先及徐坚、刘子玄、吴兢等撰成《姓族系录》二百卷奏上。冲后历太子詹事、太子宾客、宋王傅、昭文馆学士,以老疾政仕。开元二年,又敕冲及著作郎薛

南金刊定《系录》，奏上，赐绢百匹。五年卒。

《旧唐书》卷一八九下《柳冲传》，中华书局一九七五年版

七、 崇贤馆学士

李延寿者，本陇西著姓，世居相州。贞观中，累补太子典膳丞、崇贤馆学士。尝受诏与著作佐郎敬播同修《五代史志》，又预撰《晋书》，寻转御史台主簿，兼直国史。延寿尝撰《太宗政典》三十卷表上之，历迁符玺郎，兼修国史。寻卒。调露中，高宗尝观其所撰《政典》，叹美久之，令藏于秘阁，赐其家帛五十段。延寿又尝删补宋、齐、梁、陈及魏、齐、周、隋等八代史，谓之《南》《北史》，凡一百八十卷，颇行于代。

《旧唐书》卷七三《李延寿传》，中华书局一九七五年版

永隆二年二月六日，皇太子亲行释奠之礼。礼毕，上表请博延耆硕英髦之士为崇文馆学士，许之。于是薛元超表荐郑祖元、邓元挺、杨炯、崔融等，并为崇文学士。至贞元八年四月二十八日，崇文馆宜令左春坊勾当。

《唐会要》卷六四《史馆下·崇文馆》，中华书局一九五五年版

路敬淳，贝州临清人也。……

敬淳与季弟敬潜俱早知名。敬淳尤勤学，不窥门庭，遍览坟籍，而孝友笃敬。遭丧，三年不出庐寝。服免，方号恸入见其妻，形容羸毁，妻不之识也。后毕进士。天授中，历司礼博士、太子司议郎，兼修国史，仍授崇贤馆学士。数受诏修缉吉凶杂仪，则

天深重之。万岁通天二年，坐与綦连耀结交，下狱死。敬淳尤明谱学，尽能究其根源枝派，近代已来，无及之者。撰《著姓略记》十卷，行于时。又撰《衣冠本系》，未成而死。神龙初，追赠秘书少监。

《旧唐书》卷一八九下《路敬淳传》，中华书局一九七五年版

王元感，濮州鄄城人也。少举明经，累补博城县丞。兖州都督、纪王慎深礼之，命其子东平王续从元感受学。天授中，稍迁左卫率府录事，兼直弘文馆。是后则天亲祠南郊及享明堂，封嵩岳，元感皆受诏共诸儒撰定仪注，凡所立议，众咸推服之。转四门博士，仍直弘文馆。元感时虽年老，犹能烛下看书，通宵不寐。长安三年，表上其所撰《尚书纠谬》十卷、《春秋振滞》二十卷、《礼记绳愆》三十卷，并所注《孝经》《史记》稿草，请官给纸笔，写上秘书阁。诏令弘文、崇贤两馆学士及成均博士详其可否。学士祝钦明、郭山恽、李宪等皆专守先儒章句，深讥元感掎摭旧义，元感随方应答，竟不之屈。凤阁舍人魏知古、司封郎中徐坚、左史刘知幾、右史张思敬，雅好异闻，每为元感申理其义，连表荐之。寻下诏曰："王元感质性温敏，博闻强记，手不释卷，老而弥笃。掎前达之失，究先圣之旨，是谓儒宗，不可多得。可太子司议郎，兼崇贤馆学士。"魏知古尝称其所撰书曰："信可谓五经之指南也。"中宗即位，以春宫旧僚，进加朝散大夫，拜崇贤馆学士。寻卒。

《旧唐书》卷一八九下《王元感传》，中华书局一九七五年版

许叔牙，润州句容人，少精于《毛诗》《礼记》，尤善讽咏。贞观初，累授晋王文学兼侍读，寻迁太常博士。升春宫，加朝散大夫，

迁太子洗马，兼崇贤馆学士，仍兼侍读。尝撰《毛诗篆义》十卷，以进皇太子，太子赐帛百段，兼令写本付司经局。御史大夫高智周尝谓人曰："凡欲言《诗》者，必须先读此书。"贞观二十三年卒。

《旧唐书》卷一八九上《许叔牙传》，中华书局一九七五年版

刘伯庄，徐州彭城人也。贞观中，累除国子助教。与其舅太学博士侯孝遵齐为弘文馆学士，当代荣之。寻迁国子博士，其后又与许敬宗等参修《文思博要》及《文馆词林》。龙朔中，兼授崇贤馆学士。撰《史记音义》《史记地名》《汉书音义》各二十卷，行于代。

《旧唐书》卷一八九上《刘伯庄传》，中华书局一九七五年版

八、崇玄馆学士

〔天宝二年〕二月四日，以门下侍郎陈希烈兼崇元馆学士。其年二月十二日，敕两京元元宫及道院等，并委崇元馆学士都检校。

《唐会要》卷六四《史馆下·崇元馆》，中华书局一九七五年版

〔敬宗宝历二年〕十月丙寅，以太清宫道士赵归真充两街道门都教授博士。

《册府元龟》卷五四《帝王部》，中华书局一九六〇年版

〔会昌元年六月，〕以衡山道士刘玄靖为银青光禄大夫，充崇玄馆学士，赐号广成先生，令与道士赵归真于禁中修法箓。

《旧唐书》卷一八上《武宗本纪》，中华书局一九七五年版

〔会昌〕二年十一月，以道士赵归真为归道门两街都教授博士。

《唐会要》卷五〇《尊崇道教》，中华书局一九五五年版

〔会昌〕四年三月，以道士赵归真为左右街道门教授先生。时帝志学神仙，师归真。归真乘宠，每对，排毁释氏，言非中国之教，蠹耗生灵，尽宜除去，帝颇信之。

《旧唐书》卷一八上《武宗本纪》，中华书局一九七五年版

其年[①]十月，敕传度道门法箓归衡岳道士刘元靖，可加银青光禄大夫，充崇元馆学士，仍赐号广成先生。

《唐会要》卷五〇《尊崇道教》，中华书局一九五五年版

九、侍读

徐岱字处仁，苏州嘉兴人也。家世以农为业。岱好学，六籍诸子，悉所探究，问无不通，难莫能屈。大历中，转运使刘晏表荐之，授校书郎。浙西观察使李栖筠厚遇之，敕故所居为复礼乡。寻为朝廷推援，改河南府偃师县尉。建中年，礼仪使蒋镇特荐为太常博士，掌礼仪。从幸奉天、兴元。改膳部员外郎兼博士。贞元初，迁水部郎中，充皇太子及舒王已下侍读。寻改司封郎中，擢拜给事中，加兼史馆修撰，并依旧侍读。承两宫恩顾，时无与比，而谨慎过甚，未尝泄禁中语，亦不谈人之短，婚嫁甥侄之孤遗者，

---

① 会昌五年。

时人以此称之。然吝啬颇甚，仓库管钥，皆自执掌，获讥于时。卒时年五十，上叹惜之，赙以帛绢，皇太子又遗绢一百匹，赠礼部尚书。

《旧唐书》卷一八九下《徐岱传》，中华书局一九七五年版

王绍宗，扬州江都人也，梁左民尚书铨曾孙也，其先自琅邪徙焉。绍宗少勤学，遍览经史，尤工草隶。家贫，常佣力写佛经以自给，每月自支钱足即止，虽高价盈倍，亦即拒之。寓居寺中，以清净自守，垂三十年。文明中，徐敬业于扬州作乱，闻其高行，遣使征之，绍宗称疾固辞。又令唐之奇亲诣所居逼之，竟不起。敬业大怒，将杀之，之奇曰："绍宗人望，杀之恐伤士众之心。"由是获免。及贼平，行军大总管李孝逸以其状闻，则天驿召赴东都，引入禁中，亲加慰抚，擢拜太子文学，累转秘书少监，仍侍皇太子读书。绍宗性澹雅，以儒素见称，当时朝廷之士，咸敬慕之。张易之兄弟，亦加厚礼。易之伏诛，绍宗坐以交往见废，卒于乡里。

《旧唐书》卷一八九下《王绍宗传》，中华书局一九七五年版

十、 地方学官

经学博士：汉郡国皆有文学掾。汉郑崇为郡文学。后汉光武问功臣曰："诸卿不遭际会，自度爵禄何所至乎？"邓禹曰："臣少尝学问，可郡文学。"历代多阙。隋潘徽为州博士。大唐府郡置经学博士各一人，掌以五经教授学生，多寒门鄙儒为之。助教、学生各有差。

《通典》卷三三《职官十五》，中华书局一九八八年版

医博士：一人，大唐开元十一年七月制置，阶品同录事。每州写《本草》《百一集验方》，与经史同贮。其年九月，御撰《广济方》五卷，颁天下。贞元十二年二月，御撰《广利方》五卷，颁天下。自今以后，诸州府应阙医博士，宜令长史各自访求选试，取人艺业优长堪效用者，具以名闻。已出身人及前资官便与正授，其未出身且令权知。四考后，州司奏与正授。余准恒式，吏部更不须选集。

《通典》卷三三《职官十五》，中华书局一九八八年版

〔贞元〕十二年二月十三日，上亲制《贞元广利方》五卷，颁于州府。至三月十五日，敕：贞观初，诸州各置医博士。开元中，兼置助教。简试医术之士，申明巡疗之法。比来有司补拟，虽存职员，艺非专精，少堪施用。缅思牧守，实为分忧。委之采择，当悉朕意。自今已后，诸州应阙医博士，宜令长安史各自访求选试，取艺业优长，堪效用者，具以名闻。已出身入式，吏部更不须选集。

《唐会要》卷八二《医术》，中华书局一九五五年版

十一、 学官待遇

（一） 隋代学官待遇

京官正一品，禄九百石，其下每以百石为差，至正四品，是为三百石。从四品，二百五十石，其下每以五十石为差，至正六品，是为百石。从六品，九十石，以下每以十石为差，至从八品，是为五十石。食封及官不判事者，并九品，皆不给禄。其给皆以春秋二季。刺史、太守、县令，则计户而给禄，各以户数为九等之差。

大州六百二十石，其下每以四十石为差，至于下下，则三百石。大郡三百四十石，其下每以三十石为差，至于下下，则百石。大县百四十石，其下每以十石为差，至于下下，则六十石。其禄唯及刺史二佐及郡守、县令。

《隋书》卷二八《百官志下》，中华书局一九七三年版

京官又给职分田。一品者给田五顷。每品以五十亩为差，至五品，则为田三顷，六品二顷五十亩。其下每品以五十亩为差，至九品为一顷。外官亦各有职分田。又给公廨田，以供公用。

《隋书》卷二四《食货志》，中华书局一九七三年版

上开府、开府府长史、司马，上大将军、大将军府掾属，上柱国、嗣王、郡王、柱国府诸曹参军事，盐池总副监，盐州牧监，诸屯监，国子学生，侯、伯国令，公国大农尉、典卫，雍州萨保，为视从七品。

《隋唐》卷二八《百官志下》，中华书局一九七三年版

行台尚书都事，上开府、开府府诸曹参军事，上大将军、大将军府参军事、诸曹行参军，上柱国、嗣王、郡王、柱国府行参军，五岳、四渎、吴山等令，盐池四面副监，诸皮毛副监，行台诸副监，诸屯副监，诸中冶监，诸缘边交市监，监池总监丞，诸州州都主簿，雍州西曹书佐、诸曹从事，京兆郡正功曹，太学生，子、男国大农、典卫，为视从八品。

《隋书》卷二八《百官志下》，中华书局一九七三年版

仪同府法曹行参军,上开府、开府府行参军,上大将军、大将军府典签,上仪同、仪同府行参军,上开府府典签,行台诸监丞,盐池四面监丞,皮毛监丞,诸中冶监丞,四门学生,诸郡主簿,诸州部郡从事,雍州武猛从事,大兴、长安县正、功曹、主簿,侯、伯、子、男国常侍,公国侍郎,为视从九品。

《隋书》卷二八《百官志下》,中华书局一九七三年版

(二) 唐代学官待遇

开元十年正月,省王公以下视品官参佐及京官五品以上官仗身职员。

凡京司文武职事官,五品以上给防阁:一品,九十六人。二品,七十二人。三品,四十八人。四品,三十二人。五品,二十四人。六品以下给庶仆:六品,五人。七品,四人。八品,三人。九品,二人。公主,邑士,八十人。郡主,六十人。县主,四十人。特封县主,三十四人。京官仕两职者,从多给。凡州县官皆有白直:二品,四十人。三品,三十二人。四品,二十人。五品,十六人。六品,十二人。七品,六人。八品,五人。九品,四人。凡诸亲王府属并给士力,数如白直。其防阁、庶仆、白直、士力纳课者,每年不过二千五百,执衣元不过一千文。防阁、庶仆旧制季分,月俸食料杂用即月分。诸官应月给。

开元二十四年六月,乃撮而同之,通谓之月俸。一品月俸料八千,食料千八百,杂用千二百,防阁二十千,通计三十一千。二品月俸六千,食料千五百,杂用一千,防阁十五千五百,通计二十四千。三品月俸五千,食料千一百,杂用九百,防阁十千,通计十七千。四品月俸三千五百,食料七百,杂用七百,防阁六千六百六

十七,通计十一千五百六十七。五品月俸三千,食料六百,杂用六百,防阁五千,通计九千二百。六品月俸二千,食料四百,杂用四百,庶仆二千五百,通计五千三百。七品月俸千七百五十,食料三百五十,杂用三百五十,庶仆千六百,通计四千五十。八品月俸千三百五十,食料三百,杂用三百,庶仆六百,通计二千五百五十。九品月俸千五十,食料二百五十,杂用二百,庶仆四百,通计千九百。其数目,国初以来即有,中间色目,或有加减,今方为定制。员外官带同正者,不减正员官食料钱,不带同正者减半。致仕官,建中三年九月敕,所请半禄料及赐物等,并宜从敕出日于本贯及寄住处州府支给。至贞元四年四月敕,其宴会及朔望朝参,并依恒式,自今已后,宜准此。

《通典》卷三五《职官十七》,中华书局一九八八年版

〔开元〕二十四年,令百官防阁、庶仆俸食杂用以月给之,总称月俸:一品钱三万一千,二品二万四千,三品万七千,四品万一千五百六十七,五品九千二百,六品五千三百,七品四千一百,八品二千四百七十五,九品千九百一十七。禄米则岁再给之:一品七百斛,从一品六百斛,二品五百斛,从二品四百六十斛,三品四百斛,从三品三百六十斛,四品三百斛,从四品二百五十斛,五品二百斛,从五品百六十斛,六品百斛,自此十斛为率,至从七品七十斛,八品六十七斛,自此五斛为率,至从九品五十二斛。外官降一等。

《新唐书》卷五五《食货志五》,中华书局一九七五年版

凡京官之禄,发京仓以给。中书、门下、御史台、尚书省、殿中省、内侍省、九寺、三监、左右春坊、詹事府、京兆·河南府,并第一般,上旬给;……

给公粮者,皆承尚书省符。丁男日给米二升、盐二勺五撮,妻、妾、老男、小则减之。若老、中、小男无官及见驱使,兼国子监学生、针·医生,虽未成丁,亦依丁例。

《唐六典》卷一九《司农寺》,商务印书馆《钦定四库全书》本

大历十二年四月二十八日,度支奏:加给京百司文武官及京兆府县官每月料钱等,具件如后:[①]

国子祭酒。五十贯文。

国子司业。三十贯文。

国子博士。二十五贯文。

国子、太学、四门、广文等博士,及诸寺监丞。各十二贯文。

诸寺监主簿。各十贯文。

国子助教。五贯三百文。

太学、广文助教。各四贯一百一十六文。

四门助教,律、医学博士,协律郎,司天台灵台郎,保章、挈壶正,太医署针医监。各四千百七十五文。

司天台司辰、司历、监候,内侍省宫教博士,按摩、咒禁、卜筮博士,及针、医、卜助教,国子书、算博士及助教。各一千九百一十七文。

文学博士。一十贯文。

《唐会要》卷九一《内外官料钱上》,中华书局一九五五年版

〔贞元〕四年,中书门下奏:京文武及京兆府县官,总三千七十七员。据元给及新加,每月当钱五万一千四百四贯六百十七文,

---

① 以下仅录专事教学官员料钱,据原文微调文字及格式。

一年都当六十一万六千八百五十五贯四百四文。旧额三十四万八千五百贯四百文，新加二十六万八千三百五十五贯四文。^①

国子祭酒。八十贯文。

司业。六十五贯文。

国子博士。四十贯文。

太学、广文、四门博士，诸寺监丞。各二十五贯文。

国子助教、广文助教。各二十贯文。

四门助教、协律郎。各十六贯文。

主簿。十贯文。

律学博士，司天灵台郎，保章、挈壶正，太常医博士。各四贯文。

内侍者宫教博士，太常寺乐正，及医、卜正，按摩、咒禁、卜筮博士，及针、医助教，国子书、算及律助教。各一千文。

右中书门下，准去年十一月二十八日敕，京官宜加料钱。准敕商量，谨条件如前。敕旨："依。"

《唐会要》卷九一《内外官料钱上》，中华书局一九五五年版

唐世百官俸钱，会昌后不复增减，今著其数：^②

国子祭酒，八万。

国子司业，六万五千。

国子博士，四万。

五官正，太常寺协律郎，诸寺监主簿，国子、太学、广文助教，二万。

四门助教，万六千。

诸府大都督府参军事、文学、博士、录事，上州参军事、博士，万五千。

太医署令，太学、广文、四门博士，都督府医博士，万三千。

司天台灵台郎、保章正，六千。

书、算、律学博士，五官挈壶正，医、针博士，四千。

国子监直讲，司天台司辰、司历、监候，宫教博士，乐正，医正，卜正，按摩、咒禁、卜博士，针、医、卜、书、算助教，三千。

《新唐书》卷五五《食货志五》，中华书局一九七五年版

开成元年，宰相兼国子祭酒郑覃奏：“请置五经博士各一人。缘无禄俸，请依王府官例给禄粟。”从之。

《唐会要》卷六六《国子监》，中华书局一九五五年版

〔开成〕四年二月，中书门下奏：“伏以朝廷兴复古制，置五经博士，以奖颛门之学，为训胄之资。必在得人，不限官次。今定为五品俸入，四方有经术相当而秩卑身贱者，不可以超授；有官重而通诗达礼者，不可以退资。从今已后，并请敕本色人中选择，据资除授，令兼博士。其见任博士，且仍旧。”敕旨：“宜依。”

《唐会要》卷六六《东都国子监》，中华书局一九五五年版

〔大和〕七年八月，国子监起请，准今月九日德音节文，令监司于诸道搜访名儒，置五经博士一人者。伏以劝学专门，复古之制，博采儒术，以备国庠。作事之初，须有奖进。伏请五经博士，秩比国子博士。今《左氏春秋》《礼记》《周易》《尚书》《毛诗》为五经。若《论语》《尔雅》《孝经》等，编简既少，不可特立学官，便请依旧附

入中经。敕旨:"依奏。"

《唐会要》卷六六《东都国子监》,中华书局一九五五年版

十二、 致仕及待遇

年七十已上应致仕,若齿力未衰,亦听厘务。若请致仕,五品已
上,皆上表闻;六品已下,申尚书省奏闻。

《唐六典》卷二《尚书吏部》,商务印书馆《钦定四库全书》本

凡致仕之官,五品已上及解官充侍者,各给半禄。

《唐六典》卷三《尚书户部》,商务印书馆《钦定四库全书》本

天宝九载三月二十三日,敕:如闻六品以下致仕官,四载之
后,准各并停。念其衰老,必藉安存,岂限其高卑,而恩有差降?
应五品下致仕官,并终其余年,仍永为常式。

《唐会要》卷六七《致仕官》,中华书局一九五五年版

致仕官,建中三年九月,敕:所请半禄料及赐物等,并宜从敕
出日,于本贯及寄住处州府支给。

《通典》卷三五《职官十七》,中华书局一九八八年版

孙处约者,汝州郏城人也。贞观中,为齐王祐记室。……
累转中书舍人。……处约以预修《太宗实录》成,赐七百段。
三迁中书侍郎,与李勣、许敬宗同知国政。寻避中宫讳,改名
茂道。坐事左转司礼少常伯。显庆中,拜少司成,以老疾请致

仕,许之,寻卒。

《旧唐书》卷八一《孙处约传》,中华书局一九七五年版

国子司业杨君巨源,方以能《诗》训后进,一旦以年满七十,亦白丞相去归其乡。……然吾闻杨侯之去,丞相有爱而惜之者,白以为其都少尹,不绝其禄,又为歌诗以劝之,京师之长于诗者,亦属而和之。

《韩昌黎集》卷二一《送杨少尹序》,商务印书馆一九三三年版

十三、 学官考课

考功郎中、员外郎之职,掌内外文武官吏之考课。凡应考之官,皆具录当年功过、行能,本司及本州长官对众读,议其优劣,定为九等考第,各于其所由司准额校定,然后送省。内外文武官,量远近,以程限之有差。京师百僚,九月三十日已前校定,十月一日送省。外官去京一千五百里内,八月三十日;三千里内,七月三十日;五千里内,五月三十日;七千里内,三月三十日;万里内,正月三十日已前校定。其外官附朝集使送簿至省。凡流内、流外官,考前厘务不满二百日者,不考。每年别敕定京官位望高者二人,其一人校京官考,一人校外官考。又定给事中、中书舍人各一人,其一人监京官考,一人监外官考。郎中判京官考,员外郎判外官考。其检核同者,皆以功过上使。京官则集应考之人对读注定,外官则对朝集使注定讫,各以奏闻。

《唐六典》卷二《尚书吏部》,商务印书馆《钦定四库全书》本

凡考课之法,有四善:一曰德义有闻,二曰清慎明著,三曰公

平可称，四曰恪勤匪懈。善状之外，有二十七最：……二曰铨衡人物，擢尽才良，为选司之最；三曰扬清激浊，褒贬必当，为考校之最；四曰礼制仪式，动合经典，为礼官之最；五曰音律克谐，不失节奏，为乐官之最；六曰决断不滞，与夺合理，为判事之最；……九曰推鞫得情，处断平允，为法官之最；……十二曰训导有方，生徒充业，为学官之最；……二十二曰推步盈虚，究理精密，为历官之最；二十三曰占候医卜，效验居多，为方术之最。……一最已上有四善，为上上；一最已上有三善，或无最而有四善，为上中；一最已上有二善，或无最而有三善，为上下；一最已上有一善，或无最而有二善，为中上；一最已上或无最而有一善，为中中。职事粗理，善最弗闻，为中下；爱憎任情，处断乖理，为下上；背公向私，职务废阙，为下中；居官谄诈，贪浊有状，为下下。若于善最之外别可嘉尚，及最虽成殿，情状可矜，虽不成殿，而情状可责者，省校之日，皆听考官临时量定。

《唐六典》卷二《尚书吏部》，商务印书馆《钦定四库全书》本

后唐天成元年十月三日，尚书考功条奏格如后：

一、准考课令，诸司外文武官九品已上，每年当司长官考其属官，应考者皆具录一年功过行能，议其优劣，定九等考第。京官，九月三十日已前校定。外官，去京一千五百里内，八月三十日已前校定；三千里内，七月三十日已前校定；五千里内，五月三十日已前校定；七千里内，三月三十日已前校定；万里内，正月三十日已前校定，本州定讫。京官，十一月一日送簿。外官，朝集使送簿，限十月二十五日已前到京。考复功过，并入来年。无长官，次官考。

《五代会要》卷一五《考功》，上海古籍出版社一九七八年版

第五章

官学经费

京官正一品，禄九百石，其下每以百石为差，至正四品，是为三百石。从四品，二百五十石，其下每以五十石为差，至正六品，是为百石。从六品，九十石，以下每以十石为差，至从八品，是为五十石。食封及官不判事者，并九品，皆不给禄。其给皆以春秋二季。

《隋书》卷二八《百官志下》，中华书局一九七三年版

隋文帝开皇中，以百僚供费不足，咸置廨钱，收息取利。苏孝慈上表请罢。于是公卿以下内外官给职分田，一品给五顷，至五品则为三顷，其下每以五十亩为差。又给公廨田以供用。

《通典》卷三五《职官十七》，中华书局一九八八年版

京官又给职分田。一品给田五顷。每品以五十亩为差，至五品，则为田三顷，六品二顷五十亩。其下每品以五十亩为差，至九品为一顷。外官亦各有职分田。又给公廨田，以供公用。

《隋书》卷二四《食货志》，中华书局一九七三年版

武德元年，文武官给禄，颇减隋制，一品七百石，从一品六百石，二品五百石，从二品四百六十石，三品四百石，从三品三百六十石，四品三百石，从四品二百六十石，五品二百石，从五品百六十石，六品百石，从六品九十石，七品八十石，从七品七十石，八品六十石，从八品五十石，九品四十石，从九品三十石，皆以岁给之。外官则否。

一品有职分田十二顷，二品十顷，三品九顷，四品七顷，五品六顷，六品四顷，七品三顷五十亩，八品二顷五十亩，九品二顷，皆给百里内之地。诸州都督、都护、亲王府官二品十二顷，三品十顷，四品八顷，五品七顷，六品五顷，七品四顷，八品三顷，九品二顷五十亩。……

亲王以下又有永业田百顷，职事官一品六十顷，郡王、职事官从一品五十顷，国公、职事官从二品三十五顷，县公、职事官三品二十五顷，职事官从三品二十顷，侯、职事官四品十二顷，子、职事官五品八顷，男、职事官从五品五顷，六品、七品二顷五十亩，八品、九品二顷。……五品以上受田宽乡，六品以下受于本乡。解免者追田，除名者受口分之田，袭爵者不别给。流内九品以上口分田终其身，六十以上停私乃收。

凡给田而无地者，亩给粟二斗。

京司及州县皆有公廨田，供公私之费。其后以用度不足，京官有俸赐而已。诸司置公廨本钱，以番官贸易取息，计员多少为月料。

…………

……永徽元年，废之①，以天下租脚直为京官俸料。其后又薄

---

① 指废诸司公廨本钱。

孙培青文集　第四卷　隋唐五代教育制度文献集成

敛一岁税，以高户主之，月收息给俸。寻颛以税钱给之，岁总十五万二千七百三十缗。

一品月俸八千，食料一千八百，杂用一千二百。二品月俸六千五百，食料一千五百，杂用一千。三品月俸五千一百，杂用九百。四品月俸三千五百，食料、杂用七百。五品月俸三千，食料、杂用六百。六品月俸二千，食料、杂用四百。七品月俸一千七百五十，食料、杂用三百五十。八品月俸一千三百，食料三百，杂用二百五十。九品月俸一千五十，食料二百五十，杂用二百。行署月俸一百四十，食料三十。

《新唐书》卷五五《食货志五》，中华书局一九七五年版

开元二十四年六月，乃撮而同之，通谓之月俸。一品月俸料八千，食料千八百，杂用千二百，防阁二十千，通计三十一千。二品月俸六千，食料千五百，杂用一千，防阁十五千五百，通计二十四千。三品月俸五千，食料千一百，杂用九百，防阁十千，通计十七千。四品月俸三千五百，食料七百，杂用七百，防阁六千六百六十七，通计十一千五百六十七。五品月俸三千，食料六百，杂用六百，防阁五千，通计九千二百。六品月俸二千，食料四百，杂用四百，庶仆二千五百，通计五千三百。七品月俸千七百五十，食料三百五十，杂用三百五十，庶仆千六百，通计四千五十。八品月俸千三百五十，食料三百，杂用三百，庶仆六百，通计二千五百五十。九品月俸千五十，食料二百五十，杂用二百，庶仆四百，通计千九百。其数目，国初以来即有，中间色目，或有加减，今方为定制。员外官带同正者，不减正员官食料钱，不带同正者减半。致仕官，建中三年九月敕，所请半禄料及赐物等，并宜从敕出日于本贯及寄住

处州府支给。

《通典》卷三五《职官十七》，中华书局一九八八年版

〔开元〕二十四年六月二十三日，敕：百官料钱，宜合为一色，都以月俸为名，各据本官，随月给付。其贮粟宜令入禄数同申，应合减折及申请时限，并依常式。

一品，三十一千：月俸八千，食料一千八百，防阁二十千，杂用一千二百文。

二品，二十四千：月俸六千，食料一千五百，防阁十五千，杂用一千文。

三品，十七千：月俸五千，食料一千一百，防阁十千，杂用九百文。

四品，一十一千八百六十七文：月俸四千五百，食料七百，防阁六千六百文，杂用六百文。

五品，九千二百：月俸三千，食料六百，防阁五千，杂用五百文。

六品，五千三百：月俸二千三百，食料四百，庶仆二千二百，杂用四百文。

七品，四千五百：月俸一千七百五十，食料三百五十，庶仆一千六百，杂用三百五十文。

八品，二千四百七十五文：月俸一千三百，食料三百，庶仆六百二十五文，杂用二百五十文。

九品，一千九百一十七文：月俸一千五十文，食料二百五十文，庶仆四百一十七文，杂用二百文。

《唐会要》卷九一《内外官料钱上》，中华书局一九五五年版

武德元年十二月，置公廨本钱，以诸州令史主之，号捉钱令史，每司九人，补于吏部。所主才五万钱以下，市肆贩易，月纳息钱四千文，岁满授官。

贞观元年，京师及州县，皆有公廨田，以供公私之费。其后以用度不足，京官有俸赐而已，诸司置公廨本钱，以番官贸易取息，计员多少为月料。

∙∙∙∙∙∙∙∙∙∙∙∙

〔贞元〕十二年，御史中丞王颜奏，简勘足数：[①]

崇玄馆。五百贯文。

宏文馆。七百二十六贯二百文。

太常寺。一万四千二百五十四贯八百文。

太仆寺。三千贯文。

少府监。六百七十八贯七百文。

国子监。三千三百八十二贯三百六十文。

崇文馆。八百一十贯文。

司天台。二百八十贯文。

∙∙∙∙∙∙∙∙∙∙∙∙

〔元和九年〕十一月，户部奏：准八月十五日敕，诸司食利本钱，出放已久，散失颇多，各委本司勘会，其合征钱数，便充食钱。若数少不充，以除陌五文钱，量其所欠，添本出放者，令准敕各牒诸司勘会。得报，据秘书省等三十二司牒，应管食利本钱物五万三千九百五十二贯九百五十五文：[②]

太常寺。六千七百二十二贯六百六文。

――――――――――

① 以下所录钱数为部分，据原文微调文字及格式。

② 以下所录钱数为部分，据原文微调文字及格式。

太仆寺。一千九贯五百文。

国子监。二千六百四十四贯二百五十文。

少府监。一千三百三十四贯七百三十一文。

司天台。三百八十贯文。

《唐会要》卷九三《诸司诸色本钱》，中华书局一九五五年版

〔开元〕十七年三月，国子祭酒杨玚上言曰："伏闻承前之例，每年应举常有千数，及第两监不过一二十人。臣恐三千学徒，虚费官廪；两监博士，滥縻天禄。臣窃见入仕诸色出身，每岁向二千余人，方于明经、进士，多十余倍。自然服勤道业之士，不及胥吏，以之效官，岂识先王之礼义？陛下设学校，务以劝进之。有司为限约，务以黜退之。臣之微诚，实所未晓。今监司课试，已退其八九。考功及第，十又不收一二。若长以此为限，恐儒风渐坠，小道将兴。若以出身人多，应须诸色都减，岂在独抑明经、进士也？"

《唐会要》卷七五《帖经条例》，中华书局一九五五年版

旧例，两京国子监生二千余人，弘文馆、崇文馆、崇玄馆学生，皆廪饲之。十五载，上都失守，此事废绝。乾元元年，以兵革未息，又诏罢州县学生，以俟丰岁。

《旧唐书》卷二四《礼仪志四》，中华书局一九七五年版

〔永泰二年〕八月，国子学成祠堂、论堂、六馆院及官吏所居厅宇，用钱四万贯，拆曲江亭子瓦木助之。

《旧唐书》卷二四《礼仪志四》，中华书局一九七五年版

〔永泰二年八月，〕贷钱一万贯，五分收钱，以供监官学生之费。俄又请青苗地头取百文资课以供费同①。

《旧唐书》卷二四《礼仪志四》，中华书局一九七五年版

常衮，京兆人也。……

……〔大历时〕与杨绾同掌枢务。代宗尤信重杨绾。绾弘通多可，衮颇务苛细，求清俭之称，与绾之道不同。先是，百官俸料寡薄，绾与衮奏请加之。时韩滉判度支，衮与滉各骋私怀，所加俸料，厚薄由己。时少列各定月俸为三十五千，滉怒司业张参，唯止给三十千；衮恶少詹事赵惎，遂给二十五千。太子洗马，实司经局长官，文学为之贰，衮有亲戚任文学者给十二千，而给洗马十千。其轻重任情，不通时政，多如此类。

《旧唐书》卷一一九《常衮传》，中华书局一九七五年版

十一月七日，使持节都督蘷州诸军事、蘷州刺史刘某，谨奏记相公阁下：凡今能言者，皆谓天下少士。而不知养材之道，郁堙而不扬，非天不生材也。亦犹不耕者而叹廪庾之无余，非地不产百谷也。伏以贞观中，增筑学舍千二百区，生徒三千余人。时外夷上疏，请遣子弟入附于三雍者五国。虽菁菁者莪，育材之道不足比也。今之胶庠不闻弦歌，而室庐圮废，生徒衰少。非学官不欲振举也，病无赀财以给其用。鳜生今有一见，使太学立富。幸遇相公在位，可以索言之。

《礼》云："凡学官，春释奠于其先师。"斯礼止于辟雍泮宫，非

及天下也。今四海郡县，咸以春秋上丁，有事孔子庙，其礼不应于古，且非孔子意也。炎汉初定，君臣皆起屠贩为公卿，故孝惠、高后之间，置原庙于郡国。逮孝元时，韦玄成以硕儒为丞相，遂建议罢之。夫以子孙尚不敢违礼以飨其祖，况后学师先圣之道而首违之乎？《祭义》曰："祭不欲数。"《语》云："祭神如神在。"与其烦于旧飨，孰若行其教道？今夫子之教日颓靡，而以非礼之祀媚之，斯儒者所宜愤悱也。窃观历代无有是事。

皇家武德二年，诏于国学立周公、孔子庙，四时致祭。贞观十一年，又诏修宣尼庙于兖州。至二十年，许敬宗等奏，乃遣天下诸州县置三献官，其他如方社。敬宗非通儒，不能稽典礼。开元中，玄宗向学，与儒臣议，由是发德音，其罢郡县释奠牲牢，唯酒脯以荐。后数年定令。时王孙林甫为宰相，不涉学，委御史中丞王敬从刊之。敬从非文儒，遂以明衣牲牢编在学令。是首失于敬宗，而终失于林甫，习以为常，罕有敢非之者。

谨按本州四县，一岁释奠物之直缗钱十六万有奇。举天下之郡县，当千七百不啻，羁縻者不在数中。凡岁中所出于经费过四千万，适资三献官饰衣裳饴妻子而已，于尚学之道无有补焉。前日诏书，许列郡守臣得以上言便事，今谨条奏：某乞下礼官博士，详议典制，罢天下县邑牲牢衣币。如有生徒，春秋依开元敕旨，用酒醴、腵脩、腒腒、榛栗示敬其事，而州府许如故仪。然后籍其资，半附益所隶州，使增学校，其半率归国库，犹不下万计。筑学室，具器用，丰馔食，增掌固以备使令。凡儒官各加稍食，其纸笔铅黄视所出州，率令折入。学徒既备，明经日课缮书若干纸，进士命雠校亦如之。则贞观之风粲然不殊。其他郡国，皆立程督。投绂怀玺，椷朴菁莪，良可咏矣！

伏惟相公发迹，咸自诸生，其尊素王之道，仪刑四方，宜在今日。是以小生敢沿故事，以奏记于左右，姑举其大较。至于证据纤悉，条奏具之，章下之日，乞留神省察，不胜大愿。惶恐拜手稽首。

《刘禹锡集》卷二〇《奏记丞相府论学事》，

中华书局一九九〇年版

郑余庆为太子少师，判国子祭酒事。元和十三年十一月，余庆以太学荒坠日久，生徒不振，遂奏请率文官俸禄，修广两京国子监，时论美之。

《册府元龟》卷六〇四《学校部》，中华书局一九六〇年版

郑余庆字居业，荥阳人。……

…………

〔元和〕十四年，兼太子少师、检校司空，封荥阳郡公，兼判国子祭酒事。以太学荒毁日久，生徒不振，奏率文官俸给修两京国子监。

《旧唐书》卷一五八《郑余庆传》，中华书局一九七五年版

〔元和〕十四年十二月，〔郑〕余庆又奏请京见任文官一品以下，九品以上，及外使兼京正员官者，每月所请料钱，请率计每贯抽一十文，以充国子监修造先师庙及诸室宇缮壁。经公廨杂用之余，益充本钱。诸色随便宜处置。臣以为历事文吏，无非孔徒。所取至微，足以资学。教化之根本，人伦之纪纲。陛下文德武功，戡乱除暴，事超历代，道冠百王。国学毁坏荒芜，盖以兵戎日久，

而葺修未暇也。今寇虽涤荡，天下砥平，爰俾耆臣叨领儒职。臣兢于受命，敢不肃恭。伏念旬时，莫过于此。伏望天恩，便赐允许，仍令户部每月据数并以实钱付国子监。其东都留司京官，亦准数率钱，便充东都国子监修理。制可。

《册府元龟》卷六〇四《学校部》，中华书局一九六〇年版

刘允章字蕴中，咸通中为礼部侍郎。……改国子祭酒。又建言："群臣输光学钱治庠序，宰相五万，节度使四万，刺史万。"诏可。

《新唐书》卷一六〇《刘允章传》，中华书局一九七五年版

大顺元年二月，宰臣兼国子祭酒孔纬奏："文宣王祠庙经兵火焚毁，有司释奠无所。请内外文臣，各于本官料钱上，每一缗抽十文，助修国学。"从之。

《唐会要》卷三五《褒崇先圣》，中华书局一九五五年版

〔大顺元年〕二月丁巳，宰臣兼国子祭酒孔纬以孔子庙经兵火，有司释奠无所，请内外文臣自观察使、制使下及令佐，于本官料钱上缗抽十文，助修国学，从之。

《旧唐书》卷二〇上《昭宗本纪》，中华书局一九七五年版

孔纬为相，兼国子祭酒。昭宗大顺元年二月，纬奏："文宣王祠庙经兵火焚毁，有司释奠无所。请内外文臣各于本官料钱上，每一缗抽十文，助修国学。"从之。

《册府元龟》卷六〇四《学校部》，中华书局一九六〇年版

有国之规，无先学校，理官之要，莫尚儒宗。故前王设塾庠，陈齿胄，所以敷扬至道，宏阐大猷者也。国学自朝廷丧乱已来，栋宇摧残之后，岁月斯久，榛芜可知。宜令诸道观察使、刺史与宾幕、州县文吏等，同于俸料内量力分抽，以助修葺。（昭宗大顺元年二月）

《全唐文》卷九一《昭宗·修葺国学诏》，中华书局一九八三年版

〔开平三年十二月〕国子监奏："创造文宣王庙，仍请率在朝及天下见任官僚俸钱，每贯每月克一十五文，充土木之值。"允之。是岁，以所率官僚俸钱修文宣王庙。

《册府元龟》卷一九四《闰位部》，中华书局一九六〇年版

梁开平三年十二月，国子监奏："修建文宣王庙，请率在朝及天下见任官，俸钱每贯克留一十五文。"

《五代会要》卷一六《国子监》，上海古籍出版社一九七八年版

〔后唐天成〕五年正月五日，国子监奏："当监旧例，初补监生有束脩钱二千，及第后光学钱一千。窃缘当监诸色举人及第后，多不于监司出给光学文抄，及不纳光学钱，只守选限年满，便赴南曹参选。南曹近年磨勘选人，并不收竖监司光学文抄为凭。请今后欲准往例，应诸色举人及第后，并先于监司出给光学文抄，并纳光学钱等，各自所业等第，以备当监逐年公使。"奏敕："宜准往例，自今后凡补监生，须令情愿于监中修学，则得给牒收补，仍据所业次第，逐季考试申奏。如收补年深，未闻艺业，虚沾补牒，不赴试期，亦委监司具姓名申奏。"

《五代会要》卷一六《国子监》，上海古籍出版社一九七八年版

当监旧例，初补监生有束脩钱两贯文，及第后光学钱一贯文。切缘当监诸色举人，及第后近再多不于监司出给光学文抄，及不纳光学钱，只守选限，年满便赴南曹参选。南曹近年选人，并不收置监司光学文抄为凭。请自后欲准例，应诸色举人及第后，并却于监司出给光学文抄并纳光学钱等，各有所业次第，以备当逐年修葺公使。奏敕：宜准往例指挥，兼自今后，凡补监生，须令情愿住在监中修学，则得给牒收补，仍据所业次第，逐季考试申奏。其勘到见管监生一百七十八人，仍勒准此指挥。如收补年深，未闻艺业，虚沾补牒，不赴试期，亦委监司简点其姓名年月，一一分析申奏。

《全唐文》卷八三九《崔协·请令国子监学生束脩

光学等钱充公使奏》，中华书局一九八三年版

长兴元年春正月乙亥，国子监请以监学生束脩光学钱备监中修葺公用，从之。

《旧五代史》卷四一《唐书·明宗纪第七》，

中华书局一九七六年版

第四编

私学

第一章

家庭教育

　　杜正玄字慎徽，其先本京兆人，八世祖曼，为石赵从事中郎，因家于邺。自曼至正玄，世以文学相授。正玄尤聪敏，博涉多通。兄弟数人，俱未弱冠，并以文章才辩籍甚三河之间。开皇末，举秀才，尚书试方略，正玄应对如响，下笔成章。

《隋书》卷七六《杜正玄传》，中华书局一九七三年版

　　张文诩，河东人也。父琚，开皇中为洹水令，以清正闻。有书数千卷，教训子侄，皆以明经自达。文诩博览文籍，特精三礼，其《周易》《诗》《书》及春秋三传，并皆通习。每好郑玄注解，以为通博，其诸儒异说，亦皆详究焉。高祖引致天下名儒硕学之士，其房晖远、张仲让、孔笼之徒，并延之于博士之位。文诩时游太学，晖远等莫不推伏之，学内翕然，咸共宗仰。其门生多诣文诩，请质凝滞，文诩辄博引证据，辩说无穷，唯其所择。治书侍御史皇甫诞一时朝彦，恒执弟子之礼。适至南台，遽饰所乘马，就学邀屈。文诩每牵马步进，意在不因人以自致也。右仆射苏威闻其名而召之，与语，大悦，劝令从官。文诩意不在仕，固辞焉。

仁寿末，学废，文诩策杖而归，灌园为业。州郡频举，皆不应命。

《隋书》卷七七《张文诩传》，中华书局一九七三年版

许智藏，高阳人也。祖道幼，尝以母疾，遂览医方，因而究极，世号名医。诫其诸子曰："为人子者，尝膳视药，不知方术，岂谓孝乎？"由是世相传授。

《隋书》卷七八《许智藏传》，中华书局一九七三年版

元务光母者，范阳卢氏女也。少好读书，造次以礼。盛年寡居，诸子幼弱，家贫不能就学，卢氏每亲自教授，勖以义方，世以此称之。

《隋书》卷八〇《元务光母传》，中华书局一九七三年版

郑善果母者，清河崔氏之女也。年十三，出适郑诚，生善果。而诚讨尉迥，力战死于阵。母年二十而寡，父彦穆欲夺其志，母抱善果谓彦穆曰："妇人无再见男子之义。且郑君虽死，幸有此儿。弃儿为不慈，背死为无礼。宁当割耳截发以明素心，违礼灭慈，非敢闻命。"善果以父死王事，年数岁，拜使持节、大将军，袭爵开封县公，邑一千户。开皇初，进封武德郡公。年十四，授沂州刺史，转景州刺史，寻为鲁郡太守。

母性贤明，有节操，博涉书史，通晓治方。每善果出听事，母恒坐胡床，于鄣后察之。闻其剖断合理，归则大悦，即赐之坐，相对谈笑。若行事不允，或妄瞋怒，母乃还堂，蒙被而泣，终日不食。善果伏于床前，亦不敢起。母方起谓之曰："吾非怒汝，乃愧汝家

耳。吾为汝家妇，获奉洒扫，如汝先君，忠勤之士也，在官清恪，未尝问私，以身徇国，继之以死，吾亦望汝副其此心。汝既年小而孤，吾寡妇耳，有慈无威，使汝不知礼训，何可负荷忠臣之业乎？汝自童子承袭茅土，位至方伯，岂汝身致之邪？安可不思此事而妄加瞋怒，心缘骄乐，堕于公政！内则坠尔家风，或亡失官爵，外则亏天子之法，以取罪戾。吾死之日，亦何面目见汝先人于地下乎？"

母恒自纺绩，夜分而寐。善果曰："儿封侯开国，位居三品，秩俸幸足，母何自勤如是邪？"答曰："呜呼！汝年已长，吾谓汝知天下之理，今闻此言，故犹未也。至于公事，何由济乎？今此秩俸，乃是天子报尔先人之徇命也。当须散赡六姻，为先君之惠，妻子奈何独擅其利，以为富贵哉！又丝枲纺织，妇人之务，上自王后，下至大夫士妻，各有所制。若堕业者，是为骄逸。吾虽不知礼，其可自败名乎？"

自初寡，便不御脂粉，常服大练。性又节俭，非祭祀宾客之事，酒肉不妄陈于前。静室端居，未尝辄出门阁。内外姻戚有吉凶事，但厚加赠遗，皆不诣其家。非自手作及庄园禄赐所得，虽亲族礼遗，悉不许入门。

善果历任州郡，唯内自出馔，于衙中食之，公廨所供，皆不许受，悉用修治廨宇及分给僚佐。善果亦由此克己，号为清吏。炀帝遣御史大夫张衡劳之，考为天下最。征授光禄卿。其母卒后，善果为大理卿，渐骄姿，清公平允遂不如畴昔焉。

《隋书》卷八〇《郑善果母传》，中华书局一九七三年版

傅奕，相州邺人也。尤晓天文历数。……

贞观十三年卒,年八十五。临终诫其子曰:"老、庄玄一之篇,周、孔六经之说,是为名教,汝宜习之。妖胡乱华,举时皆惑,唯独窃叹,众不我从,悲夫!汝等勿学也。古人裸葬,汝宜行之。"奕生平遇患,未尝请医服药,虽究阴阳数术之书,而并不之信。又尝醉卧,蹶然起曰:"吾其死矣!"因自为墓志曰:"傅奕,青山白云人也。因酒醉死,呜呼哀哉!"其纵达皆此类。注《老子》,并撰《音义》,又集魏、晋已来驳佛教者为《高识传》十卷,行于世。

《旧唐书》卷七九《傅奕传》,中华书局一九七五年版

太宗文德顺圣皇后长孙氏,长安人,隋右骁卫将军晟之女也。晟妻,隋扬州刺史高敬德女,生后。少好读书,造次必循礼则。年十三,嫔于太宗。⋯⋯

后尝撰古妇人善事,勒成十卷,名曰《女则》,自为之序。

《旧唐书》卷五一《太宗文德皇后长孙氏传》,

中华书局一九七五年版

太宗贤妃徐氏,名惠,右散骑常侍坚之姑也。生五月而能言,四岁诵《论语》《毛诗》,八岁好属文。其父孝德试拟《楚辞》,云"山中不可以久留",词甚典美。自此遍涉经史,手不释卷。太宗闻之,纳为才人。其所属文,挥翰立成,词华绮赡。俄拜婕妤,再迁充容。

《旧唐书》卷五一《贤妃徐氏传》,中华书局一九七五年版

〔阎〕立本虽有应务之才，而尤善图画，工于写真，《秦府十八学士图》及贞观中《凌烟阁功臣图》，并立本之迹也，时人咸称其妙。太宗尝与侍臣学士泛舟于春苑，池中有异鸟随波容与，太宗击赏数四，诏座者为咏，召立本令写焉。时阁外传呼云："画师阎立本。"时已为主爵郎中，奔走流汗，俯伏池侧，手挥丹粉，瞻望座宾，不胜愧赧。退诫其子曰："吾少好读书，幸免墙面，缘情染翰，颇及侪流。唯以丹青见知，躬厮役之务，辱莫大焉！汝宜深诫，勿习此末伎。"立本为性所好，欲罢不能也。

《旧唐书》卷七七《阎立本传》，中华书局一九七五年版

崔玄暐，博陵安平人也。……其母卢氏尝诫之曰："吾见姨兄屯田郎中辛玄驭云：'儿子从宦者，有人来云贫乏不能存，此是好消息。若闻赀货充足，衣马轻肥，此恶消息。'吾常重此言，以为确论。比见亲表中仕宦者，多将钱物上其父母，父母但知喜悦，竟不问此物从何而来。必是禄俸余资，诚亦善事。如其非理所得，此与盗贼何别？纵无大咎，独不内愧于心？孟母不受鱼鲊之馈，盖为此也。汝今坐食禄俸，荣幸已多，若其不能忠清，何以戴天履地？孔子云：'虽日杀三牲之养，犹为不孝。'又曰：'父母惟其疾之忧。'特宜修身洁己，勿累吾此意也。"玄暐遵奉母氏教诫，以清谨见称。寻授天官郎中，迁凤阁舍人。

《旧唐书》卷九一《崔玄暐传》，中华书局一九七五年版

予幼奉庭训，早游文学。年在纨绮，便受《古文尚书》。每苦其辞艰琐，难为讽读。虽屡逢捶挞，而其业不成。尝闻家君为诸兄讲《春秋左氏传》，每废书而听。逮讲毕，即为诸兄说之。因窃

叹曰:"若使书皆如此,吾不复怠矣。"先君奇其意,于是始授以《左氏》,期年而讲诵都毕。于时年甫十有二矣。所讲虽未能深解,而大义略举。父兄欲令博观义疏,精此一经。辞以获麟已后,未见其事,乞且观余部,以广异闻。次又读《史》《汉》《三国志》。既欲知古今沿革,历数相承,于是触类而观,不假师训。自汉中兴已降,迄乎皇家实录,年十有七,而窥览略周。其所读书,多因假赁,虽部帙残缺,篇第有遗,至于叙事之纪纲,立言之梗概,亦粗知之矣。

《史通通释》卷一〇《自叙》,上海古籍出版社一九七八年版

君讳勃,字子安,太原祁人也。……

君之生也,含章是托。神何由降,星辰奇伟之精;明何由出,家国贤才之运。性非外奖,智乃自然。孝本乎未名,人应乎初识。器业之敏,先乎就傅。九岁读颜氏《汉书》,撰《指瑕》十卷。十岁包综六经,成乎期月,悬然天得,自符音训。时师百年之学,旬日兼之;昔人千载之机,立谈可见。居难则易,在塞咸通,于术无所滞,于词无所假。幼有钧衡之略,独负舟航之用。年十有四,时誉斯归。太常伯刘公巡行风俗,见而异之,曰:"此神童也。"因加表荐,对策高第,拜为朝散郎。

《杨炯集》卷三《王勃集序》,中华书局一九八〇年版

韦述,司农卿弘机曾孙也。父景骏,房州刺史。述少聪敏,笃志文学。家有书二千卷,述为儿童时,记览皆遍,人骇异之。

《旧唐书》卷一〇二《韦述传》,中华书局一九七五年版

梁乐府鼓吹又有《大白净皇太子》《小白净皇太子》《企喻》等曲。隋鼓吹有《白净皇太子》曲，与北歌校之，其音皆异。开元初，以问歌工长孙元忠，云自高祖以来，代传其业。元忠之祖，受业于侯将军，名贵昌，并州人也，亦世习北歌。贞观中，有诏令贵昌以其声教乐府。元忠之家世相传如此，虽译者亦不能通知其辞，盖年岁久远，失其真矣。丝桐，惟琴曲有胡笳声大角，金吾所掌。

《旧唐书》卷二九《音乐志二》，中华书局一九七五年版

苏颋聪悟过人，日诵数千言，虽记览如神，而父瓌训厉至严，常令衣青布襦伏于床下，出其胫受榎楚。及壮，而文学该博，冠于一时，性疏俊嗜酒。及玄宗既平内难，将欲草制书，甚难其人，顾谓瓌曰："谁可为诏？试为思之。"瓌曰："臣不知其他，臣男颋甚敏捷，可备指使。然嗜酒，幸免沾醉，足以了其事。"玄宗遽命召来。至时宿醒未解，粗备拜舞。尝醉呕殿下，命中人使扶卧于御前，玄宗亲为举衾以覆之。既醒，受简笔立成，才藻纵横，词理典瞻。

《明皇杂录》卷上，中华书局一九九四年版

古人云：富贵者，人之怨也。贵则神忌其满，人恶其上；富则鬼瞰其室，虏利其财。自开辟已来，书籍所载，德薄任重而能寿考无咎者，未之有也。故范蠡、疏广之辈，知止足之分，前史多之。况吾才不逮古人，而久窃荣宠，位逾高而益惧，恩弥厚而增忧。往在中书，遘疾虚惫，虽终匪懈，而诸务多阙。荐贤自代，屡有诚祈，人欲天从，竟蒙哀允。优游园沼，放浪形骸，人生一代，斯亦足矣。田巴云："百年之期，未有能至。"王逸少云："俯仰之间，已为陈

迹。"诚哉此言。

比见诸达官身亡以后，子孙既失覆荫，多至贫寒，斗尺之间，参商是竞。岂唯自玷，仍更辱先，无论曲直，俱受嗤毁。庄田水碾，既众有之，递相推倚，或致荒废。陆贾、石苞，皆古之贤达也。所以预为定分，将以绝其后争。吾静思之，深所叹服。

昔孔丘亚圣，母墓毁而不修；梁鸿至贤，父亡席卷而葬。昔杨震、赵咨、卢植、张奂，皆当代英达，通识今古，咸有遗言，属以薄葬。或濯衣时服，或单帛幅巾，知真魂去身，贵于速朽。子孙皆遵成命，迄今以为美谈。凡厚葬之家，例非明哲，或溺于流俗，不察幽明，咸以奢厚为忠孝，以俭薄为悭惜，至令亡者致戮尸暴骸之酷，存者陷不忠不孝之诮。可为痛哉！可为痛哉！死者无知，自同粪土，何烦厚葬，使伤素业？若也有知，神不在柩，复何用违君父之令，破衣食之资？吾身亡后，可敛以常服，四时之衣，各一副而已。吾性甚不爱冠衣，必不得将入棺墓，紫衣玉带，足便于身，念尔等勿复违之。且神道恶奢，冥途尚质，若违吾处分，使吾受戮于地下，于汝心安乎？念而思之。

今之佛经，罗什所译，姚兴执本，与什对翻。姚兴造浮屠于永贵里，倾竭府库，广事庄严，而兴命不得延，国亦随灭。又齐跨山东，周拓关右。周则多除佛法而修缮兵威，齐则广置僧徒而依凭佛力。及至交战，齐氏灭亡，国既不存，寺复何有？修福之报，何其蔑如？梁武帝以万乘为奴，胡太后以六宫入道，岂特身戮名辱，皆以亡国破家。近日孝和皇帝发使赎生，倾国造寺，太平公主、武三思、悖逆庶人、张夫人等皆度人造寺，竟术弥街，咸不免受戮破家，为天下所笑。经云："求长命，得长命；求富贵，得富贵。""刀寻段段坏，火坑变成池。"比来缘精进得富贵长命者为谁？生前易知，尚觉无应，身后难究，谁见有征？且五帝之时，父不葬子，兄不哭弟，言其致仁寿、无夭横也。三王之代，国祚延长，人用休息，其人臣则彭祖、老聃之类，皆享遐龄。当此之时，未有佛教，岂抄经铸像之力，设斋施物之功耶？《宋书·西域传》，有名僧为《白黑论》，理证明白，足鲜沉疑，宜观而行之。

且佛者觉也，在乎方寸，假有万像之广，不出五蕴之中，但平等慈悲，行善不行恶，则佛道备矣。何必溺于小说，惑于凡僧，仍将喻品，用为实录，抄经写像，破业倾家，乃至施身亦无所吝，可谓大惑也。亦有缘亡人造像，名为追福，方便之教，虽则多端，功德须自发心，旁助宁应获报？递相欺诳，浸成风俗，损耗生人，无益亡者。假有通才达识，亦为时俗所拘。如来普慈，意存利物，损众生之不足，厚豪僧之有余，必不然矣。且死者是常，古来不免，所造经像，何所施为？

夫释迦之本法，为苍生之大弊，汝等各宜警策，正法在心，勿效儿女子曹，终身不悟也。吾亡后，必不得为此弊法。若未能全依正道，须顺俗情，从初七至终七，任设七僧斋。若随斋须布施，宜以吾缘身衣物充，不得辄用余财，为无益之枉事，亦不得妄出私物，徇追福之虚谈。

道士者，本以玄牝为宗，初无趋竞之教，而无识者慕僧家之有利，约佛教而为业。敬寻老君之说，亦无过斋之文，抑同僧例，失之弥远。汝等勿拘鄙俗，辄屈于家。汝等身没之后，亦教子孙依吾此法云。

《旧唐书》卷九六《姚崇传》，中华书局一九七五年版

〔孔〕绍安孙若思。若思孤，母褚氏亲自教训，遂以学行知名。

年少时,有人赉褚遂良书迹数卷以遗,若思唯受其一卷。其人曰:"此书当今所重,价比黄金,何不总取?"若思曰:"若价比金宝,此为多矣!"更截去半以还之。明经举,累迁库部郎中。

《旧唐书》卷一九〇上《孔若思传》,中华书局一九七五年版

〔欧阳询〕子通,少孤,母徐氏教其父书。每遗通钱,给云:"质汝父书迹之直。"通慕名甚锐,昼夜精力无倦,遂亚于询。仪凤中,累迁中书舍人。丁母忧,居丧过礼。起复本官,每入朝,必徒跣至皇城门外。直宿在省,则席地藉藁。非公事不言,亦未尝启齿。归家必衣缞绖,号恸无恒。自武德已来,起复后而能哀戚合礼者,无与通比。年凶未葬,四年居庐不释服,家人冬月密以毡絮置所眠席下,通觉,大怒,遽令彻之。……

《旧唐书》卷一八九上《欧阳通传》,中华书局一九七五年版

〔李〕袭誉字茂实,少通敏,有识度。……

后历光禄卿、蒲州刺史,转扬州大都督府长史,为江南道巡察大使,多所黜陟。……袭誉性严整,所在以威肃闻。凡获俸禄,必散之宗亲,其余资多写书而已。及从扬州罢职,经史遂盈数车。尝谓子孙曰:"吾近京城有赐田十顷,耕之可以充食;河内有赐桑千树,蚕之可以充衣;江东所写之书,读之可以求官。吾没之后,尔曹但能勤此三事,亦何羡于人!"

《旧唐书》卷五九《李袭誉传》,中华书局一九七五年版

司马才章者,魏州贵乡人也。父烜,博涉五经,善纬候。才章少传其业。隋末为郡博士。贞观六年,左仆射房玄龄荐之,屡蒙

召问,擢授国子助教,论议该洽,学者称之。

《旧唐书》卷七三《司马才章传》,中华书局一九七五年版

王友贞,怀州河内人也。父知敬,则天时麟台少监,以工书知名。……友贞素好学,读九经皆百遍,训诲子弟,如严君焉。口不言人过,尤好释典,屏绝荤味,出言未曾负诺,时论以为真君子也。

长安年,历任长水令。后罢归田里。

《旧唐书》卷一九二《王友贞传》,中华书局一九七五年版

薛播,河中宝鼎人,中书舍人文思曾孙也。父元晖,什邡令,以播赠工部郎中。播,天宝中举进士,补校书郎,累授万年县丞、武功令、殿中侍御史、刑部员外郎、万年令。

初,播伯父元暖终于隰城丞,其妻济南林氏,丹阳太守洋之妹,有母仪令德,博涉五经,善属文,所为篇章,时人多讽咏之。元暖卒后,其子彦辅、彦国、彦伟、彦云及播兄据、捴并早孤,悉为林氏所训导,以至成立,咸致文学之名。开元、天宝中二十年间,彦辅、据等七人并举进士,连中科名,衣冠荣之。

《旧唐书》卷一四六《薛播传》,中华书局一九七五年版

颜真卿字清臣,秘书监师古五世从孙。少孤,母殷躬加训导。既长,博学,工辞章,事亲孝。

开元中,举进士,又擢制科。调醴泉尉。

《新唐书》卷一五三《颜真卿传》,中华书局一九七五年版

蒋乂字德源,常州义兴人,徙家河南。……

381

乂性锐敏，七岁时，见庾信《哀江南赋》，再读辄诵。外祖吴兢位史官，乂幼从外家学，得其书，博览强记。逮冠，该综群籍，有史才，司徒杨绾尤称之。

《新唐书》卷一三二《蒋乂传》，中华书局一九七五年版

女学士、尚宫宋氏者，名若昭，贝州清扬人。父庭芬，世为儒学，至庭芬有词藻。生五女，皆聪惠，庭芬始教以经艺，既而课为诗赋，年未及笄，皆能属文。长曰若莘，次曰若昭、若伦、若宪、若荀。若莘、若昭文尤淡丽，性复贞素闲雅，不尚纷华之饰。尝白父母，誓不从人，愿以艺学扬名显亲。若莘教诲四妹，有如严师。著《女论语》十篇，其言模仿《论语》，以韦逞母宣文君宋氏代仲尼，以曹大家等代颜、闵，其间问答，悉以妇道所尚。若昭注解，皆有理致。

《旧唐书》卷五二《女学士尚宫宋氏传》，

中华书局一九七五年版

赵彦昭者，甘州张掖人也。父武孟，初以驰聘佃猎为事。尝获肥鲜以遗母，母泣曰："汝不读书而佃猎如是，吾无望矣。"竟不食其膳。武孟感激勤学，遂博通经史。举进士，官至右台侍御史，撰《河西人物志》十卷。

《旧唐书》卷九二《赵彦昭传》，中华书局一九七五年版

令狐楚字壳士，自言国初十八学士德棻之裔。祖崇亮，绵州昌明县令。父承简，太原府功曹。家世儒素。楚儿童时已学属文，弱冠应进士，贞元七年登第。

《旧唐书》卷一七二《令狐楚传》，中华书局一九七五年版

公讳季庚,字〔子申〕,……秩满,本道观察使皇甫政以公政绩闻荐,又除检校大理少卿,兼襄州别驾。贞元十年五月二十八日,终于襄阳官舍,享年六十六。……及别驾府君即世,诸子尚幼,未就师学;夫人亲执诗书,昼夜教导,恂恂善诱,未尝以一呵一杖加之。十余年间,诸子皆以文学仕进,官至清近,实夫人慈训所致也。……有子四人:长曰幼文,前饶州县浮梁主簿;次曰居易,前京兆府户曹参军、翰林学士;次曰行简,前秘书省校书郎;幼子金刚奴,无禄早世。

《白居易集》卷四六《襄州别驾府君事状》,

中华书局一九七九年版

仆始生六七月时,乳母抱弄于书屏下,有指"之"字、"无"字示仆者,仆口未能言,心已默识。后有问此二字者,虽百十其试而指之不差。则知仆宿习之缘,已在文字中矣。及五六岁,便学为诗,九岁谙识声韵。十五六,始知有进士,苦节读书。二十已来,昼课赋,夜课书,间又课诗,不遑寝息矣。以至于口舌成疮,手肘成胝,既壮而肤革不丰盈,未老而齿发早衰白,瞥然如飞蝇垂珠在眸子中者,动以万数,盖以苦学力文之所致。

《旧唐书》卷一六六《白居易传》,中华书局一九七五年版

龟儿颇有文性,吾每自教诗书,三二年间,必堪应举。

《白居易集》卷六九《祭〔郎中〕弟文》,

中华书局一九七九年版

天下有五甲姓,荥阳郑氏居其一。……夫人为母时,府君既

没,积与穊方龆龀,家贫无师以授业,夫人亲执书,诲而不倦。四五年间,二子皆以通经入仕。

《白居易集》卷四二《唐河南元府君夫人
荥阳郑氏墓志铭》,中华书局一九七九年版

封常清,蒲州猗氏人也。外祖犯罪流安西效力,守胡城南门,颇读书,每坐常清于城门楼上,教其读书,多所历览。

《旧唐书》卷一〇四《封常清传》,中华书局一九七五年版

穆宁,怀州河内人也。……宁清慎刚正,重交游,以气节自任。……

…………

……贞元六年,就拜秘书监致仕。

宁好学,善教诸子,家道以严称。事寡姊以悌闻。通达体命,未尝服药。每诫诸子曰:"吾闻君子之事亲,养志为大,直道而已。慎无为谄,吾之志也。"贞元十年十月卒,时年七十九。四子:赞、质、员、赏。……

《旧唐书》卷一五五《穆宁传》,中华书局一九七五年版

〔穆〕赞与弟质、员、赏以家行人材为搢绅所仰。赞官达,父母尚无恙,家法清严。赞兄弟奉指使,答责如僮仆,赞最孝谨。

《旧唐书》卷一五五《穆赞传》,中华书局一九七五年版

〔穆〕质兄弟俱有令誉而和粹,世以"滋味"目之:赞俗而有格为酪,质美而多入为酥,员为醍醐,赏为乳腐。近代士大夫言家法

者,以穆氏为高。

《旧唐书》卷一五五《穆赏传》,中华书局一九七五年版

李绅字公垂,润州无锡人。本山东著姓。……父晤,历金坛、乌程、晋陵三县令,因家无锡。

绅六岁而孤,母卢氏教以经义。绅形状眇小而精悍,能为歌诗。乡赋之年,讽诵多在人口。元和初,登进士第。

《旧唐书》卷一七三《李绅传》,中华书局一九七五年版

郑肃,荥阳人。祖烈,父阅,世儒家。肃苦心力学。元和三年,擢进士第,又以书判拔萃,历佐使命。大和初,入朝为尚书郎。六年,转太常少卿。肃能为古文,长于经学,左丘明、三礼,仪注疑议,博士以下必就肃决之。

《旧唐书》卷一七六《郑肃传》,中华书局一九七五年版

裴休字公美,河内济源人也。祖宣,父肃。肃贞元中自常州刺史兼御史中丞、越州刺史、浙东团练观察等使。……肃生三子,俦、休、俅,皆登进士第。

《旧唐书》卷一七七《裴休传》,中华书局一九七五年版

〔裴〕休志操坚正,童龀时,兄弟同学于济源别墅。休经年不出墅门,昼讲经籍,夜课诗赋。虞人有以鹿贽俦者,俦、俅炰之,召休食,休曰:"我等穷生,菜食不充,今日食肉,翌日何继?无宜改馔。"独不食。长庆中,从乡赋登第,又应贤良方正,升甲科。

《旧唐书》卷一七七《裴俦传》,中华书局一九七五年版

杨收字藏之,同州冯翊人。……父遗直,位终濠州录事参军。家世为儒,遗直客于苏州,讲学为事,因家于吴。遗直生四子:发、假、收、严。

《旧唐书》卷一七七《杨收传》,中华书局一九七五年版

〔杨〕收长六尺二寸,广颡深颐,疏眉秀目,寡言笑,方于事上,博闻强记。初家寄浔阳,甚贫。收七岁丧父,居丧有如成人,而长孙夫人知书,亲自教授。十三,略通诸经义,善于文咏。吴人呼为神童。

《旧唐书》卷一七七《杨发传》,中华书局一九七五年版

李德裕字文饶,赵郡人。祖栖筠,御史大夫。父吉甫,赵国忠懿公,元和初宰相。祖、父自有传。德裕幼有壮志,苦心力学,尤精《西汉书》《左氏春秋》。耻与诸生从乡赋,不喜科试。年才及冠,志业大成。……

…………

德裕以器业自负,特达不群。好著书为文,奖善嫉恶,虽位极台辅,而读书不辍。……东都于伊阙南置平泉别墅,清流翠筱,树石幽奇。初未仕时,讲学其中。

《旧唐书》卷一七四《李德裕传》,中华书局一九七五年版

先君之道,得《诗》之群,《书》之政,《易》之直方大,《春秋》之惩劝,以植于内而文于外,垂声当时。天宝末,经术高第。遇乱,奉德清君夫人,载家书隐王屋山。间行以求食,深处以修业,作《避暑赋》。合群从弟子侄,讲《春秋左氏》《易王氏》,衎衎无倦,以

忘其忧。

　　　　　　　　《柳宗元集》卷一二《先侍御史府君神道表》，

　　　　　　　　　　　　　　中华书局一九七九年版

　　元和九年月日，扶风马君卒。……君凡受署，往来桂州、岭南江西荆南道，皆大府；凡命官，更佐军卫录王府事、番禺令、江陵户曹录府事、监察御史，皆为显官；凡佐治，由巡官、刺官至押番舶使、经略副使，皆所谓右职；……年七十，不肯仕，曰："吾为吏逾四十年，卒不见大者。今年至虑耗，终不能以筋力为人赢缩。"因罢休，以经书教子弟，不问外事。加七年，卒。

　　　　　　　　《柳宗元集》卷一○《唐故岭南经略副使御史马君墓志》，

　　　　　　　　　　　　　　中华书局一九七九年版

　　先夫人姓卢氏，讳某，世家涿郡，……

　　尝逮事伯舅，闻其称太夫人之行以教曰："汝宜知之，七岁通《毛诗》及刘氏《列女传》，斟酌而行，不坠其旨。汝宗大家也，既事舅姑，周睦姻族，柳氏之孝仁益闻。岁恶少食，不自足而饱孤幼，是良难也。"又尝侍先君，有闻如舅氏之谓，且曰："吾所读旧史及诸子书，夫人闻而尽知之无遗者。"某始四岁，居京城西田庐中，先君在吴，家无书，太夫人教古赋十四首，皆讽传之。以诗礼图史及紃制缕结授诸女，及长，皆为名妇。

　　　　　　　　《柳宗元集》卷一三《先太夫人河东县太君归祔志》，

　　　　　　　　　　　　　　中华书局一九七九年版

　　先君之仕也，伯母叔母姑姊妹子侄皆远在数千里之外，必奉迎以来。太夫人之承之也：尊己者，敬之如臣事君；下己者，慈之如母畜子；敌己者，友之如兄弟。无不得志者也。

《柳宗元集》卷一三《先太夫人河东县太君归祔志》，

中华书局一九七九年版

夫人姓李氏，辩族姓者曰，赵郡赞皇之东祖。祖某，为某官。父冲，为单父尉。夫人生于良族，嶷然殊异。及笄，德充于容，行践于言，高朗而不伤其柔，严恪而不害其和。特善女工箬制之事，又能为雅琴秦声操缦之具。妇道既备，宜为君子之配偶焉。

《柳宗元集》卷一三《伯祖妣赵郡李夫人墓志铭》，

中华书局一九七九年版

呜呼！夫人天命之性，固有以异于人。孩而声和，幼而气柔。以吾族之大，尊长之多，夫人自能言，而未尝误举其讳。与其类戏于家，游弄之具，未尝有争。先公自鄂如京师，其时事会世难，告教罕至，夫人忧劳逾月，默泣不食，又惧贻太夫人之忧虑，给以疾告，书至而愈，人乃知之。善隶书，为雅琴，以自娱乐，隐而不耀。工足以致美于服而不为异，言足以发扬于礼而不为辨。孝之至，敬之备，仁之大，又以配君子。

《柳宗元集》卷一三《亡姊崔氏夫人墓志盖石文》，

中华书局一九七九年版

呜呼！夫人与仁孝偕生，以礼顺偕长。始于家，纯如也；终于夫族，穆如也。其为子道也，孝以和，恭以惠，取与承顺，必称所欲。先君与太夫人恩遇尤厚，故夫人侍侧，无威怒之教焉。天祸弊族，凤遭大故，我诸孤奉太夫人之养，不敢图死，至于复常。夫人三岁无汤沐，无盐酪，顿踊叫号，哀彻天地。外除发不胜笄，体不胜带。太夫人泣而命之，固犹不食，朝夕谕诲，仅而济焉。其为妻道也，贞顺之宜，恒服于身体；疑忌之虑，不萌于心术；忿愫之色，不兆于容貌，同焉而合于礼，婉焉而得其正。其为妇道也，惟听顺谨敬睦姻任恤之行甚备，常以不幸，不及姑舅之养，用为大恨。是故相春秋之事，视涤濯，羞簠簋，劳以待旦。每怵惕之感至焉，则又移其孝于裴氏之门，而以睦于冢妇介妇，必敬必亲，下以不失其赤子之心，姻族归厚，率由是也。

《柳宗元集》卷一三《亡姊前京兆府参军裴君夫人墓志》，

中华书局一九七九年版

唐永州刺史博陵崔简女讳媛，嫁为朗州员外司户河东薛巽妻。三岁知让，五岁知戒，七岁能女事。善笔扎，读书通古今，其暇则鸣弦桐讽诗骚以为娱。

《柳宗元集》卷一三《朗州员外司户薛君妻崔氏墓志》，

中华书局一九七九年版

少府监胡公者，讳珦，字润博。……以刚直龃龉不阿，忤权贵，除献陵令。居陵下七年，市置田宅，务种树为业以自给，教授子弟。贞元十一年，吏部大选，以公考选人艺学，以劳迁奉先令，……七子皆有学守，女嫁名人。

《韩昌黎集》卷三〇《唐故中散大夫少府监胡良公墓神道碑》，

商务印书馆一九三三年版

君讳蕃，字陈师。其先楚之族大夫，亡晋而邑于苗，世遂以苗命氏。……曾大父延嗣，中书舍人。大父含液，举进士第，官卒河南法曹。父颖，扬州录事参军。君少丧父，受业母夫人，举进士第。

《韩昌黎集》卷二五《太原府参军苗君墓志铭》，

商务印书馆一九三三年版

木之就规矩，在梓匠轮舆。人之能为人，由腹有诗书。
诗书勤乃有，不勤腹空虚。欲知学之力，贤愚同一初。
由其不能学，所入遂异闾。两家各生子，提孩巧相如。
少长聚嬉戏，不殊同队鱼。年至十二三，头角稍相疏。
二十渐乖张，清沟映污渠。三十骨骼成，乃一龙一猪。
飞黄腾踏去，不能顾蟾蜍。一为马前卒，鞭背生虫蛆。
一为公与相，潭潭府中居。问之因何尔，学与不学欤。
金璧虽重宝，费用难贮储。学问藏之身，身在则有余。
君子与小人，不系父母且。不见公与相，起身自犁锄。
不见三公后，寒饥出无驴。文章岂不贵，经训乃菑畲。
潢潦无根源，朝满夕已除。人不通古今，马牛而襟裾。
行身陷不义，况望多名誉。时秋积雨霁，新凉入郊墟。
灯火稍可亲，简编可卷舒。岂不旦夕念，为尔惜居诸。
恩义有相夺，作诗劝踌躇。

《韩昌黎集》卷六《符读书城南》，商务印书馆一九三三年版

始我来京师，止携一束书。辛勤三十年，以有此屋庐。
此屋岂为华？于我自有余。中堂高且新，四时登牢蔬。

前荣馔宾亲，冠婚之所于。庭内无所有，高树八九株。

有藤娄络之，春华夏阴敷。东堂坐见山，云风相吹嘘。

松果连南亭，外有瓜芋区。西偏屋不多，槐榆翳空虚。

山鸟旦夕鸣，有类涧谷居。主妇治北堂，膳服适戚疏。

恩封高平君，子孙从朝裾。开门问谁来，无非卿大夫。

不知官高卑，玉带悬金鱼。问客之所为，峨冠讲唐虞。

酒食罢无为，棋槊以相娱。凡此座中人，十九持钧枢。

又问谁与频，莫与张樊如。来过亦无事，考评道精粗。

跰跰媚学子，墙屏日有徒。以能问不能，其蔽岂可祛？

嗟我不修饰，事与庸人俱。安能坐如此？比肩于朝儒。

诗以示儿曹，其无迷厥初。

《韩昌黎集》卷七《示儿》，商务印书馆一九三三年版

〔吕〕和叔名温，别字化光。祖、考皆以文学至大官。早闻《诗》《礼》于先侍郎，又师吴郡陆质通《春秋》，从梁肃学文章。勇于艺能，咸有所祖。年益壮，志益大。遂拨去文学，与隽贤交，重气概，核名实，歆然以致君及物为大欲。每与其徒讲疑考要，王霸富强之术，臣子忠孝之道，出入上下百千年间，诋诃角逐，叠发连注。得一善，辄盱衡击节，扬袂顿足，信容得色，舞于眉端。以为按是言，循是理，合乎心而气将之，昭昭然若揭日月而行，孰能阏其势而争夫光者乎？

《刘禹锡集》卷一九《唐故衡州刺史吕君集纪》，

中华书局一九九〇年版

元稹字微之，河南人。……

积八岁丧父。其母郑夫人，贤明妇人也，家贫，为积自授书，教之书学。积九岁能属文。十五，两经擢第。二十四，调判入第四等，授秘书省校书郎。二十八，应制举才识兼茂，明于体用科，登第者十八人，积为第一，元和元年四月也。制下，除右拾遗。

《旧唐书》卷一六六《元稹传》，中华书局一九七五年版

臣八岁丧父，家贫无业，母兄乞丐以供资养，衣不布体，食不充肠。幼学之年，不蒙师训，因感邻里儿稚，有父兄为开学校，涕咽发愤，愿知诗书。慈母哀臣，亲为教授。年十有五，得明经出身。自是苦心为文，夙夜强学。年二十四，登乙科，授校书郎。年二十八，蒙制举首选，授左拾遗。始自为学，至于升朝，无朋友为臣吹嘘，无亲党为臣援庇。莫非苦己，实不因人，独立成性，遂无交结。

《元稹集》卷三三《同州刺史谢上表》，

中华书局一九八二年版

告仑等：吾谪窜方始，见汝未期，粗以所怀，贻诲于汝。汝等心志未立，冠岁行登，古人讥十九童心，能不自惧？吾不能远谕他人，汝独不见吾兄之奉家法乎？吾家世俭贫，先人遗训常恐置产息子孙，故家无樵苏之地，尔所详也。吾窃见吾兄，自二十年来，以下士之禄，持窘绝之家，其间半是乞丐羁游，以相给足。然而吾生三十二年矣，知衣食之所自，始东都为御史时。吾常自思，尚不省受吾兄正色之训，而况于鞭笞诘责乎？呜呼！吾所以幸而为兄者，则汝所以得而为父矣。有父如此，尚不足为汝师乎？

吾尚有血诚，将告于汝：吾幼乏岐嶷，十岁知方，严毅之训不

闻,师友之资尽废。忆得初读书时,感慈旨一言之叹,遂志于学。是时尚在凤翔,每借书于齐仓曹家,徒步执卷,就陆姊夫师授,栖栖勤勤其始也若此。至年十五,得明经及第,因捧先人旧书,于西窗下钻仰沉吟,仅于不窥园井矣。如是者十年,然后粗沾一命,粗成一名。及今思之,上不能及乌乌之报复,下未能减亲戚之饥寒,抱衋终身,偷活今日。故李密云:"生愿为人兄,得奉养之日长。"吾每念此言,无不雨涕。

汝等又见吾自为御史来,效职无避祸之心,临事有致命之志,尚知之乎?吾此意虽吾弟兄未忍及此,盖以往岁忝职谏官,不忍小见,妄干朝听,谪弃河南,泣血西归,生死无告。不幸余命不殒,重戴冠缨,常誓效死君前,扬名后代,殁有以谢先人于地下耳。

呜呼!及其时而不思,既思之而不及,尚何言哉?今汝等父母天地,兄弟成行,不于此时佩服诗书,以求荣达,其为人耶?其曰人耶?

吾又以吾兄所职,易涉悔尤,汝等出入游从,亦宜切慎,吾诚不宜言及于此。吾生长京城,朋从不少,然而未尝识倡优之门,不曾于喧哗纵观,汝信之乎?

吾终鲜姊妹,陆氏诸生,念之倍汝,小婢子等。既抱吾殁身之恨,未有吾克己之诚,日夜思之,若忘生次。汝因便录吾此书寄之,庶其自发。千万努力,无弃斯须。积付仑郑等。

《元稹集》卷三〇《诲侄等书》,中华书局一九八二年版

有唐岭南观察推官试大理评事吴郡张公,大历三年十一月八日,终于伊川别墅。……公讳诚,字老莱,吴郡人。……公有三子,曰平仲、平叔、平季。夫人陆氏,即国子司业、集贤殿学士善经

之女，贤明有法度。初公既殁，诸子尚幼，夫人勤求衣食，亲执诗书，讽而导之，咸为令子。又常以公遗志，择其子而付之。故平叔卒能振才业，致名位，追爵命，揭碑表，继父志，扬祖德，此诚孝子顺孙之道也。亦由夫人慈善教诱之德，浸渍而成就之，不其然乎！

《全唐文》卷六七八《白居易·唐赠尚书工部侍郎吴郡张公神道碑铭并序》，中华书局一九八三年版

小侄名阿宜，未得三尺长。头圆筋骨紧，两脸明且光。去年学官人，竹马绕四廊。指挥群儿辈，意气何坚刚。今年始读书，下口三五行。随兄旦夕去，敛手整衣裳。去岁冬至日，拜我立我旁。祝尔愿尔贵，仍且寿命长。今年我江外，今日生一阳。忆尔不可见，祝尔倾一觞。阳德比君子，初生甚微茫。排阴出九地，万物随开张。一似小儿学，日就复月将。勤勤不自已，二十能文章。仕宦至公相，致君作尧、汤。我家公相家，剑珮尝丁当。旧第开朱门，长安城中央。第中无一物，万卷书满堂。家集二百编，上下驰皇王。多是抚州写，今来五纪强。尚可与尔读，助尔为贤良。经书括根本，史书阅兴亡。高摘屈、宋艳，浓薰班、马香。李、杜泛浩浩，韩、柳摩苍苍。近者四君子，与古争强梁。愿尔一祝后，读书日日忙。一日读十纸，一月读一箱。朝廷用文治，大开官职场。愿尔出门去，取官如驱羊。吾兄苦好古，学问不可量。昼居府中治，夜归书满床。后贵有金玉，必不为汝藏。崔昭生崔芸，李兼生窟郎。堆钱一百屋，破散何披猖。今虽未即死，饿冻几欲僵。参军与县尉，尘土惊劻勷，一语不中治，笞垂身满疮。官罢得丝发，好买百树桑。税钱未输足，得米不敢尝。愿尔闻我语，欢喜入心肠。大明帝宫阙，杜曲我池塘。我若自潦倒，看汝争翱翔。总语

诸小道,此诗不可忘。

上海古籍出版社一九七八年版

君讳戡,字定臣,⋯⋯年十余岁即好学,寒雪拾薪自炙,夜无燃膏,默念所记。年三十,尽明六经书,解决微隐,苏融雪释,郑玄至于孔颖达辈,凡所为疏注,皆能短长其得失。⋯⋯

⋯⋯尝曰:"诗者可以歌,可以流于竹,鼓于丝,妇人小儿,皆欲讽诵,国俗薄厚,扇之于诗,如风之疾速。尝痛自元和以来,有元、白诗者,纤艳不逞,非庄士雅人,多为其所破坏。流于民间,疏于屏壁,子父女母,交口教授,淫言媟语,冬寒夏热,入人肌骨,不可除去。"

《樊川文集》卷九《唐故平卢军节度巡官陇西李府君墓志铭》,

上海古籍出版社一九七八年版

犹子蔚晨跪于席端曰:"臣幼承叔父训,始句萌至于扶疏。前日不自意,有司以名污贤能书,又不自意,被丞相府召为从事。重兢累愧,惧贻叔父羞。今当行,乞辞以为戒。"

余曰:"若知彝器乎?始乎斫轮囷,入规矩,剟中廉外,枵然而有容者,理腻质坚,然后加密石焉。风戾日晞,不副不聱。然后青黄之,鸟兽之,饰乎瑶金,贵在清庙。其用也幂以养洁,其藏也楪以养光。苟措非其所,一有毫发之伤,偏然与破甀为伍矣。

"汝之始成人,犹器之作朴,是宜力学为砻斫,亲贤为青黄,睦僚友为瑶金,忠所奉为清庙,尽敬以为幂,慎微以为楪,去忿以护伤,在勤而行之耳。设有人思被重霄而挹颢气,病无阶而升,有力

395

者揭层梯而倚泰山，然而一举足而一高，非独揭梯者所能也。凡大位未尝旷，故世多贵人；唯天爵并者乃可伟耳。夫伟人之一顾，逾乎华章；而一非，亦惨乎黥刖。行矣，慎诸！吾见垂天之云，在尔肩腋间矣。

"昔吾友柳仪曹尝谓吾文隽而膏，味无穷而炙愈出也。迟汝到丞相府，居一二日，袖吾文入谒，以取质焉。丞相，吾友也。汝事所从如事诸父，借有不如意，推起敬之心以奉焉，无忽！"

《刘禹锡集》卷二〇《杂著·犹子蔚适越戒》，

中华书局一九九〇年版

仆射柳元公家行，为士林仪表。居大官，奉继亲薛太夫人，尽孝敬之道，凡事不异布衣时。薛夫人左右仆使，至有连小字呼公者。性严重，居外下辇，常惕惧。在薛夫人之侧，未尝以毅颜待家人，恂恂如小子弟。敦睦内外，当世无比。宗族穷苦无告，因公而存立优泰者，不知其数。在方镇，子弟有事他适，所经境内，人不知之。族子应规，为水部员外郎，求公为市宅，公不与。潜语所亲曰："柳应规以儒素进身，始入省，便坐新宅，殊不若且税居之为善也。"及水部殁，公抚视孤幼，恩意加厚，特为置居处，诸子皆与身名。族孙立疾病，以儿女托公。及廉察夏口，嫁其孤女，虽箱箧刀尺微物，悉手自阅视以付之。公出自清河崔氏，继外族薛氏，前后与舅能、从同时领方镇、居省闼。又与继舅苹同时为观察使，妻父韩仆射同时居大僚，未尝敢以爵位自高，灭卑下之敬，其行己如此。

《因话录》卷二，上海古籍出版社一九七九年版唐河东节度使柳公绰，在公卿间最名有家法。中门东有小斋，自非朝谒之日，每平旦辄出至小斋，诸子仲郢等皆束带晨省于中门之北。公绰决公私事，接宾客，与弟公权及群从弟再食，自旦至暮，不离小斋。烛至，则以次命子弟一人执经史，立烛前，躬读一过毕，乃讲议居官治家之法，或论文，或听琴，至人定钟，然后归寝，诸子复昏定于中门之北。凡二十余年，未尝一日变易。其遇饥岁，则诸子皆蔬食，曰："昔吾兄弟，侍先君为丹州刺史，以学业未成，不听食肉，吾不敢忘也。"姑姊妹侄有孤嫠者，虽疏远，必为择婿嫁之，皆用刻木妆奁，缬文绢为资装，常言："必待资装丰备，何如嫁不失时。"及公绰卒，仲郢一遵其法。

《家范》卷一《治家》，清光绪元年正月夏州李氏校刊本

柳元公善张尚书正甫。元公之子仲郢，尝遇张于途，去盖下马而拜，张止之不获。他日张言于元公曰："寿郎则小仆射之小字也。相逢，其谦太过。"元公作色不应。久之，张起去。元公谓客曰："张正甫与公绰往还，欲使儿于街中骑马冲公绰耶？此人亦不足与语。"张闻之，拜谢。

《因话录》卷三，上海古籍出版社一九七九年版

〔柳〕玭尝著书诫其子弟曰：

夫门地高者，可畏不可恃。可畏者，立身行己，一事有坠先训，则罪大于他人。虽生可以苟取名位，死何以见祖先于地下？不可恃者，门高则自骄，族盛则人之所嫉。实艺懿行，人未必信，纤瑕微累，十手争指矣。所以承世胄者，修己不得不恳，为学不得不坚。夫人生世，以无能望他人用，以无善望他人爱，用爱无状，

则曰："我不遇时，时不急贤。"亦由农夫卤莽而种，而怨天泽之不润，虽欲弗馁，其可得乎！

予幼闻先训，讲论家法。立身以孝悌为基，以恭默为本，以畏怯为务，以勤俭为法，以交结为末事，以气义为凶人。肥家以忍顺，保交以简敬。百行备，疑身之未周；三缄密，虑言之或失。广记如不及，求名如偈来。去吝与骄，庶几减过。莅官则洁己省事，而后可以言守法，守法而后可以言养人。直不近祸，廉不沽名。廪禄虽微，不可易黎甿之膏血；榎楚虽用，不可恣褊狭之胸襟。忧与福不偕，洁与富不并。比见门家子孙，其先正直当官，耿介特立，不畏强御；及其衰也，唯好犯上，更无他能。如其先逊顺处已，和柔保身，以远悔尤；及其衰也，但有暗劣，莫知所宗。此际几微，非贤不达。

夫坏名灾己，辱先丧家。其失尤大者五，宜深志之。其一，自求安逸，靡甘淡泊，苟利于己，不恤人言。其二，不知儒术，不悦古道，懵前经而不耻，论当世而解颐，身既寡知，恶人有学。其三，胜己者厌之，佞己者悦之，唯乐戏谭，莫思古道，闻人之善嫉之，闻人之恶扬之，浸渍颇僻，销刻德义，簪裾徒在，厮养何殊。其四，崇好慢游，耽嗜曲糵，以衔杯为高致，以勤事为俗流，习之易荒，觉已难悔。其五，急于名宦，昵近权要，一资半级，虽或得之，众怒群猜，鲜有存者。兹五不是，甚于痤疽。痤疽则砭石可瘳，五失则巫医莫及。前贤炯戒，方册具存，近代覆车，闻见相接。

夫中人已下，修辞力学者，则躁进患失，思展其用；审命知退者，则业荒文芜，一不足采。唯上智则研其虑，博其闻，坚其习，精其业，用之则行，舍之则藏。苟异于斯，岂为君子？

《旧唐书》卷一六五《柳玭传》，中华书局一九七五年版大凡门第高者，一事坠先训，则异他人。虽生可以苟爵位，死不可见祖先地下。门高则自骄，族盛则人窥嫉。实艺懿行，人未必信。纤瑕微累，十手争指矣。所以修己不得不至，为学不得不坚。夫士君子生于世，己无能而望他人用，己无善而望他人爱，犹农夫卤莽种之，而怨天泽不润，虽欲弗馁，可乎？余幼闻先公仆射言，立己以孝悌为基，恭默为本，畏怯为务，勤俭为法。肥家以忍顺，保交以简恭，广记如不及，求名如傥来，莅官则洁己省事，而后可以言家法。家法备，然后可以言养人。直不近祸，廉不沽名。忧与祸不偕，洁与富不并。董生有云："吊者在门，贺者在闾。言忧则恐惧，恐惧则福至。"又曰："贺者在门，吊者在闾。言受福则骄奢，骄奢则祸至。"故世族远长与命位丰约，不假问龟蓍星数，在处心行事而已。昭国里崔山南琯，子孙之盛，仕族罕比。山南曾祖母长孙夫人，年高无齿，祖母唐夫人事姑孝，每旦栉纵笄拜阶下，升堂乳姑，长孙不粒食者数年。一日病，言无以报吾妇，冀子孙皆得如妇孝。然则崔之门，安得不昌大乎？东都仁和里裴尚书宽，子孙众盛，实为名阀。天后时，宰相魏元同选尚书之先为婿，未成婚而魏陷罗织狱，家徙岭表。及北还，女已逾笄，其家议无以为衣食资，愿下发为尼。有一尼自外至曰："女福厚丰，必有令匹，子孙将遍天下，宜北归。"家人遂不敢议。及荆门，则裴齐装以迎矣。今势利之徒，舍信誓如反掌，则裴之蕃衍，乃天之报施也。余旧府高公先君，兄弟三人，俱居清列。非速客不二羹胾，夕食龁卜瓟而已，皆保重名于世。永宁王相国涯居位。窦氏女归请曰："玉工货钗，直七十万钱。"王曰："七十万钱，岂于女惜？但钗直若此，乃妖物也，祸必随之。"女不敢复言。后钗为冯球外郎妻首饰，涯曰："为郎吏妻，首饰有七十万钱，其可久乎？"冯为贾相国㻮门人，贾有奴颇横，冯爱贾，召奴责之，奴泣谢。未几，冯晨谒贾，贾未出。有二青衣齐银罂出曰："公恐君寒，奉地黄酒三杯。"冯悦，尽举之，俄病渴且咽，因暴卒。贾为叹息出涕，卒不知其由。明年，王贾皆遭祸。噫！王以珍玩为物之妖，信知言矣，而不知恩权隆赫之妖，甚于物耶！冯以卑位贪货，不能正其家，忠于所事，不能保其身，不足言矣。贾之臧获，害客于墙庑之间而不知，欲始终富贵，其可得乎？舒相国元舆与李繁有隙，为御史鞫谯狱，穷致繁罪，后舒亦及祸。今世人盛言宿业报应，曾不思视履考祥事欤！夫名门右族，莫不由祖考忠孝勤俭以成立之，莫不由子孙顽率奢傲以覆坠之。成立之难如升天，覆坠之易如燎毛。余家本以学识礼法称于士林，比见诸家于吉凶礼制有疑者，多取正焉。丧乱以来，门祚衰落，基构之重，属于后生。夫行道之人，德行文学为根株，正直刚毅为柯叶。有根无叶，或可俟时。有叶无根，膏雨所不能活也。至于孝慈友悌，忠信笃行，乃食之醯酱，可一日无哉？

　　　　《全唐文》卷八一六《柳玭·戒子孙》，中华书局一九八三年版

　　崔吏部枢夫人，太尉西平王女也。西平生日，中堂大宴，方食，有小婢附崔氏妇耳语久之，崔氏妇颔之而去。有顷，复至，王问曰："何事？"女对曰："大家昨夜小不安适，使人往候。"王掷箸怒曰："我不幸有此女，大奇事！汝为人妇，岂有阿家体候不安，不检校汤药，而与父作生日？吾有此女，何用作生日为？"遽遣走檐子归，身亦续至崔氏家问疾，且拜谢教训子女不至。姻族闻之，无不愧叹。故李夫人妇德克备，治家整肃，贵贱皆不许时世妆梳。勋臣之家，特数西平礼法。

　　　　　　　《因话录》卷三，上海古籍出版社一九七九年版

刘敦儒事亲以孝闻。亲心绪不理，每鞭人见血，则一日悦畅。敦儒尝敛衣受杖，曾不变容。宪宗朝，旌表门闾。又赵郡李公道枢先夫人卢氏，性严，事亦类此。公名问己光，又在班列，往往宾客至门，值公方受杖责。

《因话录》卷二，上海古籍出版社一九七九年版

昔岁吾行吴江上，得亭长所贻剑，心知其不莽卤，匣藏爱重，未曾亵视。今年秋在秦，无何发开，见惨翳积蚀，仅成死铁。意惭身将利器，而使其不光明若此，常缄求焠磨之心于胸中。数月后，因过岐山下，得片石如绿水色，长不满尺，阔厚半之，试以手磨，理甚腻，文甚密。吾意其异石，遂携入城，问于切磋工，工以为可为砥，吾遂取剑发之。初数日，浮埃薄落，未见快意。意工者相绐，复就问之。工曰："此石至细，故不能速利坚铁，但积渐发之，未一月，当见真貌。"归如其言，果睹变化，苍惨剥落，若青蛇退鳞，光劲一水，泳涵星斗。持之切金钱三十枚，皆无声而断，愈始得之利数十百倍。吾因叹以金刚首五材，及为工人铸为器，复得首出利物，以刚质铦利，苟萐不砥砺，尚与铁无以异，况质柔铦钝，而又不能砥砺，当化为粪土耳，又安得与死铁伦齿耶！以此益知人之生于代，苟不病盲聋喑哑，则五常之性全，性全则豺狼燕雀亦云异矣。而或公然忘弃砺名砥行之道，反用狂言放情为事，蒙蒙外埃，积成垢恶。日不觉寤，以至于戕正性，贼天理。生前为造化剩物，殁复与灰土俱委，此岂不为辜负日月之光景耶？

吾常睹汝辈趋向，尔诚全得天性者。况凤能承顺严训，皆解甘心服食古圣人道，知其必非雕缺道义，自埋于偷薄之伦者。然吾自干名在京城，兔魄已十九晦矣。知尔辈惧旨甘不继，困于薪

栗,日丐于他人之门。吾闻此,益悲此身使尔辈承顺供养至此,亦益忧尔辈为穷窭而斯须忘其节,为苟得眩惑而容易徇于人,为投刺牵役而造次惰其业。日夜忆念,心力全耗。且欲书此为戒,又虑尔辈年未甚长成,不深谕解。今会鄂骑归去,遂置石于书函中,乃笔用砥之功,以寓往意。欲尔辈定持刚质,昼夜焠砺,使尘埃不得间发而入,为吾守固穷之节,慎临财之苟,积习肆之业。上不贻庭闱忧,次不贻手足病,下不贻心意愧。欲三者不贻,只在尔砥之而已,不关他人。若砥之不已,则向之所谓切金涵星之用,又甚琐屑,安足以谕之? 然吾固欲尔辈常置砥于左右,造次颠沛,必于是思之,亦古人韦弦铭座之义也。因书为《砥石命》,以勖尔辈,兼刻辞于其侧曰:

剑之锷,砥之而光;人之名,砥之而扬。砥乎砥乎,为吾之师乎! 仲兮季兮,无坠吾命乎!

《全唐文》卷七二七《舒元舆·贻诸弟砥石命》,

中华书局一九八三年版

究师我娇儿,美秀乃无匹。文葆未周晬,固已知六七。四岁知姓名,眼不视梨栗。交朋颇窥观,谓是丹穴物。前朝尚器貌,流品方第一。不然神仙姿,不尔燕鹤骨。安得此相谓? 欲慰衰朽质。青春妍和月,朋戏浑甥侄。绕堂复穿林,沸若金鼎溢。门有长者来,造次请先出。客前问所须,含意不吐实。归来学客面,闾败秉爷笏。或谑张飞胡,或笑邓艾吃。豪鹰毛崱屴,猛马气佶傈。截得青筼筜,骑走恣唐突。忽复学参军,按声唤苍鹘。又复纱灯旁,稽首礼夜佛。仰鞭罥蛛网,俯首饮花蜜。欲争蛱蝶轻,未谢柳絮疾。阶前逢阿姊,六甲颇输失。凝走弄香奁,拔脱金屈戌。抱持多反倒，威怒不可律。曲躬牵窗网，略唾拭琴漆。有时看临书，挺立不动膝。古锦请裁衣，玉轴亦欲乞。请爷书春胜，春胜宜春日。芭蕉斜卷笺，辛夷低过笔。爷昔好读书，恳苦自著述。憔悴欲四十，无肉畏蚤虱。儿慎勿学爷，读书求甲乙。穰苴《司马法》，张良黄石术，便为帝王师，不假更纤悉。况今西与北，羌戎正狂悖。诛赦两未成，将养如痼疾。儿当速成大，探雏入虎窟。当为万户侯，勿守一经帙。

《李商隐选集》之《诗选·骄儿诗》，

上海古籍出版社一九八六年版

愚昧

见人强语。背面说人过。讲他人恶事。弃家酣酒。讲人家密事。闻善不记。闻过作他人。党妻儿骂人。图他酒食作证人。说六亲过恶与外人。三头两面趋奉人。父母在索要分张。会聚不识尊长位次。有憾于人望人恕。有惠于人望人报。

须贫

家有懒妇。早卧晚起。作债追陪。养子不及妇。狼藉米谷。仓库不点检。抛散饮食。庄园不收入。多输爱赌。漫藏贮不堪物。弃业逐乐。物贵争买。遮盖家作非为事。家事不惜爱。物贱算分文不买。爱赌博饮酒。多蓄爱宠。好迁移不止。好结纳权贵。悭不中礼。多作淫巧。

必富

勤求俭用。见艺广学。不迷酒色。不取债负。不嫌粗辣。爱惜家事衣服。耕种酿造及时。婢妾解机织。钱物出入有簿历。算计买卖不失时。及时收藏。检束家计不作践。常点检家事。夜眠早起。家养六畜。子弟一心。主母不信佛。诸妇和谐。积少成多。

有智能

立性有守。密事藏机。交结有智人。为客善谈对。临事有心机。有疑问人。酒后不多语。接论知今古。回避他人讳。不习贱劣事。入门问忌讳。入境问风俗。尊敬德行人。小人不亲近。不共愚人争是非。不忘自逞能。不忘信奴仆。夜间常醒睡。

养男训诲

一曰习祖业。二立言不回。三知礼义廉耻。四精修六艺。五谈对明敏。六知尊卑威仪。七忠良恭俭。八孝敬慈惠。九博学广览。十与贤者交游。十一不事嬉游。十二有守。十三遇事有知识。

养女训诲

一曰习女工。二议论饮食。三温良恭俭。四修饰容仪。五学书学算。六小心软语。七闺房贞洁。八艳词不唱。九闻事不传。十善事尊长。

强会

见他人文籍强披览。见他人鞍马逞乘骑。见他人弓矢强弹射。见他人文字强弹驳。见他人著衣强问色目。见他人家事强处置。见他人斗打强助拳。见他人物件强评价色。见他人评论强断是非。

无见识

不问道理随人做事。不说事因先骂人。做贱劣人伎俩。俗人学僧家道场。遇事不分别是非。习工艺之事。不量能解使人。纵儿子学乐艺。不识字自撰。纵儿子笼养。男儿学女工。要小下便宜。

十戒

不得饮酒至醉。不得暗黑处惊人。不得阴损于人。不得独入寡妇人房。不得开人家书。不得戏取人物不令人知。不得黑暗独自出行。不得与无赖子弟往还。不得借人物经旬不还。

《杂纂七种》之《义山杂纂》，上海古籍出版社一九八八年版

唐御史姚生，罢官，居于蒲之左邑。有子一人，外甥二人，各

一姓,年皆及壮,而顽驽不肖。姚之子稍长于二生,姚惜其不学,日以诲责,而怠游不悛。遂于条山之阳,结茅以居之,冀绝外事,得专艺学。林壑重深,嚣尘不到。将遣之日,姚诚之曰:"每季一试汝之所能,学有不进,必楬楚及汝!汝其勉焉。"

《太平广记》卷六五《女仙十·姚氏三子》,

中华书局一九六一年版

李愚字子晦,自称赵郡平棘西祖之后,家世为儒。父瞻业,应进士不第,遇乱,徙家渤海之无棣,以诗书训子孙。愚童龀时,谨重有异常儿,年长方志学,遍阅经史。慕晏婴之为人,初名晏平。为文尚气格,有韩、柳体。厉志端庄,风神峻整,非礼不言,行不苟且。

《旧五代史》卷六七《唐书·李愚传》,中华书局一九七六年版

刘赞,魏州人也。幼有文性。父玭,为令录,诲以诗书,夏月令服青襦单衫。玭每肉食,别置蔬食以饭赞,谓之曰:"肉食,君之禄也。尔欲食肉,当苦心文艺,自可致之,吾禄不可分也。"繇是赞及冠有文辞,年三十余登进士第。

《旧五代史》卷六八《唐书·刘赞传》,中华书局一九七六年版

冯邴,其先始平人。曾祖禧,唐末官广州,遭黄巢乱,不得还,遂注籍焉。烈宗接礼中原人士,禧精术数,策名岭表。逮邴祖父三世,并为日御。至邴,夙承家学,世其职。

国亡,从后主至汴京,授保章正。

《南汉书》卷一三《列传第七》,广东人民出版社一九八一年版

贾馥,故镇州节度使王镕判官也。家聚书三千卷,手自刊校。……庄宗即位,授鸿胪少卿。后以鸿胪卿致仕,复归镇州,结茅于别墅,自课儿孙,耕牧为事。馥初累为镇、冀属邑令,所莅有能政。性恬澹,与物无竞,乃镇州士人之秀者也。

《旧五代史》卷七一《唐书·贾馥传》,中华书局一九七六年版

第二章

初等教育

……州县及乡里，并令置学。官僚牧宰，或不存意，普便颁下，早遣修立。……（武德七年二月）

《唐大诏令集》卷一○五《置学官备释奠礼诏》，

商务印书馆一九五九年版

杖藜寻学舍，抠衣向讲堂。杏坛花正落，槐市叶新长。聚徒疑鲁国，游人即郑乡。先生坐不议，弟子入成行。邴原供洒扫，刘俊脱衣裳。组带填中塾，青襟溢下庠。佩犿情已变，术蚁艺应光。寄语安眠者：无为粪土墙。

《王无功文集》卷三《诗·过乡学》，

上海古籍出版社一九八七年版

〔开元〕二十六年正月十九日，敕："古者乡有序，党有塾，将以宏长儒教，诱进学徒，化民成俗，率由于是。其天下州县，每乡之内，各里置一学，仍择师资，令其教授。"

《唐会要》卷三五《学校》，中华书局一九五五年版

开元二十九年二月,修武县人嫁女,婿家迎妇,车随之。……去女家一舍,村中有小学,时夜学,生徒多宿。

《太平广记》卷四九四《杂录二·修武县民》,

中华书局一九六一年版

吴通玄,海州人。父道瓘为道士,善教诱童孺,大历中,召入宫,为太子诸王授经。

《旧唐书》卷一九○下《吴通玄传》,中华书局一九七五年版

顾象,吴郡人,食力于武陵沅水上,以读《易》闻。病且死,饬其子曰:"吾年十有五,而授《易》于师,积六十三年于兹,未尝一日不吟乎《系》《象》。里中儿从吾读其文多矣。死则必葬我于党庠之侧,尚其有知,且闻吾书。"君子曰:若象者,可谓志笃于学矣!

《刘禹锡集》卷四○《绝编生墓表》,中华书局一九九○年版

宝相易直,幼时名秘。家贫,受业村学,教授叟有道术,而人不知。一日近暮,风雨暴至。学童悉归家不得,而宿于漏屋之下。寒,争附火。惟宝公寝于榻,夜深方觉。叟抚公令起,曰:"窦秘君后为人臣,贵寿之极,勉力自爱也。"及德宗幸奉天日,公方举进士,亦随驾而西。乘一蹇驴,至开远门,人稠路隘,其扉将阖,公惧势不可进。闻一人叱驴,兼捶其后,得疾驰而入。顾见一黑衣卒,呼公曰:"秀才,已后莫忘此情。"及升朝,访得其子,提挈累至大官,吏中荣达。

《因话录》卷六,上海古籍出版社一九七九年版

予于平水市中，见村校诸童竞习诗，召而问之，皆对曰："先生教我乐天、微之诗。"固亦不知予之为微之也。

《元稹集》卷五一《白氏长庆集序》，中华书局一九八二年版

田先生者，九华洞中大仙也。元和中，隐于饶州鄱亭村，作小学以教村童十数人，人不知其神仙矣。

《太平广记》卷四十四《神仙四十四·田先生》，

中华书局一九六一年版

雪人蒋琛，精熟二经，常教授于乡里。每秋冬，于雪溪太湖中流，设网罟以给食。

《太平广记》卷三〇九《神十九·蒋琛》，中华书局一九六一年版

赵犨，其先天水人，代为忠武牙将，曾祖宾，祖英奇，父叔文，皆历故职。犨幼有奇智，龆龀之时，与邻里小儿戏于道左，恒分布行列为部伍战阵之状，自为董帅，指顾有节，如夙习焉，群儿皆禀而从之，无敢乱其行者。其父目而异之，曰："吾家千里驹也，必大吾门矣。"及赴乡校，诵读之性出于同辈。

《旧五代史》卷一四《梁书·赵犨传》，中华书局一九七六年版

乌震，冀州信都人也。少孤，自勤于乡校。弱冠从军，初为镇州队长，以功渐升部将……

《旧五代史》卷五九《唐书·乌震传》，中华书局一九七六年版

第三章

专门教育

一、经学

（一）经书教授

杜台卿字少山，博陵曲阳人也。……台卿少好学，博览书记，解属文。仕齐奉朝请，历司空西阁祭酒、司徒户曹、著作郎、中书黄门侍郎。性儒素，每以雅道自居。及周武帝平齐，归于乡里，以《礼记》《春秋》讲授子弟。开皇初，被征入朝。台卿尝采《月令》，触类而广之，为书名《玉烛宝典》十二卷。至是奏之，赐绢二百匹。

《隋书》卷五八《杜台卿传》，中华书局一九七三年版

刘炫字光伯，河间景城人也。少以聪敏见称，与信都刘焯闭户读书，十年不出。炫眸子精明，视日不眩，强记默识，莫与为俦。左画方，右画圆，口诵，目数，耳听，五事同举，无有遗失。周武帝平齐，瀛州刺史宇文亢引为户曹从事。后刺史李绘署礼曹从事，以吏干知名。岁余，奉敕与著作郎王劭同修国史。俄直门下省，以待顾问。又与诸术者修天文律历，兼于内史省考定群言，内史

令博陵李德林甚礼之。炫虽遍直三省，竟不得官，为县司责其赋役。兹自陈于内史，内史送诣吏部，吏部尚书韦世康问其所能。炫自为状曰："《周礼》《礼记》《毛诗》《尚书》《公羊》《左传》《孝经》《论语》孔、郑、王、何、服、杜等注，凡十三家，虽义有精粗，并堪讲授。《周易》《仪礼》《穀梁》，用功差少。史子文集，嘉言美事，咸诵于心。天文律历，穷核微妙。至于公私文翰，未尝假手。"吏部竟不详试，然在朝知名之士十余人，保明炫所陈不谬，于是除殿内将军。

时牛弘奏请购求天下遗逸之书，炫遂伪造书百余卷，题为《连山易》《鲁史记》等，录上送官，取赏而去。后有人讼之，经赦免死，坐除名，归于家，以教授为务。太子勇闻而召之，既至京师，敕令事蜀王秀，迁延不往。蜀王大怒，枷送益州。既而配为帐内，每使执杖为门卫。俄而释之，典校书史。炫因拟屈原《卜居》，为《筮涂》以自寄。

∙∙∙∙∙∙∙∙∙∙∙

炫性躁竞，颇俳谐，多自矜伐，好轻侮当世，为执政所丑，由是官途不遂。著《论语述议》十卷、《春秋攻昧》十卷、《五经正名》十二卷、《孝经述议》五卷、《春秋述议》四十卷、《尚书述议》二十卷、《毛诗述议》四十卷、《注诗序》一卷、《算术》一卷，并行于世。

《隋书》卷七五《刘炫传》，中华书局一九七三年版

刘焯字士元，信都昌亭人。∙∙∙∙∙∙

后因国子释奠，与炫二人论义，深挫诸儒，咸怀妒恨，遂为飞章所谤，除名为民。于是优游乡里，专以教授著述为务，孜孜不倦。贾、马、王、郑所传章句，多所是非。《九章算术》《周髀》《七曜

历书》十余部,推步日月之经,量度山海之术,莫不核其根本,穷其秘奥。著《稽极》十卷、《历书》十卷、《五经述议》,并行于世。刘炫聪明博学,名亚于焯,故时人称二刘焉。天下名儒后进,质疑受业,不远千里而至者,不可胜数。论者以为数百年已来,博学通儒,无能出其右者。然怀抱不旷,又啬于财,不行束脩者,未尝有所教诲,时人以此少之。废太子勇闻而召之,未及进谒,诏令事蜀王,非其好也,久之不至。王闻而大怒,遣人枷送于蜀,配之军防。其后典校书籍。王以罪废,焯又与诸儒修定礼律,除云骑尉。

《隋书》卷七五《刘焯传》,中华书局一九七三年版

平原王孝籍,少好学,博览群言,遍治五经,颇有文翰。与河间刘炫同志友善。开皇中,召入秘书,助王劭修国史。劭不之礼,在省多年,而不免输税。孝籍郁郁不得志,奏记于吏部尚书牛弘曰:

…………

弘亦知其有学业,而竟不得调。

后归乡里,以教授为业,终于家。注《尚书》及《诗》,遭乱零落。

《隋书》卷七五《王孝籍传》,中华书局一九七三年版

房晖远字崇儒,恒山真定人也。世传儒学,晖远幼有志行,治三礼、春秋三传、《诗》、《书》、《周易》,兼善图纬,恒以教授为务。远方负笈而从者,动以千计。

《隋书》卷七五《房晖远传》,中华书局一九七三年版

卢太翼字协昭，河间人也，本姓章仇氏。七岁诣学，日诵数千言，州里号曰神童。及长，闲居味道，不求荣利。博综群书，爰及佛道，皆得其精微。尤善占候算历之术。隐于白鹿山，数年徙居林虑山茱萸峒，请业者自远而至，初无所拒，后惮其烦，逃于五台山。地多药物，与弟子数人庐于岩下，萧然绝世，以为神仙可致。皇太子勇闻而召之，太翼知太子必不为嗣，谓所亲曰："吾拘逼而来，不知所税驾也！"及太子废，坐法当死，高祖惜其才而不害，配为官奴。久之，乃释。其后目盲，以手摸书而知其字。

《隋书》卷七八《卢太翼传》，中华书局一九七三年版

文中子王氏，讳通，字仲淹。……

…………

开皇四年，文中子始生。……十八年，铜川府君宴居，歌《伐木》，而召文中子。子蹇然再拜："敢问夫子之志何谓也？"铜川府君曰："尔来！自天子至庶人，未有不朋①友而成者也。在三之义，师居一焉。道丧已来，斯废久矣，然何常之有，小子勉旃，翔而后集。"文中子于是有四方之志。盖受《书》于东海李育，学《诗》于会稽夏琠，问《礼》于河东关子明，正《乐》于北平霍汲，考《易》于族父仲华，不解衣者六岁，其精志如此。

仁寿三年，文中子冠矣，慨然有济苍生之心，西游长安，见隋文帝。帝坐太极殿召见，因奏《太平策》十有二策，尊王道，推霸略，稽今验古，恢恢乎运天下于指掌矣。帝大悦，曰："得生几晚矣，天以生赐朕也。"下其议于公卿，公卿不悦。时将有萧墙之衅，

---

① "朋"，他本或作"资"。

文中子知谋之不用也,作《东征之歌》而归。……

大业元年,一征又不至,辞以疾。……乃续《诗》《书》,正《礼》《乐》,修《元经》,赞《易》道,九年而六经大就。门人自远而至。河南董常、太山姚义、京兆杜淹、赵郡李靖、南阳程元、扶风窦威、河东薛收、中山贾琼、清河房玄龄、巨鹿魏徵、太原温大雅、颍川陈叔达等,咸称师北面,受王佐之道焉。如往来受业者,不可胜数,盖千余人。隋季,文中子之教,兴于河汾,雍雍如也。

大业十年,尚书召署蜀郡司户,不就。十一年,以著作郎、国子博士征,并不至。十三年,江都难作,子有疾,……寝疾七日而终。

门弟子数百人会议曰:"吾师其至人乎? 自仲尼以来,未之有也。礼,男子生有字,所以昭德;死有谥,所以易名。夫子生当天下乱,莫予宗之,故续《诗》《书》,正《礼》《乐》,修《元经》,赞《易》道,圣人之大旨,天下之能事毕矣。仲尼既没,文不在兹乎?《易》曰:'黄裳元吉,文在中也。'请谥曰文中子。"丝麻设位,哀以送之。礼毕,悉以文中子之书还于王氏:《礼论》二十五篇,列为十卷;《乐论》二十篇,列为十卷;《续书》一百五十篇,列为二十五卷;《续诗》三百六十篇,列为十卷;《元经》五十篇,列为十五卷;《赞易》七十篇,列为十卷。

《中说校注》之《文中子世家》,中华书局二〇一三年版

并州六代孙名通,字仲淹。在隋朝诸儒,唯通能明王道,隐居白牛谷,游其门皆天下隽杰,箸书行于世。既没,谥曰文中子。

《刘禹锡集》卷三《唐故宣歙池等州都团练观察处置使宣州刺史兼御史中丞赠左散骑常侍王公神道碑》,中华书局一九九〇年版

白牛溪里，冈峦四峙。信兹山之奥域，昔吾兄之所止。

许由避地，张超成市。察俗删诗，依经正史。康成负笈而相继，安国抠衣而未已。组带青衿，锵锵拟拟。阶庭礼乐，生徒杞梓。山似尼丘，泉凝泗沭。吾兄通，字仲淹。生于隋末，守道不仕。大业中，隐于此溪。续孔子六经，近百余卷。门人弟子相趋成市，故溪今号王孔子之溪也。忽焉四散，于今二纪。地犹如昨，人多已矣。念昔日之良游，忆当时之君子。佩兰荫竹，诛茅席芷。树即环林，门成阙里。姚仲由之正色，薛庄周之言理。此溪之集门人，常以百数。河南董恒、南阳程元、中山贾琼、河东薛收、太山姚义、太原温彦博、京兆杜淹等十余人，称为俊颖。而姚义多慷慨，同侪方之仲由；薛收以理达称，方庄周，薛实妙言理也。触石横肱，逢流洗耳。取乐经籍，忘怀忧喜。时挟册而驱羊，或投竿而钓鲤。何图一旦，邈成千纪。木坏山颓，舟移谷徙。北岗之上，东岩之前，讲堂犹在，碑石宛然。想闻道于中室，忆横经于下筵。坛场草树，苑宇风烟。昔文中之僻处，谅遭时之丧乱。守逸步而须时，蓄奇声而待旦。旅人小吉，明夷大难。建功则鸣凤不闻，修书则获麟为断。惜矣吾兄，遭时不平。没身之后，天下文明。坐门人于廊庙，瘗夫子于佳城。死而可作，何时复生？

式瞻虚馆，载步前楹。眷眷长想，悠悠我情。俎豆衣冠之旧地，金石丝竹之余声。殁而不朽，知何所荣。吾兄仲淹，以大业十三年卒于乡馆。时年四十二。门人谥为文中子。及皇家受命，门人多至公辅。而文中子道未行于时。余因游此溪，周览故迹，盖伤高贤之不遇也。临故墟而掩抑，指归途而叹息。往往溪横，时时路塞。忽登崇岫，依然旧识。地迥心遥，山高视直。望烟火于桑梓，辨讲塍于乡国。斜连姑射之西，正是汾河之北。怅矣怀抱，悠哉川域。

《王无功文集》卷一《赋·游北山赋》，

上海古籍出版社一九八七年版

吾家三兄,生于隋末。伤世扰乱,有道无位。作《汾亭之操》,盖孔氏《龟山》之流也。吾尝亲受其调,颇谓曲尽。近得裴生琴,更习其操。洋洋乎觉声器相得,今便留之。恨不得使足下为钟期,良用耿耿。

《王无功文集》卷四《书·答处士冯子华书》,
上海古籍出版社一九八七年版

徐文远,洛州偃师人。陈司空孝嗣玄孙,其先自东海徙家焉。父彻,梁秘书郎,尚元帝女安昌公主而生文远。属江陵陷,被虏于长安,家贫无以自给。其兄休,鬻书为事,文远日阅书于肆,博览五经,尤精《春秋左氏传》。时有大儒沈重讲于太学,听者常千余人。文远就质问,数日便去。或问曰:“何辞去之速?”答曰:“观其所说,悉是纸上语耳,仆皆先已诵得之。至于奥颐之境,翻似未见。”有以其言告重者,重呼与议论,十余反,重甚叹服之。

文远方正纯厚,有儒者风。窦威、杨玄感、李密皆从其受学。

《旧唐书》卷一八九上《徐文远传》,中华书局一九七五年版

颜籀字师古,雍州万年人,齐黄门侍郎之推孙也。其先本居琅邪,世仕江左;及之推历事周、齐,齐灭,始居关中。父思鲁,以学艺称,武德初为秦王府记室参军。师古少传家业,博览群书,尤精诂训,善属文。隋仁寿中,为尚书左丞李纲所荐,授安养尉。尚书左仆射杨素见师古年弱貌羸,因谓曰:“安养剧县,何以克当?”师古曰:“割鸡焉用牛刀?”素奇其对。到官果以干理闻。时薛道衡为襄州总管,与高祖有旧,又悦其才,有所缀文,尝使其掎

撼利病,甚亲昵之。寻坐事免归长安,十年不得调,家贫,以教授为业。

《旧唐书》卷七三《颜师古传》,中华书局一九七五年版

马嘉运者,魏州繁水人也。少出家为沙门,明于三论。后更还俗,专精儒业,尤善论难。贞观初,累除越王东阁祭酒;顷之,罢归,隐居白鹿山。十一年,召拜太学博士,兼弘文馆学士,预修《文思博要》。

《旧唐书》卷七三《马嘉运传》,中华书局一九七五年版

马嘉运,魏州繁水人。少为沙门,还治儒学,长论议。贞观初,累除越王东阁祭酒。退隐白鹿山,诸方来授业至千人。十一年,召拜太学博士、弘文馆学士。

《新唐书》卷一九八《马嘉运传》,中华书局一九七五年版

前御史王义方出莱州司户参军,去官归魏州,以讲授为业。

《朝野金载》卷六,中华书局一九七九年版

尹知章,绛州翼城人。少勤学,……尽通诸经精义,未几而诸师友北面受业焉。长安中,驸马都尉武攸暨重其经学,奏授其府定王文学。神龙初,转太常博士。中宗初即位,……俄拜陆浑令,以公坫弃官。时散骑常侍解琬亦罢职归田园,与知章共居汝、洛间,以修学为事。

睿宗初即位,……拜礼部员外郎。俄转国子博士。后秘书监马怀素奏引知章就秘书省与学者刊定经史。知章虽居吏职,归家

则讲授不辍，尤明《易》及庄、老玄言之学，远近咸来受业。其有贫匮者，知章尽其家财以衣食之。性和厚，喜愠不形于色，未尝言及家人产业。……开元六年卒，时年五十有余。所注《孝经》《老子》《庄子》《韩子》《管子》《鬼谷子》，颇行于时。门人孙季良等立碑于东都国子监之门外，以颂其德。

《旧唐书》卷一八九下《尹知章传》，中华书局一九七五年版

张镐，博州人也。风仪魁岸，廓落有大志，涉猎经史，好谈王霸大略。少时师事吴兢，兢甚重之。

《旧唐书》卷一一一《张镐传》，中华书局一九七五年版

陈贶，闽人。性淡漠，孤贫力学，积书至数千卷。隐庐山，几四十年，……学者多师事之。元宗闻其名，以币帛往征。贶入见，……乃赐粟帛遣还山。

《十国春秋》卷二九《南唐·陈贶传》，中华书局二〇一〇年版

尹愔，秦州天水人。父思贞，字季弱。明《春秋》，擢高第。尝受学于国子博士王道珪，称之曰："吾门人多矣，尹子叵测也。"

《新唐书》卷二〇〇《尹愔传》，中华书局一九七五年版

先君讳镇，字某。……

先君之道，得《诗》之群，《书》之政，《易》之直方大，《春秋》之惩劝，以植于内而文于外，垂声当时。天宝末，经术高第。遇乱，奉德清君夫人载家书隐王屋山。间行以求食，深处以修业，作《避暑赋》。合群从弟子侄，讲《春秋左氏》《易王氏》，衎衎无倦，以忘

其忧。德清君喜曰："兹谓遁世无闷矣。"

《柳宗元集》卷一二《先侍御史府君神道表》，

中华书局一九七九年版

〔吕〕和叔名温，别字化光。祖、考皆以文学至大官。早闻《诗》《礼》于先侍郎，又师吴郡陆质通《春秋》，从梁肃学文章。勇于艺能，咸有所祖。年益壮，志益大。遂拨去文学，与隽贤交，重气概，核名实，歊然以致君及物为大欲。每与其徒讲疑考要，王霸富强之术，臣子忠孝之道，出入上下百千年间，诋诃角逐，叠发连注。得一善，辄盱衡击节，扬袂顿足，信容得色，舞于眉端。以为按是言，循是理，合乎心而气将之，昭昭然若揭日月而行，孰能闷其势而争夫光者乎？

《刘禹锡集》卷一九《唐故衡州刺史吕君集纪》，

中华书局一九九〇年版

公本名淳，举进士，登贤良，既仕，方更名处厚，字德载。汉丞相扶阳侯之裔孙，后周逍遥公夐之八代孙，江陵节度参谋、监察御史里行、赠右仆射某之元子。生而聪明绝人，在提孩发言成诗，未几能赋。受经于先君仆射，学文于伯舅许公孟容。及壮，通六经，旁贯百氏，咨天人之际，遂探历数，明天官，穷性命之源，以至于佛书尤邃。初为集贤殿校书郎，宰相李赵公监修国史，引直东观。

《刘禹锡集》卷一九《唐故中书侍郎平章事韦公集纪》，

中华书局一九九〇年版

大历已后，专学者有蔡广成《周易》，强象《论语》，啖助、赵匡、陆质《春秋》,施士丐《毛诗》,刁彝、仲子陵、韦彤、裴茞讲《礼》,章廷珪、薛伯高、徐润并通经。其余地理则贾仆射,兵赋则杜太保,故事则苏冕、蒋乂,历算则董和,<small>名嫌宪宗庙讳</small>。天文则徐泽,氏族则林宝。

卢子严说,早年随其懿亲郑常侍东之同游宣州当涂,隐居山岩,即陶贞白炼丹所也。炉迹犹在,后为佛舍。有僧甚高洁,好事因说其先师,名彦范,姓刘,虽为沙门,早究儒学,邑人呼为刘九经。颜鲁公、韩晋公、刘忠州、穆监宁、独孤常州皆与之善,各执经受业者数十人。年八十,犹精强,僧行不亏。性颇嗜酒,饮亦未尝及乱。学徒有携壶至者,欣然而受之。每进三数盏,则讲说方锐。所居有小圃,自植茶,为鹿所损,人劝以垣隔之,诸名士悉乐为运石共成。穆兵部赟,事之最谨。尝得美酒,密以小瓷壶置于怀中。累石之际,因白师曰:"有少好酒,和尚饮否?"彦范笑而倾饮。满似酣,则语穆曰:"不用般石,且来听书。"遂与剖析微奥,至多不倦。郑君更征其遗事,僧叹息久之曰:"近日尊儒重道,都无前辈之风。"因出一纸,穆兵部与书,倾寒暄之仪极卑敬。其略曰:"某偶忝名宦,皆因善诱。自居班列,终日尘屑。却思昔岁临清涧,荫长松,接待座下,获闻微言。未知何时复遂此事?遥瞻水中月、岭上云,但驰攀想而已。和尚薄于滋味,深于酒德,所食仅同婴儿,所饮或如少壮。常恐尊体有所不安,中夜思之,实怀忧恋。"其诚切如此。月日之下,但云门人姓名,状上和尚法座前,不言官位,当时嗜学事师,可谓至矣。

〔窦群〕兄常字中行，大历十四年登进士第，居广陵之柳杨。结庐种树，不求苟进，以讲学著书为事，凡二十年不出。贞元十四年，……其年，杜佑镇淮南，奏授校书郎，为节度参谋。

《旧唐书》卷一五五《窦常传》，中华书局一九七五年版

阳城字亢宗，定州北平人，徙陕州夏县，世为官族。资好学，贫不能得书，求为吏隶集贤院，窃院书读之，昼夜不出户，六年，无所不通。及进士第，乃去隐中条山，与弟垍、域常易衣出。……

城谦恭简素，遇人长幼如一。远近慕其行，来学者迹接于道。闾里有争讼，不诣官而诣城决之。……岁饥，屏迹不过邻里，屑榆为粥，讲论不辍。

《新唐书》卷一九四《阳城传》，中华书局一九七五年版

王质字华卿，太原祁人。……少负志操，以家世官卑，思立名于世，以大其门。寓居寿春，躬耕以养母，专以讲学为事，门人受业者大集其门。……元和六年，登进士甲科。释褐岭南管记，历佐淮蔡、许昌、梓潼、兴元四府，累奏兼监察御史。

《旧唐书》卷一六三《王质传》，中华书局一九七五年版

殷侑，陈郡人。父怿。侑为儿童时，励志力学，不问家人资产。及长，通经，以讲习自娱。贞元末，以五经登第，精于历代沿革礼。元和中，累为太常博士。

《旧唐书》卷一六五《殷侑传》，中华书局一九七五年版

唐咸通中，荆州有书生号"唐五经"者，学识精博，……聚徒

五百辈，以束脩自给，优游卒岁，有西河、济南之风，幕寮多与之游。

《北梦琐言》卷三《不孝子三变》，上海古籍出版社一九八一年版

雪人蒋琛，精熟二经，常教授于乡里。

《太平广记》卷三〇九《神十九·蒋琛》，

中华书局一九六一年版

平阳燕凤祥，颇涉六艺，聚徒讲授。

《太平广记》卷三六二《妖怪四·燕凤祥》，

中华书局一九六一年版

梁祖，宋州砀山县午沟里人，本名温，赐名全忠，建国后，改名晃。家世为儒，祖信、父诚皆以教授为业。

《北梦琐言》卷一七《梁祖为佣保》，

上海古籍出版社一九八一年版

张宪，字允中，晋阳人，世以军功为牙校。宪始童卯，喜儒学，励志横经，不舍昼夜。太原地雄边服，人多尚武，耻于学业，惟宪与里人药纵之精力游学，弱冠尽通诸经，尤精《左传》。尝袖行所业，谒判官李袭吉，一见欣叹。既辞，谓宪曰："子勉之，将来必成佳器。"石州刺史杨守业喜聚书，以家书示之，闻见日博。

《旧五代史》卷六九《唐书·张宪传》，中华书局一九七六年版

杨洞潜，字昭元，始兴人。……

洞潜少通经史，有权略。仕唐，为邕管巡官。秩满，客南海。烈宗尝师之，荐试大理评事、清海、建武节度判官。

《南汉书》卷九《列传第三》，广东人民出版社一九八一年版

胡宾王，字时贤，韶州曲江人。少即肆力问学，流览极博，驰声远近。喜中宿峡山水奇胜，远绝人境，读书其中。经史疑义，皆有发挥。已而，第进士甲科，累官中书舍人，知制诰。

时后主淫虐不道，宾王逆知运数不能久，弃官归里。著《南汉国史》，……

……乡党中有贫寡者，必周恤之。晚于县东二十里球冈下构堂讲书，旁置濯缨亭，几案皆石为之，题有"水向石边流出冷，风从花里过来香"之语。其风趣多类此。

《南汉书》卷一三《列传第七》，
广东人民出版社一九八一年版

（二）三礼教授

马光字荣伯，武安人也。少好学，从师数十年，昼夜不息，图书谶纬，莫不毕览，尤明三礼，为儒者所宗。……初，教授瀛、博间，门徒千数。

《隋书》卷七五《马光传》，中华书局一九七三年版

吴郡褚辉字高明，以三礼学称于江南。炀帝时，征天下儒术之士，悉集内史省，相次讲论。辉博辩，无能屈者，由是擢为太学

博士。撰《礼疏》一百卷。

《隋书》卷七五《褚辉传》，中华书局一九七三年版

张士衡，瀛州乐寿人也。父之庆，齐国子助教。士衡九岁丧母，哀慕过礼，父友齐国子博士刘轨思见之，每为掩泣，谓其父曰："昔伯饶号'张曾子'，亦岂能远过！吾闻君子不亲教，当为成就之。"及长，轨思授以《毛诗》《周礼》，又从熊安生及刘焯受《礼记》，皆精究大义。此后遍讲五经，尤攻三礼。仕隋为余杭令，后以年老归乡里。

贞观中，幽州都督燕王灵夔备玄纁束帛之礼，就家迎聘，北面师之。庶人承乾在东宫，又加旌命。及至洛阳宫谒见，太宗延之升殿，赐食，擢授朝散大夫、崇贤馆学士。承乾见之，问以齐氏灭亡之由绪，对曰："齐后主悖虐无度，昵近小人，至如高阿那瑰、骆提婆、韩长鸾等，皆奴仆下才，凶险无赖，是信是使，以为心腹。诛害忠良，疏忌骨肉。穷极奢靡，剥丧黎元。所以周师临郊，人莫为用，以至覆灭，实此之由。"承乾又问曰："布施营功德，有果报不？"对曰："事佛在于清净无欲，仁恕为心。如其贪婪无厌，骄虐是务，虽复倾财事佛，无救目前之祸。且善恶之报，若影随形，此是儒书之言，岂徒佛经所说？是为人君父，当须仁慈；为人臣子，宜尽忠孝。仁慈忠孝，则福祚攸永；如或反此，则殃祸斯及。此理昭然，愿殿下勿为忧虑。"及承乾废黜，敕给乘传，令归本乡。十九年卒。

士衡既礼学为优，当时受其业擅名于时者，唯贾公彦为最焉。

《旧唐书》卷一八九上《张士衡传》，中华书局一九七五年版

贾公彦，洺州永年人。永徽中，官至太学博士。撰《周礼义

疏》五十卷、《仪礼义疏》四十卷。子大隐,官至礼部侍郎。

《旧唐书》卷一八九上《贾公彦传》,中华书局一九七五年版

时有赵州李玄植,又受三礼于公彦,撰《三礼音义》行于代。玄植兼习《春秋左氏传》于王德韶,受《毛诗》于齐威,博涉汉史及老、庄诸子之说。贞观中,累迁太子文学、弘文馆直学士。高宗时,屡被召见,与道士、沙门在御前讲说经义,玄植辨论甚美,申规讽,帝深礼之。后坐事左迁沁水令,卒官。

《旧唐书》卷一八九上《李玄植传》,中华书局一九七五年版

王恭者,滑州白马人也。少笃学,博涉六经。每于乡间教授,弟子自远方至数百人。贞观初,征拜太学博士,其所讲三礼,皆别立义证,甚为精博。盖文懿、文达等皆当时大儒,罕所推借,每讲三礼,皆遍举先达义,而亦畅恭所说。

《旧唐书》卷七三《王恭传》,中华书局一九七五年版

韦叔夏,尚书左仆射安石兄也。少而精通三礼,其叔父太子詹事琨尝谓曰:"汝能如是,可以继丞相业矣。"举明经。调露年,累除太常博士。

《旧唐书》卷一八九下《韦叔夏传》,中华书局一九七五年版

郭山恽,蒲州河东人。少通三礼。景龙中,累迁国子司业。

《旧唐书》卷一八九下《郭山恽传》,中华书局一九七五年版

褚无量,字弘度,杭州盐官人也。幼孤贫,励志好学。……及

长,尤精三礼及《史记》。

《旧唐书》卷一○二《褚无量传》,中华书局一九七五年版

韦述,司农卿弘机曾孙也。……述弟迪、迢、迥、迟、巡亦六人,并词学登科。

《旧唐书》卷一○二《韦述传》,中华书局一九七五年版

〔韦〕迢,学业亦亚于述,尤精三礼,与述对为学士,迪同为礼官,时人荣之。

《旧唐书》卷一○二《韦迢　韦迪传》,中华书局一九七五年版

〔高叡〕子仲舒,博通经史,尤明三礼及训诂之书。神龙中,为相王府文学,王甚敬重之。开元中,累授中书舍人,侍中宋璟、中书侍郎苏颋每询访故事焉。

《旧唐书》卷一八七上《高仲舒传》,中华书局一九七五年版

王彦威,太原人。世儒家,少孤贫,苦学,尤通三礼。无由自达,元和中游京师,求为太常散吏。卿知其书生,补充检讨官。彦威于礼阁掇拾自隋已来朝廷沿革、吉凶五礼,以类区分,成三十卷献之,号曰《元和新礼》,由是知名,特授太常博士。

《旧唐书》卷一五七《王彦威传》,中华书局一九七五年版

(三) 三传教授

徐文远,洛州偃师人。……其兄休,鬻书为事,文远日阅书于

肆,博览五经,尤精《春秋左氏传》。……

文远方正纯厚,有儒者风。窦威、杨玄感、李密皆从其受学。

《旧唐书》卷一八九上《徐文远传》,中华书局一九七五年版

朱子奢,苏州吴人也。少从乡人顾彪习《春秋左氏传》,后博观子史,善属文。隋大业中,直秘书学士。

《旧唐书》卷一八九上《朱子奢传》,中华书局一九七五年版

苏安恒,冀州武邑人也。博学,尤明《周礼》及《春秋左氏传》。……安恒,神龙初为集艺馆内教。

《旧唐书》卷一八七上《苏安恒传》,中华书局一九七五年版

啖助字叔佐,赵州人,后徙关中。淹该经术。天宝末,调临海尉、丹杨主簿。秩满,屏居,甘足疏粝。

善为《春秋》,考三家短长,缝绽漏阙,号《集传》,凡十年乃成,复摄其纲条,为《例统》。其言孔子修《春秋》意,……助爱公、穀二家,以左氏解义多谬,其书乃出于孔氏门人。……

助门人赵匡、陆质,其高第也。助卒,年四十七。质与其子异哀录助所为《春秋集注总例》,请匡损益,质纂会之,号《纂例》。匡者,字伯循,河东人,历洋州刺史,质所称为赵夫子者。

…………

赞曰:《春秋》《诗》《易》《书》,由孔子时师弟子相传,历暴秦,不断如系。至汉兴,划挟书令,则儒者肆然讲授,经典浸兴。左氏与孔子同时,以《鲁史》附《春秋》作《传》,而公羊高、穀梁赤皆出子

夏门人。三家言经，各有回舛，然犹悉本之圣人，其得与失盖十五，义或缪误，先儒畏圣人，不敢辄改也。啖助在唐，名治《春秋》，摭诎三家，不本所承，自用名学，凭私臆决，尊之曰"孔子意也"，赵、陆从而唱之，遂显于时。

《新唐书》卷二○○《啖助传》，中华书局一九七五年版

陆质，吴郡人，本名淳，避宪宗名改之。质有经学，尤深于《春秋》，少师事赵匡，匡师啖助，助、匡皆为异儒，颇传其学，由是知名。陈少游镇扬州，爱其才，辟为从事。后荐于朝，拜左拾遗。转太常博士，累迁左司郎中，坐细故，改国子博士，历信、台二州刺史。顺宗即位，质素与韦执谊善，由是征为给事中、皇太子侍读，仍改赐名质。……质著《集注春秋》二十卷、《类礼》二十卷、《君臣图翼》二十五卷，并行于代。贞元二十一年卒。

《旧唐书》卷一八九下《陆质传》，中华书局一九七五年版

陆质字伯冲。……世居吴。明《春秋》，师事赵匡，匡师啖助，质尽传二家学。陈少游镇淮南，表在幕府，荐之朝，授左拾遗。累迁左司郎中，历信、台二州刺史。

……宪宗为太子，诏侍读。质本名淳，避太子名，故改。……

……卒，门人以质能文圣人书，通于后世，私共谥曰文通先生。所著书甚多，行于世。

《新唐书》卷一六八《陆质传》，中华书局一九七五年版

孔子作《春秋》千五百年，以名为传者五家，今用其三焉。乘觚牍，焦思虑，以为论注疏说者千人矣！……有吴郡人陆先生质，

与其师友天水啖助洎赵匡，能知圣人之旨。故《春秋》之言，及是而光明。使庸人小童皆可积学，以入圣人之道，传圣人之教，是其德岂不侈大矣哉！

……为《春秋集注》十篇、《辩惑》七篇、《微旨》二篇。明章大中，发露公器。

《柳宗元集》卷九《唐给事中皇太子侍读
陆文通先生墓表》，中华书局一九七九年版

窦群字丹列，扶风平陵人。祖宣，同昌郡司马。父叔向，以工诗称，代宗朝，官至左拾遗。群兄常、牟，弟巩，皆登进士第，唯群独为处士，隐居毗陵，以节操闻。……后学《春秋》于啖助之门人卢庇者，著书三十四卷，号《史记名臣疏》。贞元中，……征拜左拾遗，迁侍御史。

《旧唐书》卷一五五《窦群传》，中华书局一九七五年版

陆龟蒙字鲁望，元方七世孙也。父宾虞，以文历侍御史。龟蒙少高放，通六经大义，尤明《春秋》。……

居松江甫里，多所论撰，虽幽忧疾痛，赀无十日计，不少辍也。……得书熟诵乃录，雠比勤勤，朱黄不去手，所藏虽少，其精皆可传。借人书，篇秩坏舛，必为辑褫刊正。乐闻人学，讲论不倦。

《新唐书》卷一九六《陆龟蒙传》，中华书局一九七五年版

先儒以《春秋》之有三传，若天之有三光然。然则《春秋》盖圣人之文乎？圣人之文，天也。天其少变乎？故《诗》有变风，《易》

有变体,《春秋》有变例,变之为义也,非介然温习之所至,赜乎其粹者也。轲尝病先儒各固所习,互相矛盾,学者准裁无所。岂先圣后经以辟后生者邪? 抑守文持论,败溃失据者之过邪? 次又病今之学者,涉流而迷源,拾经以习传,撼直言而不知其所以言。此所谓去经纬而从组缋者矣。既传生于经,亦所以纬于经也。三家者,盖同门而异户,庸得不要其终以会其归乎? 愚诚颛蒙,敢会三家必当之言,列于经下,撰成十五卷,目之曰《三传指要》,冀始涉者开卷有以见圣贤之心焉。俾《左氏》富而不诬,《公羊》裁而不俗,《穀梁》清而不短,幸是非殆乎息矣! 庶儒道君子,有以相期于孔氏之门。

《全唐文》卷七四二《刘轲·三传指要序》,

中华书局一九八三年版

史匡翰,字元辅,雁门人也。……迁义成军节度、滑濮等州观察处置、管内河堤等使。丁母忧,寻起复本镇。

匡翰刚毅有谋略,御军严整,接下以礼,与部曲语,未尝称名,历数郡皆有政声。尤好《春秋左氏传》,每视政之暇,延学者讲说,躬自执卷受业焉,时发难问,穷于隐奥,流辈或戏为"史三传"。

《旧五代史》卷八八《史匡翰传》,中华书局一九七六年版

二、史学

(一) 汉书学传授

东海包恺字和乐。其兄愉,明五经,恺悉传其业。又从王仲

通受《史记》《汉书》,尤称精究。大业中,为国子助教。于时《汉书》学者,以萧、包二人为宗匠。聚徒教授,著录者数千人。卒,门人为起坟立碣焉。

《隋书》卷七五《包恺传》,中华书局一九七三年版

兰陵萧该者,梁鄱阳王恢之孙也。……性笃学,《诗》《书》《春秋》《礼记》并通大义,尤精《汉书》,甚为贵游所礼。……该后撰《汉书》及《文选音义》,咸为当时所贵。

《隋书》卷七五《萧该传》,中华书局一九七三年版

刘臻字宣挚,沛国相人也。父显,梁寻阳太守。臻年十八,举秀才,为邵陵王东阁祭酒。元帝时,迁中书舍人。……

高祖受禅,进位仪同三司。……皇太子勇引为学士,甚褒狎之。臻无吏干,又性恍惚,耽悦经史,终日覃思,至于世事,多所遗忘。……精于《两汉书》,时人称为汉圣。开皇十八年卒,年七十二。有集十卷行于世。

《隋书》卷七六《刘臻传》,中华书局一九七三年版

吴郡张冲字叔玄。仕陈为左中郎将,非其好也,乃覃思经典,撰《春秋义略》,异于杜氏七十余事,……《前汉音义》十二卷。官至汉王侍读。

《隋书》卷七五《张冲传》,中华书局一九七三年版

〔颜〕师古叔父游秦,武德初累迁廉州刺史,封临沂县男。……撰《汉书决疑》十二卷,为学者所称,后师古注《汉书》,亦

多取其义耳。

《旧唐书》卷七三《颜相时传》，中华书局一九七五年版

颜籀字师古，雍州万年人，……师古少传家业，博览群书，尤精诂训，善属文。……

…………

……时承乾在东宫，命师古注班固《汉书》，解释详明，深为学者所重。承乾表上之，太宗令编之秘阁，赐师古物二百段、良马一匹。

……其所注《汉书》及《急就章》，大行于世。

《旧唐书》卷七三《颜师古传》，中华书局一九七五年版

敬播，蒲州河东人也。贞观初，举进士。俄有诏诣秘书内省佐颜师古、孔颖达修《隋史》，寻授太子校书。史成，迁著作郎，兼修国史。……玄龄以颜师古所注《汉书》，文繁难省，令播撮其机要，撰成四十卷，传于代。

《旧唐书》卷一八九上《敬播传》，中华书局一九七五年版

刘伯庄，徐州彭城人也。贞观中，累除国子助教。……寻迁国子博士，……龙朔中，兼授崇贤馆学士。撰《史记音义》《史记地名》《汉书音义》各二十卷，行于代。

《旧唐书》卷一八九上《刘伯庄传》，中华书局一九七五年版

秦景通，常州晋陵人也。与弟暐尤精《汉书》，当时习《汉书》者皆宗师之，常称景通为大秦君，暐为小秦君。若不经其兄弟指

授,则谓之"不经师匠,无足采也"。景通,贞观中累迁太子洗马,兼崇贤馆学士。为《汉书》学者,又有刘纳言,亦为当时宗匠。

纳言,乾封中历都水监主簿,以《汉书》授沛王贤。及贤为皇太子,累迁太子洗马,兼充侍读。常撰《俳谐集》十五卷以进太子。及东宫废,高宗见而怒之,诏曰:"刘纳言收其余艺,参侍经史,自府入宫,久淹岁月,朝游夕处,竟无匡赞。阙忠孝之良规,进诙谐之鄙说,储宫败德,抑有所由。情在好生,不忍加戮,宜从屏弃,以励将来。可除名。"后又坐事配流振州而死。

《旧唐书》卷一八九上《秦景通传》,中华书局一九七五年版

姚思廉字简之,雍州万年人。父察,陈吏部尚书,入隋历太子内舍人、秘书丞、北绛公,学兼儒史,见重于二代。陈亡,察自吴兴始迁关中。思廉少受汉史于其父,能尽传家业,勤学寡欲,未尝言及家人产业。

《旧唐书》卷七三《姚思廉传》,中华书局一九七五年版

郝处俊,安州安陆人也。……及长,好读《汉书》,略能暗诵。贞观中,本州进士举,吏部尚书高士廉甚奇之,解褐授著作佐郎。

《旧唐书》卷八四《郝处俊传》,中华书局一九七五年版

顾胤者,苏州吴人也。……撰《太宗实录》二十卷成,以功加朝散大夫,授弘文馆学士。……龙朔三年,迁司文郎中。寻卒。胤又撰《汉书古今集》二十卷,行于代。

《旧唐书》卷七三《顾胤传》,中华书局一九七五年版

李善者，扬州江都人。方雅清劲，有士君子之风。……以教授为业，诸生多自远方而至。又撰《汉书辩惑》三十卷。载初元年卒。

《旧唐书》卷一八九上《李善传》，中华书局一九七五年版

王方庆，雍州咸阳人也，……

方庆年十六，起家越王府参军。尝就记室任希古受《史记》《汉书》，希古迁为太子舍人，方庆随之卒业。永淳中，累迁太仆少卿。

《旧唐书》卷八九《王方庆传》，中华书局一九七五年版

〔姚〕珽，少好学，以勤苦自立，举明经，累除定、汴、沧、虢、幽等五州刺史，加银青光禄大夫，转秦州刺史。……

…………

睿宗即位，累授户部尚书，转太子宾客。先天二年，加金紫光禄大夫，复拜户部尚书。……珽尝以其曾祖察所撰《汉书训纂》，多为后之注《汉书》者隐没名氏，将为己说；珽乃撰《汉书绍训》四十卷，以发明旧义，行于代。

《旧唐书》卷八九《姚珽传》，中华书局一九七五年版

柳璨，河东人。……光化中，登进士第。尤精《汉史》，鲁国颜荛深重之。荛为中书舍人，判史馆，引为直学士。

《旧唐书》卷一七九《柳璨传》，中华书局一九七五年版

（二）谱学传授

秦王府仓曹李守素，尤精谱学，人号为肉谱。虞秘书世南曰：

"昔任彦升善谈经籍,时称为五经笥,宜改仓曹为人物志。"

《隋唐嘉话》上,中华书局一九七九年版

路敬淳,贝州临清人也。……

敬淳与季弟敬潜俱早知名。敬淳尤勤学,不窥门庭,遍览坟籍,而孝友笃敬。……敬淳尤明谱学,尽能究其根源枝派,近代已来,无及之者。撰《著姓略记》十卷,行于时。又撰《衣冠本系》,未成而死。

《旧唐书》卷一八九下《路敬淳传》,中华书局一九七五年版

路敬淳,贝州临清人。……

敬淳少志学,足不履门。……后擢进士第。天授中,再迁太子司议郎兼修国史、崇贤馆学士。……

《新唐书》卷一九九《路敬淳传》,中华书局一九七五年版

唐初,姓谱学唯敬淳名家。其后柳冲、韦述、萧颖士、孔至各有撰次,然皆本之路氏。

《新唐书》卷一九九《路敬潜传》,中华书局一九七五年版

代有《山东士大夫类例》三卷,其非士族及假冒者,不见录,署云相州僧昙刚撰。后柳常侍冲亦明于族姓,中宗朝为相州刺史,询问旧老,云:"自隋已来,不闻有僧昙刚。"盖惧嫉于时,故隐名氏云。

《隋唐嘉话》下,中华书局一九七九年版

柳冲,蒲州虞乡人也。……

冲博学,尤明世族,名亚路敬淳。……初,贞观中太宗命学者撰《氏族志》百卷,以甄别士庶;至是向百年,而诸姓至有兴替,冲乃上表请改修氏族。……至先天初,冲始与侍中魏知古、中书侍郎陆象先及徐坚、刘子玄、吴兢等撰成《姓族系录》二百卷奏上。……开元二年,又敕冲及著作郎薛南金刊定《系录》,奏上,赐绢百匹。五年卒。

《旧唐书》卷一八九下《柳冲传》,中华书局一九七五年版

柳冲,蒲州虞乡人,……

冲好学,多所研总。天授初,为司府寺主簿,诏遣安抚淮南,使有指,封河东县男。中宗景龙中,迁左散骑常侍,修国史。

初,太宗命诸儒撰《氏族志》,甄差群姓,其后门胄兴替不常,冲请改修其书,帝诏魏元忠、张锡、萧至忠、岑羲、崔湜、徐坚、刘宪、吴兢及冲共取德、功、时望、国籍之家,等而次之。夷蕃酋长袭冠带者,析著别品。会元忠等继物故,至先天时,复诏冲及坚、兢与魏知古、陆象先、刘子玄等讨缀,书乃成,号《姓系录》。历太子宾客、宋王师、昭文馆学士,以老致仕。开元初,诏冲与薛南金复加刊窜,乃定。

后柳芳著论甚详,今删其要,著之左方。芳之言曰:

氏族者,古史官所记也。昔周小史定系世,辩昭穆,故古有《世本》,录黄帝以来至春秋时诸侯、卿、大夫名号继统。左丘明传《春秋》,亦言:"天子建德,因生以赐姓,胙之土,命之氏;诸侯以字为氏,以谥为族。"昔尧赐伯禹姓曰姒,氏曰有夏;伯夷姓曰姜,氏曰有吕。下及三代,官有世功,则有官族,邑亦如之。后世或氏于

国,则齐、鲁、秦、吴;氏于谥,则文、武、成、宣;氏于官,则司马、司徒;氏于爵,则王孙、公孙;氏于字,则孟孙、叔孙;氏于居,则东门、北郭;氏于志,则三乌、五鹿;氏于事,则巫、乙、匠、陶。于是受姓命氏,粲然众矣。

秦既灭学,公侯子孙失其本系。汉兴,司马迁父子乃约《世本》修《史记》,因周谱明世家,乃知姓氏之所由出,虞、夏、商、周、昆吾、大彭、豕韦、齐桓、晋文皆同祖也。更王迭霸,多者千祀,少者数十代。先王之封既绝,后嗣蒙其福,犹为强家。

汉高帝兴徒步,有天下,命官以贤,诏爵以功,誓曰:"非刘氏王、无功侯者,天下共诛之。"先王公卿之胄,才则用,不才弃之,不辨士与庶族,然则始尚官矣。然犹徙山东豪杰以实京师,齐诸田,楚屈、景,皆右姓也。其后进拔豪英,论而录之,盖七相、五公之所由兴也。

魏氏立九品,置中正,尊世胄,卑寒士,权归右姓已。其州大中正、主簿,郡中正、功曹,皆取著姓士族为之,以定门胄,品藻人物。晋、宋因之,始尚姓已。然其别贵贱,分士庶,不可易也。于时有司选举,必稽谱籍,而考其真伪。故官有世胄,谱有世官,贾氏、王氏谱学出焉。由是有谱局,令史职皆具。过江则为"侨姓",王、谢、袁、萧为大;东南则为"吴姓",朱、张、顾、陆为大;山东则为"郡姓",王、崔、卢、李、郑为大;关中亦号"郡姓",韦、裴、柳、薛、杨、杜首之;代北则为"虏姓",元、长孙、宇文、于、陆、源、窦首之。"虏姓"者,魏孝文帝迁洛,有八氏十姓,三十六族九十二姓。八氏十姓,出于帝宗属,或诸国从魏者;三十六族九十二姓,世为部落大人。并号河南洛阳人。"郡姓"者,以中国士人差第阀阅为之制,凡三世有三公者曰"膏粱",有令、仆者曰"华腴",尚书、领、护而上者为"甲姓",九卿若方伯者为"乙姓",散骑常侍、太中大夫者为"丙姓",吏部正员郎为"丁姓"。凡得入者,谓之"四姓"。又诏代人诸胄,初无族姓,其穆、陆、奚、于,下吏部勿充猥官,得视"四姓"。北齐因仍,举秀才、州主簿、郡功曹,非"四姓"不在选。故江左定氏族,凡郡上姓第一,则为右姓;太和以郡四姓为右姓;齐浮屠昙刚《类例》凡甲门为右姓;周建德氏族以四海通望为右姓;隋开皇氏族以上品、茂姓则为右姓;唐《贞观氏族志》凡第一等则为右姓;路氏著《姓略》,以盛门为右姓;柳冲《姓族系录》凡四海望族则为右姓。不通历代之说,不可与言谱也。今流俗独以崔、卢、李、郑为四姓,加太原王氏号五姓,盖不经也。

夫文之弊,至于尚官;官之弊,至于尚姓;姓之弊,至于尚诈。隋承其弊,不知其所以弊,乃反古道,罢乡举,离地著,尊执事之吏。于是乎士无乡里,里无衣冠,人无廉耻,士族乱而庶人僭矣。故善言谱者,系之地望而不惑,质之姓氏而无疑,缀之婚姻而有别。山东之人质,故尚婚娅,其信可与也;江左之人文,故尚人物,其智可与也;关中之人雄,故尚冠冕,其达可与也;代北之人武,故尚贵戚,其泰可与也。及其弊,则尚婚娅者先外族、后本宗,尚人物者进庶孽、退嫡长,尚冠冕者略伉俪、慕荣华,尚贵戚者徇势利、亡礼教。四者俱弊,则失其所尚矣。

人无所守,则士族削;士族削,则国从而衰。管仲曰:"为国之道,利出一孔者王,二孔者强,三孔者弱,四孔者亡。"故冠婚者,人道大伦。周、汉之官人,齐其政,一其门,使下知禁,此出一孔也,故王;魏、晋官人,尊中正,立九品,乡有异政,家有竞心,此出二孔也,故强;江左、代北诸姓,纷乱不一,其要无归,此出三孔也,故弱;隋氏官人,以吏道治天下,人之行,不本乡党,政烦于上,人乱于下，此出四孔也，故亡。唐承隋乱，宜救之以忠，忠厚则乡党之行修；乡党之行修，则人物之道长；人物之道长，则冠冕之绪崇；冠冕之绪崇，则教化之风美，乃可与古参矣。

晋太元中，散骑常侍河东贾弼撰《姓氏簿状》，十八州百十六郡，合七百一十二篇，甄析士庶无所遗。宋王弘、刘湛好其书。弘每日对千客，可不犯一人讳。湛为选曹，撰《百家谱》以助铨序，文伤寡省，王俭又广之，王僧孺演益为十八篇，东南诸族自为一篇，不入百家数。弼传子匪之，匪之传子希镜，希镜撰《姓氏要状》十五篇，尤所谙究。希镜传子执，执更作《姓氏英贤》一百篇，又著《百家谱》，广两王所记。执传其孙冠，冠撰《梁国亲皇太子序亲簿》四篇。王氏之学，本于贾氏。

唐兴，言谱者以路敬淳为宗，柳冲、韦述次之。李守素亦明姓氏，时谓"肉谱"者。后有李公淹、萧颖士、殷寅、孔至，为世所称。

初，汉有邓氏《官谱》，应劭有《氏族》一篇，王符《潜夫论》亦有《姓氏》一篇。宋何承天有《姓苑》二篇。谱学大抵具此。魏太和时，诏诸郡中正，各列本土姓族次第为举选格，名曰"方司格"，人到于今称之。

《新唐书》卷一九九《柳冲传》，中华书局一九七五年版

韦述，司农卿弘机曾孙也。……

……述好谱学，秘阁中见常侍柳冲先撰《姓族系录》二百卷，述于分课之外手自抄录，暮则怀归。如是周岁，写录皆毕，百氏源流，转益详悉。乃于《柳录》之中，别撰成《开元谱》二十卷。其笃志忘倦，皆此类也。

《旧唐书》卷一〇二《韦述传》，中华书局一九七五年版

殷践猷字伯起，陈给事中不害五世从孙。博学，尤通氏族、历数、医方。与贺知章、陆象先、韦述最善，知章尝号为"五总龟"，谓龟千年五聚，问无不知也。

《新唐书》卷一九九《殷践猷传》，中华书局一九七五年版

著作郎孔至，二十传儒学，撰《百家类例》，品第海内族姓，以燕公张说为近代新门，不入百家之数。

驸马张垍，燕公之子也，盛承宠眷。见至所撰，谓弟埱曰："多事汉，天下族姓何关尔事，而妄为升降！"埱素与至善，以兄言告之。

时工部侍郎韦述，谙练士族，举朝共推。每商榷姻亲，咸就谘访。至书初成，以呈韦公，韦公以为可行也。及闻垍言，至惧，将追改之，以情告韦。韦曰："孔至休矣！大丈夫奋笔，将为千载楷则，奈何以一言而自动摇？有死而已，胡可改①也！"遂不复改。

《封氏闻见记校注》卷一〇《讨论》，中华书局二〇〇五年版

〔孔〕若思子至，字惟微。历著作郎，明氏族学，与韦述、萧颖士、柳冲齐名。撰《百家类例》，以张说等为近世新族，剟去之。说子垍方有宠，怒曰："天下族姓，何豫若事，而妄纷纷邪？"垍弟素善至，以实告。初，书成，示韦述，述谓可传，及闻垍语，惧，欲更增损，述曰："止！丈夫奋笔成一家书，奈何因人动摇？有死不可改。"遂罢。时述及颖士、冲皆撰《类例》，而至书称工。

《新唐书》卷一九九《孔至传》，中华书局一九七五年版

---

① "可改"，原作"不可"，据《唐语林》所引改。

萧颖士字茂挺，……

颖士四岁属文，十岁补太学生。观书一览即诵，通百家谱系、书籀学。开元二十三年，举进士，对策第一。

《新唐书》卷二〇二《萧颖士传》，中华书局一九七五年版

三、 道学

道士王远知，琅邪人也。……远知少聪敏，博综群书。初入茅山，师事陶弘景，传其道法。后又师事宗道先生臧兢。陈主闻其名，召入重阳殿，令讲论，甚见嗟赏。……炀帝幸涿郡，遣员外郎崔凤举就邀之，远知见于临朔宫，炀帝亲执弟子之礼，敕都城起玉清玄坛以处之。及幸扬州，远知谏不宜远去京国，炀帝不从。

高祖之龙潜也，远知尝密传符命。……至贞观九年，敕润州于茅山置太受观，并度道士二十七人。……其年，远知谓弟子潘师正曰："吾见仙格，……见署少室伯，将行在即。"翌日，沐浴，加冠衣，焚香而寝，卒，年一百二十六岁。

《旧唐书》卷一九二《王远知传》，中华书局一九七五年版

潘师正，赵州赞皇人也。……大业中，度为道士，师事王远知，尽以道门隐诀及符箓授之。师正清净寡欲，居于嵩山之逍遥谷，积二十余年，但服松叶饮水而已。

《旧唐书》卷一九二《潘师正传》，中华书局一九七五年版

道士司马承祯字子微，河内温人。……少好学，薄于为吏，遂为道士。事潘师正，传其符箓及辟谷导引服饵之术。师正特赏异

之,谓曰:"我自陶隐居传正一之法,至汝四叶矣。"承祯尝遍游名山,乃止于天台山。

《旧唐书》卷一九二《司马承祯传》,中华书局一九七五年版

司马承祯字子微,……隐于天台山玉霄峰,……有弟子七十余人。

《云笈七签》卷一一三下《司马承祯传》,中华书局二〇〇三年版

司马承祯字子微,博学能文,攻篆迥为一体,号曰金剪刀书。隐于天台山玉霄峰,自号白云子。有服饵之术。……承祯居山,修行勤苦,年一百余岁,童颜轻健,若三十许人。有弟子七十余人。

《太平广记》卷二一《神仙二十一人·司马承祯》,

中华书局一九六一年版

吴筠,鲁中之儒士也。少通经,善属文,举进士不第。性高洁,不奈流俗,乃入嵩山,依潘师正为道士,传正一之法,苦心钻仰,乃尽通其术。开元中,南游金陵,访道茅山。久之,东游天台。筠尤善著述,在剡与越中文士为诗酒之会,所著歌篇,传于京师。……

……禄山将乱,求还茅山,许之。既而中原大乱,江淮多盗,乃东游会稽。尝于天台剡中往来,与诗人李白、孔巢父诗篇酬和,逍遥泉石,人多从之。竟终于越中。文集二十卷。其《玄纲》三篇、《神仙可学论》等,为达识之士所称。

《旧唐书》卷一九二《吴筠传》,中华书局一九七五年版

先生姓李氏，讳含光，广陵江都人。本姓弘，以孝敬皇帝庙讳改焉。……年十八，志求道妙，遂师事同邑李先生，游艺数年。神龙初，以清行度为道士，居龙兴观，尤精《老》《庄》《周易》之深趣。……开元十七年，从司马炼师于王屋山，传授《大法灵文金记》。……〔卒时〕门人赴丧而至者，凡数千人。

《颜鲁公文集》卷九《茅山玄靖先生广陵李君碑铭》，

商务印书馆《四部丛刊初编》本

明崇俨，洛州偃师人。其先平原士族，世仕江左。父恪，豫州刺史。崇俨年少时，随父任安喜令，父之小吏有善役召鬼神者，崇俨尽能传其术。乾封初，应封岳举，授黄安丞。会刺史有女病笃，崇俨致他方殊物以疗之，其疾乃愈。高宗闻其名，召与语，悦之，擢授冀王府文学。仪凤二年，累迁正谏大夫，特令入阁供奉。崇俨每因谒见，辄假以神道，颇陈时政得失，帝深加允纳。

《旧唐书》卷一九一《明崇俨传》，中华书局一九七五年版

道士叶法善，括州括苍县人。自曾祖三代为道士，皆有摄养占卜之术。法善少传符箓，尤能厌劾鬼神。显庆中，高宗闻其名，征诣京师，将加爵位，固辞不受。求为道士，因留在内道场，供待甚厚。时高宗令广征诸方道术之士，合炼黄白。法善上言："金丹难就，徒费财物，有亏政理，请核其真伪。"帝然其言，因令法善试之，由是乃出九十余人，因一切罢之。……法善自高宗、则天、中宗历五十年，常往来名山，数召入禁中，尽礼问道。然排挤佛法，议者或讥其向背。以其术高，终莫之测。

《旧唐书》卷一九一《叶法善传》，中华书局一九七五年版

卢鸿字颢然,其先幽州范阳人,徙洛阳。博学,善书籀。庐嵩山。玄宗开元初,备礼征再,不至。五年,诏曰:"鸿有泰一之道,中庸之德,钩深诣微,确乎自高。诏书屡下,每辄辞托,使朕虚心引领,于今数年。虽得素履幽人之介,而失考父滋恭之谊,岂朝廷之故与生殊趣邪?将纵欲山林,往而不能反乎?礼有大伦,君臣之义不可废也。今城阙密迩,不足为劳,有司其斋束帛之具,重宣兹旨,想有以翻然易节,副朕意焉。"

鸿至东都,……帝召升内殿,置酒。拜谏议大夫,固辞。复下制,许还山,岁给米百斛、绢五十,府县为致其家,朝廷得失,其以状闻。将行,赐隐居服,官营草堂,恩礼殊渥。鸿到山中,广学庐,聚徒至五百人。及卒,帝赐万钱。鸿所居室,自号宁极云。

《新唐书》卷一九六《卢鸿传》,中华书局一九七五年版

王希夷,徐州滕人。家贫,父母丧,为人牧羊,取佣以葬。隐嵩山,师黄颐学养生四十年。颐卒,更居兖州徂来,与刘玄博友善。喜读《周易》《老子》,饵松柏叶、杂华,年七十余,筋力柔强。刺史卢齐卿就谒问政,答曰:"'己所不欲,勿施于人',此言足矣。"

《新唐书》卷一九六《王希夷传》,中华书局一九七五年版

天宝中,道士荆朏,亦出道学,为时所尚。太尉房琯每执师资之礼,当代知名之士无不游荆公之门。

《唐会要》卷五〇《观》,中华书局一九五五年版

元和初,南岳道士田良逸、蒋含弘,皆道业绝高,远近钦敬,时号田蒋。田以虚无为心,和煦待物,不事浮饰,而天格清峻,人见

者褊愧尽去。吕侍郎渭、杨侍郎凭,相继廉问湖南,皆北面师事。潭州大旱,祈祷不获,或请邀致先生。杨公曰:"田先生岂为人祈雨者耶?"不得已迎之。先生蓬发弊衣,欣然就辇到郡,亦终无言,即日降雨。所居岳观,内建黄箓坛场,法具已陈,而天阴晦。弟子请先生祈晴,先生亦无言,岸帻垂发而坐。及行斋,左右代整冠履,扶而升坛,天即开霁。尝有村姥,持一碧绢襦来奉先生,先生对众便著之,在坐者窃笑,先生不以介意。杨公尝迎先生至潭州,先生方洗足,使到,乘小舟便行,侍者以履袜追及于衙门,先生即于门外坐砖阶著袜,旁若无人。杨再拜,亦不止之。喜饮酒,而言不及吉凶是非。及杨自京尹谪临贺尉,使使候先生,兼遗银器,先生受之,便悉付门人,作法会。使还,先生曰:"报汝阿本郎,不久即归,勿忧也。"未几,杨果移杭州长史。良逸未尝干人,人至亦不逆,不记人官位姓名第。与吕渭分最深。后郎中吕温刺衡州,因来候之,左右先告以使君是侍郎之子。及温入,下床抚其背曰:"尔是吕渭儿子耶?"温泫然降阶,田亦不止,其真朴如此。良逸母为喜王寺尼,尼众皆呼先生为小师。尝日负薪两束奉母,或有故不及往,即弟子代送之。或传寺尼晨起见一虎在田媪门外,走以告,媪曰:"此应是小师使送柴来,不足畏也。"蒋君混元之气,虽不及田,而修持趣尚亦相类。兄事于田,号为莫逆。蒋始善符术,自晦其道,人莫知之。后居九贞观,曾命弟子至县市斋物,不及期还,语其故云:"于山口见一猛兽当路,良久不去,以故迟滞。"蒋曰:"我在此庇伊已多时,何敢如此?"即以一符置所见处,明日兽踏符下。蒋闻之曰:"我本以符却之,使其不来,岂知不能自脱。既以害物,安用术为?"取符焚之,自此绝不复留意。有欧阳平者,行业亦高,又兄事蒋君,于田君即邻于入室。欧阳曾一夕梦三金炉自天而下，若有所召。既瘗，潜告人曰："二先生不久去矣，我继之。"俄而田君蜕去，蒋次之，欧阳亦逝。桐柏山陈寡言、徐灵府、冯云翼三人，皆田之弟子也。衡山周混沌，蒋之门人也。陈、徐在东南，品第比田、蒋，而冯在欧阳之列。周自幼入道，科法清严，今为南岳首冠。

《因话录》卷四，上海古籍出版社一九七九年版

清河公房建，居于含山郡。性尚奇，好玄元之教，常从道士受《六甲符》及《九章真录》，积二十年。后南游衡山，遇一道士，风骨明秀。与建语，述上清仙都及蓬莱方丈灵异之事，一一皆若涉历。建奇之。

《太平广记》卷四四《神仙四十四·房建》，

中华书局一九六一年版

元和以来，京城诸僧及道士，尤多大德之号。偶因势进，则得补署，遂以为头衔。各因所业谈论，取本教所业，以符大德之目，此犹近于理。

《因话录》卷四，上海古籍出版社一九七九年版

许碏，自称高阳人也。少为进士，累举不第，晚学道于王屋山。周游五岳名山洞府，后从峨嵋山经两京，复自襄、汴来抵江、淮，茅山、天台、四明、仙都、委羽、武夷、霍洞、罗浮，无不遍历。

《太平广记》卷四〇《神仙四十·许碏》，

中华书局一九六一年版

谭峭字景升，国子司业洙之子也。幼而聪明。及长，颇涉经史。强记，问无不知，属文清丽。洙训以进士为业，而峭不然，迥好黄老诸子及周穆、汉武、茅君、《列仙内传》，靡不精究。一旦，告父出游终南山。父以南山近京都，许之。自经终南、太白、太行、王屋、嵩、华、泰岳，迤逦游历名山，不复归宁。……而峭师于嵩山道士十余年，得辟谷养气之术，惟以酒为乐，常醉腾腾，周游无所不之。夏则服鸟裘，冬则绿布衫，或卧于风雨雪霜中经日，人谓[①]己弊，视之，气出怵怵然。……尔后居南岳炼丹成，服之，入水不濡，入火不灼。亦能隐化，复入青城而去。

《云笈七签》卷一一三下《谭峭传》，中华书局二〇〇三年版

闾丘方远字大方，舒州宿松人也。幼而辨慧，年十六，精通《诗》《书》，学《易》于庐山陈元晤。二十九，问大丹于香林左元泽，泽奇之。后师事于仙都山隐真岩刘处靖，学修真出世之术。三十四，受法箓于天台山玉霄宫叶藏质，真文秘诀，尽以付授。而方远守一行气之暇，笃好子史群书，每披卷，必一览之，不遗于心。常自言："葛稚川陶贞白，吾之师友也。"铨《太平经》为三十篇，备极枢要，其声名愈播于江淮间。唐昭宗景福二年，钱塘彭城王钱镠深慕方远道德，礼谒于余杭大涤洞，筑室宇以安之，列行业以表之。昭宗累征之，……竟不赴召。乃降诏褒异，就颁命服，俾耀玄风，赐号妙有大师、玄同先生。……由是从而学者，若正一真人之在蜀。赵升、王长亦混于门下，弟子二百余人。会稽夏隐言、谯国戴隐虞、荥阳郑隐瑶、吴郡陆隐周、广陵盛隐林、武都章隐芝，皆传

---

① "谓"，他本或作"为"。

道要而升堂奥者也。广平程紫霄应召于秦宫,新安聂师道行教于吴国,安定胡谦光、鲁国孔宗鲁十人,皆受思真炼神之妙旨。其余游于圣迹、藏于名山,不复得而记矣。天复二年二月十四日,沐浴焚香,端拱而坐,俟亭午而化。

《云笈七签》卷一一三下《闾丘方远传》,

中华书局二〇〇三年版

聂师道字通微,新安歙人也。性聪淳直,言行谦谨,养亲以孝闻,深为乡里所敬。少师事道士于方外,即德海之从兄也。德海自省郎出牧新安之二年,方外从之荆南书记,早舍妻子入道,学养气修真之术,周游五岳名山。到新安,德海乃于郡之东山选胜地,构室宇以居之,目为问政山房。而师道事之,辛勤十余年,传法箓修真之要。

…………

其后吴太祖霸江淮间,闻师道名迹,冀其道德,护于军庶,继发召止。及至广陵,建玄元宫以居之。……乃降褒美,为逍遥大师、问政先生,以显国之师也。弟子邹德匡、王处讷、杨匡翌、汪用真、程守朴、曾景霄、王可儒、崔绰然、杜崇真、邓启遐、吴知古,皆得妙理。传上清法,散于诸周府,袭真风而行教。朝廷皆命以紫衣,光其玄门。有秦、吴、荆、齐、燕、梁、闽、蜀之士,咸来逾纪,勤苦奉事。……然师道以仁慈接众,言不阻违,随其性识,指以道要。……由是居广陵三十余年,有弟子五百余人。而师道胎息已久,炼丹有成。

《云笈七签》卷一一三下《聂师道传》,中华书局二〇〇三年版

第三章　专门教育

449

许寂字闲闲。祖秘，名闻会稽。寂少有山水之好，泛览经史，穷三式，尤明《易》象。久栖四明山，不干时誉。昭宗闻其名，征赴阙，召对于内殿。……寻请还山，寓居于江陵，以茹芝绝粒，自适其性。天祐末，节度使赵匡凝昆季深礼遇之，师授保养之道。

《旧五代史》卷七一《唐书·许寂传》，中华书局一九七六年版

四、 佛学

乾封年中，京西明寺僧昙畅将一奴二骡，向岐州棱法师处听讲。

《朝野佥载》卷二，中华书局一九七九年版

弘忍姓周氏，黄梅人。初，弘忍与道信并住东山寺，故谓其法为东山法门。神秀既师事弘忍，弘忍深器异之，谓曰："吾度人多矣，至于悬解圆照，无先汝者。"弘忍以咸亨五年卒，神秀乃往荆州，居于当阳山。则天闻其名，追赴都，肩舆上殿，亲加跪礼，敕当阳山置度门寺以旌其德。时王公已下及京都士庶，闻风争来谒见，望尘拜伏，日以万数。中宗即位，尤加敬异。中书舍人张说尝问道，执弟子之礼，退谓人曰："禅师身长八尺，庞眉秀耳，威德巍巍，王霸之器也。"

初，神秀同学僧慧能者，新州人也，与神秀行业相埒。弘忍卒后，慧能住韶州广果寺。韶州山中，旧多虎豹，一朝尽去，远近惊叹，咸归伏焉。神秀尝奏则天，请追慧能赴都，慧能固辞。神秀又自作书重邀之，慧能谓使者曰："吾形貌矬陋，北土见之，恐不敬吾法。又先师以吾南中有缘，亦不可违也。"竟不度岭而死。天下乃

散传其道,谓神秀为北宗,慧能为南宗。

神秀以神龙二年卒,士庶皆来送葬。有诏赐谥曰大通禅师。又于相王旧宅置报恩寺,岐王范、张说及征士卢鸿一皆为其碑文。神秀卒后,弟子普寂、义福,并为时人所重。

普寂姓冯氏,蒲州河东人也。年少时遍寻高僧,以学经律。时神秀在荆州玉泉寺,普寂乃往师事,凡六年,神秀奇之,尽以其道授焉。久视中,则天召神秀至东都,神秀因荐普寂,乃度为僧。及神秀卒,天下好释氏者咸师事之。中宗闻其高年,特下制令普寂代神秀统其法众。开元十三年,敕普寂于都城居止。时王公士庶,竞来礼谒,普寂严重少言,来者难见其和悦之容,远近尤以此重之。二十七年,终于都城兴唐寺,年八十九。时都城士庶曾谒者,皆制弟子之服。有制赐号为大照禅师。及葬,河南尹裴宽及其妻子,并衰麻列于门徒之次,士庶倾城哭送,闾里为之空焉。

义福姓姜氏,潞州铜鞮人。初止蓝田化感寺,处方丈之室,凡二十余年,未尝出宇之外。后隶京城慈恩寺。开元十一年,从驾往东都,途经蒲、虢二州,刺史及官吏士女皆斋幡花迎之,所在途路充塞。以二十年卒,有制赐号大智禅师。葬于伊阙之北,送葬者数万人。中书侍郎严挺之为制碑文。

神秀,禅门之杰,虽有禅行,得帝王重之,而未尝聚徒开堂传法。至弟子普寂,始于都城传教,二十余年,人皆仰之。

《旧唐书》卷一九一《方伎传》,中华书局一九七五年版

僧一行,姓张氏,先名遂,魏州昌乐人,襄州都督、郯国公公谨之孙也。父擅,武功令。一行少聪敏,博览经史,尤精历象、阴阳、五行之学。时道士尹崇博学先达,素多坟籍。一行诣崇,借扬雄

《太玄经》，将归读之。数日，复诣崇，还其书。崇曰："此书意指稍深，吾寻之积年，尚不能晓，吾子试更研求，何遽见还也？"一行曰："究其义矣。"因出所撰《大衍玄图》及《义决》一卷以示崇。崇大惊，因与一行谈其奥赜，甚嗟伏之，谓人曰："此后生颜子也。"一行由是大知名。武三思慕其学行，就请与结交，一行逃匿以避之。寻出家为僧，隐于嵩山，师事沙门普寂。睿宗即位，敕东都留守韦安石以礼征，一行固辞以疾，不应命。后步往荆州当阳山，依沙门悟真以习梵律。

开元五年，玄宗令其族叔礼部郎中洽赍敕书就荆州强起之。一行至京，置于光太殿，数就之，访以安国抚人之道，言皆切直，无有所隐。……

一行尤明著述，撰《大衍论》三卷，《摄调伏藏》十卷，《天一太一经》及《太一局遁甲经》《释氏系录》各一卷。时《麟德历经》推步渐疏，敕一行考前代诸家历法，改撰新历，又令率府长史梁令瓒等与工人创造黄道游仪，以考七曜行度，互相证明。于是一行推《周易》大衍之数，立衍以应之，改撰《开元大衍历经》。至十五年卒，年四十五，赐谥曰大慧禅师。

初，一行从祖东台舍人太素，撰《后魏书》一百卷，其《天文志》未成，一行续而成之。上为一行制碑文，亲书于石，出内库钱五十万，为起塔于铜人之原。明年，幸温汤，过其塔前，又驻骑徘徊，令品官就塔以告其出豫之意，更赐绢五十匹，以莳塔前松柏焉。

初，一行求访师资，以穷大衍。至天台山国清寺，见一院，古松十数，门有流水，一行立于门屏间，闻院僧于庭布算声，而谓其徒曰："今日当有弟子自远求吾算法，已合到门，岂无人导达也？"即除一算。又谓曰："门前水当却西流，弟子亦至。"一行承其言而趋入，稽首请法，尽受其术焉，而门前水果却西流。道士邢和璞尝谓尹愔曰："一行其圣人乎？汉之洛下闳造历，云：'后八百岁当差一日，必有圣人正之。'今年期毕矣，而一行造《大衍》正其差谬，则洛下闳之言信矣，非圣人而何？"

《旧唐书》卷一九一《方伎传》，中华书局一九七五年版

凡为浮图道者，都邑之会必有师，师善为律，以敕戒始学者与女释者，甚尊严，且优游。甓浮图有师道，少而病甓，日愈以剧，居东祠十年，扶服舆曳，未尝及人，侧匿愧恐殊甚。今年，他有师道者悉以故去，始学者与女释者伥伥无所师，遂相与出甓浮图以为师，盥濯之，扶持之，壮者执舆，幼者前驱，被以其衣，导以其旗，怵惕疾视，引且翼之。甓浮图不得已，凡师数百生。日馈饮食，时献巾帨，洋洋也，举莫敢逾其制。

《柳宗元集》卷一五《问答·起废答》，中华书局一九七九年版

陕州洪昉，本京兆人，幼而出家，遂证道果。志在禅寂，而亦以讲经为事，门人常数百。

《太平广记》卷九五《异僧九·洪昉禅师》，
中华书局一九六一年版

长安有讲《涅槃经》僧曰法将，聪明多识，声名籍甚。所在日讲，僧徒归之如市。

《太平广记》卷九四《异僧八·法将》，中华书局一九六一年版

有商居士者，三河县人。年七岁，能通佛氏书，里人异之。后

庐于三河县西田中，有佛书数百编，手卷目阅，未尝废一日。从而师者且百辈。

《太平广记》卷一〇一《释证三·商居士》，

中华书局一九六一年版

有文淑僧者，公为聚众谭说，假托经论所言，无非淫秽鄙亵之事。不逞之徒，转相鼓扇扶树。愚夫冶妇，乐闻其说，听者填咽。寺舍瞻礼崇奉，呼为和尚。教坊效其声调，以为歌曲。其旴庶易诱，释徒苟知真理，及文义稍精，亦甚嗤鄙之。近日庸僧以名系功德使，不惧台省府县，以士流好窥其所为，视衣冠过于仇雠，而淑僧最甚，前后杖背，流在边地数矣。

《因话录》卷四，上海古籍出版社一九七九年版

同光时，以方术著者，又有僧诚惠。诚惠初于五台山出家，能修戒律，称通皮、骨、肉三命，人初归向，声名渐远，四方供馈，不远千里而至者众矣。

《旧五代史》卷七一《许寂传》，中华书局一九七六年版

王正言，郓州人。父志，济阴令。正言早孤贫，从沙门学，工诗，密州刺史贺德伦令归俗，署郡职。

《旧五代史》卷六九《王正言传》，中华书局一九七六年版

五、技艺

许智藏，高阳人也。祖道幼，尝以母疾，遂览医方，因而究极，

世号名医。诫其诸子曰："为人子者，尝膳视药，不知方术，岂谓孝乎？"由是世相传授。仕梁，官至员外散骑侍郎。父景，武陵王谘议参军。

智藏少以医术自达，仕陈为散骑侍郎。及陈灭，高祖以为员外散骑侍郎，使诣扬州。会秦孝王俊有疾，上驰召之。俊夜中梦其亡妃崔氏泣曰："本来相迎，如闻许智藏将至，其人若到，当必相苦，为之奈何？"明夜，俊又梦崔氏曰："妾得计矣，当入灵府中以避之。"及智藏至，为俊诊脉，曰："疾已入心，郎当发痫，不可救也。"果如言，俊数日而薨。上奇其妙，赉物百段。炀帝即位，智藏时致仕于家，帝每有所苦，辄令中使就询访，或以舆迎入殿，扶登御床。智藏为方奏之，用无不效。年八十，卒于家。

宗人许澄，亦以医术显。父奭，仕梁太常丞、中军长史。随柳仲礼入长安，与姚僧垣齐名，拜上仪同三司。澄有学识，传父业，尤尽其妙。历尚药典御、谏议大夫，封贺川县伯。父子俱以艺术名重于周、隋二代。史失事，故附见云。

《隋书》卷七八《许智藏传》，中华书局一九七三年版

孙思邈，京兆华原人也。七岁就学，日诵千余言。弱冠，善谈庄、老及百家之说，兼好释典。洛州总管独孤信见而叹曰："此圣童也。但恨其器大，适小难为用也。"周宣帝时，思邈以王室多故，乃隐居太白山。隋文帝辅政，征为国子博士，称疾不起。尝谓所亲曰："过五十年，当有圣人出，吾方助之以济人。"及太宗即位，召诣京师，嗟其容色甚少，谓曰："故知有道者诚可尊重，羡门、广成，岂虚言哉！"将授以爵位，固辞不受。显庆四年，高宗召见，拜谏议大夫，又固辞不受。

上元元年，辞疾请归，特赐良马，及鄱阳公主邑司以居焉。当时知名之士宋令文、孟诜、卢照邻等，执师资之礼以事焉。思邈尝从幸九成宫，照邻留在其宅。时庭前有病梨树，照邻为之赋，其序曰："癸酉之岁，余卧疾长安光德坊之官舍。父老云：'是鄱阳公主邑司。昔公主未嫁而卒，故其邑废。'时有孙思邈处士居之。邈道合古今，学殚数术。高谈正一，则古之蒙庄子；深入不二，则今之维摩诘耳。其推步甲乙，度量乾坤，则洛下闳、安期先生之俦也。"照邻有恶疾，医所不能愈，乃问思邈："名医愈疾，其道何如？"思邈曰："吾闻善言天者，必质之于人；善言人者，亦本之于天。天有四时五行，寒暑迭代，其转运也，和而为雨，怒而为风，凝而为霜雪，张而为虹蜺，此天地之常数也。人有四支五藏，一觉一寐，呼吸吐纳，精气往来，流而为荣卫，彰而为气色，发而为音声，此人之常数也。阳用其形，阴用其精，天人之所同也。及其失也，蒸则生热，否则生寒，结而为瘤赘，陷而为痈疽，奔而为喘乏，竭而为燋枯，诊发乎面，变动乎形。推此以及天地亦如之。故五纬盈缩，星辰错行，日月薄蚀，孛彗飞流，此天地之危诊也。寒暑不时，天地之蒸否也；石立土踊，天地之瘤赘也；山崩土陷，天地之痈疽也；奔风暴雨，天地之喘乏也；川渎竭涸，天地之燋枯也。良医导之以药石，救之以针剂，圣人和之以至德，辅之以人事，故形体有可愈之疾，天地有可消之灾。"又曰："胆欲大而心欲小，智欲圆而行欲方。《诗》曰'如临深渊，如履薄冰'，谓小心也；'赳赳武夫，公侯干城'，谓大胆也。'不为利回，不为义疚'，行之方也；'见机而作，不俟终日'，智之圆也。"

思邈自云开皇辛酉岁生，至今年九十三矣，询之乡里，咸云数百岁人，话周、齐间事，历历如眼见，以此参之，不啻百岁人矣。然犹视听不衰，神采甚茂，可谓古之聪明博达不死者也。

∙∙∙∙∙∙∙∙∙∙∙

永淳元年卒。遗令薄葬，不藏冥器，祭祀无牲牢。经月余，颜貌不改，举尸就木，犹若空衣，时人异之。自注《老子》《庄子》，撰《千金方》三十卷，行于代。又撰《福禄论》三卷，《摄生真录》及《枕中素书》《会三教论》各一卷。

《旧唐书》卷一九一《孙思邈传》，中华书局一九七五年版

〔显庆〕三年，诏征太白山人孙思邈至，居于鄱阳公主废府。时年九十余，视听不衰。卢照邻、宋令文、孟诜皆执师赍之礼。照邻尝问曰："名医愈疾，其道何也？"思邈曰："吾闻善言天者，必资之于人。善言人者，亦本之于天。天有四时五行，日月相推，寒暑迭代，其转运也。和而为雨，怒而为风，散而为露，乱而为雾，凝而为霜雪，张而为虹蜺，此天地之常数也。人有四肢五脏，一觉一寐，呼吸吐纳，精气往来，流而为荣卫，彰而为气色，发而为音声，此人之常数也。阳用其形，阴用其精，天人之所同也。及其失也，蒸则生热，否则生寒，结而为瘤赘，陷而为痈疽，奔而为喘乏，渴而为焦枯，诊发乎面，变动乎形。推及天地，则亦如之。故五纬盈缩，星辰错行，日月薄蚀，孛彗流飞，此天地之危诊也；寒暑不时，此天地之蒸否也；石立土踊，此天地之瘤赘也；山崩地陷，天地之痈疽也。冲风暴雨，天地之喘乏也；雨泽不降，川渎涸竭，天地之焦枯也。良医导之以药石，救之以针剂，如圣人和之以至德，辅之以人事，故身有可愈之疾，天地有可消之灾。通乎数也。"照邻曰："人事如何？"思邈曰："胆欲大而心欲小，智欲圆而仁欲方。"照邻曰："何谓也？"思邈曰："心为五脏之君，君以恭慎为主，故心欲小。

胆为五脏之将,将以果决为务,故胆欲大。智者动,象天,故欲圆。仁者静,象地,故欲方。《诗》曰'如临深渊,如履薄冰',谓小心也;'纠纠武夫,公侯干城',谓大胆也。《传》曰:'不为利回,不为义疚,仁之方也。'《易》曰:'见几而作,不俟终日。'智之圆也。"照邻又曰:"养性之要何也?"思邈曰:"天道有盈缺,人事多屯厄。苟不自慎,而能济于屯厄者,未之有也。故养性之士,先知自慎。自慎者,以忧畏为本。《经》曰:'人不忧畏,大威至矣。'忧畏者,生死之门,存亡之由,祸福之本,吉凶之元也。故士无忧畏,则仁义不立;农无忧畏,则稼穑不滋;工无忧畏,则规矩不设;商无忧畏,则货殖不盈;子无忧畏,则孝敬不笃;父无忧畏,则慈爱不著;臣无忧畏,则勋庸不立;君无忧畏,则社稷不安。故养性者,失其忧畏,则心乱而不理,形躁而不宁,神散而气越,志荡而意昏。应生者死,应存者亡,应成者败,应吉者凶。夫忧畏者,犹水火不可暂忘也。人无忧畏,子弟为劲敌,妻妾为寇仇。是故太上畏道,其次畏天,其次畏物,其次畏人,其次畏身。忧于身者,不拘于人;畏于天者,不危于人;畏于己者,不制于彼;慎于小者,不惧于大;戒于近者,不悔于远。能如此者,水行,蛟龙不能害;陆行,虎兕不能伤;五兵不能及,疫疬不能染,谗贼不能谤,毒螫不能加。善知此者,则人事毕矣。"照邻自伤强仕之年,而婴沉病,乃作《病梨树赋》,以伤禀受之不固也。至四年。思邈授承务郎直尚药局。

《唐会要》卷八二《医术》,中华书局一九五五年版

陈玄,京兆人也。家世为医,……性好酒乐施,随得而无私积。明宗朝,为太原少尹,入为太府卿。长兴中,集平生所验方七十五首,并修合药法百件,号曰《要术》,刊石置于太原府衙门之

左，以示于众，病者赖焉。

《旧五代史》卷九六《晋书·陈玄传》，中华书局一九七六年版

耿询字敦信，丹阳人也。滑稽辩给，伎巧绝人。陈后主之世，以客从东衡州刺史王勇于岭南。勇卒，询不归，遂与诸越相结，皆得其欢心。会郡俚反叛，推询为主。柱国王世积讨擒之，罪当诛。自言有巧思，世积释之，以为家奴。久之，见其故人高智宝以玄象直太史，询从之受天文算术。询创意造浑天仪，不假人力，以水转之，施于暗室中，使智宝外候天时，合如符契。世积知而奏之，高祖配询为官奴，给使太史局。后赐蜀王秀，从往益州，秀甚信之。及秀废，复当诛，何稠言于高祖曰："耿询之巧，思若有神，臣诚为朝廷惜之。"上于是特原其罪。询作马上刻漏，世称其妙。

《隋书》卷七八《耿询传》，中华书局一九七三年版

李元恺，邢州人。博学，善天步律历，性恭慎，未尝敢语人。宋璟尝师之，既当国，厚遗以束帛，将荐之朝，拒不答。

《新唐书》卷一九六《李元恺传》，中华书局一九七五年版

祖孝孙，幽州范阳人也。父崇儒，以学业知名，仕至齐州长史。孝孙博学，晓历算，早以达识见称。初，开皇中，钟律多缺，虽何妥、郑译、苏夔、万宝常等亟共讨详，纷然不定。及平江左，得陈乐官蔡子元、于普明等，因置清商署。时牛弘为太常卿，引孝孙为协律郎，与子元、普明参定雅乐。时又得陈阳山太守毛爽，妙知京房律法，布琯飞灰，顺月皆验。爽时年老，弘恐失其法，于是奏孝孙从其受律。孝孙得爽之法，一律而生五音，十二律而为六十音，

因而六之，故有三百六十音，以当一岁之日。

《旧唐书》卷七九《祖孝孙传》，中华书局一九七五年版

周玄豹者，本燕人，世为从事。玄豹少为僧，其师有知人之鉴，从游十年余，苦辛无惮，师知其可教，遂以袁、许之术授之。大略状人形貌，比诸龟鱼禽兽，目视臆断，咸造其理。及还乡，遂归俗。……玄豹归晋阳，张承业信重之，言事数中。

《旧五代史》卷七一《晋书·周玄豹传》，中华书局一九七六年版

欧阳通，询之子，善书，瘦怯于父。常自矜能书，必以象牙、犀角为笔管，狸毛为心，覆以秋兔毫；松烟为墨，末以麝香；纸必须坚薄白滑者，乃书之。盖自重其书。薛纯陀亦效欧阳草，伤于肥钝，亦通之亚也。

张旭草书得笔法，后传崔邈、颜真卿。旭言：“始吾见公主担夫争路，而得笔法之意。后见公孙氏舞剑器，而得其神。”旭饮酒辄草书，挥笔而大叫，以头揾水墨中而书之，天下呼为张颠。醒后自视，以为神异，不可复得。后辈言笔札者，欧、虞、褚、薛，或有异论，至张长史，无间言矣。

予罢秩醴泉，特诣京洛，访金吾长史张公，请师笔法。长史于时在裴儆宅，憩止已一年矣。众师张公求笔法，或有得者，皆曰神妙。仆顷在长安二年，师事张公，皆大笑而已。即对以草书，或三

纸五纸,皆乘兴而散,不复有得其言者。仆自再于洛下相见,眷然不替。仆因问裴儆:"足下师张长史,有何所得?"曰:"但书得绢屏素数十轴。亦尝论诸笔法,唯言倍加功学临写,书法当自悟耳。"

仆自停裴家月余日,因与裴儆从长史言话散,却回京师,前请曰:"既承兄丈①奖谕,日夜滋深,夙夜工勤,溺于翰墨。傥得闻笔法要诀,终为师学,以冀至于能妙,岂任感戴之诚也?"长史良久不言,乃左右盻视,拂然而起。仆乃从行,归东竹林院小堂。张公乃当堂踞床而坐,命仆居于小榻,而曰:"笔法玄微,难妄传授。非志士高人,讵可与言要妙也? 书之求能,且攻真草,今以授之,可须思妙。"

乃曰:"夫平谓横,子知之乎?"仆思以对之,曰:"尝闻长史示,令每为一平画,皆须令纵横有象。此岂非其谓乎?"长史乃笑曰:"然。"

而又问曰:"直谓纵,子知之乎?"曰:"岂不谓直者,从不令邪曲之谓乎?"

曰:"均谓间,子知之乎?"曰:"尝蒙示以间不容光之谓乎?"

曰:"密谓际,子知之乎?"曰:"岂不谓恐锋下笔皆令宛成,不令其疏之谓乎?"

曰:"锋谓末,子知之乎?"曰:"岂不谓以末成画,使其锋健之谓乎?"

曰:"力谓骨体,子知之乎?"曰:"岂不谓趯笔则点画皆有筋骨,字体自然雄媚之谓乎?"

曰:"转轻谓屈折,子知之乎?"曰:"岂不谓钩笔转角,折锋轻过,亦谓转角为暗过之谓乎?"

① "兄丈",一本作"九丈"。

曰："决谓牵制，子知之乎？"曰："岂不谓为牵为制，决意挫锋，使不怯滞，令险峻而成，以谓之决乎？"

曰："补谓不足，子知之乎？"曰："岂不谓结点画或有失趣者，则以别点画旁救之谓乎？"

曰："损谓有余，子知之乎？"曰："岂不谓趣长笔短，常使意势有余，点画若不足之谓乎？"

曰："巧谓布置，子知之乎？"曰："岂不谓欲书先预想字形布置，令其平稳；或意外字体，令有异势，是谓之巧乎？"

曰："称谓大小，子知之乎？"曰："岂不谓大字蹙之令小，小字展之为大，兼令茂密，所以为称乎？"

长史曰："子言颇皆近之矣。夫书道之妙，焕乎其有肯焉，字外之奇，言所不能尽。世之书者，宗二王、元常逸迹，曾不睥睨笔法之妙，遂尔雷同。献之谓之古肥，旭谓之今瘦，古今既殊，肥瘦颇反。如自省览，有异众说。芝、钟巧趣，精细殆同，始自机神，肥瘦古今，岂易致意？真迹虽少，可得而推。逸少至于学钟，势巧形容，及其独运，意疏字缓，譬犹楚晋习夏，不能无楚，过言不悒，未为笃论。又子敬之不逮逸少，犹逸少之不逮元常。学子敬者，画虎也；学元常者，画龙也。予虽不习，久得其道，不问之言，必慕之软。傥有巧思，思盈半矣。子其勉之，工精勤悉，自当妙矣。"

真卿前请曰："幸蒙长史传授笔法，敢问工书之妙，如何得齐于古人？"张公曰："妙在执笔，令其圆转，勿使拘挛。其次诸法须口传手授之诀，勿使无度，所谓笔法也。其次在于布置，不慢不越，巧使合宜。其次纸笔精佳。其次诸变适怀，纵舍规矩。五者备矣，然后齐于古人矣。"

"敢问执笔之理，可得闻乎？"长史曰："予传授笔法之老舅彦远曰：'吾闻昔日说书若学，有工而迹不至。'后闻于褚河南曰：'用笔当须如印泥画沙，思所以不悟。'后于江岛遇见沙地平净，令人意悦欲书，乃偶以利锋画其劲险之状，明利媚好，乃悟用笔。如锥画沙，使其藏锋，画乃沉着。当其用锋，常欲使其透过纸背，此成功之极矣。真草用笔，悉如画沙，则其道至矣。是乃其迹可久，自然齐古人矣。但思此理，以专想工用，故其点画不得妄动。子其书绅。"

予遂铭谢再拜，逡巡而退。自此得攻书之术，于兹五年，真草自知可成矣。

《全唐文》卷三三七《颜真卿·张长史十二意笔法记》，中华书局一九八三年版

元和中，柳柳州书，后生多师效，就中尤长于章草，为时所宝。湖湘以南，童稚悉学其书，颇有能者。长庆已来，柳尚书公权，又以博闻强识工书，不离近侍。柳氏言书者，近世有此二人。尚书与族孙璟，开成中，同在翰林，时称大柳舍人、小柳舍人。自祖父郎中芳以来，奕世以文学居清列。舍人在名场淹屈，及擢第首冠诸生，当年宏词登高科，十余年便掌纶诰，侍翰苑。性喜汲引后进，出其门者，名流大僚至多。以诚明待物，不妄然诺，士益附之。记录此书后二年，柳公方知举。

《因话录》卷三，上海古籍出版社一九七九年版

六、文学

（一）文选学

曹宪，扬州江都人也。仕隋为秘书学士。每聚徒教授，诸生

数百人。当时公卿已下，亦多从之受业。宪又精诸家文字之书，自汉代杜林、卫宏之后，古文泯绝，由宪此学复兴。大业中，炀帝令与诸学者撰《桂苑珠丛》一百卷，时人称其该博。宪又训注张揖所撰《博雅》，分为十卷，炀帝令藏于秘阁。贞观中，扬州长史李袭誉表荐之，太宗征为弘文馆学士，以年老不仕，乃遣使就家拜朝散大夫，学者荣之。太宗又尝读书有难字，字书所阙者，录以问宪，宪皆为之音训及引证明白，太宗甚奇之。年一百五岁卒。所撰《文选音义》，甚为当时所重。初，江、淮间为《文选》学者，本之于宪，又有许淹、李善、公孙罗复相继以《文选》教授，由是其学大兴于代。

《旧唐书》卷一八九上《曹宪传》，中华书局一九七五年版

许淹者，润州句容人也。少出家为僧，后又还俗。博物洽闻，尤精诂训。撰《文选音》十卷。

《旧唐书》卷一八九上《许淹传》，中华书局一九七五年版

李善者，扬州江都人。方雅清劲，有士君子之风。明庆中，累补太子内率府录事参军、崇贤馆直学士，兼沛王侍读。尝注解《文选》，分为六十卷，表上之，赐绢一百二十匹，诏藏于秘阁。除潞王府记室参军，转秘书郎。乾封中，出为经城令。坐与贺兰敏之周密，配流姚州。后遇赦得还，以教授为业，诸生多自远方而至。又撰《汉书辩惑》三十卷。载初元年卒。子邕，亦知名。

《旧唐书》卷一八九上《李善传》，中华书局一九七五年版

公孙罗，江都人也。历沛王府参军，无锡县丞。撰《文选音

义》十卷，行于代。

《旧唐书》卷一八九上《公孙罗传》，中华书局一九七五年版

曹宪，扬州江都人。……宪始以梁昭明太子《文选》授诸生，而同郡魏模公孙罗、江夏李善相继传授，于是其学大兴。句容许淹者，自浮屠还为儒，多识广闻，精故训，与罗等并名家。罗官沛王府参军事、无锡丞。模，武后时为左拾遗，子景倩亦世其学，以拾遗召，后历度支员外郎。善，见子邕传。

《新唐书》卷一九八《曹宪传》，中华书局一九七五年版

李邕字泰和，扬州江都人。父善，有雅行，淹贯古今，不能属辞，故人号"书簏"。显庆中，累擢崇贤馆直学士兼沛王侍读。为《文选注》，敷析渊洽，表上之，赐赉颇渥。除潞王府记室参军，为泾城令，坐与贺兰敏之善，流姚州，遇赦还。居汴、郑间讲授，诸生四远至，传其业，号"文选学"。

邕少知名。始善注《文选》，释事而忘意。书成以问邕，邕不敢对，善诘之。邕意欲有所更，善曰："试为我补益之。"邕附事见义，善以其不可夺，故两书并行。

《新唐书》卷二〇二《李邕传》，中华书局一九七五年版

马怀素，润州丹徒人也。寓居江都，少师事李善。家贫，无灯烛，昼采薪苏，夜燃读书，遂博览经史，善属文。举进士，又应制举，登文学优赡科，拜郿尉，四迁左台监察御史。

《旧唐书》卷一〇二《马怀素传》，中华书局一九七五年版

吕向字子回，亡其世贯，或曰泾州人。少孤，托外祖母隐陆浑山。工草隶，能一笔环写百字，若萦发然，世号"连锦书"。强志于学，每卖药，即市阅书，遂通古今。

玄宗开元十年，召入翰林，兼集贤院校理，侍太子及诸王为文章。……

…………

……尝以李善释《文选》为繁酿，与吕延济、刘良、张铣、李周翰等更为诂解，时号《五臣注》。

《新唐书》卷二○二《吕向传》，中华书局一九七五年版

（二）文学传授

中书令张说专集贤院事，引述为直学士，迁起居舍人。说重词学之士，述与张九龄、许景先、袁晖、赵冬曦、孙逖、王翰常游其门。

《旧唐书》卷一○二《韦述传》，中华书局一九七五年版

元德秀字紫芝，河南河南人。质厚少缘饰。少孤，事母孝，举进士，不忍去左右，自负母入京师。既擢第，母亡，庐墓侧，食不盐酪，藉无茵席。服除，以窭困调南和尉，有惠政。黜陟使以闻，擢补龙军录事参军。

……乃求为鲁山令。……

…………

所得奉禄，悉衣食人之孤遗者。岁满，笥余一缣，驾柴车去。爱陆浑佳山水，乃定居。不为墙垣扃钥，家无仆妾。……是时程

休、邢宇、宇弟宙、张茂之、李萼、萼族子丹叔惟岳、乔潭、杨拯、房垂、柳识皆号门弟子。德秀善文辞，作《蹇士赋》以自况。房琯每见德秀，叹息曰："见紫芝眉宇，使人名利之心都尽。"苏源明常语人曰："吾不幸生衰俗，所不耻者，识元紫芝也。"

天宝十三载卒，家惟枕履箪瓢而已。

《新唐书》卷一九四《元德秀传》，中华书局一九七五年版

休字士美，广平人。宇字绍宗，宙字次宗，河间人。茂之字季丰，南阳人。萼字伯高，丹叔字南诚，惟岳字谟道，赵人。潭字源，梁人。垂字翼明，清河人。拯字齐物，隋观王雄后，举进士，终右骁卫骑曹参军。萼擢制科，迁南华令。……拯与萼名最著。潭、识以文传后。

《新唐书》卷一九四《李萼传》，中华书局一九七五年版

元结，后魏常山王遵十五代孙。……

结少不羁，十七乃折节向学，事元德秀。天宝十二载举进士，礼部侍郎阳浚见其文，曰："一第愿子耳，有司得子是赖！"果擢上第。

《新唐书》卷一四三《元结传》，中华书局一九七五年版

独孤及字至之，河南洛阳人。为儿时，读《孝经》，父试之曰："儿志何语？"对曰："立身行道，扬名于后世。"宗党奇之。天宝末，以道举高第补华阴尉，辟江淮都统李峘府，掌书记。

…………

……迁礼部员外郎，历濠、舒二州刺史。……徙常州，甘露降

第三章　专门教育

467

其廷。卒,年五十三,谥曰宪。

及喜鉴拔后进,如梁肃、高参、崔元翰、陈京、唐次、齐抗皆师事之。性孝友。其为文彰明善恶,长于论议。晚嗜琴,有眼疾,不肯治,欲听之专也。

《新唐书》卷一六二《独孤及传》,中华书局一九七五年版

萧颖士字茂挺。……

颖士四岁属文,十岁补太学生。观书一览即诵,通百家谱系、书籀学。开元二十三年,举进士,对策第一。……

天宝初,颖士补秘书正字。于时裴耀卿、席豫、张均、宋遥、韦述皆先进,器其材,与钧礼,由是名播天下。奉使括遗书赵、卫间,淹久不报,为有司劾免,留客濮阳。于是尹征、王恒、卢异、卢士式、贾邕、赵匡、阎士和、柳并等皆执弟子礼,以次授业,号萧夫子。……

　　　　……

……倭国遣使入朝,自陈国人愿得萧夫子为师者,中书舍人张渐等谏不可而止。

　　　　……

颖士乐闻人善,以推引后进为己任,如李阳、李幼卿、皇甫冉、陆渭等数十人,由奖目,皆为名士。天下推知人,称萧功曹。尝兄事元德秀,而友殷寅、颜真卿、柳芳、陆据、李华、邵轸、赵骅,时人语曰“殷、颜、柳、陆、李、萧、邵、赵”,以能全其交也。所与游者,孔至、贾至、源行恭、张有略、族弟季遐、刘颖、韩拯、陈晋、孙益、韦建、韦收。独华与齐名,世号“萧、李”。尝与华、据游洛龙门,读路旁碑,颖士即诵,华再阅,据三乃能尽记。闻者谓三人才高下,此

其分也。

《新唐书》卷二〇二《萧颖士传》,中华书局一九七五年版

陆羽字鸿渐,一名疾,字季疵,复州竟陵人。……

幼时,其师教以旁行书。……

天宝中,州人酺,吏署羽伶师,太守李齐物见,异之,授以书,遂庐火门山。

《新唐书》卷一九六《陆羽传》,中华书局一九七五年版

检校秘书少监兼和州刺史侍御史河南穆宁字子宁,以正直登朝,以严明作牧。斯历阳之人,弗惟奉承侍御史之符候,持三尺律,期于禁暴惩奸而已。乃能广吾君之德,靖人于教化。教化之兴,始于家庭,延于邦国,事之体大,且非谀闻者之所及也。请言其家之教化焉。

使君有四子,曰赞曰质曰赓曰赏,耸秀之姿,若瑶林植庭,雪羽驯庑,克岐克嶷,突而偕弁。方欲以六经百氏,播礼乐,务忠孝,正名器,导人伦。如兰有芳心,泉有清源,兆德之阶,于是乎始。使君曰:昔陈亢喜闻《诗》闻《礼》,闻君子之远其子于孔鲤。今兹赞之侪也,其年或成人,或几成人,学《诗》学《礼》,则亦既戒,远子之节,吾事可不务哉!于是考州之东四十里,因僧居之外,阶庭户牖,芳草拳石,近而幽,远而旷,澶漫平田,霈沸温泉,可以步而适,可以濯而蠲,谓尔群子,息焉游焉。赞、质暨赓、赏,拜手稽首曰:应惟惠施之车,仲舒之帷,苏秦之锥,三物毕具。而郡廷温清所在,今也改晨昏为旬朔。夫岂不怀?家人有严君焉,惟命之受,曰俾尔斫,俾尔茨,俾尔负,则使君之材,使君之堂,使君之薪,成且

美矣,安在其习定省之近仪哉？抑又尝闻乃祖安阳府君,传《洪范九畴》,究天人之际,赞等祗荷严训,述修祖德,穆氏之门欲不大,不可得也。

祐甫不腆,幸与使君有郎省之旧,考槃在阿,岁聿云莫,谁谓相远,驾言出游,既觌邦君,又适诸子之馆。使君第三子绍古,于伯季之间,肄文史,考故实,甚精而成,因见谓曰:"丈人吾父之友也,从事于游夏之门久矣,盍以文见诲,如赓也,宜何文也?"祐甫应之曰:"仆朴人也,徒有志于文,知文之阡陌,而不知其精粹。"请道其所见,而绍古自执焉。欲以文经邦者宜董、贾,欲以文动俗者宜扬、马。言偃之文,郁而不见。卜商有《诗》序,其体近六经。屈原、宋玉怨刺比兴之词,深而失中,近于子夏。所谓哀以思,刻石铭座者取崔、蔡,论都及政者宗班、张,飞书走檄者征陈琳,曹、刘之气奋以举,潘、陆之词缛而丽。过此以往,未之或知。宋、齐以降,年代未远,有文之士,胄系皆存,议其优劣,其词未易,故阙焉。绍古曰:"盍书之。"因命笔而记之。大历七年十一月十八日,检校尚书吏部郎中博陵崔祐甫之辞也。

《全唐文》卷四〇九《崔祐甫·穆氏四子讲艺记》,

中华书局一九八三年版

王仲舒字弘中,并州祁人。少客江南,与梁肃、杨凭游,有文称。贞元中,贤良方正高第,拜左拾遗。

《新唐书》卷一六一《王仲舒传》,中华书局一九七五年版

〔崔慎由〕父从,少孤贫。寓居太原,与仲兄能同隐山林,苦心力学。属岁兵荒,至于绝食,弟兄采相拾橡实,饮水栖衡,而讲诵

不辍,怡然终日,不出山岩,如是者十年。贞元初,进士登第,释褐山南西道推官。

《旧唐书》卷一七七《崔从传》,中华书局一九七五年版

韩愈字退之,昌黎人。父仲卿,无名位。愈生三岁而孤,养于从父兄。愈自以孤子,幼刻苦学儒,不俟奖励。大历、贞元之间,文字多尚古学,效扬雄、董仲舒之述作,而独孤及、梁肃最称渊奥,儒林推重。愈从其徒游,锐意钻仰,欲自振于一代。……

寻登进士第。宰相董晋出镇大梁,辟为巡官。

《旧唐书》卷一六〇《韩愈传》,中华书局一九七五年版

贞元中,愈从太傅陇西公平汴州。李生之尊府以侍御史管汴之盐铁,日为酒杀羊享宾客,李生则尚与其弟学读书,习文辞,以举进士为业。

《韩昌黎集》卷二一《送湖南李正字序》,

商务印书馆一九三三年版

韩文公与孟东野友善。韩公文至高,孟长于五言,时号孟诗韩笔。元和中,后进师匠韩公,文体大变。又柳柳州宗元、李尚书翱、皇甫郎中湜、冯詹事定、祭酒杨公、余座主李公,皆以高文为诸生所宗,而韩、柳、皇甫、李公皆以引接后学为务。杨公尤深于奖善,遇得一句,终日在口,人以为癖,终不易初心。长庆以来,李封州甘为文至精,奖拔公心,亦类数公。甘出于李相国武都公门下,时以为得人。惜其命运湮厄,不得在抡鉴之地。又元和以来,词翰兼奇者,有柳柳州宗元、刘尚书禹锡及杨公。刘、杨二人,词翰

之外,别精篇什。又张司业籍善歌行,李贺能为新乐府,当时言歌篇者,宗此二人。李相国程、王仆射起、白少傅居易兄弟、张舍人仲素为场中词赋之最,言程式者,宗此五人。伯仲昆弟,以史笔继业,家藏书最多者,苏少常景胤、堂弟尚书涤,诸家无比,而皆以清标雅范,为后来所重。少卿登第,与堂兄特并时,亦士林之美。

《因话录》卷三,上海古籍出版社一九七九年版

韩愈引致后进,为求科第,多有投书请益者,时人谓之韩门弟子。愈后官高,不复为也。

《唐国史补》卷下,上海古籍出版社一九七九年版

吾常以为孔子之道,大而能博,门弟子不能偏观而尽识也。故学焉而皆得其性之所近,其后离散分处诸侯之国,又各以所能授弟子,原远而未益分。盖子夏之学,其后有田子方,子方之后,流而为庄周,故周之书喜称子方之为人。荀卿之书,语圣人必曰孔子、子弓。子弓之事业不传,惟太史公书《弟子传》有姓名字,曰馯臂子弓,子弓受《易》于商瞿。孟轲师子思,子思之学,盖出曾子。自孔子没,群弟子莫不有书,独孟轲氏之传得其宗,故吾少而乐观焉。

太原王埙示予所为文,好举孟子之所道者,与之言,信悦孟子,而屡赞其之辞。夫沿河而下,苟不止,虽有迟疾,必至于海。如不得其道也,虽疾不止,终莫幸而至焉。故学者必慎其所道,道于杨、墨、老、庄、佛之学,而欲之圣人之道,犹航断港绝潢以望至于海也。故求观圣人之道,必自孟子始。今埙之所由,既几于知道,如又得其船与楫,知沿而不止。呜呼!其可量也哉?

《韩昌黎集》卷二〇《送王秀才序》,商务印书馆一九三三年版

愈白：

愈少驽怯，于他艺能，自度无可努力，又不通时事，而与世多龃龉，念终无以树立，遂发愤笃专于文学。学不得其术，凡所辛苦而仅有之者，皆符于空言，而不适于实用，又重以自废，是故学成而道益穷，年老而智愈困。今又以罪黜于朝廷，远宰蛮县，愁忧无聊，瘴疠侵加，喘喘焉无以冀朝夕。

足下年少才俊，辞雅而气锐。当朝廷求贤如不及之时，当道者又皆良有司，操数寸之管，书盈尺之纸，高可以钓爵位，循次而进，亦不失万一于甲科。

今乃乘不测之舟，入无人之地，以相从问文章为事。身勤而事左，辞重而请约，非计之得也。虽使古之君子，积道藏德，遁其光而不曜，胶其口而不传者，遇足下之请恳恳，犹将倒廪倾囷，罗列而进也。若愈之愚不肖，又安敢有爱于左右哉！

顾足下之能，足以自奋；愈之所有，如前所陈：是以临事愧耻而不敢答也。钱财不足以贿左右之匮急，文章不足以发足下之事业，稛载而往，垂橐而归，足下亮之而已。愈白。

《韩昌黎集》卷一五《答窦秀才书》，商务印书馆一九三三年版

有区生者，誓言相好，自南海挐舟而来。升自宾阶，仪观甚伟，坐与之语，文义卓然。庄周云："逃空虚者，闻人足音，跫然而喜矣。"况如斯人者，岂易得哉？入吾室闻《诗》《书》仁义之说，欣然喜，若有志于其间也。与之翳嘉林，坐石矶，投竿而渔，陶然以乐，若能遗外声利而不厌乎贫贱也。

岁之初吉，归拜其亲，酒壶既倾，序以识别。

《韩昌黎集》卷二一《送区册序》，商务印书馆一九三三年版

元和已后，为文笔则学奇诡于韩愈，学苦涩于樊宗师。歌行则学流荡于张籍。诗章则学矫激于孟郊，学浅切于白居易，学淫靡于元稹。俱名为元和体。大抵天宝之风尚党，大历之风尚浮，贞元之风尚荡，元和之风尚怪也。

《唐国史补》卷下，上海古籍出版社一九七九年版

二十一日，宗元白：辱书云欲相师，仆道不笃，业甚浅近，环顾其中，未见可师者。虽常好言论，为文章，甚不自是也。不意吾子自京师来蛮夷间，乃幸见取。仆自卜固无取，假令有取，亦不敢为人师。为众人师且不敢，况敢为吾子师乎？

孟子称"人之患在好为人师"。由魏、晋氏以下，人益不事师。今之世，不闻有师，有辄哗笑之，以为狂人。独韩愈奋不顾流俗，犯笑侮，收召后学，作《师说》，因抗颜而为师。世果群怪聚骂，指目牵引，而增与为言辞。愈以是得狂名，居长安，炊不暇熟，又挈挈而东，如是者数矣。屈子赋曰："邑犬群吠，吠所怪也。"仆往闻庸蜀之南，恒雨少日，日出则犬吠，余以为过言。前六七年，仆来南，二年冬，幸大雪，逾岭被南越数州，数州之犬，皆苍黄吠噬狂走者累日，至无雪乃已，然后始信前所闻者。今韩愈既自以为蜀之日，而吾子又欲使吾为越之雪，不以病乎？非独见病，亦以病吾子。然雪与日岂有过哉？顾吠者犬耳。度今天下不吠者几人，而谁敢炫怪于群目，以召闹取怒乎？

仆自谪过以来，益少志虑。居南中九年，增脚气病，渐不喜闹，岂可使呶呶者早暮咈吾耳、骚吾心？则固僵仆烦愦，愈不可过矣。平居望外，遭齿舌不少，独欠为人师耳。

抑又闻之，古者重冠礼，将以责成人之道，是圣人所尤用心者

也。数百年来，人不复行。近有孙昌胤者，独发愤行之。既成礼，明日造朝至外庭，荐笏言于卿士曰："某子冠毕。"应之者咸怃然。京兆尹郑叔则怫然曳笏却立，曰："何预我耶？"廷中皆大笑。天下不以非郑尹而快孙子，何哉？独为所不为也。今之命师者大类此。

吾子行厚而辞深，凡所作，皆恢恢然有古人形貌，虽仆敢为师，亦何所增加也？假而以仆年先吾子，闻道著书之日不后，诚欲往来言所闻，则仆固愿悉陈中所得者。吾子苟自择之，取某事去某事，则可矣。若定是非以教吾子，仆才不足，而又畏前所陈者，其为不敢也决矣。吾子前所欲见吾文，既悉以陈之，非以耀明于子，聊欲以观子气色诚好恶何如也。今书来，言者皆大过。吾之诚非佞誉诬谀之徒，直见爱甚故然耳。

始吾幼且少，为文章，以辞为工。及长，乃知文者以明道，是固不苟为炳炳烺烺，务采色、夸声音而以为能也。凡吾所陈，皆自谓近道，而不知道之果近乎？远乎？吾子好道而可吾文，或者其于道不远矣。故吾每为文章，未尝敢以轻心掉之，惧其剽而不留也；未尝敢以怠心易之，惧其弛而不严也；未尝敢以昏气出之，惧其昧没而杂也；未尝敢以矜气作之，惧其偃蹇而骄也。抑之欲其奥，扬之欲其明，疏之欲其通，廉之欲其节，激而发之欲其清，固而存之欲其重，此吾所以羽翼夫道也。本之《书》以求其质，本之《诗》以求其恒，本之《礼》以求其宜，本之《春秋》以求其断，本之《易》以求其动，此吾所以取道之原也。参之穀梁氏以厉其气，参之《孟》《荀》以畅其支，参之《庄》《老》以肆其端，参之《国语》以博其趣，参之《离骚》以致其幽，参之太史公以著其洁，此吾所以旁推交通而以为之文也。凡若此者，果是耶，非耶？有取乎，抑其无取乎？吾子幸观焉择焉，有余以告焉。苟亟来以广是道，子不有得焉，则我得矣，又何以师云尔哉？取其实而去其名，无招越、蜀吠怪，而为外廷所笑，则幸矣！宗元白。

《柳宗元集》卷三四《答韦中立论师道书》，

中华书局一九七九年版

今之世，为人师者众笑之，举世不师，故道益离；为人友者，不以道而以利，举世无友，故道益弃。呜呼！生于是病矣，歌以为箴。既以儆己，又以诫人。

不师如之何？吾何以成！不友如之何？吾何以增！吾欲从师，可从者谁？借有可从，举世笑之。吾欲取友，谁可取者？借有可取，中道或舍。仲尼不生，牙也久死，二人可作，惧吾不似。中焉可师，耻焉可友，谨是二物，用惕尔后。道苟在焉，佣丐为偶；道之反是，公侯以走。内考诸古，外考诸物，师乎友乎，敬尔无忽！

《柳宗元集》卷一九《师友箴》，中华书局一九七九年版

二十五日，某白，冯翊严生足下：得生书，言为师之说，怪仆所作《师友箴》与《答韦中立书》，欲变仆不为师之志，而屈己为弟子。凡仆所为二文，其卒果不异。仆之所避者名也，忧者其实也，实不可一日忘。仆聊歌以为箴，行且求中以益已，慄慄不敢暇，又不敢自谓有可师乎人者耳。若乃名者，方为薄也笑骂，仆脆怯，尤不足当也。内不足为，外不足当，众口虽恳恳见迫，其若吾子何？实之要，二文中皆是也，吾子其详读之，仆见解不出此。

吾子所云仲尼之说，岂易耶？仲尼可学不可为也。学之至，斯则仲尼矣；未至而欲行仲尼之事，若宋襄公好霸而败国，卒中矢

而死。仲尼岂易言耶？马融、郑玄者，二子独章句师耳。今世固不少章句师，仆幸非其人。吾子欲之，其有乐而望吾子者矣。言道、讲古、穷文辞以为师，则固吾属事。仆才能勇敢不如韩退之，故又不为人师。人之所见有同异，吾子无以韩责我。若曰仆拒千百人，又非也。仆之所拒，拒为师弟子名，而不敢当其礼者也。若言道、讲古、穷文辞，有来问我者，吾岂尝瞋目闭口耶？

敬叔吾所信爱，今不得见其人，又不敢废其言。吾子文甚畅远，恢恢乎其辟大路将疾驰也。攻其车，肥其马，长其策，调其六辔，中道之行大都，舍是又奚师欤？亟谋于知道者而考诸古，师不乏矣。幸而亟来，终日与吾子言，不敢倦，不敢爱，不敢肆。苟去其名，全其实，以其余易其不足，亦可交以为师矣。如此，无世俗累而有益乎己，古今未有好道而避是者。宗元白。

《柳宗元集》卷三四《答严厚舆秀才论为师道书》，

中华书局一九七九年版

秀才足下：仆避师名久矣。往在京都，后学之士到仆门，日或数十人，仆不敢虚其来意，有长必出之，有不至必甚之。虽若是，当时无师弟子之说。其所不乐为者，非以师为非，弟子为罪也。有两事，故不能：自视以为不足为，一也；世久无师弟子，决为之，且见非，且见罪，惧而不为，二也。其大说具《答韦中立书》，今以往，可观之。

秀才貌甚坚，辞甚强，仆自始觌，固奇秀才，及见两文，愈益奇。虽在京都，日数十人到门者，谁出秀才右耶？前已毕秀才可为成人，仆之心固虚矣，又何鲲鹏互乡于尺牍哉！秋风益高，暑气益衰，可偶居卒谈。秀才时见咨，仆有诸内者不敢爱惜。

大都文以行为本，在先诚其中。其外者当先读六经，次《论语》、孟轲书，皆经言；《左氏》《国语》、庄周、屈原之辞，稍采取之；穀梁子、太史公甚峻洁，可以出入；余书俟文成异日讨也。其归在不出孔子，此其古人贤士所懔懔者。求孔子之道，不于异书。秀才志于道，慎勿怪、勿杂、勿务速显。道苟成，则慦然尔，久则蔚然尔。源而流者岁旱不涸，蓄谷者不病凶年，蓄珠玉者不虞殍死矣。然则成而久者，其术可见。虽孔子在，为秀才计，未必过此。不具。宗元白。

《柳宗元集》卷三四《报袁君陈秀才避师名书》，

中华书局一九七九年版

足下所封示退之书，云欲推避仆以文墨事，且以励足下。若退之之才，过仆数等，尚不宜推避于仆，非其实可知，固相假借为之辞耳。退之所敬者，司马迁、扬雄。迁于退之，固相上下。若雄者，如《太玄》《法言》及《四愁赋》，退之独未作耳，决作之，加恢奇，至他文过扬雄远甚。雄之遣言措意，颇短局滞涩，不若退之猖狂恣睢，肆意有所作。若然者，使雄来尚不宜推避，而况仆耶？彼好奖人善，以为不屈己，善不可奖，故慊慊云尔也。足下幸勿信之。

且足下志气高，好读《南》《北》史书，通国朝事，穿穴古今，后来无能和。而仆稚骏，卒无所为，但趑趄文墨笔砚浅事。今退之不以吾子励仆，而反以仆励吾子，愈非所宜。然卒篇欲足下自挫抑，合当世事以固当，虽仆亦知无出此。吾子年甚少，知己者如麻，不患不显，患道不立尔。此仆以自励，亦以佐退之励足下。不宣。宗元顿首再拜。

《柳宗元集》卷三四《答韦珩示韩愈相推以文墨事书》，

中华书局一九七九年版

二十五日,宗元白:两月来,三辱生书,书皆逾千言,意若相望仆以不对答引誉者。然仆诚过也。而生与吾文又十卷,噫!亦多矣。文多而书频,吾不对答引誉,宜可自反。而来征不肯相见,亟拜亟问,其得终无辞乎?

凡生十卷之文,吾已略观之矣。吾性骏滞,多所未甚谕,安敢悬断是且非耶?书抵吾必曰周、孔,周、孔安可当也?儗人必于其伦,生以直躬见抵,宜无所谀道,而不幸乃曰周、孔,吾岂得无骇怪?且疑生悖乱浮诞,无所取幅尺,以故愈不对答。来柳州,见一刺史,即周、孔之;今而去我,道连而谒于潮,之二邦,又得二周、孔;去之京师,京师显人为文词、立声名以千数,又宜得周、孔千百,何吾生胸中扰扰焉多周、孔哉!

吾虽少为文,不能自雕斫,引笔行墨,快意累累,意尽便止,亦何所师法?立言状物,未尝求过人,亦不能明辨生之才致。但见生用助字,不当律令,唯以此奉答。所谓乎、欤、耶、哉、夫者,疑辞也;矣、耳、焉、也者,决辞也。今生则一之。宜考前闻人所使用,与吾言类且异,慎思之则一益也。庚桑子言蠉蠋鹄卵者,吾取焉。道连而谒于潮,其卒可化乎?然世之求知音者,一遇其人,或为十数文,即务往京师,急日月,犯风雨,走谒门户,以冀苟得。今生年非甚少,而自荆来柳,自柳将道连而谒于潮,途远而深矣,则其志果有异乎?又状貌嶷然类丈夫,视端形直,心无歧径,其质气诚可也,独要谨充之尔。谨充之,则非吾独能,生勿怨。亟之二邦以取法,时思吾言,非固拒生者。孟子曰:"余不屑之教诲也者,是亦教诲之而已矣。"宗元白。

第三章　专门教育

释子工为诗尚矣。休上人赋别怨，约法师哭范尚书，咸为当时才士之所倾叹。厥后，比比有之。上人生于会稽，本汤氏子。聪察嗜学，不肯为凡夫。因辞父兄出家，号灵澈，字源澄。虽受经论，一心好篇章。从越客严维学为诗，遂籍籍有闻。维卒，乃抵吴兴，与长老诗僧皎然游，讲艺益至。皎然以书荐于词人包侍郎佶，包得之大喜。又以书致于李侍郎纾。是时以文章风韵主盟于世者，曰包、李。以是，上人之名由二公而飏，如云得风，柯叶张王。以文章接才子，以禅理说高人，风仪甚雅，谈笑多味。贞元中，西游京师，名振辇下。缁流疾之，造飞语激动中贵人，因侵诬得罪，徙汀州。会赦，归东越。时吴、楚间诸侯多宾礼招延之。元和十一年，终于宣州开元寺，七十有一。

《刘禹锡集》卷一九《澈上人文集纪》，中华书局一九九〇年版

人有儒其业，与孟轲同代而生，不遂师于轲，不得闻乎道，阁下岂不谓之惜乎？又有与扬雄同代而生，不遂师于雄，不得闻乎道，阁下岂不谓之惜哉？有习于琴者，问其所习，必曰："吾师于某，某所传，师旷之道也。"习于弧者，问其所习，必曰："吾师于某，某所传，濯孺子之道也。"脱二人未至于古，然亦无敢是非者，以所习有据故也。悦曰：吾自能，非授受于人也，必知其音俚音也，其能庸能也。呜呼！圣人之道，与琴弧之道相远矣，而琴弧尚能自习之如此，况圣人之道乎？去夫子千有余载，孟轲、扬雄死，今得圣人之旨，能传说圣人之道，阁下耳。今人晞阁下之门，孟轲、扬雄之门也。小子幸儒其业，与阁下同代而生。阁下无限其门，俾小子不得闻其道，为异代惜焉。

《全唐文》卷七九〇《林简言·上韩吏部书》，

中华书局一九八三年版

某白庄先辈足下。凡为文,以意为主,气为辅,以辞彩章句为之兵卫,未有主强盛而辅不飘逸者,兵卫不华赫而庄整者。四者高下圆折,步骤随主所指,如鸟随凤,鱼随龙,师众随汤、武,腾天潜泉,横裂天下,无不如意。苟意不先立,止以文彩辞句,绕前捧后,是言愈多而理愈乱,如入阛阓,纷纷然莫知其谁,暮散而已。是以意全胜者,辞愈朴而文愈高;意不胜者,辞愈华而文愈鄙。是意能遣辞,辞不能成意,大抵为文之旨如此。

观足下所为文百余篇,实先意气而后辞句,慕古而尚仁义者,苟为之不已,资以学问,则古作者不为难到。今以某无可取,欲命以为序,承当厚意,惕息不安。复观自古序其文者,皆后世宗师其人而为之,《诗》《书》《春秋左氏》以降,百家之说,皆是也。古者其身不遇于世,寄志于言,求言遇于后世也。自两汉已来,富贵者千百,自今观之,声势光明,孰若马迁、相如、贾谊、刘向、扬雄之徒,斯人也,岂求知于当世哉?故亲见扬子云著书,欲取覆酱瓿,雄当其时,亦未尝自有夸目。况今与足下并生今世,欲序足下未已之文,此固不可也。苟有志,古人不难到,勉之而已。某再拜。

《樊川文集》卷一三《答庄充书》,上海古籍出版社一九七八年版

鸾凤之音必倾听,雷霆之声必骇心。龙章虎皮,是何等物?日月五星,是何等象?储思必深,摛辞必高,道人之所不道,到人之所不到,趋怪走奇,中病归正。以之明道,则显而微;以之扬名,则久而传。前辈作者正如是。譬玉川子《月蚀诗》、杨司成《莩山赋》、韩史部《进学解》、冯常侍《清河壁记》,莫不拔地倚天,句句欲活,读之如赤手捕长蛇,不施控骑生马,急不得暇,莫不捉搦。又似远人入太兴城,茫然自失,讵比十家县,足未及东郭,目以极西

郭耶？樵尝得为文真诀于来无择，来无择得之于皇甫持正，皇甫持正得之于韩吏部退之。然樵未始与人言及文章，且惧得罪于时。今足下有意于此，而自疑尚多，其可无言乎？樵再拜。

《孙樵集》卷二《与王霖秀才书》，商务印书馆《四部丛刊初编》本

昌黎韩昶，字有之。传在国史。生徐之苻离，小名曰苻。幼而就学，性寡言笑，不为儿戏，不能谐记书。至年长，不能通诵得三五百字，为同学所笑。至六七岁，未解把笔书字，即是性好文字，出言成文，不同他人所为。张籍奇之，为授诗。时年十余岁。日通一卷，籍大奇之，试授诸童，皆不及之。能以所闻，曲问其义，籍往往不能答。受诗未通两三卷，便自为诗。及年十一二，樊宗师大奇之。宗师文学为人之师，文体与常人不同，昶读慕之。一旦为文，宗师大奇。其文中字或出于经史之外，樊读不能通。稍长，爱进士及第，见进士所为之文与樊不同，遂改体就之，欲中其汇。年至二十五，及第释褐。

《全唐文》卷七四一《韩昶·自为墓志铭并序》，

中华书局一九八三年版

段维，或云忠烈之后，年及强壮，殊不知书；一旦自悟其非，闻中条山书生渊薮，因往请益。众以年长犹未发蒙，不与授经。或曰，以律诗百余篇，俾其讽诵。翌日，维悉能强记，诸生异之。复受八韵一轴，维诵之如初，因授之《孝经》。自是未半载，维博览经籍，下笔成文，于是请下山求书粮。至蒲、陕间，遇一前资郡牧即世，请维志其墓。维立成数百言，有燕、许风骨，原获濡润。而性乃嗜煎饼，尝为文会，每个煎饼才熟，而维一韵赋成。咸通、乾符

中,声名籍甚,竟无所成而卒。

《唐摭言》卷一〇《海叙不遇》,古典文学出版社一九五七年版

李商隐字义山,怀州河内人。……

商隐幼能为文。令狐楚镇河阳,以所业文干之,年才及弱冠。楚以其少俊,深礼之,令与诸子游。楚镇天平、汴州,从为巡官,岁给资装,令随计上都。开成二年,方登进士第,释褐秘书省校书郎,调补弘农尉。……

商隐能为古文,不喜偶对。从事令狐楚幕,楚能章奏,遂以其道授商隐,自是始为今体章奏。博学强记,下笔不能自休,尤善为诔奠之辞。

《旧唐书》卷一九〇下《李商隐传》,中华书局一九七五年版

巢,钱塘人,大中间举进士。时姚合号诗宗,为杭州刺史,巢献所业,日游门馆,累陪登览燕集,大得奖重,如门生礼。

《唐才子传》卷八《郑巢》,中华书局一九八七年版

崔起居雍,少有令名,进士第,与郑颢齐名。士之游其门者多登第,时人语为崔雍、郑颢世界。

《唐语林》卷四《企羡》,古典文学出版社一九五七年版

君讳方玄,字景业,……景业季父邢部侍郎建,与贞公以德行文学,俱高一时,时之秀俊,半归李氏门下。

《樊川文集》卷八《唐故处州刺史李君墓志铭并序》,

上海古籍出版社一九七八年版

君讳士琼,字德卿,范阳人。……明经及第。……君少好著文,精晓吏事。少游故丞相杨炎、张延赏之门,杨美其文辞,张每叹其吏材过人。

《李文公集》卷一五《故河南府司录参军卢君墓志铭》,

商务印书馆《四部丛刊初编》本

刘瞻之先,寒士也。十许岁,在郑絪左右主笔砚。……〔絪〕戒子弟涵、瀚已下曰:"刘景他日有奇才,文学必超异,自此可令与汝共处于学院,寝馔一切,无异尔辈。"

《太平广记》卷一七〇《知人二·郑絪》,中华书局一九六一年版

毕相诚家素贱。李中丞者,有诸院兄弟与诚熟。诚至李氏子书室中,诸子赋诗,诚亦为之。

《唐语林》卷三《赏誉》,古典文学出版社一九五七年版

林杰字智周,幼而聪明秀异,言发成文,音调清举。年六岁,请举童子,时父肃为闽府大将,……明年,遂献唐中丞扶,唐既伸幅窥吟,耸耳皆叹,命子弟延入学院,时会七夕。

《太平广记》卷一七五《幼敏·林杰》,中华书局一九六一年版

〔唐持〕子彦谦,字茂业,咸通末应进士,才高负气,无所屈降,十余年不第。……中和中,王重荣镇河中,辟为从事。累奏至河中节度副使,历晋、绛二州刺史。彦谦博学多艺,文词壮丽,至于书画音乐博饮之技,无不出于辈流。尤能七言诗,少时师温庭筠,故文格类之。

《旧唐书》卷一九〇下《唐彦谦传》,中华书局一九七五年版

江东罗隐每就方远授子书,方远必暝目而授,余无他论。门人夏隐言谓方远曰:"罗记室令公上客,先生何不与之语?"方远曰:"隐才高性下,吾非授书不欲及他事。"而隐亦尽师事之礼。

《罗隐集》之《附录》,中华书局一九八三年版

第三章　专门教育

第四章

书　院

大唐大顺元年庚戌，七世长、银青光禄大夫、检校右散骑常侍、守江州刺史、兼御史大夫、赐紫金鱼袋崇立《陈氏家法三十三条》。

…………

立书堂一所于东佳庄。弟侄子孙有赋性聪敏者令修学，稽有学成者应举。除现置书籍外，须令添置。于书生中立一人掌书籍，出入须令照管，不得遗失。宾客寄止，延待于彼，一一出东佳庄供应、周旋。

立书屋一所于住宅之西，训教童蒙。每年正月择吉日起馆，至冬日解散。童子年七岁令入学，至十五岁出学，有能者令入东佳。逐年于书堂次第抽二人归训，一人为先生，一人为副。其纸笔墨砚，并出宅库，管事收买应付。

《江州陈氏义门宗谱》

古之学者，家有塾，党有庠，术有序，国有学，此系乎人者也。圣王之处士也，就闲燕；孟母之训子也，择邻居。元豹隐南山而成文章，成连适东海而移情性，此系乎地者也。然则稽合同异，别是与非者,地不如人;陶钧气质,渐润心灵者,人不若地。学者察此,可以有意于居矣。

浔阳庐山之阳,有陈氏书楼,其先盖陈宜都王叔明之后曰兼,为秘书少监;生京,给事中,以从子褒为嗣,至监官令;生瓘,至高安县丞;其孙避难于泉州之仙游,生伯宣,著《史记》,今行于世。昔马总尝左迁泉州,与之友善。总移南康,伯宣因来居庐山,遂占籍于德安之太平乡常乐里,合族同处,迨今千人。室无私财,厨无异爨,长幼男女,以属会食。日出从事,不畜仆夫隶马。大顺中,崇为江州长史。乾宁中,崇弟勋为蒲圻令。次弟玫,本县令,能嗣其业。如是百年,勋从子衮,本州曹掾。我唐烈祖中兴之际,诏复除而表揭之,旌其义也。衮以为族既庶矣,居既睦矣,当礼乐以固之,诗书以文之,遂于居之左二十里曰东佳,因胜据奇,是卜是筑,为书楼堂庑数十间,聚书数千卷。田二十顷,以为游学之资。子弟之秀者,弱冠以上,皆就学焉。自龙纪以降,崇之子蜕、从子渤、族子乘登进士第,近有蔚文尤出焉,曰逊曰范,皆随计矣。四方游学者,自是宦成而名立,盖有之。

於戏!文如麻菽,求焉斯至;道如江海,酌焉满腹。学如不及,仁远乎哉!昔北海有邴、郑之风,《离骚》有江山之助者,皆古也。门生前进士章谷,尝所肄业,笔而见告,思为之碣。会陈氏之令子曰恭,自南昌掾入仕至都下,因来告别,援翰以授之。时太岁己巳十一月九日记。

《全唐文》卷八八八《徐锴·陈氏书堂记》,

中华书局一九八三年版

伪吴故国五世同居者七家,……尤著者江州陈氏,乃唐元和中给事陈京之后,长幼七百口,不畜仆妾,上下雍睦。凡巾栉椸架及男女授受通问婚葬,悉有规制。……别墅建家塾,聚书,延四方学者,伏腊皆资焉。江南名士皆肄业于其家。

《湘山野录》卷上,江苏广陵古籍刻印社一九九〇年版

罗绍威,魏州贵乡人。……有英杰气,攻笔札,晓音律。性复精悍明敏,服膺儒术,明达吏理。好招延文士。聚书万卷,开学馆,置书楼。

《旧五代史》卷一四《梁书·罗绍威传》,中华书局一九七六年版

窦禹钧,范阳人,为左谏议大夫致仕。诸子进士登第,义风家法,为一时标表。……于宅南构一书院,屋四十间,聚书数千卷。礼文行之儒,延置师席。凡四方孤寒之士贫无供须者,公咸为出之。无问识不识,有志于学者,听其自至。故其子见闻益博。凡四方之士,由公之门登贵显者,前后接踵。

《范文正公文集》卷三《窦谏议录》,
商务印书馆《丛书集成初编》本

石昂,青州临淄人也。家有书数千卷,喜延四方之士,士无远近,多就昂学问,食其门下者或累岁,昂未尝有怠色。而昂不求仕进。……

昂父亦好学,平生不喜佛说。父死,昂于枢前诵《尚书》,曰:"此吾先人之所欲闻也。"禁其家不可以佛事污吾先人。

《新五代史》卷三四《石昂传》,中华书局一九七四年版

杨彦询字成章,河中宝鼎人也。少事青州王师范,师范好学,聚书万卷,使彦询掌之。彦询为人聪悟,遂见亲信。

《新五代史》卷四七《杨彦询传》,中华书局一九七四年版

是时①建学馆于白鹿洞,置田供给诸生,以李善道为洞主,掌其教,号曰庐山国学。

《十国春秋》卷一五《南唐·列祖本纪》,
中华书局一九八三年版

〔《爱日斋丛抄》〕又曰:自唐末以来,所在学校废绝。蜀母昭裔出私财百万营学馆,且请板刻九经,蜀主从之。由是蜀中文学复盛。

《旧五代史》卷四三《唐书·唐明宗纪第九》之注引,
中华书局一九七六年版

附: 唐、五代书院名录②

浙江

青山书院	建德	翁洮	唐
蓬莱书院	象山	杨宏正	唐大中四年
溪山书院	诸暨	吴少邦	唐大中四年
九峰书院	龙游	徐安员	唐大中四年

---

① 南唐升元四年十二月。

② 相关内容与其出处《中国书院史》附录三"历代书院名录"稍有差异。具体名录按书院所在省份(今属)分为十个部分,每个部分包括四项内容:书院名称、所在地、创办者、创办时间。

| 丽正书院 | 绍兴 | | 唐大中四年 |
| 上贵精舍 | 淳安 | 方昊 | 五代 |

福建

梁山书院	漳浦	潘有美	唐
闻读书院	福清	陈灿	唐
鳌峰书院	建阳	熊秘	唐
草堂书院	福鼎	林嵩	唐
松洲书院	漳州	陈珦	唐
蓝田书院	古田	余仁椿	五代

江西

桂岩书院	高安	幸南容	唐元和九年
景星书院	九江	李渤	唐长庆初
李渤书堂	德安	李渤	唐长庆初
东佳书堂	德安	陈崇	唐大顺元年
皇寮书院	永丰	刘庆霖	唐
飞麟书院	南昌	程焅	唐乾符五年
登东书院	吉水	解世隆	唐乾符末
留张书院	宜丰	张王	后梁
匡山书院	泰和	罗韬	后唐长兴间
华林书院	奉新	胡珰	南唐
梧桐书院	奉新	罗靖、罗简	南唐

云阳书院	永修	吴白	南唐
光禄书院	吉安	刘玉	南唐开宝二年

湖南

南岳书院	衡山	李繁	唐
李宽中秀才书院	衡阳	李宽中	唐元和中
杜陵书院	耒阳		
王宁书院	桃源		
石山书院	攸县		
韦宙书院	衡山	韦宙	
庐藩书院	衡山	庐藩	
文山书院	沣县	李群玉	

四川

丹梯书院	巴中	张曙	唐
凤翔书院	西溪	杨发	唐
西溪书院	西溪	杨发	唐
青莲书院	盐亭	李白	唐
张九宗书院	遂宁	张九宗	唐贞元至元和间

贵州

儒溪书院	绥阳	柳宗元	唐

陕西

丽正书院	西安		唐开元间
瀛洲书院	蓝田	李元通	唐

山东

李公书院	临朐	李靖	唐

山西

费君书院	永济	费冠卿	唐

河南

丽正书院	洛阳		唐开元间
嵩阳书院	登封		五代
龙门书院	洛阳		五代
睢阳讲舍	商丘	杨悫	五代

《中国书院史》，湖南教育出版社一九九四年版

第五章

私学教材选要

一、 开蒙要训一卷

乾坤覆载，日月光明。四时来往，八节相迎。

春花开艳，夏叶舒荣。蓁林秋落，松竹冬青。

雾露霜雪，云雨阴晴。晦暮昏暗，晓暝霞生。

雷电规电，霹雳震惊。冰寒冻冷，暖热温清。

五岳嵩华，霍泰恒名。江河淮济，海纳吞并。

湍波漂浪，沉溺涡泓。舩艘舰艇，浮泛流停。

君王有道，恩惠弘廓。万国归投，兆民欢跃。

谄佞潜藏，奸邪慭恶。臣佐辅弼，匡翊勤恪。

赏赍功勋，封赐禄爵。宴会嘉宾，奏设伎乐。

酣酢饮酒，劝酌酬醒。讽诵吟咏，吼唤纵横。

喧笑歌舞，闹动音声。琵琶鼓角，琴瑟箫筝。

箜篌筚篥，筑磬笛笙。孝敬父母，承顺弟兄。

翁婆曾祖，嫂侄孙婴。伯叔姊妹，姑姨舅甥。

婚姻娉嫁，夫妇媒成。油灯蜡烛，炬照晖盈。

贫贱富贵，奴婢使令。仂劓壮健，运辇提擎。

孤茕鳏寡，老弱衰伫。　睡眠寝寐，愤闷烦情。

帏帐床榻，毡褥威仪。　屏风倚障，幔幕悬垂。

氍毹毾𱓾，于阗须弥。　茮簟蔴蔺，荐席铺施。

繰丝抚玺，绵絮纤缬。　纺褐裘装，麻葛蒉紫。

纻练单绌，布绢绌绝。　绫纱缯彩，罗縠锦绣。

仙纹双绖，纰缦紧绉。　针缕绽缀，补袯穿陋。

□续绛缌，緫络缳就。　禯裆裤袴，衫襦襟袖。

襟襕领纽，褛襻新旧。　帔巾帊幌，袍被裙究。

绢绩纻綮，女人佣作。　机梭筬笙，蹑胜轩霍。

苎维织幅，经引纺络。　紫绛苏芳，绯红碧绿。

缃缥绀绮，班黄皂帛。　箧籢箱柜，衣裳叠襞。

鞋靴袜鞢，屦履屧屐。　妆奁镜匣，脂粉薰泽。

烟支靥黛，梳枇钗只。　髟髻发鬓，须髯髭髦。

头额颊颐，齿舌唇口。　眉眼鼻耳，颈项臂肘。

腰脊胸腋，腕抓指拇。　骱髆腿胜，跟踝脚手。

胁肋脊背，腓腨脉后。　脾肾肠肚，肝肺心部。

髓脑筋骨，瘦瘠羸丑。　病患疾疹，痛痒疼躯。

癫秃胗痹，癣疥痫疽。　疮痍痈疖，肿㿉肌肤。

脓血臭污，砭灸疗除。　瘕痳咳嗽，泄唾呵嘘。

癃残挛跛，矬矮侏儒。　癫痫赣蠢，痴騃顽愚。

聋盲哑吃，坊巷街衢。　羞耻惭戁，愧恶乡闾。

珍宝货赂，瑿璧砗磲。　颇梨码磃，琥珀珊瑚。

琉璃璕瑁，金银玉珠。　铅锡鍮鑞，铜铁之徒。

锢鐒销镕，炉冶铸镬。　鼎镬釜甒，锉镬镴镵。

土锅镟铫，铛𨫹堵桉。　铧锹钁镢，斧凿錾锻。

镰钐钩锯，错锶锥钻。　楼犁耕耩，锄刨垄畔。

植稚稀疏，概密稠叚。　亢旱燋枯，沟渠溉灌。

柯枘櫑柄，芟刈撩乱。　削斫斩剉，踩捼押按。

杈耙挑拨，枕策聚散。　摇积苦持，浸渍淹澜。

质举券契，保证赊获。　违限不偿，抵捍拒格。

示语靡从，摘拿撮搦。　蹴踏捧筑，拗搭揬捆。

推傸拽挽，骂詈嗔责。　逃窜隐避，征掔债索。

诉词辩牒，曹府恐窍。　驱驰驮乘，走骤跳踯。

缓急迟驼，决驶奔驿。　车辕毂輨，轮辐轮辒。

钏铜枙轴，鞅鞁鞭鞯。　篷簰篷簑，悃慊显吓。

雕锥刻镂，划削锵锄。　锼刮剗捋，朽腐随宜。

尖喎偏庆，侧正倾欹。　瑕疊于隙，填塞拈掉。

罇壶盔钵，杯碗盏庀。　盘擎垒叠，瓢杓箸匙。

罂瓦瓶榼，盆瓮甀炊。　将泑酪饭，羹臡粥糜。

菹荠鲊脯，鲜脍鱼鲅。　店肆兴贩，吝怙悭惜。

酤卖接待，丰饶添益。　饼肉菜茹，膼膔煮炙。

煎熬焚煏，盐豉调适。　脯鳌鲋胨，腻膷脸腊。

糕馓粔籹，饣馀餐料。　饹饹铳铗，饿槽怀微。

馄饨馅餸，糂粒研断。　棘朞骹酢，吃噇饱满。

贪婪费耗，馋勣乖懒。　粳粮糯秫，禾粟穬稻。

糜穄谷麦，豌豆烟蒿。　碓硙碾磨，杵臼舂捣。

籾面筛麸，粗涩细好。　飏簸糠粞，秕箕趐蒿。

稍穰稭荚，晒曝干燥。　菱莲荷藕，芙蓉枝草。

峪涧嵲壑，崖崩岸倒。　烧燃柴炭，担携负抱。

构架椽柱，栿檩橝梁。　搏飐鸥吻，雀栢檐廊。

厕厂厢庌，板栈厅堂。庵芦屋舍，置牖安窗。

开钥檩梐，备御宁康。库藏赈窖，贮囷囷仓。

泥镘梯橙，砖墼垒墙。扫洒庭院，料治园场。

畦苑种莳，栽插端行。槐榆椿楮，桐梓柘桑。

槟栌椑柿，柑橘槟榔。瓜桃李奈，枣杏梨棠。

葱蒜韭薤，茱萸椒姜。芸薹荠蓼，葫荽芬芳。

蔓菁葵芥，萝卜兰香。蒿蒿藜藿，笋簇尊攘。

厕坑掘堑，坚戟埋枪。堡壁篱栅，周匝遮防。

胎卵湿化，蚰蜒蛲蜋。蚊虻蚍虱，蜂蝶螳螂。

虾蟆蚌蛤，龟鳖鲹鳠。鲇鲤鳢鲫，鲸鲵鳟鲂。

蚖蛇蝮蝎，蟒蝮身腔。燕鹊鸠鸽，鸿鹤凤凰。

鸡鸭鹅雁，鹑鴂鸳鸯。鹰雕鸳鹊，翅翮翱翔。

麝香麋鹿，猿猴猵獐。熊罴狐兔，虎豹豺狼。

驴马牛犊，肌狗猪羊。骆驼骡象，喂饲肥强。

骟骝骓骏，骢骒骃骍。鞍鞯鞦辔，鞗鞈鞥缰。

鞯鞲镫靶，带鞘鞲镗。铋骱箭镞，弹弩纯钢。

劫贼剥夺，怕怖惧忙。偷盗私窃，越蓦非常。

追踪逐迹，忖度思量。谋计智略，掩捉搜赃。

诈伪诳惑，眩诱夸张。摴蒲摊赌，酬赛输酏。

围棋握槊，戏弄披猖。牢狱囚禁，系缚愆殃。

检校察访，勿妄诬谤。拷捽鞭棒，枷锁杻桁。

判无阿党，岂枉贤良。笔砚纸墨，记录文章。

童蒙初学，易解难忘。

《敦煌宝藏》第一二九册伯三六一〇号，

新文丰出版公司一九八五年版

二、蒙求

臣良言：臣闻建官择贤，其来有素；抗表荐士，义或可称。爰自宗周，逮兹炎汉，竞征茂异，咸重儒术。窃见臣境内寄住客前信州司仓参军李瀚，学艺淹通，理识精究，撰古人状迹，编成音韵，属对类事，无非典实，名曰《蒙求》，约三千言，注下转相敷演，向万余事。瀚家儿童三数岁者，皆善讽诵，谈古策事，无减鸿儒；不素谙知，谓疑神遇。司封员外郎李华，当代文宗，名望夙著，与作序云：不出卷而知天下，岂其《蒙求》哉！汉朝王子渊制《洞箫赋》，汉帝美其文，令宫人诵习。近代周兴嗣撰《千字文》，亦颁行天下。岂若《蒙求》者，错综经史，随便训释，童子则固多宏益，老成亦颇觉起予。臣属忝宗枝，职备藩扦，每广听远视，采异访奇，未尝遗一才，蔽片善，有可甄录，不敢不具状闻奏。陛下察臣丹诚，广达四聪之义，令瀚志学，大开奖善之门，伏愿量授一职，微示劝诫。臣良诚惶诚恐，顿首顿首！谨言。天宝五年八月一日，饶州刺史李良上表。

《全唐文》附《唐文拾遗》卷一九《李华·荐蒙求表》，

中华书局一九八三年版

安平李瀚著《蒙求》一篇，列古人言行美恶，参之声律，以授幼童。随而释之，比其终始，则经史百家之要，十得其四五矣。推而引之，源而流之，易于讽诵，形于章句。不出卷知天下，其《蒙求》哉！《周易》有"童蒙求我"之义，李公子以其文碎，不敢轻传达识者，所务训蒙而已，故以《蒙求》为名。题其首，亦每行注两句，人名外传中有别事可记者，亦此附叙之，虽不配上文，所资广博。从

《切韵》"东"字起，每韵四字，凡五百九十六句云尔。

《全唐文》附《唐文拾遗》卷一九《李华·蒙求序》，

中华书局一九八三年版

卷上

王戎简要，裴楷清通。　孔明卧龙，吕望非熊。　杨震关西，丁宽易东。

谢安高洁，王导公忠。　匡衡凿壁，孙敬闭户。　郅都苍鹰，宁成乳虎。

周嵩狼抗，梁冀跋扈。　郗超髯参，王珣短簿。　伏波标注，博望寻河。

李陵初诗，田横感歌。　武仲不休，士衡患多。　桓谭非谶，王商止讹。

嵇吕命驾，程孔倾盖。　剧孟一敌，周处三害。　胡广补阙，袁安倚赖。

黄霸政殊，梁习治最。　墨子悲丝，杨朱泣歧。　朱博乌集，萧芝雉随。

杜后生齿，灵王出髭。　贾谊忌鵩，庄周畏牺。　燕昭筑台，郑庄置驿。

瑾靖二妙，岳湛连璧。　郄诜一枝，戴冯重席。　邹阳长裾，王符缝掖。

鸣鹤日下，士龙云间。　晋宣狼顾，汉祖龙颜。　鲍靓记井，羊祜识环。

仲容青云，叔夜玉山。　毛义捧檄，子路负米。　江革忠孝，王览友悌。

萧何定律，叔孙制礼。　葛丰刺举，息躬历诋。　管宁割席，和峤专车。

时苗留犊，羊续悬鱼。　樊哙排闼，辛毗引裾。　孙楚漱石，郝隆晒书。

枚皋诣阙，充国自赞。　王衍风鉴，许劭月旦。　贺循儒宗，孙绰才冠。

太叔辨洽，挚仲辞翰。　山涛识量，毛玠公方。　袁盎却坐，卫瓘抚床。

于公高门，曹参趣装。　庶女振风，邹衍降霜。　范丹生尘，晏婴脱粟。

诘汾兴魏，鳖令王蜀。　不疑诬金，卞和泣玉。　檀卿沐猴，谢尚鸲鹆。

泰初日月，季野阳秋。　荀陈德星，李郭仙舟。　王恭绣被，张氏铜钩。

丁公遭戮，雍齿先侯。　陈雷胶漆，范张鸡黍。　周侯山嶷，会稽霞举。

季布一诺，阮瞻三语。　郭文游山，袁宏泊渚。　黄琬对日，秦宓论天。

孟轲养素，扬雄草玄。　向秀闻笛，伯牙绝弦。　郭槐自屈，南郡犹怜。

鲁恭驯雉，宋均去兽。广客蛇影，殷师牛斗。元礼模楷，季彦领袖。
鲁褒钱神，崔烈铜臭。梁竦庙食，赵温雄飞。枚乘蒲轮，郑均白衣。
陵母伏剑，轲亲断机。齐后破环，谢女解围。凿齿尺牍，荀勖音律。
胡威推缣，陆绩怀橘。罗含吞鸟，江淹梦笔。李廞清贞，刘骥高率。
蒋诩三迳，许由一瓢。杨仆移关，杜预建桥。寿主议鼎，杜林驳尧。
西施捧心，孙寿折腰。灵辄扶轮，魏颗结草。逸少倾写，平子绝倒。
澹台毁璧，子罕辞宝。东平为善，司马称好。公超雾市，鲁般云梯。
田单火牛，江逌爇鸡。蔡裔殒盗，张辽止啼。陈平多辙，李广成蹊。
陈遵投辖，山简倒载。渊客泣珠，交甫解佩。龚胜不屈，孙宝自劾。
吕安题凤，子猷访戴。董宣强项，翟璜直言。纪昌贯虱，养由号猨。
冯衍归里，张昭塞门。苏韶鬼灵，卢充幽婚。震畏四知，秉去三惑。
柳下直道，叔敖阴德。张汤巧诋，杜周深刻。三王尹京，二鲍纠慝。
孙康映雪，车胤聚萤。李充四部，井春五经。谷永笔札，顾恺丹青。
戴逵破琴，谢敷应星。阮宣杖头，毕卓瓮下。文伯羞鳖，孟宗寄鲊。
史丹青蒲，张湛白马。隐之感邻，王修辍社。阮放八隽，江泉四凶。
华歆忤旨，陈群蹙容。王濬悬刀，丁固生松。姜维胆斗，卢植音钟。
桓温奇骨，邓艾大志。杨修捷对，罗友默记。杜康造酒，苍颉制字。
樗里智囊，边韶经笥。滕公佳城，王果石崖。买妻耻醮，泽室犯斋。
马后大练，孟光荆钗。颜叔秉烛，宋弘不谐。邓通铜山，郭况金穴。
秦彭攀辕，侯霸卧辙。淳于炙輠，彦国吐屑。太真玉台，武子金埒。
巫马戴星，宓贱弹琴。郝廉留钱，雷义送金。逢萌挂冠，胡昭投簪。
王乔双凫，华佗五禽。程邈隶书，史籀大篆。王承鱼盗，丙吉牛喘。
贾琮褰帷，郭贺露冕。冯媛当熊，班女辞辇。王充阅市，董生下帷。
平叔傅粉，弘治凝脂。杨生黄雀，毛宝白龟。宿瘤采桑，漆室忧葵。
韦贤满籝，夏侯拾芥。阮简旷达，袁耽俊迈。苏武持节，郑众不拜。

郭巨将坑，董永自卖。仲连蹈海，范蠡泛湖。文宝缉柳，温舒截蒲。
伯道无儿，嵇绍不孤。绿珠坠楼，文君当垆。伊尹负鼎，宁戚叩角。
赵壹坎壈，颜驷蹇剥。龚遂劝农，文翁兴学。晏御扬扬，五鹿岳岳。

卷下

萧朱结绶，王贡弹冠。庞统展骥，仇览栖鹰。葛亮顾庐，韩信升坛。
王褒柏惨，闵损衣单。蒙恬制笔，蔡伦造纸。孔伋缊袍，祭遵布被。
周公握发，蔡邕倒屣。王敦倾室，纪瞻出妓。暴胜持斧，张纲埋轮。
灵运曲笠，林宗折巾。屈原泽畔，渔父江滨。魏勃埽门，潘岳望尘。
京房推律，翼奉观性。甘宁奢侈，陆凯贵盛。干木富义，于陵辞聘。
元凯传癖，伯英草圣。冯异大树，千秋小车。漂母进食，孙钟设瓜。
壶公谪天，蓟训历家。刘元刮席，晋惠闻蟆。伊籍一拜，郦生长揖。
马安四至，应璩三入。郭解借交，朱家脱急。虞延克期，盛吉垂泣。
豫让吞炭，钼麑触槐。阮孚蜡屐，祖约好财。初平起石，左慈掷杯。
武陵桃源，刘阮天台。王俭坠车，褚渊落水。季伦锦障，春申珠履。
甄后出拜，刘桢平视。胡嫔争樗，晋武伤指。石庆数马，孔光温树。
翟汤隐操，许询胜具。优旃滑稽，落下历数。曼容自免，子平毕娶。
师旷清耳，离娄明目。仲文照镜，临江折轴。栾巴噀酒，偃师舞木。
德润佣书，君平卖卜。叔宝玉润，彦辅冰清。卫后发鬓，飞燕体轻。
元石沉湎，刘伶解醒。赵胜谢躄，楚庄绝缨。恶来多力，飞廉善走。
赵孟疵面，田骈天口。张凭理窟，裴頠谈数。仲宣独步，子建八斗。
广汉钩距，弘羊心计。卫青拜幕，去病辞第。郦寄卖友，纪信诈帝。
济叔不痴，周兄无慧。虞卿担簦，苏章负笈。南风掷孕，商受斫涉。
广德从桥，君章拒猎。应奉五行，安世三箧。相如题柱，终军弃繻。
孙晨藁席，原宪桑枢。端木辞金，钟离委珠。季札挂剑，徐稺致刍。

朱云折槛，申屠断鞅。　卫玠羊车，王恭鹤氅。　管仲随马，苍舒称象。

丁兰刻木，伯瑜泣杖。　陈遵豪爽，田方简傲。　黄向访主，陈寔遗盗。

庞俭凿井，阴方祀灶。　韩寿窃香，王濛市帽。　勾践投醪，陆抗尝药。

孔愉放龟，张颢堕鹊。　田豫俭素，李恂清约。　义纵攻剽，周阳暴虐。

孟阳掷瓦，贾氏如皋。　颜回箪瓢，仲蔚蓬蒿。　麋竺收资，桓景登高。

雷焕送剑，吕虔佩刀。　老莱斑衣，黄香扇枕。　王祥守奈，蔡顺分椹。

淮南食时，左思十稔。　刘惔倾酿，孝伯痛饮。　女娲补天，长房缩地。

季珪士首，长孺国器。　陆玩无人，贾诩非次。　何晏神伏，郭奕心醉。

常林带经，高凤漂麦。　孟嘉落帽，庾凯堕帻。　龙逢板出，张华台坼。

董奉活燮，扁鹊起虢。　寇恂借一，何武去思。　韩子孤愤，梁鸿五噫。

蔡琰辨琴，王粲覆棋。　西门投巫，何谦焚祠。　孟尝还珠，刘昆反火。

姜肱共被，孔融让果。　端康相代，亮陟隔坐。　赵伦鹦怪，梁孝牛祸。

桓典避马，王尊叱驭。　鼂错陷直，赵禹廉倨。　亮遗巾帼，备失匕箸。

张翰失意，陶潜归去。　魏储南馆，汉相东阁。　楚元置醴，陈蕃下榻。

广利泉涌，王霸冰合。　孔融坐满，郑崇门杂。　张堪折辕，周镇漏船。

郭伋竹马，刘宽蒲鞭。　许史侯盛，韦平相延。　雍伯种玉，黄寻飞钱。

王允千里，黄宪万顷。　虞骖才望，戴渊锋颖。　史鱼黜殡，子囊城郢。

戴封积薪，耿恭拜井。　汲黯开仓，冯驩折券。　齐景驷千，何曾食万。

顾荣锡炙，田文比饭。　稚珪蛙鸣，彦伦鹤怨。　廉颇负荆，须贾擢发。

孔翊绝书，申嘉私谒。　渊明把菊，真长望月。　子房取履，释之结袜。

郭丹约关，祖逖誓江。　贾逵问事，许慎无双。　娄敬和亲，白起坑降。

萧史凤台，宋宗鸡窗。　王阳囊衣，马援薏苡。　刘整交质，五伦十起。

张敞画眉，谢鲲折齿。　盛彦感螬，姜诗跃鲤。　宗资主诺，成瑨坐啸。

伯成辞耕，严陵去钓。　董遇三余，谯周独笑。　将闾仰天，王凌呼庙。

二疏散金，陆贾分橐。　慈明八龙，祢衡一鹗。　不占陨车，子云投阁。

魏舒堂堂，周舍谔谔。无盐如漆，如射若冰。郄子投火，王思怒蝇。
符朗皂白，易牙淄渑。周勃织薄，灌婴贩缯。马良白眉，阮籍青眼。
黥布开关，张良烧栈。陈遗饭感，陶侃酒限。楚昭萍实，束皙竹简。
曼倩三冬，陈思七步。刘宠一钱，廉范五袴。氾毓字孤，郗鉴吐哺。
苟弟转酷，严母扫墓。洪乔掷水，陈泰挂壁。王述忿狷，荀粲惑溺。
宋女愈谨，敬姜犹绩。鲍照篇翰，陈琳书檄。浩浩万古，不可备甄。
芟繁摭华，尔曹勉旃。

《全唐诗》卷八八一《李瀚·蒙求》，中华书局一九六〇年版

三、 百行章一卷

臣察三坟廓远，谁晓其源？五典幽深，何能览悉？至如世之所
重，唯学为先；立身之道，莫过忠孝。欲凭《论语》十卷，足可成人；
《孝经》始终，用之无尽。但以学而为存念，得获忠孝之名。虽读不
依徒示，虚谈何益存忠，则须尽节立孝，追远慎终。至于广学不仕明
朝，侍省全乖色养，遇沾高位，便造十恶之愆；未自励躬，方为三千之
过。臣每寻思此事，废寐休餐，故录要真之言，合为《百行章》一卷。
臣以情愚智浅，采略不周，虽非深奥之词，粗以诚于愚浊。

孝行章第一

孝者，百行之本，德义之基。以孝化人，德归于厚矣。在家能
孝，于君则忠；在家不仁，于君则盗。必须躬耕力作，以养二亲；旦
夕咨承，知其安否；冬温夏清，委其冷热；言和色悦，复勿犯颜；必
有非理，雍容缓谏。昼则不居房室，夜则侍省寻常。纵父母身亡，

犹须追远,以时祭祀,每思念之。但以孝行殊弘,亦非此章能悉。

敬行章第二

敬者,修身之本,但是尊于己者,则须敬之。老宿之徒,倍加钦敬。是以《孝经》陈其敬爱,望欲不慢其亲。仲尼先立此章,凭以敬之为本。敬人之尊,人还敬己之亲;敬人之朋,人还敬己之友。故云:所敬者寡,而悦者众。

忠行章第三

身沾高位,倍须持志忧君,临危不改其心,处厄不怀其恨,当阵不顾其躯,聘使不论私计。君言乖理,犯颜谏之,共修政教,以遵风化。善宜称君,过宜称己。进思尽忠,退思补过。能如此者,长守富贵。故云:不欲犯颜谏诤者寡,而悦者众。

节行章第四

君亲委寄,没命须达其功;蒙宠衔恩,丧躯守其全志。纵任隅边重将,不得越理奢华;若在禁阙长廊,特须加其兢悚。终日用心,夙夜匪懈。是以明君而待贤臣,圣主而思良辅。

刚行章第五

为国亡躯,不泄其言;为君尽命,不改其志。边隅镇遏,持节无亏；临阵处危，存忠莫二。

勇行章第六

军机警急，有难先登。拓定四方，息尘埊乱。率领兵卒，赏罚当功。君亲有危，不顾其命。

施行章第七

良田下子，乃获秋收之果。韫遗之珍，施之以纳其价。刘节身居高位，乃得太府之卿；裴寂告谋，身处唐朝之相。

报行章第八

功臣不赏，后无使所；节仕不录，人谁致死？至于前行之臣，如何不记意？但以君情深重，衔珠以报其环恩，舍弊同荣，特环而奉其德。

恭行章第九

入公门，敛手而行。在公庭，鞠躬而立。对尊者，卑辞而言。二亲在堂，不得当门而伫；国有明君，不得当街而蹈。纵居私室，恒须整容。至于妻子之间，每加严恪。终日畏天惧地怕君者，是谓恭行。

勤行章第十

居官之体,忧公忘私,受委须达,执事有功。在家勤作,修营桑梓,农业以时,勿令失度。竭情用力,以养二亲。此则忠孝俱存,岂非由勤力？而若居官慢堕,则有点辱及身;在家不勤,便追弊劣之困。必须夙夜匪懈,以托荣名,预为方计,以防其损。

俭行章第十一

藏如山海,用之有穷;库等须弥,还成有之。俭者恒足,丰者不盈。在公及私,皆须有度。事君养亲,莫过此要。

〔谨〕(勤)行章第十二

荣华当势,谨约其心。虑过思愆,勿令纵逸。治家之道,重戒苦言。莫听侵暴他人之物。在官之法,谨卓小心,共遵风化,奉法治人。一则父母无忧,二乃君临为美。

贞行章第十三

虽遭乱代,不为强暴之勇;俗有倾移,不夺恭美之操。秋胡贱妾,积记传之。韩氏庸妻,今犹敬重。妇人之德,尚自而然,况乃丈夫,宁不刻骨？

常行章第十四

存忠立孝，不可轻移；恭敬思勤，无疑辄改；清平严慎，恒怀在心；节义廉政，不容离己。但以百行无亏，故名"常行"。

信行章第十五

一言之重，山岳无移；一信之亏，轻于尘粉。昔时张范，今犹赞之，挂剑立于丘坟，人无不念。是以车因轮转，人凭信立。

义行章第十六

为人之法者，贵存德义。居家治理，每事无私。兄弟同居，善言和喜，好衣先让，美食骏①之。富贵在身，须加赈恤；饥寒顿弊，啜味相存。但看并粮之友，积向若为？一室三贤，持名何誉？

廉行章第十七

临财不争，则无耻辱之患；对食不贪，盖是终身之本。争财则有灭身之祸，贪食刻招毁之败。齐之三将，以味亡躯。单醪投河，三军皆庆。

---

① "骏"于意难通，有学者据上下文将之改为"后"。

清行章第十八

贵在不烦,居官在职,清为其本。四知之行,以行持名。浊滥之官,何以称誉?虽持清行,恩及治人,不以清酷虐无理。若清而任酷,人还怨之,耕税非理,户口逃窜。是以人烦则乱,水烦则浊。

平行章第十九

在官之法,心平性正,差科定设,每事无私。遣富留贫,按强扶弱。勿受嘱请,莫纳求情。若受嘱请,事乃违心;若纳货贿,便生进退。非直于身危险,昼夜情不宁安。若恩威不平,则难断决,上下官司,弟相颜面,竞生相取。是以富者转富,贫者转贫。日月虽明,覆盆难照;时君至圣,微兴难知。人知冥也,何能自说?

严行章第廿

在官及私,莫自宽慢,勿轻言笑,谬语虚谈。举动折旋,皆须轨则,使人畏爱,则而像之。若身为重将,严若秋霜;位至王公,威同猛兽。先加严训,犯者治之,罪责当时,无容悬罚。是以杖不可废于家,刑则不可废于国。若家无杖,奴婢逃亡,悬罚则人心多怨。或则不自修身,慢于卑下,轻行瞋怒者,未为人事。

慎行章第廿一

立身之道，慎之为大。若居高位，便须慎言。言出患入，言失身亡。朋友交游，便须慎杯。杯则致恶，盈则加刑。养身之道，便须慎食。病从口入，能损其躯。就师疗疾，乃可慎医。针灸失度，能尽其命。非时不得畋猎，走马不过一里。亲知故识，无事莫过；寡妇之门，无由莫往。欲论百行之中，慎行尤急。略而言之，陈其叵尽。

爱行章第廿二

明君受谏，圣化无穷；不纳忠言，国将危败。赤心于君者，不可枉戮；直谏其智者，不可滥诛。桀纣暴虐，天乃丧之；尧舜慈人，传名不已。

谏行章第廿三

为臣尽谏，托命存邦，必须犯颜，丧身全国。谄言易进，忠语难陈。是以茅焦就镬，始皇见而归愆；荀息累綦，虞公睹而收过。

忍行章第廿四

有人谈好未可〔即〕喜，有人道恶未可即嗔。勿信谗言，莫信佞语。〔言语〕侵人，饮气忍之，纵有道理，安详分雪。不得恣其三毒，返烧其身。若不能忍，祸患交至。梁人灌楚，尚致二国之和；

宋就忍之,乃获安邦之乐。

思行章第廿五

在朝思过,恐有愆犯。在室思农,人生之重。远涉思家,忧其在己。临寇思君,达其本志。居贵思贱,忆昔布衣。家富思贫。念其饥馑。言须三思,勿轻出口。行须三思。勿从滥友。思思之,是其大。

宽行章第廿六

天宽无所不覆,地宽无所不载,一切凭之而立。化宽无所不归,率宾大唐。海宽无所不纳,吞并小围。恩宽惠及四海,八方归化。德宽万里影从。高丽驰驿送降,称臣万载,随主计疗。没落之兵,如还京邑。吴王获江南,与之立;身自归朝,统率京兆之所。威承皇旨。智宽无处不危,唐朝廓清四海,天下和平。清宽何人不敬? 言夸大众,海内云奔。唯有持穷,不得自宽。上下无法,尊卑失礼,乱逆生焉。

虑行章第廿七

人生在世,唯须择交,或因良友而以建名,或以弊友而以败己。一朝失行,积代亏名,方始追悔,如何可及? 但以清清之水,尘土浊之;济济之人,愚朋所误。

缓行章第廿八

行步邕容,无劳急速。言辞理定,务在敦明。克罪惟愆,皆须审究。君王问答，诣实而陈。

急行章第廿九

君临危阵，如救头然。父母处厄，犹身陷火。朋友有难，事等孔怀。凡人有丧，皆须匍匐。

达行章第卅

为臣之礼，达以为功。临阵处危，贵存谁巧？是以相见，赵国臣奉璧，言碎柱而将还。齐晏躬齐国臣梁挑，陈辩辞而见纳之也。

道行章第卅一

万事之基，总览之要。治家无道，众人不顾；治国无道，邻国怪之。是以明君在殿，百姓无忧；家长东西，奸盗竞起。妇人之言，不可专用；佞臣之语，无宜临依。必须励己励心，以治家国。

专行章第卅二

事君养亲，专心无二。父在不可得自专，君存无容自擅。专行未成孝，自擅未可为忠，移行可为臣子？

贵行章第卅三

性之不去者衣食，事之不可废者耕织，必须营之。是以金银饥不可食,珠玉寒不可衣。粟帛之重,莫能过者。一夫不耕,有受其饥;一女不织,有受其寒。但以立国存家,唯斯之甚。

学行章第卅四

良田美业,因施力而收苗。好地不耕,终是荒芜之秽。人虽有貌,不学无以成人。但是百行之源,凭学而立,禄亦在其中矣。

问行章第卅五

父母颜色有改,即须忧而问之,知其善恶。纵使每事自闲,亦须问其智者。不解则问,宁得自专?亦须问其良长。是以三人同行,必有我师焉。

备行章第卅六

居在泽侧,预为堤防。治国治家,不虞难测。人非瓜果,何以知心?晓夜兢兢,为防①备也。

餙行章第卅七

衣服巾带恒须整,门户室舍净洁,自是寻常。莫学小儿赤体路刑②,在于街巷,从小训之,莫令纵逸。必使言音典政,陈话美

---

① "防",原本作"方"。
② "路刑",通"露形"。

辞。不得碎滥之言,轻示忤上。人前莫听涕[①]唾,同食勿先漱口。父母之床,理不合坐;兄嫂之床,无宜辄弃。若父母在坐,兄弟悉立,有命须谢。在尊之前,不可受卑者拜。纵有殊才异能,亦不得辄言。

弘行章第卅八

弘者以忍为大,不以失意损志。但能受辱,如地于万物皆宽容,如海〔于〕众流俱审。莫见小花瑕物,穷人之短。不受则溢,不容则满,见小则大,穷则不长。若职当高位,爱人如子。若居要职,理务如丝。临事不烦,治民不倦。不爱成憎,不理成怨。若烦则浊,倦则奢。犯法之徒,虽获实情,矜而勿喜。苦言重诫,令遣改修。退罚进尊,是其恩也。不改成怨,不修成过,为德不尊,道为置法令言也。

政行章第卅九

立身之道,先须敬己,方始敬人。己若不政,令而不从,从何为政? 是以形端影政,身曲影斜。故曰:为政以德,譬如北辰,天下拱手而向之。

直行章第卅

曲木畏直绳,心邪畏直仕。绳能束揽万物,直能逆耳忠谏。

① "涕",原本作"啼",通"啼"。

宁抱直而死，不从抱曲而生。是以玉碎留名，不同瓦在见丑。物起狂心，莫生诶诟。若在诳或，四海还往，无由诶诟，皇天不祐。

察行章第卌一

事君之道，察其颜色；养亲之道，察其寝食。君颜若改，必有不安之事。二亲退餐，定有违和之甚。是以特须加察其言，观其颜色也。

量行章第卌二

才堪者不可枉黜，才劣者不可滥沾。必须量才授位，量器所容。补官选职，贵在得人，器小未可容多，才劣宁堪大用？至于每事，皆须量断。但以世间之事，并宜存心。恶人不可共居，耽酒不可共饮。小人以利生欺，君子以酒相败。如此之徒，皆须远之。若亲恶种，后悔无由；绸缪同耻，刑戮相及。

近行章第卌三

善人须依，君子须附。一言之益，实重千金；一行之亏，痛于斧钺。但近善者，恶即自消，卜邻而居是也。居近良人，日有所进；居近恶人，日有所退。财能害己，何假苦哉？酒能败身。不劳多饮。色能尽命，待须割之。奢能招祸。翼翼小心。浮薄之事，并宜去之。言无非法，行存于己。

就行章第卌四

邦有道，则事其明朝；邦无道，则卷于怀。君子之事如绳，心能束揽万物，不用卷之在怀。是以危邦不入，乱邦不居，察其所安，便将就也。若居乱邑，未纳其忠；若在问邦，不尽其命，仕于明君。接客无贵贱，至者皆看，吐握忘疲，令犹积响。贫贱者未必可轻，富贵者何劳敬重？人生在世，衰盛何常？落叶飘摇，翻之弥远。

让行章第卌五

见尊侧立，长者避之，同流下劣之徒，皆须让路。避则无所不通，让则无所不达。涉苦先登，分财后取。故云：温良恭俭让，是以得之。温则不凉，良则不贪，恭则不慢，俭则不奢，让则不争。

志行章第卌六

同曰友，友寒己亦不重衣，友饥己亦不饱食，友患己亦如之，言寄死托孤之徒，同遭盛衰之侣。故云：自远方来，不亦乐乎？以索居久远，不得尽其智；柔居在朝，流自卑焉。善虽当高位，默默为人，内外柔和，上下无怨。人之视己亦如己视人家，若为强刚，必独折。

愍行章第卌七

蠢动含灵，皆居人性。有气之类，盛爱其躯。莫好煞生，勿规他命。身既惜死,彼亦如之。欲求长命,何忍煞害?沙弥命:尽煞命,如来未得道睹,苍生悉渡之也。

念行章第卌八

终其身,不忘亲;居生位,莫忘生人。是以爱子始悟父慈,身劳方知人苦。若国盛,基强民;若国衰,必须决之以时[1],赋之以理。

怜行章第卌九

怜贫恤老,抚育孤穷。莫看颜面,去其阿党。知其勤堕,赏之以功,罚之以过。若赏不当功,罚不当罪,虽率士众,无用力焉。

身行章第五十

身当宠贵,不可以势凌人。若守困穷,不可以苟求朝夕。是以仁[2]者不以盛衰改志,智者不以存亡易心。

蒙行章第五十一

蒙人引接,至死衔恩。受禄居宠,灭身非谢。伤蛇遇药,尚有

---

[1] "时",他本或作"特"。
[2] "仁",原本作"人",据上下文径改。

存报之心，困雀逢箱，犹报眷①养之重。是以宁人负己，莫己负人。

凡行章第五十二

人多敦者，皆轻非理，而谈贱亦不听。容止无则，治家不成，言不及语，谁为称名？故云：君子不重则不威，唯须自严正。察狱须问罪不易。人心险隔，山等山河。或带罪之徒，而致死免。无愆之类，辩拙而入辜。特须审劫②根源，无劳抑酷。囚情既定，刑戮将加，必须覆审，勿令冤滥。

才行章第五十三

才过周、孔，恒言将短，智惠灼然，常卑下劣。贵在从众，勿表独能。谦退于人，写穷于己。

进行章第五十四

欲立身，先立人；欲达己，先达人。进人者，人还进之；立人者，人还立之。是以独高则危，单长必折。

救行章第五十五

邻有惊急，寻声往奔。人遭厄难，便须匍匐。随流蒙救，尚获

---

① "眷"，疑为"豢"。
② 究句意，"审劫"或为"审劾"之误。

返年,必若施功,宁有无报！

济行章第五十六

救危扶厄,济养众生。若睹病患饥寒,啜续其命。但以叶中之弊,尚致扶轮；并粮之恩,须报泉路。

畏行章第五十七

虽处幽冥,天佛知之。虽居暗昧,神明察之,不可以幽冥,显改其操行。终日畏天惧地,无宜宽慢。

惧行章第五十八

二亲年老,昏耄在堂。明君年迈,扶衰治国。兄弟为笃,昼夜临床。此之三者,何能不惧？若居荣宠,如履薄冰；位至公私,如飘泛海。

断行章第五十九

妖言惑众,国之常害。蛊毒厌魅,是人所憎。必须止其二事,共修正法。绝[①]。劫盗生民,世人所嫉；捕摊博戏,二亲之忧。非直灭身破家,几许损于朝宪。如此之事,直须绝之。

---

① "绝"与上下文不相连贯,疑衍。

割行章第六十

情色处，无能为之。不改原火，盛风便加，嫉妒因兹而起。细寻斯事，幻化皆空，废寐思量，何曾有实？苦言重戒，必须割之。若也不依，岂成人子？

舍行章第六十一

宁舍有罪，不滥无辜。栁杖定辞，披指取占，人非木石，何以堪当？是以楚救于绝缨，乃置投躯之女；秦舍群盗，后有没命之臣。

盛行章第六十二

颜貌俨然，望而畏之；容止进退，观而则之。不可轻喜，无宜辄嗔。喜怒二情，能戏大志。

嘿行章第六十三

言之甚易，权之甚难。丧国兴邦，皆由一诺。多言多失，不如嘿然。失之毫厘，谬之千里。

普行章第六十四

在官之体，断决无偏；在家之法，平如概摖。莫生爱憎，勿为彼此。偏厚不如薄遍,独好不如众丑。

遵行章第六十五

信凭私法,敬神遵道,莫起慢心,勿生不信。五戒十善,种果之因,礼奉神祇,收福无量。

赞行章第六十六

掩恶扬善,说是除非,称其美名,勿传微碎。慈乌反哺,汉相惭之;君子贵言,身居不耻。但以成人之美,不成人之恶。

扬行章第六十七

士无良朋,谁以显其德?人无良友,无以益其智。女无明镜,何以照其颜色?是以良友,能扬其德也。

毁行章第六十八

父母有疾,不得光悦其身,临食忘味,绝于梳洗。君有危难,弃好衣马,舍其音乐。故云:食旨不甘,闻乐不乐。逊择辞而言,不得秒语;细碎之句,不可妄申。是以口无择言,言满天下;寡陈美报,有何口过?避家国之讳,直须慎之。小者见老,速而避之;轻人值重,便须让路;贱者见贵,驰聚而去。能存此行,终身何患?

疑行章第六十九

立身之道，疑则问之。胜于己者，以托为友。致于察狱之罪，疑从断之为难。出没二途，论情不易。是以偿疑为重，罚疑为轻。

哀行章第七十

临丧助泣，盛进育养之情。殡冗睹圹，以加悲思劬劳之念。怀将十月，困辱三年，伐喘倾心，回干就湿，乳哺之恩，实难可报。父者，天也；母者，地也。欲报之恩，昊天罔极。若不崩摧，而乃何以亲之？

谍行章第七十一

贮财成祸，积物成怨。求之不与，交生患害。若谍讯患孝，闾里心平；各财悭惜，亲旧相刑。

识行章第七十二

察言观色，审其善恶，择朋而交，非人莫往。贤愚等貌，非知无以成真。骥驽二情，不驾宁知其骏？若相成者，数陈逆耳之言；相败者，偏事浮华之语也。

知行章第七十三

温故知新，可以师矣。若不广学，安能知也？未游边远，宁知四海之宽？不涉丘门，岂知孝者为重乎？

克行章第七十四

己修身，事之大用，行恩布德，天下归焉。若居贵法，不可亏移，领率乡间，唯须整肃。

诚行章第七十五

执当加心，役民以理。浮华之计，不及拙朴。巧妙之端，而不〔如〕成功显效。是以朝花之草，夕则零落；松柏之茂，经冬不变。卑恭下人，自益于己，人皆敬之。欺慢他人，自损于己，无损于人，人皆害之。若轻相持，下能凌上，岂不耻乎？

弃行章第七十六

夫妇之义，人伦所先，好则同荣，恶则同耻。不得观其花蕊，便生爱重之心。一旦衰零，方怀弃觜之意。若犯七出之状者，不用此章。

护行章第七十七

山泽不可非时焚烧，树木不可非时斫伐。若非时放火，烧煞苍生；伐树理乖，绝其产业。有罪即能改，人谁无过？过如不改，必斯成矣。故云：颜回有改，孔子如其仁也。从旦已来，何行不周？夜则寻思，昼则循改。故云：吾日三省其身。谓思察己之所行难。居家理治，禁约为先。妇女小儿，勿听多语。乡间邻里，谈以交游。朋友往还，无劳亲昵。比邻借取，有则与之，回前作后，谁无断阙？此能相济，彼亦无惭；有而不与，致招怨患。

速行章第七十八

去就进退，府仰敬从；应接随机，无容赊缓。至于使往东西，不及人马，依期而赴，勿使父母有忧。

病行章第七十九

借取时还，债物早偿。此虽小事，廉耻之本。若值天灾危厄，百姓无端，又蒙赈恤者，不拘此限。

存行章第八十

若居高位，须存恋旧之情；率领乡间，莫缺尊卑之礼。衙厅①府县，不用此条。宴席私情，先人后己。

德行章第八十一

贫不改操，揖让如常。退职失宠，犹须恭肃。士之常也，不以

---

① "厅"，原本作"听"，据他本改。

荣辱而易其心;仁之礼也,不以盛衰而亏其志。

留行章第八十二

陈救勇急,典记留名;去就改修,持荣千载。仁慈愍念,善自称传;赞扬守志,可为君子。

守行章第八十三

守者,贫则守慎,勿共滥人同荣;居穷须不亏守志,莫与弊友交游。贵不改其容,便则不亏其操,湛然自守,可谓至矣。

劝行章第八十四

教人为善,莫得长恶;劝念修身,勿行非法。但以心居奸盗,罗网及之;凶横相陵,刑狱交重。非直身加苦痛,几许损族亏名。

《敦煌宝藏》第十四册斯一九二〇号

《百行章一卷》,新文丰出版公司一九八五年版

四、 太公家教

余乃生逢乱代,长值危时,望乡失土,波迸流离。只欲隐山学道,不能忍冻受饥;只欲扬名于后代,复无晏婴之机。才轻德薄,不堪人师,徒消人食,浪费人衣。随缘信业,且逐随时之宜。

辄以讨论坟典，简择诗书，依经傍史，约礼时宜，为书一卷，助幼童儿，流传万代，幸愿思之。经论曲直，书论上下，易辨刚柔。风流儒雅，礼乐兴行，信义成著，礼上往来，尊卑高下，仁道立焉。

得人一牛，还人一马。往而不来，非成礼也。来而不往，亦非礼也。知恩报恩，风流儒雅。有恩不报，岂成人也？事君尽忠，事父尽孝。礼闻来学，不闻往教。舍父事师，必望功效。慎其言语，整其容貌。善事须贪，恶事莫作。直实在心，勿生欺诳。孝子事父，晨省暮参。知饥知渴，知暖知寒。忧则共戚，乐则同欢。父母有疾，甘羹不餐。食无求饱，居无求安。闻乐不乐，闻戏不看。不修身体，不整衣冠。父母疾愈，整亦不难。弟子事师，敬同于父。习其道术，学其言语。有疑则问，有教则受。凤凰爱其毛羽，贤士惜其言语。黄金白银，乍可相与。好言善述，莫漫出口。臣子无境外之交，弟子有束脩之好。《曲礼》曰：一日为君，终日为主。一日为师，终日为父。教子之法，常令自慎。言不可失，行不可亏。他篱莫越，他事莫知。他贫莫叽，他病莫欺。他嫌莫道，他户莫窥。他财莫取，他色莫思。他强莫触，他弱莫欺。他弓莫挽，他马莫骑。弓折马死，赏他无疑。财能害己，必须畏之。酒能败身，必须戒之。色能致害，必须远之。忿能积恶，必须忍之。心能造恶，必须裁之。口能招祸，必须慎之。见人善事，必须赞之。见人恶事，必须掩之。邻有灾难，即须救之。见人斗打，必须谏之。见人不是，必须语之。好言善述，必须学之。意欲去处，必须审之。不如己者，必须教之。非是时流，必须避之。恶人欲染，必须避之。罗网之鸟，悔不高飞。吞钩之鱼，恨不忍饥。人生误计，恨不三思。祸将及己，悔不慎之。其父出行，子须从后。路逢尊者，齐脚敛手。尊者赐酒，即须拜受。尊者赐肉，骨不与狗。尊者赐果，怀核在手。若也弃之，为礼大丑。对客之前，不得叱狗。对食之前，不得唾地，亦不漱口。忆而莫忘，终身无咎。立身之本，义让为先。贱莫与交，贵莫与亲。他奴莫与语，他婢莫与言。商贩之家，慎莫为婚。市道接利，莫与为邻。敬上爱下，泛爱尊贤。孤儿寡妇，特可矜怜。乃可无官，不得失婚。身须择行，口须择言。恶人同会，祸必及身。养儿之法，莫听诳言。育女之法，莫听离母。男年长大，莫听好酒。女年长大，莫听游走。丈夫好酒，揎拳将肘。行不择地，言不择口。触突尊贤，斗乱朋友。女人游走，逞其姿首。男女离合，风声大丑。惭耻宗亲，损辱门户。妇人送客，莫出闺庭。所有言语，下气低声。出行逐伴，隐影藏形。门前有客，莫出齐听。一行有失，百行俱倾。能依此礼，无事不精。新妇事夫，同于事父。音声莫听，形影不睹。夫之父兄，不得对语。孝养贫家，敬事夫主。泛爱尊贤，教示男女。行则缓步，言必细语。勤事女功，莫学歌舞。少为人妻，长为人母。出则敛客，动则庠序。敬慎口言，终身无苦。常见今时，贫家养女。不解丝麻，不闲针缕。贪食不作，好喜游走。女年长大，躬为人妇。不敬君家，不畏夫主。大人使命，说辛道苦。夫骂一言，反应十句。损辱兄弟，连累父母。本不是人，状同猪狗。含血损人，先污其口。夫人不言，言必有中。十言九中，不语者胜。小为人子，长为人父。居必择邻，慕近良友。侧立齐听，候待宾客。侣无亲疏，来者当受。合食与食，合酒与酒。闭门不看，还同猪狗。拔贫作富，事须方寸。款客不贫，古今实语。握发吐餐，先有尝据。闭门不看，不如狗鼠。高山之树，苦于风雨。路旁之树，苦于刀斧。当道作舍，苦于客侣。不慎之家，苦于官府。牛羊不圈，苦于狼虎。禾熟不收，苦于雀鼠。屋漏不覆，坏于梁柱。兵将不慎，败于军旅。人生不学，费其言语。近朱者赤，近墨者黑。蓬生麻中，不扶自直。白玉投屋，不污其色。近佞者谄，近偷者贼。近愚者痴，近圣者明。近贤者德，近淫者色。贫人由懒，富人勤力。勤耕之人，必丰谷食。勤学之人，必居官职。良田不耕，损人功力。养子不教，费人衣食。与人共食，慎莫先尝。与人同饮，莫先把觞。行不当路，坐不背堂。路逢尊者，侧立道旁。有问善对，必须审详。子从外来，先须省堂。未见尊者，莫入私房。若得饮食，慎莫先尝。飨其宗祖，始到耶娘。次沾兄弟，后及儿郎。食必先让，劳必自当。知过必改，德能莫忘。与人相识，先正容仪。称名道字，然后相知。倍年已长，则父事之。十年已上，则兄事之。五年已外，则肩随之。群居五人，长者必跪。三人同行，必有我师焉。择其善者而从之，其不善者而改之。滞不择职，贫不择妻。饥不择食，寒不择衣。小人为财相煞，君子以德相知。欲求其短，先取其长。欲求其圆，先取其方。欲求其强，先取其弱。欲求其刚，先取其柔。欲防外敌，先须自防。欲量他人，先须自量。欲扬人恶，便是自伤。伤人之语，还是自伤。凡人不可貌相，海水不可斗量。茅茨之家，或出公王。蒿艾之下，或有兰香。助祭得食，助斗得伤。仁慈者寿，凶暴者亡。清清之水，为土所伤。济济之人，为酒所殃。闻人善事，乍可称扬。知人有过，密掩深藏。是故罔谈彼短，靡恃己长。鹰鹞虽迅，不能快于风雨；日月虽明，不照覆盆之下。唐虞虽圣，不能化其明主；微子虽贤，不能谏其暗君。比干虽惠，不能自免其身；蛟龙虽圣，不煞岸上之人。刀剑虽利，不能煞清洁之人；罗纲虽细，不能执无事之人。非灾横祸，不入慎家之门。人无远虑，必有近忧。斜径败于良田，谗言败于善人。君子以含弘为大，海水以博纳为深。宽则得众,敏则有功。以法治人,人则得安。国信谗言,必煞忠臣。治家信谗,家必败亡。兄弟信谗,分别异居。夫妇信谗,男女生分。朋友信谗,必致死怨。天雨五谷,荆棘蒙恩。抱薪救火,火必成炎。扬汤止沸,不如去薪。千人排门,不如一人把关。一人守隘,万夫莫当。贪心害己,利口伤身。瓜田不整履,李下不整冠。圣君虽渴,不饮盗泉之水。暴风疾雨,不入寡妇之门。孝子不隐情于父,忠臣不隐情于君。法不加于君子,礼不下于小人。君浊则用武,君清则用文。多言不益其体,百伎不妨其身。明君不爱邪佞之臣,慈父不爱不孝之子。道之以德,齐之以礼。小人负重,不择地而息;君子困穷,不择官而事。屈厄之人,不羞执鞭之事;饥寒在身,不羞乞食之耻。贫不可欺,富不可恃。阴阳相催,终而复始。太公未遇,钓鱼于水。相如未达,卖卜于市。巢父居山,鲁连赴海。孔明盘桓,候时而起。鹤鸣九皋,声闻于天。电里燃火,烟气成云。家中有恶,人必知闻。身有德行,人必称传。恶不可作,善不可观。人能弘道,非道弘人。孟母三移,为子择邻。不患人之不己知,患己不知人也。欲立其身,先立于人。己欲求达,先达于人。立身行道,始于事亲。孝无终始,不离其身。修身慎行,恐辱先人。己所不欲,勿施于人。近鲍者臭,近兰者香。近愚者暗,近智者良。明珠不莹,焉发其光?人生不学,语不成章。小儿学者,如日出之光;长而学者,如日中之光;老而学者,如日暮之光。人而不学,冥冥如夜行。柔必胜刚,弱必胜强。齿坚则折,舌柔则长。凶必横死,欺敌者亡。女慕贞洁,男效才良。行善获福,行恶得殃。行来不远,所见不长。学问不广,智慧不长。欲知其君,视其所使。欲知其父,先视其子。欲作其木,视其文理。欲知其人,先知奴婢。君子困穷,小人穷斯滥矣。病则无乐,醉则无忧。饮人强乐,不得责人无礼。圣人避其醉客,君子恕其醉士。智者不见人之过,愚夫好觅人之耻。将军之家,必出勇夫。学问之家,必有君子。人相知于道术,鱼相望于江湖。女无明镜,不知面上之精粗。人无良友,不知行之亏失。是以结交朋友,须择良贤。寄死托孤,意重则密,情薄则疏。荣则同荣,辱则同辱,难则相救,危则相扶。勤是无价之宝,学是明月神珠。积财千万,不如明解经书;良田千顷,不如薄艺随身。慎是获身之符,谦是百行之本。香饵之下,必有悬钩之鱼;重赏之下,必有勇夫。功者可赏,过者可诛。慈父不爱无力之子,只爱有力之奴。养男不教,为人养奴;养女不教,不如养猪。痴人畏妇,贤女敬夫。孝是百行之本,故云其大者乎。

余之志也,五常为家,四海为宅,不骄身体,不乐荣华,食不重味,衣不纯丝。唯贪此书一卷,不用黄金千车,集之数韵,未辩玼瑕,本不呈于君子,意欲教于童儿。

以《敦煌宝藏》第一〇三册伯三七六四号《太公家教》为底本,以伯二五六四号、伯二七三八号、伯二八二五号、斯〇四七九号、斯五六五五号(新文丰出版公司一九八五年版)以及罗振玉《鸣沙石室佚书》等所收唐写本《太公家教》校补

附: 武王家教(亦名太公家教)

武王问太公曰:"人生天地之间,以何为贵? 愿闻其要。"太公答曰:"天下万物,〔贵贱〕不等者何? 由家有十恶。"武王曰:"何名为十恶?"太公曰:"耕种不时为一恶,用物无道为二恶,早卧晚起

为三恶，废作吃酒为四恶，畜养无用之物为五恶，不惜衣食为六恶，盖藏不劳为七恶，井灶不利为八恶，贷取倍还为九恶，不作燃灯为十恶。"武王曰："家无十恶，不富者何？"太公曰："家有三耗。"武王曰："何名为三耗？"太公曰："禾熟不收，苦于风雨，为一耗。蓄积在场，不早持治，苦于雀鼠，为二耗。盆瓮碓硙，覆盖不勤，扫略不净，为三耗。"武王曰："家无三耗，不富者何？"太公曰："家有三襄。"武王曰："何名为三襄？"太公曰："嗜酒健斗为一襄。子逐他妇，妇逐他夫为二襄。手不执作，专为盗贼为三襄。"武王曰："人命不等者何？"太公曰："世人由家有一错、二误、三痴、四失、五逆、六不祥、七奴、八贱、九愚、十狂。"武王曰："何名为一错？"太公曰："养子不教为一错。"武王曰："何名为二误？"太公曰："贪酒逐色为一误。不择师友，损辱己身为二误。"武王曰："何名为三痴？"太公曰："诽谤调戏为一痴。未语先笑为二痴。言语不善为三痴。"武王曰："何名为四失？"太公曰："好挽他弓，好骑他马为一失。饱吃他酒，劝他人为二失。吃他饭，叽他人为三失。借他物，转借与人为四失。"武王曰："何名为五逆？"太公曰："不孝父母为一逆。不爱师友为二逆。事官不勤为三逆。违上教命为四逆。乡党不相唇齿为五逆。"武王曰："何名为六不祥？"太公曰："与罪恶人交往为一不祥。无事生嗔为二不祥。轻慢师长为三不祥。夜卧露形为四不祥。非理求财为五不祥。有过不改为六不祥。"武王曰："何名为七奴？"太公曰："跣脚下床为一奴。食不漱口为二奴。着鞋上床为三奴。起立着裈为四奴。坐起背人为五奴。露形洗浴为六奴。口面不净为七奴。"武王曰："何名为八贱？"太公曰："行步匆匆为一贱。跣脚立户为二贱。坐不端整为三贱。你我他人为四贱。唾涕污地为五贱。着杂色衣裳为六贱。不自修饰为七贱。坐不择地为八贱。"武王曰："何名为九愚？"太公曰：
"耽酒逐色为一愚。求财不足为二愚。好衣博与人为三愚。自谈
己善为四愚。好说他人为五愚。悭贪吝惜为六愚。妒嫉胜己为
七愚。行恶不虑为八愚。被辱不耻为九愚。"武王曰："何名为十
狂？"太公曰："违下干上为一狂。说他密事为二狂。立身无志为
三狂。不修道业为四狂。见善不习为五狂。轻慢胜己为六狂。
嗔他行善为七狂。同类相欺为八狂。专习鹰犬为九狂。谗说他
人为十狂。《礼记》云：君子不失色于人，不失言于口。庄子云：
吾比养汝，怜汝极深。汝今养子，应知吾心。汝今不孝，子亦如
之。相续相报，是其常理。"武王曰："欲成益己如之何？"太公曰：
"五谷养人，所以种之。六畜代人行步，畜之。家生治勤之。酒能
败身，去之。色能害身，畏之。口能招祸，慎之。虽钱财，俭之。
粮食少短，节之。尊长教诲，依之。勤奴健婢，怜之。若有愆过，
罚之。自能皈首，恕之。恶人欲染，避之。恭勤孝养，习之。口
欲出言，审之。无财与者，悦之。不自决处者，问之。言语不善
教正，典之。"武王曰："欲教子孙如之何？"太公曰："为人恭孝，
为之威严。为兄矜和，为弟孝顺。夫妻相敬，莫□□□。□人莫
与交通，淫人莫与相亲。他奴莫与语，他□□□□□家特可远
之。饮君酒莫嫌薄□□□□嫌虚受君赐□□恶。孤寡莫近，小
人莫欺。樗蒲六侵，令汝家贫。贪淫嗜酒，岂不灭身？庄子云：
穷巷莫立，他墙莫窥，他弓莫挽，他马莫骑，他儿莫抱。穷卷莫
立，道理长为。他墙莫窥，自慎防之。他弓莫挽岂自张，他马莫
骑量自伤，他儿莫抱岂惊忙，他事莫知无祸殃。男教学问，拟待
明君；女教针缝，不犯七出。常莫用佞言，治家莫取妇语。怜子
始知父慈，身劳方知人苦。慎莫多事，多事被会。见事如不见，

无言最高静。莫为无益事，莫居无益邻。莫听无益语，莫观无益人。此情可藏于金柜也。"

以《敦煌宝藏》第一二四册伯二八二五号为底本，

以伯三七六四号、伯二六〇〇号、伯五五四六

号等校补，新文丰出版公司一九八五年版

附： 新集严父教

家中所生男，常依严父教。养子切须教，逢人先作小。礼则大须学，寻思也大好。

遣子避醉客，但依严父教。路上尊人〔醉〕，抽手以下道。过后却来归，寻思也大好。

忽逢斗打处，但依严父教。绕取自然休，叉手却陪笑。忍取最为精，寻思也大好。

不用争人我，但依严父教。能得寄时活，不久相看老。骂詈伴不闻，寻思也大好。

家中学侍者，孝顺伯亲老。处分莫相远，但依严父教。加杖免及身，寻思也大好。

市头学经纪，但依严父教。斗秤莫崎岖，二人相交道。买卖事须平，寻思也大好。

欲拟出门前，但依严父教。先事莫夜深，免交人说道。日在却归来，寻思也大好。

我劝此间人，但依严父教。君子有困穷，小人贫窃盗。三乞胜一偷，寻思也大好。

酒后触保人，不知有亲老。过后却来归，好个然之奥。记取

严父言，寻思也大好。

以《敦煌宝藏》第一三〇册伯三七九七号为底本，

以斯四三七号校补，新文丰出版公司一九八五年版

五、 兔园策府

序

《易》曰："利用宾于王。"《书》曰："明试以功。"理事以制，斯则升贤之大执，辨政之嘉谋。搜其奥，则□□之咏兴，选其精则桂林之向发。自周征造仕，汉辟贤良，擢高第以登庸，悬甲科而入仕。刘君诏问，皆愿治之词；仲舒抗答，引阴阳之义。孙弘则约文而初理，杜钦则指事以陈谋。鲁平以雅素申规，马融以儒宗献可。斯乃对问之大体，询考之良图。求之者期于济时，言之者期于适务。使文不滞理，理必会文，削腴论以正辞，剪浮言而体要。非夫宏才博古，达政通机，无以登入室之科，徒用践高门之地。自魏、晋之后，藻丽渐繁；齐、梁以还，文华竞轶。构虚词而饰巧，穿异辨以邀能，文皆理外之言，理失文中之意①。将陈正道，掩巢、燧于豪端，欲叙升平，摈唐、虞于字末。境才臻于九服，远述幽冥之荒，德未静于抱一，戎先动云雷之气。奏谀言而窃位，假繁论以丰词，匪穷理之大猷，乖得贤之雅训。大唐奋庸庶绩，翼亮鸿基，拂莲北于滋川，纳兰图于荣浦。淹中硕艺，并列三邕之官；平府遗编，咸归七门之史。执禹麾而进善，坐尧衢以访贤，故事则南宫之宾，待诏则东馆之客。秀异之荐，并蹑长途之龙；孝廉之征，俱振充庭之鹭。

---

① "之意"，原本作"意之"。

故得能官同于济巨,多士茂于基邦,草泽无遗,英奇必进。伏维大王,分华星树,毓庆云柯,固磐石以开基,列维城而作镇。山中文梓,独振蟠龙之词,淮岫芳业,先惊腾麇之韵。立奏金箱之典,停日晷于昆吾,坐陈丹毂之篇,下月轮于清夜。骖驾驷马,礼盛于从梁,面试铜台,文高于入魏。东平仓之雅望,北海靖之英声,湛楚酝于芳筵,饰燕金于骏骨。由是徐、陈并列,沐凫沼以趋欢,牧马争归,望鸿台而渐翼。顾惟虚贱,谬奉恩光,昔恩耕凿之勤,颇览《诗》《书》之训。登学山而覆篑,鼓文何以滥觞,爰从羁贯之年,肇应扬庭之问。以兹下肄,来陪上藩,暂趋长裾之门,更对修望之宛。璇灰屡变,缇袭空珍,忝游梁之一斑,同背淮之千里。忽垂恩教,令修新策,今乃勒成一部,名曰《兔园策府》,并引经史,为之训注。虽则胶言斐论,无取贵于缃绸,然而野识蒌词,理难周于翰墨。传之君子,有惭安国之言;悬之市人,深乖吕韦之旨。所定篇目,题之如左。

辨天地

问 气象初构,形质始萌,倚仵分高下之容,回轮表运行之数。然则驾云飘海,练石补维,徒闻夸父之林,空纪大章之算。至若玄黄定体,珠璧连晖,列九野于躔房,疏五潢于清浅。窥其正色,有或于蒙庄;览其要终,多疑于郑灶。子既猎华雕篆,采懿缃油,对宵景以驰芳,概秋旻而发誉。登科入璧,必俟英贤,牍秘钩深,理宜昭晰。

对 窃以玄仪未辟,九变混其萌芽,素质爰分,四游定其升降。然则十端虚廓,九道交回,仰之者莫测其源,言之者罕详其要。或明其载水,或说以浮空,……仲任倚盖之谈,讵识周流之象？当今握璇衡而临极，运玉叶以司辰，上括乾枢，旁吞地络。阳光抱珥，阴采重轮，星披五老之图，雪映四神之辙。扤天台于南极，辟玄殿于北荒，西越绕地之丘，东逾抃鳌之豁。珠囊靡天，玉烛咸调，傃风律以来庭，皓云歌而入赞。犹复穷精四术，览奥三家，欲明甄擢曜之篇，思闻考灵之说。旁罗大象，侧访庸才，虽异谈天，聊陈管见。夫以玄黄质判，偃伏形殊，元气轻而上腾，阴气凝而下薄。方之若火，则烟飚而灰沉，譬之若舟，则外行而内静。天纲既位，坤道方成，八极以之肇分，五材因而并运。至若曦光散彩，禀阳气以成形；娥魄凝晖，感阴虚而为质。星昭白榆之影，凭于万物之精；河疏折木之津，假以百川之气。至若金台混极，灵山降英，镂芳桂以飞轮，拂若华而逗景。真人负笈，远造天开，海客乘查，遥依星渚。补维立极，化杖成林，理懵探赜之端，事隐言名之际。嗽乳游钩之说，唯闻托梦之人，悬钩破镜之谈，空传捴词之客。夫以东游天纵，终迷对日之言；西蜀含章，竟诎盖天之论。前贤往哲，犹且为疑，末学庸能，良难备述。谨对。

正历数

问　出震开元，皇雄摽合纬之首；绕枢提象，容成着命历之初。五德遥迁，三征骤变。寅饯之职，分散于畴人；吐纳之仪，参差于铜史。月弦日绕之法，课校而难详；洛下陵渠之言，推寻而罕究。今欲别征杓建，改正摄提，必使璧彩交躔，珠光叶纬。登台候朔，瞻五云而不差；入幕窥灰，应四气而无爽。欲致斯道，有懵厥由，宜陈推步之方，以广询求之路。

对　窃以立天立地，四游与六气交驰；为帝为王，五德与三征帝运。若不精穷数象，推步阴阳，则龙蛇有易度之柢，水火成相珍之变。由是黄神驭宇,既命历于容成;丹陵应图,亦钦象于羲仲。自畴人辍务,日御废官,胤右承乱纪之诛,齐诗兴倒囊之刻。端余莫辨,晦朔不分,九章之要罕传,六历之流竟作。遂使张苍首制,尚兴囊遂之言,邓平创规,犹烦寿王之奏。圣上以钦明履运,历数在躬,践翼承基,函元孕象。帝德崇矣,天文粲然,故得珠纬编囊,璇光艳烛。采云垂庆,溽露悬甘,冀荐影于宵轮,荼辍响于风绪。若乃统三正,播六虚,翠妁浮篆之祥,黄枢降灵之运,故可漂荡驰骤之迹,陶甄巢燧之初。犹复发合阴阳,宣考天地,穷十端之升降,核五纪之循环。若使悬炭窥衡,瞻缇候管,明推三十乘之变,得损一会九之宜。然后刻箭金壶,回杓玉升,正太初之历,穷大衍之数。唐都献法,采之而勿遗;刘氏定谱,存之而取则。自然清台有准,黄道无差,珠璧连七曜之文,金木叶五行之次。〔谨对〕

议封禅

问　省方戒典,升中纪号,遂听前古,空览夷音之词,发挥中业,唯传茂陵之札。然则君临大宝,驾驭黎元,混车书而总八方,会玉帛而朝万国。莫不崇大礼,登介丘,銮移驾象之岩,盖转常龙之岫。当今风淳化洽,道穆时邕,方欲肃采仙闾,扬征日观。玄虬惊路,苍龙顺时,班瑞诸侯,告成山岳。讨论图籍,须叶礼经,当陈摘挨之词,用补飞英之略。

对　窃闻肆觐群后,俯曦观以时巡,告成方岳,陵天枢而纪号。是知操玉册,结金绳,蒲驾登丘,芝泥封检。眇观列辟,拟议者多人,遂览前王,成功者罕就。良以政途未广,天位犹难,徒想宏仪,空陈大礼。由是齐桓有间,耻符瑞之未臻;秦帝将升,因风雨之为弊。虽复仁翔清凤,览张奏以为疑,运启谯龙,对□龙书而流汗。我国家之创历也，统天正，纽地钤，驾号腾英，飞轩践篆。御龙图而承景命，握麟玺而总祯符，声陶混气之乡，教渐无明之国。朗三光于乾盖，飞五色于云柯，多惊驯素之翚，芦引翻珠之鹰。荣漪湛润，膏露凝华，凤栖双殖之桐，龙游五花之树。仁牺荐骼，瑞牒呈鳞，□秬合其一秠，灵茅藉其三脊。协风摇扇，景化潜流，荣镜八荒，才成万有。夫以轩皇驾象，总百灵；夏禹登山，朝宗万国。若使观风展彩，鸣鸾珠战之岩；发号扬辉，廛玉金鸡之岫。翠华西转，苍架东巡，创射牛之仪，起讹麟之祭。祛肃天地，允答神人，开封中之白云，望岭侧之青气。作范前古，垂裕后昆，千年之庆既臻，万岁之音可发。谨对。

征东夷

问　风郊未清，月营频偃。明组之俗，长缨罕羁。虽挫游魂，未除残孽。今欲重飞云鸟，再动环龟，横行遗玉之乡，拓地损琴之豁。将使占蹄之俗，革化而内迁；负羽之军，稜威而外荡。奇正之术，应有二攘；攻取之方，伫闻三略。

对　窃闻风夷、畎之地，犷俗难陶；辰韩、弁韩之乡，狼心易扰。绵历既久，职贡靡修，成其攘拒之心，炽其飞走之路。遂使荒城狡兔，未挂良弓；绝岛奔鲸，屡迷疏纲。观其向背之趣，议其奸冗之由，良以前王无怀远之威，历代寡牢笼之略。虽穷竖亥之等，未越青兵；空问海人之衣，唯临沧沼。若使声驰日域，化浃天崖，则落隼之贡可征，献狐之宾自至。伏惟圣上以飞天御历，括地开家，风清执象之君，化轶绕枢之帝。悬玉镜，席萝图，践三英，登九望，操环杞继之俗，乘蠡卷声之乡。一辟一目之酋，毛人羽人之国，莫不践珠泽，跨桑津，响仁义之风，尽梯航之献。顾兹辽碣，独阻荒隅，未戢五兵，犹劳再驾。夫以九黎虐政，犹兴中冀之诛，三苗不龚，爰动姚墟之伐。今既兵承庙略，将禀神谋，黄鸟降旗，玄狐授箓。命渡辽之将，兴转石之师，地阵龙山，天船盖海。蒙轮万队，俗钱千群，旆插云心，鼓鸣雷骨。翻日车于糅雪，纵烈火于秋原，鳌山无作固之基，鲸海息群飞之浪。矙头既截，龙螣方回，先除卫满之凶，却扫孙□之孽。静带方之氛祲，安肃慎之黎元，不劳苟奊之谋，讵待涉河之说？然后置南部之尉，朝东海之君，挂弓状业，洗兵海岛。文马既放，雕戈复铂，刊不耐之城，勒九都之岫。视六合其如指掌，何一隅之足介哉？谨对。

均州壤

问　庶土交正，垂范前经；地利必分，腾规往训。由是张衡摛赋，辨汰堵于二京；裴秀制图，审高早于六体。然则窊隆异等，劳逸不同，将均贡篚之差，实在京垣之积。至乃人稀云旷，沧瀛有弥望之郊，挥汗驾肩，汾晋无立锥之地。今欲均其土宇，任以迁居，使户割膏腴，家丰菽粟。恐首丘难变，怀土易安，食水多怨讟之谣，涉河无率从之诰。可否之理，应有令图，劝道之宜，咸敷厥首。

对　窃闻人唯邦本，本固邦宁，务本必于安人，基邦在于弘众。譬潭深鱼集，林茂鸟归，山海不厌于高深，家国必资于富实。曩者隋纲紊绪，天下分崩，荆棘摈于阶庭，狐兔践于城邑。我国家纂期应历，摄运受终，逢五老而授图书，猎双童而基霸主。澄清六合，荣镜八荒，再让而天下自归，一戎而兵戈已偃。圣上以大明统极，提象御辰，景化溢于幽遐，神功畅于动殖。驾云甄海，益地开图，义里恒空，闲田莫竞。犹恐州如马齿，疏密不同；地若龙鳞，膏腴兼倍。将欲均平土宇，申画郊圻，以为汾晋黎甿，邑居湫溢。沧瀛郊野，耕垦未周，五土之利尚荒，四人之务犹褊。若夫体国经野，讽俗济时，择利而行，应权而动。若使广开敦谕，各任迁居，咸遵乐土之诗，共解薰风之愠。使其环桑起宅，荷插趋畴，龙梭曳蠒之机，凤粟满田夫之积。然后崇礼节，务耕耘，政令绝苍鹰之威，聚敛无饿之暴。即可千仓起咏，九赋咸均，襁负满于康庄，鸡犬闻于郊境。谨对。

根据《敦煌宝藏》伯二五七三号、斯一七二二号整理而成，

并用斯六一四号校补，新文丰出版公司一九八五年版

冯道，字可道，瀛州景城人。……

…………

明宗入洛，遽谓近臣安重诲曰："先帝时冯道郎中何在？"重诲曰："近除翰林学士。"明宗曰："此人朕素谙悉，是好宰相。"俄拜端明殿学士，端明之号，自道始也。未几，迁中书侍郎、刑部尚书平章事。凡孤寒士子，抱才业、素知识者，皆与引用，唐末衣冠，履行浮躁者，必抑而置之。有工部侍郎任赞，因班退，与同列戏道于后曰："若急行，必遗下《兔园册》。"案：《北梦琐言》以任赞语为刘岳语。又云：北中村墅多以《兔园册》教童蒙，以是讥之。然《兔园册》乃徐、庾文体，非鄙朴之谈，但家藏一本，人多贱之也。《郡斋读书志》以《兔园册》为虞世南所作。《困学纪闻》云：《兔园册府》三十卷，唐蒋王恽令僚佐杜嗣先仿应科目策，自设问对，引经史为训注。恽，太宗子，故用梁王兔园名其书。《旧五代史考异》《欧阳史》云：《兔园策》者，乡校俚儒教田夫牧子之所诵也。《北梦琐言》云：《兔园策》乃徐、庾文体，非鄙朴之谈，但家藏一本，人多贱之。《困学纪闻》云：《兔园册府》三十卷，唐蒋王恽令僚佐杜嗣先仿应科目策，自设问对，引经史为训注。恽，太宗子，故用梁王兔园名其书，冯道《兔园策》谓此也。（殿本）道知之，召赞谓曰："《兔园

册》皆名儒所集,道能讽之。中朝士子止看文场秀句,便为举业,皆窃取公卿,何浅狭之甚耶!"赞大愧焉。

《旧五代史》卷一二六《周书·冯道传》,

中华书局一九七六年版

六、 女孝经

妾闻天地之性,贵刚柔焉;夫妇之道,重礼义焉。仁义礼智信者,是谓五常,五常之教,其来远矣。总而为主,实在孝乎。夫孝者,感鬼神,动天地,精神至贯,无所不达。盖以夫妇之道,人伦之始,考其得失,非细务也。《易》著乾坤,则阴阳之制有别;《礼》标羔雁,则伉俪之事实陈。妾每览先圣垂言,观前贤行事,未尝不抚躬三复,叹息久之,欲缅想余芳,遗踪可躅。妾侄女特蒙天恩,策为永王妃,以少长闺闱,未娴《诗》《礼》,至于经诰,触事面墙,夙夜忧惶,战惧交集。今戒以为妇之道,申以执经之礼,并述经史正义,无复载乎浮词,总一十八章,各为篇目,名曰《女孝经》。上至皇后,下及庶人,不行孝而成名者,未之闻也。妾不敢自专,因以曹大家为主。虽不足藏诸岩石,亦可以少补闺庭。辄不揆量,敢兹闻达,轻触屏扆伏待罪戾。妾郑氏诚惶诚恐,死罪死罪! 谨言。

《说郛》卷七〇上《进女孝经表》,清顺治四年刻本

开宗明义章第一

曹大家闲居,诸女侍坐。大家曰:"昔者,圣帝二女,有孝道,降于妫汭,卑让恭俭,思尽妇道,贤明多智,免人之难,汝闻之乎?"

诸女退位而辞曰:"女子愚昧,未尝接大人余论,曷得以闻之?"大家曰:"夫学以聚之,问以辩之,多闻阙疑,可以为人之宗矣。汝能听其言,行其事,吾为汝陈之。夫孝者,广天地,厚人伦,动鬼神,感禽兽。恭近于礼,三思后行,无施其劳,不伐其善,和柔贞顺,仁明孝慈,德行有成,可以无咎。《书》云:'孝乎惟孝,友于兄弟。'此之谓也。"

后妃章第二

大家曰:"《关雎》麟趾,后妃之德,忧在进贤,不淫其色,朝夕思念,至于忧勤。而德教加于百姓,刑于四海,尽后妃之孝也。《诗》云:'鼓钟于宫,声闻于外。'"

夫人章第三

居尊能约,守位无私,审其勤劳,明其视听。诗书之府,可以习之;礼乐之道,可以行之。故无贤而名昌,是谓积殃;德小而位大,是谓婴害。岂不诚钦!静专动直,不失其仪,然后能和其子孙,保其宗庙,盖夫人之孝也。《易》曰:"闲邪存其诚,德博而化。"

邦君章第四

非礼教之法服,不敢服;非诗书之法言,不敢道;非信义之德行,不敢行。欲人不闻,勿若勿言;欲人不知,勿若勿为;欲人勿传,勿若勿行。三者备矣,然后能守其祭祀,盖邦君之孝也。《诗》云:"于以采蘩? 于沼于沚。于以用之? 公侯之事。"

庶人章第五

为妇之道,分义之利,先人后己,以事舅姑,纺绩裳衣,社赋蒸献,此庶人妻之孝也。《诗》云:"妇无公事,休其蚕织。"

事舅姑章第六

女子之事舅姑也,敬与父同,爱与母同,守之者义也,执之者礼也。鸡初鸣,咸盥漱衣服以朝焉。冬温夏清,昏定晨省,敬以直内,义以方外,礼信立而后行。《诗》云:"女子有行,远兄弟父母。"

三才章第七

诸女曰:"甚哉!夫之大也。"大家曰:"夫者,天也,可不务乎!古者,女子出嫁曰归,移天事夫,其义远矣。天之经也,地之义也,人之行也。天地之性,而人是则之。则天之明,因地之利,防闲执礼,可以成家。然后先之以泛爱,君子不忘其孝慈;陈之以德义,君子兴行;先之以敬让,君子不争;导之以礼乐,君子和睦;示之以好恶,君子知禁。《诗》云:'既明且哲,以保其身。'"

孝治章第八

大家曰:"古者,淑女之以孝治九族也,不敢遗卑幼之妾,而况于娣侄乎?故得六亲之欢心,以事其舅姑。治家者,不敢侮于鸡犬,而况于小人乎?故得上下之欢心,以事其夫。理闺者,不敢失于左右,而况于君子乎?故得人之欢心,以事其亲。夫然,故生则亲安之,祭则鬼享之,是以九族和平,菱菲不生,祸乱不作。故淑女之以孝治上下也如此。《诗》云:'不愆不忘,率由旧章。'"

贤明章第九

诸女曰:"敢问妇人之德,无以加于智乎?"大家曰:"人肖天地,负阴抱阳,有聪明贤哲之性,习之无不利,而况于用心乎? 昔楚庄王晏朝,樊女进曰:'何罢朝之晚也,得无倦乎?'王曰:'今与贤者言乐,不觉日之晚也。'樊女曰:'敢问贤者谁欤?'曰:'虞丘子。'樊女掩口而笑。王怪问之。对曰:'虞丘子贤则贤矣,然未忠也。妾幸得充后宫,尚汤沐,执巾栉,备扫除,十有一年矣。妾乃进女九,今贤于妾者二人,与妾同列者七人。妾知妨妾之爱,夺妾之宠,然不敢以私蔽公,欲王多见博闻也。今虞丘子居相十年,所荐者,非其子孙,则宗族昆弟,未尝闻进贤而退不肖,可谓贤哉?'王以告之。虞丘子不知所为,乃避舍露寝,使人迎孙叔敖而进之,遂立为相。夫以一言之智,诸侯不敢窥兵,终霸其国,樊女之力也。《诗》云:'得人者昌,失人者亡。'又曰:'辞之辑矣,人之洽矣。'"

纪德行章第十

大家曰:"女子之事夫也,缅笄而朝,则有君臣之严;沃盥馈食,则有父子之敬;报反而行,则有兄弟之道;受期必诚,则有朋友之信;言行无玷,则有理家之度。五者备矣,然后能事夫。居上不骄,为下不乱,在丑不争。居上而骄则殆,为下而乱则辱,在丑而争则乖。三者不除,虽和如琴瑟,犹为不妇也。"

五刑章第十一

大家曰:"五刑之属三千,而罪莫大于妒忌。故七出之状,标其首焉。贞顺正直,和柔无妒,理于幽闺,不通于外,目不徇色,耳

不留声,耳目之欲,不越其事,盖圣人之教也,汝其行之。《诗》云:
'令仪令色,小心翼翼。古训是式,威仪是力。'"

广要道章第十二

大家曰:"女子之事舅姑也,竭力而尽礼。奉娣姒也,倾心而
馨义。抚诸孤以仁,佐君子以智。与娣姒之言信,对宾侣之容敬。
临财廉取与让,不为苟得。动必有方,贞顺勤劳,勉其荒怠。然后
慎言语,省嗜欲。出门,必掩蔽其面。夜行以烛,无烛则止。送兄
弟不逾于阈。此妇人之要道,汝其念之。"

广守信章第十三

立天之道,曰阴与阳;立地之道,曰柔与刚。阴阳刚柔,天地
之始;男女夫妇,人伦之始。故乾坤交泰,谁能间之? 妇地夫天,
废一不可。然则丈夫百行,妇人一志。男有重婚之义,女无再醮
之文。是以《苤苢》兴歌,蔡人作诫。匪石为叹,卫主知惭。昔楚
昭王出游,留姜氏于渐台,江水暴至,王约迎夫人必以符合,使者
仓卒,遂不请行。姜氏曰:"妾闻贞女义不犯约,勇士不畏其死。
妾知不去必死,然无符不敢犯约,虽行之必生,无信而生,不如守
义而死。"会使者还取符,则水高台没矣! 其守信也如此,汝其勉
之。《易》曰:"鹤鸣在阴,其子和之。"

广扬名章第十四

大家曰:"女子之事父母也孝,故忠可移于舅姑;事姊妹也义,
故顺可移于娣姒。居家理,故理可闻于六亲。是以行成于内,而
名立于后世矣。"

谏诤章第十五

诸女曰："若夫廉贞孝义，事姑敬夫，扬名则闻命矣！敢问妇从夫之令，可谓贤乎？"大家曰："是何言欤！是何言欤！昔者周宣王晚朝，姜后脱簪珥待罪于永巷，宣王为之夙兴。汉成帝命班婕妤同辇，婕妤辞曰：'妾闻三代明王，皆有贤臣在侧，不闻与嬖女同乘。'成帝为之改容。楚庄王耽于游畋，樊女乃不食野味。庄王感焉，为之罢猎。由是观之，天子有诤臣，虽无道，不失其天下。诸侯有诤臣，虽无道，不失其国。大夫有诤臣，虽无道，不失其家。士有诤友，则不离于令名。父有诤子，则不陷于不义。夫有诤妻，则不入于非道。是以卫女矫齐桓公不听淫乐，齐姜遣晋文公而成霸业。故夫非道则谏之，从夫之令，又焉得为贤乎？《诗》云：'猷之未远，是用大谏。'"

胎教章第十六

大家曰："人受五常之理，生而有性习也，感善则善，感恶则恶。虽在胎养，岂无教乎？古者妇人妊子也，寝不侧，坐不边，立不跛；不食邪味，不履左道；割不正不食，席不正不坐；目不视恶色，耳不听靡声，口不出傲言，手不执邪器；夜则诵经书，朝则讲礼乐。其生子也，形容端正，才德过人，其胎教如此。"

母仪章第十七

大家曰："夫为人母者，明其礼也，和之以恩爱，示之以严毅，动而合礼，言必有经。男子六岁，教之数与方名。七岁，男女不同席，不共食。八岁，习之以小学。十岁，从以师焉。出必告，反必面。所游必有常，所习必有业。居不主奥，坐不中席。行不中道，立不中门。不登高，不临深，不苟訾，不苟笑。不有私财，立必正方；耳不倾听，使男女有别；远嫌避疑，不同巾栉。女子七岁，教之以四德，其母仪之道如此。皇甫士安叔母有言曰：'孟母三徙，以教成人，买肉以教存信，居不卜邻，令汝鲁钝之甚。'《诗》云：'教诲尔子，戒谷似之。'"

举恶章第十八

诸女曰："妇道之善，敬闻命矣。小子不敏，愿终身以行之。敢问古者亦有不令之妇乎？"大家曰："夏之兴也以涂山，其灭也以妹喜。殷之兴也以有莘氏，其灭也以妲己。周之兴也以太任，其灭也以褒姒。此三代之王，皆以妇人失天下，身死国亡，而况于诸侯乎！况于卿大夫乎！况于庶人乎！故申生之亡，祸由骊女；愍怀之废，衅起南风。由是观之，妇人起家者有之，祸于家者亦有之。至于陈御叔之妻夏氏，杀三夫，戮一子，弑一君，走两卿，丧一国，盖恶之极也。夫以一女子之身，破六家之产，吁可畏哉！若行善道，则不及于此矣。"

《说郛》卷七〇下《郑氏·女孝经》，清顺治四年刻本

七、女论语

曹大家曰："妾乃贤人之妻，名家之女，四德兼全，亦通书史。因辍女工，间观文字。九烈可嘉，三贞可慕，深惜后人，不能追步。乃撰一书，名为《论语》，敬戒相承，教训女子。若依斯言，是为贤妇，罔俾前人，传美千古。"

立身章第一

凡为女子，先学立身。立身之法，惟务清贞。清则贞洁，贞则身荣。行莫回头，语莫露唇，坐莫动膝，立莫摇裙，喜莫大笑，怒莫高声。内外各处，男女异群。莫窥外壁，莫出外庭。窥必掩面，出必藏形。男非眷属，莫与通名。女非善属，莫与相亲。立身端正，方可为人。

学作章第二

凡为女子，须学女工。纫麻缉苎，粗细不同，机车纺织，切莫匆匆。看蚕煮茧，晓夜相从。采桑摘柘，看雨占风。淬湿即替，寒冷须烘。取叶饲食，必得其中。取丝经纬，文匹成工。轻纱下轴，细布入筒。绸绢苎葛，织造重重，亦可货卖，亦可自缝。刺鞋补袜，引线绣绒，补联纫缀，百事皆通。能依此语，寒冷从容，衣不愁破，家不愁穷。莫学懒妇，积小痴慵，不贪女务，不计春冬。针线粗率，为人所攻，嫁为人妇，耻辱门风。衣裳破损，牵西遮东，遭人指点，耻笑乡中。奉劝女子，听取言终。

学礼章第三

凡为女子，当知女务。女客相过，安排坐具，整顿衣裳，轻行缓步，敛手低声，请过庭户，问候通时，从头称叙，答问殷勤，轻言细语，备办茶汤，迎来递去。莫学他人，抬身不顾，接见依稀，有相欺侮。如到人家，且依礼数。相见传茶，即通事务，说罢起身，再三辞去。主若相留，礼筵待过，酒略沾唇，食无又箸，退盏辞壶，过承推拒。莫学他人，呼汤呷醋，醉后颠狂，遭人所恶。身未回家，已遭点污。当在家庭，少游道路，生面相逢，低头看顾。莫学他人，不知朝暮，走遍乡村，说三道四，引若恶声，多招骂怒，辱贱门风，连累父母，损破自身，供他笑具。如此之人，有如犬鼠。莫学他人，惶恐羞辱。

早起章第四

凡为女子，习以为常。五更鸡唱，起着衣裳，盥漱已了，随意梳妆。拾柴烧火，早下厨房，磨锅洗镬，煮水煮汤。随家丰俭，蒸煮食尝，安排蔬菜，炮煮春姜。随时下料，甜淡馨香。整齐碗碟，铺设分张。三餐饭食，朝暮相当。侵晨早起，百事无妨。莫学懒妇，不解思量，黄昏一觉，直到天光，日高三尺，犹未离床。起来已宴，却是惭惶。早起梳洗，突入厨堂。容颜龌龊，手脚慌忙，煎茶煮饭，不及时常。又有一等，馋铺争尝，未曾炮馔，先已偷藏。丑呈乡里，辱及爹娘，被人传说，岂不羞惶？

事父母章第五

女子在堂，敬重爹娘。每朝早起，先问安康，寒则烘火，热则扇凉，饥则进食，渴则进汤。父母检责，不得慌忙，近前听取，早夜思量。若有不是，改过从长。父母言语，莫作寻常。遵依教训，不可强良。若有不是，借问无妨。父母年老，朝夕忧惶，补联鞋袜，做造衣裳，四时八节，孝养相当。父母有疾，身莫离床，衣不解带，汤药亲尝，求神拜佛，指望安康。莫教不幸，或致身亡，痛入骨髓，哭断肝肠。三年乳哺，恩德难忘。衣裳装殓，持服居丧，安埋设祭，礼拜烧香，追修荐拔，超上天堂。莫学忤逆，咆哮无常，才出一语，应答千张，便行抛掉，说着相伤。如此妇女，教坏村坊。

事舅姑章第六

阿翁阿姑,夫家之主,既入他门,合称新妇,供承看养,如同父母。敬事阿翁,形容不睹,不敢随行,不敢对语,如有使令,听其嘱付。姑坐则立,使令便去,早起开门,莫令惊忤;换水堂前,洗濯巾布,齿药肥皂;温凉得所,退步阶前,待其浣洗;万福一声,即时退步。备办茶汤,逶巡递去,整顿茶盘,安排匙箸,饭则软蒸,肉则熟煮。自古老人,牙齿疏蛀,茶水羹汤,莫教虚度。夜晚更深,将归睡处,安置辞堂,方回房户。日日一般,朝朝相似,传教庭帏,人称贤妇。莫学他人,跳梁可恶,咆哮尊长,说辛道苦,呼唤不来,饥寒不顾。如此之人,号为恶妇,天地不容,雷霆震怒,责罚加身,悔之无路。

事夫章第七

女子出嫁,夫主为亲。前生缘分,今世婚姻,将夫比天,其义匪轻。夫刚妻柔,恩爱相因,居家相待,敬重如宾。夫有言语,侧耳详听。夫有恶事,劝谏谆谆。莫学愚妇,惹祸临身。夫若出外,借问途程,黄昏未返,瞻望思寻,停灯温饭,等候敲门。莫学懒妇,未晚先眠。夫如有病,终日劳心,多方问药,遍处求神,百般医疗,愿得长生。莫学愚妇,全不忧心。夫若发怒,不可生嗔,退身求让,忍气吞声。莫学愚妇,斗闹频频。粗丝细葛,补洗精神,莫令寒冷,冻损夫身。家常菜饭,供侍殷勤,莫教饥渴,瘦瘁苦辛。同甘同苦,同富同贫,死同棺椁,生共衣衾。莫学泼妇,巧口花唇。能依此语,和乐瑟琴。如此之女,百口传闻。

训男女章第八

大抵人家,皆有男女。年已长成,教之有序,训诲之权,实专于母。男入书堂，请延师傅，习学礼义，吟诗作赋。尊敬师儒，束脩酒脯，五盏三杯，莫令虚度。十日一旬，安排礼数，设席肆筵，施呈樽俎。月夕花朝，游园纵步，挈榼提壶，主宾相顾，万福一声，即登归路。女处闺门，少令出户，唤来便来，教去便去，稍有不从，当叱辱怒。在堂中训，各勤事务，扫地烧香，纫麻缉苎。若出人前，训他礼数，道福逊声，递茶待步。莫纵娇痴，恐他啼怒；莫纵跳梁，恐他轻侮；莫纵歌词，恐他淫语；莫纵游行，恐他恶事。堪笑今人，不能为主。男不知书，听其弄齿，斗闹贪杯，讴歌习舞，官府不忧，家乡不顾。女不知书，强梁言语，不识尊卑，不能针指，辱及尊亲，怨却父母，恶语相伤，养猪养鼠。

营家章第九

营家之女，惟俭惟勤。勤则家起，懒则家倾；俭则家富，奢则家贫。凡为女子，不可因循，一生之计，惟在于勤；一年之计，惟在于春；一日之计，惟在于晨。奉箕拥帚，洒扫灰尘，撮除擒撞，有用非轻，眼前伶俐，家宅光明，莫教秽污，有玷门庭。耕田下种，莫怨辛勤，炊羹造饭，思记频频，耘耨田土，茶水匀停，莫令晏慢，饥饿在身。积糠聚潲，喂养牺牲，呼归放去，检点搜寻，莫教失落，扰乱四邻。夫有钱米，收拾经营；夫有酒物，存积留停。迎宾待客，不可偷侵。大富由命，小富由勤。禾麻粟麦，成栈成囷。油盐椒豉，罋罋张盛。猪鸡鹅鸭，成队成群。四时八节，免得营营。酒浆食馔，各有余剩。夫妇享福，欢笑欣欣。

待客章第十

大抵人家，皆有宾主。蔟滚汤瓶，抹光囊子，准备人来，点汤递水。退立堂前,听夫言语。若欲传杯,即时办去。欲若相留,待夫回步,细与商量,杀鸡为黍,物味调和,菜蔬济楚,五酌三杯,有光门户。红日含山,晚留居住,点烛擎灯,安排坐具,枕席纱厨,铺毡拥被,钦敬相承,温凉得趣。次晓相看,客如辞去,别酒殷勤,十分注意,夫喜能家,家称晓事。莫学他人,不持家务,客来无汤,荒忙无措。夫若留人,妻怀嗔怒,有箸无匙,有盐无醋,争啜争哺,打男骂女,夫受惭惶,客怀羞愧。有客到门,无人在户,须遣家童,问其来处。客若殷勤,即通名字,却整容仪,出厅延住,点茶递汤,莫缺礼数,借问姓名,询其事务,记得夫归,即当说与,客下阶去,即当回步。奉劝后人,切须学取。

和柔章第十一

处家之法,妇女虽能,以和为贵,孝顺为先。翁姑有责,曾如不曾;姑嫜有责,闻如不闻。上房下户,子侄团圆。是非休习,长短休争。从来家丑,不出外传。东邻西舍,礼数周全。往来贺问,款曲盘旋,一茶一水,笑语忻然。当说便说,当行则行,闲是闲非,不入我门。莫学愚妇,不问根源,秽言污语,触突尊贤。奉劝女子,量后思前。

守节章第十二

古来贤妇,九烈三贞,名标青史,传到而今。后生莫学,初匪难行,第一守节,第二清贞。有女在堂,莫出闺庭;有客在户,莫出厅堂。不异私语,莫起淫言。黄昏来往,秉烛擎灯。暗中出入,恐惹不情,一行有失,百行无成。夫妻结发,义重千金,若有不幸,中路先倾,三年重服,守志坚心,保家持业,整顿坟茔,有生有死,一命所同。

　　此篇《论语》，谈尽题容。后人依此，日月相逢，切须记取，不可朦胧。若依斯言，享福无穷。

　　　　　　　《说郛》卷七〇下《尚宫·女论语》，清顺治四年刻本

第五编

科举考试制度

第一章

科举考试制度的形成

一、 隋代科举考试的初创

〔开皇〕二年春正月，……甲戌，诏举贤良。

《隋书》卷一《高祖纪上》，中华书局一九七三年版

〔开皇三年〕十一月己酉，发使巡省风俗，因下诏曰："朕君临区宇，深思治术，欲使生人从化，以德代刑，求草莱之善，旌间里之行。……如有文武才用，未为时知，宜以礼发遣，朕将铨擢。其有志节高妙，越等超伦，亦仰使人就加旌异，令一行一善奖劝于人。……"

《隋书》卷一《高祖纪上》，中华书局一九七三年版

〔开皇七年春正月〕乙未，制诸州岁贡三人。

《隋书》卷一《高祖纪上》，中华书局一九七三年版

〔开皇十八年秋七月〕丙子，诏京官五品已上，总管、刺史，以志行修谨、清平干济二科举人。

《隋书》卷二《高祖纪下》，中华书局一九七三年版

〔仁寿三年〕秋七月丁卯,诏曰:……其令州县搜扬贤哲,皆取明知今古,通识治乱,究政教之本,达礼乐之源。不限多少,不得不举。限以三旬,咸令进路。征召将送,必须以礼。

《隋书》卷二《高祖纪下》,中华书局一九七三年版

〔大业元年春正月〕戊申,发八使巡省风俗。下诏曰:……若有名行显著,操履修洁,及学业才能,一艺可取,咸宜访采,将身入朝。所在州县,以礼发遣。

《隋书》卷三《炀帝纪上》,中华书局一九七三年版

〔大业元年闰七月〕丙子,诏曰:……方今宇宙平一,文轨攸同,十步之内,必有芳草;四海之中,岂无奇秀! 诸在家及见入学者,若有笃志好古,耽悦典坟,学行优敏,堪膺时务,所在采访,具以名闻,即当随其器能,擢以不次。

《隋书》卷三《炀帝纪上》,中华书局一九七三年版

〔大业三年夏四月〕甲午,诏曰:

天下之重,非独治所安,帝王之功,岂一士之略! 自古明君哲后,立政经邦,何尝不选贤与能,收采幽滞。周称多士,汉号得人,常想前风,载怀钦仁。朕负扆凤兴,冕旒待旦,引领岩谷,置以周行,冀与群才共康庶绩。而汇茅寂寞,投竿罕至,岂美璞韬采,未值良工,将介石在怀,确乎难拔? 永鉴前哲,忾然兴叹! 凡厥在位,譬诸股肱,若济巨川,义同舟楫。岂得保兹宠禄,晦尔所知,优游卒岁,甚非谓也。祁大夫之举善,良史以为至公,臧文仲之蔽贤,尼父讥其窃位。求诸往古,非无褒贬,宜思进善,用匡寡薄。

夫孝悌有闻，人伦之本，德行敦厚，立身之基。或节义可称，或操履清洁，所以激贪厉谷，有益风化。强毅正直，执宪不挠，学业优敏，文才美秀，并为郎庙之用，实乃瑚琏之资。才堪将略，则拔之以御侮，膂力骁壮，则任之以爪牙。爱及一艺可取，亦宜采录，众善毕举，与时无弃。以此求治，庶几非远。文武有职事者，五品已上，宜依令十科举人。有一于此，不必求备。朕当待以不次，随才升擢。其见任九品已上官者，不在举送之限。

《隋书》卷三《炀帝纪上》，中华书局一九七三年版

〔大业五年六月〕辛亥，诏诸郡学业该通、才艺优洽，膂力骁壮、超绝等伦，在官勤奋、堪理政事，立性正直、不避强御四科举人。

《隋书》卷三《炀帝纪上》，中华书局一九七三年版

〔大业十年〕五月庚子，诏举郡孝悌廉洁各十人。

《隋书》卷四《炀帝纪下》，中华书局一九七三年版

时天下户口岁增，京辅及三河，地少而人众，衣食不给。议者咸欲徙就宽乡。其年冬，帝命诸州考使议之。又令尚书，以其事策问四方贡士，竟无长算。帝乃发使四出，均天下之田。其狭乡，每丁才至二十亩，老小又少焉。

《隋书》卷二四《食货志》，中华书局一九七三年版

〔陆〕爽同郡①侯白，字君素，好学有捷才，性滑稽，尤辩俊。举

---

① 指魏郡。

秀才，为儒林郎。

《隋书》卷五八《陆爽传》，中华书局一九七三年版

侯白字君素，魏郡邺人。始举秀才，隋朝颇见贵重，博闻多知，谐谑辩论，应对不穷，人皆悦之。或买酒馔，求其言论，必启齿发题，解颐而返。所在观之如市，越公甚加礼重。文帝将侍从以补顾问。撰《酒津》《笑林》，人皆传录。

《苏氏演义》卷下，中华书局二〇一二年版

刘焯字士元，信都昌亭人也。……刺史赵煚引为从事，举秀才，射策甲科。与著作郎王劭同修国史，兼参议律历，仍直门下省，以待顾问。俄除员外将军。

《隋书》卷七五《刘焯传》，中华书局一九七三年版

杜正玄字慎徽，其先本京兆人，八世祖曼，为石赵从事中郎，因家于邺。自曼至正玄，世以文学相授。正玄尤聪敏，博涉多通。兄弟数人，俱未弱冠，并以文章才辩籍甚三河之间。开皇末，举秀才，尚书试方略，正玄应对如响，下笔成章。仆射杨素负才傲物，正玄抗辞酬对，无所屈挠，素甚不悦。久之，会林邑献白鹦鹉，素促召正玄，使者相望。及至，即令作赋。正玄仓卒之际，援笔立成。素见文不加点，始异之。因令更拟诸杂文笔十余条，又皆立成，而辞理华赡，素乃叹曰："此真秀才，吾不及也！"授晋王行参军，转豫章王记室，卒官。弟正藏。

《隋书》卷七六《杜正玄传》，中华书局一九七三年版

〔杜〕正藏字为善，尤好学，善属文。弱冠举秀才，授纯州行参军，历下邑正。大业中，学业该通，应诏举秀才，兄弟三人俱以文章一时诣阙，论者荣之。著碑诔铭颂诗赋百余篇。又著《文章体式》，大为后进所宝，时人号为文轨，乃至海外高丽、百济，亦共传习，称为《杜家新书》。

《隋书》卷七六《杜正玄传》，中华书局一九七三年版

大业中，与刘炫同以学业该通，应诏被举。时〔杜〕正藏弟正仪贡充进士，正伦为秀才，兄弟三人同时应命，当世嗟美之。

《北史》卷二六《杜正藏传》，中华书局一九七四年版

隋仁寿中，杜正玄、正藏、正伦，俱以秀才擢第。隋代举进士，总一十人，正伦一家三人。

《太平广记》卷一七九《贡举二·杜正玄》，中华书局一九六一年版

〔崔〕赜字祖濬，七岁能属文，容貌短小，有口才。开皇初，秦孝王荐之，射策高第，诏与诸儒定礼乐，授校书郎。寻转协律郎，太常卿苏威雅重之。

《隋书》卷七七《崔赜传》，中华书局一九七三年版

房乔字玄龄，齐州临淄人。……父彦谦，好学，通涉五经，隋泾阳令，《隋书》有传。

玄龄幼聪敏，博览经史，工草隶，善属文。……年十八，本州举进士，授羽骑尉。

《旧唐书》卷六六《房玄龄传》，中华书局一九七五年版

有唐逸士吴郡张从师，……初，公祖损之。隋大业中，进士甲科，位至侍御史、尚书水部郎。

《毗陵集》卷一一《唐故河南府法曹参军张公墓表》，

商务印书馆《四部丛刊初编》本

韦云起，雍州万年人。……云起，隋开皇中明经举，授符玺直长。

《旧唐书》卷七五《韦云起传》，中华书局一九七五年版

韦云起，京兆万年人。隋开皇中，以明经补符玺直长。

《新唐书》卷一〇三《韦云起传》，中华书局一九七五年版

二、 隋唐五代考试机构的职能

隋文帝开皇三年，诏左右仆射从二品，左掌判吏部、礼部、兵部三尚书，御史纠不当者，兼纠弹之。右掌判都官、度支、工部三尚书，又知用度。余并依旧。

大唐左右二仆射因前代，本副尚书令。自尚书令废阙，二仆射则为宰相。故太宗谓房玄龄、杜如晦曰："公为仆射，当洞开耳目，访求才贤，是为宰相弘益之道。今以决辞听讼不暇，岂助朕求贤之意？"乃令尚书细务悉委于两丞。其冤滥大故，当奏闻者，则关于仆射。及贞观末，除拜仆射，必加"同中书门下平章事"及"参知机务"等名，方为宰相，不然则否。然为仆射者，亦无不加焉。至开元以来，则罕有加者。初，龙朔二年，改左右仆射为左右匡政，咸亨元年复旧，官品第四。武太后改二仆射为文昌左右相，进

阶为从三品，寻复本阶。神龙初，复为左右仆射。开元元年，改为左右丞相，从二品，统理众务，举持纲目，总判省事。御史纠不当者，兼得弹之。至天宝元年复旧。

《通典》卷二二《职官四》，中华书局一九八八年版

隋吏部统吏部、主爵、司勋、考功四曹。大唐龙朔二年，改吏部尚书为司列太常伯，咸亨初复旧。光宅元年，改吏部为天官，神龙元年复旧。天宝十一年，改为文部，至德初复旧。掌文官选举，总判吏部、司封、司勋、考功四曹事。旧令班在侍中、中书令上，《开元令》移在侍中、中书令下。尚书六曹，吏部、兵部为前行，户、刑为中行，礼、工为后行，其官属自后行迁入二部者以为美。自魏晋以来，凡吏部官属，悉高于诸曹，其选举皆尚书主之。自隋置侍郎，贰尚书之事，则六品以下铨补，多以归之。大唐自贞观以前，尚书掌五品选事。至景龙中，尚书掌七品以上选，侍郎掌八品以下选。至景云元年，宋璟为尚书，始通其选而分掌之，因为常例。开元以前，诸司之官兼知政事者，午前议政于朝堂，午后理务于本司。自开元以来，宰相员少，资地崇高，又以兵吏尚书权位尤美，而宰臣多兼领之，但从容衡轴，不自铨综，其选试之任皆侍郎专之，尚书通署而已，遂为故事。或分领其事，则列为三铨，尚书掌其一，侍郎分其二。尚书所掌，谓之尚书铨；侍郎所掌，其一为中铨，其一为东铨。各有印。

侍郎二人。隋炀帝置，说在《历代郎中篇》。凡六司侍郎，皆贰尚书之事。吏部初置一员，总章元年加一员。龙朔二年改为司列少常伯，咸亨元年复旧。分掌选部流内六品以下官，是为铨衡之任。凡初仕进者，无不仰属焉。当选集之际，势倾天下，列曹之中，资位尤重。……

郎中二人。……《山公启事》曰："吏部郎主选举,宜得能整风俗、理人伦者。"……隋初,诸曹郎皆谓之侍郎。炀帝三年,置六司侍郎,后遂改诸曹侍郎但曰郎。其吏部郎改为选部郎。国初,复为选部郎中,……〔武德〕五年,改为吏部郎中。龙朔二年,改为司列大夫,咸亨元年复旧。掌选补流外官,谓之小铨,并掌文官名簿、朝集、禄赐、假使并文官告身,分判曹事。**员外郎二人。**隋开皇六年,置吏部员外郎一人。炀帝三年,改为选部承务郎。武德三年复旧。加置一人,一员判废置,一员判南曹,起于总章二年,司列少常伯李敬玄奏置。未置以前,铨中自勘贵。故事,两员转厅,至建中元年,侍郎邵说奏,各挟阙替。南曹郎王镇以后,遂不转厅。贞元十一年闰八月,侍郎杜黄裳奏请准旧例转厅。初,武太后载初元年,又加一员,圣历二年八月省。开元十二年四月,敕兵吏各专定两人判南曹,寻却一人判。贞元元年九月,又以两人判,至十二年闰八月,又却一员判。

《通典》卷二三《职官五》,中华书局一九八八年版

考功郎中一人。……隋文帝置考功侍郎,炀帝改为考功郎。武德初复为考功郎中,龙朔二年,改考功为司绩,咸亨初复旧。掌考察内外百官及功臣家传、碑、颂、诔、谥等事。**员外郎一人。**隋文帝置,炀帝改为考功承务郎。武德初,复为考功员外郎。其后,曹改而官不易。武德旧令,考功郎中监试贡举人,贞观以来,乃以员外郎专掌贡举省郎之殊美者。至开元二十四年,移贡举于礼部,而考功员外郎分判事而已。

《通典》卷二三《职官五》,中华书局一九八八年版

至隋,置礼部尚书,统礼部、祠部、主客、膳部四曹,盖因后周礼部之名,兼前代祠部、仪曹之职。大唐龙朔二年,改礼部尚书为司礼太常伯,咸亨元年复旧。光宅元年,改礼部为春官,神龙元年复旧。总判祠部、礼部、膳部、主客事。

侍郎一人。……今侍郎则隋炀帝置。大唐因之。龙朔二年改为司礼少

孙培青文集　第四卷　隋唐五代教育制度文献集成

常伯,咸亨元年复旧。他时曹名或改,而官号不易。掌策试、贡举及斋郎、弘、崇、国子生等事。旧制,考功员外郎掌贡举。开元二十三年,考功员外郎李昂为进士李权所诋,朝议以考功位轻,不足以临多士。至二十四年,遂以礼部侍郎掌焉。开元、天宝之中,升平既久,群士务进,天下髦彦,由其取舍,故势倾当时,资与吏部侍郎等同。

郎中一人。……隋初为礼部侍郎,炀帝除"侍"字,又改为仪曹郎。武德初,改为礼部郎中。龙朔二年,改为司礼大夫,咸亨初复旧。其后曹改而官不易。掌礼乐、学校、仪式、制度、衣冠、符印、表疏、册命、祥瑞、铺设、丧葬、赠赙及宫人等。员外郎一人。至隋文帝,置礼部员外郎,炀帝改为仪曹承务郎。武德三年复旧。其后曹改而官不易。

《通典》卷二三《职官五》,中华书局一九八八年版

龙朔二年,改为司礼太常伯。咸亨元年复旧。光宅元年,改为春官尚书。神龙元年。复为礼部尚书。

《唐会要》卷五九《尚书省诸司下·礼部尚书》,
中华书局一九五五年版

隋号仪曹郎。武德初,因隋旧号不改。三年十月,改为礼部郎中。龙朔二年,改为司礼大夫。咸亨三年,复为礼部郎中。光宅元年,改为春官郎中。神龙元年,复为礼部郎中。

《唐会要》卷五九《尚书省诸司下·礼部郎中》,
中华书局一九五五年版

至隋乃有兵部尚书,统兵部、职方、驾部、库部四曹,盖因后周兵部之名,兼前代五兵之职。大唐龙朔二年,改兵部尚书为司戎太常伯,咸亨元年复旧。光宅元年,改为夏官,神龙元年复旧。天

宝十一年^①，改为武部尚书。至德初复旧。掌武官选举，总判兵部、职方、驾部、库部事。其分领选举，亦为三铨，制如吏部。尚书所掌，谓之尚书铨。侍郎所掌，其一为中铨，其一为西铨。各有印。

《通典》卷二三《职官五》，中华书局一九八八年版

尚书郎，自两汉以后，妙选其人。唐武德、贞观已来，尤重其职。吏兵部为前行，最为要剧。自后行改入，皆为美选。考功员外专掌试贡举人，员外郎之最望者。

《太平广记》卷二五〇《诙谐六·尚书郎》，

中华书局一九六一年版

中正：魏置。晋诸中正率一国所推，台阁取信。后魏孝明正光元年，罢诸郡中正。北齐郡县皆有之，他史多阙。隋初有，后罢而有州都。大唐并无此官。每岁贡士符书所关及乡饮酒之礼，则司功参军主其事。

《通典》卷三三《职官十五》，中华书局一九八八年版

大唐贡士之法，多循隋制。上郡岁三人，中郡二人，下郡一人，有才能者无常数。其常贡之科，有秀才，有明经，有进士，有明法，有书，有算。自京师郡县皆有学焉。每岁仲冬，郡县馆监课试其成者，长吏会属僚，设宾主，陈俎豆，备管弦，牲用少牢，行乡饮酒礼，歌《鹿鸣》之诗，征耆艾、叙少长而观焉。既饯，而与计偕。其不在馆学而举者，谓之乡贡。旧令诸郡虽一、二、三人之限，而实无常数。到尚书省，始由户部集阅，而关于考功课试，可者为

① "年"，应为"载"。

第。武德旧制，以考功郎中监试贡举。贞观以后，则考功员外郎专掌之。《律》曰："诸贡举非其人，谓德行乖僻，不如举状者。及应贡举而不贡举者，谓才堪利用，蔽而不言也。一人徒一年，二人加一等，罪止徒三年。"

《通典》卷一五《选举三》，中华书局一九八八年版

〔开元〕二十四年，制移贡举于礼部，以侍郎掌之。因考功员外郎李昂诋诃进士李权文章，大为权所陵评，朝议以郎官地轻，故移于礼部，遂为永制。

《通典》卷一五《选举三》，中华书局一九八八年版

开元二十四年三月十二日，以考功员外郎李昂为举人所讼，乃下诏曰："每岁举人，顷年以来，惟考功郎所职。位轻务重，名实不伦，欲尽委长官，又铨选委积。但六官之列，体国是同。况宗伯掌礼，宜主宾荐。自今以后，每年诸色举人及斋郎等简试，并于礼部集。既众务烦杂，仍委侍郎专知。"

《唐会要》卷五九《尚书省诸司下·礼部侍郎》，
中华书局一九五五年版

〔开元〕二十四年三月，始移贡举，遣礼部侍郎姚奕请进士帖《左传》《礼记》通五及第。

《旧唐书》卷二四《礼仪志四》，中华书局一九七五年版

〔开元〕二十四年九月二十日，礼部以贡举请别置印。

《唐会要》卷七六《贡举中·缘举杂录》，中华书局一九五五年版

开元二十四年，考功郎中李昂为士子所轻诋，天子以郎署权

轻,移职礼部,始置贡院。天宝中,则有刘长卿、袁成用分为朋头,是时常重东府西监。至贞元八年,李观、欧阳詹犹以广文生登第,自后乃群奔于京兆矣。

《唐国史补》卷下,上海古籍出版社一九七九年版

开元二十四年三月十二日敕:斋郎简试,并于礼部集。至二十五年正月七日敕:诸陵庙并宜隶宗正寺。

《唐会要》卷五九《尚书省诸司下·太庙斋郎》,
中华书局一九五五年版

乾元初,中书舍人李揆兼礼部侍郎。揆尝以主司取士,多不考实,徒峻其堤防,索其书策。殊不知艺不至者,居文史之囿,亦不能摛其词藻,深昧求贤意也。及其试进士文章日,于中庭设五经及各史,及《切韵》本于床,而引贡士谓之曰:"国家进士,但务得才。经籍在此,各务寻检。"由是数日之间,美声上闻。

《唐会要》卷七六《贡举中·进士》,中华书局一九五五年版

崔元翰为杨崖州所知,欲拜补阙,恳曰:"愿得进士。"由此独步场中。然亦不晓呈试,故先求题目为地。崔敖知之。旭日都堂始开,敖盛气白侍郎曰:"若试白云起封中赋,敖请退。"侍郎为其所中,愕然换其题,是岁二崔俱捷。

《唐国史补》卷下,上海古籍出版社一九七九年版

权文公德舆,身不由科第,掌贡举三年。门下所出诸生,相继为公相。得人之盛,时论居多。

《因话录》卷二,上海古籍出版社一九七九年版

贞元十五年十月,高郢为礼部侍郎。时应进士举者,多务朋游,以取声名。唯务宴集,罕肄其业。郢性专介,尤疾其风。既领职,拒绝请托。虽同列通熟,无敢言者。志在经义,专考程试。凡三岁掌贡士,进幽独,抑声华,浮滥之风一变。元和九年二月,韦贯之为礼部侍郎,选士皆抑浮华,先行实,由是趋竞息焉。

《唐会要》卷五九《尚书省诸司下·礼部侍郎》,

中华书局一九五五年版

自命乡论士之制,坏而不复,士莫有就绪,故丛于京师。京兆尹岁贡秀才,常与百郡相抗。登贤能之书,或半天下。取其殊尤以为举首者,仍岁皆上第,过而就黜,时谓怪事,有司或不问能否而成就之。

中书高舍人,备位于礼部,攘袂矫枉,痛抑华耀,首京师之贡者,再岁连黜,辛生以是不在议甲乙伍中。其沉没厄困之士,阖户塞窦而得荣名者,连轸而起,谈者果以至公称焉,其能否也,世莫知也。若辛生,其文简而有制,其行直而无犯,向使不闻于公卿,不扬于交游,又不为京师贡首,则其甲乙可曲肱而有也。呜呼,名之果为不祥也有是夫!既受退,告归长沙。以辛生之文行,八年无就,如其初而退返,吾甚愤焉。孟子曰:"位卑而言高者,罪也。"于辛生又不能已,故略。

《柳宗元集》卷二三《送辛生下第序略》,

中华书局一九七九年版

开成元年、二年、三年,并高锴知贡举,每年皆恩赐题目,及第并四十八。

《唐会要》卷七六《贡举中·进士》,中华书局一九五五年版其年[①]五月，尚书礼部侍郎知贡举宝仪奏：

其进士请今后省卷限纳五卷已上，于中须有诗、赋、论各有一卷，余外杂文歌篇，并许同纳，只不得有神道碑、志文之类。其帖经、对义，并须实考，通三已上为合格。将来却复昼试，候考试终场，其不及人以文艺优劣，定为五等。取文字乖舛、词理纰缪最甚者为第五等，殿五举；其次者为第四等，殿三举；以次者稍优，为第三等，第二等，第一等，并许次年赴举。其所殿举数，并于所试卷子上朱书，封送中书门下，请行指挥及罪发解试官、监官等。其诸科举人若合解不解、不合解而解者，监官、试官为首罪，勒停见任，举送长官闻奏取裁。监官、试官如受赂，及今后进士如有倩人述作文字应举者，许人言告，送本处色役，永不进仕。同保人知者殿四举，不知者殿两举。受倩者如见任官停任，选人殿三选，举人殿五举，诸色人量事科罪。

从之。

《五代会要》卷二二《进士》，上海古籍出版社一九七八年版

乾化元年十二月，以尚书左仆射杨涉知礼部贡举，非常例也。前代自武德、贞观之后，但委考功员外郎主之。至开元二十五年，员外郎李昂为贡士李涯所诋毁，由是中书奏请以礼部侍郎专焉。间或以他官领，多用中书舍人，及诸司四品清资官。惟会昌中命太常卿王起主贡举，时亦检校仆射。

《五代会要》卷二三《缘举杂录》，上海古籍出版社一九七八年版

其年[②]十月一日，中书门下条流贡举人事件如后：

① 后周显德二年。
② 后唐天成四年。

一、应诸道州府解送诸色举人，须准元敕差有才艺公正官考试及格，然后给解，仍具所试诗赋、义目、帖由送省。如逐州府解内，不竖书前件指挥事节，所司不在引试之限。礼部贡院考试诸色帖经举人，今后据所业经书对义之时，逐经须将生卷与熟卷中半考试，不得依往例，只将熟卷试问。

一、今后主司不得受内外官寮书题荐托举人，及安排考官。如或实在知有才学精博者，任具奏闻。若受书题嘱托，致有屈人，其主司与发书人并加黜责，其所举人别行朝典。三铨南曹亦不得受诸色官员荐托选人。如违，并准前指挥。

一、应诸色落第人，此后所司具所落事由，别张文榜，分明晓示。除诸州府解送举人外，余有于河南府寄应，及宗正寺、国子监生等，亦须准上指挥。其中有依托朝臣者，于解内具言在某官姓名门馆，考试及第后，并据群名覆试。

一、应诸色举人，至入试之时前，照日内据所纳到试纸，本司印署讫，送中书门下，取中书省印印过，却付所司给散，逐人就试贡院。合请考官、试官，今后选学业精通、廉慎有守者充。如在朝臣门馆人，不得奏请。

奉敕："宜依。"

《五代会要》卷二三《缘举杂录》，上海古籍出版社一九七八年版

长兴元年六月，中书门下奏："此后宾贡，每年只请放一人。兼及第举人放榜时，并须据才艺高低，从上依资安排，不得以只科取鼎、岛、岳、斗之名，兼不得呼春官为恩门、师门，不得自称门生。除赐宴外，不得辄有率敛，别谋欢会。曾赴举落第人，不得改名。将来举人，并依选人例，据地里远近，于十月中纳文解。如违，不

在受纳之限。"从之。

《五代会要》卷二三《缘举杂录》，上海古籍出版社一九七八年版

清泰二年九月，礼部贡院奏："奉长兴元年敕，进士、五经、九经、明经、五科童子外，诸色科目并停。缘由有明算道举人，今欲施行。"又奉长兴三年正月敕："每落第举人，免取文解。"今后欲依元敕格，请并再取解，十月十五日到省毕，违限不收。又奉天成四年敕："诸色举人入试前五日纳试纸，用中书印印讫，付贡院司。缘五科所试场数极多，旋印纸锁宿内，中书往来不便，请只用当司印。"从之。

《五代会要》卷二三《缘举杂录》，上海古籍出版社一九七八年版

天成二年正月二十七日，尚书礼部贡院奏："五经考试官，先在吏部日，《长定格》合请两员，数属贡院，准新定格文，只令奏请一员，兼充考试。伏缘今年科目，人数转多，却欲依旧，请考试官各一员。如蒙允许，续具所请官名衔申奏。"奉敕："宜依。"

《五代会要》卷二三《科目杂录》，上海古籍出版社一九七八年版

〔天成〕三年二月十日，礼部贡院："当司据乡贡九经刘英甫经中书陈状，请对经义九十道，以代旧格帖经，奉堂判令详状处分者。当司伏准格文，九经只帖九经书各一十帖，并对《春秋》《礼记》口义各一十道。今准往例，并不曾有就排科讲义，九经若便据送到引试排科讲义，即恐有违格例者。"奉敕："刘英甫请以讲义便代帖经，既能鼓箧而来，必有撞钟之应，宜令礼部贡院考试。"

《五代会要》卷二三《科目杂录》，上海古籍出版社一九七八年版

长兴四年二月十六日,礼部贡院奏:

新立条件如后:

一、九经、五经、明经呈帖由之时,试官书通不后,有不及格者,喝落后请置笔砚,将所纳帖由分明,却令自阅。或是试官错书通不,当行改正。如怀疑者,便许请本经当面检对。如实是错,即便于帖由上书名而退。

一、五科常年驳榜出,多称屈塞,今年并明书所对经书墨义,云"第几道不,第几道粗,第几道通",任将本经书疏照证。如考试官去留不当,许将状陈诉,再加考校。如合黜落,妄有披述,当行严断。

一、今年举人有抱屈落第者,许将状披诉于贡院官,当与重试。如贡院不理,即诣御史台论诉。请自试举人日,令御史台差人受举人诉屈文状,并引本身勘问所论事件。或知贡举之官及考试之官已下,敢有受货赂,升擢亲朋,屈抑艺能,阴从请托,及不依格去留者,一事有违,请行朝典。

一、怀挟书策,旧例禁止,请自今后入省门搜得文书者,不计多少,准例扶出,殿将来两举。

一、遥口受人回换试处及抄义题帖书时,诸般相救,准例扶出,请殿将来三举。

一、艺业未精,准格落下,耻见同人,妄扇屈声,拟为将来基址,及他人帖对过场数多者,便生诬玷,或罗织殿骂者,并当收禁,牒送御史台,请赐勘鞫。如知贡举官及考试官事涉私徇,屈塞艺士,请行朝典。若虚妄者,请严行科断,牒送本道重处色役,仍永不得入举场。同保人亦请连坐,各殿三举。

奉敕:"宜依。"

三、 皇帝掌握考试的决策权

明经进阶，虽著于甲令；儒道敦俗，宜申于旧章。其选人有能仕优则学，所业不废者，当在甄收，以示劝奖。其能旧经外更业者，准初出身例加阶。（开元六年八月）

《全唐文》卷二八《玄宗·劝选人勤学业诏》，

中华书局一九八三年版

朕听政之暇，常读《道德经》《文》《列》《庄子》等书。文约而义精，词高而旨远，可以理国，可以保身，朕敦崇其教以左右人也。子大夫能从事于此，甚用嘉之。夫古今异宜，文质相变，若在宥而不理，外物而不为，行邃古之化，非御今之道，适时之术，陈其所宜。又礼乐刑政，所以经邦国，圣智仁义，所以序人伦，使之废绝，未知其旨。《道德经》曰"绝学无忧"，则乖进德修业之教。《列子·立命》曰"汝奚切于物"，又遗惩恶劝善之文。二旨孰非，何优何劣？《文子》曰"金积折廉壁袭"，且申其义。《庄子》曰"恬与之交相养"，明征其言。使一理混同，二教兼举，成不易之则，副虚仁之怀。（开元二十九年九月）

《唐大诏令集》卷一〇六《亲试四子举人敕》，

商务印书馆一九五九年版

志本于道，盖道以致君为先；代实生才，盖才以济理为务。不索何以获其实？不言何以知其志？故帝尧垂询众之训，殷宗首沃心之术。其传曰："嘉言罔攸伏。"又曰："俊人用章。"汉魏以还，诏策时作,暨于我唐,遵为故事。繇是善政惟义,魁能间出。朕祗荷大宝,勤恤兆人,明不烛于幽暗,惠未流于鳏寡,御配兢虑,求贤永图。是以诏命有司,会群材,列稽疑,延问阙政。子大夫达学通识,俨然来思,操觚濡翰,条诲宿滞,慰我虚伫,必宏嘉猷。故临轩命书,策以审访、继烛俟奏,其悉乃辞。各宜坐食。食毕就试。左散骑常侍冯宿、太常少卿贾𫗧、库部郎中庞严,宜并充考制策官。

《全唐文》卷七一《文宗·试制举人诏》,中华书局一九八三年版

永泰元年七月,以京师米贵,遂分两京集举人。至大历十年五月十九日,敕:今年诸色举人,悉赴上都。准旧例,十月二十五日随考试,户部著到。

《唐会要》卷七六《贡举中·缘举杂录》,中华书局一九五五年版

其年①七月,敕:今年宜权于东都置举,其明经、进士,便在东都赴集;其上都国子监举人等,合在上都试。及节目未尽者,条流奏闻。

《唐会要》卷七六《贡举中·缘举杂录》,中华书局一九五五年版

进士郑滂,在名场岁久,流辈多已崇达,常有后时之叹。一夕忽梦及第,而与韦周方同年。当时韦氏先期举人,无周方之名者,益闷闷。大和元年秋,移举洛中,时韦景方居守,尚书族弟也。赴举过陕。尚书时廉察陕郊,诘景方曰:"我名弘景,汝兄弘方,汝名景方,兄弟各分吾名一字名之,殊无义也。"遂更名周方。滂闻之,

---

① 大和元年。

极喜曰："吾及第有望矣。"四年，周方果同年焉。滂登朝，至殿中侍御史。

《因话录》卷六，上海古籍出版社一九七九年版

大和元年二月，敕：自今已后，天下勋臣节将子弟，有能修词尚学应进士明经及通史学者，委有司务加奖引。

《唐会要》卷七六《贡举中·缘举杂录》，中华书局一九五五年版

〔贞元〕十九年，敕：礼部举人，自春以来，久愆时雨。念其旅食京邑，资用屡空。其礼部举人，今年宜权停。

《唐会要》卷七六《贡举中·缘举杂录》，中华书局一九五五年版

其月①敕吏部、礼部、兵部：今年选近，缘秋末虫旱相因，恐致灾荒，权令停罢，乃敛藏之后，物力且任。念彼求名之人，必怀觖望之志。宁违我令，以慰其心。宜依常例却置，应缘所纳文状及铨试等期限，仍准今年格文，递延一月。

《唐会要》卷七六《贡举中·缘举杂录》，中华书局一九五五年版

咸通十一年四月，敕：去年属以用军之际，权停贡举一年。今既偃戈，却宜仍旧。来年宜别许三十人及第，进士十人，明经、进士二十人，已后不得援例。

《唐会要》卷七六《贡举中·缘举杂录》，中华书局一九五五年版

〔天福四年六月〕庚辰，西京大风雨，应天福门屋瓦皆飞，鸱吻

① 大和八年正月。

俱折。辛卯，诏礼部贡举宜权停一年。

《旧五代史》卷七八《晋书·高祖纪第四》，

中华书局一九七六年版

〔应顺元年冬十月〕戊子，宰臣姚顗奏："吏部三铨，近年并为一司，望令依旧分铨。"从之。

《旧五代史》卷四六《唐书·末帝纪上》，中华书局一九七六年版

梁开平元年七月，敕："近年举人，当秋荐之时不亲试者，号为拔解。今后宜止绝。"四月十一日，兵部尚书姚洎知贡举，奏："近代设文科，选胄子，所以纲维名教，崇树邦本也。今在公卿亲属，将相子孙，如有文行可取者，请许所在州府荐送，以广毓材之路。"从之。

《五代会要》卷二三《缘举杂录》，上海古籍出版社一九七八年版

后唐同元二年十月，中书奏请停举、选一年。敕："举、选二门，国朝之重事，但要精确，难议权停。宜准常例处分。"

《五代会要》卷二三《缘举杂录》，上海古籍出版社一九七八年版

第一章　科举考试制度的形成

第二章

科举考试的科目

一、常科

唐制，……其科之目，有秀才，有明经，有俊士，有进士，有明法，有明字，有明算，有一史，有三史，有开元礼，有道举，有童子。而明经之别，有五经，有三经，有二经，有学究一经，有三礼，有三传，有史科。此岁举之常选也。

《新唐书》卷四四《选举志上》，中华书局一九七五年版

开元二十九年正月十五日，于玄元皇帝庙置崇元学。令习《道德经》《庄子》《文子》《列子》。待习成后，每年随举人例送名至省，准明经考试。通者准及第人处分。其博士置一员。

《唐会要》卷七七《贡举下·崇元生》，中华书局一九五五年版

有唐秘书监永安县侯姚公，讳子彦，字伯英。其先冯翊莲勺人也。至高祖僧洪徙家河东，祖思聪秘书少监，父坦汝州梁县丞，赠秘书监。公忠谅孝爱，宽仁愿恭，质方气冲，天所授也。而力行博学，温故知新，错综六艺。公作词赋，初举进士，又举词藻，皆升

甲科。尉清苑、获嘉、永宁三县。开元二十九年，诏立黄老学，亲问奥义，对策者五百余人，公与今相国、河南元公载及广平宋少贞等十人以条奏精辩，才冠等列，授右拾遗、内供奉，历左补阙。

《毗陵集》卷一一《唐故秘书监赠礼部尚书姚公墓志铭并序》，

商务印书馆《四部丛刊初编》本

〔天宝〕十三载十月十六日，道举停习《道德经》，加《周易》，宜以来载为始。至宝应三年六月二十日，道举宜停。七月二十六日，敕：礼部奏，道举既停。其崇元生望付中书门下商量处分。

《唐会要》卷七七《贡举下·崇元生》，中华书局一九五五年版

广德二年五月二十四日，敕：孝悌力田科，其每岁贡宜停。童子每岁贡者亦停。童仍限十岁以下者。至大历三年四月二十五日，敕：童子举人，取十岁以下者。习一经兼《论语》《孝经》，每卷诵文十科全通者，与出身。仍每年冬本贯申送礼部，同明经举人例考试讫闻奏。至十年五月二十五日，敕：童子科宜停。开成三年十二月，敕：诸道应荐万言童子等。朝廷设科取士，门目至多。有官者合诣吏曹，未仕者即归礼部。文词学艺，各尽其长。此外更或延引，则为冗长。起今以后，不得更有闻荐。俾由正路，禁绝幸门。虽有是命，而以童子为荐者，比比有之。

《唐会要》卷七六《贡举中·童子》，中华书局一九五五年版

贞元二年六月，敕："自今以后，其诸色举选人中，有能习《开元礼》者，举人同一经例，选人不限选数，许集。问大义一百条，试策三道，全通者超资与官，义通七十条，策通两道以上者放及第，

以下不在放限。其有散、试官能通者，亦依正员例处分。"

《通典》卷一五《选举三》，中华书局一九八八年版

贞元二年六月十一日，敕：《开元礼》，国家盛典，列圣增修。今则不列学科，藏在书府，使效官者昧于郊庙之仪，治家者不达冠婚之义。移风固本，合正其源。自今已后，其诸色举人中，有能习《开元礼》者，举人同一经例，选人不限选数许习。但问大义一百条，试策三道，全通者超资与官。义通七十条，策通两道已上者，放及第；已下不在放限。其有散官能通者，亦依正官例处分。至贞元九年五月二十日，敕：其习《开元礼》人，问大义一百条，试策三道，全通者为上等。大义通八十条已上，策两道以上，为次等。余一切并准三礼例处分。仍永为常式。

《唐会要》卷七六《贡举中·开元礼举》，中华书局一九五五年版

《开元礼》，国家盛典，列圣增修。今则不列学官，藏在书府，使效官者昧于郊庙之仪，治家者不达冠婚之义。移风固本，合正其源。自今已后，举选人有能习《开元礼》者，举人同一经例，选人不限选数许集。但问大义一百条，试策三道，全通者超资与官。义通七十条，策通二道已上者，放及第；已下不在放限。其有试官能通者，亦依正员官例处分。其明经举人，有能习律一部以代《尔雅》者，如帖义俱通，于本色减两选，令即日与官。其明法举人，有能兼习一经小帖义通者，依明经例处分。

《全唐文》卷五一《德宗·命举选人习开元礼诏》，

中华书局一九八三年版

贞元二年六月，敕：明法举人，有能兼习一经，小帖义通者，依明法例处分。

《唐会要》卷七六《贡举中·明法》，中华书局一九五五年版

王者设教，劝学攸先；生徒肄业，执礼为本。故孔子曰："不学礼，无以立。"又曰："安上理人，莫善于礼。"然则礼者，盖务学之本，立身之端，居安之大猷，致理之要道。属辞比事而不裁之以礼则乱，疏通知远而不节之以礼则诬，实百行之本源，为五经之户牖。虽圣人设教，罔不会通，而学者遵行，宜有先后。自顷有司定议，计功记习，不量教化浅深，义理难易，遂使博学者例从冬集，习礼经者独授散官。敦本劝人，颇乖指要，姑务弘奖，以广儒风。自今已后，明经习《礼记》及第者，亦宜冬集。如中经兼习《周易》若《仪礼》者，量减一选。应诸色人中习三礼者，前资及出身人依科目例，白身人依贡举例。每经问大义三十条，试策三道。仍主司于朝官、学官中，简择精通经术三五人闻奏。主司与同试问质定通否。义策全通为上等，转加超奖；大义每经通十五条已上，策通两道已上为次等，依资与官。如先是员外试官者，听依正员例。其习《开元礼》人，问大义一百条，试策三道，全通者为上等；大义通八十条已上，策通两道已上为次等；余一切并准习三礼例处分。其诸馆学士，愿习三礼及《开元礼》者，并听。仍永为恒式。（贞元）

《唐大诏令集》卷一○六《条流习礼经人敕》，

商务印书馆一九五九年版

〔贞元〕五年五月，敕："自今以后，诸色人中有习三礼者，前资

及出身人依科目选例，吏部考试；白身依贡举例，礼部考试。每经问大义三十条，试策三道。所试大义，仍委主司于朝官、学官中，拣择精通经术三五人闻奏。主司与同试问。义策全通为上等，特加超奖；大义每经通二十五条以上，策通两道以上为次等，依资与官。如先是员外、试官者，听依正员例。其诸学生，愿习三礼及《开元礼》者，并听。仍永为常式。"

《通典》卷一五《选举三》，中华书局一九八八年版

贞元九年五月二日，敕：王者设教，劝学攸先；生徒肄业，执礼为本。然则礼者，务学之本，立身之端，居安之大猷，致治之要道。顷有司定议，习礼经者，独授散官，颇乖指要。姑务宏奖，以广儒风。自今已后，诸色人中，有习三礼者，前资及出身人依科目例选，吏部考试；白身人依贡举例，礼部考试。每经问大义三十条，试策三道。所试大义，仍委主司于朝官、学官中，拣选精通经术三五人闻奏。主司于同试问。义策全通为上等，特加超奖。大义每经通二十五条以上，策通两道已上为次等，依资与官。如先是员外试官者，听依正员例。其诸馆学生，愿习三礼及《开元礼》者，并听。仍永为常式。

《唐会要》卷七六《贡举中·三礼举》，中华书局一九五五年版

长庆二年二月，谏议大夫殷侑奏：谨按《春秋》二百四十二年行事，王道之正，人伦之纪备矣。故先师仲尼称志在《春秋》。历代立学，莫不崇尚其教。伏以《左传》卷轴文字，比《礼记》多校一倍，《公羊》《穀梁》与《尚书》《周易》多校五倍。是以国朝旧制，明经授散，若大经中能习一传，即放冬集。然明经为传学者，犹十不

一二。今明经一例冬集。人之常情，趋少就易，三传无复学者。伏恐周公之微旨，仲尼之新意，史官之旧章，将坠于地。伏请置三传科，以劝学者。《左传》问大义五十条，《公羊》《穀梁》各问大义三十条，策三道。义通七以上，策通二以上，与及第。其白身应者，请同五经例处分。其先有出身及前资官应者，请准学究一经例处分。又奏：历代史书，皆记当时善恶，系以褒贬，垂裕劝戒。其司马迁《史记》，班固、范晔两《汉书》，音义详明，惩恶劝善，亚于六经，堪为世教。伏惟国朝故事，国子学有文史直者，宏文馆宏文生并试以《史记》、两《汉书》、《三国志》，又有一史科。近日以来，史学都废。至于有身处班列，朝廷旧章，昧而莫知。况乎前代之载，焉能知之？伏请置前件史科。每史问大义一百条，策三道。义通七，策通二以上，为及第。能通一史者，请同五经、三传例处分。其有出身及前资官应者，请同学究一经例处分。有出身及前资官，优稍与处分。其三史皆通者，请录奏闻，特加奖擢。仍请颁下两都国子监，任生徒习读。敕旨："宜依。"仍付所司。

《唐会要》卷七六《贡举中·三传》，中华书局一九五五年版

大和元年，予客游浔阳，路出荆州松滋县，摄令王淇为某言桂娘事。淇年十一岁能念五经，举童子及第，时年七十五，尚可日记千言。

《樊川文集》卷六《窦烈女传》，上海古籍出版社一九七八年版

诸道应荐万言、童子等，朝廷设科取士，门目至多。有官者合诣吏曹，未仕者即归礼部。此外更或延引，则为冗长。起今后，不得更有闻荐。俾繇正路，冀绝幸门。

《全唐文》卷七三《文宗·罢童子科诏》，中华书局一九八三年版

〔长兴二年〕六月丁巳朔，复置明法科，同《开元礼》。

《旧五代史》卷四二《唐书·明宗纪第八》，

中华书局一九七六年版

后唐长兴二年七月一日，敕："其明法科，今后宜与《开元礼》科同，其选数兼赴举之时，委贡院别奏请，会诸法试官，依格例考试。"

晋天福六年五月十五日，敕："明法一科，今后宜令五选集合格，注官日优与处分。"

周广顺三年正月，户部侍郎、权知贡举赵上交奏："明法元帖律令各十五帖，对义二十道。今欲罢帖律令，试墨义六十道。"从之。至其年八月，刑部侍郎、权知贡举徐台符奏："却准元格帖律令各十五帖，对墨义二十道。"从之。

《五代会要》卷二三《明法》，上海古籍出版社一九七八年版

臣闻禁暴乱者，莫先于刑律；勤礼义者，无切于《诗》《书》。刑律明则人不敢为非，礼义行则时自然无事。今《诗》《书》之教，则业必有官；刑律之科，则世皆莫晓。近者大理正宋升，请置律学生徒，虽获上闻，未蒙申举。伏乞特颁诏旨，下付国庠，令再设此科，许其岁贡。仍委诸州，各荐送一两人，就京习学，候至业成，便放出身。兼许以卑官，却还本处。则率土之内，尽会刑书，免祸触于金科，冀咸遵于皇化。

《全唐文》卷八四八《萧希甫·请置明律科奏》，

中华书局一九八三年版

显德二年五月丙申，礼部侍郎窦仪奏，请废童子、明经二科及条贯考试次第，从之。

《旧五代史》卷一一五《周书·世宗纪第二》，

中华书局一九七六年版

明君侧席，虽切旁求；贡士观光，岂宜滥进？窃窥前代，未设诸科，始以明经，俾升高第。自有九经、五经之后，及三礼、三传已来，孝廉之科遂因循而不废，缙绅之士亦缄默而无言，以致相承，未能改作。每岁明经，少至五百已上，多及一千有余。举人如是繁多，试官岂能精当？况此等多不究义，唯攻帖书，文理既不甚通，名第岂可妄与？且当年登科者不少，相次赴选者甚多，州县之间，必无贡阙；辇毂之下，须有稽留。怨嗟自此而兴，谤讟因兹而起。但令广场大启，诸科并有，明经者悉包于九经、五经之中，无出于三礼、三传之内，若无厘革，恐未便宜。其明经一科，伏请停废。

《全唐文》卷八五五《张允·请罢明经科奏》，

中华书局一九八三年版

国家悬科待士，贵务搜扬，责实求才，须除讹滥。童子每当就试，止在念书，背经则虽似精详，对卷则不能读诵。及名成贡院，身返故乡，但刻日以取官，更无心而习业。滥蠲徭役，虚占官名。其童子一科，亦请停废。

《全唐文》卷八五五《张允·请罢童子科奏》，

中华书局一九八三年版

晋天福五年四月，礼部侍郎张允奏："童子一科，伏请停废。"从之。

开运元年八月，复童子科。

周广顺三年正月，户部侍郎权知贡举赵上交奏："童子凡念书二十四道，今欲添念书通前五十道。念及三十道者，放及第。"从之。

显德二年五月，礼部侍郎知贡举窦仪奏："其童子科，请依晋天福五年敕停罢，任改就别科赴举。"从之。

《五代会要》卷二三《童子》，上海古籍出版社一九七八年版

二、 制科

唐制，……其天子自诏者曰制举，所以待非常之才焉。

《新唐书》卷四四《选举志上》，中华书局一九七五年版

所谓制举者，其来远矣。自汉以来，天子常称制诏道其所欲问而亲策之。唐兴，世崇儒学，虽其时君贤愚好恶不同，而乐善求贤之意未始少怠，故自京师外至州县，有司常选之士，以时而举。而天子又自诏四方德行、才能、文学之士，或高蹈幽隐与其不能自达者，下至军谋将略、翘关拔山、绝艺奇伎莫不兼取。其为名目，随其人主临时所欲，而列为定科者，如贤良方正直言极谏、博通坟典达于教化、军谋宏远堪任将率、详明政术可以理人之类，其名最著。而天子巡狩、行幸、封禅太山梁父，往往会见行在，其所以待之之礼甚优，而宏材伟论非常之人亦时出于其间，不为无得也。

《新唐书》卷四四《选举志上》，中华书局一九七五年版

显庆三年二月，志烈秋霜科，韩思彦及第。

乾封元年，幽素科，苏瑰、解琬、苗神客、格辅元、徐昭、刘讷言、崔谷神及第。

上元三年正月，辞殚文律科，崔融及第。

永隆元年，岳牧举，武陟县尉员半千及第。上御武成殿亲问曰："兵书云，天阵地阵人阵，各何谓也？"半千封曰："臣观载籍，多谓天阵，谓星辰孤虚也；地阵，谓山川向背也；人阵，谓偏伍弥缝也。以臣愚见，谓不然矣。夫师出以义，有若时雨，得天之时，此天阵也；兵在足食，且耕且战，得地之利，此地阵也；士卒轻利，将帅和睦，此人阵也。若有兵者，使三者去矣，其何以战？"上深赏之。

垂拱四年十二月，辞标文苑科，房晋、皇甫琼、王旦及第。

永昌元年正月，蓄文藻之思科，彭景直及第。抱儒素之业科，李文愿及第。

长寿三年四月，临难不顾徇节宁邦科，薛稷、寇泚及第。

证圣元年，长才广度沉迹下僚科，张漪及第。

万岁通天元年，文艺优长科，韩璨及第。

神功元年九月，绝伦科，苏颋、崔元童、袁仁敬、何凤、孟兼礼、洪子舆、卢从愿、赵不欺及第。

大足元年，理选使孟诜试拔萃科，崔翘、郑少微及第。疾恶科，冯万石及第。

长安二年，龚黄科，冯克麾及第。

神龙二年，才膺管乐科，张大求、魏启心、魏愔、卢绚、张文成、褚璆、成廙业、郭璘、赵不为及第。才高位下科，冯万石、晁良贞、张敬及第。

二年,才堪经邦科,张九龄、康元瑰及第。贤良方正科,苏晋、宋务光、寇泚、卢怡、吕恂及第。

景龙二年,抱器怀能科,夏侯铦及第。茂才异等科,王敬从、卢重元及第。

景云二年,文以经国科,袁晖、韩朝宗及第。藏名负俗科,李俊之及第。

先天二年,文经邦国科,韩休及第。藻思清华科,赵冬曦及第。寄以宣风则能兴化变俗科,郭璘之及第。道侔伊吕科,张九龄及第。手笔俊拔超越流辈科,杜昱、张子渐、张秀明、常无咎、赵居正、贾登、邢巨及第。

开元元年,直言极谏科,梁升卿、袁楚客及第。哲人奇士逸伦屠钓科,孙逖及第。良才异等科,邵润之、崔翘及第。

五年,文儒异等科,崔侃、褚庭诲及第。文史兼优科,李升期、康子元、达奚珣及第。

六年,博学通艺科,郑少微、萧识及第。

七年,文辞雅丽科,邢巨、苗晋卿、褚思光、赵良器及第。

十二年,将帅科,裴敦复、房自谦及第。

十五年,武足安边科,郑防、樊衡及第。高才沉沦草泽自举科,邓景山及第。

十七年,才高未达沉迹下僚科,吴巩及第。

十九年,博学宏词科,郑昉、陶翰及第。

二十一年,多才科,李史鱼及第。

二十三年,王伯科,刘璀、杜绾及第。智谋将帅科,张重光、崔圆、李广琛及第。

天宝元年,文辞秀逸科,崔明允、颜真卿及第。

六载,风雅古调科,薛璩及第。

十三载二月,辞藻宏丽科,杨绾及第。

大历二年,乐道安贫科,杨膺及第。

六年,讽谏主文科,郑珣瑜、李益及第。

建中元年,贤良方正能直言极谏科,姜公辅、元友直、樊泽、吕元膺及第。文辞清丽科,奚涉、梁肃、刘公亮、郑辕、沈封、吴通元及第。经学优深科,孙玭、黎逢、白季随及第。高蹈丘园科,张绅、卫良儒、苏哲及第。军谋越众科,夏侯审、平知和、郑儋、凌正、周渭、丁悦及第。孝悌力田闻于乡闾科,郭黄中、崔浩、李牧及第。

贞元元年九月,贤良方正能直言极谏科,韦执谊、郑利用、穆质、杨邵、裴复、柳公绰、归登、李直方、崔邠、郑敬、魏宏简、沈回、田元祐、徐衮及第。博通坟典达于教化科,熊执易、刘简甫及第。识洞韬略堪任将相科,许贽及第。

四年四月,贤良方正能直言极谏科,崔元翰、裴次元、李彝、崔农、史牟、陆震、柳公绰、赵参、徐宏毅、韦彭寿、邹儒立、王及、杜伦、元易、王真及第。清廉守节政术可称堪县令科,李巽及第。孝悌力田闻于乡闾科,张皓及第。

十年十二月,贤良方正能直言极谏科,裴珣、王播、朱谏、裴度、熊执易、许尧佐、徐宏毅、杜毂、崔群、皇甫镈、王仲舒、许季同、仲子陵、郑士林、邱颖及第。博通坟典通于教化科,朱颖及第。详明政术可以理人科,张平叔、李景亮及第。

元和元年四月,才识兼茂明于体用科,元稹、韦惇、独孤郁、白居易、曹景伯、韦庆复、崔绾、罗让、崔护、薛存庆、韦珩、李玙、元修、沈传师、萧俛、柴宿及第。达于吏治可使从政科,陈岵及第。

二年四月,贤良方正能直言极谏科,牛僧孺、皇甫湜、李宗闵、李正封、吉宏宗、徐晦、贾𫗧、王起、郭球、姚衮、庾威及第。博通坟典达于教化科，冯苞、陆亘及第。军谋宏达材任将帅科，樊宗师及第。达于吏治可使从政科，萧睦及第。

长庆元年十二月，贤良方正能直言极谏科，庞严、任畹、吕述、姚中立、韦曙、李回、崔碬、崔龟从、韦正贯、崔知白、陈元锡及第。详明政术可以理人科，崔郢及第。军谋宏达材任将帅科，吴思、李商卿及第。博通坟典达于教化科，李思元及第。

宝历元年四月，贤良方正能直言极谏科，唐绅、杨俭、韦瑞符、舒元褒、萧敞、杨鲁士、来择、赵祝、裴晖、韦缵、李昌宝、严楚封、李涯、萧夷中、冯球、元晦及第。详明吏治达于教化科，韦正贯及第。军谋宏达材任边将科，裴俦、侯云章及第。

大和二年闰三月，贤良方正能直言极谏科，李郃、裴休、裴素、南卓、李甘、杜牧、马植、郑亚、崔傅、崔兴、王式、罗邵京、崔渠、韩宾、崔慎由、苗愔、韦昶、崔焕、崔谠及第。详明吏理达于教化科，宋昆及第。军谋宏达堪任将帅科，郑冠、李式及第。

············

景云元年十二月制：四方选集，群才辐凑。操斧伐柯，求之不远。其有能习三经，通大义者；综一史，知本末者；通三教宗旨，究精微旨；善六经文字，辨声象者；博雅曲度，和六律五音者；韬略学孙吴，识天时人事者；畅于辞气，聪于受领，善敷奏吐纳者：咸令所司，博采明试，朕亲择焉。

开元八年三月，上亲策试应制举人于含元殿，谓曰：古有三道，今减从一道。近无甲科，朕将存其上第。务收贤俊，仍令有司设食。

二十六年正月，敕：孝悌力田，风化之本，比来将同举人考试辞策。今后两事兼著,状迹殊尤者,委所由长官时以名荐,更不须随考使例申送。

天宝十三载十月一日,御勤政楼,试四科举人,其辞藻宏丽,问策外更试诗、赋各一道。制举试诗、赋,从此始。

元和三年三月,敕:制举人试讫,有逼夜纳策,计不得归者,并于光宅寺止宿。应巡检勾当官吏并随从人等,待举人纳策毕,并赴保寿寺止宿。仍各仰金吾卫使差人监引,送至宿所。如勾当,勿令喧杂。

其年四月,以起居舍人、翰林学士王涯为都官员外,吏部员外郎韦贯之为果州刺史。先是,策贤良,诏杨于陵、郑敬、李益、与贯之同为考官。是年,牛僧孺、皇甫湜、李宗闵条对甚直,无所畏避,考官考三策,皆在第。权幸或恶其诋己,而不中第者,乃注解其策,同为唱诽。又言涯居翰林,其甥皇甫湜中选。考核之际,不先上言,故同坐焉。居数日,贯之再黜巴州司马,涯虢州司马,杨于陵遂出为广州节度使。裴垍时为翰林学士,居中覆视,无所同异,乃为贵幸泣诉情罪于上。上不得已,罢垍翰林学士,除户部侍郎。

十五年二月,敕:先帝所征贤良方正能直言极谏等科目,朕不欲亲试。宜令中书、门下、尚书省四品已上官,就尚书省同试。吏部尚书赵宗儒奏,奉敕以先朝所征制科举人。令与中书、门下四品已上官,同于尚书省就试者,伏以制科所试。本在亲临,南省策试,亦非旧典,况今山陵日近,公务繁迫。待问之士,就试非多,臣商量且宜停罢,从之。

大和二年,以左散骑常侍冯宿、太常少卿贾𫗧、库部郎中庞严为考策官,第二十二人,而前进士刘蕡策果切直,不居是选,其间指陈时事,不避贵近,言辞激切,士林感动,虽贾、董无以过也。而考官有所畏忌，不敢上闻，随例摈斥，识者议之，物论喧然不平，守道正人传其文。至有相对而泣者，谏官等或将其策，白于宰臣。宰臣怯惮，亦不敢为之明白。登科人李郜者，深有所愧，抗表请让官于蒉，事竟不行。及天复初，刘季述败，起居郎罗衮上疏，请追赠蒉。于是下诏赠左谏议大夫，仍访子孙叙用。初，蒉条对制策，言宦官权盛，后必为患，及是而果然也。

四年正月，德音节文，天下诸色人中，有贤良方正能直言极谏，及经术优深可为师法，详明吏治达于教化等科，委常参官及方牧郡守，各举所知。草泽无人举者，亦听自举，限来年正月至上都。五年正月十七日诏，以兵戈未息，权停。

┈┈┈┈┈┈

〔大中〕十二年三月，中书舍人李藩知举，放博学宏词科陈琬等三人，及进诗赋论等，召谓藩曰："所赋诗中重用字何如？"藩曰："钱起湘灵鼓瑟诗，有重用字，乃是庶几。"上曰："此诗似不及起。"乃落下。

《唐会要》卷七六《贡举中·制科举》，中华书局一九五五年版

博学、多才、道术、医药举人等，先令所司表荐，兼自闻达。敕限以满，须加考试。博学、多才举人，限今来四月内集。道术、医药举人，限闰三月内集。其博学科，试明三经、两史已上，帖试稍通者；多才科，试经国商略大策三道，并试杂文三道，取其词气高者。道术、医药举，取艺业优长、试练有效者。宜令所繇依节限处分。（开元二十二年三月）

《全唐文》卷三〇《玄宗·考试博学多才道术
医药举人诏》，中华书局一九八三年版

〔显德四年冬十月〕戊午，诏悬制科凡三：其一曰贤良方正能直言极谏科，其二曰经学优深可为师法科，其三曰详闲吏理达于教化科。不限前资、见任职官，黄衣、草泽，并许应诏。时兵部尚书张昭条奏，请兴制举，故有是命。

《旧五代史》卷一一七《周书·世宗纪第四》，

中华书局一九七六年版

周显德四年十月，诏曰："制策悬科，前朝盛事，莫不访贤良于侧陋，求谠正于箴规，殿廷之间，帝王亲试。其或大裨于国政，有益于时机，则必待以优恩，縻之好爵。拔奇取异，无尚于兹，得士者昌，于是乎在。爰从近代，久废此科，怀才抱器者郁而不伸，隐耀韬光者晦而不出。遂致翘翘之楚，多至于弃捐；皎皎之驹，莫就于縻絷。遗才滞用，阙孰甚焉。应天下诸色人中，有贤良方正能直言极谏，经学优深可为师法，详闲吏理达于教化者，不限前资、见任职官，黄衣、草泽，并许应诏。其逐处州府依每年贡举人式例，差官考试，解送尚书吏部，仍量试策论三道，共三千字已上。当日内取文理具优，人物爽秀，方得解送。取来年十月集上都，其登朝官亦许上表自举。"先是，兵部尚书张昭上章请设制科，故有是诏。

《五代会要》卷二二《制举》，上海古籍出版社一九七八年版

三、 武科

其外，又有武举，盖其起于武后之时。长安二年，始置武举。其制，有长垛、马射、步射、平射、筒射，又有马枪、翘关、负重、身材之选。翘关，长丈七尺，径三寸半，凡十举后，手持关距，出处无过

一尺,负重者,负米五斛,行二十步,皆为中第,亦以乡饮酒礼送兵部。

《新唐书》卷四四《选举志上》,中华书局一九七五年版

长安二年,教人习武艺,其后每岁如明经、进士之法,行乡饮酒礼,送于兵部。开元十九年,诏武贡人与明经、进士同行乡饮酒礼。其课试之制,画帛为五规,置之于埲,去之百有五步,内规广六尺,橛广六尺;余四规,每规内两边各广三尺。悬高以三十尺为限。列坐引射,名曰"长埲"。弓用一石力,箭重六钱。又穿土为埒,其长与埲均,缀皮为两鹿,历置其上,驰马射之,名曰"马射"。鹿子长五寸,高三寸。弓用七斗以上力。又断木为人,戴方版于顶。凡四偶人,互列埒上,驰马入埒,运枪左右触,必版落而人不踣,名曰"马枪"。枪长一丈八尺,径一寸五分,重八斤。其木人上版,方三寸五分。皆以偄好不失者为上。兼有步射、穿札、翘关、负重、身材、言语之选,通得五上者为第。其余复有平射之科,不拘色役,高第者授以官,其次以类升。又制为土木马于里闾间,教人习骑。天宝六载正月制:"文武之道,既惟并用,宗敬之仪,不可独阙。其乡贡武举人上省,先令谒太公庙。每拜大将及行师克捷,亦宜告庙。"

《通典》卷一五《选举三》,中华书局一九八八年版

四、 其他科

天宝中,汉州雒县尉张陟应一艺,自举日试万言,须中书考试。

陟令善书者三十人,各令操纸执笔就席,环庭而坐,俱占题目。身自循席,依题口授,言讫即过,周而复始。至午后诗笔俱

成,得七千余字。仍请满万数。宰相曰:"七千可谓多矣,何须万?"

具以状闻。敕赐缣帛,拜太公庙丞,直广文馆。时号为"张万言"。

《封氏闻见记校注》卷一〇《敏速》,中华书局一九五八年版

乾元元年二月五日制:自今已后,有以医术入仕者,同明经例处分。至三年正月十日,右金吾长史王淑奏:医术请同明法选人。自今已后,各试医经方术策十道,《本草》二道,《脉经》二道,《素问》十道,张仲景《伤寒论》二道,诸杂经方义二道。通七以上留,已下放。又尚食药藏局,请同典膳局。太医署请同太乐署。

《唐会要》卷八二《医术》,中华书局一九五五年版

宝应二年六月,礼部侍郎杨绾奏,诸州每岁贡人,依乡举里选,察秀才、孝廉。敕旨:"州县每岁察孝廉,取在乡间有孝悌、廉耻之行荐焉。委有司以礼待之,试其所通之学。五经之内,精通一经,兼能对策,达于理体者,并量行业授官。其明经、进士、道举,并停。"旋复故矣。

《通典》卷一五《选举三》,中华书局一九八八年版

宝应二年六月,敕令州县每岁察秀才孝廉,取乡间有孝悌廉耻之行荐焉。委有司以礼待之,试其所通之学,五经之内,精通一经,兼能对策,达于理体者,并量行业授官。其明经、进士并停。国子学道举,亦宜准此。因杨绾之请也。诏下朝臣集议,中书舍人贾至议,请依绾奏。有司奏曰:"窃以今年举人等,或旧业既成,

理难速改，或远州所送，身已在途，事须收奖。其今秋举人中有情愿旧业举试者，亦听。明年已后，一依新敕。"后缙议竟不行。

《旧唐书》卷二四《礼仪志四》，中华书局一九七五年版

咸通四年二月，进士皮日休上疏请以《孟子》为学科曰："臣闻圣人之道，不过乎经。经之降者，不过乎史。史之降者，不过乎子。子不异乎道者，《孟子》也。今国家有业庄、列之书者，亦登于科。其诱善也虽深，而悬科也未正。伏望命有司去庄、列之书，以《孟子》为主。有能精通其义者，其科选视明经同。"疏奏，不答。

《唐会要》卷七七《贡举下·科目杂录》，中华书局一九五五年版

圣人之道，不过乎经。经之降者，不过乎史。史之降者，不过乎子。子不异乎道者，《孟子》也。舍是子者，必戾乎经、史。又率于子者，则圣人之盗也。夫《孟子》之文，粲若经传。天惜其道，不烬于秦。自汉氏得之，常置博士，以专其学。故其文，继乎六艺，光乎百氏。真圣人之微旨也。若然者，何其道晔晔于前，其书没没于后。得非道拘乎正，文极乎奥，有好邪者惮正而不举；嗜浅者鄙奥而无称耶？盖仲尼爱文王、嗜昌歜以取味。后之人将爱仲尼者，其嗜，在《孟子》矣。呜呼！古之士，以汤、武为逆取者，其不读《孟子》乎？以杨、墨为达智者，其不读《孟子》乎？由是观之，《孟子》之功利于人亦不轻矣。今有司除茂才明经外，其次有熟庄周、列子书者，亦登于科。其诱善也虽深，而悬科也未正。夫庄、列之文，荒唐之文也。读之可以为方外之士，习之可以为鸿荒之民。有能汲汲以救时补教为志哉？伏请命有司，去庄、列之书，以《孟子》为主。有能精通其义者，其科选，视明经。苟若是也，不谢汉

之博士矣。既逐之，如儒道不行，圣化无补，则可刑其言者。

《皮子文薮》卷九《请孟子为学科书》，

上海古籍出版社一九八一年版

〔清泰二年三月〕辛亥，功德使奏："每年诞节，诸州府奏荐僧道，其僧尼欲立讲论科、讲经科、表白科、文章应制科、持念科、禅科、声赞科，道士欲立经法科、讲论科、文章应制科、表白科、声赞科、焚修科，以试其能否。"从之。

《旧五代史》卷四七《唐书·末帝纪中》，

中华书局一九七六年版

第二章　科举考试的科目

第三章

科举考试的过程

一、县州逐级考试而举贡

　　天下之以明二经举于礼部者,岁至三千人。始自县考试,定其可举者,然后升于州若府,其不能中科者,不与是数焉。州若府总其属之所升,又考试之如县,加察详焉,定其可举者,然后贡于天子而升之有司,其不能中科者,不与是数焉,谓之乡贡。有司者总州府之所升而考试之,加察详焉,第其可进者,以名上于天子而藏之,属之吏部,岁不及二百人,谓之出身。能在是选者,厥惟艰哉! 二经章句仅数十万言,其传注在外,皆诵之,又约知其大说,繇是举者或远至十余年,然后与乎三千之数而升于礼部矣。又或远至十余年,然后与乎二百之数而进于吏部矣。班白之老半焉,昏塞不能及者,皆不在是限,有终身不得与者焉。

《韩昌黎集》卷二〇《赠张童子序》,商务印书馆一九三三年版

　　伏以圣代设科,贡闱取士,必自乡荐,来观国光,将叶公平,惟求艺行。盖广搜罗之理,且非喧竞之场。伏见常年举人等,省门开后,春榜悬时,所习既未精研,有司宁免黜落。或嫉其先达,或

恣以厚诬,多集怨于通衢,皆取骇于群听,颇亏教本,却成乱阶。宜立新规,以革前弊。自今后,诸举人不是家在远方,水陆隔越者,望本令各于本贯选艺精通宾寮一人考试,如非通赡,不许妄荐。傥考核必当,即试官请厚于甄酬。若荐送稍私,并童子尽归于窜逐。冀彰睿化,免紊儒风,庶绝滥进之人,共守推公之道。

《全唐文》卷八五〇《任赞·请州县官先考试贡举人表》,

中华书局一九八三年版

〔开元〕十九年六月,敕:诸州贡举,皆于本贯籍分信明者。然依例,不得于所附贯,便求申送。如有此色,所由州县即便催科,不得递相容许。

《唐会要》卷七六《贡举中·缘举杂录》,中华书局一九五五年版

天宝十二载七月十三日,诏:天下举人,不得充乡赋,皆须补国子学士及郡县学生,然后听举。至至德元年已后,依前乡贡。

《唐会要》卷七六《贡举中·缘举杂录》,中华书局一九五五年版

元和二年十二月,敕:自今已后,州府所送进士,如迹涉疏狂,兼亏礼教,或曾任州府小吏,有一事不合清流者,虽薄有辞艺,并不得申送。如后举事发,长吏奏停见任。如已停替者,殿二年。本试官及司功官,见任及已停替,并量事轻重贬降。仍委御史台常加察访。

《唐会要》卷七六《贡举中·进士》,中华书局一九五五年版

〔天成〕三年七月四日,尚书工部侍郎任赞奏:"今后伏请宣下

诸州府，所有诸色举人，不是家在远方，水陆隔越者，逐处选宾从官僚中艺学精博一人，各于本贯一例分明比试。如非通赡，不许妄给文解。"敕："宜令今后诸色人委逐道观察使，慎择其词艺及通经官员，各据所业，考试及格者，即与给解。仍具所试诗赋、帖经通粗数，一一申省。未及格者，不得徇私发解。兼承前诸道举人，多于京兆府寄应，例以洪固乡贵胄里为户，一时失实，事久难明。自此各于本道请解，具言本州县某乡某里为户。如或寄应，须具本贯入状，不得效洪固贵胄之例。文解到省后，据所称贯属州府，户籍内如无名，本人并给解处，官吏必行重责。京百司给解就试，准前指挥，兼下贡院。其本朝旧格，诸色举人，每年各放几人及第，到日续更详酌处分。"

《五代会要》卷二三《缘举杂录》，上海古籍出版社一九七八年版

〔后周广顺二年十一月〕丙子，诏曰："应内外文武官僚幕职、州县官举选人等，今后有父母、祖父母亡殁未经迁葬者，其主家之长，不得辄求仕进，所由司亦不得申举解送。如是卑幼在下者，不在此限。"

《旧五代史》卷一一二《周书·太祖纪第三》，
中华书局一九七六年版

二、 行乡饮酒礼而随计赴京

乡饮之制，本于酒食，形于樽俎，和其长幼，洽其宴语，象以阴阳，重以宾旅。此六体者，礼之大序。至如高馆初启，长筵初肆，众宾辟旋而入门，主人稽首而再至，则三揖以成礼，三让以就位，

贵贱不共其班，少长各以其次。然后肴粟具设，酒醴毕备，鼖鼓递奏，工歌咸萃，以德自持，终无至醉。夫观其拜迎拜送，则人知其洁敬；察其尊贤尚齿，则我欲其无竞。君若好之，实曰邦家之庆；士能勤之，必著乡曲之行。今国家征孝秀，辟贤良，则必设乡饮之礼，歌《鹿鸣》之章，故其事可得而详。立宾立主，或阼或堂，列豆举爵，鼓瑟吹簧。动而敬，居则庄，百拜乃毕，用宾于王。礼主于敬，乐主于同。明士苟习于礼乐，则可招贲于旌弓。庶其缉圣迹，宣畅皇风，岂徒务燕谑而湛乐之是崇。

《全唐文》卷三五五《萧昕·乡饮赋》，中华书局一九八三年版

　　昨日送贡士堂上，得观大礼之器，见笾豆破折，尊盂穿漏，生徒倦怠，不称其服；宾主向背，不习其容。呜呼！天下所以知尊君敬长，小所以事大者，抑非其道乎？天下之用其道，不过于一日，尚犹偷惰如此，况天下尊君敬长，能终日者乎？是以朝廷时诛不顺，邻里日起纷争，固当然也。夫布衣匹夫，始则用其道自达，故化耕稼为王侯，化陶渔为公卿，其变化不测若此。然而一旦居上位，既不预兴俯拜揖之事，尚不能素严有司，时阅其威仪乎？呜呼！则蜕谓王公大人耆老衰罢，固当然也。然而有擎跽稽首于髡褐之前，畏敬戒慎，有终日不敢嗜酒肴，不敢近妾妇者，其于诬惑之道，尚能去其情，自化之术，则不能一日勤其容。唯王公大人无惭髡褐乎？髡褐尚能自大其法，王公大人反以其道信之乎？即其奉髡褐能速化其耕稼陶渔者，则髡褐者可以有土地而制王公大人矣！是不知升乎科者，不由夷狄言；迁乎资者，不由髡褐授。昭昭然奈何哉？抑不知孔子之道如商君乎？以其法自弊也。伏惟阁下务速有司，按诸礼图，修其器服，戒将事而隳者，时训习之，毋使

每岁临事而隳其容。幸甚！幸甚！蜕再拜。

《刘蜕集》卷六《江南论乡饮酒礼书》，

商务印书馆《四部丛刊初编》本

后唐清泰二年九月，中书门下帖："太常以长兴三年敕，诸举人常年荐送，先令行乡饮酒之礼。宜令太常草定仪注，班下诸州预前肄习。解送举人之时，便行此礼。其仪速具奏闻。"初，长兴中，宰臣李愚好古，奏行此礼，累年不暇。至是愚复奏及，观礼官所定无绪。礼官孙知训以古礼无次序，不可施行。博士或言梁朝时青州曾行一度，遂令青州访旧簿书以闻。竟不能行。

《五代会要》卷四《乡饮》，上海古籍出版社一九七八年版

惟公敦柔峻清，恪慎端庄。进止威仪，动有恒常。英风超伦，孤厉贞方。居室孝悌，与人信让。当职强毅，游刃立断。自少耽学，颇工为文。既穷日力，又继以夜。乡里推择，敦迫上道。乃与计偕，来游京师。观艺灵台，贡文有司。射策合程，遂冠首科。休有令问，群士羡慕。居数年，授河南府文学。教励生徒，撰择贡士。儒党相贺，庶人观礼。秩满，渭北节度使延为参佐，总齐军政，甚获能称，加太常寺协律郎。

《柳宗元集》卷一二《故殿中侍御史柳公墓表》，

中华书局一九七九年版

天成元年八月，敕："应三京、诸道，今年贡举人，可依常年例取解，仍令随处量事津送赴阙。"

《五代会要》卷二三《缘举杂录》，上海古籍出版社一九七八年版

三、 纳文解家状并互保

〔天成〕四年七月,中书门下奏:

今年及第人,先曾守摄职官者,宜令所司于守摄文书内竖出应举及第年月日,或改名不改名,分各印押。其中曾受正官御署并佐幕者,仍约前任资序,与除一任官。如自中兴已来,诸科第人曾受职官,并令所司追纳文书,及到日,准今年及第人例处分。已受官者,不在此限。兼勒贡院,将来举人纳家状内,各分析曾为官及不曾为官,改名不改名。其曾为职官者,先纳历任文书,及第准例指挥。

从之。

《五代会要》卷二三《缘举杂录》,上海古籍出版社一九七八年版

〔长兴〕三年正月,敕:"今后落第举人,所司已纳家状者,次年便赴贡院就试,并免再取文解,兼下纳文解之时,不在拘三旬,但十月内到者,并与收纳。"

《五代会要》卷二三《缘举杂录》,上海古籍出版社一九七八年版

〔后晋〕开运三年四月,吏部侍郎王易简奏:"伏见礼部贡院,逐年先书板榜,高立省门,用示举人,俾知状样。……"

《五代会要》卷二一《选事下》,上海古籍出版社一九七八年版

其年①十月,中书门下奏:"朝廷设文学之科,以求髦俊。台阁

---

① 大和八年。

清选，莫不由兹。近缘核实不在于乡间，趍名颇杂于非类，致有跋扈之地，情计交通，将澄化源，在举明宪。臣等商量，今日以后，举人于礼部纳家状后，望依前五人自相保。其衣冠，则以亲姻故旧，久同游处者；其江湖之士，则以封壤接近，素所谙知者为保。如有缺孝悌之行，资朋党之势，迹由邪径，言涉多端者，并不在就试之限。如容情故，自相隐蔽，有人纠举，其同举人并三年不得赴举。仍委礼部明为戒励，编入举格。"敕："依奏。"

《唐会要》卷七六《贡举中·进士》，中华书局一九五五年版

〔建中〕三年四月，敕："礼部应进士举人等，自今已后，如有试官及不合选，并诸色出身人等，有应举者，先于举司陈状，准例考试。如才堪及第者，送名中书门下，重加考核。如实才堪，即令所司追纳告身，注毁官甲，准例与及第。至选日，仍稍优与处分。其正员官，不在举限。"

《唐会要》卷七六《贡举中·进士》，中华书局一九五五年版

四、元日引见

长寿二年十月，左拾遗刘承庆上疏曰："伏见比年以来，天下诸州所贡物，至元日，皆陈在御前。唯贡人独于朝堂拜列。但孝廉秀异，既充岁贡，宜列王庭。岂得金帛羽毛，升于玉阶之下；贤良文学，弃彼金门之外。恐所谓贵财而贱义，重物而轻人。伏请贡人至元日引见，列在方物之前，以备充庭之礼。"制曰："可。"

《唐会要》卷七六《贡举中·缘举杂录》，中华书局一九五五年版

长寿三年制，始令举人献岁元会，列于方物前，以备充庭。因左拾遗刘承庆上疏奏："四方珍贡，列为庭实，而举人不厕，甚非尊贤之意。"上从之。

《通典》卷一五《选举三》，中华书局一九八八年版

　　其年[①]十二月三十日，礼部贡院奏："准《会要》，长寿二年十月十日，左拾遗刘承庆上疏曰：'伏见比年已来，天下诸州府所贡物，已至元日皆陈在御前，唯贡人独于朝堂列拜。伏请贡人至元日列在贡物之前，以备充庭之礼。'制曰：'可。'近年直至临锁院前，赴应天门外朝见。今后请令举人复赴正仗。仍缘今岁已晚，贡士未齐，欲具见到人点引，牒送四方馆，至元日，请令通事舍人一员引伸朝贺，列于贡物之前，或以人数不少，即请只取诸科解头一人就列，其余续到者，候齐日别令朝见。如蒙俞允，当司只于都省点引习仪。"奉敕："宜准元敕处分，余宜依。"

《五代会要》卷二三《缘举杂录》，上海古籍出版社一九七八年版

五、 国子监谒先师

　　先试之期，命举人谒于先师，有司卜日，宿张于国学，宰辅以下皆会而观焉。博集群议讲论，而退之礼部。

《通典》卷一五《选举三》，中华书局一九八八年版

　　后唐长兴元年八月六日，尚书比部员外郎、知制诰崔棁奏："臣伏见开元五年敕：'每年贡举人见讫，宜令引就国子监谒先圣

---

　　①　长兴三年。

先师,学者谓之开讲质疑义。所司设食。其监内得举人,亦准此例。其日,清资官五品已上并朝集使并往观礼,永为常式。'自经多故,其礼久废,请再举行。"从之。

《五代会要》卷八《褒崇先圣》,上海古籍出版社一九七八年版

六、 求知己

月日,崔元翰再拜上书郎中使君阁下:天之文,以日月星辰;地之文,以百谷草木。生于天地而肖天地,圣贤又得其灵和粹美,故皆含章垂文,用能裁成庶物,化成天下。而治平之主,必以文德致时雍;其承辅之臣,亦以文事助王政,而唐尧、虞舜、禹、汤、文、武之代,则宪章、法度、礼乐存焉;皋陶、伯益、伊、傅、周、召之伦,则诰命、谟训、歌颂传焉。其后卫武、召穆、吉甫、仍叔,咸作之诗,并列于《雅》。孔圣无大位,由修《春秋》,述《诗》《易》,反诸正而寄之治;而素臣丘明、游、夏之徒,又述而赞之。推是而言,为天子大臣,明王道,断国论,不通乎文学者,则陋矣。七君子立于世,升于朝,而不繇乎文行者,则僻矣。然患后世之文放荡于浮虚,舛驰于怪迁,其道遂隐,谓宜得明哲之师长,表正其根源,然后教化淳矣。

阁下绍三代之文章,播六学之典训,微言高论,正词雅音,温纯深润,溥博宏丽,道德仁义,粲然昭昭,可得而本。学者风驰云委,日就月将,庶几于正。若元翰者,徒以先人之绪业,不敢有二事,不迁于他物,而其颛蒙朴骏,难以为工,抗精劳力,未有可采。独喜阁下虽处贵位,而有仲尼诲人不倦之美,亦欲以素所论撰,贡之阁下,然而未有暇也。不意流于朋友,露其嗤鄙,而乃盛见称叹,俯加招纳,顾惟狂简,何以克堪?今谨别贡五篇,庶垂观察,傥

复褒其一字，有逾拱璧之利；假以一言，若垂华衮之荣。不宣。元翰再拜。

《全唐文》卷五二三《崔元翰·与常州独孤使君书》，

中华书局一九八三年版

补阙执事：宗元闻之，重远轻迩，贱视贵听，所由古矣。窃以宗元幼不知耻，少又躁进，拜揖长者，自于幼年。是以篚俊造之末迹，厕牒计之下列，贾艺求售，阒无善价。载文笔而都儒林者，匪亲乃旧，率皆携抚相示，谈笑见昵，喔咿逡巡，为达者嗤。无乃睹其朴者鄙其成，狎其幼者薄其长耶？将行不拔异，操不砥砺，学不该广，文不炳耀，实可鄙而薄耶？今鸳鹭充朝，而独干执事者，特以顾下念旧，收接儒素，异乎他人耳。敢问厥由，庶几告之，俾识去就，幸甚幸甚！

今将慷慨激昂，奋攘布衣，纵谈作者之筵，曳裾名卿之门，抵掌峨弁，厚自润泽。进越无恶，污达者之视听，狂狷愚妄，固不可为也。复欲俯默愒息，叠足楱翼，拜祈公侯之闾，跪邀贤达之车，竦魂栗股，兢恪危惧，荣者倦之，弥忿厥心，又不可为也。若慎守其常，确执厥中，固其所矣。则又色平气柔，言讷性鲁，无特达之节，无推择之行，琐琐碌碌，一孺子耳。孰谓其可进？孰谓其可退？抑又闻之，不鼓踊无以超泥涂，不曲促无由险艰，不守常无以处明分，不执中无以趋夷轨。今则鼓踊乎？曲促乎？守其常而执厥中乎？浩不知其宜矣。

进退无倚，宵不遑寐，乃访于故人而咨度之。其人曰："补阙权君，著名逾纪，行为人高，言为人信，力学揽文，朋侪称雄。子亟拜之，足以发扬。"对曰："衷燕石而履玄圃，带鱼目而游涨海，只取诮耳,曷予补乎?"其人曰:"迹之勤者,情必生焉;心之恭者,礼必报焉。况子之文,不甚鄙薄者乎?苟或勤以奉之,恭以下之,则必勖励尔行,辉耀尔能。言为建瓴,晨发夕被,声驰而响溢,风振而草靡。可使尺泽之鲵,奋鳞而纵海;密网之鸟,举羽而翔霄。子之一名,何足就矣,庶为终身之遇乎?曷不举驰声之资,挈成名之基,授之权君,然后退行守常执中之道,斯可也。"愚不敏,以为信然,是以有前日之拜。又以为色取象恭,大贤所饫;朝造夕谒,大贤所倦。性颇疏野,窃又不能,是以有今兹之问,仰惟览其鄙心而去就之。洁诚斋虑,不胜至愿。谨再拜。

《柳宗元集》卷三六《上权德舆补阙温卷决进退启》,

中华书局一九七九年版

古之知己者,不待来求而后施德,举能而已。其受德者,不待成身而后拜赐,感知而已。故不叩而响,不介而合,则其举必至,而其感亦甚。斯道遁去,辽阔千祀,何为乎今之世哉!

若宗元者,智不能经大务、断大事,非有恢杰之才;学不能探奥义、穷章句,为腐烂之儒。虽或置力于文学,勤勤恳恳于岁时,然而未能极圣人之规矩,恢作者之闻见,劳费翰墨,徒尔拖逢掖、曳大带,游于朋齿,且有愧色,岂有能乎哉?阁下何见待之厚也。始者自谓抱无用之文,戴不肖之容,虽振身泥尘,仰睎云霄,何由而能哉?遂用收视内顾,颡首绝望,甘以没没也。今者果不自意,他日琐琐之著述,幸得流于衽席,接在视听,阁下乃谓可以蹈远大之途,及制作之门,决然而不疑,介然而独德,是何收采之特达,而顾念之勤备乎?且阁下知其为人何如哉?其貌之美陋,质之细大,心之贤不肖,阁下固未知也。而一遇文字,志在济拔,斯盖古之知己者已。故曰：古之知己者，不待来求而后施德者也。然而亟来而求者，诚下科也。

宗元向以应博学宏词之举，会阁下辱临考第，司其升降。当此之时，意谓运合事并，适丁厥时，其私心日以自负也。无何，阁下以鲲鳞之势，不容尺泽，悠尔而自放，廓然而高迈，其不我知者，遂排逐而委之。委之，诚当也，使古之知己犹在，岂若是求多乎哉！夫仕进之路，昔者窃闻于师矣。太上有专达之能，乘时得君，不由乎表著之列，而取将相，行其政焉。其次，有文行之美，积能累劳，不由乎举甲乙、历科第，登乎表著之列，显其名焉。又其次，则曰吾未尝举甲乙也，未尝历科第也，彼朝廷之位，吾何修而可以登之乎？必求举是科也，然后得而登之。其下，不能知其利，又不能务其往，则曰：举天下而好之，吾何为独不然？由是观之，有爱锥刀者，以举是科为悦者也；有争寻常者，以登乎朝廷为悦者也；有慕权贵之位者，以将相为悦者也；有乐行乎其政者，以理天下为悦者也。然则举甲乙、历科第，固为末而已矣。得之不加荣，丧之不加忧，苟成其名，于远大者何补焉？然而至于感知之道，则细大一矣，成败亦一矣。故曰：其受德者，不待成身而后拜赐。然则幸成其身者，固末节也。盖不知来求之下者，不足以收特达之士；而不知成身之末者，不足以承贤达之遇，审矣。

伏以阁下德足以仪世，才足以辅圣，文足以当宗师之位，学足以冠儒术之首，诚为贤达之表也。顾视下辈，岂容易而收哉！而宗元朴野昧劣，进不知退，不可以言乎德；不能植志于义，而必以文字求达，不可以言乎才；秉翰执简，败北而归，不可以言乎文；登场应对，刺缪经旨，不可以言乎学，固非特达之器也。忖省陋质，岂容易而承之哉！叨冒大遇，秽累高鉴，喜惧交争，不克宁居。窃感荀莹如实出己之德，敢希豫让国士遇我之报。伏候门屏，敢俟招纳。谨奉启以代投刺之礼，伏惟以知己之道，终抚荐焉。不宣。宗元谨启。

《柳宗元集》卷三六《上大理崔大卿应制举不敏启》，

中华书局一九七九年版

　　所谓先声后实者，岂唯兵用之，虽士亦然。若今由州郡抵有司求进士者，岁数百人，咸多为文辞，道今语古，角夸丽，务富厚。有司一朝而受者几千万言，读不能十一，即偃仰疲耗，目眩而不欲视，心废而不欲营，如此而曰吾能不遗士者，伪也。唯声先焉者，读至其文辞，心目必专，以故少不胜。

　　京兆韦中立，其文懿且高，其行愿以恒，试其艺益工，久与居，益见其贤，然而进三年连不胜，是岂拙于为声者欤？或以韦生之不胜，为有司罪。余曰："非也。"穀梁子曰："心志既通，而名誉不闻，友之过也；名誉既闻，而有司不以告，有司之过也。"人之视听有所止，神志有所不及。古之道，名誉未至，不以罪有司，而况今乎？今韦生乐植乎内，而不欲扬乎外，其志非也。孔子不避名誉以致其道，今韦生仗其文，简其友，思自得于有司，抑非古人之道欤？将行也，余为之言，既以迁其人，又以移其友，且使惑者知释有司也。

《柳宗元集》卷二三《送韦七秀才下第求益友序》，

中华书局一九七九年版

　　朝廷用文字求士，每岁布衣束带，偕计吏而造有司者，仅半孔徒之数。春官上大夫，擢甲乙而升司徒者，于孔氏高第亦再倍焉。

仆在京师，凡九年于今，其间得意者，二百有六十人。其果以文克者，十不能一二。尝从俊造之后，颇涉艺文之事，四贡乡里，而后获焉。方之于钓者，丝纶不属，钩喙甚直，怀有美饵，而觖望获鱼之暮，则善取者皆指而笑之。

今辛生固穷而未达，迟久而不试，褒衣之徒，视子而捧腹者，盖不之知焉。辛生尝南依蛮楚，专志于学，为文无谬悠迂诬之谈，锻炼翦截，动可观采。故相国齐公，接礼加等，常为右客，且佐其策名之愿。遂笈典坟，袖文章，北来王都，笑揖群伍。文昌下大夫上士之列，见而器异，争为鼓誉，由是为闻人。战术艺之场，莫与争锋。然而迁延三北，踯躅不振，岂其直钩而钓，怀美饵而羡鱼者耶？若辛生者，有司抑之则己，不然，身都甲乙之籍，其果以文克欤！

今则如囊悬磬，佣室寓食，方将适千里，求仁人，被冒畏景，陟降栈道。吾欲抑而不叹，其若心胸何？然吾闻焚舟而克，手剑而盟者，皆败北之余也。子之厄困而往，霸心勇气，无乃发于是行乎？成拜赐之信，刷压境之耻，无乃果于是举乎？往慎所履，如志遄返，勉自固植，以遂子之欲。姑使谈者谓我言而中，不犹愈乎！

《柳宗元集》卷二三《送辛殆庶下第游南郑序》，

中华书局一九七九年版

八年冬，余与马邑苑言扬联贡于京师。自时而后，车必挂轊，席必交袵。量其志，知其达于昭代；究其文，辨其胜于太常。探而讨之，则明韬于朴厚之质，行浮于休显之问。游公卿之间，质直而不犯，恪谨而不摄。交同列之群，以诚信闻。余拜而兄之，以为执谊而固。临节不夺，在兄而已。

是岁，小司徒顾公守春官之缺，而权择士之柄。明年春，同趋权衡之下，并就重轻之试。观其掉鞅于术艺之场，游刃乎文翰之林，风雨生于笔札，云霞发于简牍，左右圜视，朋侪拱手，甚可壮也。二月丙子，有司题甲乙之科，揭于南宫，余与兄又联登焉。余不厚颜怀愧而陪其游久矣。

夏四月，告归荆、衡，拜手行迈，轮移都门之辙，辕指秦岭之路。方将高堂称庆，里闾更贺，曳裾峨冠，荣南诸侯之邦，遐登王粲之楼，高视刘表之榻，桂枝片玉，光生于家。是宜砥商、雒之阻艰，带江、汉之浩荡，以谈笑顾昒，超越千里而无倦极也。然而景炽气燠，往即南方，乘陵炎云，呼吸温风。可无敬乎？慎进药石，保安其躬，是亦非兄之所宜私也。群公追饯于霸陵，列筵而觞，送远之赋，圭璋交映。或授首简于余曰："子得非知言扬者乎，安得而默耶？"余受而书之，编于群玉之右，非不知让，贵传信焉尔。

《柳宗元集》卷二二《送苑论登第后归觐诗序》，

中华书局一九七九年版

某启：某少小好为文章，伏以侍郎文师也，是敢谨贡七篇，以为视听之污。伏以元和功德，凡人尽当歌咏纪叙之，故作《燕将录》。往年吊伐之道未甚得所，故作《罪言》。自艰难来始，卒伍佣役辈，多据兵为天子诸侯，故作《原十六卫》。诸侯或恃功不识古道，以至于反侧叛乱，故作《与刘司徒书》。处士之名，即古之巢、由、伊、吕辈，近者往往自名之，故作《送薛处士序》。宝历大起宫室，广声色，故作《阿房宫赋》。有庐终南山下，尝有耕田著书志，故作《望故园赋》。虽未能深窥古人，得与揖让笑言，亦或的的分其状貌矣。自四年来，在大君子门下，恭承指顾，约束于政理簿书间，永不执卷。上都有旧第，唯书万卷，终南山下有旧庐，颇有水树，当以末租笔砚归其间。齿发甚壮，间冀有成立，他日捧持，一游门下，为拜谒之先，或希一奖。今者所献，但有轻黩尊严之罪，亦何所取。伏希少假诛责，生死幸甚。谨启。

《樊川文集》卷一六《上知己文章启》，

上海古籍出版社一九七八年版

　　某启：某苦心为诗，本求高绝，不务奇丽，不涉习俗，不今不古，处于中间。既无其才，徒有其奇，篇成在纸，多自焚之。今谨录一百五十篇，编为一轴，封留献上。握风捕影，铸木镂冰，敢求恩知，但希镌琢。冒黩尊重，下情无任惶惧。谨启。

《樊川文集》卷一六《献诗启》，上海古籍出版社一九七八年版

　　轲今月十日，祇奉榜限，纳杂文一卷。又闻每岁举人，或得以书导志。轲惟颛鲁，狃隶山野，未熟去就，悚惶惕息。伏惟宽明，少冥心察纳。轲伏见今之举士，竞取誉雌黄之口，而知必也定轻重于持衡之手，虽家至户到，曾不足裨铢两，苟自低昂，已定乎徇己者之论，是私己于有司，非公有司于己也。轲也愚，敢不以是规。轲本沛上耕人，代业儒为农人家。天宝末，流离于边，徙贯南鄙。边之人，嗜习玩味异乎沛，然亦未尝辍耕舍学，与边俗齿。且曰："言忠信，行笃敬，虽夷貊行矣。"故处边如沛焉。贞元中。轲仅能执经从师。元和初，方结庐于庐山之阳，日有芟夷畚筑之役。虽震风凌雨，亦不废力火耨。或农圃余隙，积书窗下，日与古人磨砻前心，岁月悠久，浸成书癖，故有《三传指要》十五卷、《十三代名

臣议》十卷、《翼孟子》三卷。虽不能传于时，其于两曜无私之烛，不为堕弃矣。流光自急，孤然一生。一日从友生计，裹足而西。京邑之大，居无环堵；百官之盛，亲无瓜葛矣。夫何能发声光于幽陋？虽不欲雌黄者之所轻重，岂不欲持衡者之所斤铢耶？此轲所以中夜愤激，愿从寒士齿，庶或搴芳入幽，不以孤秀不撷；拣金于沙，不以泥土不取。阁下自谓此心宜如何答也？尝读史，感和璞之事，必献不至三，刖不至再；必献不至再，殆几乎无刖矣。伏荷阁下以清明重德，镇定群虑，衡镜在乎蚩妍，轻重之分，咸希一定，俾退者无屈辞，进者无幸言。夫如是，非独斯四辈之望而已矣，亦宜实公器而荷百禄，岂只区区世人而已哉！轲也生甚微末，甚乎鱼鸟。鱼鸟微物，犹能依茂林清泉以厚其生，矧体乾刚坤顺之气，不能发迹于大贤人君子之门乎？轲再拜。

《全唐文》卷七四二《刘轲·上座主书》，中华书局一九八三年版

冯瀛王道之在中书也，有举子李导投贽所业，冯相见之，戏谓曰："老夫名道，其来久矣，加以累居相府，秀才不可谓不知，然亦名道，于礼可乎？"李抗声对曰："相公是无寸底道字，小子有寸底道字，何谓不可也？"公笑曰："老夫不惟名无寸，诸事亦无寸，吾子可谓知人矣。"了无怒色。

《旧五代史》卷一二六《周书·冯道传》，中华书局一九七六年版

七、获推荐

贞元七年，兵部侍郎陆贽权知贡举。时崔元翰、梁肃文艺冠时，贽输心于肃，与元翰推荐艺实之士。升第之日，虽众望不惬，

然一岁选士才十四五,数年之内居台省者十余人。

《唐会要》卷七六《贡举中·缘举杂录》,中华书局一九五五年版

广平程子齐昔范,未举进士日,著《程子中蕢》三卷,韩文公一见大称叹。及赴举,言于主司曰:"程昔范不合在诸生之下。"当时下第,大振屈声。庾尚书承宣知贡举,程始登第,以试正字,从事泾原军。李太师逢吉在相位,见其书,特荐拜左拾遗。竟因李公之累,湮厄而没。其立身贞苦,能清谭乐善,士多附之。惜其位不至耳。与堂舅李信州虞,相知最深,交契至厚,有裴公夷直,皆士林之望也。

《因话录》卷三,上海古籍出版社一九七九年版

桑维翰,字国侨,洛阳人也。……

唐同光中,登进士第。案张齐贤《张齐王全义外传》云:桑魏公将应举,父乘间告王云:"某男粗有文性,今被同人相率取解,俟王旨。"齐王曰:"有男应举,好事,将卷轴来,可令秀才来。"桑相之父趋下再拜。既归,令子侵早投书启,献文字数轴。王令请桑秀才,其父教之趋阶,王曰:"不可,既应举便是贡士。"以客礼见,王一见奇之,礼待颇厚。是年王力言于当时儒臣,且推荐之,由是擢上第。(《旧五代史考异》)

《旧五代史》卷八九《晋书·桑维翰传》,中华书局一九七六年版

第三章 科举考试的过程

第四章

科举考试的内容与形式

一、秀才科

其秀才试方略策五条，文理俱高为上上，文高理平、理高文平者为上中，文理俱平为上下，文理粗通为中上，文劣理滞为不第。此条取人稍峻，自贞观后遂绝。

《唐六典》卷二《尚书吏部》，商务印书馆《钦定四库全书》本

初，秀才科等最高，试方略策五条，有上上、上中、上下、中上，凡四等。贞观中，有举而不第者，坐其州长，由是废绝。开元二十四年以后，复有此举。其时以进士渐难，而秀才本科无帖经及杂文之限，反易于进士。主司以其科废久，不欲收奖，应者多落之，三十年来无及第者。至天宝初，礼部侍郎韦陟始奏请，有堪此举者，令官长特荐，其常年举送者并停。

《通典》卷一五《选举三》，中华书局一九八八年版

二、明经科

贞观九年五月，敕：自今已后，明经兼习《周礼》并《仪礼》者，

于本色量减一选。

《唐会要》卷七五《贡举上·帖经条例》，中华书局一九五五年版

永隆二年八月，敕：如闻明经射策，不读正经，抄撮义条，才有数卷。进士不寻史籍，惟诵文策，铨综艺能，遂无优劣。自今已后，明经每经帖十得六已上者，进士试杂文两首，识文律者，然后令试策。其明法并书算举人，亦准此例，即为常式。

《唐会要》卷七五《贡举上·帖经条例》，中华书局一九五五年版

上元元年十二月二十七日，天后上表曰："伏以圣绪出自元元。五千之文，实惟圣教。望请王公以下，内外百官皆习老子《道德经》。其明经咸令习读，一准《孝经》《论语》。所司临时策试，请施行之。"至二年正月十四日，明经咸试《老子》策二条，进士试帖三条。

《唐会要》卷七五《贡举上·明经》，中华书局一九五五年版

长寿二年，太后自制《臣轨》两篇，令贡举习业，停《老子》。

《通典》卷一五《选举三》，中华书局一九八八年版

神龙二年二月，制贡举人停《臣轨》，依旧习《老子》。

《通典》卷一五《选举三》，中华书局一九八八年版

开元八年七月，国子司业李元瓘上言："三礼、三传及《毛诗》《尚书》《周易》等，并圣贤微旨。生人教业，必事资经远，则斯道不坠。今明经所习，务在出身，咸以《礼记》文少，人皆竞读。《周礼》

经邦之轨则,《仪礼》庄敬之楷模,《公羊》《穀梁》,历代崇习,今两监及州县,以独学无友,四经殆绝。事资训诱,不可因循。其学生请各量配作业,并贡人参试之,日习《周礼》《仪礼》《公羊》《穀梁》。并请帖十通五,许其入策。以此开劝,即望四海均习,九经该备。"从之。

《通典》卷一五《选举三》,中华书局一九八八年版

开元十六年十二月,国子祭酒杨玚奏:今之明经,习《左氏》者十无一二,恐《左氏》之学废。又《周礼》《仪礼》《公羊》《穀梁》,亦请量加优奖。遂下制,明经习《左氏》,及通《周礼》等四经者,出身免任散官。至贞元元年五月二日,敕:自今已后,明经习《礼记》及第者,许冬集。

《唐会要》卷七五《贡举上·明经》,中华书局一九五五年版

〔开元〕二十一年,玄宗新注《老子》成,诏天下每岁贡士,减《尚书》《论语》策,而加《老子》焉。

《通典》卷一五《选举三》,中华书局一九八八年版

〔开元〕二十一年,敕:令士庶家藏《老子》一本。每年贡举人,量减《尚书》《论语》一两条策,加《老子》策。

《唐会要》卷七五《贡举上·帖经条例》,中华书局一九五五年版

致理兴化,必在得贤。强识博闻,可以从政。且今之明经、进士,则古之孝廉、秀才。近日以来,殊乖本意,进士以声韵为学,多昧古今;明经以帖诵为功,罕穷旨趣。安得为敦本复古,经明行

修？以此登科，非选士取贤之道也。其明经，自今已后，每经宜帖十，取通五已上，免旧试一帖。仍案问大义十条，取通六已上，免试经策十条。令答时务策三首，取粗有文性者，与及第。其进士，宜停小经，准明经例，帖大经十帖，取通四已上，然后准例试杂文及策，考通，与及第。其明经中有明五经以上，试无不通者，进士中兼有精通一史，能试策十条得六已上者，委所司奏听进止。其应试进士等唱第讫，具所试杂文及策，送中书门下详覆。其所问明经大义日，仍须对同举人考试，庶能否共知，取舍无愧，有功者达，可不勉与！（开元二十五年正月）

《全唐文》卷三一《玄宗·条制考试明经进士诏》，

中华书局一九八三年版

其明经各试所习业，文、注精熟，辨明义理，然后为通。正经有九：《礼记》《左传》为大经，《毛诗》《周礼》《仪礼》为中经，《周易》《尚书》《公羊》《穀梁》为小经。通二经者，一大一小，若两中经。通三经者，大、小、中各一。通五经者，大经并通。其《孝经》《论语》并须兼习。诸明经试两经，进士一经，每经十帖。《孝经》二帖，《论语》八帖。每帖三言，通六已上，然后试策。《周礼》《左氏》《礼记》各四条，余经各三条，《孝经》《论语》共三条，皆录经文及注，意为问。其答者须辨明义理，然后为通。通十为上上，通八为上中，通七为上下，通六为中上。其通三经者，全通为上上，通十为上中，通九为上下，通八为中上，通七及二经通五为不第。

《唐六典》卷二《尚书吏部》，商务印书馆《钦定四库全书》本

天宝元年，明经停《老子》，加习《尔雅》。

《通典》卷一五《选举三》，中华书局一九八八年版

天宝元年四月三日，敕：自今已后，天下应举，除崇元学生外，自余所试《道德经》，宜并停。仍令所司更别择一小经代之。其年加《尔雅》，以代《道德经》。至贞元元年四月十一日，敕：比来所习《尔雅》，多是鸟兽草木之名，无益理道。自今已后，宜令习老子《道德经》，以代《尔雅》。其进士亦宜同大经略例帖试。至十二年三月十七日，国子司业裴肃奏：《尔雅》博通诂训，纲维六经，为文字之楷范，作诗人之兴咏，备详六亲九族之礼，多识鸟兽草木之名。今古习传，儒林遵范。其《老子》是圣人元微之言，非经典通明之旨。为举人所习之书，伏恐稍乖本义。伏请依前加《尔雅》。奉敕，宜准天宝元年四月三日敕处分。

《唐会要》卷七五《贡举上·明经》，中华书局一九五五年版

天宝十一载七月，举人帖及口试，并宜对众考定，更唱通否。

《唐会要》卷七五《贡举上·帖经条例》，中华书局一九五五年版

其载①十二月，敕：礼部举人，比来试人，颇非允当。帖经首尾，不出前后，复取者也之乎，颇相类之处下帖。为弊已久，须有厘革。礼部请每帖前后，各出一行。相类之处，并不须帖。

《唐会要》卷七五《贡举上·帖经条例》，
中华书局一九五五年版

礼部举人，比来试人，颇非允当。帖经首尾，不出前后，复取者也之乎，颇相类之处下帖。为弊已久，须是厘革。礼部起请每帖前后，各出一行，相类之处，并不须帖。（天宝十一载十

---

① 天宝十一载。

二月）

《全唐文》卷二五《玄宗·定礼部试帖经制》，

中华书局一九八三年版

〔天宝〕十一载，礼部侍郎杨浚始开为三行。不得帖断绝、疑似之言也。

《通典》卷一五《选举三》，中华书局一九八八年版

〔天宝〕十二载六月八日，礼部奏：以贡举人帖经，既前后出一行，加至帖通六与过。

《唐会要》卷七五《贡举上·帖经条例》，

中华书局一九五五年版

凡举司课试之法，帖经者，以所习经掩其两端，中间开唯一行，裁纸为帖，凡帖三字，随时增损，可否不一，或得四、得五、得六者为通。后举人积多，故其法益难，务欲落之，至有帖孤章绝句，疑似参互者以惑之。甚者，或上抵其注，下余一二字，使寻之难知，谓之"倒拔"。既甚难矣，而举人则有驱联孤绝、索幽隐为诗赋而诵习之，不过十数篇，则难者悉详矣。其于平文大义，或多墙面焉。

《通典》卷一五《选举三》，中华书局一九八八年版

建中二年十月，中书舍人权知礼部贡举赵赞奏：应口问大义明经等。举人明经之目，义以为先。比来相承，唯务习帖。至于义理，少有能通。经术浸衰，莫不由此。今若顿取大义，恐全少其人。欲且因循，又无以劝学。请约贡举旧例，稍示考义之难。承

前问义，不形文字。落第之后，喧竞者多。臣今请以所问，录于纸上，各令直书其义，不假文言。既与策有殊，又事堪征证，凭此取舍，庶归至公。如有义策全通者，五经举人，请准。广德元年七月，敕：超与处分，明经请减二选。伏请每岁甄奖，不过数人，庶使经术渐兴，人知教本。敕旨：明经义策全通者，令所司具名闻奏，续商量处分。余依。

《唐会要》卷七五《贡举上·明经》，中华书局一九五五年版

伏以取士之科，以明经为首；教人之本，则义理为先。至于帖书及以对策，皆形文字，并易考寻。试义之时，独令口问，对答之失，覆视无凭，黜退之中，流议遂起。伏请准建中二年十二月敕，以所问录于纸上，各令直书其义，不假文言，仍请依经疏对奏。

《全唐文》卷五一四《顾少连·请以口问经义录于

纸上以便依经疏对奏》，中华书局一九八三年版

贞元二年六月，诏：其明经举人，有能习律一部以代《尔雅》者，如帖经俱通，于本色减两选，合集日与官。

《唐会要》卷七五《贡举上·明经》，中华书局一九五五年版

〔贞元〕十三年十二月，尚书左丞权礼部知贡举顾少连奏：伏以取士之科，以明经为首；教人之本，则义理为先。至于帖书及以对策，皆形文字，并易考寻。试义之时，独令口问，对答之失，覆视无凭，黜退之中，流议遂起。伏请准建中二年十二月敕，以所问录于纸上，各令直书其义，不假文言，仍请依经疏对。奉敕宜依。

元和二年十二月，礼部贡举院奏：五经举人，请罢试口义，准

旧试墨义十余条。五经通五,明经通六,便放入第。诏从之。

《唐会要》卷七五《贡举上·明经》,中华书局一九五五年版

明经所试一大经及《孝经》《论语》《尔雅》,帖各有差;帖既通而口问之,一经问十义,得六者为通;问通而后试策,凡三条。三试皆通者为第。

《通典》卷一五《选举三》,中华书局一九八八年版

〔元和〕七年十二月,权知礼部侍郎韦贯之奏:试明经,请墨义,依旧格问口义。从之。

《唐会要》卷七五《贡举上·明经》,中华书局一九五五年版

贡举之司,条贯之道,有沿有革,或否或臧,盖趋向之不同,致施行之有异。今欲酌其近例,按彼旧规,参而用之,从其可者,谨条如右。

九经,元格帖经一百二十帖,对墨义、泛义、口义共六十道,策五道。去年知举赵上交起请罢帖书、泛义、口义,都对墨义一百五十道。合今请去泛义、口义,都对墨义六十道。其帖书、对策依元格。

五经,元格帖书八十帖,对墨义五十道。臣今请对墨义十五道,其帖书、对策依元格。

明法,元格帖律令一十帖,对律令墨义二十道,策试十条。去年罢帖,对墨义六十道,策试如旧。臣今请并依元格。

学究,元格念书、对墨义各二十道,策五道。去年罢念书,都对墨义五十道。今请依去年起请。

三礼,元格对墨义九十道。去年添四十道。臣今请并依元格。

三传,元格对墨义一百一十道。去年对四十道。臣今请并依元格。

《开元礼》、三史,元格各对墨义三百道,策五道。去年加对五十道。臣今请并依元格。

进士试杂文、诗赋,帖经二十帖,对墨义五道。去年依帖经对义,别试杂文二首。臣今请依起请,别试杂文,其帖书对义请依元格。

童子,元格念书二十四道,起请添念书都五十道及三十通者,故臣请依起请。

《全唐文》卷八五二《徐台符·条陈贡举试义奏》,

中华书局一九八三年版

伏以朝廷设科,比来取艺,州府贡士,只合荐能。爰因近年,颇隳旧制。其举子之弊也,多是才谋习业,便切干名。《周》《仪》未详,赴三礼之举;《公》《穀》不究,应三传之科。经学则偏试帖由,进士则鲜通经义。取解之处,诪张妄说于辛勤;到京之时,奔竞惟求于荐托。其举送之弊也,多是明知荒浅,具委凶粗。新差考试之官,利其情礼之物,虽所取无几,实启幸非轻。凡对问题,任从同议。漫凿通而凿否,了无去以无留,惟徇人性,仅同儿戏。致令至时就试,不下三千;每岁登科,罕逾一百。假使无添而渐放,约须毕世而方周。乃知难其举则至公而有益于人,易其来则小惠而无实于事。有益者知滥进不得,必致精勤;无实者欲多放无能,虚令来往。且明经所业,包在诸科,近间应者渐多,其研精者益少。

又今之童子,比号神童,既幼稚之年,禀神异之性,语言辨慧,精采英奇,出于自然,有则可举。窃闻近日,实异于斯。抑嬉戏之心,教念诵之语,断其日月,委以师资,限隔而游思不容,仆挟而痛楚多及。孩童之意,本未有知;父母之情,恐或不忍。而复省试之际,岁数难知,或念诵分明,则年貌稍过;或年貌适中,则念诵未精。及有司之去留多,家人之诉讼伏。况晋朝之日,罢此三科,年代非遥,敕又见在。今宜厘革,别俾进修。

臣谬以非才,获承此任,本重难而为最,复遗阙以相仍,虔奉敕文,重令条奏。或从长而仍旧,亦因弊以改为,上副圣情,广遵公道。除依旧格敕施行外,其明经、童子,请却依晋天福五年敕停罢,任改就别科赴举。其进士,请今后省卷,限纳五卷已上,于中须有诗、赋、论各一卷。余外杂文、歌篇,并许同纳,只不得有神道碑、志文之类。其帖经、对义,并须实考,通三已上为合格。将来却复昼试,候考试终场,其不及第人,以文艺优劣定为五等。取文字乖舛、词理纰缪最甚者为第五等,殿五举;其次者为第四等,殿三举;以次稍优者为第三、第二、第一等,并许次年赴举。三礼,请今后解试省试,第一场《礼记》,第二场《周礼》,第三场《仪礼》。三传,第一场《左氏》,第二场《公羊》,第三场《穀梁》,并终而复始。学究,请今后《周易》《尚书》并为一科。每经对墨义三十道,仍问经考试。《毛诗》依旧为一科,对墨义六十道。及第后,请并咸为上选。集诸科举人所对策问,或不应问曰词理乖错者,并当驳落。其诸科举人,请第一场十否者殿五举,第二场、三场十否者殿三举,其三场内有九否者并殿一举。其进士及诸科所殿举数,并于所试卷子上朱书封送中书门下,请行指挥,及罪发解试官、监官等。其监官、试官如受取解人情礼财物,请今后并准枉法赃论。

又进士以德行为基,文章为业,苟容欺诈,何称科名? 近年场中,多有诈伪,托他人之述作,窃自己之声光。用此面欺,将为身计,宜加条约,以诫轻浮。今后如有倩人述作文字应举者,许人告言,送本处色役,永不得仕进。

又切览《唐书》,见穆宗朝礼部侍郎王起奏,所试贡举人试讫,申送中书,候覆讫下当司,然后大字放榜,是时从之。臣欲请将来考试及第进士,先具姓名杂文申送中书,奏覆讫下当司,与诸科一齐放榜。

《全唐文》卷八六二《窦仪·条陈贡举事例奏》,

中华书局一九八三年版

周广顺二年二月,礼部侍郎赵上交奏:"贡院诸科,今欲不试泛义,其口义五十道,改试墨义,共十道处分。"从之。

《五代会要》卷二三《科目杂录》,上海古籍出版社一九七八年版

〔广顺〕三年正月,户部侍郎、权知贡举赵上交奏:"九经举人,元帖经一百二十道,墨义二十道,今欲罢帖经,于诸经墨义对一百五十道。五经,元帖经八十,帖墨义二十道,今欲罢帖经,令对墨义一百道。学究,元念书二十道,对义五十道。"从之。

《五代会要》卷二三《科目杂录》,上海古籍出版社一九七八年版

至其年①八月,刑部侍郎权知贡举徐台符又奏:"九经,请都对墨义六十道,其帖经、对策依元格。五经,亦请对墨义六十道,帖

---

① 广顺三年。

经、对策依元格。"从之。

《五代会要》卷二三《科目杂录》，上海古籍出版社一九七八年版

第一道

问：先师之言，辨君子小人而已。劝学则举六蔽，咸事则称九德，推其性类，又极于是矣。孟轲之数圣者，有清有和。文子之言人位，上五下五。列夷惠于天纵，颇有所疑。况牛马于至灵，岂有至当？班固之《古今表》，刘邵之《人物志》，或品第乖连，或钩摭纤微，诚有可观，恐非尽善。既强为己之学，必有折理之精，敬俟嘉言，以祛未达。

第二道

问：乃者西裔背盟，劳师备塞。今戎王自毙，边徼以闻。而议者或曰因其丧而吊之，可以息人；或曰乘其虚而伐之，可以开地；或曰夷实无厌，兵者危事，皆所以疲中国也，不若如故。是三者必有可采，思以辨之。

《权载之文集》卷四〇《贞元十三年中书试进士策问两道》，

商务印书馆《四部丛刊初编》本

左氏传

问：《春秋》者，以仲尼明周公之志而修经，丘明受仲尼之经而为传，元凯悦丘明之传而为注。然则夫子感获麟之无应，因绝笔

以寄词,作为褒贬,使有劝惧。是则圣人无位者之为政也,其于笔削义例,岂皆用周法耶?左氏有无经之传,杜氏又错传分经,诚多艳富,虑失根本,既学于是,颇尝思乎?

礼记

问:《大学》有明德之道,《中庸》有尽性之术。阙里宏教,微言在兹。圣而无位,不敢作礼乐;时当有开,所以先气志。然则得申、甫之佐,犹曰降神;处定、哀之时,亦尝问政。致知自当乎格物,梦奠奚难于宗予?必若待文王之无忧,遭虞舜之大德,然后凝道,孰为致君?尔其深惟,以判斯惑。

周易

问:洁静精微,研几通变,伏羲重其象,文王演其辞,设位尽通于三极,修德岂惟于九卦?何思何虑,既宜以同归;先甲先庚,乃详于出令。俭德避难,颇殊蹇蹇之风;趋时贵近,有异谦谦之吉。穷理尽性之奥,入神致用之精,乾元用九之则,大衍虚一之数,成性有存存之道,知几穷至至之言,既所讲闻,试陈崖略。

尚书

问:《洪范》之美大同也,曰:子孙其逢吉,数五福也;曰:考终命,皆其极也。至若允恭克让,而生丹朱,方命圮族,乃产神禹,何吉凶之相戾也?《金滕》请命,方秉圭以植璧,元龟习吉,乃启籥而见书,岂赋命之可移也? 绝地天通,未详厥理,血流漂杵,何乃溢言? 待问而来,宜陈师说。

毛氏诗

问:风化天下,形于咏歌,辨理代之音,厚人伦之道。邶、鄘褊小,尚列于篇,楚、宋奥区,岂无其什? 变《风》《雅》者,起于何代? 动天地者,本自何诗?《南垓》《白华》,亡其词而不获;《谷风》《黄鸟》,同其目而不刊。举毛、郑之异同,辨《齐》《鲁》之传授。面墙而立;既非其徒,解颐之音,斯有所望。

穀梁传

问:《穀梁》名经,兴于鲁学;刘向博习,称于汉朝。或贬绝过深,或象类无据。非立异姓,乃以莒灭。成文同乎他人,岂谓齐侯之子? 异端颇甚,后学难从。讳亲讳贤,当举其例;耳治目治,幸数其言。何词所谓所于清? 何义所谓失于短? 凡厥师授,为予明之。

论语

问:夫子以天纵之圣,畏匡厄陈。行合神明,固久于丘祷。将行理道,奚矢于天厌? 对社栗之问,宰我强通。叹山梁之时,仲由未达。季氏旅岱,冉有莫救。皆见称于达者,或才比于具臣。尝隶善言,顾多滞义。末卷载游、夏之事,终篇纪舜、禹之词,颇疑不伦,可以敷畅。

《权载之文集》卷四〇《明经策问七道》,

商务印书馆《四部丛刊初编》本

三、 进士科

自是士族所趣向,唯明经、进士二科而已。其初止试策,贞观八年,诏加进士试读经史一部。

至调露二年,考功员外郎刘思立始奏二科并加帖经。其后,又加《老子》《孝经》,使兼通之。永隆二年,诏明经帖十得六,进士试文两篇,识文律者,然后试策。

《通典》卷一五《选举三》,中华书局一九八八年版

贞观八年三月三日,诏:进士试读一部经史。

《唐会要》卷七六《贡举中·进士》,中华书局一九五五年版

调露二年四月,刘思立除考功员外郎。先时,进士但试策而已,思立以其庸浅,奏请帖经及试杂文。自后因以为常式。

《唐会要》卷七六《贡举中·进士》,中华书局一九五五年版

开元二十四年十月,礼部侍郎姚奕请进士帖《左氏传》《周礼》《仪礼》,通五与及第。

《唐会要》卷七六《贡举中·进士》,中华书局一九五五年版

〔开元〕二十五年二月,敕:今之明经、进士,则古之孝廉、秀

孙培青文集　第四卷　隋唐五代教育制度文献集成

628

才,近日以来,殊乖本意。进士以声律为学,多昧古今。明经以帖诵为功,罕穷旨趣。安得为敦本复古,经明行修?以此登科,非选士取贤之道。其明经自今以后,每经宜帖十,取通五已上,免旧试一帖。仍按问大义十条,取通六已上,免试经策十条。令答时务策三道,取粗有文理者,与及第。其进士宜停小经,准明经帖大经十帖,取通四已上,然后准例试杂文及策,考通①与及第。其明经中有明五经已上,试无不通者;进士中兼有精通一史,能试策十条得六已上者:委所司奏听进止。其应试进士等唱第讫,具所试杂文及策,送中书门下详覆。其所问明经大义日,须对同举人考试,应能否共知,取舍无愧。有功者达,可不勉欤。此诏因侍郎姚奕奏。

《唐会要》卷七五《贡举上·帖经条例》,中华书局一九五五年版

〔开元〕二十五年三月,敕:"明经自今已后,帖十通五已上;口问大义十条,取通六已上;仍答时务策三道,取粗有文理者及第。进士停帖小经,宜准明经例试大经,帖十通四,然后试杂文及策,讫,封所试杂文及策,送中书、门下详覆。"

《旧唐书》卷二四《礼仪志四》,中华书局一九七五年版

其进士帖一小经及《老子》,皆经、注无帖。试杂文两首,策时务五条,文须洞识文律,策须义理惬当者,为通。若事义有滞,词句不伦者,为下。其经策全通为甲。策通四帖,通六已上为乙,已下为不第。

《唐六典》卷二《尚书吏部》,商务印书馆《钦定四库全书》本

进士所试一大经及《尔雅》,旧制,帖一小经并注。开元二十五年,改

---

① "试杂文及策,考通",原本作"试杂文及策者,通",此处据他本改。

帖大经,其《尔雅》亦并帖注。帖既通而后试文、试赋各一篇,文通而后试策,凡五条。三试皆通者为第。经策全通为甲第,通四以上为乙第。通三帖以下及策全通而帖经文不通四,或帖经通四以上而策不通四,皆为不第。

《通典》卷一五《选举三》,中华书局一九八八年版

箴、论、表、赞代诗赋,仍各试策三道,应口问大义明经人。明经之目,义以为先。比来相承,惟务习帖。至于义理,少有能通。经术浸衰,莫不繇此。今若顿取大义,恐全少其人;欲且因循,又无以劝学。请酌举司旧例,稍示考义之难。承前问义,不形文字,落第之后,喧竞者多。臣今请以所问,录于纸上,各令直书其义,不假文言。既与策有殊,又事堪征证,凭此取舍,庶归至公。如有义策全通者,五经举人,请准广德元年七月敕超与处分;明经,请减两选。伏请每岁甄奖,不过数人,庶使经术渐兴,人知教本。

《全唐文》卷五二六《赵赞·请以箴表等代诗赋奏》,

中华书局一九八三年版

建中二年十月,中书舍人权知礼部贡举赵赞奏:进士先时试诗、赋各一篇,时务策五道,明经策三道。今请以箴、论、表、赞代诗、赋,仍试策二道。

《唐会要》卷七六《贡举中·进士》,中华书局一九五五年版

熊执易通于易理,会建中四年,试易知险阻论,执易端坐剖析,倾动场中,乃一举而捷。

《唐国史补》卷下,上海古籍出版社一九七九年版

兴元元年，中书省有柳树，建中末枯，至是再荣，人谓之瑞柳。礼部侍郎吕渭试进士，以瑞柳为题，上闻而恶之。

《唐会要》卷七六《贡举中·缘举杂录》，

中华书局一九五五年版

大和七年八月，礼部奏：进士举人，先试帖经，并略问大义，取经义精通者。次试议论各一首，文理高者，便与及第。其所试诗赋并停者。伏请帖大小经各十帖，通五、通六为及格。所问大义，便与习大经内。准格明经例问十条，仍对众口义。伏准新制，进士略问大义，缘初厘革。今且以通三、通四为格，明年以后，并依明经例。其所试议论，请限五百字以上为式。敕旨："依奏。"

《唐会要》卷七六《贡举中·进士》，中华书局一九五五年版

其年①十月，礼部奏：进士举人，自国初以来，试诗赋，帖经，时务策五道，中间或暂改更，旋即仍旧。盖以成格可守，所取得人故也。去年八月敕节文，先试帖经、口义、议论等，以臣商量，取其折中。伏请先试帖经，通数依新格处分。敕旨："依奏。"

《唐会要》卷七六《贡举中·进士》，中华书局一九五五年版

〔大和〕八年正月，礼部侍郎李汉奏：准大和七年八月敕，贡举人不要试诗、赋、策，且先帖大经、小经共二十帖，次对正义十道，次试议论各一道讫。考核，放及第。

《唐会要》卷七六《贡举中·缘举杂录》，中华书局一九五五年版

---

① 大和八年。

右，前件进士所纳诗篇等，识略精微，堪裨教化，声词激切，曲备风谣。标题命篇，时所难著。灯烛之下，雄词卓然。诚宜榜示众人，不敢独专华藻；并仰榜出，以明无私。仍请申堂，并榜礼部。咸通七年十月六日，试官温庭筠榜。

《全唐文》卷七八六《温庭筠·榜国子监》，

中华书局一九八三年版

卢质，字子征，河南人也。……

…………

同光元年冬，从平大梁，权判租庸事，逾月随驾都洛，旋有诏权知汴州军府事。……俄又改金紫光禄大夫、兵部尚书、知制诰、翰林学士承旨，仍赐论思匡佐功臣。会覆试进士，质以"后从谏则圣"为赋题，以"尧、舜、禹、汤倾心求过"为韵，旧例赋韵四平四侧，质所出韵乃五平三侧，由是大为识者所诮。

《旧五代史》卷九三《晋书·卢质传》，中华书局一九七六年版

李怿，京兆人也。……怿幼而能文，进士擢第，解褐为校书郎、集贤校理、清河尉。……天成初，复拜中书舍人，充翰林学士，在职转户部侍郎右丞，充承旨。时常侍张文宝知贡举，中书奏落进士数人，仍请诏翰林学士院作一诗一赋，下礼部，为举人格样。学士窦梦征、张砺辈撰格诗、格赋各一，送中书，宰相未以为允。梦征等请怿为之，怿笑而答曰："李怿识字有数，顷岁因人偶得及第，敢与后生髦俊为之标格！假令今却称进士，就春官求试，落第必矣。格赋、格诗，不敢应诏。"君子多其识大体。

《旧五代史》卷九二《晋书·李怿传》，中华书局一九七六年版

〔天成〕五年正月二十三日，礼部贡院奏："当司准天成三年十二月十八日敕文内，准近敕，自此进士试杂文后，据所习本经，一一考试，须帖得通三已上者，即放及第者。奉敕：'进士帖经，本朝旧制，盖欲明先王之旨趣，阅多士之文章。近代已来，此道稍坠。今且上从元辅，下及庶僚，虽百艺者极多，能明经者甚少。恐此一节，或滞群才，既求备以斯难，庶观光而甚广。今年凡应进士举，所试文策及格，帖经或不及通三，与放及第。来年秋赋，词人所习一本经，许令对义目，多少次第，仍委所司条例闻奏。'其今年本经内对义，义目五道，考试通二、通三，准帖经例放入，策其将来秋赋。诸寺监及诸州府所解送进士第，亦准去年十月一日敕，考其诗赋、义目、帖由等，并解送赴省。如或不依此解送当司，准近敕并不引送试。"奉敕："宜依。"

《五代会要》卷二二《进士》，上海古籍出版社一九七八年版

〔天成〕五年二月九日敕："近年文士，轻视格条，就试时疏于帖经，登第后耻于赴选，宜绝躁求之路，别开奖劝之门。其进士科已及第者，计选数年满日，许令就中书陈状，于都堂前各试本业诗赋、判文等，其中才艺灼然可取者，便与除官。如或事业未甚精者，自许准添选。"

《五代会要》卷二二《进士》，上海古籍出版社一九七八年版

〔广顺三年春正月〕丁卯，户部侍郎权知贡举赵上交奏："诸科举人，欲等第各加对义场数，进士除诗赋外，别试杂文一场。"从之。

《旧五代史》卷一一二《周书·太祖纪第三》，

周广顺三年正月,户部侍郎权知贡举赵上交奏:"进士元试诗赋各一首,帖经二十帖,对义五道。今欲罢帖经、对义,别试杂文二首,试策一道。"从之。至其年八月,刑部侍郎权知贡举徐台符奏:"请别试杂文二首外,其帖经、对义,亦依元格。"从之。

《五代会要》卷二二《进士》,上海古籍出版社一九七八年版

第一问

问:古之善为政者,在得人而已,在求理而已。周以功德诏爵禄,秦以农战居职员,汉武帝诏察茂异可以为将相者。夫功与德,非常才所及也;农与战,非筮仕所宜也;安危注意之重,非设科可俟也。是三者固有利病,幸错综言之。又三适之宜,九品之法,或计户以贡士,或限年以入官。事有可行,法有可采,制度当否,悉期指明。

第二问

问:夏、殷、周之政,忠、敬、文之道,承弊以救,始终循环。而上自五帝,不言三统,岂备有其政,或史失其传?嬴、刘而下,教化所尚,历代相变,其事如何?岂风俗渐靡,不登于古?复救之之道,有所未至耶?国家化光三代,首冠百王,固以忠厚,胜兹文弊。前代损益,伫闻讨论,遽数之中,所希体要也。

第三问

问:古者士足以理官业,工足以备器用,商足以通货贿,而农

者居多。所以务三时之功,有九年之蓄,用阜其业,实藏于人。乃有惰游相因,颇复去本。今皇帝励精至化,在宥万方,德音圣泽,际天接地。凡宏于理道者,无不至也;裕于齐人者,无不被也。而又询吏禄公田之制,稽财征榷管之宜,使群有司质政损益,庶官匹士皆得上言。众君子躬先师之儒,生盛圣之代,伫兹嘉话,当荐所闻。

第四问

问:昔伊尹耕莘,傅说胥靡,竟昌殷道,以阜王业。春秋时,观丁父、彭仲爽,申、都之俘也。克州、蓼,封陈、蔡,楚邦赖之。汉廷韩安国徒中拜二千石,张释之以赀为郎,并称名臣,焯叙前代。然则俘徒作役,或财用自发,前代取之,而得人如是。魏晋已降,流品渐分,筮仕之初,率先文学。或荐贤推择,皆秀发州间,而致理之风,颇未反古。岂朴散浸久,或求之太精,斯何故也? 尝有所憭。今四门大辟,百度惟贞,执事者固欲上副聪明,悉搜才实。幸酌古道,指陈所宜。

第五问

问:言,身之文也。又曰,灼于中,必文于外。司马相如、扬雄籍甚汉庭,其文盛矣。或奏琴心而涤器,或赞符命以投阁,共于溺情败节,又奚事于文章耶? 至若孔融、祢衡,夸傲于代,祸不旋踵,何可胜言! 两汉亦有质材敦厚之科,廉清孝顺之举,皆本于行而遗其文,复何如哉? 为辩其说。

《权载之文集》卷四〇《贞元二十一年礼部策问五道》,

论曰：登孔氏之门者众矣，三千之徒，四科之目，孰非由圣人之道，为君子之儒者乎？其于过行过言，亦云鲜矣。而夫子举不贰过，惟颜氏之子，其何故哉？请试论之。

夫圣人抱诚明之正性，根中庸之至德，苟发诸中、形诸外者，不由思虑，莫匪规矩；不善之心，无自入焉；可择之行，无自加焉：故惟圣人无过。所谓过者，非谓发于行、彰于言，人皆谓之过，而后为过也；生于其心，则为过矣。故颜子之过，此类也。不贰者，盖能止之于始萌，绝之于未形，不贰之于言行也。《中庸》曰："自诚明，谓之性；自明诚，谓之教。"自诚明者，不勉而中，不思而得，从容中道，圣人也，无过者也。自明诚者，择善而固执之者也，不勉则不中，不思则不得，不贰过者也。故夫子之言曰："回之为人也，择乎中庸，得一善，则拳拳服膺而不失之矣。"又曰："颜氏之子，其殆庶几乎。"言犹未至也。而孟子亦云："颜子具圣人之体而微者。"皆谓不能无生于其心，而亦不暴之于外。考之于圣人之道，差为过耳。颜子自惟其若是也，于是居陋巷以致其诚，饮一瓢以求其志，不以富贵妨其道，不以隐约易其心，确乎不拔，浩然自守，知高坚之可尚，忘钻仰之为劳，任重道远，竟莫之致。是以夫子叹其不幸短命，今也则亡，谓其不能与己并立于至圣之域，观教化之大行也。不然，夫行发于身，加于人，言发乎迩，见乎远，苟不慎也，败辱随之，而后思欲不贰过，其于圣人之道不亦远乎？而夫子尚肯谓之"其殆庶几"，孟子尚复谓之"具体而微"者哉，则颜子之不贰过，尽在是矣。谨论。

《韩昌黎集》卷一四《省试颜子不贰过论》，

商务印书馆一九三三年版

斋郎职奉宗庙社稷之小事,盖士之贱者也。执豆笾,骏奔走,以役于其官之长。不以德进,不以言扬,盖取其人力以备其事而已矣。奉宗庙社稷之小事,执豆笾,骏奔走,亦不可以不敬也。

于是选大夫士之子弟未爵命者,以塞员填阙,而教之行事。其勤虽小,其使之不可以不报也,必书其岁。岁既久矣,于是乎命之以官,而授之以事,其亦微矣哉!

学生或以通经举,或以能文称,其微者,至于习法律,知字书,皆有以赞于教化,可以使令于上者也。自非天姿茂异,旷日经久,以所进业,发闻于乡闾,称道于朋友,荐于州府,而升之司业,则不可得而齿乎国学矣。

然则奉宗庙社稷之小事,任力之小者也。赞于教化,可以使令于上者,德艺之大者也。其亦不可移易明矣。

今议者谓学生之无所事,谓斋郎之幸而进,不本其意,因谓可以代任其事而罢之,盖亦不得其理矣。

今夫斋郎之所事者,力也;学生之所事者,德与艺也。以德艺举之,而以力役之,是使君子而服小人之事,且非国家崇儒劝学,诱人为善之道也。此一说不可者也。

抑又有大不可者焉,宗庙社稷之事虽小,不可以不专,敬之至也,古之道也。今若以学生兼其事,及其岁时日月,然后可授其宗彝罍洗,其周旋必不合度,其进退必不得宜,其思虑必不固,其容貌必不庄。此其无他,其事不习,而其志不专故也,非近于不敬者欤?又有大不可者,其是之谓欤!若知此不可,将令学生恒掌其事,而隳坏其本业,则是学生之教加少,学生之道益贬,而斋郎之实犹在,斋郎之名苟无也。大凡制度之改,政令之变,利于其旧不什,则不可为已,又况不如其旧哉!

考之于古则非训，稽之于今则非利，寻其名而求其实，则失其宜。故曰："议罢斋郎而以学生荐享，亦不得其理矣。"

《韩昌黎集》卷一四《省试学生代斋郎议》，

商务印书馆一九三三年版

噫！下自人，上达君；德以慎立，而性由习分。习则生常，将俾夫善恶区别；慎之在始，必辩乎是非纠纷。原夫性相近者，岂不以有教无类，其归于一揆？习相远者，岂不以殊途异政，乃差于千里？昏明波注，导为愚智之源；邪正歧分，开成理乱之轨。安得不稽其本，谋其始，观所恒，察所以？考成败而取舍，审臧否而行止。俾流遁者，反迷涂于骚人；积习者，遵要道于君子。且夫德莫德于老氏，乃曰"道是从矣"；圣莫圣于宣尼，亦曰"非生知之"。则知德在修身，将见素而抱朴；圣由志学，必切问而近思。在乎积艺业于黍累，慎言行于毫厘。故得其门，志弥笃兮，性弥近矣。由其径，习愈精兮，道愈远尔。其旨可显，其义可举。勿谓习之近，徇迹而相背重阻；勿谓性之远，反真而相去几许。亦犹一源派别，随混澄而或浊或清；一气脉分，任吹煦而为寒为暑。是以君子稽古于时习之初，辩惑于成性之所。然则性者中之和，习者外之徇。中和思于驯致，外徇戒于妄进。非所习而习则性伤，得所习而习则性顺。故圣与狂，由乎念与罔念；福与祸，在乎慎与不慎。慎之义，莫匪乎率道为本，见善而迁。观炯诚于既往，审进退于未然。故得之则至性大同，若水济水也；失之则众心不等，犹面如面焉。诚哉！性习之说，吾将以为教先。

《白居易集》卷三八《省试性习相远近赋》，

中华书局一九七九年版

四、 明法科

其明法，试律、令各一部，识达义理、问无疑滞者为通。粗知纲例、未究指归者为不通。所试律、令，每部试十帖。策试十条：律七条，令三条。全通者为甲，通八已上为乙，已下为不第。

《唐六典》卷二《尚书吏部》，商务印书馆《钦定四库全书》本

明法试律、令各十帖，试策共十条，律七条，令三条。全通为甲，通八以上为乙，自七以下为不第。

《通典》卷一五《选举三》，中华书局一九八八年版

贞元二年六月，敕：明法举人，有能兼习一经，小帖义通者，依明法例处分。

《唐会要》卷七六《贡举中·明法》，中华书局一九五五年版

明法原格帖律令一十帖，对律令墨义二十道，策试十条。去年罢帖，对墨义六十道，策试如旧。臣今请并依元格。

《全唐文》卷八五二《徐台符·条陈贡举试议奏》，
中华书局一九八三年版

五、 明书科

其明书则《说文》六帖，《字林》四帖。诸试书学生，帖试通讫，先口

试,不限条数,疑则问之,并通,然后试策。

《唐六典》卷二《尚书吏部》,

商务印书馆《钦定四库全书》本

书者试《说文》《字林》凡十帖,《说文》六帖,《字林》四帖。口试无常限,皆通者为第。

《通典》卷一五《选举三》,中华书局一九八八年版

凡书学,先口试,通,乃墨试《说文》《字林》二十条,通十八为第。

《新唐书》卷四四《选举志上》,中华书局一九七五年版

六、 明算科

其明算,则《九章》三帖,《海岛》、《孙子》、《五曹》、《张丘建》、《夏侯阳》、《周髀》、五经等七部各一帖。其《缀术》六帖,《缉古》四帖。录大义本条为问。答者明数造术,辨明术理,然后为通。《记遗》《三等数》读令精熟,试十得九为第。其试《缀术》《缉古》者,《缀术》七条,《缉古》三条。诸及第人并录奏,仍关送吏部。书、算于从九品下叙排。

《唐六典》卷二《尚书吏部》,商务印书馆《钦定四库全书》本

算者试《九章》、《海岛》、《孙子》、《五曹》、《张丘建》、《夏侯阳》、《周髀》、五经、《缀术》、《缉古》,帖各有差,《九章》三帖,五经等七部各一帖,《缀术》六帖,《缉古》四帖。兼试问大义,皆通者为第。凡众科有能兼学,则加超奖,不在常限。

《通典》卷一五《选举三》,中华书局一九八八年版

凡算学，录大义本条为问答，明数造术，详明术理，然后为通。试《九章》三条，《海岛》《孙子》《五曹》《张丘建》《夏侯阳》《周髀》《五经算》各一条，十通六，《记遗》《三等数》帖读十得九，为第。试《缀术》《缉古》录大义为问答者，明数造术，详明术理，无注者合数造术，不失义理，然后为通。《缀术》七条、《辑古》三条，十通六，《记遗》《三等数》帖读十得九，为第。落经者，虽通六，不第。

《新唐书》卷四四《选举志上》，中华书局一九七五年版

七、 弘崇生举

凡弘文、崇文生，试一大经、一小经，或二中经，或《史记》、前后《汉书》、《三国志》各一，或时务策五道。经史皆试策十道。经通六，史及时务策通三，皆帖《孝经》《论语》共十条通六，为第。

《新唐书》卷四四《选举志上》，中华书局一九七五年版

弘、崇生虽同明经、进士，以其资荫全高，试亦不拘常例。弘、崇生习一大经、小经者，两中经者，习《史记》者，《汉书》者，《东观汉记》者，《三国志》者，皆须读文精熟，言音典正。策试十道，取粗解注义，经通六，史通三。其试时务策者，须识文体，不失问目义，试五得三，皆兼帖《孝经》《论语》共十条。

《唐六典》卷二《尚书吏部》，商务印书馆《钦定四库全书》本

天宝十四载二月十日，宏文馆学生，自今已后，宜依国子监学生例帖试，明经、进士帖经并减半，杂文及策，皆须粗通，仍永为恒式。

《唐会要》卷七七《贡举下·宏文崇文生举》，

中华书局一九五五年版

第四章　科举考试的内容与形式

问：左掖东朝，载宏学教，贵游门子，于是翔集。法禁或弛，艺实难征，推恩补员，据阙升第。或人疑张禄，词假葛龚，诚瑕不掩瑜，岂仕优方学。澄汰则众心末允，因循则流弊浸深，有司病诸，幸喻其术。

《权载之文集》卷四〇《弘崇生问》，

商务印书馆《四部丛刊初编》本

八、 道举

开元二十九年正月十五日，于玄元皇帝庙置崇元学，令习《道德经》《庄子》《文子》《列子》。待习成后，每年随举人例送名至省，准明经考试，通者准及第人处分。

《唐会要》卷七七《贡举下·崇元生》，中华书局一九五五年版

建中二年二月，中书门下奏：准制，崇元馆学生试日，减策一道者，其崇元馆附学官见任者，既同行事，理合沾恩。惟策一道不可，更减大义两条。从之。

《唐会要》卷七七《贡举下·崇元生》，中华书局一九五五年版

问：至人恬漠，外其形体，使如死灰，如木鸡，斯可矣。至若蹈履水火而不燋没，虽以诚信，庸至是乎？斯所以有疑于吕梁丈人商丘开之说也。盖有以诚信安于死而不迁者，未有以诚信蹈难而必不死者，此何所谓？其质言之。

《权载之文集》卷四〇《道举问》，商务印书馆《四部丛刊初编》本

九、童子科

大历三年四月二十五日,敕:童子举人,取十岁以下者,习一经兼《论语》《孝经》,每卷诵文十科全通者,与出身。仍每年冬本贯申送礼部,同明经举人例,考试迄闻奏。

《唐会要》卷七六《贡举中·童子》,中华书局一九五五年版

十、制科举

第一道

问:天生蒸庶,树之司牧,立化成俗,阐教宏风。譬玺印之抑涂,若盘盂之置水,污隆各随所齿,方圆在其所制。夏后尚忠之政,固以率服万邦;殷人先敬之道,亦足仪型百姓。亟从革变,靡定沿袭,所贵虽殊,同归于义。先圣设法,将不徒然。厥意如何? 伫问诠释。

第二道

问:夫杂用霸道,不纯德教,是非稽古,何以称强? 权宜一切,宁可垂训,其理隐微,其说安取? 且设官分职,非贤不任,知人则哲,惟帝难之。良由言行相违,名实乖舛,情态难睹,兰艾莫分。藻镜铨衡,若其混糅,如何审综,察兹优劣? 八观之术,往彦所陈,七缪之邮,非无前说,澄汰糠粃,其可必陈。何谓七缪? 宜具条录,勿致阙遗。又西京课吏,其法何以? 邺洛考功,众议孰得? 且

公卿已下，员禄素定，量其间剧，职务才举。而散官一色，多乏器干，纵非鄙弱，则有疵瑕。至于衔命诸方，承旨出使，按察抚劳，络绎相趋。若差职事之人，则于官曹阙废。如其专遣冗散，又致前涂亏失。彼此难周，未能通允。欲施何法，使得兼济？又二人寮案，大数几何？用官详备，遣人可观，准望圣朝，繁省何若？自秦及汉，掌外使者何人？当涂典午，出邦畿者何职？书传所说，可得而言，职达化方，久应商略，既无碍滞，悉俟敷陈。

第三道

问：洁己以进，陈诸往册；平康正直，彰乎前训。修身励操，俱曰可称，摄职当官，何者尤切？必能兼善，其利溥哉！互有所长，宜甄先后。今既举兹二事，欲委共康，广扇清风，大矫流俗，施行条教，可用率下。使人怀冰玉之心，家有素丝之节，轨物昭范，仁观表仪。若在姬周，号称多士；嬴氏居位，亦有贤人。谁修廉洁之道？孰当正直之举？爰及两汉、魏、晋已来，历载遐长，廉直众矣，其间尤异，凡有几人？必须具列姓名，分条事迹，无或非当，意状殊违。先古有言，惟德作乂。既充廉洁之选，又应正直之科，诚宜追踪曩人，尚想同志。并驱前烈，诚可比肩。仰企高山，谁者弗逮？当仁不让，宁假执谦，近取诸身，岂或涯分？无而为有，是则非廉；虚美雷同，又乖正直。兼兹学植，理必该通；原始要终，当尽宏博。

第四道

问：学以从政，昔贤令则；博文强识，君子所尚。结发升朝，敷衽受职，开物成务，率由兹道。是以登高能赋，可列大夫；试讽籀篇，乃得为史。然而算祀悠邈，载籍实繁，钻仰虽多，罕能择练。今将少论古昔，庶异见闻，勿用浮辞，当陈指要。九流七略，题目何施？八体六书，名义焉在？三皇五帝，诸说不同，列次分区，谁者为允？翠妫元扈，临之而安得？绿纯黄玉，所表其奚事？阴康骊畜，行序孰当？封钜大填，胡宁游处？彤鱼昌仆，出何典诰？穷蝉声望，厥类惟何？管仲文锦，既丑何贵？子产深链，实厚何俾？周鼎所存，识者几物？齐钟所衅，卒用何牲？罢绌诸侯，何名三十六都？褒贬将相，何谓三十二人？至如象叶之精乎弃日，木鸡之巧乎异端，著于简牒，何所沮劝？学综古今，想宜究悉，一二显析，无惮米盐。

第五道

问：八政所先，食货居首；万商之业，市井为利。菽粟稻粱，饥馑足以充口；布帛丝纩，寒暑足以蔽形。生灵所资，莫此为急。爰及室宇器械，同出五材，皆禀造化之功，取者得供其用。而龟贝之属，何故为宝？竞取而多，谁所创意？钱币之作，本以何施？亿兆赖其何功？政教得其何助？若夫九府之法，于何贸迁？三官所统，又何典掌？未知乘时趋利，济益深浅，起伪生奸，有何亏败？九府之名，欲知其九。三官之号，何等为三？宜各指陈，务令可晓。子绀称贵，文饰何如？赤仄殊形，以何间错？又卖谷极贱，则农夫劬劳而不给；籴价翔踊，则工商窘乏而难振。为政之道，患在不均，设法筹算，去其太甚。使夫荷锸拥耒，阡陌之用获饶，作工通财，仓廪之储不匮。又籴三舍一，起自何人？以母权子，云谁所建？各申何法，厥利焉如？今欲修之，孰可孰不可？亦宜辨说，不可暧昧。佐时经国，此亦一隅。既膺斯举，何所兴让？聊动翰墨，岂申余勇？

《全唐文》卷一四七《颜师古·策贤良问五道》，

中华书局一九八三年版

永淳二年三月，敕：令应诏举人并试策三道，即为永例。

《唐会要》卷七五《贡举上·帖经条例》，

中华书局一九五五年版

……朝散大夫、青州司马、赠户部侍郎府君，讳祚，……惟户部府君，幼孤，以孝闻于乡曲。未冠，以文售于有司。由前进士补延州临安县主簿。会诏征贤良，策在甲科，授瀛州饶阳尉。岁满迁渭南。天后在神都，而东畿差重，遂由渭南转河阳。

《刘禹锡集》卷二《代郡开国公王氏先庙碑》，

中华书局一九九〇年版

……温州刺史、赠太尉府君，讳晃，……惟太尉府君，生于治平时，以文学自奋。年十有五，贲然从秋赋。明年春，升名于司徒。又一年，玄宗御层楼，发德音，悬文词政术科，以置髦士。府君策最高，授太常寺太祝。未几，复以能通《道德》《南华》《冲虚》三真经，进螯屋尉。天宝中，历左拾遗、左补阙、礼部司驾二外郎。

《刘禹锡集》卷二《代郡开国公王氏先庙碑》，

中华书局一九九〇年版

汉庭以贤良文学征有道之士，公孙弘条对第一，席其势鼓行人间，取丞相且侯。使汉有得人之声，伊弘发也。皇唐文物与汉同风。故天后朝，燕国张公说以词标文苑征；玄宗朝，曲江张公九龄以道侔伊、吕征；德宗朝，天水姜公公辅、杜陵韦公执谊、河东裴公垍以贤良方正征；宪宗朝，河南元公稹、京兆韦公淳以才识兼茂征，陇西牛公僧孺、李公宗闵以能直言极谏征。咸用对策甲于天下，继为有声宰相。古今相望，落落然如骑星辰，与夫起版筑饭牛者异矣。

《刘禹锡集》卷一九《唐故中书侍郎平章事韦公集纪》，

中华书局一九九〇年版

刘蕡字去华，昌平人。父勉。蕡宝历二年进士擢第。博学善属文，尤精《左氏春秋》。与朋友交，好谈王霸大略，耿介嫉恶，言及世务，慨然有澄清之志。自元和末，阉寺权盛，握兵宫闱，横制天下，天子废立，由其可否，干挠庶政。当时目为南北司，爱恶相攻，有同水火。蕡草泽中居常愤惋。文宗即位，恭俭求理，大和二年策试贤良曰：

朕闻古先哲王之理也，玄默无为，端拱思道，陶民心以居简，凝日用而不宰，厚下以立本，推诚而建中。由是天人通，阴阳和，俗跻仁寿，物无疵疠。噫，盛德之所臻，复乎莫可及也。三代令王，质文迭究，百伪滋炽，风流浸微，自汉而降，足征盖寡。朕顾惟昧道，祗荷丕构，奉若谟训，不敢怠荒。任贤惕厉，宵衣旰食，讵追三五之邈轨，庶绍祖宗之鸿绪。而心有所未达，行有所未孚，由中及外，阙政斯广。是以人不率化，气或埋厄，灾旱竟岁，播植愆时。国廪罕蓄，乏九年之储；吏道多端，微三载之积。京师，诸夏之本也，将以观理，而豪猾时逾检；太学，明教之源也，期于变风，而生徒多堕业。列郡在乎颁条，而干禁或未绝；百工在乎按度，而淫巧或未衰。俗堕风靡，积讹成蠹。其择官济理也，听人以言，则枝叶难辨；御下以法，则耻格不形。其阜财发号也，生之寡而食之众，烦于令而鲜于理。思所以究此缪盭，致之治平，兹心浩然，若涉泉水。故前诏有司，博延群彦，伫启宿懵，冀臻时雍。子大夫识达古今，明于康济，造廷待问，副朕虚怀。必当箴主之阙，辨政之疵，明纲条之致紊，稽富庶之所急。何施斯革于前弊，何泽斯惠乎下土，何修而理古可近，何道而和气克充，推之本源，著于条对。至于夷吾轻重之权，孰辅于理；严尤底定之策，孰叶于时；元凯之考课何先；叔子之克平何务。推此龟镜，择乎中庸，期在洽闻，朕将亲览。

时对策者百余人，所对止循常务，唯蕡切论黄门太横，将危宗社。对曰：

臣诚不佞，有匡国致君之术，无位而不得行；有犯颜敢谏之心，无路而不得进。但怀愤郁抑，思有时而一发耳。常欲与庶人议于道，商旅谤于市，得通上听，一悟主心，虽被妖言之罪，无所悔焉。况逢陛下以至德嗣兴，以大明垂照，询求过阙，咨访谟猷，制诏中外，举直言极谏者。臣既辱斯举，专承大问，敢不悉意以言。至于上之所忌，时之所禁，权幸之所讳恶，有司之所与夺，臣愚不识。伏惟陛下少加优容，不使圣朝有谠直而受戮者，乃天下之幸也。谨昧死以对。

伏惟圣策，有思先古之理，念玄默之化，将欲通天人以齐俗，和阴阳以煦物，见陛下慕道之深也。臣以为哲王之理，其则不远，惟陛下致之之道何如尔。

伏惟圣策，有祗荷丕构而不敢荒宁，奉若谟训而罔有怠忽，见陛下忧劳之志也。若夫任贤惕厉，宵衣旰食，宜黜左右之纤佞，进股肱之大臣；若夫追踪三五，绍复祖宗，宜鉴前古之兴亡，明当时之成败。心有所未达，以下情塞而不得上通；行有所未孚，以上泽壅而不得下浃。欲人之化也，在修己以先之；欲气之和也，在遂性以导之。救灾患在致乎精诚，广播植在视乎食力。国廪罕蓄，本乎冗食尚繁；吏道多端，本乎选用失当。豪猾逾制，由中外之法殊；生徒堕业，由学校之官废。列郡干禁，由授任非人；百工淫巧，由制度不立。

伏以圣策，有择官济理之心，阜财发号之叹，见陛下教化之本也。且进人以行，则枝叶安有难别乎？防下以礼，则耻格安有不形乎？念生寡而食众，可罢斥惰游；念令烦而理鲜，要察其行否。博延群彦，愿陛下必纳其言；造廷待问，则小臣安敢爱死。

伏以圣策，有求贤箴阙之言，审政辨疵之念，见陛下咨访之勤也。遂小臣屏奸豪之志，则弊革于前；守陛下念康济之心，则惠敷于下。邪正之道分，则理古可近；礼乐这方著，而和气克充。至若夷吾之法，非皇王之权；严尤所陈，无最上之策。元凯之所先，不若唐虞之考绩；叔子之所务，不若重华之舞干。且俱非大德之中庸，未为上圣之龟鉴，何足以为陛下道之哉！或有以系安危之机，兆存亡之变者，臣请披沥肝胆，为陛下别白而重言之。

臣前所谓"哲王之理，其则不远"者，在陛下慎思之，力行之，终始不懈而已。臣谨按《春秋》："元者，气之始也；春者，岁之始也。"《春秋》以元加于岁，以春加于王，明王者当奉若天道，以谨其始也。又举时以终岁，举月以终时，《春秋》虽无事，必书首月以存时，明王者当奉若天道，以谨其终也。王者动作终始必法于天者，以其运行不息也。陛下既能谨其始，又能谨其终，懋而修之，勤而行之，则可以执契而居简，无为而不宰，广立本之大业，崇建中之盛德矣。又安有三代循环之弊，而为百伪滋炽之渐乎？臣故曰"惟陛下致之之道何如耳"。

臣前所谓"若夫任贤惕厉，宵衣旰食，宜罢黜左右之纤佞，进股肱之大臣"者，实以陛下忧劳之至也。臣闻不宜忧而忧者，国必衰；宜忧而不忧者，国必危。今陛下不以国家存亡之事、社稷安危之策，而降于清问。臣未知陛下以布衣之臣不足以定大计耶？或万机之勤，而圣虑有所未至耶？不然，何宜忧而不忧者乎？臣以为陛下宜先忧者，宫闱将变，社稷将危，天下将倾，海内将乱。此四者，国家已然之兆，故臣谓圣虑宜先及之。夫帝业既艰难而成之，故不可容易而守之。昔太祖肇其基，高祖勤其绩，太宗定其业，玄宗继其明，至于陛下，二百有余载矣。其间明圣相因，忧乱继作，未有不委用贤士，亲近正人，而能绍兴其徽烈者也。或一日不念，而颠覆大器，宗庙之耻，万古为恨。

臣谨按《春秋》，人君之道在体元以居正，昔董仲舒为汉武帝言之略矣。其所未尽者，臣得为陛下备而论之。夫继故必书即位，所以正其始也；终必书所终之地，所以正其终也。故为君者，所发必正言，所履必正道，所居必正位，所近必正人。

臣又按《春秋》"阍弑吴子余祭"，不书其君。《春秋》讥其疏远贤士，昵近刑人，有不君之道矣。伏惟陛下思祖宗开国之勤，念《春秋》继故之诫。将明法度之端，则发正言而履正道；将杜篡弑之渐，则居正位而近正人。远刀锯之贱，亲骨鲠之直，辅相得以专其任，庶职得以守其官。奈何以亵近五六人，总天下大政，外专陛下之命，内窃陛下之权，威慑朝廷，势倾海内，群臣莫敢指其状，天子不得制其心。祸稔萧墙，奸生帷幄，臣恐曹节、侯览，复生于今日，此宫闱之所以将变也。

臣谨按《春秋》，鲁定公元年春王不言正月者，《春秋》以其先君不得正其终，则后君不得正其始，故曰定无正也。今忠贤无腹心之寄，阉寺持废立之权，陷先君不得正其终，致陛下不得正其始。况皇储未建，郊祀未修，将相之职不归，名分之宜不定，此社稷之所以将危也。

臣谨按《春秋》"王札子杀召伯、毛伯"。《春秋》之义，两下相杀不书。而此书者，重其专王命也。且天之所授者在君，君之所授者在命。操其命而失之者，是不君也；侵其命而专之者，是不臣也。君不君，臣不臣，此天下所以将倾也。

臣谨按《春秋》，晋赵鞅以晋阳之兵叛入于晋。书其归者，以其能逐君侧恶人以安其君，故《春秋》善之。今威柄凌夷，藩臣跋扈。或有不达人臣之节，首乱者以安君为名；不究《春秋》之微，称兵者以逐恶为义。则政刑不由乎天子，攻伐必自于诸侯，此海内之所以将乱也。又樊哙排闼而雪涕，爰盎当车以抗词，京房发愤以殒身，窦武不顾而毕命，此皆陛下明知之矣。

臣谨按《春秋》，晋狐射姑杀杨处父。书襄公杀之者，以其上漏言也。襄公不能固阴重之机，处父所以及戕贼之祸，故《春秋》非之。夫上漏其情，则下不敢尽意；上泄其事，则下不敢尽言。《传》有"造膝""诡辞"之文，《易》有"杀身""害成"之戒。今公卿大臣，非不能为陛下言之，虑陛下必不能用之。陛下既忽之而不用，必泄其言；臣下既言之而不行，必婴其祸。适足以钳直臣之口，重奸臣之威。是以欲尽其言，则起失身之惧；欲尽其意，则有害成之忧。故徘徊郁塞，以俟陛下感悟，然后尽其启沃耳。陛下何不以听朝之余，时御便殿，召当时贤相与旧德老臣，访持变扶危之谋，求定倾救乱之术。塞阴邪之路，屏褒狎之臣，制侵凌迫胁之心，复门户扫除之役，戒其所宜戒，忧其所宜忧。既不能治于前，当治于后；既不能正其始，当正其终。则可以虔奉典谟，克承丕构，终任贤之效，无旰食之忧矣。

臣前所谓"若夫追踪三五，绍复祖宗，宜鉴前古之兴亡，明当时之成败"者。臣闻尧、舜之为君而天下之人理者，以其能任九官四岳十二牧，不失其举，不贰其业，不侵其职。居官惟其能，左右惟其贤。元凯在下，虽微必举；四凶在朝，虽强必诛。考其安危，明其取舍。至秦之二代，汉之元、成，咸欲措国如唐虞，致身如尧舜，而终败亡者，以其不见安危之机，不知取舍之道，不任大臣，不辨奸人，不亲忠良，不远谗佞。伏惟陛下察唐虞之所以兴，而景行于前；鉴秦汉之所以亡，而戒惧于后。陛下无谓庙堂无贤相，庶官无贤士。今纪纲未绝，典刑犹在，人谁不欲致身为王臣，致时为太平，陛下何忽而不用之耶？又有居官非其能，左右非其贤，其恶如四凶，其诈如赵高，其奸如恭、显，陛下又何惮而不去之耶？神器固有归，天命固有分，祖庙固有灵，忠臣固有心，陛下其念之哉！昔秦之亡也，失于强暴；汉之亡也，失于微弱。强暴则贼臣畏死而害上，微弱则奸臣窃权而震主。伏见敬宗皇帝不虞亡秦之祸，不翦其萌；伏惟陛下深轸亡汉之忧，以杜其渐。则祖宗之鸿业可绍，三五之邈轨可追矣。

臣前所谓"陛下心有所未达，以下情塞而不能上通；行有所未孚，以上泽壅而不得下浃"者。且百姓涂炭之苦，陛下无由而知；则陛下有子育之心，百姓无由而信。臣谨按《春秋》书"梁亡"，不书取者，梁自亡也，以其思虑昏而耳目塞，上出恶政，人为寇盗，皆不知其所以然，以自取其灭亡也。臣闻国君之所以尊者，重其社稷也；社稷之所以重者，存其百姓也。苟百姓之不存，则社稷不得固其重；苟社稷之不重，则国君不得保其尊。故治天下不可不知百姓之情。夫百姓者，陛下之赤子也。陛下宜令仁慈者亲育之，如保傅焉，如乳哺焉，如师之教导焉。故人信于上也，敬之如神明，爱之如父母。今或不然。陛下亲近贵幸，分曹补署，建除卒吏，召致宾客，因其货贿，假其气势。大者统藩方，小者为牧守。居上无清惠之政，而有饕餮之害；居下无忠诚之节，而有奸欺之罪。故人之于上也，畏之如豺狼，恶之如仇敌。今海内困穷，处处流散，饥者不得食，寒者不得衣，鳏寡孤独者不得存，老幼疾病者不得养。加以国之权柄，专在左右，贪臣聚敛以固宠，奸吏因缘而弄法。冤痛之声，上达于九天，下流于九泉，鬼神怨怒，阴阳为之惩错。君门万里而不得告诉，士人无所归化，百姓无所归命。官乱人贫，盗贼并起，土崩之势，忧在旦夕。即不幸因之以疾疠，继之以凶荒，臣恐陈胜、吴广不独起于秦，赤眉、黄巾不独起于汉，故臣所以为陛下发愤扼腕，痛心泣血尔。如此则百姓有涂炭之苦，陛下何由而知之？陛下有子育之心，百姓安得而信之乎？致使陛下"行有所未孚，心有所未达"者，固其然也。

臣闻昔汉元帝即位之初，更制七十余事，其心甚诚，其称甚美。然而纪纲日紊，国祚日衰，奸宄日强，黎元日困者，以其不能择贤明而任之，失其操柄也。即陛下御宇，忧勤兆庶，屡降德音，四海之内，莫不抗首而长思，自喜复生于死亡之中也。伏惟陛下慎终如始，以塞万方之望。诚能揭国权以归其相，持兵柄以归其将，去贪臣聚敛之政，除奸吏因缘之害，惟忠贤是近，惟正直是用，内宠便僻，无所听焉。选清慎之官，择仁惠之长，敏之以利，煦之以仁，教之以孝慈，遵之以德义，去耳目之塞，通上下之情，俾万国欢康，兆民苏息，则心无不达，行无不孚矣。

臣前所谓"欲兆人之化也，在修己以先之"者。臣闻德以修己，教以导人，修之也则人不劝而自至，导之也则人敦行而率从。是以君子欲政之必行也，故以身先之；欲人之从化也，故以道御之。今陛下先之以身而政未必行，御之以道而人未从化，岂不以立教之旨未尽其方也？夫立教之方，在乎君以明制之，臣以忠行之，君以知人为明，臣以匡时为忠，知人则任贤而去邪，匡时则固本而守法。贤不任则重赏不足以劝善，邪不去则严刑不足以禁非，本不固则民流，法不守则政散，而欲教之使必至，化之使必行，不可得也。陛下能斥奸邪不私其左右，举贤正不遗其疏远，则化浃于朝廷矣；爱人以敦本，分职而奉法，修其身以及其人，始于中而成于外，则化行于天下矣。

臣前所谓"欲气之和也，在于遂性以导之"者，当纳人于仁寿也。夫欲人之仁寿也，在乎立制度，修教化。夫制度立则财用省，财用省则赋敛轻，赋敛轻则人富矣；教化修则争竞息，争竞息则刑罚清，刑罚清则人安矣。既富矣，则仁义兴焉；既安矣，则寿考至焉。仁寿之心感于下，和平之气应于上，故灾害不作，休祥荐臻，四方底宁，万物咸遂矣。

臣前所谓"救灾旱在致乎精诚"者。臣谨按《春秋》，鲁僖公七月之中，三书不雨者，以其君有恤人之志也；鲁文公三年之中，一书不雨者，以其君无悯人之心也。故僖公致精诚而旱不害物，文公无恤悯而旱则成灾。陛下诚能有恤人之心，则无成灾之变矣。

臣前所谓"广播植在视乎食力"者。臣谨按《春秋》："君人者，必时视人之所勤。人勤于力，则功筑罕；人勤于财，则贡赋少；人勤于食，则百事废。"今财食与人力皆勤矣，愿陛下废百事之劳，广三时之务，则播植不愆矣。

臣前所谓"国廪罕蓄，本乎冗食尚繁"者。臣谨按《春秋》"臧孙辰告籴于齐"，《春秋》讥其国无九年之蓄，一年不登而百姓饥。臣愿斥游惰之人以笃其耕植，省不急之费以赡其黎元，则廪蓄不乏矣。

臣前所谓"吏道多端，本乎选用失当"者，由国家取人不尽其才，任人不明其要故也。今陛下之用人也，求其声而不得其实；故人之趋进也，务其末而不务其本。臣愿核考课之实，定迁序之制，则多端之吏息矣。

臣前所谓"豪猾逾检，由中外之法殊"者，以其官禁不一也。臣谨按《春秋》，齐桓公盟诸侯不以日，而葵丘之盟特以日者，美其能宣明天子之禁，率奉王官之法，故《春秋》备而书之。夫官者，五帝、三王之所建也；法者，高祖、太宗之所制也。法宜画一，官宜正名。今又分外官、中官之员，立南司、北司之局，或犯禁于南，则亡命于北，或正刑于外，则破律于中，法出多门，人无所措，实由兵农势异，而中外法殊也。臣闻古者因井田而制军赋，间农事以修武备，提封约卒乘之数，命将在公卿之列，故兵农一致而文武同方，可以保乂邦家，式遏祸乱。暨太宗皇帝肇建邦典，亦置府兵，台省军卫，文武参掌，居闲岁则橐弓力穑，将有事则释耒荷戈，所以修复古制，不废旧物。今则不然。夏官不知兵籍，止于奉朝请；六军不主兵事，止于养勋阶。军容合中官之政，戎律附内臣之职。首一戴武弁，嫉文吏如仇雠；足一蹈军门，视农夫如草芥。谋不足以翦除凶逆，而诈足以抑扬威福；勇不足以镇卫社稷，而暴足以侵轶里闾。羁绁藩臣，干凌宰辅，隳裂王度，汩乱朝经。张武夫之威，上以制君父；假天子之命，下以御英豪。有藏奸观衅之心，无伏节死难之义。岂先王经文纬武之旨耶！臣愿陛下贯文武之道，均兵农之功，正贵贱之名，一中外之法，选军卫之职，修省署之官，近崇贞观之规，远复成周之制，自邦畿以刑于下国，始天子以达于诸侯，则可以制豪猾之强，无逾检之患矣。

臣前所谓"生徒坠业，由学校之官废"者，盖以国家贵其禄而贱其能，先其身而后其行，故庶官乏通经之学，诸生无修业之心矣。臣前所谓"列郡干禁，由授任非其人"者。臣以为刺史之任，理乱之根本系焉，朝廷之法制在焉，权可以抑豪猾，恩可以惠孤寡，强可以御奸寇，政可以移风俗。其将校有曾经战阵，及功臣子弟，各请随宜酬赏。如无治人之术者，不当授任此官，则绝干禁之患矣。臣前所谓"百工淫巧，由制度不立"者。臣请以官位禄秩，制其器用车服，禁人金银珠玉锦绣雕镂不蓄于私室，则无荡心之巧矣。臣前所谓"辨枝叶"者，考其言以询行也。臣前所谓"形于耻格"者，导德而齐礼也。臣前所谓"念生寡而食众，可罢斥惰游"者，已备之于前矣。臣前所谓"令烦而理鲜，要察其行否"者。臣闻号令者，乃理国之具也，君审而出之，臣奉而行之，或亏上旨，罪在不赦。今陛下令烦而理鲜，得非持之者有所蔽欺乎？

臣前所谓"博延群彦，愿陛下必纳其言；造廷待问，则小臣不敢爱死"者。臣闻晁错为汉画削诸侯之策，非不知祸之将至也。忠臣之心，壮夫之节，苟利社稷，死无悔焉。今臣非不知言发而祸应，计行而身戮，盖所以痛社稷之危，哀生人之困，岂忍姑息时忌，窃陛下一命之宠哉！昔龙逄死而启殷，比干死而启周，韩非死而启汉，陈蕃死而启魏。今臣之来也，有司或不敢荐臣之言，陛下又无以察臣之心，退必受戮于权臣之手。臣幸得从四子于地下，固臣之愿也。所不知杀臣者，臣死之后，将孰为启之哉？至于人主之阙，政教之疵，前日之弊，臣既言之矣。若乃流下土之惠，修近古之理，而致其和平者，在陛下行之而已。然上之所陈者，实以臣亲奉圣问，敢不条对。虽臣之愚，以为未极教化之大端，皇王之要道。伏惟陛下事天地以教人敬，奉宗庙以教人孝，养高年以教人悌长，字百姓以教人慈幼，调元气以煦育，扇大和于仁寿，可以逍遥无为，垂拱成化。至若念陶钧之道，在择宰相而任之，使权造物之柄；念保定之功，在择将帅而任之，使修分阃之寄；念百度之未贞，在择庶官而任之，使专职业之守；念百姓之愁痛，在择长吏而任之，使明惠育之术。自然言足以为天下教，行足以为天下法，仁足以劝善，义足以禁非，又何必宵衣旰食，劳神惕虑，然后以致其理哉！

是岁，左散骑常侍冯宿、太常少卿贾𫗧、库部郎中庞严为考策官，三人者，时之文士也，睹蕡条对，叹服嗟悒，以为汉之晁、董，无以过之。言论激切，士林感动。时登科者二十二人，而中官当途，考官不敢留蕡在籍中，物论喧然不平之。守道正人，传读其文，至有相对垂泣者。谏官御史，扼腕愤发，而执政之臣，从而弭之，以避黄门之怨。唯登科人李郃谓人曰："刘蕡不第，我辈登科，实厚颜矣。"请以所授官让蕡，事虽不行，人士多之。令狐楚在兴元，牛僧孺镇襄阳，辟为从事，待如师友。位终使府御史。

《旧唐书》卷一九〇下《刘蕡传》，中华书局一九七五年版

第五章

科举考试的防弊措施

　　进士为时所尚久矣。是故俊乂实集其中，由此出者，终身为闻人。故争名常切，而为俗亦弊。其都会谓之举场，通称谓之秀才。投刺谓之乡贡。得第谓之前进士。互相推敬谓之先辈。俱捷谓之同年。有司谓之座主。京兆府考而升者，谓之等第。外府不试而贡者，谓之拔解。将试各相保任，谓之合保。群居而赋，谓之私试。造请权要，谓之关节。激扬声价，谓之还往。既捷，列书其姓名于慈恩寺塔，谓之题名会。大宴于曲江亭子，谓之曲江会。籍而入选，谓之春闱。不捷而醉饱，谓之打毷氉。匿名造谤，谓之无名子。退而肄业，谓之过夏。执业而出，谓之夏课。挟藏入试，谓之书策。此是大略也。其风俗系于先达，其制置存于有司，虽然，贤士得其大者，故位极人臣，常十有二三，登显列十有六七，而张睢阳、元鲁山有焉，刘辟、元修有焉。

《唐国史补》卷下，上海古籍出版社一九七九年版

　　阅试之日，皆严设兵卫，荐棘围之，搜索衣服，讥诃出入，以防假滥焉。

《通典》卷一五《选举三》，中华书局一九八八年版

武太后载初元年二月，策问贡人于洛城殿，数日方了。殿前试人自此始。

《通典》卷一五《选举三》，中华书局一九八八年版

其制诏举人，不有常科，皆标其目而搜扬之。试之日，或在殿廷，天子亲临观之。试已，糊其名于中考之，文策高者特授以美官，其次与出身。开元以后，四海晏清，士无贤不肖，耻不以文章达，其应诏而举者，多则二千人，少犹不减千人，所收百才有一。

《通典》卷一五《选举三》，中华书局一九八八年版

乾元初，中书舍人李揆兼礼部侍郎。揆尝以主司取士，多不考实，徒峻其堤防，索其书策。殊不知艺不至者，居文史之囿，亦不能摛其词藻，深昧求贤意也。

《唐会要》卷七六《贡举中·进士》，中华书局一九五五年版

〔贞元〕十六年十二月，敕礼部：别头举人，宜委礼部考试，不须置别头。

《唐会要》卷七六《贡举中·缘举杂录》，中华书局一九五五年版

元和十三年十月，权知礼部侍郎庾承宣奏：臣有亲属应明经、进士举者，请准旧例送考功试。从之。自贞元十六年，高郢掌贡举，请权停考功别试。识者是之，自今始复。

《唐会要》卷七六《贡举中·缘举杂录》，中华书局一九五五年版

长庆元年，敕：今年礼部侍郎钱徽下进士郑郎等一十四人，宜

令中书舍人王起、主客郎中知制诰白居易重试。覆落十三人。三月丁未,诏:国家设文学之科,本求实才,苟容侥幸,则异至公。访闻近日浮薄之徒,扇为朋党,谓之关节,干扰主司。每岁策名,无不先定。眷言败俗,深用兴怀。郑郎等昨令重试,乃求深僻题目,贵观学艺浅深。孤竹管是祭天之乐,出于《周礼》正经,阅其呈试之文,都不知其本事,辞律鄙浅,芜累至多。其温业等三人,粗通可与及第,其余落下。今后礼部举人,宜准开元二十五年敕,及第人所试杂文,先送中书门下详覆。侍郎钱徽贬江州刺史。

《唐会要》卷七六《贡举中·进士》,中华书局一九五五年版

钱徽字蔚章,吴郡人。……

徽,贞元初进士擢第,从事戎幕。元和初入朝,三迁祠部员外郎,召充翰林学士。……

长庆元年,为礼部侍郎。时宰相段文昌出镇蜀川,文昌好学,尤喜图书古画。故刑部侍郎杨凭兄弟以文学知名,家多书画;钟、王、张、郑之迹在《书断》《书品》者,兼而有之。凭子浑之求进,尽以家藏书画献文昌,求致进士第。文昌将发,面托钱徽,继以私书保荐。翰林学士李绅亦托举子周汉宾于徽。及榜出,浑之、汉宾皆不中选。李宗闵与元稹素相厚善。初稹以直道谴逐久之,及得还朝,大改前志,由迳以徽进达,宗闵亦急于进取,二人遂有嫌隙。杨汝士与徽有旧,是岁,宗闵子婿苏巢及汝士季第殷士俱及第。故文昌、李绅大怒。文昌赴镇,辞日,内殿面奏,言徽所放进士郑朗等十四人,皆子弟艺薄,不当在选中。穆宗以其事访于学士元稹、李绅,二人对与文昌同。遂命中书舍人王起、主客郎中知制诰白居易,于子亭重试,内出题目《孤竹管赋》、《鸟散余花落》诗,而

十人不中选。诏曰：

国家设文学之科，本求才实，苟容侥幸，则异至公。访闻近日浮薄之徒，扇为朋党，谓之关节，干挠主司。每岁策名，无不先定，永言败俗，深用兴怀。郑朗等昨令重试，意在精核艺能，不于异书之中，固求深僻题目，贵令所试成就，以观学艺浅深。孤竹管是祭天之乐，出于《周礼》正经，阅其呈试之文，都不知其本事，辞律鄙浅，芜累亦多。比令宣示钱徽，庶其深自怀愧，诚宜尽弃，以警将来。但以四海无虞，人心方泰，用弘宁抚，式示殊恩，特掩尔瑕，庶明予志。孔温业、赵存约、窦洵直所试粗通，与及第；裴諴特赐及第，郑朗等十人并落下。自今后礼部举人，宜准开元二十五年敕，及第讫，所试杂文并策，送中书门下详覆。

寻贬徽为江州刺史，中书舍人李宗闵剑州刺史，右补阙杨汝士开江令。初议贬徽，宗闵、汝士令徽以文昌、李绅私书进呈，上必开悟，徽曰："不然。苟无愧心，得丧一致，修身慎行，安可以私书相证耶？"令子弟焚之，人士称徽长者。

《旧唐书》卷一六八《钱徽传》，中华书局一九七五年版

大和元年举进士及第，乡贡上都，有司试于东都，在二都群进士中，往往有言前十五年有进士李飞自江西来，貌古文高。始就礼部试赋，吏大呼其姓名，熟视符验，然后入。飞曰："如是选贤耶？即求贡，如是自以为贤耶？"因袖手不出，明日径返江东。某曰："诚有是人，吾辈不可得与为伍矣。"后二年，事故吏部沈公于钟陵、宣城为幕吏，两府凡五年间，同舍生兰陵萧置、京兆韩义、博陵崔寿，每品量人之等第，必曰："有道有学有文，如李处士戡者寡矣，是卑进士不举尝名飞者。"某益恨未面其人，且喜其人之在

世也。

《樊川文集》卷九《唐故平卢军节度巡官陇西李府君墓志铭》，

上海古籍出版社一九七八年版

其年^①三月，敕户部侍郎、翰林学士白敏中重试，覆落七人。

《唐会要》卷七六《贡举中·进士》，中华书局一九五五年版

梁开平三年四月，敕："赐刘斤同进士及第，仍编入今年榜内第八人。"其年五月，敕："礼部所放进士薛均，是左司侍郎薛廷珪男，方持省辖，固合避嫌。其薛均宜令所司落下。"

《五代会要》卷二二《进士》，上海古籍出版社一九七八年版

后唐同光三年四月，敕："今年新及第进士符蒙正等，宜令翰林学士承旨卢质就本院覆试，仍令学士使杨彦璐监试。"其月，敕："礼部所放进士符蒙正等四人，既慊群情，实干浮议，诗赋果有疵瑕。若便去留，虑乖激劝，倘无升降，即昧甄明。况王彻体物可嘉，属词甚妙；桑维翰差无纰缪，稍有词华。其王彻升为第一，桑维翰第二，符蒙正第三，成僚第四。礼部侍郎裴皞放。今后应礼部每年所试举人杂文策等，候过堂日，委中书门下子细详覆奏闻。"

《五代会要》卷二二《进士》，上海古籍出版社一九七八年版

和凝，字成绩，汶阳须昌人也。……
…………

---

① 会昌五年。

唐天成中,入拜殿中侍御史,历礼部、刑部二员外,改主客员外郎、知制诰,寻诏入翰林充学士,转主客郎中充职,兼权知贡举。贡院旧例,放榜之日,设棘于门及闭院门,以防下第不逞者。凝令彻棘启门,是日寂无喧者,所收多才名之士,时议以为得人。

《旧五代史》卷一二七《周书·和凝传》,中华书局一九七六年版

〔长兴元年六月〕壬子,中书门下奏:"详覆到礼部院今年及第进士李飞、樊吉、夏侯珙、吴泂、王德柔、李谷等六人,望放及第。其卢价等七人及宾贡郑朴,望许令将来就试。知贡举张文宝试士不得精当,望罚一季俸。"从之。

《旧五代史》卷四一《唐书·明宗纪第七》,

中华书局一九七六年版

〔长兴二年二月〕癸巳,诏:贡院旧例夜试进士,今后昼试,排门齐入,即日试毕。

《旧五代史》卷四二《唐书·明宗纪第八》,

中华书局一九七六年版

长兴二年二月,敕:"其进士并令排年齐入就试,至闭门试毕。内有先了者,上历□时□旋令先出,其入策亦须昼试。应诸科第对策并依此例,其余唯准前敕处分。"

《五代会要》卷二二《进士》,上海古籍出版社一九七八年版

清泰二年九月,礼部贡院奏:"奉长兴二年二月敕,进士引试,早入晚出。今请依旧例,进士试杂文,并点门入省,经宿就试。"

从之。

《五代会要》卷二二《进士》，上海古籍出版社一九七八年版

〔清泰二年九月〕己酉，礼部贡院奏："进士请夜试，童子依旧表荐，重置明算道举。举人落第后，别取文解。五科试纸，不用中书印，用本司印。"并从之。

《旧五代史》卷四七《唐书·末宗纪中》，

中华书局一九七六年版

崔棁，字子文，博陵安平人。……

天福初，以户部侍郎为学士承旨。尝草制，为宰相桑维翰所改，棁以唐故事，学士草制有所改者，当罢职，乃引经据争，维翰不能诘，命权知二年贡举。时有进士孔英者，素有丑行，为当时所恶。棁受命往见维翰，维翰语素简，谓棁曰："孔英来矣。"棁不谕其意，以谓维翰以孔英为言，乃考英及第，物议大以为非，遂罢学士，拜尚书左丞，迁太常卿。

《旧五代史》卷九三《晋书·崔棁传》，中华书局一九七六年版

〔开运元年十二月闰月乙酉，〕工部尚书权知贡举窦贞固奏："试进士诸科举人入策，旧例夜试，以三条烛尽为限，天成二年改令昼试，今欲依旧夜试。"从之。

《旧五代史》卷八三《晋书·少帝纪第三》，

中华书局一九七六年版

进士考试杂文，及与诸科举人入策，历代已来，皆以三条烛尽

为限。长兴二年,改令昼试。伏以悬科取士,有国常规,沿革之道虽殊,公共之情难失。若使就试两廊之下,挥毫短景之中,视晷刻而惟畏稽迟,演词藻而难求妍丽,求见观光之美,但同款答之由,既非师古之规,恐失取人之道。今于考试之时,准旧例以三条烛为限。其进士并诸色举贡人等,有怀藏书策入院者,旧例扶出,不令就试。近年以来,虽见怀藏,多是容纵。今欲振举弛紊,明辨臧否,冀在必行,庶为定式。

《全唐文》卷八六五《窦贞固·请贡举复限三条烛奏》,

中华书局一九八三年版

〔史〕弘肇子德珫,乾祐中,授检校司空,领忠州刺史。粗读书,亲儒者,常不悦父之所为。贡院尝录一学科于省门叫噪,申中书门下,宰相苏逢吉令送侍卫司,请痛笞刺面。德珫闻之,白父曰:"书生无礼,有府县御史台,非军务治也。公卿如此,盖欲彰大人之过。"弘肇深以为然,即破械放之。后之识者尤嘉德珫之为人焉。

《旧五代史》卷一○七《汉书·史弘肇传》,

中华书局一九七六年版

〔广顺三年二月〕癸酉,以户部侍郎知贡举赵上交为太子詹事。是岁,新进士中有李观者,不当策名,物议喧然。中书门下以观所试诗赋失韵,勾落姓名,故上交移官。

《旧五代史》卷一一二《周书·太祖纪第三》,

中华书局一九七六年版

王峻,字秀峰,相州安阳人也。……

　…………

太祖践阼,加平章事,寻兼右仆射、门下侍郎平章事,监修国史。……

是岁[①],户部侍郎赵上交权知贡举。上交尝诣峻,峻言及一童子,上交不达其旨。榜出之日,童子不第,峻衔之。及贡院申中书门下,取日过堂,峻知印,判定过日。及上交引新及第人至中书,峻在政事堂厉声曰:"今岁选士不公,当须覆试。"诸相曰:"但缘已行指挥行过,临事不欲改移,况未敕下,覆试非晚。"峻愈怒,诟责上交,声闻于外。少顷,竟令引过。及罢,上交诣本厅谢峻,峻又延之饮酌从容。翼日,峻奏上交知举不公,请致之于法,太祖颔之而已。

《旧五代史》卷一三〇《周书·王峻传》,

中华书局一九七六年版

〔显德二年三月〕壬辰,尚书礼部贡院进新及第进士李覃等一十六人所试诗赋、文论、策文等。诏曰:"国家设贡举之司,求英俊之士,务询文行,方中科名。比闻近年以来,多有滥进,或以年劳而得第,或因媒势以出身。今岁所放举人,试令看验,果见纰缪,须至去留。其李覃、何曮、杨徽之、赵邻几等四人,宜放及第。其严说、武允成、王汾、闾丘舜卿、任惟吉、周度、张慎徽、王翥、马文、刘选、程浩然、李震等一十二人,艺学未精,并宜勾落,且令苦学,以俟再来。礼部侍郎刘温叟失于选士,颇属因循,据其过尤,合行

① 广顺三年。

谴谪，尚视宽恕，特与矜容，刘温叟放罪，其将来贡举公事，仍令所司别具条理以闻。"

《旧五代史》卷一一五《周书·世宗纪第二》，

中华书局一九七六年版

显德二年三月，敕：

礼部贡院奏，今年新及第进士李覃、严说、何曬①、武允成、王汾、闾丘舜卿、杨徽之、任惟吉、赵邻几、周度、张慎徽②、王羲、马文、刘选、程浩然、李震等一十六人所试诗赋、文论、策文等。国家设贡举之司，求俊茂之士，务询文行，以中科名。比闻近年以来，多有滥进，或以年劳而得第，或因媒势以出身。今岁所贡举人，试令看详，果见纰谬，须至去留。

其李覃、何曬、杨徽之、赵邻几等四人宜放及第。其严说、武允成、王汾、闾丘舜卿、任惟中、周度、张慎徽、王羲、马文、刘选、程浩然、李震等一十二人，艺学未精，并宜黜落，且令苦学，以俟再来。礼部侍郎刘温叟失于选士，颇属因循，据其过尤，宜行谴谪，尚示宽恕，特与矜容。刘温叟放罪。将来贡举公事，仍令所司据条理闻奏。

《五代会要》卷二二《进士》，

上海古籍出版社一九七八年版

〔显德五年三月〕庚子，诏曰："比者以近年贡举，颇是因循，频诏有司，精加试练，所冀去留无滥，优劣昭然。昨据贡院奏，今年

---

① "曬"，原作"俿"，据《旧五代史》改，下同。
② "徽"，原作"微"，据《旧五代史》改，下同。

第五章 科举考试的防弊措施

新及第进士等，所试文字，或有否臧，爰命辞臣，再令考覆，庶泾、渭之不杂，免玉石之相参。其刘坦、战贻庆、李颂、徐纬、张觐等诗赋稍优，宜放及第；王汾据其文辞，亦未精当，念以顷曾剥落，特与成名；熊若谷、陈保衡皆是远人，深可嗟念，亦放及第；郭峻、赵保雍、杨丹、安玄度、张昉、董咸则、杜思道等，未甚苦辛，并从退黜，更宜修进，以俟将来。知贡举、右谏议大夫刘涛选士不当，有失用心，责授右赞善大夫，俾令省过，以戒当官。"先是，涛于东京放榜后，引新及第进士刘坦已下一十五人赴行在，帝命翰林学士李昉覆试，故有是命。

《旧五代史》卷一一八《周书·世宗纪第五》，

中华书局一九七六年版

〔显德〕五年三月，诏曰："比者以近年贡举，颇是因循，频诏有司，精加试练，所冀去留无滥，优劣昭然。昨贡举院奏，今年新及第进士等所试文书，或有臧否，爰命词臣，再加考核，庶泾、渭之不杂，免玉石之相参。其刘坦、单贻庆、李庆、徐纬、张觐等诗赋稍优，宜放及第。王汾据其文词，未至精敏，念以顷曾驳落，特与成名。熊若谷、陈保衡皆是远人，深可嗟念，亦放及第。郭峻、赵保雍、杨丹、安玄度、张助、董咸则、杜思道等未甚精者，并从退落，更宜修进，以俟将来。知贡举、右谏议大夫刘涛选人不当，有失用心，可责授右赞善大夫，俾令省过，以戒当官。"先是，涛于东京放榜后，率先及第进士刘坦已下一十五人，来赴行在，且以所试诗赋进呈。上以其词多纰缪，命翰林学士李昉复试，故有是命。

《五代会要》卷二二《进士》，上海古籍出版社一九七八年版

〔显德六年春正月〕乙亥，诏："礼部贡院今后及第举人，依逐科等第定人数姓名，并所试文字奏闻，候敕下放榜"云。

《旧五代史》卷一一九《周书·世宗纪第六》，

中华书局一九七六年版

第六章

科举录取与出路

敬播,蒲州河东人也。贞观初,举进士。俄有诏诣秘书内省佐颜师古、孔颖达修《隋史》,寻授太子校书。史成,迁著作郎,兼修国史。与给事中许敬宗撰《高祖》《太宗实录》,自创业至于贞观十四年,凡四十卷,奏之,赐物五百段。……

…………

永徽初,拜著作郎。与许敬宗等撰《西域图》。后历谏议大夫、给事中,并依旧兼修国史。又撰《太宗实录》,从贞观十五年至二十三年,为二十卷,奏之,赐帛三百段。后坐事出为越州都督府长史。龙朔三年,卒官。播又著《隋略》二十卷。

《旧唐书》卷一八九上《敬播传》,中华书局一九七五年版

郎余令,定州新乐人也。……

余令少以博学知名,举进士。初授霍王元轨府参军,数上词赋,元轨深礼之。

《旧唐书》卷一八九下《郎余令传》,中华书局一九七五年版

大唐贞观八年三月,诏进士读一部经史。二十二年九月,考

功员外郎王师明知贡举,时冀州进士张昌龄、王公理并有俊才,声振京邑,而师明考其文策全下,举朝不知所以。及奏等第,太宗怪无昌龄等名,因召师明问之,对曰:"此辈诚有词华,然其体轻薄,文章浮艳,必不成令器。臣若擢之,恐后生相仿效,有变陛下风雅。"帝以为名言,后并如其言。

《通典》卷一七《选举五》,中华书局一九八八年版

〔贞观〕二十二年九月,考功员外郎王师旦知举。时进士张昌龄、王公瑾并有俊才,声振京邑。而师旦考其文策全下,举朝不知所以。及奏等第,太宗怪无昌龄等名,因召师旦问之,对曰:"此辈诚有文章,然其体性轻薄,文章浮艳,必不成令器。臣若擢之,恐后生相效,有变陛下风雅。"帝以为名言,后并如其言。

《唐会要》卷七六《贡举中·进士》,中华书局一九五五年版

卢粲,幽州范阳人,后魏侍中阳乌五代孙。祖彦卿,撰《后魏纪》二十卷,行于时,官至合肥令。叔父行嘉,亦有学涉,高宗时为雍王记室。粲博览经史,弱冠举进士。景龙二年,累迁给事中。

《旧唐书》卷一八九下《卢粲传》,中华书局一九七五年版

许康佐,父审。康佐登进士第,又登宏词科。以家贫母老,求为知院官,人或怪之,笑而不答。及母亡,服除,不就侯府之辟,君子始知其不择禄养亲之志也,故名益重。迁侍御史,转职方员外郎,累迁至驾部郎中,充翰林侍讲学士,仍赐金紫。历谏议大夫、中书舍人,皆在内庭。为户部侍郎,以疾解职。除兵部侍郎,转礼

部尚书,卒年七十二,赠吏部尚书。撰《九鼎记》四卷。

弟尧佐、元佐,尧佐子道敏,并登进士第,历官清显。

《旧唐书》卷一八九下《许康佐传》,中华书局一九七五年版

我国家敦古质,断浮艳,礼乐诗书,是弘文德,绮罗珠翠,深革弊风,必使情见于词,不用言浮于行。比来选人试判,举人对策,剖析案牍,敷陈奏议,多不切事宜,广张华饰,何大雅之不足,而小能之是衒? 自今已后,不得更然。(开元六年二月)

《全唐文》卷二七《玄宗·禁策判不切事宜诏》,

中华书局一九八三年版

有唐泸溪令晋国赵君,讳某,字某,终于其位。……

公刚洁不群,精明独断,非义所在,不以利污名;非礼所安,不以迹伤教。有立卓尔,童丱而然,既学大成,纷纶博综。将求禄养也,而俯就乡举。寻而明经登科,补太子正字,又改射洪尉。皆以逮亲自乞,执政自哀,遂屈换定襄尉,公欣然而捧檄矣。秩满,转洪洞主簿、永城丞。

《唐丞相曲江张先生文集》卷二○《故辰州泸溪令

赵公碣铭并序》,商务印书馆《四部丛刊初编》本

按令文,科第秀才与明经同为四等,进士与明法同为二等。然秀才之科久废,而明经虽有甲、乙、丙、丁四科,进士有甲、乙二科,自武德以来,明经唯有丁第,进士唯乙科而已。

《通典》卷一五《选举三》,中华书局一九八八年版

其进士，大抵千人得第者百一二；明经倍之，得第者十一二。

《通典》卷一五《选举三》，中华书局一九八八年版

〔天宝〕七载五月十三日，崇元生出身，至选时，宜减于常例一选，以为留放。

《唐会要》卷七七《贡举下·崇元生》，中华书局一九五五年版

钱徽字蔚章，吴郡人。父起，天宝十年登进士第。起能五言诗。初从乡荐，寄家江湖，尝于客舍月夜独吟，遽闻人吟于庭曰："曲终人不见，江上数峰青。"起愕然，摄衣视之，无所见矣，以为鬼怪，而志其一十字。起就试之年，李暐所试《湘灵鼓瑟》诗题中有"青"字，起即以鬼谣十字为落句，暐深嘉之，称为绝唱。是岁登第，释褐秘书省校书郎。大历中，与韩翃、李端辈十人，俱以能诗，出入贵游之门，时号"十才子"，形于图画。起位终尚书郎。

《旧唐书》卷一六八《钱徽传》，中华书局一九七五年版

广德元年七月二十六日，敕：宏文、崇文两馆生，皆以资荫补充。所习经业，务须精熟。楷书字体，皆得正样，通者与出身，不通者罢之。

《唐会要》卷七七《贡举下·宏文崇文生举》，

中华书局一九五五年版

〔贞元〕九年五月，敕：其习《开元礼》人，问大义一百条，试策三道，全通者为上等；大义通八十条以上，策两道以上为次等；余一切并准三礼例处分。

《通典》卷一五《选举三》，中华书局一九八八年版

公讳绛，字深之，赵郡人。在贡士中杰然有奇表。既登太常第，又以词赋升甲科。授秘书省校书郎，岁满从调，有司设甲乙问以观决断，复居高品。补渭南尉，擢拜监察御史。

《刘禹锡集》卷一九《唐故相国李公集纪》，

中华书局一九九〇年版

起文章而陟大位，丹青景化，焜耀藩方，如霏烟祥风，缘饰万物，而与今名相始终者，有唐文臣令狐公实当之。公名楚，字壳士，燉煌人，今占数于长安右部。天授神敏，性能无师。始学语言，乃协宫徵，故五岁已为诗成章。既冠，参贡士，果有名字。时，司空杜公以重德知贡举，擢居甲科。琅邪王拱识公于童卯，雅器异之。至是，拱自虞部正郎领桂州，锐于辟贤以酬不次之遇，先拜章而后告公。既而授试弘文馆校书郎。

《刘禹锡集》卷一九《唐故相国赠司空令狐公集纪》，

中华书局一九九〇年版

〔贞元〕十八年五月，敕：明经、进士，自今已后，每年考试所拔人，明经不得过一百人，进士不得过二十人。如无其人，不必要补此数。

《唐会要》卷七六《贡举中·缘举杂录》，中华书局一九五五年版

元和八年四月，吏部奏：应《开元礼》及学究一经登科人等，旧例据等第高下，量人才授官。近日缘校书、正字等名望稍优，但沾科第，皆求注拟。坚待员阙，或至逾年。若无科条，恐长侥幸。起今已后，等第稍高，文学兼优者，伏请量注校、正，其余署《开元礼》

人。太常寺官有阙,相当注通经人。国子监官阙,相当者并请先授,以备讲讨。如不情愿,即通注他官。庶名实有名,纪律可守。其今年以前待阙人,亦请依此条限,使为常制。敕旨:"依奏。"

《唐会要》卷七六《贡举中·开元礼举》,

中华书局一九五五年版

君讳申叔,字子重,年二十二举进士,又二年,用博学宏词为校书郎。

《柳宗元集》卷一一《亡友故秘书省校书郎独孤君墓碣》,

中华书局一九七九年版

东明先生张氏曰因,尝有以文荐于天子,天子策试甚高,以为长安尉。

《柳宗元集》卷一一《东明张先生墓志》,中华书局一九七九年版

府君举明经,授任城尉左金吾卫兵曹。修经术,以求圣人之道;通古今,以推一王之典。会世多难,不克如志,卒以隐终。

《柳宗元集》卷一三《故尚书户部侍郎王君先太夫人

河间刘氏志文》,中华书局一九七九年版

韦表微,始举进士登第,累佐藩府。元和十五年,拜监察御史。逾年,以本官充翰林学士。迁左补阙、库部员外郎、知制诰。满岁,擢迁中书舍人。俄拜户部侍郎,职并如故。时自长庆、宝历,国家比有变故,凡在翰林,迁擢例无满岁,由是表微自监察六七年间,秩正贰卿,命服金紫,承遇恩渥,盛于一时。卒年六十。

表微少时，克苦自立。著《九经师授谱》一卷、《春秋三传总例》二十卷。

子蟾，进士登第，咸通末，为尚书左丞。

《旧唐书》卷一八九下《韦表微传》，中华书局一九七五年版

〔长庆〕三年正月，礼部侍郎王起奏曰："伏以礼部放榜，已是成名。中书重覆，尚未及第。重覆之中，万一不定，则放榜之后，远近误传，其于事理，实为非便。臣伏请今年进士堪及第者，本司考试讫，其诗赋先送中书门下详覆，候敕却下本司，然后准旧例大字放榜。"从之。

《唐会要》卷七六《贡举中·进士》，中华书局一九五五年版

《白氏长庆集》者，太原人白居易之所作。居易，字乐天。乐天始言，试指"之""无"二字，能不误。始既言，读书勤敏，与他儿异。五六岁识声韵，十五志诗赋，二十七举进士。贞元末，进士尚驰竞，不尚文，就中六籍尤摈落。礼部侍郎高郢始用经艺为进退，乐天一举擢上第。明年，拔萃甲科。由是《性习相近远》《求玄珠》《斩白蛇》等赋，及百道判，新进士竞相传于京师矣。会宪宗皇帝册召天下士，乐天对诏称旨，又登甲科。未几，入翰林，掌制诰，比比上书言得失。因为《贺雨》《秦中吟》等数十章，指言天下事，时人比之《风》《骚》焉。

予始与乐天同校秘书之名，多以诗章相赠答。会予遣掾江陵，乐天犹在翰林，寄予百韵律诗及杂体，前后数十章。是后，各佐江、通，复相酬寄。巴蜀江楚间泊长安中少年，递相仿效，竞作新词，自谓为"元和诗"。而乐天《秦中吟》《贺雨》讽谕等篇，时

人罕能知者。然而二十年间，禁省、观寺、邮候墙壁之上无不书，王公妾妇、牛童马走之口无不道。至于缮写模勒，衒卖于市井，或持之以交酒茗者，处处皆是。其甚者，有至于盗窃名姓，苟求自售，杂乱间厕，无可奈何！予于平水市中，见村校诸童竞习诗，召而问之，皆对曰："先生教我乐天、微之诗。"固亦不知予之为微之也。又鸡林贾人求市颇切，自云："本国宰相每以百金换一篇。其甚伪者，宰相辄能辨别之。"自篇章已来，未有如是流传之广者。

长庆四年，乐天自杭州刺史以右庶子诏还。予时刺会稽，因得尽征其文，手自排缵，成五十卷，凡二千一百九十一首。前辈多以前集、中集为名，予以为陛下明年当改元，长庆讫于是，因号曰《白氏长庆集》。大凡人之文各有所长，乐天之长可以为多矣。夫以讽谕之诗长于激，闲适之诗长于遣，感伤之诗长于切；五字律诗、百言而上长于赡；五字七字、百言而下长于情；赋、赞、箴、戒之类长于当；碑记、叙事、制诰长于实；启、表、奏、状长于直；书、檄、词、策、剖判长于尽。总而言之，不亦多乎哉！至于乐天之官秩景行，与予之交分浅深，非叙文之要也，故不书。长庆四年冬十二月十日微之序。

《元稹集》卷五一《白氏长庆集序》，中华书局一九八二年版

大和元年十月，中书门下奏：凡未有出身，未有官，如有文学，只合于礼部应举。有出身，有官，方合于吏部赴科目选。近年以来，格文差误，多有白身及用散试官并称乡贡者，并赴科目选。及注拟之时，即妄论资次，曾无格例，有司不知所守。其有宏辞拔萃、《开元礼》、学究一经，则有定制，然亦请不任用在散试官限。

其三礼、三传、一史、三史、明习律令等，如白身，并令国学及州府，同明经。一史、三礼、三传同进士。三史当年关送吏部，便授第二任官。如有出身及有正员官，本是吏部常选人，则任于吏部不限选数，应科目选。仍须检勘出身及授官无逾滥否，缘取学艺。其余文状错缪，则不在驳放限。如考试登科，并依资注与好官。唯三史则超一资授官。如制举人暨诸色人皆得选试，则无出身、无官人并可，亦请不用散试官。伏以散试偶于诸道甄录处得便第二、第三任官，既用虚衔，及授官则胜进士及诸色及第登科人授官，实恐侥幸。敕旨："依奏。"

《唐会要》卷七七《贡举下·科目杂录》，中华书局一九五五年版

〔大和〕八年正月，中书门下奏：进士放榜，旧例，礼部侍郎皆将及第人名先呈宰相，然后放榜。伏以委任有司，固当精慎。宰相先知取舍，事匪至公。今年以后，请便令放榜，不用先呈人名。其及第人所试杂文及乡贯三代名讳，并当日送中书门下。便合定例。敕旨："依奏。"

《唐会要》卷七六《贡举中·进士》，中华书局一九五五年版

〔大和〕九年十二月，中书门下奏：今月九日，阁内面奉进止，令条流进士人数及减下诸色入仕人等，准大和四年格，及第不得过二十五人。今请加至四十人。明经准大和八年正月敕，及第不得过一百一十人。今请再减下十人。

《唐会要》卷七六《贡举中·进士》，中华书局一九五五年版

〔大和〕九年十二月，中书门下奏：奉进止，令减下诸色入仕

人。其宏文馆学生见定十六人,今请减下一人。敕旨:"依奏。"

《唐会要》卷七七《贡举下·宏文崇文生举》,中华书局一九五五年版

公讳温字弘育。……年十一,以明经取第,为太常寺奉礼郎、秘书省校书郎,选判入等,咸阳尉、监察御史,公曰:"是官岂奉养所宜耶!"上疏乞免,改著作佐郎。

《樊川文集》卷八《唐故宣州观察使御史大夫韦公墓志铭并序》,上海古籍出版社一九七八年版

开成四年十月,敕:每年明经及第,宜更与十人。

《唐会要》卷七五《贡举上·明经》,中华书局一九五五年版

李商隐字义山,怀州河内人。曾祖叔恒,年十九登进士第,位终安阳令。祖俌,位终邢州录事参军。父嗣。

商隐幼能为文。令狐楚镇河阳,以所业文干之,年才及弱冠。楚以其少俊,深礼之,令与诸子游。楚镇天平、汴州,从为巡官,岁给资装,令随计上都。开成二年,方登进士第,释褐秘书省校书郎,调补弘农尉。会昌二年,又以书判拔萃。王茂元镇河阳,辟为掌书记,得侍御史。

《旧唐书》卷一九〇下《李商隐传》,中华书局一九七五年版

〔会昌〕五年二月,谏议大夫权知贡举陈商放及第三十七人。

《唐会要》卷七六《贡举中·进士》,中华书局一九五五年版

会昌三年正月,敕:礼部所放进士及第人数,自今后,但据才

堪即与，不要限人数。每年止于二十五人。四年二月，权知贡举左仆射太常卿王起放及第二十五人，续奏五人堪放及第：杨质至、窦缄、杨严、郑朴、源重，奉敕只放杨严及第，余并落下。

《唐会要》卷七六《贡举中·进士》，中华书局一九五五年版

大中元年正月，礼部侍郎魏扶放及第二十三人，续奏堪放及第三人。封彦卿、崔琢、郑延休等皆以文艺为众所知，其父皆在重任，不敢选，取其所试诗赋封进。奏进止，令翰林学士户部侍郎知制诰韦琮等考，尽合程度。

《唐会要》卷七六《贡举中·进士》，中华书局一九五五年版

其月①二十五日，奉进止，并付所司放及第。有司考试，只合在公，如涉徇私，自有典刑。从今已后，但依常例取舍，不得别有奏闻。

《唐会要》卷七六《贡举中·进士》，中华书局一九五五年版

大中元年正月，敕：自今放进士榜后，杏园任依旧宴集，所司不得禁制。先是，武宗好游巡，曲江亭禁人宴聚故也。

《唐会要》卷七六《贡举中·缘举杂录》，中华书局一九五五年版

〔大中〕二年正月，中书门下奏：从贞元元年、大和九年秋冬前，皆是及第，便从诸侯府奏试官，充从事，兼史馆、集贤、宏文、诸司诸使奏官充职。以此取人，常多得士，由是长不乏材用。大和、会昌末，中选后四选，诸道方得奏充州县官职。如未合选，并不在申奏限。臣等昨已奏论，面奉进止。自今已后，及第后第三年，即

① 大中元年正月。

任奏请。敕旨："依奏。"

《唐会要》卷七六《贡举中·进士》,中华书局一九五五年版

〔大中〕十年四月,礼部侍郎郑颢进诸家《科目记》十三卷。敕付翰林,自今放榜后,仰写及第姓名,及所试诗赋题目进入内,仍付所司,逐年编次。

《唐会要》卷七六《贡举中·缘举杂录》,中华书局一九五五年版

大中十年五月,中书门下奏:据礼部贡院见置科目内,《开元礼》、三礼、三传、三史、学究、道举、法、算、童子等九科,近年取人颇滥,曾无实艺可采,徒添入仕之门。须议条流,俾精事业。臣等已于延英面奏,伏奉圣旨,将文字奏来者。其前件九科,臣等商量,望起大中十年权停三年满后,至时赴科试者,令有司据所举人先进名,令中书舍人重复问过。如有本业稍通,堪备朝廷顾问,即作等第进名候敕处分。如事业荒芜,不合送名而妄送者,考官先议朝责。其童子近日诸道所荐送者,多年齿已过。考其所业,又是常流。起今已后,望令天下州府荐童子并须实年十一、十二已下,仍须精熟,经旨全通,兼自能书写者。如违条例,本道长吏,亦宜议惩罚。从之。

《唐会要》卷七七《贡举下·科目杂录》,中华书局一九五五年版

〔柳〕玭应两经举,释褐秘书正字。又书判拔萃,高湜辟为度支推官。逾年,拜右补阙。湜出镇泽潞,奏为节度副使。入为殿

中侍御史。

《旧唐书》卷一六五《柳玭传》，中华书局一九七五年版

天祐三年三月，敕：今年吏部所放进士，依去年人数外，更放两人。

《唐会要》卷七六《贡举中·进士》，中华书局一九五五年版

后唐同光四年正月，五科举人许维岳等一百人进状："伏见新定格文，三礼、三传，每科止放两人。方今三传一科五十余人，三礼三十余人，三史、学究一十人。若每年只放两人，及一人逐年又添初举。伏见咸通、长庆年放举人，元无定式；又同光元年春榜，亦是一十三人。请依元年例放人。"敕："从之。"

《五代会要》卷二三《科目杂录》，

上海古籍出版社一九七八年版

天成二年十二月，敕："新及第进士有闻喜宴，今后逐年赐钱四百贯。"

《五代会要》卷二二《进士》，上海古籍出版社一九七八年版

其年①七月十三日，敕："应将来三传、三礼、三史、《开元礼》、学究等考试，本业毕后，引试对策时，宜令主司于时务中采取要当策题，精加考校，不必拘于对属。须有文章，但能词理周通，文字典切，即放及第。如不及此格，虽本业粗通，亦须黜落。应九经、五经、明经帖书文格后，引试对义时，宜令主司于大义泛出经问义

---

① 后唐天成三年。

五道,于帘下书试,只令隔帘解说。但不失注疏义理,通二通三,然后便令念疏。如是熟卷,并须全通,仍无失错。如得入帘,亦须于时务中选策题,精加考校。如粗于笔砚留意者,则任以四六对,仍须理有指归,言关体要。如不曾于笔砚致功,即许直书其事,申明利害,不得错使文字。其义问念疏对策,逐件须有去留。"

《五代会要》卷二三《科目杂录》,

上海古籍出版社一九七八年版

后唐天成三年闰八月,废户部蠲纸。四年五月,尚书户部状申:"伏缘当司蠲符,近奉敕令,有事功可著者,即户部奏闻,又不开逐年及第进士及诸科举人事例。今据前进士赵象乞蠲符者。"奉敕:"凡登科第,皆免征徭,如或雷同,虑伤风化,兼缘近有敕命,不合更乞蠲符。所宜特示明规,务在劝人为学,除新敕前已给蠲符外,应礼部贡院,每年诸道及第人等,宜令逐道审验,春关冬集,不得一例差徭,其及第人亦不得虚影占户名。"

《五代会要》卷一五《户部》,上海古籍出版社一九七八年版

〔天成三年〕十月三日,敕:"访闻每年及第举人,牒送吏部关试,判题虽有,判语全无,只见各书未详,仍或正身不至,如斯乖谬,须议去除。此后应关送举人,委南曹官吏准格考试,如是进士并经学及第人,曾亲笔砚,其判语即须辑构文章,辨明治道。如是无文章,许直书其事,不得只书未详。如关试时正身不到,又无请假字,即牒贡院申奏停落。"

《五代会要》卷二三《缘举杂录》,

上海古籍出版社一九七八年版

天成四年春正月壬申朔，帝御崇元殿受朝贺，仗卫如仪。幽州节度使赵德钧奏："臣孙赞，年五岁，默念《论语》《孝经》，举童子，于汴州取解就试。"诏曰："都尉之子，太尉之孙，能念儒书，备彰家训，不劳就试，特与成名。宜赐别敕及第，附今年春榜。"

《旧五代史》卷四〇《唐书·明宗纪第六》，

中华书局一九七六年版

〔长兴元年十月，〕中书奏："吏部流内铨诸色选人，所试判两节，欲委定其等第，文优者超一资，其次者次资，又次者以同类，道理全疏者于同类中少人户处注拟。"从之。

《旧五代史》卷四一《唐书·明宗纪第七》，

中华书局一九七六年版

王延字世美，郑州长丰人也。……长兴初，乡人冯道、赵凤在相位，擢拜左补阙。逾年，以水部员外知制诰，再迁中书舍人，赐金紫。清泰末，以本官权知贡举，时有举子崔颙者，故相协之子也。协素与吏部尚书卢文纪不睦，及延将入贡院，谒见，文纪谓延曰："舍人以谨重闻于时，所以去冬老夫在相位时，与诸相首以长者闻奏，用掌文衡。然贡闱取士，颇多面目。说者云：'越人善泅，生子方晬，乳母浮之水上。或骇然止之，乳母曰，其父善泅，子必无溺。'今若以名下取士，即此类也。舍人当求实才，以副公望。"延退而谓人曰："卢公之言，盖为崔颙也。纵与其父不悦，致意何至此耶！"来春，以颙登甲科。

《旧五代史》卷一三一《周书·王延传》，

中华书局一九七六年版

王延字世美，郑州长丰人也。……拜中书舍人权知贡举。吏部尚书卢文纪与故相崔协有隙。是时，协子颛方举进士，文纪谓延曰："吾尝誉子于朝，贡举选士，当求实效，无以虚名取人。昔有越人善泅，生子方晬，其母浮之水上。人怪而问之，则曰：'其父善泅，子必能之。'若是可乎？"延退而笑曰："卢公之言，为崔协也，恨其父遂及其子邪！"明年，选颛甲科，人皆称其公。

《新五代史》卷五七《王延传》，中华书局一九七四年版

〔长兴〕四年二月十六日，礼部贡院奏："今后试举人日，请令皇城司公干人，于省门外听察叫呼称屈，及知贡院有幸门者，引赴皇城司勘问。如是的实虚妄，请严加科断。兼今年放榜后及第人看毕，便缀行五凤楼前，列行舞蹈谢恩讫，赴国学谢先师。然后与知贡举官相识期集，只候敕命，兼过堂及过枢密院。又旧例，侵晨张榜后，知贡院官及考试官已下便出。请今年张榜后，知贡举官并考试官至晚出。"奉敕："宜令敕下后于朝堂谢恩，即赴国学。其试举人日，宜令御史台差人，听其放榜日知贡举官送出，自此永为定制。及第举人过枢密院，宜不施行。"

《五代会要》卷二三《缘举杂录》，

上海古籍出版社一九七八年版

第七章

科举利弊评议

高宗显庆初，黄门侍郎刘祥道以选举渐弊，陈奏。

其一曰：

吏部比来取人，伤多且滥：每年入流数过千四百人，是伤多；永徽五年，一千四百三十人；六年，一千十八人；显庆元年，一千四百五十人。不简杂色人即注官，是伤滥。杂色解文：三卫、内外行署、内外番官、亲事、帐内、品子任杂掌、伎术、直司、书手、兵部品子、兵部散官、勋官、记室及功曹、参军、检校官、屯副、驿长、校尉、牧长。经学时务等比杂色，三分不居其一。经明行修之士犹罕有正人，多取胥徒之流，岂可皆求德行？即知天下共厘百姓之务者，善人少而恶人多。为国以来四十余载，尚未刑措，岂不由此！且官人非材者，本因用人之源滥；滥源之所起，复由入流人失于简择。今行署等劳满，唯曹司试判，不简善恶，雷同注官。但服膺先王之道者，奏第然始付选；趋走几案之间者，不简便加禄秩。稽古之业虽信难成，斗筲之材伤于易进。其杂色应入流人，请令曹司试判讫，简为四等奏闻。量有材用，兼有景行者为第一等；身品强壮，及第八上，并兵部所送人不沾第一等，及准例合送兵部者，为第二等；余量简为第三、第四等。第一等付吏部，第二等付兵部，第三等付主爵，第四等付司勋，并准例处分。其行署等私犯下第公坐下下，虽经赦降，情状可责者，亦量配三司，不经赦降者，放还本贯。冀人流不滥，官皆得人，非材不取，不至冗杂；且令胥徒之辈知有铨择，虽复素非廉谨，必将渐自饬励。

其二曰：

古之选者，为官择人，不闻择人多而官员少。今之选者亦择人，但择之无准约。官员有数，入流无限，以有数供无限，人随岁积，岂得不剩？谨准约所须人，量支年别入流数：今内外文武官一品以下，九品以上，一万三千四百六十五员，略举大数，当一万四千人。人之赋命，自有修促。弱冠而从宦，悬车而致仕，五十年食禄者，罕见其人。壮室而仕，耳顺而退，取其中数，不过支三十年。此则一万四千人，三十年而略尽。若年别入流者五百人，经三十年便得一万五千人，定须者一万三千四百六十五人，足充所须之数。况三十年之外，在官者犹多，此便足有剩人，不虑其少。今每年入流者遂至一千四百余人，应须五百数外，常剩一倍以上。又比来放还者，见停亦千余人，更复年别新加，实非搜扬之法。

其三曰：

杂色人请与明经、进士通充入流之数，以三分论，每二分取明经、进士，一分取杂色人。

其四曰：

儒为教化之本，学者之宗，儒教不兴，风俗将替。今庠序遍于四海，儒生溢于三学，劝诱之方，理实为备，而奖进之道，事或未周。但永徽以来，于今八载，在官者以善政粗闻，论事者以一言可采，莫不光被纶旨，超升不次。而儒生未闻恩及，臣故以为奖进之道未周。

其五曰：

国家富有四海，于今已四十年，百姓官寮未有秀才之举。未知今人之不如昔，将荐贤之道未至？岂使方称多士，遂阙斯人。请六品以下，爰及山谷，特降纶言，更审搜访，仍量为条例，稍加优奖。不然，赫赫之辰，斯举遂绝，一代盛事，实为朝廷惜之。

其六曰：

唐虞三载考绩，三考黜陟幽明。两汉用人，亦久居其职，所以因官命氏，有仓、庾之姓。魏晋以来，事无可纪。今之在任，四考即迁。官人知将秩满，岂无去就？百姓见官人迁代，必怀苟且。以去就之人，临苟且百姓，责其移风易俗，必无得理。请四考，依选法就任所加阶，至八考满，然后听选。<small>岭南及瘴疠之所，四考不得替者，不在此限例。若计至五品，及有中上以上私犯，中下公坐，下上以下考者，四考满，依旧置替，得替人依式听选。</small>还淳反朴，虽未敢期；送故迎新，实减其劳扰。

其七曰：

尚书省二十四司及门下、中书主事等，比来选补，皆取旧任流外有刀笔之人。欲参用经学时务之流，皆以俦类为耻。前后相承，遂成故事。但禁省崇峻，王言秘密，尚书政本，人物攸归，而多用胥徒之人，恐未尽铨衡之理。请降进止，稍清其选。

奉敕付所司，集群官详议。议者多难于改作，事竟不行。

《通典》卷一七《选举五》，中华书局一九八八年版

上元元年，刘峣上疏曰："国家以礼部为考秀之门，考文章于甲乙，故天下响应，驱驰于才艺，不务于德行。夫德行者可以化人成俗，才艺者可以约法立名，故有朝登甲科而夕陷刑辟，制法守度使之然也。陛下焉得不改而张之！至如日诵万言，何关理体？文成七步，未足化人。昔子张学干禄，仲尼曰：'言寡尤，行寡悔，禄

在其中矣。'又曰：'行有余力，则以学文。'今舍其本而循其末。况古之作文，必谐风雅，今之末学，不近典谟，劳心于卉木之间，极笔于烟云之际，以此成俗，斯大谬也。昔之采诗，以观风俗，咏《卷耳》则忠臣喜，诵《蓼莪》而孝子悲，温良敦厚，诗教也。岂主于淫文哉！夫人之爱名，如水之务下，上有所好，下必甚焉。陛下若以德行为先，才艺为末，必敦德励行，以伫甲科，丰舒俊才，没而不齿，陈寔长者，拔而用之，则多士雷奔，四方风动。风动于下，圣理于上，岂有不变者欤！"

《通典》卷一七《选举五》，中华书局一九八八年版

武太后临朝，垂拱中，纳言魏玄同以为吏部选举未尽得人之术，上疏曰：

昔之列国，今之州县，土无常君，人有定主，自求臣佐，各选英贤，大臣乃命于王朝耳。秦并天下，罢侯置守。汉氏因之，有沿有革：诸侯得自置吏四百石以下，其傅相大官则汉为置之；州郡掾史、督邮、从事，悉任之于牧守。爰自魏晋，始归吏部，递相因循，以迄于今。以刀笔求才，以簿书察行，法之弊久矣。

盖君子重因循而惮改作，有不得已者，亦当运独见之明，定卓然之议。如今选司所行者，非上皇之令典，乃近代之权道，所宜迁革，实为至要。何以言之？夫尺丈之量，所及不永；钟庾之器，所积不多。非其所及，焉能度之？非其所受，何以容之？况天下之大，士人之众，而可委之数人之手乎？假使平如权衡，明如水鉴，力有所极，照有所穷，铨综既多，索失斯广。况比居此任，时有非人而徇于势利者哉！使赃货交易，同乎市井，加以厚貌深衷，险如丘陵，使百行九流，折之于一面，具僚庶品，专断于一司，不亦

难矣!

且前古以来，乱多理少。武德、贞观，与今亦异，皇运之初，庶事草创，岂唯日不暇给，亦乃人物稀少。天祚大圣，享国永年，比屋可封，异人间出，咸以为有道耻贱，得时无怠，诸色入流，年以千计。群司列位，无复新加，官有常员，人无定限。选集之始，雾积云屯，擢叙于终，十不收一。淄渑混淆，玉石不分，用舍去留，得失相半。既即事为弊，致后来滋甚。

夫夏、殷以前，制度多阙，周监二代，焕乎可睹。岂诸侯之臣，不皆命于天子；王朝庶官，亦不可专于一职。故穆王为伯臩为太仆正，命之曰："慎简乃僚，无以巧言令色，便僻侧媚，其唯吉士。"此则令其自择下吏之文也。太仆正，中大夫耳，尚以僚属委之，则三公九卿亦然矣。《周礼》，太宰、内史，并掌爵禄废置；司徒、司马，别掌兴贤诏事。当是分任于群司，而统之以数职，各自求其小者，而王命其大者也。昔区区宋朝，尚为裴子野所叹，而况于当今乎!

又夫从政莅官，不可以无学。《书》曰："学古入官，议事以制。"《传》曰："我闻学以从政，不闻以政入学。"今贵戚子弟，例早求官，或龆龀之年，已腰银艾；或童丱之岁，已袭朱紫。弘文、崇贤之生，千牛、辇脚之徒，课试既浅，艺能亦薄，而门阀有素，资荫自高。夫象贤继及，古之道也。所谓胄子，必裁诸学，修六礼以节其性，明七教以兴其德，少则受业，长而出仕，并由德进，必以才升，然后可以利用宾王，移家事国。少仕则废学，轻试则无才，于其一流，良足惜也。又勋官三卫流外之徒，不待州县之举，直取之于书判，恐非先德行而后言才之义也。

臣窃见制书，每令三品荐士，下至九品，亦令举人，此圣朝厹席旁求之意也。但以褒贬不甚明，得失无大隔，故人上不忧黜责，下不尽搜扬，苟以应命，莫慎所举。且惟贤知贤，圣人笃论；伊、皋既举，不仁咸远。复患阶秩虽同，人才异等，身且滥进，鉴岂知人？今欲务得实才，兼宜择其举主。流清以源洁，影端由表正，不详举主之行能，而责举人之庸滥，不可得也。

武太后不纳。

《通典》卷一七《选举五》，中华书局一九八八年版

臣闻制器者必择匠以简材，为国者必求贤以莅官。匠之不良，无以成其工；官之非贤，无以致于理。君者，所以牧人也；臣者，所以佐君也。君不养人，失君道矣；臣不辅君，失臣任矣。任人者，诚国家之基本，百姓之安危也。方今人不加富，盗贼不衰，狱讼未清，礼义犹阙者，何也？下吏不称职，庶官非其才也。官之不得其才者，取人之道，有所未尽也。

臣又闻傅说曰："明王奉若天道，建邦设都，树后王君公，承以大夫师长，不惟逸豫，惟以理人。"昔之邦国，今之州县，土有常君，人有定主，自求臣佐，各选英贤，其大臣乃命于王朝耳。秦并天下，罢侯置守，汉氏因之，有沿有革。诸侯得自置吏四百石以下，其傅相大官，则汉为置之。州郡掾吏、督邮、从事，悉任之于牧守。爰自魏、晋，始归吏部，递相祖袭，以迄于今。用刀笔以量才，案簿书而察行，法令之弊，其来自久。

盖君子重因循而惮改作，有不得已者，亦当运独见之明，定卓然之议。如今选司所行者，非上皇之令典，乃近代之权道，所宜迁革，实为至要。何以言之？夫尺丈之量，所及者盖短；钟庾之器，所积者宁多。非其所及，焉能度之？非其所受，何以容之？况天

下之大，士人之众，而可委之数人之手乎？假使平如权衡，明如水镜，力有所极，照有所穷，铨综既多，紊失斯广。又以比居此任，时有非人。岂直愧彼清通，昧于甄察；亦将竭其庸妄，糅彼梦丝。情故既行，何所不至，赃私一启，以及万端。至乃为人择官，为身择利，顾亲疏而下笔，看势要而措情。悠悠风尘，此焉奔竞；扰扰游宦，同乎市井。加以厚貌深衷，险如溪壑，择言观行，犹惧不周。今使百行九能，折之于一面，具僚庶品，专断于一司，不亦难矣！

且魏人应运，所据者乃三分；晋氏播迁，所临者非一统。逮乎齐、宋，以及周、隋，战争之日多，安泰之时少，瓜分瓦裂，各在一方。隋氏平陈，十余年耳，接以兵祸，继以饥馑，既德业之不逮，或时事所未遑，非谓是今而非古也。武德、贞观，与今亦异，皇运之初，庶事草创，岂唯日不暇给，亦乃人物常稀。天祚大圣，享国永年，比屋可封，异人间出。咸以为有道耻贱，得时无怠，诸色入流，岁以千计。群司列位，无复新加，官有常员，人无定限。选集之始，雾积云屯，擢叙于终，十不收一。淄渑杂混，玉石难分，用舍去留，得失相半。抚即事之为弊，知及后之滋失。

夏、殷已前，制度多阙，周监二代，焕乎可睹。盖诸侯之臣，不皆命于天子；王朝庶官，亦不专于一职。故周穆王以伯冏为太仆正，命之曰："慎简乃僚，无以巧言令色，便僻侧媚，唯吉士。"此则令其自择下吏之文也。太仆正，中大夫耳，尚以僚属委之，则三公九卿，亦必然矣。《周礼》：太宰、内史，并掌爵禄废置；司徒、司马，别掌兴贤诏事。当是分任于群司，而统之以数职，各自求其小者，而王命其大者焉。夫委任责成，君之体也，所委者当，所用者精，故能得济济之多士，盛芄芄之械朴。

裴子野有言曰："官人之难，先王言之尚矣。居家视其孝友，乡党服其诚信，出入观其志义，忧难取其智谋。烦之以事，以观其能；临之以利，以察其廉。《周礼》始于学校，论之州里，告诸六事，而后贡之王庭。其在汉家，尚犹然矣。州郡积其功能，然后为五府所辟，五府举其掾属而升于朝，三公参得除署，尚书奏之天子。一人之身，所关者众；一士之进，其谋也详。故官得其人，鲜有败事。魏、晋反是，所失弘多。"子野所论，盖区区之宋朝耳，犹谓不胜其弊，而况于当今乎！

又夫从政莅官，不可以无学。故《书》曰："学古入官，议事以制。"《传》曰："我闻学以从政，不闻以政入学。"今贵戚子弟，例早求官，髫龀之年，已腰银艾，或童丱之岁，已袭朱紫。弘文、崇贤之生，千牛、辇脚之类，课试既浅，艺能亦薄，而门阀有素，资望自高。夫象贤继父，古之道也。所谓胄子，必裁诸学，修六礼以节其性，明七教以兴其德，齐八政以防其淫，举上贤以崇德，简不肖以黜恶。少则受业，长而出仕，并由德进，必以才升，然后可以利用宾王，移家事国。少仕则废学，轻试则无才，于此一流，良足惜也。又勋官三卫流外之徒，不待州县之举，直取之于书判，恐非先德而后言才之义也。

臣又以为国之用人，有似人之用财。贫者厌糟糠，思短褐；富者余粮肉，衣轻裘。然则当衰弊乏贤之时，则可磨策朽钝而乘驭之；在太平多士之日，亦宜妙选髦俊而任使之。《诗》云："翘翘错薪，言刈其楚。"楚，荆也，在薪之翘翘者。方之用才，理亦当尔，选人幸多，尤宜简练。臣窃见制书，每令三品、五品荐士，下至九品，亦令举人，此圣朝侧席旁求之意也。但以褒贬不甚明，得失无大隔，故人上不忧黜责，下不尽搜扬，苟以应命，莫慎所举。且惟贤知贤，圣人笃论，伊、皋既举，不仁咸远。复患阶秩虽同，人才异等,身且滥进,鉴岂知人？今欲务得实才,兼宜择其举主。流清以源洁,影端由表正,不详举主之行能,而责举人之庸滥,不可得已。

《汉书》云:"张耳、陈余之宾客、厮役,皆天下俊杰。"彼之蕞尔,犹能若斯,况以神皇之圣明,国家之德业,而不建久长之策,为无穷之基,尽得贤取士之术,而但顾望魏、晋之遗风,留意周、隋之末事,臣窃惑之。伏愿稍回圣虑,时采刍言,略依周、汉之规,以分吏部之选。即望所用精详,鲜于差失。

《旧唐书》卷八七《魏玄同传》,中华书局一九七五年版

天授三年,右补阙薛谦光以其时虽有学校之设,禁防之制,而风俗流弊,皆背本而趋末,矫饰行能,以请托奔驰为务,上疏曰:

自七国以来,虽杂以纵横,而汉兴求士,犹征百行。是以礼让之士,砥才毓德,既间里推高,然后为府寺所辟。而魏氏取人,好其放达。晋、宋之后,只重门资,奖为人求官之风,乖授职惟贤之义。梁、陈之间,特好词赋,故其俗以诗酒为重,未尝以修身为务。降及隋室,余风尚存。开皇中,李谔奏于文帝曰:"昔魏之三祖,更好文词,忽君人大道,好雕虫小艺,连编累牍,盈箱积案,独有月露风云之状而已。代俗以之相高,朝廷以兹擢人,故文笔日烦,其政日乱。"帝纳其言,乃下制禁文笔之为浮词者。其年,泗州刺史司马幼之以表词不质书罪。于是风俗改励,政化大行。及炀帝,又变前法,置进士等科,故后生复相仿效,皆以浮虚为贵。

有唐纂历,渐革前弊,陛下君临,树本崇化。而今之举人,有乖事实,乡议决小人之笔,行修无长者之论,策第喧竞于州府,祈恩不胜于拜伏。或明制适下,试令搜扬,则驱驰府寺,请谒权贵,陈诗奏记,希咳唾之泽,摩顶至足,冀提携之恩。故俗号举人为

"觅举"。夫觅者,自求之称,非人知我之谓也。察辞度材,则人品可见矣。故选曹授职,喧嚣于礼闱;州郡贡士,诤讼于陛闼。谤议纷纭,浸成风俗。今夫举人,询于乡间,归于里正而已。虽迹亏名教,罪加刑典,或冒籍窃资,邀勋盗级,假其贿赂,即为无犯乡闾。

设如才应经邦,唯令试策;武能制敌,只验弯弧。文擅清奇,则登甲科;藻思小减,则为不第。以此收人,恐乖事实。何者?乐广假笔于安仁,灵运词高于穆之,平津文劣于长卿,子建藻丽于荀彧。若以射策为官,则潘、谢、曹、马必居孙、乐之右;协赞机猷,则安仁、灵运亦无裨附之益。由此言之,固不可一概而取也。其武艺亦然。故谋将不长于弓马,良相宁资于射策。伏愿陛下降明制,颁峻科,文则试以理官,武则令其守御,使侥名滥吹之伍,无所藏其庸谬。

臣谨按吴起临战,左右进剑,吴子曰:"夫临难决疑,乃将事也。一剑之任,非将事也。"又按诸葛亮临戎,不亲戎服,顿蜀兵于渭南,司马宣王持剑,劲卒不敢当,此岂弓矢之用乎? 又按杨得意诵长卿之文,武帝曰:"恨不得与此人同时。"及相如至,终于文园令,不以公卿之位处之者,盖非其任故也。

又按汉法,所举之主,终身保任。扬雄之坐田仪,责其冒荐;成子之居魏相,酬于得贤。赏罚之令行,则请谒之心绝;退让之义著,则贪竞之路塞矣。仍请宽立年限,容其采访简汰,堪用者令试守,以观能否,参检行事,以核是非。称职者受荐贤之赏,滥举者抵欺罔之罪,自然举得才行,而君子之道长矣。

《通典》卷一七《选举五》,中华书局一九八八年版

臣闻国以得贤为宝,臣以举士为忠。是以子皮之让国侨,鲍

叔之推管仲，燕昭委兵于乐毅，苻坚托政于王猛。及子产受国人之谤，夷吾贪共贾之财，昭王赐辂马以止谗，永固戮樊世以除潜，处猜嫌而益信，行间毁而无疑，此由识之无疑，此由识之至而察之深也。至若宰我见愚于宣尼，逄①萌被知于文叔，韩信无闻于项氏，毛遂不齿于平原，此失士之故也。是以人主受不肖之士则政乖，得贤良之佐则时泰。故尧资八元而庶绩其理，周任十乱则天下和平。由是言之，则知士不可不察，而官不可妄授也。何者？比来举荐，多不以才，假誉驰声，互相推奖。希润身之小计，忘臣子之大猷，非所以报国求贤，副陛下翘翘之望者也。

臣窃窥古之取士，实异于今。先观名行之源，考其乡邑之誉，崇礼让以励己，明节义以标信，以敦朴为先最，以雕虫为后科。故人崇劝让之风，士去轻浮之行。希仕者必修贞确不拔之操，行难进易退之规，众议以定其高下，郡将难诬于曲直。故计贡之贤愚，即州将之荣辱；秽行之彰露，亦乡人之厚颜。是以李陵降而陇西惭，干木隐而西河美。名胜于利，故小人之道消；利胜于名，则贪暴之风扇。是知化俗之本，须摈轻浮。昔冀缺以蹈礼升朝，则晋人知礼；文翁以儒术化俗，则蜀士崇儒；燕昭好马，则骏马来庭；叶公好龙，则真龙入室。由是言之，未有上之所好而下不从其化者也。

自七国之季，虽杂纵横，而汉代求才，犹征百行。是以礼节之士，敏德自修，闾里推高，然后为府寺所辟。魏氏取人，尤爱放达。晋、宋之后，只重门资，奖为人求官之风，乖授职惟贤之义。有梁荐士，雅好属词；陈氏简贤，特珍赋咏。故其俗以诗酒为重，不以修身为务。逮至隋室，余风尚存。开皇中，李谔论之于文帝曰：

① "逄"，他本或作"逢"。

"魏之三祖，更好文词，忽君人之大道，好雕虫之小艺，连篇累牍，不出月露之形；积案盈箱，惟是风云之状。代俗以此相高，朝廷以兹择士，故文笔日繁，其政日乱。"帝纳李谔之策，由是下制，禁断文笔浮词。其年泗州刺史司马幼之以表不典实得罪，于是风俗改励，政化大行。炀帝嗣兴，又变前法，置进士等科，于是后生之徒，复相仿效，因陋就寡，赴速邀时，缉缀小文，名之策学，不以指实为本，而以浮虚为贵。

有唐纂历，虽渐革于前非；陛下君临，思察才于共理。树本崇化，惟在旌贤。今之举人，有乖事实。乡议决小人之笔，行修无长者之论，策第喧竞于州府，祈恩不胜于拜伏。或明制才出，试遣搜敭，则驱驰府寺之门，出入王公之第。上启陈诗，惟希咳唾之泽；摩顶至足，冀荷提携之恩。故俗号举人，皆称觅举，觅为自求之意，未是人知之辞。察其行而度其材，则人品于此见矣。徇己之心切，则至公之理乖；贪仕之性彰，则廉洁之风薄。是知府命虽高，异叔度勤勤之让；黄门已贵，无秦嘉耿耿之辞。纵不能抑己推贤，亦不肯待于三命。岂与夫白驹皎皎，不杂风尘，束帛戋戋，荣高物表，校量其广狭也！是以耿介之士，羞自拔而致其辞；循常之人，舍其疏而取其附。故选司补授，喧然于礼闱；州贡宾王，争讼于阶闼。谤议纷合，浸以成风。夫竞荣者必有竞利之心，谦逊者亦无贪贿之累。自非上智，焉能不移？在于中人，理由习俗。若重谨厚之士，则怀禄者必崇德以洁己；若开趋竞之门，则邀仕者皆戚施而附会。附会则百姓罹其弊，洁己则兆庶蒙其福。故风化之渐，靡不由兹。今访乡闾之谈，惟只归于里正。纵使名亏礼则，罪挂刑章，或冒籍以偷资，或邀勋而窃级，假其不义之赂，即是无犯乡闾。岂得比郭有道之铨量，茅容望重，裴逸人之奖拔，夏统名高,语其优劣也!

只如才应经邦之流,惟令试策;武能制敌之例,只验弯弧。若其文擅清奇,便充甲第;藻思微减,便即告归。以此取人,恐乖事实。何者?乐广假笔于潘岳,灵运词高于穆之,平津文劣于长卿,子建笔丽于荀彧。若以射策为最,则潘、谢、曹、马必居孙、乐之右;若使协赞机猷,则安仁、灵运亦无裨附之益。由此言之,不可一概而取也。至如武艺,则赵云虽勇,资诸葛之指挥;周勃虽雄,乏陈平之计略。若使樊哙居萧何之任,必失指纵之机;使萧何入戏下之军,亦无免主之效。斗将长于摧锋,谋将审于料事。是以文泉聚米,知隗嚣之可图;陈汤屈指,识乌孙之自解。八难之谋设,高祖追惭于郦生;九拒之计穷,公输息心于伐宋。谋将不长于弓矢,良相宁资于射策。岂与夫元长自表,妄饰词锋,曹植题章,虚飞丽藻,校量其可否也!

伏愿陛下降明制,颁峻科,千里一贤,尚不为少,侥幸冒进,须立堤防。断浮虚之饰词,收实用之良策,不取无稽之说,必求忠说之言。文则试以效官,武则令其守御,始既察言观行,终亦循名责实,自然侥幸滥吹之伍,无所藏其妄庸。故晏婴云:"举之以语,考之以事,寡其言而多其行,拙于文而工于事。"此取人得贤之道也。其有武艺超绝,文锋挺秀,有效伎之偏用,无经国之大才,为军锋之爪牙,作词赋之标准,自可试凌云之策,练穿札之工,承上命而赋《甘泉》,禀中军而令赴敌,既有随材之任,必无负乘之忧。

臣谨按:吴起临战,左右进剑。吴子曰:"夫提鼓挥枹,临难决疑,此将事也。一剑之任,非将事也。"谨按:诸葛亮临戎,不亲戎服,领蜀兵于渭南,宣王持劲卒不敢当。此岂弓矢之用也?谨按:杨得意诵长卿之文,武帝曰:"恨不与此人同时。"及相如至,终于文园令，不以公卿之位处之者，盖非其所任故也。

谨按：汉法，所举之主，终身保任。扬雄之坐田仪，责其冒荐；成子之居魏相，酬于得贤。赏罚之令行，则请谒之心绝；退让之义著，则贪竞之路销。自然朝廷无争禄之人，选司有挹谦之士。仍请宽立年限，容其采访简汰。堪用者，试令职守，以观能否；参验行事，以别是非。不实免王丹之官，得人如翟璜之赏，自然见贤不隐，食禄不专。荀或进钟繇、郭嘉，刘陶荐李膺、朱穆，势不云远。有称职者受荐贤之赏，滥举者抵欺罔之罪，自然举得才行，则君子之道长矣。

《全唐文》卷二八一《薛登·论选举疏》，

中华书局一九八三年版

勃启：猥承衡镜，骤照阶墀。本惭刀笔之工，虚荷雕虫之眷，殊恩屡及，严命频加。贲光耀于昏冥，课宫商于寂寞，进退惟谷，忧喜聚门。诚恐下官冒轻进之讥，使君侯招过听之议，贵贱交失，恩爱两亏。所以战惧盈旬，迟回改朔，怀郑璞而增愧，捧燕珉而自耻。勃性惟懵昧，识谢沉冥。蒙父兄训导之恩，藉朋友琢磨之义。好学近乎智，力行近乎仁。知忠孝为九德之源，故造次必于是；审名利为五常之贼，故颠沛而思远。虽未之逮也，亦有其志焉。孔子曰："言及之而不言，谓之隐。"今者接君侯者三矣，承招延者再矣，抑亦可以言乎？夫文章之道，自古称难。圣人以开物成务，君子以立言见志。遗雅背训，孟子不为；劝百讽一，扬雄所耻。荀非可以甄明大义，矫正末流，俗化资以兴衰，家国繋其轻重，古人未尝留心也。自微言既绝，斯文不振，屈、宋导浇源于前，枚、马张淫风于后。谈人主者，以宫室苑囿为雄；叙名流者，以沉酗骄奢为达。故魏文用之而中国衰，宋武贵之而江东乱。虽沈、谢争骛，适先兆齐、梁之危；徐、庾并驰，不能免周、陈之祸。于是识其道者，卷舌而不言；明其弊者，拂衣而径逝。《潜夫》《昌言》之论，作之而有逆于时；周公、孔氏之教，存之而不行于代。天下之文，靡不坏矣。国家应千载之期，恢百王之业。天地静默，阴阳顺序，方欲激扬正道，大庇生人，黜非圣之书，除不稽之论。牧童顿颡，思进皇谋；樵夫拭目，愿谈王道。崇大厦者，非一木之材；匡弊俗者，非一日之卫。众持则力尽，真长则伪销，自然之数也。君侯受朝廷之寄，掌镕范之权，至于舞咏浇淳，好尚邪正，宜深以为念也。伏见铨擢之次，每以诗赋为先，诚恐君侯器人于翰墨之间，求材于简牍之际，果未足以采取英秀，斟酌高贤者也，徒使骏骨长朽，真龙不降。炫才饰智者，奔驰于末流；怀真蕴璞者，栖遑于下列。《易》不云乎："言行，君子之所以动天地。""失之毫厘，差以千里。"《书》不云乎："弊化奢丽，万世同流。""余风未殄，公其念哉！"嗟乎！盖有识天人之幽致，明国家之大体，辨焉而不穷，酌焉而不竭，抱膝无闷，盱衡自得。彼悠悠小技，焉足为君侯道矣？自非奉闲宴，接清谈，未可一二言也。然窃不自揆，尝著文章，非敢自媒，聊以恭命。谨录《古君臣赞》十篇并序，虽不足尘高识之门，亦可以见小人之志也。伏愿暂停左右，少察胸襟，观述作之所存，知用心之有地。谨启。

《王子安集》卷八《上吏部裴侍郎启》，

商务印书馆《四部丛刊初编》本

开元三年，左拾遗张九龄上书曰：

夫元元之众，莫不悬命于县令，宅生于刺史，此其尤亲于人者也。是以亲人之任，宜得贤才；用人之道，宜重其选。而今刺史、县令，除京辅近处之州刺史犹择其人，县令或备员而已；其余江、淮、陇、蜀、三河诸处，除大府之外，稍稍非才。但于京官之中，出为州县者，或是缘身有累，在职无声，用于牧宰之间，以为斥逐之地；因势附会，遂忝高班，比其势衰，亦为刺史；至于武夫、流外，积资而得官，成于经久，不计有才，诸若此流，尽为刺史。其余县令以下，固不可胜言。盖甿庶所系，国家之本。务本之职，反为好进者所轻，承弊之邑，每遭非才者所扰，而欲天下和洽，固不可得也。古者刺史入为三公，郎官出宰百里，莫不互有所重，劝其所行。臣窃怪近俗偏轻此任。今朝廷卿士入而不出，于其私情，甚自得计。何则？京华之地，衣冠所聚，子弟之间，身名所出，从容附会，不劳而成。一出外藩，有异于是。人情进取，岂忘之于私，但法制之不敢违耳，原其本意，固私是欲。今大利于京职，而不在外郡，如此则智能之士，欲利之心，日夜营营，安肯复出为刺史、县令？而国家之利，方赖智能之人，此辈既自固而不行，在外者又技痒而求入，如此，则智能之辈常无亲人之者，今又未革之以法，无乃甚不可乎！故臣以为欲理之本，莫若重刺史、县令，此官诚重，智能者可行。正宜悬以科条，定其资历：凡不历都督、刺史，虽有高第者，不得入为侍郎、列卿；不历县令，虽有善政者，亦不得入为台郎、给、舍；虽远处都督、刺史，至于县令，递次差降，以为出入，亦不十年频任京职，又不得十年尽任外官。如此设科以救其失，则内外通理，万姓获安。如积习为常，遂其私计，天下不可为理也。

又古之选用贤良，取其称职，或遥闻而辟召，或一见而任之，是以士修素行，不图侥幸。今天下未必理于上古，而事务日倍于前，诚为不正其本而设巧于末。所谓末者，吏部条章，动盈千万，刀笔之吏，辨析毫厘，节制抢攘，溺于文墨；胥徒之猾，又缘隙而起。臣以为始造簿书，以备用人之遗忘耳，今反求精于案牍，不急于人才，亦何异遗剑中流，而刻舟以记。去之弥远，可为伤心。凡称吏部之能者，则曰从县尉与主簿，从主簿与县丞，斯选曹执文而善知官次者也，唯据其合与不合，而多不论贤与不肖，大略如此，岂不谬哉！陛下若不以吏部尚书、侍郎为贤，必不授以职事；尚书、侍郎既以贤而受委，岂复不能知人？人之难知，虽自古所慎，而拔十得五，其道可行。今则执以格条，贵于谨守，幸其心能自觉者，每选所拔亦有三五人；若又专固者，则亦一人不拔。据资配职，自以为能，为官择人，初无此意，故使时人有"平配"之议，官曹无得贤之实。故臣以为选部之法，弊于不变。变法甚易，在陛下涣然行之。假如今之铨衡，欲自为意，亦限行之以久，动必见疑，遂用因循，益为浮薄。今若刺史、县令精核其人，即每年当管之内，应有合选之色，且先委曲考其才行，堪入品流，然后送台，台又推择，据所用之多少，为州县之殿最，一则州县慎于所举，必取入官之才；二则吏部因其有成，无多庸人干冒。纵有不任选者，谬起怨端，且犹分谤于外台，不至喧哗于南省。今则每岁选者动以万计，京师米物为之空虚，岂多士若斯，盖渝滥至此。而欲仍旧致理，难于改制，只益法之烦碎，贤愚混杂，就中以一诗一判定其是非，适使贤人君子从此遗逸，斯亦明代之阙政，有识之所叹息也。

又天下虽广，朝廷虽众，而士之名贤，诚可知也。若使毁称相乱，听受不明，事将已矣，无复可说。如知其贤能，各有品第，每一官阙，而不以次用之，则是知而不为，焉用彼相？借如诸司清要之职，当用第一之人，及其要官阙，时或以下等叨进，以故时议无高无下，唯论得与不得，自然清议不立，名节不修，上善则守志而后时，中人则躁求而易操。其故何哉？朝廷若以令名进人，士子亦以修名获利，而利之所出，众则趋焉。已而名利不出于清修，所趋多归于人事，其小者苟求取得，一变而至阿私；其大者许以分义，再变而成朋党：斯并教化渐渍，使之必然。故于用人之际，不可不第其高下；若高下有次，不可谬干。夫士必刻意修饰，思齐日众，刑政自清。此皆兴衰之大端，安可不察也。

《通典》卷一七《选举五》，中华书局一九八八年版

〔开元〕十七年三月，国子祭酒杨玚上言："伏闻承前之例，每年应举常有千数，及第两监不过一二十人。臣恐三千学徒，虚费官廪；两监博士，滥縻天禄。臣窃见入仕诸色出身，每岁向二千余人，方于明经、进士，多十余倍，自然服勤道业之士不及胥吏，以其效官，岂识先王之礼义？陛下设学校务以劝进之，有司为限约务以黜退之，臣之微诚，实所未晓。今监司课试，十已退其八九，考功及第，十又不收一二，长以此为限，恐儒风渐坠，小道将兴。若以出身人多，应须诸色都减，岂在独抑明经、进士也？"上然之。

《通典》卷一七《选举五》，中华书局一九八八年版

左监门卫录事参军刘秩论曰：

王者官人，必视国之要，杜诸户，一其门，安平则尊经术之士，有难则贵介胄之臣。

夏、殷、周选士必于庠序，非其道者莫得仕进，是以诱人也无二，其应之者亦一。及周之末，诸侯异政，取人多方，故商鞅患之，说秦孝公曰："利出一孔者王，利出二孔者强，利出三孔者弱。"于是下令：非战非农，不得爵位。秦卒以是能并吞六国。汉室干戈以定祸乱，贵尚淳质。高后举孝悌力田，文景守而不变，故下有常

业，而朝称多士。及孝武察孝廉，置五经博士弟子，虽门开二三，而未失道德也。逮至晚岁，务立功名，锐意四夷，故权谲之谋设，荆楚之士进，军旅相继，官用不足。是以聚敛计料之政生，设险兴利之臣起，番系、严熊罴等经淮造渠，以通漕运，东郭偃、孔仅建盐铁诸利策，富者冒爵射官，免刑除罪。公用弥多，而为官者徇私，上下并求，百姓不堪刭弊。故巧法惨急之臣进，而见知废格之法作，杜周、减宣之属以峻文决理贵，而王温舒之徒以鹰击敢杀彰。而法先王之术，习俎豆之容者，无所任用，由是精通秀颖之士不游于学，游于学者率章句之儒也。是以昭帝之时，霍光问人疾苦，不本之于太常诸生，征天下贤良文学以访之，是常道不足以取人也。至于东汉，光武好学，不能施之于政，乃躬自讲经。肃宗以后，时或祖效，尊重儒术，不达其意而酌其文；三公尚书虽用经术之士，而不行经术之道。是以元、成以降，迄于东汉，慷慨通方之士寡，廉隅立节之徒众。无何，汉氏失驭，曹魏僭窃，中正取士，权归著姓，虽可以镇伏甿庶，非尚贤之术，盖尊尊之道。于时圣人不出，贤哲无位，诗道大作，怨旷之端也。洎乎晋、宋、齐、梁，递相祖习，其风弥盛。舍学问，尚文章；小仁义，大放诞。谈庄周、老聃之说，诵《楚词》《文选》之言。六经九流，时曾阅目；百家三史，罕闻于耳。撮群钞以为学，总众诗以为资。谓善赋者廊庙之人，雕虫者台鼎之器。下以此自负，上以此选材，上下相蒙，持此为业，虽名重当时，而不达于从政。故曰："取人之道，可以敦化。"《周书》曰："以言取人，人竭其言；以行取人，人竭其行。"取人之道，不可不慎。原夫诗赋之义，所以达下情，所以讽君上。上下情通而天下乱者，未之有也。近之作者，先文后理，词冶不雅，既不关于讽刺，又不足以见情，盖失其本，又何为乎！隋氏罢中正，举选不本乡曲,故里闾无豪族,井邑无衣冠,人不土著,萃处京畿,士不饰行,人弱而愚。

夫古者以勋赏功,以才莅职,以才莅职,是以职与人宜;近则以职赏功,是以官与人乖。古者计人而贡士,计吏而用人,故士无不官,官无乏吏;近则官倍于古,士十于官,求官者又十于士,故士无官,后魏羽林士,今之万骑、军功是也。官乏禄,吏扰人。古者王畿千里,千里之外,封建诸侯,诸侯之吏,自卿以降,各自举任。当乎汉室,除保傅将相,余尽专之。州县佐史,则皆牧守选辟。夫公卿者,主相之所任也;甸外之官吏者,又诸侯牧守之事也。然则主司之所选者,独甸内之吏,公卿府之属耳,岂不寡哉!所选既寡,则焉得不精!近则有封建而无国邑,五服之内,政决王朝;一命拜史,必归吏部。按名授职,犹不能遣,何暇采访贤良,搜核行能耶?时皆共嗤其失,而不知失之所以,故备详之。

又曰:

夫官有大小,材有短长,长者任之以大官,短者任之以小职,职与人相宜,而功与事并理。是以孟公绰为赵、魏老则优,不可以为滕、薛大夫。近之任官,其选之也略,其使之也备,一人之身,职无不莅,若委游、夏以政事,责冉、季以文学也,何其谬欤!故人失其长,官失其理。

是以三代之制,家有代业,国有代官。孔子曰:"医不三世,不服其药。"史墨曰:"古之为官,代守其业,朝夕思之。一朝失业,死则及焉。"是知业不代习,则其事不精。此周之所以得人也。昔羲氏、和氏掌天地,刘氏代扰龙,籍氏代司人,庾氏、库氏代司出纳,制氏代司铸钟,即其事也。至后代,以代卿执柄,益私门,卑公室,齐夺于田氏,鲁弱于三桓。革代卿之失,而不复代业之制,医、工、筮、数，其道浸微，盖为此也。

故老子曰："圣人常善救人，故无弃人；常善救物，故无弃物。"不善用人者，譬若使骥捕鼠，令鹰守肉：骥之捕鼠，终不可获，而千里之功废矣；鹰之守肉，死有余罪，而攫撮之效没矣。夫裁径尺之帛，刊方寸之木，不任左右，必求良工者，裁帛、刊木非左右之所能故也。径尺之帛，方寸之木，薄物也，非良工不能裁之；况帝王之佐，经国之任，可不审择其人乎？故构大厦者先择木，然后拣材；理国家者先择佐，然后守人。大匠构屋，必以大材为栋梁，小材为榱橑，苟有所中，尺寸之木无弃，此善理木者也。

《通典》卷一七《选举五》，中华书局一九八八年版

评曰：

夫人生有欲，无君乃乱。君不独理，故建庶官。昔在唐虞，皆访于众，则舜举八元、八凯，四岳之举夔龙、稷、契，此盖用人之大略也。降及三代，择于乡庠，然后授任，其制渐备。秦汉之道，虽不师古，闾塾所推，犹本乎行。而郡国佐吏，并自奖擢，备尝试效，乃登王朝；内官有僚属者，亦得征求俊彦。暨于东汉，初置选职，推择之制，尚习前规，左雄议以限年，其时不敢谬举，所以二汉号为多士。魏晋设九品，置中正，盖论阀阅，罕考行能，选曹之任，益为崇重。州郡之刺史、太守，内官之卿、尹、大夫，咸吏部所署，而辟召及乡里之举，旧式不替。永嘉之后，天下幅裂，三百余祀，方遂混同，中间各承正号，凡有九姓，大抵不变魏晋之法，皆乱多理少，谅无足称。夫文质相矫，有如循环，教化所由，兴衰是系。自魏三主俱好属文，晋、宋、齐、梁风流弥扇，体非典雅，词尚绮丽，浇讹之弊，极于有隋。且三代以来，宪章可举，唯称汉室；继汉之

盛，莫若我唐。惜乎当创业之初，承文弊之极，可谓遇其时矣，群公不议救弊以质，而乃因习尚文，风教未淳，虑由于此。

缅征往昔，论选举者，无代无之，或云"官繁人困，要省吏员"，或云"等级太多，患在速进"，或云"守宰之职，所择殊轻"，或云"以言取人，不如求行"：是皆能知其失，而莫究所失之由。何者？按秦法，唯农与战始得入官。汉有孝悌力田、贤良方正之科，乃时令征辟；而常岁郡国率二十万口贡止一人，约计当时推荐，天下才过百数，则考精择审，必获器能。自兹厥后，转益烦广。我开元、天宝之中，一岁贡举，凡有数千；而门资、武功、艺术、胥吏、众名杂目，百户千途，入为仕者，又不可胜纪，比于汉代，且增数十百倍。安得不重设吏职，多置等级，递立选限以抑之乎？常情进趋，共慕荣达，升高自下，由迩陟遐，固宜骤历方至，何暇淹留著绩。秦氏列郡四十，两汉郡国百余，太守入作公卿，郎官出宰县邑，便宜从事，阙略其文，无所可否，责以成效，寄委斯重，酬奖亦崇。今之剖符三百五十，郡县差降，复为八九，邑之俊乂，不得有之；事之利病，不得专之。八使十连，举动咨禀，地卑礼薄，势下任轻，诚曰徒劳难阶，超擢容易而授，理固然也。

始后魏崔亮为吏部尚书，无问贤愚，以停解日月为断，时沉滞者皆称其能，魏之失才，实从亮始。洎隋文帝，素非学术，盗有天下，不欲权分，罢州郡之辟，废乡里之举，内外一命，悉归吏曹；才厕班列，皆由执政。则执政参吏部之职，吏部总州郡之权，罔征体国推诚、代天理物之本意，是故铨综失叙，受任多滥。岂有万里封域，九流丛凑，抢才授职，仰成吏曹，以俄顷之周旋，定才行之优劣，求无其失，不亦谬欤！尔后有司尊贤之道，先于文华；辨论之方，择于书判。靡然趋尚，其流猥杂。所以阅经号为"倒拔"，征词同乎射覆，置"循资"之格，立选数之制，压例示其定限，平配绝其逾涯，或糊名考核，或十铨分掌。苟济其末，不澄其源，则吏部专总，是作程之弊者；文词取士，是审才之末者；书判，又文词之末也。

凡为国之本，资乎人甿；人之利害，系乎官政。欲求其理，在久其任；欲久其任，在少等级；欲少等级，在精选择；欲精选择，在减名目。俾士寡而农工商众，始可以省吏员，始可以安黎庶矣。诚宜斟酌理乱，详览古今，推仗至公，矫正前失，或许辟召，或令荐延，举有否臧，论其诛赏，课绩以考之，升黜以励之，拯斯刊弊，其效甚速，实为大政，可不务乎！

《通典》卷一八《选举六》，中华书局一九八八年版

谨按夏之政尚忠，殷之政尚敬，周之政尚文，然则文与忠敬，皆统人之行也。且夫谥号述行，美极人文，人文兴则忠敬存焉。是故前代以文取士，本文行也，由辞以观行，则及辞也。宣父称颜子不迁怒，不贰过，谓之好学。至乎修《春秋》，则游、夏之徒不能措一辞，不亦明乎！间者礼部取人，有乖斯义。《易》曰："观乎人文以化成天下。"《关雎》之义曰："先王以是经夫妇，成孝敬，厚人伦，美教化，移风俗，盖王政之所由废兴也。"故延陵听《诗》，知诸侯之存亡。今试学者以帖字为精通，不穷旨义，岂能知迁怒、贰过之道乎？考文者以声病为是非，唯择浮艳，岂能知移风易俗化天下之事乎？是以上失其源而下袭其流，波荡不知所止，先王之道，莫能行也。夫先王之道消，则小人之道长；小人之道长，则乱臣贼子生焉。臣弑其君，子弑其父，非一朝一夕之故，其所由来者渐矣。渐者何？谓忠信之凌颓，耻尚之失所，末学之驰骋，儒道之不

举,四者皆取士之失也。

夫一国之事,系一人之本谓之风。赞扬其风,系卿大夫也,卿大夫何尝不出于士乎?今取士试之小道,而不以远者大者,使干禄之徒,趋驰末术,是诱导之差也。夫以蜗蚓之饵杂垂沧海,而望吞舟之鱼,不亦难乎!所以食垂饵者皆小鱼,就科目者皆小艺。四人之业,士最关于风化。近代趋仕,靡然向风,致使禄山一呼而四海震荡,思明再乱而十年不复。向使礼让之道弘,仁义之道著,则忠臣孝子比屋可封,逆节不得而萌也,人心不得而摇也。

且夏有天下四百载,禹之道丧而殷始兴焉;殷有天下六百祀,汤之法弃而周始兴焉;周有天下八百年,文、武之政废而秦始并焉。观三代之选士任贤,皆考实行,故能风化淳一,运祚长远。秦坑儒士,二代而亡。汉兴,杂三代之政,弘四科之举,西京始振经术之学,东都终持名节之行。至有近戚窃位,强臣擅权,弱主孤立,母后专政,而社稷不陨,终彼四百,岂非兴学行道,扇化于乡里哉?厥后文章道弊,尚于浮侈,取士术异,苟济一时。自魏至隋,仅四百载,三光分景,九州阻域,窃号僭位,德义不攸,是以子孙速颠,享国咸促。国家革魏、晋、梁、隋之弊,承夏、殷、周、汉之业,四隩既宅,九州攸同,覆焘亭育,合德天地。安有舍皇王举士之道,踪乱代取人之术?此公卿大夫之辱也。杨绾所奏,实为正论。

然自典午覆败,中原版荡,戎狄乱华,衣冠迁徙,南北分裂,人多侨处。圣朝一平区宇,尚复因循,版图则张,闾井未设,士居乡土,百无一二,因缘官族,所在耕筑,地望系之数百年之外,而身皆东西南北之人焉。今欲依古制乡举里选,犹恐取士之未尽也,请兼广学校,以弘训诱。今京有太学,州县有小学,兵革一动,生徒流离,儒臣师氏,禄廪无向。贡士不称行实,胄子何尝讲习,独礼部每岁擢甲乙之第，谓弘奖擢，不其谬欤？只足长浮薄之风，启侥幸之路矣。其国子博士等，望加员数，厚其禄秩，选通儒硕生，间居其职。十道大郡，量置太学馆，令博士出外，兼领郡官，召置生徒。依乎故事，保桑梓者乡里举焉，在流寓者庠序推焉。朝而行之，夕见其利。如此则青青不复兴刺，扰扰由其归本矣。人伦之始，王化之先，不是过也。

《旧唐书》卷一一九《杨绾传》，中华书局一九七五年版

洋州刺史赵匡《举选议》曰：

昔三代建侯，与今事异。理道损益，请自汉言之。汉朝用人，自诏举之外，其府、寺、郡国属吏，皆令自署。故天下之士，修身于家，而辟书交至，以此士务名节，风俗用修。魏氏立九品之制，中正司之，于是族大者第高，而寒门之秀屈矣。国朝举选，用隋氏之制，岁月既久，其法益讹。

夫才智因习就，固然之理。进士者时共贵之，主司褒贬，实在诗赋，务求巧丽，以此为贤，不唯无益于用，实亦妨其正习；不唯挠其淳和，实又长其佻思。自非识度超然，时或孤秀，其余溺于所习，悉昧本源。欲以启导性灵，奖成后进，斯亦难矣！故士林鲜体国之论，其弊一也。又人之心智，盖有涯分，而九流七略，书籍无穷。主司征问，不立程限，故修习之时，但务钞略，比及就试，偶中是期。业无所成，固由于此。故当代寡人师之学，其弊二也。疏以释经，盖筌蹄耳。明经读书，勤苦已甚，其口问义，又诵疏文，徒竭其精华，习不急之业。而当代礼法，无不面墙，及临人决事，取办胥吏之口而已。所谓所习非所用，所用非所习也。故当官少称职之吏，其弊三也。举人大率二十人中方收一人，故没齿而不

登科者甚众,其事难,其路隘也如此。而杂色之流,广通其路也。此一彼十,此百彼千,揆其秩序,无所差降,故受官多底下之人,修业抱后时之叹,待不才者何厚,处有能者何薄!崇末抑本,启昏窒明,故士子舍学业而趋末伎,其弊四也。收人既少,则争第急切,交驰公卿,以求汲引,毁訾同类,用以争先。故业因儒雅,行成险薄,非受性如此,势使然也。浸以成俗,亏损国风,其弊五也。大抵举选人以秋末就路,春末方归,休息未定,聚粮未办,即又及秋。事业不得修习,益令艺能浅薄,其弊六也。羁旅往来,縻费实甚,非唯妨阙生业,盖亦隳其旧产,未及数举,索然以空,其弊七也。贫窭之士在远方,欲力赴京师,而所冀无际,以此揆度,遂至没身。使兹人有抱屈之恨,国家有遗才之阙,其弊八也。官司运江、淮之储,计五费其四,乃达京邑,刍薪之贵,又十倍四方。而举选之人,每年攒会,计其人畜,盖将数万,无成而归,十乃七八,徒令关中烦耗,其弊九也。为官择人,唯才是待。今选司并格之以年数,合格者,判虽下劣,一切皆收;如未合格而应科目者,才有小瑕,莫不见弃。故无能之士,禄以例臻;才俊之流,坐成白首。此非古人求贤审官之义,亦已明矣。其弊十也。选人不约本州所试,悉令聚于京师,人既浩穰,文簿繁杂,因此渝滥,其事百端。故俗间相传云:"入试非正身十有三四,赴官非正身十有二三。"此又弊之尤者。

今若未能顿除举选,以从古制,且稍变易,以息弊源,则官多佳吏,风俗可变。其条例如后:

举人条例

一、立身入仕,莫先于《礼》,《尚书》明王道,《论语》诠百行,

《孝经》德之本，学者所宜先习。其明经通此，谓之两经举，《论语》《孝经》为之翼助。诸试帖一切请停，唯令策试义及口问。其试策自改问时务以来，经业之人鲜能属缀，以此少能通者。所司知其若此，亦不于此取人，故时人云："明经问策，礼试而已。"所谓变实为虚，无益于政。今请令其精习，试策问经义及时务各五节，并以通四以上为第。但令直书事义，解释分明，不用空写疏文及务华饰。其十节，总于一道之内问之。余科准此。其口问诸书，每卷问一节，取其心中了悟，解释分明，往来问答，无所滞碍，不用要令诵疏，亦以十通八以上为第。诸科亦准此。外更通《周易》《毛诗》，名四经举。加《左氏春秋》，为五经举。不习《左氏》者，任以《公羊》《穀梁》代之。其但习《礼记》及《论语》《孝经》，名一经举。既立差等，随等授官，则能否区分，人知劝勉。

一、明法举亦请不帖，但策问义并口问，准经业科。

一、学《春秋》者能断大事，其有兼习三传，参其异同，商榷比拟，得其长者，谓之春秋举。策问经义并口问，并准前。

一、进士习业，亦请令习《礼记》《尚书》《论语》《孝经》并一史。其杂文请试两首，共五百字以上、六百字以下，试笺、表、议、论、铭、颂、箴、檄等有资于用者，不试诗赋。其理通，其词雅，为上；理通词平，为次；余为否。其所试策，于所习经史内征问，经问圣人旨趣，史问成败得失，并时务，共十节。贵观理识，不用征求隐僻，诘以名数，为无益之能。言词不至鄙陋，即为第。

一、其有通《礼记》《尚书》《论语》《孝经》之外，更通《道德》诸经、《通玄经》、《孟子》、《荀卿子》、《吕氏春秋》、《管子》、《墨子》、《韩子》，之茂才举。达观之士，既知经学，兼有诸子之学，取其所长，舍其偏滞，则于理道无不该矣。试策征问诸书义理，并时务，共二十节。仍与之言论，观其通塞。

一、其有学兼经史，达于政体，策略深正，其词典雅者，谓之秀才举。经通四经，或三礼，或三家《春秋》，兼通三史以上，即当其目。其试策，经问圣人旨趣，史问成败得失，并时务，共二十节。仍与之谈论，以究其能。

一、学倍秀才，而词策同之，谈论贯通，究识成败，谓之宏才举。以前三科，其策当词高理备，不可同于进士。其所征问，每十节通八以上为第。

一、其史书，《史记》为一史，《汉书》为一史，《后汉书》并刘昭所注《志》为一史，《三国志》为一史，《晋书》为一史，李延寿《南史》为一史，《北史》为一史。习《南史》者，兼通《宋》《齐》志；习《北史》者，通《后魏》《隋书》志。自宋以后，史书烦碎冗长，请但问政理成败所因，及其人物损益关于当代者，其余一切不同。国朝自高祖以下及睿宗《实录》，并《贞观政要》，共为一史。

一、天文律历，自有所司专习，且非学者卒能寻究，并请不问。唯五经所论，盖举其大体，不可不知。

一、每年天下举人来秋入贡者，今年九月，州府依前科目，先起试其文策，通者注等第讫，试官、本司官、录事、参军及长吏连押其后。其口问者，题策后云口问通若干。即相连印缝，并依写解为先后，不得参差。封题讫，十月中旬送观察使，观察使差人都送省司，随远近比类，须合程限。省司重考定讫，其入第者，二月内符下诸道、诸州追之，限九月内尽到，到即重试之。其文策，皆勘会书迹词理，与州试同即收之，伪者送法司推问。其国子监举人亦准前例。

一、诸色身名都不涉学，昧于廉耻，何以居官？其简试之时，虽云试经及判,其事苟且,与不试同。请皆令习《孝经》《论语》。其《孝经》口问五道,《论语》口问十道,须问答精熟,知其义理,并须通八以上。如先习诸经书者,任随所习试之,不须更试《孝经》《论语》。其判问以时事,取其理通。必在责其重保,以绝替代。其合外州申解者,依举选例处分。

一、一经及第人,选日请授中县尉之类;判入第三等及荫高,授上县尉之类。两经出身,授上县尉之类;判入第三等及荫高,授紧县尉之类。用荫止于此。其以上当以才进。四经出身,授紧县尉之类;判入第三等,授望县尉之类。五经,授望县尉之类;判入第二等,授畿县尉之类。明法出身,与两经同资。进士及三礼举、《春秋》举,与四经同资。其茂才、秀才,请授畿尉之类。其宏才,请送词策上中书、门下,请授谏官、史官等。《礼经》举人,若更通诸家礼论及汉已来礼仪沿革者,请便授太常博士。茂才等三科,为学既优,并准五经举人,便授官。其杂色出身人,量书判,授中县尉之类。判入第三等及荫高者,加一等。凡荫除解褐官外,不在用限。

一、其今举人所习既从简易,士子趋学必当数倍往时。每年诸色举人,主司简择,常以五百人为大限,此外任收杂色。

选人条例

一、其前资官及新出身,并请不限选数任集,庶有才不滞,官得其人。

一、不习经史,无以立身;不习法理,无以效职。人出身以后,当宜习法。其判问,请皆问以时事、疑狱,令约律文断决。其有既依律文，又约经义，文理弘雅，超然出群，为第一等；其断以法理，参以经史，无所亏失，粲然可观，为第二等；判断依法，颇有文彩，为第三等；颇约法式，直书可否；言虽不文，其理无失，为第四等。此外不收。但如曹判及书题如此则可，不得拘以声势文律，翻失其真。故合于理者数句亦收，乖于理者词多亦舍。其倩人暗判，人间谓之"判罗"，此最无耻，请榜示以惩之。

一、其授试官及员外官等，若悉不许选，恐抱才者负屈；若并令集，则侥幸颇多。当酌事宜，取其折中。请令所在，审加勘责，但无渝滥，并准出身人例，试判送省。授官日，其九品、八品官请同黄衣选人例授官；七品、六品依前资褐官例；五品、四品依前资第二正官例。其官好恶，约判之工拙也。

一、旧法，四品、五品官不复试判者，以其历任既久，经试固多，且官班已崇，人所知识，不可复为伪滥耳。自有兵难，仕进多门，侥幸超擢，不同往日，并请试判。待三五年，举选路清，然后任依旧法。其曾经登科及有清白状，并曾任台省官并诸司长官判史者，已经选择，并不试，依常例处分。

一、每年天下来冬选人，今秋九月，依举人召集审勘，责绝其奸滥。试时，长吏亲自监临，皆令相远，绝其口授及替代。其第四等以上，封送省，皆依举人例处置。吏部计天下阙员讫，即重考天下所送判，审定等第讫，从上等据本色人数收人，具名下本道观察使追之，限十月内到，并重试之讫，取州试判，类其书踪及文体。有伪滥者，准法处分。其合留者，依科目资绪，随稳便注拟。

一、其两都选人，不比外州，请令省司自试。隔年先试，一同外州。东都选人，判亦将就上都，考定等第，兼类会人数。明年，依例追集重试之，还以去秋所试，验其书踪及词理。则隔年计会替代，事亦难为。

一、兵兴以来，士人多去乡土，既因避难，所在寄居，必欲网罗才能，隔年先试，令归本贯，为弊更深。其诸色举选人，并请准所在寄庄寄住处投状，请试举人。既不虑伪滥，其选人但勘会符告，并责重保，知非伪滥，即准例处分。

一、宏词拔萃，以甄逸才；进士、明经，以长学业：并请依常年例。其平选判入第二等，亦任超资授官。

一、诸以荫绪优劳、准敕授官者，如判劣恶者，请授员外官。待稍习法理，试判合留，即依资授正员官。

一、诸合授正员官人，年未满三十者，请授无职事京官及外州府参军，不得授职事官。

后论：有司或诘于议者曰："吏曹所铨者四，谓身、言、书、判。今外州送判，则身、言阙矣，如何？"对曰："夫身、言者，岂非《洪范》貌、言乎？貌谓举措可观，言谓词说合理，此皆才干之士方能及此。今所试之判，不求浮华，但令直书是非，以观理识，于此既蔽，则无貌、言，断可知矣。书者，非理人之具，但字体不至乖越，即为知书。判者，断决百事，真为吏所切，故观其判，则才可知矣。彼身、言及书，岂可同为铨序哉！"有司复诘曰："王者之盛，莫逾尧舜，《书》称敷纳以言，为求才之通轨。今以言为后，亦有说乎？"对曰："夫敷纳以言者，谓引用贤良，升于达位，方将询以庶政，非言无以知之，其唐虞官百，咨俞无几；其下小吏，官长自求，各行敷纳，事至简易。今吏曹所习，辄数千人，三铨藻鉴，心目难溥，酬喧竞之不暇，又何敷纳之有乎？其茂才以上，学业既优，可以言政教，接以谈论，近于敷纳矣。"有司复曰："士有言行不差而阙于文学，或颇有文学而言行未修。但以诸科取之，无乃未备？"对曰：

"吏曹所铨，必求言行，得之既审，然后授官，则外州遥试，未为通矣。今铨衡之下，奸滥所萃，纷争剧于狱讼，伪滥深于市井，法固致此，无如之何。岂若外州先试，兼察其行，苟居宅所在，则邻伍知之，官司耳目，易为采听。古之乡举里选，方斯近矣。且今之新法，以学举者，一经毕收；以判选者，直书可否：可谓易矣。修言行者，心当敦固，不能为此，余何足观。若有志性过人，足存激劝，及躬为恶行，不当举用者，则典章已备，但举而行之耳，故无云焉。"有司复曰："其有效官公清，且有能政，以其短于词判，不见褒升，无乃阙于事实乎？"对曰："苟能如此，最为公器。使司善状，国有常规，病在不行耳。但令诸道观察使，每年终必有褒贬，不得僭滥，则善不蔽矣。"问曰："试帖经者，求其精熟，今废之，有何理乎？"对曰："夫人之为学，帖易于诵，诵易于讲。今口问之，令其讲释，若不精熟，如何应对？此举其难者，何用帖为！且务于帖，则于义不专，非演智之术，固已明矣。夫帖者，童稚之事，今方授之以职，而待以童稚，于理非宜。"有司复曰："旧法，口问并取通六，今令通八，无乃非就易之义乎？"答曰："所习者少，当务其精，止于通六，失在卤莽，是以然耳。"复曰："举人试策，例皆五通，今并为一，有何理？"对曰："夫事尚实则有功，徇虚则益寡。试策五通，多书问目，数立头尾，徇虚多矣，岂如一策之内并问之乎！"

《通典》卷一七《选举五》，中华书局一九八八年版

建中初，金吾将军裴冀曰："若使礼部先时颁天下曰某年试题取某经，某年试题取某史，至期果然，亦劝学之一术也。"

《唐国史补》卷下，上海古籍出版社一九七九年版

礼部员外郎沈既济曰："初，国家自显庆以来，高宗圣躬多不康，而武太后任事，参决大政，与天子并。太后颇涉文史，好雕虫之艺，永隆中始以文章选士。及永淳之后，太后君临天下二十余年，当时公卿百辟无不以文章达，因循遐久，浸以成风。以至于开元、天宝之中，上承高祖、太祖之遗烈，下继四圣治平之化，贤人在朝，良将在边，家给户足，人无苦窳，四夷来同，海内晏然。虽有宏猷上略无所措，奇谋雄武无所奋。百余年间，生育长养，不知金鼓之声，燧燧之光，以至于老。故太平君子唯门调户选，征文射策，以取禄位，此行己立身之美者也。父教其子，兄教其弟，无所易业，大者登台阁，小者仕郡县，资身奉家，各得其足，五尺童子，耻不言文墨焉。是以进士为士林华选，四方观听，希其风采，每岁得第之人，不浃辰而周闻天下。故忠贤隽彦韫才毓行者，咸出于是，而桀奸无良者或有焉。故是非相陵，毁称相腾，或扇结钩党，私为盟歃，以取科第，而声名动天下；或钩摭隐匿，嘲为篇咏，以列于道路，迭相谈訾，无所不至焉。"

《通典》卷一五《选举三》，中华书局一九八八年版

礼部员外郎沈既济议曰：

计近代以来，爵禄失之者久矣，其失非他，在四太而已。何者？入仕之门太多，代胄之家太优，禄利之资太厚，督责之令太薄。请征古制以明之。

管子曰："夫利出一孔者，其国无敌；出二孔者，其兵不屈；出三孔者，不可以加兵；出四孔者，其国必亡。先王知其然，故塞人之养，隘其利途。"使人无游事而一其业也。而近代以来，禄利所出数十百孔，故人多歧心，疏泻漏失而不可辖也。夫入仕者多，则

农工益少,农工少则物不足,物不足则国贫。是以言入仕之门太多。

《礼》曰:"天子之元子,士也。天下无生而贵者。"则虽储贰之尊,与士伍同。故汉王良以大司徒免归兰陵,后光武巡幸,始复其子孙邑中徭役,丞相之子不得蠲户课。而近代以来,九品之家皆不征,其高荫子弟,重承恩奖,皆端居役物,坐食百姓,其何以堪之!是以言代胄之家太优。

先王制士,所以理物也;置禄,所以代耕也。农工商有经营作役之劳,而士有勤人致理之忧。虽风猷道义,士伍为贵;其苦乐利害,与农工商等不甚相远也。后代之士,乃撞钟鼓,树台榭,以极其欢;而农工鞭臀背,役筋力,以奉其养。得仕者如升仙,不仕者如沉泉。欢娱忧苦,若天地之相远也。夫上之奉养也厚,则下之征敛也重。养厚则上觊其欲,敛重则下无其聊。故非类之人,或没死以趣上,构奸以入官,非唯求利,亦以避害也。是以言禄利之资太厚。

语曰:"陈力就列,不能者止。"昔李膺、周举为刺史,守令畏惮,睹风投印绶者四十余城。夫岂不怀禄而安荣哉?顾汉法之不可偷也。自隋变选法,则虽甚愚之人,蠕蠕然,第能乘一劳,结一课,获入选叙,则循资授职,族行之官,随列拜揖,藏俸积禄,四周而罢;因缘侵渔,抑复有焉。其罢之日,必妻孥华楚,仆马肥腯,而偃仰乎士林之间。及限又选,终而复始,非为巨害,至死不黜。故里语谓"人之为官若死然,未有不了而倒还"者。为官如此易,享禄如此厚,上法如此宽,下敛如此重,则人孰不违其害以就其利者乎!是以言督责之令太薄。

既济以为当轻其禄利,重其督责,使不才之人,虽虚座设位,置印绶于旁，揖让而进授之，不敢受。宽其征徭，安其田里，使农商百工各乐其业，虽以官诱之，而莫肯易。如此，则规求之志不禁而息，多士之门不扃而闭。若上不急其令，下不宽其徭，而欲以法术遮列，禁人奸冒，此犹坏土以壅横流也，势必不止。

夫古今选用之法，九流常叙，有三科而已，曰：德也，才也，劳也。而今选曹，皆不及焉。何以言之？且吏部之本，存乎甲令，虽曰度德居官，量才授职，计劳升秩，其文具矣，然考校之法，皆在书判簿历、言词俯仰之间，侍郎非通神，不可得而知之。则安行徐言，非德也；丽藻芳翰，非才也；累资积考，非劳也。苟执此不失，犹乖得人，况众流茫茫，耳目有不足者乎！盖非鉴之不明，非择之不精，法使然也。先朝数人以下言之详矣，是以文皇帝病其失而将革焉。夫物盈则亏，法久终弊，虽文武之道，亦与时弛张，五帝三王之所以不相沿也。是以王者观变以制法，察时而立政。按前代选用，皆州府察举，及年代久远，讹失滋深。至于齐、隋，不胜其弊，凡所置署，多由请托。故当时议者以为，与其率私，不若自举；与其外滥，不若内收。是以罢州府之权而归于吏部。此矫时惩弊之权法，非经国不刊之常典。

今吏部之法蠹矣，复宜扫而更之，无容循默，坐守刓弊。伏以为当今选举，人未土著，不必本于乡闾；鉴不独明，不可专于吏部。谨按详度古制，折量今宜，谓五品以上及群司长官，俾宰臣进叙，吏部、兵部得参议焉；其六品以下，或僚佐之属，许州府辟用。则铨择之任，悉委于四方；结奏之成，咸归于二部。必先择牧守，然后授其权：高者先署而后闻，卑者听版而不命。其牧守、将帅或选用非公，则吏部、兵部得察而举之。圣主明目达聪，遂听悬视，罪其私冒不慎举者，小加遣黜，大正刑典，责成授任，谁敢不勉？夫如是,则接名伪命之徒,菲才薄行之人,贪叨贿货,懦弱奸宄,下诏之日,随声而废。通计大数,十除八九,则人少而员宽,事详而官审,贤者不奖而自进,不肖者不抑而自退。除隋权道,复古美制,则众才咸得,而天下幸甚。

或曰:"当开元、天宝中,不易吏部之法,而天下砥平,何必外辟,方臻于理?"既济以为不然。夫选举者,经邦之一端,虽制之有美恶,而行之由法令。是以州郡察举,在两汉则理,在魏、齐则乱;吏部选集,在神龙则紊,在开元、天宝则理。当其时,久承升平,御以法术,庆赏不轶,威刑必齐,由是而理,匪关吏部而臻此也。向以此时用辟召之法,则其理不益久乎!夫议事以制不以权,当征其本末,计其遐迩,岂时得时失之可言耶!

或曰:"帝王之都,必浩穰辐辏,土物繁合,然后称其大。若权散郡国,远人不至,则京邑索矣,如之何?"又甚不然。自古至隋,数百千年,选举之任,皆分郡国。当汉文、景、武帝之时,京师庶富,百廛九市,人不得顾,车不得旋,侈溢之盛,亦云极矣,岂待举选之士为其助哉!又夫人有定土,土无剩人,浮冗者多,则地著者少。自隋罢外选,招天下之人聚于京师,春还秋往,乌聚云合,穷关中地力之产,奉四方游食之资,是以筋力尽于漕运,薪粒方于桂玉,是由斯人索我京邑,而谓谁索乎?且权分州郡,所在辟举则四方之人无有遐心,端居尊业,而禄自及;禄苟未及,业常不废。若仕进外绝,要攒乎京,惜时怀禄,孰肯安堵?必货鬻田产,竭家赢粮,糜费道路,交驰往复,是驱地著而为浮冗者也!夫京师之冗,孰与四方之实?一都之繁,孰与万国之殷?况王者当繁其天下,岂廛闬之中校其众寡哉!

或曰:"仕门久开,入者已众。若革其法,则旧名常调,不足以致身,使中才之人进无所容,退无所习,其将安归乎?"既济以为,人系贤愚,业随崇替,管库之贤既可以入仕,则士之不肖宁愧乎出流?从古以然,非一代也。故《传》云:"三后之姓,于今为庶。"今士流既广,不可以强废,但键其旧门,不使新入;峻其宦途,不使滥登。十数年间,新者不来,而旧者耗矣,待其人少,然后省官。夫人之才分,各有余裕,自为情欲所汩,而未尝尽焉,引之则长,萦之则短,在勉而已。故凡士族,皆禀父兄之训,根聪明之性,盖以依倚官绪,无湮沦垫溺之虞,故循常不修,名义罕立,此教使然也。若惟善是举,不才决弃,前见爵禄,后临涂泥,人怀愤激,孰不腾进?则中品之人,悉为长材,虽曰慎选,舍之何适?

选举杂议凡七条

一、或曰:"按国家甲令,凡贡举人,本求才德,不选文词,故《律》曰:'诸贡举人非其人者,徒。'注云:'谓德行乖僻者也。'居州郡则廉使升闻,在朝廷则以时黜陟,用兹惩劝,足为致理。有司因循,不修厥职,浸以讹谬,使其陵颓。今但修旧令,举旧政,则人服矣,焉用改作?"答曰:"州郡以德行贡士,礼闱以文词拣才,试官以帖问求学,铨曹以书判择吏,俱存甲令,何令且修?且惟德无形,惟才不器,搏之弗得,聆之弗闻,非在所知,焉能辨用?今礼部、吏部一以文词贯之,则人斯远矣。使臣廉举,但得其善恶之尤者耳,每道累岁,罕获一人。至如循常谆谆,蚩骏愚鄙者;或身甚廉谨,政为人蔽者;或善为奸滥,秘不彰闻者:一州数十人,曷尝闻焉?若铨不委外,任不责成,不疏其源,以导其流,而以文字选士,循资授职,虽口诵律令,拳操斧钺,以临其人,无益也。非改之不可。"

二、或曰："昔后汉贡士，诸生试经学，文吏试笺奏。则举人试文，乃前王典故，而子独非于今，何也？"答曰："汉代所贡，乃王官耳。凡汉郡国每岁贡士，皆拜为郎，分居三署，储才待诏，无有常职，故初至必试其艺业，而观其能否。至于郡国僚吏，皆府主所署，版檄召用，至而授职，何尝宾贡，亦不试练。其遐州陋邑，一掾一尉，或津官戍吏，皆登铨上省，受试而去者，自隋而然，非旧典也。"

三、或曰："若使外州辟召，必是牧守亲故，或权势嘱托，或旁邻交质，多非实才，奈其滥何？"答曰："诚有之也。然其滥孰与吏部多？请较其优劣。且州牧郡守，古称共理，政能有美恶之迹，法令有殿最之科，分忧责成，谁敢滥举？设如年多人怠，法久弊生，天网恢疏，容其奸谬，举亲举旧，有嘱有情，十分其人，五极其滥，犹有一半，尚全公道。如吏部者，十无一焉。请试言之：凡在铨衡，唯征书判，至于补授，只校官资，善书判者何必吏能？美资历者宁妨食戾？假使官资尽惬，刀笔皆精，此为吏曹至公之选，则补授之际，官材匪详。或性善缉人，则职当主辨；或才堪理剧，则官授散员。或时有相当，亦幸中耳，非吏曹素得而知也。有文无赖者，计日可升；有用无文者，终身不进。况其书判，多是假手，或他人替入，或旁坐代为，或临事解衣，或宿期定估，才优者一兼四五，自制者十不二三。况造伪作奸、冒名接脚，又在其外。令史受略，虽积谬而谁尤？选人无资，虽正名而犹剥。又闻昔时公卿子弟亲戚，随位高低，各有分数，或得一人、二人、三人、四人不在放限者，礼部明经等亦然，俗谓之'省例'，斯非滥欤？若等为滥，此百而多者也。"

四、或曰："吏部有滥，止由一门；州郡有滥，其门多矣。若等为滥，岂若杜众门而归一门乎？"答曰："州郡有滥，虽多门，易改也；吏部有滥，虽一门，不可改也。何者？凡今选法，皆择才于吏部，述职于州郡。若才职不称，紊乱无任，责于刺史，则曰：'官命出于吏曹，不敢废也。'责于侍郎，则曰：'量书判资，考而授之，不保其往也。'责于令史，则曰：'按由历出入而行之，不知其他也。'黎庶从弊，谁任其咎？若牧守自用，则罪将焉逃。必州郡之滥，独换一刺史则革矣；如吏部之滥，虽更其侍郎，无益也。盖九流浩浩，不可得知，法使之然，非主司之过。故云门虽多而易改，门虽一而不可改者，以此。"

五、或曰："今人多情，故吾恐许其选吏，必纲纪紊失，不如今日之有伦也。"答曰："不假古义，请征目前以明之。今诸道节度、都团练、观察、租庸等使，自判官、副将以下，皆使自铨择，纵其间或有情故，大举其例，十犹七全。则辟吏之法见行于今，但未及于州县耳。利害之理，较然可观，何纪之失，何纲之紊？响令诸使僚佐，尽授于选曹，则安获镇方隅之重，理财赋之殷也？"

六、或曰："顷年尝见州县有摄官，皆是牧守所自署置，政多苟且，不议久长，才始到官，已营生计，迎新送故，劳弊极矣。今令州郡召辟，则其弊亦尔，奈何？"答曰："国家职员，皆禀朝命，摄官承乏，苟济一时，不日不月，必乎停省，人虽流而责不及，绩虽著而官不成，便身而行，不苟何待？若职无移夺，命自州邦，所摄之官，便为己任，上酬知己，下利班荣，争竭智力，人谁不尽？今常调之人，远授一职，已数千里赴集，又数千里之官，挈携妻孥，复往劳苦，必一周而在路，料间岁而停官，成名非知己之恩，后任可计考而得，此之不苟，而谁为苟！"

七、或曰："今四方诸侯，或有未朝觐者。若天下士人既无常调，久不得禄，人皆怨嗟，必相率去我，入于他境，则如之何？"答曰："善哉问乎！夫辟举法行，则搜罗毕尽，自中人以上，皆有位矣。此禄之不及者，皆下劣无任之人，复何足惜！当今天下凋弊之本，实为士人太多。何者？凡士人之家，皆不耕而食，不织而衣，使下奉其上不足故也。大率一家有养百口者，有养十口者，多少通计，一家不减二十人，万家约有二十万口。今有才者既为我用，愚劣者尽归他人，有万家归之，内则二十万人随之，食其黍粟，衣其缣帛，享其禄廪，役其人庶。我收其贤，彼得其愚；我减浮食之口二十万，彼加浮食之人二十万：则我弊益减，而彼人益困。自古兴邦制敌之衍，莫出于是。唯惧去我之不速也，夫何患焉！"

请改革选举事条

内外文武官五品以上。<small>应非选司注拟者。</small>右请宰相总其进叙，吏部、兵部得参议可否。

吏部尚书、侍郎。右请掌议文官五品以上、除拜六品以下，攒奏兼察举选用之不公者。<small>诸京司长官及观察使、刺史举用僚佐，有才职不称，背公任私者，得察举弹奏。非选用滥失，不得举。凡有所察，郎中刺举，员外郎判成，侍郎、尚书署之，而后行。诸官长若犯他过，使司自当弹奏，即非吏部所察。故云非选用滥失，不得举。余所掌准旧。</small>若官长选用滥失有闻，而吏部不举，请委御史台弹之。御史台不举，即左右丞弹之。<small>按《六典》，御史有纠不当者，即左右丞得弹奏。</small>

兵部尚书、侍郎。右请掌议武官五品以上、除拜六品以下，攒奏兼察举选用之不公者。<small>诸军卫长官及节度、都团练使举用将校，才职不称，背公任私者，得察举弹奏。非选用滥失，不得举。凡有所察举及台省纠</small>

弹，如吏部之法。余所掌准旧。

礼部每年贡举人。右并请停废。有别须经艺之士，请于国子监六学中铨择。国子学、太学、四门学、律学、书学、算学。

兵部举选。右请停废。昔隋置折冲府，分镇天下，所以散兵。及武太后，升平置武举，恐人之忘战。则武官、武选，本末可征。今内外邦畿，皆有师旅；偏裨将校，所在至多。诚宜设法减除，岂复张门诱人？况若此辈，又非骁雄，徒称武官，不足守御，虽习弓矢，不堪战斗，而坐享禄俸，规逃王徭。今请悉停，以绝奸利。

京官六品以下。应合选司注拟者。右请各委本司长官自选用，初补称摄，然后申吏部、兵部，吏部、兵部奏成，乃下敕牒，并符告于本司，是为正官。考从奏成日计。凡摄官，俸禄各给半。

州府佐官。别驾、少尹、五府司马、赤令，不在此例。右自长史以下，至县丞、县尉，诸州长史、司马，或虽是五品以上官，亦同六品官法。请各委州府长官自选用，不限土、客。其申报正、摄之制，与京官六品以下同。其边远羁縻等州，请兼委本道观察使，共铨择补授。

上州省事、市令，中州参军、博士，下州判司，录事参军不在此例。中下县丞以下及关、津、镇戍官等。右请本任刺史补授讫，申吏部、兵部，吏部、兵部给牒，然后成官，并不用闻奏。其员数不得逾旧制。虽吏部未报，并全给禄俸。若承省牒，在任与正同，去任后不得称其官。若州司以劳效未著而不申者，请不限年月并听之。

州县。右请准旧令，州为三等，上、中、下。县为五等，赤、畿、上、中、下。其余紧、望、雄、辅之名请废。夫等级繁多，则仕进淹滞，使其周历，即务速迁，官非久安，政亦苟且。请减众级，以惩侥心，则官达可期，群才无壅。

六品以下官资历。右并请以五周为满，唐虞迁官，必以九载。魏晋以后，皆经六周。国家因隋为四，近又减削为三。考今三、四则太少，六、九则太多,请限五周,庶为折中。其迁转资历,请约修旧制。修旧制,谓迁转资次也。但以一官亦满,即任召用,并无选数。若才行理绩有尤异者,请听超迁。每长官代换,其旧僚属若有负犯及不称职者,请任便替;若无负犯,皆待考满,未满者不得替。

诸道使管内之人及州县官属,有政理尤异,识略宏通,行业精修,艺能超绝及怀才未达,隐德丘园,或堪充内官,不称州县者;并申送吏部。将校偏裨有兵谋武艺,或甚充宿卫,或可为统帅者。右请不限少多,各令长官具述才行谋略,举送朝廷,皆申上。吏部、兵部各设官署以处之,审量才能,铨第高下,每官职有阙及别须任使,则随才擢用。如汉光禄勋领三署郎。称举者,举主加阶进爵;得贤俊者,迁其官。若自用僚属,虽得贤不赏。

禁约杂条

一、诸使及诸司州府长官举用僚属,请明书事迹、德行、才能、请授某官某职,皆先申吏部、兵部,若诸使奏官兼带职掌者,即以职掌分其文武,不计本官。带州县职,即申吏部;带军职,即申兵部。吏部、兵部誊其词而奏,云得某使、某曹司、某州府状称。以元状入人,按每使、每司、每州,各为一簿。

一、所举官吏在任日,有行迹乖谬,不如举状及犯罪至徒以上者,请兼坐举主,其所犯人,自依常法本条处分。一人夺禄一年,诸使无禄者,准三品官以料钱折纳,依时估计。二人夺赐,无赐者贬其色,降紫从绯,降绯从绿,降绿从碧。三人夺阶及爵,有爵无阶、有阶无爵者,加夺赐及勋。四人解见任职事官,已上任者,并追解之。五人贬官,节度、观察使降为刺史,刺史降为上佐,皆以边州。六人除名。虽六人以上,罪止除名。有犯赃罪至流以上者,倍论之。倍,一人从二人之法,二人从四人之法,三人从六人之法。罪止三人。若举用后,续知过谬,具状申述及自按劾者,请勿论。此谓所知不审,举用失误者。

一、所举官有因奸纳赂而举者,有亲故非才而举者,有容受嘱托而举者,有明知不善而故举者。有犯一科,请皆以罔上论,不在官赎限。嘱托举者,两俱为首,规求者为从。

《通典》卷一八《选举六》,中华书局一九八八年版

选士命官,有国之大典;察言考行,先王之旧规。古者命于乡而升诸学,俾大乐正论造士之秀者而升诸司马,曰进士。进士者,谓可进而授之爵禄也。然则前代选士,其科不一。泊圣唐高祖以神武而静天下,用文教而镇万姓。武德五年,帝诏有司,特以进士为选士之目,仍古道也。自乡升县,县升州,州升府,皆历试行艺,秋会贡于文昌,咸达帝庭,以光王国。然后会群后,谒先师,备牲牢,奏金石,尊儒教也。若明试其业,主张其文,核能否于听览之间,定取舍于笔削之下,职在考功郎。后至玄宗开元二十五年,重难其事,更命春官小宗伯主之,而业文志学之士劝矣。于是献艺输能,擅场中的者,榜第揭出,万人观之,未浃旬而名达四方矣。近者佐使外藩,司言中禁,弹冠宪府,起草粉闱,由此与能,十恒七八。至于能登台阶,参密命者,亦繁有徒。所谓选才授爵之高科,求仕滥筋之捷径也,不其然欤!粤自武德,逮乎贞元,阅崔氏本记,前后嗣续者,在吾宗为多焉。顾惟寡昧,获与斯文,因濡翰而为之序。贞元七年春三月丁亥序。

《全唐文》卷五三六《李奕·登科记序》,中华书局一九八三年版

冕白：昔仲弓问为政，子曰："先有司。"有司之政，在于举士。是以三代尚德，尊其教化，故其人贤。西汉尚儒，明其理乱，故其人智。后汉尚章句，师其传习，故其人守名节。魏晋尚姓，美其氏族，故其人矜伐。隋氏尚吏道，贵其官位，故其人寡廉耻。唐承隋法，不改其理，此天所以待圣主正之。何者？进士以诗赋取人，不先理道；明经以墨义考试，不本儒意；选人以书判殿最，不尊人物。故吏道之理天下，天下奔竞而无廉耻者，以教之者末也。阁下岂不谓然乎？自顷有司试明经，奏请每经问义十道，五道全写疏，五道全写注。其有明圣人之道，尽六经之义，而不能诵疏与注，一切弃之。恐清识之士无由而进，腐儒之生比肩登第，不亦失乎？阁下因从容启明主，稍革其弊，奏为二等。其有明六经之义，合先王之道者，以为第一等；其有精于诵注者与精于诵疏者，以为次等。不登此二科者，以为下等，不亦善乎？且明六经之义，合先王之道，君子之儒，教之本也。明六经之注与六经之疏，小人之儒，教之末也。今者先章句之儒，后君子之儒，以求清识之士，不亦难乎？是以天下至大，任人之众，而人物殄瘁，廉耻不兴者，亦在取士之道未尽其术也。诚能革其弊，尊其本，举君子之儒先于理行者，俾之入仕，即清识君子也；俾之立朝，即王公大人也。一年得一二十人，十年得一二百人，三十年得五六百人，即海内人物，不以盛乎？或唐虞之盛也，十六族而已。周之兴也，十乱而已。汉之王也，三杰而已。太宗之圣也，十八学士而已。岂多乎哉？今海内人物，喁然思理。推而广之，以风天下，即天下之士靡然而至矣。是则由于有司以化天下，天下之士得无廉耻乎？冕顿首。

《全唐文》卷五二七《柳冕·与权侍郎书》，

来问见爱，殷勤甚厚。疏以先师对仲弓先有司之说，又曰由于有司，以风天下。诚哉！大君子之言理道也。

今之取士，在于礼部，吏部按资格以拟官，奏郎官以考判，失权衡轻重之本，无乃甚乎！至于礼部求才，犹似为仁由已，然亦讼于时风，岂能自振？

尝读刘秩祭酒上疏云："太学设官，职在造士。士不知方，时无贤才，臣之罪也。"每读至此，心常慕之。当时置于国庠，似在散地，而方以乏贤内讼，慨然上奏，此君子之心也，君子之言也。况以蒙劣辱当仪曹，为时求人，岂敢容易？然再岁计偕，多有亲故进士，初榜有之，帖落有之，策落有之，及第亦有之。不以私害公，不以名废实，不敢自爱，不访于人。

两汉设科，本于射策，故公孙宏、董仲舒之伦，痛言理道。近者祖习绮靡，过于雕虫，谓之甲赋律诗，俪偶对属。况十数年间，至大官右职，教化所系，其若是乎？是以半年以来，参考对策，不访名物，不征隐奥，求通理而已，求辩惑而已。习常而力不足者，则不能回复于此，故或得其人，庶他时有通识懿文，可以持重不迁者，而不尽在于龊龊科第也。明经问义，有幸中所记者，则书不停缀，令通其意，则墙面木偶，遂列上第，末如之何。顷者参伍其间，令书释意义，则于疏注之内，苟删撮旨要，有数句而通者，昧其理而未尽，有数纸而黜者。虽未尽善，庶稍得之。

至于来问，明六经之义，合先王之道，而不在于注疏者，虽今吏部学究一经之科，每岁一人，犹虑其不能至也。且明经者，仕进之多数也，注疏者犹可以质验也。不者，傥有司率情，下上其手，既失其末，又不得其本，则荡然矣。无乃然乎？

古人云：强勉行道，则德日起而大有功。《中庸》有困而行之，勉强而行之。鄙虽不敏，敢忘勉之之道邪？大凡常情为近习所胜，没没于闻见，汲汲于进取，苟避患丢，俾躬处休，以至老死，自为得计。岂复有揣摩古今风俗，整齐教化根本，原始要终，长辔远驭，如阁下吐论若是者耶！此鄙人所以喟然三复，而不知其已也。

来问又言三代两汉至近古，所尚不同，岂古化邈远之不可复，因缘渐靡，而操执者不之思耶？鄙人顽固，谨俟余论，因自发舒，惭怍无量。德舆再拜。八月十一日。

《权载之文集》卷四一《答柳福州书》，

商务印书馆《四部丛刊初编》本

仆未冠，求进士，闻娄君名甚熟。其所为歌诗，传咏都中。通数经及群书。当时为文章，若崔比部、于卫尉，相与称其文。众皆曰纳言曾孙也，而又有是，咸推让为先登。后十余年，仆自尚书郎谪来零陵，觌娄君，犹为白衣，居无室宇，出无僮御。仆深异而讯之，乃曰："今夫取科者，交贵势，倚亲戚，合则插羽翮，生风涛，沛焉而有余，吾无有也。不则餍饮食，驰坚良，以欢于朋徒，相贸为资，相易为名，有不诺者，以气排之，吾无有也。不则多筋力，善造请，朝夕屈折于恒人之前，走高门，邀大车，矫笑而伪言，卑陬而姁媮，偷一旦之容以售其伎，吾无有也。自度卒不能堪其劳，故舍之而游，逾湖、江，出豫章，至南海，复由桂而下也。少好道士言，饵药为寿，未尽其术，故往且求之。"仆闻而愈疑。往时观得进士者，不必若娄君之言，又少能类娄君之文学，又无纳言之大德以为之祖，无比部、卫尉以为之知，而升名者百数十人。今娄君非不足也，顾不乐而遁耳。因为余留三年。他日又曰："吾所以求于心者未克，今其行也。"余既异其遁于名，而又德其久留于我也，故为之言。

《柳宗元集》卷二五《送娄图南秀才游淮南将入道序》，中华书局一九七九年版

世有病进士科者，思易以孝悌经术兵农，曰："庶几厚于俗，而国得以为理乎？"柳子曰："否。以今世尚进士，故凡天下家推其良，公卿大夫之名子弟、国之秀民举归之。且而更其科，以为得异人乎？无也。唯其所尚文学，移而从之，尚之以孝悌，孝悌犹是人也；尚之以经术，经术犹是人也。虽兵与农皆然。"曰："然则宜如之何？"曰："即其辞，观其行，考其智，以为可化人及物者，隆之。文胜质，行无观，智无考者，下之。俗其以厚，国其以理，科不俟易也。"

今有博陵崔策子符者，少读经书，为文辞，本于孝悌，理道多容，以善别时，刚以知柔。进于有司，六选而不获。家有冤连，伏阙下者累月不解。仕将晚矣，而戚其幼孤，往复不惮万里，再岁不就选。世皆曰孝悌人也。如是且不见隆，虽百易科，其可厚而理乎？今夫天下已理，民风已厚，欲继之于无穷，其在慎是而已。朝廷未命有司，既命而果得有道者，则是术也宜用。崔子之仕，又何晚乎？

仆智不足而独为文，故始见进而卒以废。居草野八年，丽泽之益，镞砺之事，空于耳而荒于心。崔子幸来而亲余，读其书，听其言，发余始志，若寤而言梦，醒而问醉。未及悉，而告余以行。余惧其悼时之往而不得于内也，献之酒，赋之诗而歌之，坐者从而和之，既和而叙之。

《柳宗元集》卷二三《送崔子符罢举诗序》，中华书局一九七九年版

胡尚书证，河中人。太傅天水昭公镇河中，尚书建节赴振武，备桑梓礼入谒，持刺称百姓。献昭公诗云："诗书入京国，旌斾过乡关。"州里荣之。余宗侄櫓，应进士时，著《乡籍》一篇，大夸河东人物之盛，皆实录也。同乡中，赵氏轩冕文儒最著，曾祖父、祖父世掌纶诰，櫓昆弟五人进士及第，皆历台省。卢少傅弘宣、卢尚书简辞、弘正、简求皆其姑子也。时称赵家出。外家敬氏先世，亦出自河中，人物名望，皆谓至盛，櫓著《乡籍》载之。

《因话录》卷三，上海古籍出版社一九七九年版

草茅臣某昧死奏书皇帝陛下：

圣德修三代之教，尽善矣。唯贡士一门，阙然不修。臣窃以为有司过矣。

臣为童子时，学读书，见《礼经》有乡举里选，必得其人而贡于上，上然后以弓旌束帛招之。臣年十五，既通经，无何，心中有文窍开，则又学之。遍观群籍，见古人有片善可称，必闻于天子有司，天子有司亦修礼待之不苟。臣既学文于古圣人，言皆信之，谓肖质待问上国，必见上国礼。无几，前年，臣年二十三，学文成立，为州县察臣，臣得备下土贡士之数。到阙下月余，待命有司，始见贡院悬板样，立束缚检约之目，勘磨状书，剧责与吏胥等伦。臣幸状书备，不被驳放，得引到尚书试。试之日，见八百人尽手携脂烛水炭，洎朝晡餐器，或荷于肩，或提于席，为吏胥纵慢声大呼其名氏。试者突入，棘围重重，乃分坐庑下，寒余雪飞，单席在地。呜呼！唐虞辟门，三代贡士，未有此慢易者也。臣见今之天下贡士既如此，有司待之又如此，乃益大不信古圣人言。及睹今之甲赋律诗，皆是偷折经诰，侮圣人之言者，乃知非圣人

之徒也。

臣伏见国朝开进士一门，苟有登升者，皆资之为宰相、公侯、卿大夫，则此门固不轻矣。凡将为公侯、卿相者，非贤人君子不可。有司坐举子于寒庑冷地，是比仆隶已下，非所以见征贤之意也。施棘围以截遮，是疑之以贼奸徒党，非所以示忠直之节也。试甲赋律诗，是待之以雕虫微艺，非所以观人文化成之道也。有司之不知其为弊若此，臣恐贤人君子远去，不肖污辱，为陛下用。且指近陈之，今四方贡珠玉金银，有司则以筐筐皮币承之。贡贤才俊乂，有司以单席冷地承之，是彰陛下轻贤才而重金玉也。贤才耻之，臣亦耻之。

臣又见每岁礼部格下天下，未有不言察访行实无颇邪，然后上贡。苟不如格，抵罪举主。臣初见之，窃独心贺，谓三代之风必作于今日矣。及格既下，而法不下，是以岁有无艺朋党，哗然扇突不可绝，此又恶用格为？徒乱人耳。又于格中程之人数，每岁多者固不出三十，少或不满二十，此又非天子纳士之心也。何以言之？今日月出没，皆为陛下内地，自渐海流沙朔南，周环绵亿万千里，其间异气所钟，生英豪俊彦固不少矣。若陛下明诏，必以礼举之，忽一岁之内，有百数元、凯、杨、马之才德者来之，则有司必曰：吾格取二十，而黜八十，是为求贤邪？遗贤邪？若有司以仆隶待之，忽一岁之内负才德来者无十数辈，则有司必曰：吾拔二十，是缪收其半，徒足满人数，是为取才邪？取合格邪？其不可先定人数，亦昭昭矣。

向之数事，臣久为陛下疾。有司不供职，使圣朝取士首科委就地矣。臣寒微若此，出言不足以定贡士之得失，然百虑之中，或几一得之。臣窃欲陛下诏有司，按三代故事，明修格文，使天下人贡者皆茂行实，不拘人数；其不茂行实，法与之随。此为澄源。源既澄，则来者皆向方矣。俾有司加严礼待之，举六义试之。试之时，免自担荷，廊庑之下，特设茵榻，陈炉火脂烛，设朝晡饭馔，则前日之病庶几其有瘳矣。人人知天子重贤奖士之道，胜气坌漫，如此，士之立身无不由正以成之者。为士身正，则公卿正。公卿正，未有天下不治者。天下治，而陛下求不垂拱以高揖羲轩，不可得也。苟不如此，则士之求名无不由邪以成者。为士名邪，未有公卿不邪者。公卿邪，未有天下而治者。天下不治，而陛下欲不役圣虑而忧黔首，不可得也。

臣虽至愚，以此观之，知贡士之道所系尤重。是以愿输写血诚，以正此门。陛下无以臣迹在贡士中，疑臣自谓。臣虽不敏，窃窥太常一第，不为难得。何以明之？若使臣为今日贡士之体，事便僻巧佞，驰骛关键，固非臣之所不能也，耻不为也。故互以顽才干有司，得之固无忝，不得则纳履而去，纵迹巢由，以乐陛下熙熙之化，何往而无泉石之快哉？伏惟陛下留神独听，天下之幸也，于臣何幸，死罪死罪。

《全唐文》卷七二七《舒元舆·上论贡士书》，

中华书局一九八三年版

禹画九州，列贡轻重，举贤用才，咸在其中。故《周官》司马得俊造之名，乃进于天子，谓之进士。又天子于射宫以择诸侯所贡之士。若善者乃受上赏，不善者黜爵，其次削地。得预于射宫以射诸侯之义，而为诸侯所举者重，所用者大。汉法：每州若干户，岁贡若干人，更以籍上闻，计州里之大小、材之多少，谓之计籍。人主亲试所通经业、策问，理优深者乃中高第。有行著乡里辟选，自古而然。汉世得人，于斯为盛。国家武德初，令天下冬季集贡士于京师，天子制策，考其功业辞艺，谓之进士，已废于行实矣。其后以郎官权轻，移之于礼部，大率以三场为试：初以词赋，谓之杂文；复对所通经义；终以时务为策目。虽行此擢第，又不由于文艺矣。唯王公子弟器貌奇伟，无才无艺者，亦冠于多士之首。然相士之道，备尝闻之。有门阀清贵者，有状骨卿相者，有容质秀丽者，有才藻可尚者，有权势抑取者，有朋友力盛者，机权沉密，词辩雄壮，臧否由己，升沉在心，群众必集其门。若见公相来交请友，识面为难，动必有应，游必有从。密处隐会，深诚重约，朱门甲第之间，鬼神不能知者尽知之。虽名臣硕德，高位重权，可以开阖之，可以摇动之，可以倾覆之。有司畏之，不敢不与之者。言泉疾于波浪，舌端利若锋芒，所排殁九泉，所引升霄汉。默默无言，众必谓之长者；发中心病，时皆目之凶人。秋风八月，鞍马九衢，神气扬扬，行者避路。取富贵若咳唾，视州县如奴仆，亦不独高于贵胄，亦不贱彼孤介。得其术者，舍末耜而取公卿；乖其道者，抱文章而成痼疾。朝廷取士之门，于斯为最。衰世以来，多非其人，明廷无策问之科，有司亡至公之道。登第之人，其辞赋皆取能者之作，以玉易石，羊质虎皮。抱愤之人，汩没尘土，天九重高，不可以叫。加以浮薄之子，递相唱和。名第之中，以只数为上，贱其双数；以甲乙为贵，轻彼两科。题目之间，增其异名。至于传粉熏香，服饰鞍马之费，多致匪人成于牧宰。取资货以利轻肥，朋党比周，交游酒食，乱其国政，于斯为盛。窃愿明君贤臣，悉力同心，大革其弊，复以经明行修为急。所谓斥彼浮华，敦其茂实，儒风免坠，不失取士之道。

《全唐文》卷八四六《牛希济·贡士论》，中华书局一九八三年版是月①，太常丞史在德上疏言事，其略曰："朝廷任人，率多滥进。称武士者，不闲计策，虽被坚执锐，战则弃甲，穷则背军。称文士者，鲜有艺能，多无士行，问策谋则杜口，作文字则倩人。所谓虚设具员，枉耗国力。逢陛下惟新之运，是文明革弊之秋。臣请应内外所管军人，凡胜衣甲者，请宣下本部大将一一考试武艺短长、权谋深浅。居下位有将才者便拔为大将，居上位无将略者移之下军。其东班臣僚，请内出策题，下中书令宰臣面试。如下位有大才者便拔居大位，处大位无大才者即移之下僚。"

《旧五代史》卷四七《唐书·末帝纪中》，

中华书局一九七六年版

---

① 清泰二年三月。

第六编

接待多方学生

第一章

新　罗

　　贞观二年，……又于国学增筑学舍一千二百间，太学、四门博士亦增置生员，其书、算各置博士、学生，以备艺文，凡三千二百六十员。其玄武门屯营飞骑，亦给博士，授以经业，有能通经者，听之贡举。是时四方儒士，多抱负典籍，云会京师。俄而高丽及百济、新罗、高昌、吐蕃等诸国酋长，亦遣子弟请入于国学之内。鼓箧而升讲筵者，八千余人，济济洋洋焉，儒学之盛，古昔未之有也。

　　　　《旧唐书》卷一八九上《儒学传上》，中华书局一九七五年版

　　新罗国，本弁韩之苗裔也。其国在汉时乐浪之地，东及南方俱限大海，西接百济，北邻高丽。东西千里，南北二千里。有城邑村落。王之所居曰金城，周七八里。……其王金真平，隋文帝时授上开府、乐浪郡公、新罗王。武德四年，遣使朝贡。高祖亲劳问之，遣通直散骑侍郎庾文素往使焉，赐以玺书及画屏风、锦彩三百段，自此朝贡不绝。……

　　　　………

　　……〔贞观〕二十二年，〔新罗国〕真德遣其弟国相、伊赞干金春秋及其子文王来朝。诏授春秋为特进，文王为左武卫将军。春

秋请诣国学观释奠及讲论,太宗因赐以所制《温汤》及《晋祠碑》并新撰《晋书》。将归国,令三品以上宴钱之,优礼甚称。

　　┄┄┄┄┄┄

　　……垂拱二年,〔新罗国〕政明遣使来朝,因上表请《唐礼》一部并杂文章,则天令所司写《吉凶要礼》,并于《文馆词林》采其词涉规诫者,勒成五十卷以赐之。

　　┄┄┄┄┄┄

　　开元十六年,遣使来献方物,又上表请令人就中国学问经教,上许之。……

　　┄┄┄┄┄┄

　　……开成元年,王子金义琮来谢恩,兼宿卫。二年四月,放还藩,赐物遣之。五年四月,鸿胪寺奏:新罗国告哀,质子及年满合归国学生等共一百五人,并放还。会昌元年七月,敕:"归国新罗官、前入新罗宣慰副使、前充兖州都督府司马、赐绯鱼袋金云卿,可淄州长史。"

《旧唐书》卷一九九上《新罗》,中华书局一九七五年版

　　垂拱二年二月十四日,新罗王金政明遣使请《礼记》一部,并杂文章。令所司写《吉凶要礼》,并《文馆词林》,采其词涉规诫者,勒成五十卷,赐之。

《唐会要》卷三六《蕃夷请经史》,中华书局一九五五年版

　　敬宗宝历元年五月庚辰,新罗国王金彦升奏:"先在太学生崔利贞、金叔贞、朴季业四人,请放还蕃。其新赴朝贡金允夫、金立之、朴亮之等一十二人,请留在宿卫,仍请配国子监习业,鸿胪寺

给资粮。"从之。

《册府元龟》卷九九九《外臣部》，中华书局一九六〇年版

开成元年六月，敕：新罗宿卫王子金义宗等，所请留住学生员，仰准旧例留二人，衣粮准例支给。

《唐会要》卷三六《附学读书》，中华书局一九五五年版

〔开成〕二年三月，……又新罗差入朝宿卫王子，并准旧例，割留习业学生，并及先住学生等，共二百十六人，请时服粮料。又请旧住学习业者，放还本国。敕："新罗学生内，许七人，准去年八月敕处分。余时十马畜粮料等，既非旧例，并勒还蕃。"

《唐会要》卷三六《附学读书》，中华书局一九五五年版

金可纪，新罗人也，宾贡进士。……博学强记，属文清丽，美姿容，举动言谈，迥有中华之风。俄擢第。

《太平广记》卷五三《神仙五十三·金可记》，中华书局一九六一年版

右臣自年十二离家西泛，当乘桴之际，亡父诫之曰："十年不第进士，则勿谓吾儿，吾亦不谓有儿。往矣勤哉！无隳乃力。"……观光六年，金名榜尾。

《全唐文》之《唐文拾遗》卷四三《崔致远·进诗赋表状等集状》，中华书局一九八三年版

〔武德〕八年，高丽遣人来学道佛法。诏许之。

《册府元龟》卷九九九《外臣部》，中华书局一九六〇年版

第一章　新　罗

第二章

日 本

日本国者，倭国之别种也。以其国在日边，故以日本为名。……

长安三年，其大臣朝臣真人来贡方物。……

开元初，又遣使来朝，因请儒士授经。诏四门助教赵玄默就鸿胪寺教之，乃遗玄默阔幅布以为束脩之礼，题云"白龟元年调布"。人亦疑其伪。所得锡赍，尽市文籍，泛海而还。其偏使朝臣仲满，慕中国之风，因留不去，改姓名为朝衡，仕历左补阙、仪王友。……天宝十二年，又遣使贡。……贞元二十年，遣使来朝，留学生橘逸势、学问僧空海。元和元年，日本国使判官高阶真人上言："前件学生，艺业稍成，愿归本国，便请与臣同归。"从之。开成四年，又遣使朝贡。

《旧唐书》卷一九九上《日本》，中华书局一九七五年版

〔开元〕二十三年闰十一月，日本国遣其臣名代来朝，献表恳求《老子》经本及天尊像以归，于国发扬圣教。许之。

《册府元龟》卷九九九《外臣部》，中华书局一九六〇年版

第三章

渤　海

　　渤海靺鞨大祚荣者,本高丽别种也。……祚荣遂率其众东保桂娄之故地,据东牟山,筑城以居之。

　　……圣历中,自立为振国王,遣使通于突厥。其地在营州之东二千里,南与新罗相接。越憙靺鞨东北至黑水靺鞨,地方二千里,编户十余万,胜兵数万人。风俗与高丽及契丹同,颇有文字及书记。中宗即位,遣侍御史张行岌往招慰之。祚荣遣子入侍,……睿宗先天二年,遣郎将崔䜣往册拜祚荣为左骁卫员外大将军、渤海郡王,仍以其所统为忽汗州,加授忽汗州都督,自是每岁遣使朝贡。

　………………

　　〔大和〕五年,大仁秀卒,以权知国务大彝震为银青光禄大夫、检校秘书监、都督、渤海国王。六年,遣王子大明俊等来朝。七年正月,遣同中书右平章事高宝英来谢册命,仍遣学生三人,随宝英请赴上都学问。先遣学生三人,事业稍成,请归本国,许之。二月,王子大先晟等六人来朝。开成后,亦修职贡不绝。

　　　　《旧唐书》卷一九九下《渤海靺鞨》,中华书局一九七五年版文宗大和七年春正月己亥,银青光禄大夫检校秘书监忽汗都督国王大彝震奏:遣学士解楚卿、赵孝明、刘宝俊三人,附谢恩使同中书右平章事高赏英,赴上都学间;先遣学生李居正、朱承朝、高寿海等三人,事业稍成,请准例递乘归本国。许之。

《册府元龟》卷九九九《外臣部》,中华书局一九六〇年版

渤海,本粟末靺鞨附高丽者,姓大氏。……

……中宗时,使侍御史张行岌招慰,祚荣遣子入侍。睿宗先天中,遣使拜祚荣为左骁卫大将军、渤海郡王,以所统为忽汗州,领忽汗州都督,自是始去靺鞨号,专称渤海。

…………

初,其王数遣诸生诣京师太学,习识古今制度,至是遂为海东盛国,地有五京、十五府、六十二州。……

……文籍院有监。……胄子监有监长。……大抵宪象中国制度如此。

《新唐书》卷二一九《渤海》,中华书局一九七五年版

胄子监有监有长。《唐志》:国子监掌儒学,主训导之事,祭酒一人,从三品;司业二人,从四品下。渤海胄子监仿之,监拟祭酒,长拟司业。

《渤海国记》

渤海武王大武艺……元年遣生徒六人入唐太学肄业。……〔文王大钦茂于大兴元年〕遣使赴唐写《唐礼》《三国志》《晋书》《三十六国春秋》。自是数遣诸生入唐就学。……武王、文王及大彝

震、大虔晃、大玄锡具遣诸生肄业唐太学,史不悉书。武王所遣生六人,开元三年二月抵京师。大彝震所遣生,咸和四年归国者三人,孝居正、朱承朝、高寿海。同年随谢册命使至者三人,解楚卿、赵孝明、刘宝俊。咸和八年,随王子大明俊[①]诣唐学生十六人,唐敕青州观察使,放六人到上都,余人勒回本国。

《渤海国记》

〔开元〕二十六年六月二十七日,渤海遣使求写《唐礼》及《三国志》《晋书》《三十六国春秋》。许之。

《唐会要》卷三六《蕃夷请经史》,中华书局一九五五年版

〔开成〕二年三月,渤海国随贺正王子大俊明,并入朝学生,共一十六人。敕:"渤海所请生徒习学,宜令青州观察使放六人到上都,余十人勒回。"

《唐会要》卷三六《附学读书》,中华书局一九五五年版

第三章　渤　海

---

① "大明俊",一作"大俊明"。

第四章

吐　蕃

　　吐蕃在吐谷浑西南，不知有国之所由。……
…………

　　至其主弃苏农赞，贞观十五年正月，以宗室女封文成公主，降
于吐蕃赞普，命礼部尚书江夏王道宗送之。赞普亲迎于河源，见
王人，执子婿礼甚谨。睹大国服饰礼仪之美，俯仰有愧沮之色，谓
所亲曰："我祖父未有通婚大国者，今我得尚大唐公主，当筑一城，
以夸后代。"仍遣酋豪子弟，请入国学，以习《诗》《书》。高宗初，封
賨王。

《通典》卷一九○《吐蕃》，中华书局一九八八年版

　　吐蕃，在长安之西八千里，本汉西羌之地也。……
　　其国人号其王为赞普，相为大论、小论，以统理国事。无文
字，刻木结绳为约。虽有官，不常厥职，临时统领。……
…………

　　贞观八年，其赞普弃宗弄赞始遣使朝贡。……
　　贞观十五年，太宗以文成公主妻之，令礼部尚书、江夏郡王道
宗主婚，持节送公主于吐蕃。弄赞率其部兵次柏海，亲迎于河源。

见道宗,执子婿之礼甚恭。既而叹大国服饰礼仪之美,俯仰有愧沮之色。及与公主归国,谓所亲曰:"我父祖未有通婚上国者,今我得尚大唐公主,为幸实多。当为公主筑一城,以夸示后代。"遂筑城邑,立栋宇以居处焉。公主恶其人赭面,弄赞令国中权且罢之,自亦释毡裘,袭纨绮,渐慕华风。仍遣酋豪子弟,请入国学以习《诗》《书》。又请中国识文之人典其表疏。

·············

〔开元〕十七年,……于是吐蕃频遣使请和,忠王友皇甫惟明因奏事面陈通和之便。……上然其言,因令惟明及内侍张元方充使往问吐蕃。惟明、元方等至吐蕃,既见赞普及公主,具宣上意。赞普等欣然请和,尽出贞观以来前后敕书以示惟明等,令其重臣名悉猎随惟明等入朝。……

·············

……十八年十月,名悉猎等至京师,上御宣政殿,列羽林仗以见之。……诏御史大夫崔琳充使报聘。仍于赤岭各竖分界之碑,约以更不相侵。

时吐蕃使奏云:"公主请《毛诗》《礼记》《左传》《文选》各一部。"制令秘书省写与之。

《旧唐书》卷一九六上《吐蕃上》,中华书局一九七五年版

〔贞观〕十五年,帝以文成公主妻之,令礼部尚书江夏郡王道宗主婚,持节送公主于吐蕃。弄赞率其部兵次柏海,亲迎于河源。见王人,执子婿之礼甚恭。……遂筑城邑,立栋宇以居处焉。……渐慕华风,猜犷日革。至遣子弟入国,学而习业焉。

《册府元龟》卷九七八《外臣部》,中华书局一九六〇年版

神龙元年九月二十一日，敕："吐蕃王及可汗子孙，欲习学经业，宜附国子学读书。"

《唐会要》卷三六《附学读书》，中华书局一九五五年版

开元十九年正月二十四日，命有司写《毛诗》《礼记》《左传》《文选》各一部，以赐金城公主，从其请也。

《唐会要》卷三六《蕃夷请经史》，中华书局一九五五年版

第五章

南　诏

大历十四年,阁罗凤子凤迦异先阁罗凤死,立迦异子,是为异牟寻,颇知书,有才智,善抚其众。吐蕃役赋南蛮重数,又夺诸蛮地立城堡,岁征兵以助镇防,牟寻益厌苦之。有郑回者,本相州人,天宝中举明经,授隽州西泸县令,隽州陷,为所虏。阁罗凤以回有儒学,更名曰"蛮利",甚爱重之,命教凤迦异。及异牟寻立,又命教其子寻梦凑。回久为蛮师,凡授学,虽牟寻、梦凑,回得箠挞,故牟寻以下皆严惮之。蛮谓相为清平官,凡置六人。牟寻以回为清平官,事皆咨之,秉政用事。

《旧唐书》卷一九七《南诏蛮》,中华书局一九七五年版

〔贞元〕十五年,异牟寻谋击吐蕃,……帝许出兵助力。又请以大臣子弟质于皋,皋辞,固请,乃尽舍成都,咸遣就学。

《新唐书》卷二二二上《南诏上》,中华书局一九七五年版

初,韦皋在西川,开青溪道以通群蛮,使由蜀入贡。又选群蛮子弟聚之成都,教以书数,欲以慰悦羁縻之,业成则去,复以他子弟继之。如是五十年,群蛮子弟学于成都者殆以千数,军府颇厌

于禀给。又蛮使入贡，利于赐与，所以傔从人浸多。杜悰为西川节度使，奏请节减其数，诏从之。南诏丰祐怒，其贺冬使者留表付巂州而还。又索习学子弟，移牒不逊，自是入贡不时，颇扰边境。

《资治通鉴》卷二四九《唐纪六十五》，中华书局一九五六年版

文宗开成元年五月，敕：应边州今置译语学官，掌令教习，以达异意。

《册府元龟》卷九九六《外臣部》，中华书局一九六○年版

编后记

　　孙培青老师所编《隋唐五代教育制度文献集成》堪称《隋唐五代教育论著选》的姊妹篇。前者收录隋唐五代教育制度的文献，后者则收录隋唐五代教育思想的文献。但两种书的际遇却迥然有别。

　　这两种书都成书于20世纪90年代，当时是作为两种丛书的组成部分。《隋唐五代教育论著选》作为"中国古代教育论著丛书"中的一种，《隋唐五代教育制度文献集成》作为"中国古代教育制度丛书"中的一种；前者于1993年由人民教育出版社出版，而后者编成后，交稿出版社，搁置经年，迟迟未得付梓。

　　1996年起，孙老师担任中国教育学会教育史分会理事长，直至2004年卸任。此后，孙老师以年迈，即未再参加学会的年会活动。但差不多每年我去某地参加某届学术年会，行前都会去拜访他或致电他，听取他对会议有何建议或是否有需要带信给同仁。几乎每次他都会说："方便的话，帮我问问出版社他们几位，'中国古代教育制度丛书'这套书什么时候出版？"我估计，当年他自己参加教育史分会的学术年会时，也会当面询问的，就这样，也问了数次。没有结果。孙老师是位有修养的长者，自己逐字逐句手抄笔写编成的一部五十多万字篇幅的书，束之高阁，十年、二十年竟至近三十年，出还是不出依旧没有一个说法，心中不会是愉快的，但我从未听他流露过不满，只是一次次地托我去问，问，问。

转机出现在2020年初。上海教育出版社领导表示希望能够出版孙培青老师的文集，将他毕生心血凝聚而成的教育史研究成果完整保存。自然而然地，《隋唐五代教育制度文献集成》何去何从也就摆上议事日程。最初，孙老师是有顾虑的：这部书毕竟是给人民教育出版社在先，而且已经排了版，也校过了清样……众人于是说服他老人家：通常一本书签一次出版合同，是有有效期的，一般是十年，过了有效期，作者有权重新选择。这书稿在出版社搁置近三十年，差不多过了三个有效期了……于是，《隋唐五代教育制度文献集成》得以回到孙老师的"隋唐五代教育与考试研究丛书"中，此套书最终得成完帙。

与《隋唐五代教育论著选》不同，《隋唐五代教育制度文献集成》侧重于反映隋唐五代前后380年的教育制度发展，这是中国历史上传统国家教育制度最为完善的历史时期。孙老师是在把握住这一历史时期教育发展的重要特点的基础上，确定全书的内容体系的。全书共六编，分别为教育政策法令、教育行政机构、官学制度、私学、科举考试制度、接待多方学生（留学生教育）。可以说，一册在手，唐代的国家教育制度也就了然在胸了。

此次编校，我们找到了近三十年前孙老师亲自校订的《隋唐五代教育制度文献集成》校样，一笔一画，金钩铁线，不仅赏心悦目，尤其是给我们的整理工作以极大的便利。很感谢他！也很感谢给我们提供方便的各位热心的师友！

杜成宪

2022 年 12 月记

编
后
记